# 심슨 보카

shimson voca

심우철 지음

# 이 책의 구성과 특징

## 1 공무원 시험을 위한 최적의 어휘집

『심슨 보카』 단 한 권으로 공무원 어휘에 대한 철저한 대비가 가능합니다. 공무원 시험 10개년의 기출 분석과 공무원 시험을 수년간 분석해 온 심우철 선생님의 노하우를 통해 출제 빈도가 높은 2,500개의 표제어를 엄선해서 수록하였습니다.

## 2 2025 공무원 시험 대비 '실무 중심 어휘' 수록

2025년부터 출제 기조가 새롭게 전환되는 공무원 시험에 대비할 수 있도록 실무 중심 어휘 200개를 선별하였습니다. 업무 또는 직무와 연관된 어휘들을 주제별로 정리하여 신유형 독해 지문에 대비하는 데 도움이 됩니다.

## 3 최신 개정판에 새롭게 추가된 '생활영어 표현'

공무원 시험의 생활영어 문제로 출제될 법한 표현들을 상황별로 분류하여 담았습니다. 문제 풀이 시 대화문의 흐름을 빠르게 파악할 수 있도록 해당 표현들을 미리 학습해 두도록 합니다.

## 4 어휘의 초고효율 학습을 위한 '표제어 + 파생어/유의어/예문' 구성

『심슨 보카』는 학습의 부담감을 줄이기 위해 중요 핵심 어휘만 표제어로 선정한 대신, 파생어, 유의어, 예문, 그리고 부록(기초 어휘)으로 어휘를 확장하여 광범위하게 학습할 수 있도록 구성하였습니다.

## 5 도식화된 '어원과 연상'을 활용한 어휘 학습

영어 어휘 학습에서 어원과 연상이 가지는 역할은 상당히 큽니다. 이에 따라 '어원 중심 어휘'는 각 어휘를 어근, 접두사, 접미사를 중심으로 나누고 도식화하였으며, '연상 중심 어휘'는 각 어휘의 발음과 형태를 이용해 연상 설명을 덧붙였습니다. 학습자들은 이 두 가지 학습 방식으로 학습 흥미를 높이고 강력한 암기 효과를 얻을 수 있습니다.

## 6 반복적인 노출을 통한 '유의어' 학습

수험생들이 가장 힘들어하는 유의어 암기를 돕고자 표제어로 나온 어휘가 다른 표제어의 유의어로 여러 차례 등장하도록 구성하였습니다. 어휘의 반복적인 노출을 통해 궁극적으로는 장기 기억 효과를 얻을 수 있습니다.

## 7 학습 효과를 극대화하는 무료 학습 자료 제공

시간과 장소에 구애받지 않고 어휘를 들으면서 암기할 수 있는 음원 MP3 파일을 비롯하여, 심우철 선생님의 동영상 강의, 주관식 테스트지, 단어장 암기고래 APP을 통한 서비스 등의 다양한 학습 자료를 제공해 드리고 있습니다.

## 부가 학습 자료

**음원 MP3 파일**

음원 다운로드

**단어장 암기고래 APP**

iOS용 다운로드

Android용 다운로드

APP 100% 활용법

**주관식 테스트지**

공식 카페 바로가기

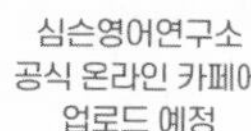

심슨영어연구소 공식 온라인 카페에 업로드 예정

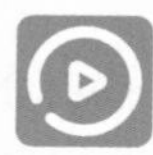

**심우철 선생님 동영상 강의**

커넥츠 공단기 홈페이지에서 업로드 예정

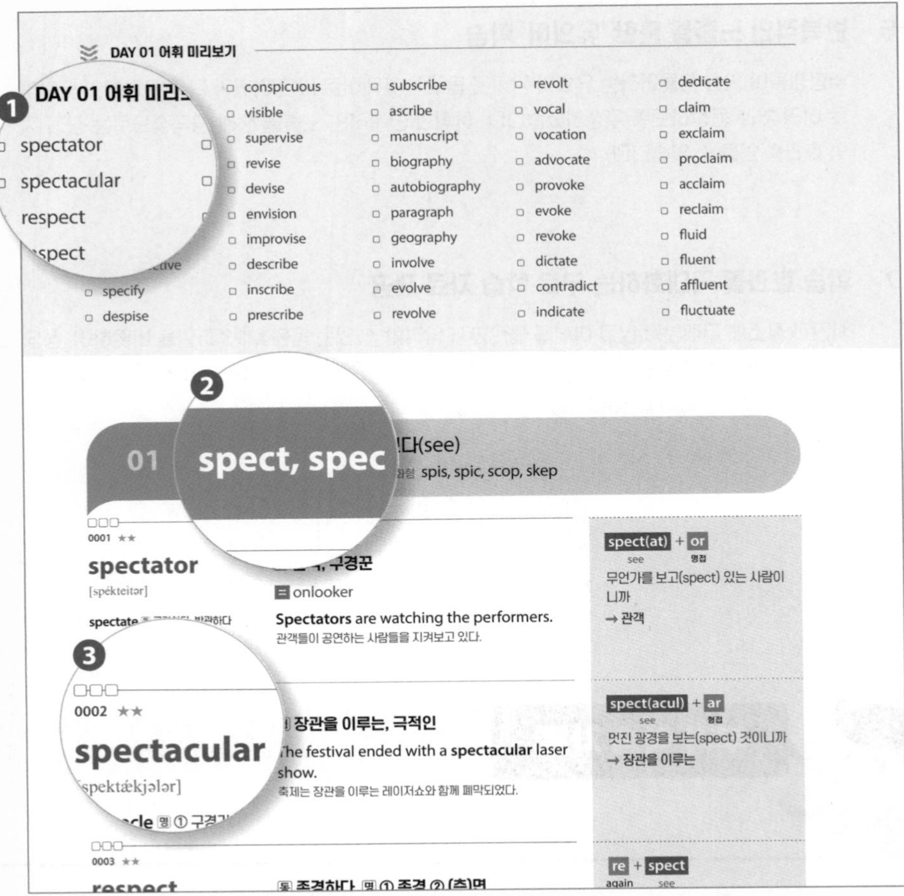


## ❶ DAY 어휘 미리보기

각 DAY 학습 전후로 자신의 어휘력을 점검할 수 있습니다.

## ❷ 핵심 어원과 의미

핵심 어원의 형태와 의미를 파악하면 그와 관련된 어휘를 효율적으로 암기할 수 있습니다.

## ❸ 어휘 중요도와 회독 체크박스

출제 빈도에 따라 어휘들을 별표(★)로 구분하였고, 별 2개(★★)는 빈출 어휘, 1개(★)는 종종 나오는 어휘, 0개는 심화 어휘입니다. 또한, 회독 체크박스를 활용하여 자신의 어휘 암기 횟수를 점검해 보세요.

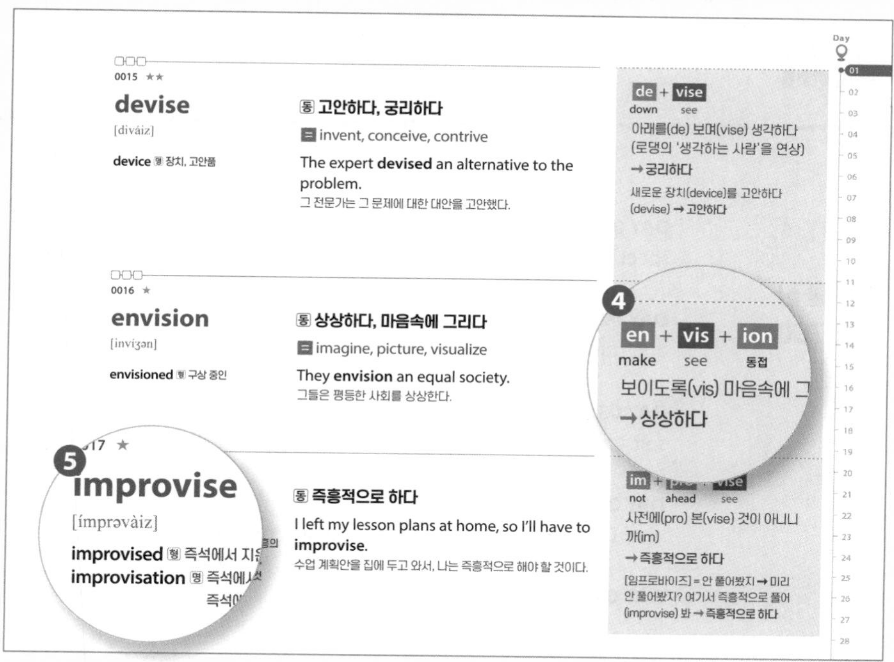
0015 ★★
devise
[diváiz]
device 명 장치, 고안품
동 고안하다, 궁리하다
invent, conceive, contrive
The expert devised an alternative to the problem.
그 전문가는 그 문제에 대한 대안을 고안했다.
de + vise
down see
아래를(de) 보며(vise) 생각하다 (로댕의 '생각하는 사람'을 연상)
→ 궁리하다
새로운 장치(device)를 고안하다 (devise) → 고안하다
0016 ★
envision
[invíʒən]
envisioned 형 구상 중인
동 상상하다, 마음속에 그리다
imagine, picture, visualize
They envision an equal society.
그들은 평등한 사회를 상상한다.
en + vis + ion
make see 동접
보이도록(vis) 마음속에 그
→ 상상하다
improvise
[ímprəvàiz]
improvised 형 즉석에서 지은
improvisation 명 즉석에서
동 즉흥적으로 하다
I left my lesson plans at home, so I'll have to improvise.
수업 계획안을 집에 두고 와서, 나는 즉흥적으로 해야 할 것이다.
im + pro + vise
not ahead see
사전에(pro) 본(vise) 것이 아니니까(im)
→ 즉흥적으로 하다
[임프로바이즈] = 안 풀어봤지 → 미리 안 풀어봤지? 여기서 즉흥적으로 풀어 (improvise) 봐 → 즉흥적으로 하다

## ❹ 도식화된 어원과 연상

한 눈에 이해할 수 있는 어원 설명뿐만 아니라 어휘의 발음과 형태를 뜻과 연관시킨 연상 기법이 단어들을 오래 기억할 수 있도록 돕습니다.

## ❺ 파생어/유의어/예문

어휘의 파생어, 유의어까지 한번에 암기할 수 있으며, 예문을 통해 문장 속 어휘의 쓰임을 이해할 수 있습니다.

43
01 업무
2101
public official

❻ 실무 핵심 어휘

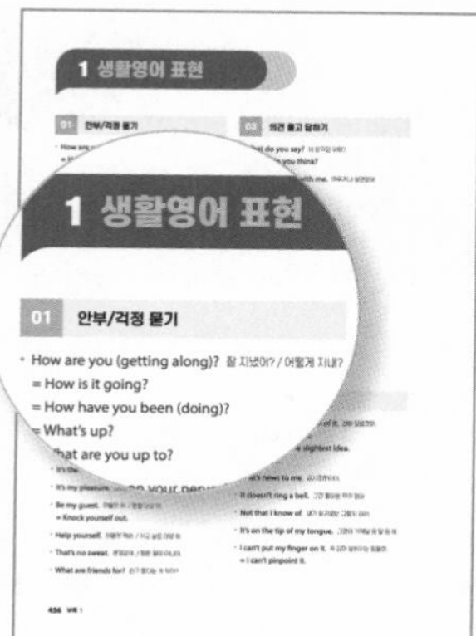
1 생활영어 표현
01 안부/걱정 묻기
How are you (getting along)?
= How is it going?
= How have you been (doing)?
= What's up?

❼ 부록 1 생활영어 표현

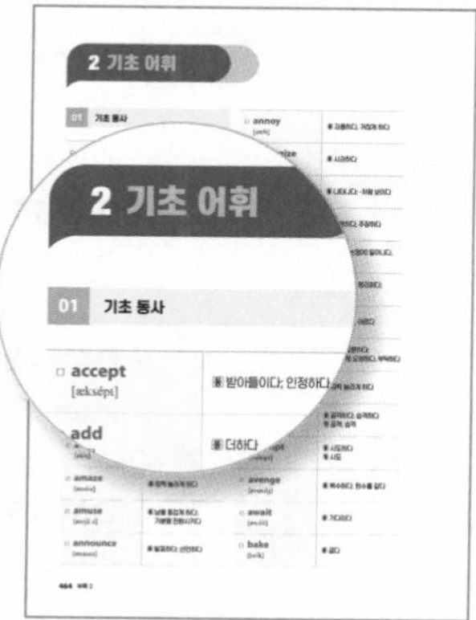
2 기초 어휘
01 기초 동사
accept
add

❽ 부록 2 기초 어휘

# 목차

## PART 1

**어원 중심 어휘 700**

# 학습 플랜

아래의 표는 심슨영어연구소에서 권장하는 하나의 예시 계획표입니다.
참고하여 각자 본인의 현재 상황에 맞게 실행 가능하고 효율적인 계획을 세워보도록 합시다!

## 1. 누적 복습 Course: 11주 3회독 완성 계획표

| | | | | | | | |
|---|---|---|---|---|---|---|---|
| 1주차 | 1일차 | 2일차 | 3일차 | 4일차 | 5일차 | 6일차 | 7일차 |
| | DAY 01 | DAY 02 | DAY 03 | DAY 01~03 | DAY 04 | DAY 05 | DAY 06 |
| 2주차 | 8일차 | 9일차 | 10일차 | 11일차 | 12일차 | 13일차 | 14일차 |
| | DAY 04~06 | DAY 01~06 | DAY 07 | DAY 08 | DAY 09 | DAY 07~09 | DAY 10 |
| 3주차 | 15일차 | 16일차 | 17일차 | 18일차 | 19일차 | 20일차 | 21일차 |
| | DAY 11 | DAY 12 | DAY 10~12 | DAY 07~12 | DAY 13 | DAY 14 | DAY 15 |
| 4주차 | 22일차 | 23일차 | 24일차 | 25일차 | 26일차 | 27일차 | 28일차 |
| | DAY 13~15 | DAY 16 | DAY 17 | DAY 18 | DAY 16~18 | DAY 13~18 | DAY 19 |
| 5주차 | 29일차 | 30일차 | 31일차 | 32일차 | 33일차 | 34일차 | 35일차 |
| | DAY 20 | DAY 21 | DAY 19~21 | DAY 22 | DAY 23 | DAY 24 | DAY 22~24 |
| 6주차 | 36일차 | 37일차 | 38일차 | 39일차 | 40일차 | 41일차 | 42일차 |
| | DAY 19~24 | DAY 25 | DAY 26 | DAY 27 | DAY 25~27 | DAY 28 | DAY 29 |
| 7주차 | 43일차 | 44일차 | 45일차 | 46일차 | 47일차 | 48일차 | 49일차 |
| | DAY 30 | DAY 28~30 | DAY 25~30 | DAY 31 | DAY 32 | DAY 33 | DAY 31~33 |
| 8주차 | 50일차 | 51일차 | 52일차 | 53일차 | 54일차 | 55일차 | 56일차 |
| | DAY 34 | DAY 35 | DAY 36 | DAY 34~36 | DAY 31~36 | DAY 37 | DAY 38 |
| 9주차 | 57일차 | 58일차 | 59일차 | 60일차 | 61일차 | 62일차 | 63일차 |
| | DAY 39 | DAY 37~39 | DAY 40 | DAY 41 | DAY 42 | DAY 40~42 | DAY 37~42 |
| 10주차 | 64일차 | 65일차 | 66일차 | 67일차 | 68일차 | 69일차 | 70일차 |
| | DAY 43 | DAY 44 | DAY 45 | DAY 43~45 | DAY 46 | DAY 47 | DAY 48 |
| 11주차 | 71일차 | 72일차 | 73일차 | 74일차 | 75일차 | 76일차 | 77일차 |
| | DAY 46~48 | DAY 43~48 | DAY 49 | DAY 50 | DAY 49 | DAY 50 | DAY 49~50 |

## 2. 인텐시브 Course: 8주 4회독 완성 계획표

| | | | | | | | |
|---|---|---|---|---|---|---|---|
| 1주차 | 1일차 | 2일차 | 3일차 | 4일차 | 5일차 | 6일차 | 7일차 |
| | DAY 01, 02 | DAY 03, 04 | DAY 01~04 | DAY 05, 06 | DAY 07, 08 | DAY 05~08 | DAY 01~08 |
| 2주차 | 8일차 | 9일차 | 10일차 | 11일차 | 12일차 | 13일차 | 14일차 |
| | DAY 09, 10 | DAY 11, 12 | DAY 09~12 | DAY 13, 14 | DAY 15, 16 | DAY 13~16 | DAY 09~16 |
| 3주차 | 15일차 | 16일차 | 17일차 | 18일차 | 19일차 | 20일차 | 21일차 |
| | DAY 17, 18 | DAY 19, 20 | DAY 17~20 | DAY 21, 22 | DAY 23, 24 | DAY 21~24 | DAY 17~24 |
| 4주차 | 22일차 | 23일차 | 24일차 | 25일차 | 26일차 | 27일차 | 28일차 |
| | DAY 25, 26 | DAY 27, 28 | DAY 25~28 | DAY 29, 30 | DAY 31, 32 | DAY 29~32 | DAY 25~32 |
| 5주차 | 29일차 | 30일차 | 31일차 | 32일차 | 33일차 | 34일차 | 35일차 |
| | DAY 33, 34 | DAY 35, 36 | DAY 33~36 | DAY 37, 38 | DAY 39, 40 | DAY 37~40 | DAY 33~40 |
| 6주차 | 36일차 | 37일차 | 38일차 | 39일차 | 40일차 | 41일차 | 42일차 |
| | DAY 41, 42 | DAY 43, 44 | DAY 41~44 | DAY 45, 46 | DAY 47, 48 | DAY 45~48 | DAY 41~48 |
| 7주차 | 43일차 | 44일차 | 45일차 | 46일차 | 47일차 | 48일차 | 49일차 |
| | DAY 49, 50 | DAY 49~50 | DAY 01~04 | DAY 05~08 | DAY 09~12 | DAY 13~16 | DAY 17~20 |
| 8주차 | 50일차 | 51일차 | 52일차 | 53일차 | 54일차 | 55일차 | 56일차 |
| | DAY 21~24 | DAY 25~28 | DAY 29~32 | DAY 33~36 | DAY 37~40 | DAY 41~45 | DAY 46~50 |

## 3. 최종 회독 Course: 4주 3회독 완성 계획표

| | | | | | | | |
|---|---|---|---|---|---|---|---|
| 1주차 | 1일차 | 2일차 | 3일차 | 4일차 | 5일차 | 6일차 | 7일차 |
| | DAY 01~04 | DAY 05~08 | DAY 09~12 | DAY 13~16 | DAY 17~20 | DAY 21~24 | DAY 25~28 |
| 2주차 | 8일차 | 9일차 | 10일차 | 11일차 | 12일차 | 13일차 | 14일차 |
| | DAY 29~32 | DAY 33~36 | DAY 37~40 | DAY 41~44 | DAY 45~48 | DAY 49~04 | DAY 05~10 |
| 3주차 | 15일차 | 16일차 | 17일차 | 18일차 | 19일차 | 20일차 | 21일차 |
| | DAY 11~16 | DAY 17~22 | DAY 23~28 | DAY 29~34 | DAY 35~40 | DAY 41~46 | DAY 47~03 |
| 4주차 | 22일차 | 23일차 | 24일차 | 25일차 | 26일차 | 27일차 | 28일차 |
| | DAY 04~10 | DAY 11~17 | DAY 18~24 | DAY 25~31 | DAY 32~38 | DAY 39~45 | DAY 46~50 |

PART

# 1

# 어원 중심 어휘 700

—

어근, 접두사, 접미사를 도식화한 어원 설명과 함께
쉽고 효율적으로 암기하는 어휘

—

# DAY 01 / DAY 14

심슨보카

shimson voca

DAY **01**

## DAY 01 어휘 미리보기

DAY 01

| | | | | |
|---|---|---|---|---|
| □ spectator | □ conspicuous | □ subscribe | □ revolt | □ dedicate |
| □ spectacular | □ visible | □ ascribe | □ vocal | □ claim |
| □ respect | □ supervise | □ manuscript | □ vocation | □ exclaim |
| □ inspect | □ revise | □ biography | □ advocate | □ proclaim |
| □ suspect | □ devise | □ autobiography | □ provoke | □ acclaim |
| □ retrospect | □ envision | □ paragraph | □ evoke | □ reclaim |
| □ perspective | □ improvise | □ geography | □ revoke | □ fluid |
| □ introspective | □ describe | □ involve | □ dictate | □ fluent |
| □ specify | □ inscribe | □ evolve | □ contradict | □ affluent |
| □ despise | □ prescribe | □ revolve | □ indicate | □ fluctuate |

## 01 spect, spec

보다(see)

변화형 spis, spic, scop, skep

□□□

0001 ★★

### spectator

[spékteitər]

spectate 동 구경하다, 방관하다

명 **관객, 구경꾼**

= onlooker

**Spectators** are watching the performers.

관객들이 공연하는 사람들을 지켜보고 있다.

spect(at) + or
see 명접
무언가를 보고(spect) 있는 사람이니까
→ 관객

□□□

0002 ★★

### spectacular

[spektǽkjələr]

spectacle 명 ① 구경거리, 장관 ② 안경[*pl.*]

형 **장관을 이루는, 극적인**

The festival ended with a **spectacular** laser show.

축제는 장관을 이루는 레이저쇼와 함께 폐막되었다.

spect(acul) + ar
see 형접
멋진 광경을 보는(spect) 것이니까
→ 장관을 이루는

□□□

0003 ★★

### respect

[rispékt]

respectful 형 존중하는, 공손한
respective 형 각각의, 각자의
respectable 형 존경할 만한, 훌륭한

동 **존경하다** 명 **① 존경 ② (측)면**

= 동 admire, honor, revere, esteem

They trust and **respect** each other.

그들은 서로를 믿고 존경한다.

re + spect
again see
보고 또(re) 볼만한(spect) 사람이니까
→ 존경하다

0004 ★★

## inspect

[inspékt]

**inspection** 명 점검, 사찰
**inspector** 명 조사관, 감독관

동 **조사하다**

= investigate, examine, probe, scrutinize

The employee should **inspect** what is going on.
그 직원은 일이 어떻게 되어 가는지 조사해야 한다.

**in** + **spect**
in / see
안을(in) 들여다보다(spect)
→ 조사하다

0005 ★★

## suspect

[səspékt]

**suspicious** 형 의심스러운
**suspicion** 명 의심

동 **의심하다** 명 **혐의자, 용의자**

= 동 doubt, question, mistrust

The policeman **suspected** his behavior.
경찰관은 그의 행동을 의심했다.

**su** + **spect**
up to / see
사실이 밝혀질 때까지(su) 유심히 보다(spect)
→ 의심하다

0006 ★

## retrospect

[rétrəspèkt]

**retrospective** 형 회고하는
**retrospection** 명 회고, 회상

명 **회상, 추억** 동 **회고하다, 회상하다**

= 동 recall, recollect

In **retrospect**, I think that I was wrong.
회상해 보면, 내가 틀렸다고 생각한다.

**retro** + **spect**
back / see
뒤돌아(retro)보니까(spect)
→ 회고하다

0007 ★★

## perspective

[pərspéktiv]

명 **① 관점, 시각 ② 원근법**

= ① view, standpoint

He saw the issue from a social **perspective**.
그는 그 문제를 사회적 관점에서 보았다.

**per** + **spect** + **ive**
through / see / 명접
전체를 두루(per) 봄(spect)
→ 관점

0008 ★

## introspective

[intrəspéktiv]

**introspect** 동 자기반성하다
**introspection** 명 자기반성

형 **① 자기 성찰의, 자기반성의 ② 내성적인**

= ② shy, timid, reserved, introverted

He is **introspective** and likes being alone.
그는 내성적이고 혼자 있는 것을 좋아한다.

**intro** + **spect** + **ive**
inward / see / 형접
자신의 안을(intro) 들여다보는(spect) 거니까
→ 자기반성의

0009 ★★

## specify

[spésəfài]

**specified** 형 명시된

동 **명시하다, 구체화하다**

= stipulate

We **specified** the amount of money needed for the project.
우리는 그 계획에 필요한 금액을 명시했다.

**spec(i)** + **fy**
see / 동접
눈으로 자세히 볼(spec) 수 있게 하다(fy)
→ 명시하다

0010 ★

### despise

[dispáiz]

**despicable** 형 비열한, 야비한

동 **경멸하다, 혐오하다**

= hate, detest, loathe, abhor

I **despise** people who spit on the street.
나는 길에 침 뱉는 사람들을 경멸한다.

de + spis(e)
down see
눈을 아래로(de) 낮추어서 보다(spis)
→ 경멸하다

0011 ★

### conspicuous

[kənspíkjuəs]

**conspicuously** 부 눈에 띄게, 두드러지게

형 **눈에 잘 띄는, 뚜렷한**

= obvious, distinct, apparent, evident, noticeable

Most people don't want to be too **conspicuous.**
대부분의 사람들이 너무 눈에 띄는 것을 원하지 않는다.

con + spic(u) + ous
completely see 형접
완전히(con) 보이는(spic) 것이니까
→ 눈에 잘 띄는

## 02 vis

보다(see)

변화형 vid, vise, vy

0012 ★★

### visible

[vízəbl]

형 **① 눈에 보이는 ② 명백한**

The solar eclipse was **visible** from the coast.
개기일식은 해안에서 볼 수 있었다.

vis + ible
see 형접(할 수 있는, 하기 쉬운)
보일(vis) 수 있는(ible)
→ 눈에 보이는

0013 ★★

### supervise

[sú:pərvàiz]

**supervisor** 명 감독관, 관리자
**supervision** 명 감독, 감시

동 **감독하다, 관리하다**

= oversee, monitor

The teacher **supervised** the children playing outside.
그 교사는 밖에서 노는 아이들을 감독했다.

super + vise
over see
위에서(super) 내려다보다(vise)
→ 감독하다

[수퍼바이즈] = 슈퍼 봐야지 → 슈퍼가 잘 운영되는지 지켜봐야지
→ 감독하다, 관리하다

0014 ★★

### revise

[riváiz]

**revision** 명 수정 (사항), 검토

동 **수정하다, 개정하다**

= correct, redress, mend, amend, rectify

The new government will **revise** the policy.
새 정부는 그 정책을 개정할 것이다.

re + vise
again see
다시(re) 들여다보고(vise) 바꾸다
→ 수정하다, 개정하다

0015 ★★

## devise

[diváiz]

**device** 명 장치, 고안품

동 **고안하다, 궁리하다**

= invent, conceive, contrive

The expert **devised** an alternative to the problem.
그 전문가는 그 문제에 대한 대안을 고안했다.

**de** + **vise**
down see
아래를(de) 보며(vise) 생각하다 (로댕의 '생각하는 사람'을 연상)
→ 궁리하다
새로운 장치(device)를 고안하다 (devise) → 고안하다

0016 ★

## envision

[invíʒən]

**envisioned** 형 구상 중인

동 **상상하다, 마음속에 그리다**

= imagine, picture, visualize

They **envision** an equal society.
그들은 평등한 사회를 상상한다.

**en** + **vis** + **ion**
make see 동접
보이도록(vis) 마음속에 그리다(en)
→ 상상하다

0017 ★

## improvise

[ímprəvàiz]

**improvised** 형 즉석에서 지은, 즉흥의
**improvisation** 명 즉석에서 하기, 즉석에서 한 것

동 **즉흥적으로 하다**

I left my lesson plans at home, so I'll have to **improvise**.
수업 계획안을 집에 두고 와서, 나는 즉흥적으로 해야 할 것이다.

**im** + **pro** + **vise**
not ahead see
사전에(pro) 본(vise) 것이 아니니까(im)
→ 즉흥적으로 하다
[임프로바이즈] = 안 풀어봤지 → 미리 안 풀어 봤지? 여기서 즉흥적으로 풀어(improvise) 봐 → 즉흥적으로 하다

# 03 scrib

쓰다(write)

변화형 script

0018 ★★

## describe

[diskráib]

**description** 명 묘사, 서술
**descriptive** 형 묘사적인, 서술적인

동 **묘사하다, 서술하다**

= illustrate, portray, depict

It **described** ways to keep teeth healthy.
그것은 치아를 건강하게 유지할 수 있는 방법들을 묘사하고 있었다.

**de** + **scrib(e)**
down write
아래로(de) 써(scrib) 내려가다
→ 서술하다

0019 ★

## inscribe

[inskráib]

**inscription** 명 적힌 것, 비문

동 **① 쓰다, 새기다 ② 명심하다**

= ① carve, incise, engrave

He **inscribed** his name on the stone.
그는 자신의 이름을 돌에 새겼다.

**in** + **scrib(e)**
in write
돌이나 마음 안에(in) 글씨를 쓰다 (scrib)
→ 새기다

0020 ★★

## prescribe

[priskráib]

**prescriptive** 형 지시하는, 규범적인
**prescription** 명 처방전, 처방된 약

동 ① 처방하다 ② 규정하다

The doctor **prescribed** him a stronger medicine.
의사는 그에게 더 강한 약을 처방했다.

pre + scrib(e)
before write
약을 타기 전에 의사가 미리(pre) 써(scrib) 주는 것이니까
→ 처방하다

0021 ★★

## subscribe

[səbskráib]

**subscription** 명 ① 구독(료), 가입 ② 기부(금)
**subscriber** 명 ① 구독자 ② 기부자, 후원자

동 ① 구독하다, 가입하다 ② 기부하다

Which journals do you **subscribe** to?
당신은 어떤 저널들을 구독하나요?

sub + scrib(e)
under write
문서 아래(sub) 서명란에 사인하다(scrib)
→ 가입하다

0022 ★

## ascribe

[əskráib]

동 -의 탓으로 돌리다

= attribute, credit, accredit

She **ascribed** her failure to bad luck.
그녀는 그녀의 실패를 불운 탓으로 돌렸다.

a + scrib(e)
to write
-에게(a) 책임이 있다고 쓰다(scrib)
→ -의 탓으로 돌리다

0023 ★★

## manuscript

[mǽnjuskrìpt]

명 원고, 손으로 쓴 책

He also wrote some movie **manuscripts**.
그는 몇 편의 영화 대본도 썼다.

manu + script
hand write
손(manu)으로 쓴(script) 것이니까
→ 원고, 손으로 쓴 책

# 04 graph

쓰다(draw, write)
변화형 gram

0024 ★★

## biography

[baiɑ́:grəfi]

명 전기, 일대기

Which do you prefer between **biography** and fiction?
당신은 전기와 소설 중에서 어느 것을 더 좋아하나요?

bio + graph + y
life write 명접
살아 있었던 사람(life)에 대해 쓰는(graph) 것이니까
→ 전기

0025 ★★

## autobiography

[ɔ̀:təbaiɑ́:grəfi]

명 자서전

You should write your **autobiography**.
당신은 자서전을 써야 한다.

auto + bio + graph + y
self life write 명접
스스로(auto) 살아 있는 자신(bio)의 이야기를 쓰는(graph) 것이니까
→ 자서전

0026 ★★

**paragraph**

[pǽrəgræf]

명 문단, 단락, 절

This **paragraph** is too long to follow.
이 단락은 너무 길어서 이해가 잘 안된다.

para + graph
beside write
나란히(para) 쓰인(graph) 글의 한 토막이니까
→ 단락

0027 ★★

**geography**

[dʒiáːgrəfi]

geographic(al) 형 지리(학)상의, 지리(학)적인

명 지리학

We learn science, history, and **geography** at school.
우리는 학교에서 과학, 역사 그리고 지리학을 배운다.

geo + graph + y
earth write 명접
땅(geo)에 관한 기록을 쓰는(graph) 학문이니까
→ 지리학

## 05 volv

말다, 돌다(roll)

변화형 volu, volut, volt

0028 ★★

**involve**

[inválv]

involvement 명 ① 관련, 개입 ② 몰두, 열중

동 ① 포함하다, 수반하다 ② 관련시키다

= ① include, incorporate, entail

Don't **involve** me in that matter.
그 일에 날 끌어들이지 마.

in + volv(e)
in roll
안으로(in) 말아(volv) 넣다
→ 포함하다

0029 ★★

**evolve**

[iválv]

evolution 명 ① 진화 ② 발전

동 진화하다[시키다], 발전하다[시키다]

We didn't **evolve** to have the same brain.
우리는 같은 뇌를 갖도록 진화하지 않았다.

e + volv(e)
out roll
밖으로(e) 점점 굴러가서(volv) 커지니까
→ 진화하다, 발전하다

0030 ★★

**revolve**

[riválv]

revolution 명 ① 혁명, 대변혁 ② 회전, 공전
revolutionary 형 혁명의, 혁명적인, 획기적인

동 회전하다, 돌다

= turn, rotate

The earth **revolves** around the sun.
지구는 태양 주위를 돈다.

re + volv(e)
again roll
계속(re) 돌다(volv)
→ 회전하다

0031 ★

## revolt

[rivóult]

동 반란을 일으키다, 반항하다 명 반역, 반항

= 명 rebellion, uprising, insurrection

They **revolted** against the dictator.
그들은 그 독재자에 대항하여 반란을 일으켰다.

re + volt
back roll
정부에 대해 뒤로(re) 돌아서는 (volt) 것이니까
→ 반란을 일으키다

# 06 voc

① 목소리(voice) ② 부르다(call)

변화형 voke

0032 ★★

## vocal

[vóukəl]

**vocalize** 동 목소리를 내다, 노래하다

형 목소리의 명 보컬, 노래 부분

As a singer, his **vocal** powers get into full swing.
가수로서 그의 목소리의 힘은 최고조에 달한다.

voc + al
voice 형·명접
목소리(voc)에 관한 것이니까
→ 목소리의

0033 ★★

## vocation

[voukéiʃən]

**vocational** 형 직업과 관련된, 직업상의

명 ① 천직, 소명 ② 직업

= ② occupation, profession

He is a doctor with a strong sense of **vocation**.
그는 강한 소명 의식을 가진 의사이다.

voc + ation
call 명접
신의 부름(voc)
→ 천직

0034 ★★

## advocate

동 [ǽdvəkèit]
명 [ǽdvəkət]

**advocacy** 명 지지

동 ① 변호하다, 지지하다 ② 주장하다
명 지지자, 옹호자

= 동 ① back, support, uphold

Most experts **advocate** the reduction of all violence.
대부분의 전문가들은 모든 폭력의 감소를 지지한다.

ad + voc + ate
to call 동·명접
-에(ad) 자신의 목소리를(voc) 내니까
→ 변호하다, 지지하다

0035 ★★

## provoke

[prəvóuk]

**provocation** 명 도발, 자극
**provocative** 형 도발적인

동 ① (특정 반응을) 유발하다 ② 화나게 하다

= ① generate, induce, evoke, elicit

The news **provoked** a negative response.
그 뉴스는 부정적인 반응을 유발했다.

pro + voke
forward call
감정을 앞으로(pro) 불러내니까 (voke)
→ 유발하다

0036 ★

**evoke**

[ivóuk]

**evocative** 형 불러일으키는
**evocation** 명 불러냄, 환기

동 **불러내다, (기억·감정을) 일깨우다**

= generate, provoke, induce, elicit

Her case **evoked** public sympathy.
그녀의 사건이 대중의 연민을 불러일으켰다.

e + voke
out call
밖으로(e) 불러내니까(voke)
→ 불러내다

0037 ★

**revoke**

[rivóuk]

**revocation** 명 폐지, 철회

동 **무효로 하다, 취소하다**

= abolish, repeal, abrogate

His license was **revoked** for three months.
그는 3개월간 면허가 취소되었다.

re + voke
back call
앞에서 한 말을 다시 뒤로(re) 불러오니까(voke)
→ 무효로 하다

## 07 dict, dic 말하다(say, speak)

0038 ★★

**dictate**

[díkteit]

**dictation** 명 구술, 받아쓰기 시험
**dictator** 명 독재자

동 **① 명령하다, 지시하다**
**② 받아쓰게 하다, 구술하다**
명 **명령, 지시[주로 *pl.*]**

= 동 ① order, command, mandate

She **dictated** a letter to her secretary.
그녀는 비서에게 편지를 받아쓰게 했다.

dict + ate
say 동접
상대방에게 말하다(dict)
→ 명령하다, 지시하다

0039 ★★

**contradict**

[kɑ̀:ntrədíkt]

**contradictory** 형 모순되는
**contradiction** 명 모순, 반박

동 **① 반박하다, 반대하다 ② 모순되다**

I **contradicted** everything he said.
나는 그가 한 모든 말을 반박했다.

contra + dict
opposite say
상대방의 주장에 대해 반대로(contra) 말하다(dict)
→ 반박하다

0040 ★★

**indicate**

[índikèit]

**indicative** 형 나타내는, 시사하는
**indication** 명 암시, 표시
**indicator** 명 지표

동 **① 나타내다, 암시하다**
**② 지시하다, 가리키다**

= ① suggest, imply, infer, signify

The survey **indicates** a boom in the economy.
그 조사는 경제가 호황임을 나타낸다.

in + dic + ate
in say 동접
안쪽을(in) 가리키며 말하다(dic)
→ 나타내다
드러내지 않고 안으로(in) 말하다(dic)
→ 암시하다

0041 ★★

**dedicate**

[dédikèit]

**dedicated** 형 헌신적인
**dedication** 명 헌신

동 **바치다, 헌신하다, 전념하다**

= devote, commit

He **dedicated** his life to academic research.
그는 학술 연구에 그의 생애를 바쳤다.

**de** + **dic** + **ate**
away say 동접

속세로부터 멀어져(de) 신께 봉헌하겠다고 말하다(dic)
→ **바치다**

[대디케이트] = 대디께 → 대디(하느님 아버지)께 몸과 마음을 바치다
→ **헌신하다**

## 08 claim

외치다(cry, shout)

변화형 clam

0042 ★★

**claim**

[kleim]

동 **요구하다, 주장하다** 명 **요구, 주장**

= 동 maintain, insist, assert, affirm

Intentionally making false **claims** for a product is fraud.
의도적으로 상품에 대해 거짓된 주장을 하는 것은 사기이다.

**claim**
cry

무언가를 위해 외치는(claim) 거니까
→ **요구하다, 주장하다**

[클레임] = 크림 → 아이가 가게에서 (아이스)크림을 요구하다(claim)
→ **요구하다, 주장하다**

0043 ★★

**exclaim**

[ikskléim]

동 **소리치다, 외치다**

= roar

"It isn't fair!" she **exclaimed** angrily.
"이건 불공평해!" 그녀가 화가 나서 소리쳤다.

**ex** + **claim**
out cry

밖으로(ex) 크게 외치다(claim)
→ **소리치다**

0044 ★★

**proclaim**

[proukléim]

**proclamation** 명 ① 선언, 선포 ② 선언서, 성명서

동 **선언[선포]하다**

= declare, announce, profess

They **proclaimed** the independence of Korea.
그들은 대한민국의 독립을 선언했다.

**pro** + **claim**
forward cry

국민들 앞에서(pro) 어떤 제도나 법령을 외치다(claim)
→ **선언하다, 선포하다**

0045 ★

**acclaim**

[əkléim]

**acclamation** 명 환호, 갈채
**acclaimed** 형 칭찬을 받는

동 **칭송하다, 환호하다**

= compliment, applaud, praise, commend

The song was **acclaimed** as a masterpiece.
그 곡은 걸작으로 칭송받았다.

**ac** + **claim**
to cry

-쪽을 향해(ac) 강하게 소리치다(claim)
→ **환호하다**

0046 ★

## reclaim

[rikléim]

reclamation 명 ① 개간 ② 교정, 교화

동 ① 되찾다 ② 개간하다 ③ 교화하다

This land will be **reclaimed** for building a golf course.
이 땅은 골프장 건설을 위해 개간될 것이다.

re + claim
again cry
다시(re) 요구하는(claim) 거니까
→ 되찾다
[리클레임] = 이끌림 → 착한 친구에 의해 좋은 쪽으로 이끌림 → 교화하다

# 09 flu

흐르다(flow)

변화형 flux, fluct, fluv

0047 ★★

## fluid

[flú:id]

명 유동체[액체, 기체]
형 유동적인, 변하기 쉬운
= liquid

Water, milk, gasoline, and oil are all examples of **fluids**.
물, 우유, 휘발유 그리고 기름은 모두 액체의 예이다.

flu + id
flow 형·명접
흐르는(flu) 것이니까
→ 유동체, 유동적인

0048 ★★

## fluent

[flú:ənt]

fluently 부 유창하게
fluency 명 유창함

형 유창한, 능변의
= eloquent

He is **fluent** in Spanish.
그는 스페인어에 유창하다.

flu + ent
flow 형접
말을 물 흐르듯(flu) 하니까
→ 유창한

0049 ★★

## affluent

[ǽfluənt]

affluence 명 ① 풍부 ② 부유

형 ① 풍부한 ② 부유한
= ① abundant, luxuriant, ample, copious

She lives in an **affluent** suburb.
그녀는 부유한 교외 지역에 살고 있다.

af + flu + ent
to flow 형접
-에(af) 흘러넘칠(flu) 만큼 있는 거니까
→ 풍부한

0050 ★★

## fluctuate

[flʌ́ktʃuèit]

fluctuation 명 오르내림, 변동

동 오르내리다, 변동하다

Stock prices continue to **fluctuate**.
주가가 계속 오르내리고 있다.

fluct(u) + ate
flow 동접
파도의 흐름(fluct)처럼 이리저리 요동치게 하는 거니까
→ 오르내리다

# DAY 02

DAY 02

## DAY 02 어휘 미리보기

| | | | | |
|---|---|---|---|---|
| □ produce | □ ecology | □ humility | □ evacuate | □ genesis |
| □ reduce | □ anthropology | □ humiliate | □ devastate | □ engender |
| □ induce | □ formula | □ exhume | □ legal | □ genuine |
| □ deduce | □ uniform | □ humid | □ legitimate | □ genius |
| □ seduce | □ inform | □ vacant | □ legislation | □ ingenious |
| □ conduct | □ reform | □ vague | □ privilege | □ indigenous |
| □ biology | □ conform | □ vain | □ legacy | □ pesticide |
| □ sociology | □ transform | □ vacuum | □ delegate | □ genocide |
| □ psychology | □ deform | □ vanish | □ generate | □ homicide |
| □ geology | □ humble | □ evaporate | □ genetic | □ precise |

## 10 duc, duct 이끌다, 인도하다(lead)

0051 ★★

### produce

통 [prədúːs] 명 [prɑ́duːs]

통 ① 생산하다, 제조하다 ② (결과 등을) 낳다
명 농산물

The region **produces** over 50% of the country's wheat.
그 지역은 그 나라 밀의 50%가 넘는 양을 생산한다.

**product** 명 상품, 제품, (총)생산량
**production** 명 생산(량)
**productive** 형 생산적인, 비옥한
**productivity** 명 생산성

**pro** + **duc(e)**
forward lead
다음(pro) 단계로 이끌면서(duc) 만들어 내는 것이므로
→ 생산하다

0052 ★★

### reduce

[ridúːs]

통 줄이다, 축소하다

= lessen, abate, curtail

Being active **reduces** the risk of heart disease.
활동적인 것은 심장병의 위험을 줄인다.

**reduction** 명 감소, 축소, 삭감(액)

**re** + **duc(e)**
back lead
현 상태에서 뒤로(re) 이끄니까(duc)
→ 줄이다, 축소하다

0053 ★★

### induce

[indúːs]

통 ① 유도하다, 설득하다
② 유발하다, 일으키다

= ② generate, provoke, evoke, elicit

Nothing would **induce** him to take the job.
그 무엇으로 유도해도 그는 그 일을 맡지 않을 것이다.

**induction** 명 ① 유도, 도입 ② 귀납(법)
**inducement** 명 권유, 유도(하는 것)

**in** + **duc(e)**
in lead
내 주장 안으로(in) 사람을 끌어오는(duc) 거니까
→ 유도하다

0054 ★

## deduce

[didú:s]

**deductive** 형 연역적인
**deduction** 명 연역, 추론

**동 연역하다, 추론하다**

We can **deduce** a lot from what people buy.
우리는 사람들이 사는 것으로부터 많은 것을 추론할 수 있다.

**de** (down) + **duc(e)** (lead)
일반적 사실 아래에서(de) 특수한 사실을 이끌어내는(duc) 거니까
→ **연역하다**

0055 ★

## seduce

[sidú:s]

**seductive** 형 유혹하는
**seduction** 명 유혹, 매혹

**동 ① 부추기다 ② 유혹하다**

= ② allure, entice, lure

He tried to **seduce** his friend into smoking.
그는 그의 친구가 담배를 피우도록 부추기려 했다.

**se** (away) + **duc(e)** (lead)
바른길에서 이탈하도록(se) 이끌다(duc)
→ **부추기다**

0056 ★★

## conduct

동 [kəndʌ́kt]
명 [kɑ́:ndʌkt]

**conductor** 명 ① 지휘자 ② 안내자 ③ 경영자 ④ 전도체
**semi-conductor** 명 반도체

**동 ① 인도하다, 지휘하다**
**② 경영하다, 수행하다**
**명 ① 수행 ② 실시**

The company **conducted** background checks.
그 회사는 배경 조사를 수행했다.

**con** (together) + **duct** (lead)
사람들/연주자들을 함께(con) 이끄니까(duct)
→ **인도하다, 지휘하다**
기업/어떤 일을 함께(con) 이끄니까(duct)
→ **경영하다, 수행하다**

# 11 logy 학문(study)

0057 ★★

## biology

[baiɑ́:lədʒi]

**biologist** 명 생물학자

**명 생물학**

The students dissected frogs in **biology** class.
학생들은 생물학 수업에서 개구리를 해부했다.

**bio** (life) + **logy** (study)
생물(life)을 연구하는 학문(logy)이니까
→ **생물학**

0058 ★★

## sociology

[sòusiɑ́:lədʒi]

**명 사회학**

I was majoring in **sociology**, but I changed my major to education.
난 사회학을 전공하고 있었는데, 교육학으로 전공을 바꿨다.

**soci(o)** (companion) + **logy** (study)
동료(soci) 집단을 연구하는 학문(logy)이니까
→ **사회학**

Day 01 02 03 04 05 06 07 08 09 10 11 12 13 14 15 16 17 18 19 20 21 22 23 24 25 26 27 28 29 30 31 32 33 34 35 36 37 38 39 40 41 42 43 44 45 46 47 48 49 50 부록1 부록2

0059 ★★

## psychology

[saikά:lədʒi]

**psychological** 형 심리학의, 심리적인
**psychologist** 명 심리학자

명 ① 심리학 ② 심리 (상태)

Our **psychology** is another factor in the consumption of calories.
우리의 심리 상태는 칼로리 섭취의 또 다른 요인이다.

psycho + logy
spirit study
정신(psycho)을 연구하는 학문(logy)이니까
→ 심리학

0060 ★★

## geology

[dʒiά:lədʒi]

**geologic(al)** 형 지질학의, 지질의

명 지질학

I'm going to take a **geology** course next semester.
나는 다음 학기에 지질학 과목을 들으려 한다.

geo + logy
earth study
땅(geo)을 연구하는 학문(logy)이니까
→ 지질학

0061 ★★

## ecology

[ikά:lədʒi]

**ecological** 형 생태학의
**ecologically** 부 생태학적으로

명 ① 생태학 ② 생태계

The oil spill caused great damage to the fragile **ecology** of the coastline.
기름 유출이 해안지대의 취약한 생태계에 크나큰 피해를 입혔다.

eco + logy
house study
우리가 사는 곳(eco)에 관한 학문(logy)이니까
→ 생태학

0062 ★★

## anthropology

[æ̀nθrəpά:lədʒi]

**anthropologist** 명 인류학자

명 인류학

Every university has a department of **anthropology**.
모든 대학에 인류학과가 있다.

anthropo + logy
human study
인류(anthropo)를 연구하는 학문(logy)이니까
→ 인류학

[앤쓰러팔러지] = 안쓰럽지 → 인류학자들이 밀림에서 원주민과 생활하며 힘들게 연구하는 걸 보면 안쓰럽지 → **인류학**

# 12 form 형식, 형태(form)

0063 ★★

## formula

[fɔ́:rmjələ]

**formulate** 동 공식화하다, 명확하게 말하다

명 식, (수학) 공식

The whole world is searching for a **formula** for peace.
전 세계가 평화의 공식을 찾고 있다.

form + ula
form short
계산 방법을 짧은(ula) 형태(form)로 쓴 거니까
→ 식, (수학) 공식

0064 ★★

## uniform
[jú:nifɔ̀:rm]

명 제복, 군복, 교복
형 ① 획일적인 ② 균일한, 한결같은

The shop sells everything at a **uniform** price.
그 가게는 모든 상품을 균일한 가격으로 판매한다.

uni + form
one form
하나(uni)의 형식(form)이니까
→ 획일적인, 제복

0065 ★★

## inform
[infɔ́:rm]

**information** 명 정보
**informative** 형 유익한

동 알리다, 통지하다
= notify

Please **inform** me what to do next.
다음에 무엇을 해야 할지 알려 주세요.

in + form
in form
머릿속에(in) 어떤 정보가 형성되도록(form) 하다
→ 알리다, 통지하다

0066 ★★

## reform
[rifɔ́:rm]

**reformation** 명 개혁, 개선

동 개혁하다, 개선하다 명 개혁, 개선

Artists during the Renaissance **reformed** painting.
르네상스 시대의 예술가들은 회화를 개혁했다.

re + form
again form
형태(form)를 다시(re) 만드는 거니까
→ 개혁하다

0067 ★★

## conform
[kənfɔ́:rm]

**conformable** 형 따르는, 일치하는
**conformation** 명 ① 적합, 일치 ② 구조, 형태

동 ① 따르다, 순응하다 (to) ② 일치하다 (to)

This building **conforms** to safety regulations.
이 건물은 안전 규정을 따르고 있다.

con + form
together form
정해진 어떤 형식을(form) 함께하다(con)
→ 따르다

0068 ★★

## transform
[trænsfɔ́:rm]

**transformative** 형 변화시키는
**transformation** 명 변형, 변화
**transformer** 명 변압기

동 변형시키다, 바꾸다
= alter, modify, convert

They were not **transformed** by economic changes.
그들은 경제적인 변화로 바뀌지 않았다.

trans + form
across form
형태(form)를 A에서 B가 되도록(trans) 하는 거니까
→ 변형시키다, 바꾸다

0069

## deform
[difɔ́:rm]

**deformation** 명 변형, 기형
**deformed** 형 기형의

동 ① 변형[훼손]시키다 ② 불구로 만들다

These plastics can be **deformed** easily on heating.
이 플라스틱들은 가열하면 쉽게 변형될 수 있다.

de + form
off form
어떤 형태(form)에서 벗어나게(de) 하다
→ 변형[훼손]시키다

Day 01 02 03 04 05 06 07 08 09 10 11 12 13 14 15 16 17 18 19 20 21 22 23 24 25 26 27 28 29 30 31 32 33 34 35 36 37 38 39 40 41 42 43 44 45 46 47 48 49 50 부록1 부록2

## 13 hum

땅, 흙(earth)
변화형 hume, hom

0070 ★★

### humble

[hʌ́mbl]

**humbleness** 명 ① 겸손함 ② 하찮음

형 **① 겸손한 ② 보잘것없는**

To learn from others, you need a **humble** manner.
다른 사람들로부터 배우기 위해선 겸손한 태도가 필요하다.

**hum** + **ble**
earth 형접
자기 자신을 아래(hum)로 낮추니까
→ 겸손한
땅(hum)에 가까우니까
→ 보잘것없는

0071 ★★

### humility

[hju:míləti]

명 **겸손, 비하**

= modesty

She is a person of great **humility**.
그녀는 매우 겸손한 사람이다.

**hum(il)** + **ity**
earth 명접
땅바닥(hum)을 보며 스스로를 낮추다
→ 겸손

0072 ★★

### humiliate

[hju:mílieit]

**humiliated** 형 굴욕을 당한
**humiliation** 명 굴욕, 수치심

동 **굴욕감을 주다, 창피를 주다**

= shame, degrade, debase, disgrace

The boy deserved to be punished but there was no need to **humiliate** him.
그 소년이 벌 받을 짓을 했지만 그에게 굴욕감을 줄 필요는 없었다.

**hum(ili)** + **ate**
earth 동접
누군가의 자존심을 땅(hum)으로 떨어뜨리니까
→ 굴욕감을 주다
사람들 앞에서 흠(hum)을 일러(ilia) 창피를 주다(humiliate) → **창피를 주다**

0073

### exhume

[igzú:m]

동 **발굴하다**

= unearth, excavate

The remains have not yet been **exhumed**.
그 유물들은 아직 발굴되지 않았다.

**ex** + **hume**
out earth
땅(hume)을 밖으로(ex) 파내다
→ 발굴하다

0074 ★★

### humid

[hjú:mid]

**humidity** 명 습도, 습기

형 **습기 있는, 눅눅한**

= moist

The island is hot and **humid** in the summer.
그 섬은 여름에는 덥고 습하다.

**hum** + **id**
earth 형접
진흙(hum)은 축축하니까
→ 습기 있는, 눅눅한
[휴미드] = 후미드 → 방의 후미진 곳은 눅눅하다 → **습기 있는, 눅눅한**

## 14 vac / vap

빈(empty) / 증기(vapor)

변화형 va, vain, van, void

0075 ★★

### vacant

[véikənt]

vacancy 명 ① 결원, 빈자리 ② 빈방

형 **비어 있는, 사람이 살지 않는**

There are no **vacant** seats on this train.
이 열차에는 빈자리가 없다.

vac + ant
empty 형접
텅 빈(vac) 상태니까
→ 비어 있는

0076 ★★

### vague

[veig]

vagueness 명 모호함, 애매함

형 **모호한, 애매한, 희미한**

= unclear, obscure, ambiguous

I kept my statement deliberately **vague**.
나는 말을 일부러 모호하게 했다.

va + gue
empty 형접
실체가 비어(va) 있어 정체가 불분명하니까
→ 모호한, 애매한, 희미한

0077 ★★

### vain

[vein]

vanity 명 ① 헛됨, 덧없음 ② 허영심

형 **① 소용 없는, 헛된 ② 허영심이 많은**

= ① worthless, ineffective, futile

All my efforts were in **vain**.
내 모든 노력이 허사였다.

vain
empty
결과물이 없는(vain) 거니까
→ 헛된

[베인] → 칼질을 하다가 베이면 칼질이 헛된(vain) 일이 되어버리니까 → 헛된

0078 ★★

### vacuum

[vǽkjuəm]

명 **진공 (상태)**

Sound does not travel in a **vacuum**.
소리는 진공 상태에서는 전달되지 않는다.

vac(uum)
empty
공기가 없는(vac) 상태이니까
→ 진공

0079 ★★

### vanish

[vǽniʃ]

동 **사라지다**

= disappear, perish

My wallet seems to have **vanished**.
내 지갑이 사라져 버린 것 같다.

van + ish
empty 동접
비게(van) 되는 거니까
→ 사라지다

0080 ★★

### evaporate

[ivǽpərèit]

evaporation 명 증발(작용), 발산, 탈수

동 **증발하다, 증발시키다**

The sun is **evaporating** the earth's moisture.
태양이 지구의 습기를 증발시키고 있다.

e + vap(or) + ate
out vapor 동접
밖으로(e) 수증기(vap)가 나가니까
→ 증발하다

0081 ★

## evacuate

[ivǽkjuèit]

**evacuation** 명 대피, 피난, 철수

동 ① 대피시키다 ② 비우다

= ② vacate

Employees were urged to **evacuate** their offices immediately.
직원들은 즉각 사무실을 비우라는 재촉을 받았다.

e + vac(u) + ate
out empty 동접
어떤 장소 밖으로(e) 사람들을 이동시켜 비우다(vac)
→ 대피시키다

0082 ★

## devastate

[dévəstèit]

**devastating** 형 대단히 파괴적인
**devastated** 형 엄청난 충격을 받은
**devastation** 명 대대적인 파괴

동 ① 완전히 파괴하다 ② 망연자실케 하다

= ① destroy, ruin, wreck, demolish

The bomb **devastated** the old part of the city.
그 폭탄은 그 도시의 구시가지를 완전히 파괴했다.

de + va(st) + ate
down empty 동접
완전히 파괴해서(de) 텅 빈(va) 상태로 만들다
→ 완전히 파괴하다

# 15 leg

① 법률(law) ② 위임하다(entrust)

변화형 legis, loy

0083 ★★

## legal

[lí:gəl]

형 ① 법률의, 법률상의 ② 합법적인

= ② lawful, legitimate

Our company is fighting a **legal** battle.
우리 회사는 법정 공방을 하고 있다.

leg + al
law 형접
법(leg)에 의한
→ 법률상의

0084 ★

## legitimate

[lidʒítimət]

**legitimacy** 명 ① 합법성 ② 타당성

형 ① 합법적인 ② 정당한, 타당한

= ① legal, lawful

They run a **legitimate** business.
그들은 합법적인 사업체를 운영한다.

leg(itim) + ate
law 형접
법(leg)에 들어맞게 하는 거니까
→ 합법적인, 정당한, 타당한

0085 ★

## legislation

[lèdʒisléiʃən]

명 법률의 제정, 입법 (행위)

= lawmaking

The potential for new **legislation** is immense.
새로운 법률 제정의 잠재력은 거대하다.

legis + lat + ion
law carry 명접
법(legis)을 국민에게 나르는(lat) 것이니까
→ 법률의 제정, 입법 (행위)

0086 ★★

## privilege

[prívəlidʒ]

명 특권, 특전 동 -에게 특권을 주다

= 명 advantage

Education is a right, not a **privilege**.
교육은 특권이 아닌 권리이다.

privi + leg + e
individual law 동·명접
특정 개인(privi)에게만 적용되는 법(leg)
→ 특권

0087 ★★

## legacy

[légəsi]

명 유산

= inheritance, heritage

This store is my father's **legacy**.
이 가게는 우리 아버지의 유산이다.

leg + acy
law 명접
법(leg)에 따라 물려준 것이니까
→ 유산

[레거시] = 내 것이 → 물려받아 내 것이 되는 것(legacy) → 유산

0088 ★★

## delegate

동 [déligèit]
명 [déligət]

delegation 명 ① 대표단 ② 위임

동 위임하다 명 대표, 대리인

= 명 agent, representative, deputy, proxy

The job can be **delegated** to someone else.
그 일은 다른 누군가에게 위임될 수 있다.

de + leg + ate
away entrust 동·명접
권한을 위임하여(leg) 멀리(de) 보내다
→ 위임하다

그 사람이 대리(dele)로 갔대(gate)
→ 대리인

# 16 gener, gen

① 출생(birth) ② 생성하다(produce)

변화형 gene, genu, gn

0089 ★★

## generate

[dʒénərèit]

generator 명 발전기

동 발생시키다, 만들어 내다, 낳다

= provoke, induce, evoke, elicit

They need someone to **generate** new ideas.
그들은 새로운 아이디어를 만들어 낼 누군가가 필요하다.

gener + ate
birth 동접
무언가를 낳다(gener)
→ 발생시키다, 만들어 내다

0090 ★★

## genetic

[dʒənétik]

genetics 명 유전학
geneticist 명 유전학자

형 유전의, 유전학의

= hereditary

A DNA profile is a person's **genetic** fingerprint.
DNA 프로필은 한 사람의 유전자 지문이다.

gene + tic
birth 형접
출생과(gene) 관련된 것이니까
→ 유전의

□□□
0091 ★

## genesis

[dʒénəsis]

명 **발생, 기원**

= origin, nascency

We are all curious about the **genesis** of life.
우리는 모두 생명의 기원에 대해 궁금해한다.

**gene** + **sis**
produce 명접
없다가 생겨나는(gene) 것
→ **발생**

□□□
0092

## engender

[indʒéndər]

동 **낳다, 불러일으키다**

= generate, provoke, induce, evoke, elicit

His article **engendered** a lot of controversy.
그의 기사는 많은 논란을 낳았다.

**en** + **gen** + **der**
make produce 동접
어떤 상황을 만들어(gen) 내다(en)
→ **낳다, 불러일으키다**

□□□
0093 ★★

## genuine

[dʒénjuin]

**genuinely** 부 진심으로

형 **① 진짜의, 진품의 ② 진실한, 성실한**

= ① real, factual, authentic

This signature is **genuine.**
이 서명은 진짜다.

**genu** + **ine**
birth 형접
진짜 유전자를 타고난(genu) 것이니까
→ **진짜의**

[제뉴인] = 쟤 누인 → 쟤 누인(누이는) 진짜 성실하다(genuine) → **진짜의, 성실한**

□□□
0094 ★★

## genius

[dʒíːniəs]

명 **천재, 비범한 재능**

He's a **genius** at organizing people.
그는 사람들을 조직하는 데 천재이다.

**gen(i)** + **us**
birth 명접
탄생(gen)하면서 타고나는 것이니까
→ **천재, 비범한 재능**

□□□
0095 ★★

## ingenious

[indʒíːniəs]

**ingenuity** 명 기발한 재주, 독창성

형 **기발한, 독창적인**

= brilliant, innovative, inventive

She suggested an **ingenious** method.
그녀는 기발한 방법을 제시했다.

**in** + **gen** + **ious**
in birth 형접
천재성을 안에(in) 지니고 태어난(gen) 거니까
→ **기발한**

0096 ★

## indigenous
[indídʒənəs]

형 ① 토착의 ② 타고난

= ① native, aboriginal

They are the **indigenous** people of Australia.
그들은 호주의 토착민들이다.

indi + gen + ous
in birth 형접
어느 지역 안에서(indi) 태어난(gen) 거니까
→ 토착의

원주민(Indian)들의 문화는 토착적이죠(indigenous)→ 토착의

# 17 cide

① 죽이다(kill) ② 자르다(cut)

변화형 cis, cise

0097 ★★

## pesticide
[péstisàid]

명 살충제, 농약

*cf.* herbicide (제초제), ecocide (생태계[환경] 파괴)

The crops are regularly sprayed with **pesticide**.
그 작물들에는 정기적으로 농약이 살포된다.

pest(i) + cide
pest kill
해충(pest)을 죽이는(cide) 것이니까
→ 살충제

0098 ★

## genocide
[dʒénəsàid]

명 대량 살상, 집단학살

*cf.* homicide (살인), suicide (자살)

Almost no one apologized for the **genocide**.
그 집단학살에 대해 사과한 사람은 거의 없었다.

gen(o) + cide
gene kill
한 종족의 유전자(gen)까지 죽이는(cide) 거니까
→ 대량 살상

0099 ★

## homicide
[hάməsàid]

명 살인

= murder, killing

The police are investigating a **homicide** downtown.
경찰이 시내에서 발생한 살인 사건을 조사하고 있다

homi + cide
man kill
사람(homi)을 죽이다(cide)
→ 살인

0100 ★★

## precise
[prisáis]

형 정밀한, 정확한

= accurate, exact

**precisely** 부 정확히, 바로, 꼭
**preciseness** 명 명확함, 정확성

She gave me **precise** directions.
그녀는 나에게 정확한 지시를 해주었다.

pre + cise
before cut
바로 눈앞(pre)에서 자를 이용해 잘라낸(cise) 것이니까
→ 정밀한, 정확한

# DAY 03

## DAY 03 어휘 미리보기

DAY 03

- □ spirit
- □ respire
- □ inspire
- □ aspire
- □ conspire
- □ expire
- □ illusion
- □ delude
- □ allude
- □ elude
- □ include
- □ exclude
- □ conclude
- □ disclose
- □ enclose
- □ consume
- □ resume
- □ assume
- □ presume
- □ perceive
- □ deceive
- □ conceive
- □ intercept
- □ susceptible
- □ participate
- □ obtain
- □ contain
- □ sustain
- □ abstain
- □ retain
- □ tenant
- □ prohibit
- □ inhibit
- □ exhibit
- □ inhabit
- □ habitat
- □ rehabilitate
- □ factual
- □ proficient
- □ sufficient
- □ deficient
- □ infect
- □ facilitate
- □ facility
- □ propel
- □ compel
- □ impel
- □ expel
- □ pulse
- □ impulse

## 18 spir

숨을 쉬다(breathe)

변화형 pir

□□□
0101 ★★

### spirit

[spírit]

spiritual 형 정신적인, 영적인

명 ① 영혼, 정신 ② 기운, 활기

Mr. Gonzales has helped people find a shelter for their **spirits**.
Gonzales 씨는 사람들이 영혼의 안식처를 찾는 데 도움을 주었다.

spir(it)
breathe
신의 숨결(spir)이라는 의미니까
→ 영혼, 정신

□□□
0102 ★★

### respire

[rispáiər]

respiratory 형 호흡의, 호흡 기관의
respiration 명 호흡

동 호흡하다, 숨 쉬다

= breathe

Fish **respire** through their gills.
어류는 아가미를 통해 호흡한다.

re + spir(e)
again breathe
반복해서(re) 숨을 쉬다(spir)
→ 호흡하다

□□□
0103 ★★

### inspire

[inspáiər]

inspiring 형 고무하는, 자극하는
inspiration 명 영감, 영감이 되는 사람[것]
inspirational 형 영감을 주는

동 ① (감정·생각을) 불어넣다, 영감을 주다
② 고무[격려]하다

= ② encourage, motivate

My parents **inspire** me with confidence.
부모님은 나에게 자신감을 불어넣어 주신다.

in + spir(e)
in breath(e)
안에(in) 숨(spir)을 불어넣다
→ 불어넣다, 영감을 주다

0104 ★

## aspire

[əspáiər]

**aspiration** 명 열망, 갈망

동 **열망하다, 갈망하다 (to)**

= desire (to), long (for/to)

He **aspired** to be a doctor.
그는 의사가 되고자 갈망했다.

a + spir(e)
to breathe
내가 원하는 것을 향해(a) 숨을 가쁘게 쉬니까(spir)
→ **열망하다, 갈망하다**

0105 ★

## conspire

[kənspáiər]

**conspiracy** 명 공모, 음모
**conspirator** 명 공모자, 음모자

동 **공모하다, 음모를 꾸미다**

= plot, intrigue

The servants **conspired** against the king.
그 신하들은 왕에 대한 음모를 꾸몄다.

con + spir(e)
together breathe
함께(con) 조용히 숨을 쉬다(spir)
→ 공모하다

0106 ★★

## expire

[ikspáiər]

**expired** 형 만료된, 기한이 지난
**expiration** 명 만기, 종결

동 **만료되다**

= terminate, cease

When does your passport **expire**?
당신의 여권은 언제 만료되나요?

ex + pir(e)
out breath(e)
밖으로(ex) 숨(pir)이 다 빠져나오다
→ 만료되다

# 19 lus, lud 속이다, 놀리다(play)

0107 ★★

## illusion

[ilú:ʒən]

명 **① 환상, 환각 ② 착각, 오해**

= ② delusion, misconception, deception

This will give the **illusion** of an extra place.
이것은 공간이 더 있다는 착각을 줄 것이다.

il + lus + ion
in play 명접
마음속을(il) 속이는(lus) 것이니까
→ 착각
마음이 병들면(ill) 환상(illusion)이 보이기도 하죠 → **환상**

0108 ★

## delude

[dilú:d]

**delusion** 명 기만, 망상, 착각
**delusive** 형 기만적인, 현혹하는

동 **속이다**

= fool, trick, cheat, deceive, mislead

Do not let us **delude** ourselves.
우리가 우리 자신을 속이지 않게 하라.

de + lud(e)
down play
상대방을 가지고 놀아서(lud) 속임수에 빠뜨리다(de)
→ 속이다

0109 ★

## allude

[əlú:d]

**allusive** 형 암시적인

동 **① 암시하다 ② 언급하다**

= ① suggest, indicate, imply, infer, signify

To call someone a sheep may **allude** that he is timid.
누군가를 양이라고 부르는 것은 그가 소심하다는 것을 암시할 수 있다.

al + lud(e)
to play
-에게(al) 직접적으로 말하지 않고 놀리듯이(lud) 장난조로 돌려서 말하니까
→ 암시하다
[얼루드] = 올 누드 → "이 영화는 올 누드야!"라며 영화의 등급을 암시하다 (allude) → **암시하다**

0110 ★

## elude

[ilú:d]

**elusive** 형 ① 찾기 힘든 ② 규정하기 힘든

**동 교묘히 피하다, 빠져나오다**

= avoid, evade, avert, shun, dodge, flee

He **eluded** the police for three months.
그는 세 달 동안 경찰을 교묘히 피했다.

e + lud(e)
out play
상대를 속여(lud) 몰래 빠져나가다(e)
→ 교묘히 피하다

# 20 clud, clos

닫다(close)
변화형 claud, claus, clus

0111 ★★

## include

[inklú:d]

**inclusive** 형 포함하는, 포괄적인
**inclusion** 명 포함, 포괄

**동 포함하다**

= involve, incorporate, entail

The meal **includes** dessert and coffee.
식사는 디저트와 커피를 포함한다.

in + clud(e)
in close
안에(in) 넣어 놓고 닫아(clud) 버리니까
→ 포함하다

0112 ★★

## exclude

[iksklú:d]

**exclusive** 형 ① 독점적인, 배타적인 ② 특권층의
**exclusively** 부 ① 배타[독점]적으로 ② 오로지 (-뿐)
**exclusion** 명 제외, 배제

**동 ① 제외[배제]하다 ② 거부하다, 막다, 차단하다 ③ 내쫓다, 추방하다**

= ① eliminate, except, rule out ② prohibit, forbid, ban, outlaw

It is unjust to **exclude** him.
그를 제외하는 것은 부당하다.

ex + clud(e)
out close
밖에(ex) 두고 못 들어오게 닫다(clud)
→ 차단하다

0113 ★★

## conclude

[kənklú:d]

**conclusion** 명 결론, 결말, 결정
**conclusive** 형 결정적인, 최종적인

**동 ① 결론짓다, 끝내다 ② 결정하다, 결심하다**

The jury **concluded** from the evidence that she was guilty.
배심원단은 그 증거를 통해 그녀가 유죄라고 결론지었다.

con + clud(e)
together close
함께(con) 무언가를 정하고 닫는(clud) 거니까
→ 결정하다, 결심하다

0114 ★★

## disclose

[disklóuz]

**disclosure** 명 폭로

**동 드러내다, 폭로하다**

= reveal, divulge, unveil

The details of the takeover were **disclosed**.
인수 작업에 대한 자세한 내용이 드러났다.

dis + clos(e)
not close
'닫다(clos)'의 반대(dis)
→ 드러내다

0115 ★★

## enclose

[inklóuz]

**enclosed** 형 ① 동봉된 ② 에워싸인

동 ① 동봉하다 ② 에워싸다

A check was **enclosed** with his letter.
그의 편지에는 수표가 동봉돼 있었다.

**en** + **clos(e)**
in close
편지를 안에(in) 넣고 닫는(clos) 거니까
→ 동봉하다

# 21 sum

취하다(take)
변화형 sumpt

0116 ★★

## consume

[kənsú:m]

**consumer** 명 소비자
**consumption** 명 소비(량), 소모

동 ① 소비하다, 소모하다 ② 먹다, 마시다

These plants **consume** great quantities of water.
이 식물들은 많은 양의 물을 소비한다.

**con** + **sum(e)**
completely take
완전히(con) 다 취해(sum) 버리는 거니까
→ 소비하다, 소모하다
[컨숨] = 큰 숨 → 큰 숨을 들이마시다 (consume) → 먹다, 마시다

0117 ★★

## resume

동 [rizú:m]
명 [rézumei]

동 다시 시작하다, 재개하다 명 이력서

The singer will **resume** his solo career in October.
그 가수는 10월에 솔로 활동을 재개할 것이다.

**re** + **sum(e)**
again take
중단한 것을 다시(re) 취하니까(sum)
→ 다시 시작하다
직업을 다시(re) 취하기(sum) 위해 필요한 것
→ 이력서

0118 ★★

## assume

[əsú:m]

**assumption** 명 가정, 추정, 추측

동 ① 가정하다, 추정하다
② (역할·임무 등을) (떠)맡다, (책임을) 지다
③ (태도를) 취하다, (양상을) 띠다
④ -인 체하다, 가장하다

= ① presume, suppose, conjecture, deduce, reckon

When you didn't show up, I **assumed** you were sick.
네가 나타나지 않았을 때, 나는 네가 아프다고 추정했다.

**as** + **sum(e)**
to take
어떤 방향으로(as) 생각을 취하니까(sum)
→ 가정하다
어떤 방향으로(as) 일이나 책임을 취하니까(sum)
→ (역할·임무 등을) (떠)맡다, (책임을) 지다
어떤 방향으로(as) 태도를 취하니까(sum)
→ (태도를) 취하다
[어숨] = 웃음 → 범인이 자기가 범인 아닌 척하면서 웃음을 가장하다(assume)
→ -인 체하다, 가장하다

0119 ★★

**presume**

[prizúːm]

**presumably** 부 아마, 추정하건대
**presumed** 형 당연한 것으로 여겨지는
**presumption** 명 추정, 가정

동 **추정하다, 간주하다**

The experts **presume** that the dog was mummified in natural conditions.
전문가들은 그 개가 자연 상태에서 미라가 된 것으로 추정한다.

pre + sum(e)
before take
미리(pre) 생각을 취하니까(sum)
→ 추정하다

## 22 ceive, cip

취하다, 잡다(take, hold)
원형 cap 변화형 capt, cept

0120 ★★

**perceive**

[pərsíːv]

**perception** 명 지각, 인지
**perceivable** 형 지각할 수 있는

동 **인지하다, 알아차리다**

= recognize, discern

Nobody **perceived** me entering the room.
아무도 내가 방에 들어가는 것을 알아차리지 못했다.

per + ceive
thoroughly take
무언가를 뇌에서 완전히(per) 받아들이는(ceive) 것
→ 인지하다, 알아차리다

[퍼씨브] = 포 씹어 → 포 씹어 보고 오징어포인지 쥐포인지 알아차리다(perceive)
→ 인지하다, 알아차리다

0121 ★★

**deceive**

[disíːv]

**deceit** 명 속임(수), 사기
**deception** 명 속임(수), 사기
**deceptive** 형 기만적인, 현혹하는

동 **속이다, 기만하다**

= fool, trick, cheat, mislead

Many women were **deceived** by his smooth talk.
많은 여성들이 그의 감언에 속아 넘어갔다.

de + ceive
away take
사실에서 먼(de) 것을 취하게(ceive) 만드는 거니까
→ 속이다, 기만하다

[디씨브] = 뒤에서 씹으 → 뒤에서 씹는 행위는 기만 행위죠 → 기만하다

0122 ★★

**conceive**

[kənsíːv]

**preconceive** 동 미리 생각하다, 예상하다
**conception** 명 ① 구상 ② 이해 ③ 임신

동 **① 생각해 내다, 상상하다 ② 임신하다**

= ① devise, contrive

The artist **conceived** a unique concept for her next painting.
그 화가는 그녀의 다음 그림을 위한 독특한 콘셉트를 상상했다.

con + ceive
completely take
마음/자궁 속에 완전히(con) 품다(ceive)
→ 상상하다, 임신하다

0123 ★★

**intercept**

[intərsépt]

**interception** 명 가로챔, 방해

동 **① 가로채다 ② 가로막다**

The police tried to **intercept** protesters.
경찰은 시위자들을 가로막으려고 했다.

inter + cept
between take
-사이에서(inter) 잡아채다(cept)
→ 가로채다

0124 ★★

## susceptible
[səséptəbl]

susceptibility 명 민감성, 감수성

형 ① 영향 받기 쉬운, 민감한
② (병에) 걸리기 쉬운

= ① sensitive, liable, vulnerable, subject

Some people are **susceptible** to trends.
일부 사람들은 유행에 민감하다.

sus + cept + ible
under take 형접
아래에서(sus) 취하기(cept) 쉬운 거니까
→ 영향 받기 쉬운

0125 ★★

## participate
[pa:rtísəpèit]

participation 명 참가, 참여
participant 명 참가자, 관계자

동 참가하다, 참여하다 (in)

They **participated** in fundraising activities.
그들은 모금 활동에 참여했다.

part(i) + cip + ate
part take 동접
한 부분(part)을 차지하니까(cip)
→ 참가하다, 참여하다

# 23 tain
가지다, 잡다, 쥐다(hold, keep)
변화형 ten, tin, tent

0126 ★★

## obtain
[əbtéin]

obtainable 형 손에 넣을 수 있는, 획득할 수 있는

동 얻다, 획득하다

= get, acquire

She **obtained** approval to operate a food shop.
그녀는 식료품점을 운영하기 위해 승인을 얻었다.

ob + tain
in front of hold
자신 앞으로(ob) 가지다(tain)
→ 얻다, 획득하다

0127 ★★

## contain
[kəntéin]

container 명 용기, 그릇
containment 명 ① 방지[억제] ② 견제

동 ① 포함하다, 함유하다
② 억제하다, 억누르다

= ② control, suppress, oppress, repress

Doctors struggled to **contain** the epidemic.
의사들은 그 전염병을 억제하기 위해 애썼다.

con + tain
together hold
모두 함께(con) 잡아서(tain) 넣는 거니까
→ 포함하다, 함유하다
어떠한 충동을 모두 함께(con) 강하게 붙잡는(tain) 거니까
→ 억제하다, 억누르다

0128 ★★

## sustain
[səstéin]

sustained 형 지속된, 한결같은
sustainable 형 지속[유지] 가능한
sustainability 명 지속[유지] 가능성

동 ① 떠받치다, 지탱하다 ② 유지하다, 지속하다

We work even harder and longer to **sustain** lifestyles.
우리는 생활 방식을 유지하기 위해 훨씬 더 열심히 그리고 더 오랫동안 일하고 있다.

sus + tain
under hold
밑(sus)에서 나를 붙잡고(tain) 있으니까
→ 떠받치다, 지탱하다

0129

## abstain

[əbstéin]

abstention 명 ① 자제, 절제 ② 기권

동 삼가다, 자제하다 (from)

= keep (from), refrain (from)

I'm **abstaining** from drinking.
나는 음주를 삼가고 있다.

abs + tain
away hold
잡지(tain) 않도록 손을 멀리하다(abs)
→ 자제하다

태우던(tain) 담배가 없으(abs)니까
→ 삼가다, 자제하다

0130 ★

## retain

[ritéin]

retention 명 유지, 보유

동 유지하다, 보유하다

Some metals **retain** heat better than others.
어떤 금속은 다른 금속보다 열을 더 잘 유지한다.

re + tain
back hold
뒤에서(re) 붙잡고(tain) 있는 거니까
→ 유지하다, 보유하다

0131 ★

## tenant

[ténənt]

명 세입자, 소작인 동 세 들어 살다, 소작하다

= 명 occupant, resident, inhabitant

Her father employed her in keeping accounts and in dealing with **tenants**.
그녀의 아버지는 회계를 맡고 세입자를 다루는 일에 그녀를 채용했다.

ten + ant
hold 명접
공간을 점유(ten)하고 있는 사람(ant)이니까
→ 세입자

[테넌트] = 떼는 → 지주가 소작인(tenant)으로부터 소작료를 떼는 → 소작인

# 24 hab

① 가지다, 잡다, 쥐다(hold, have) ② 살다(dwell)

변화형 hib

0132 ★★

## prohibit

[prouhíbit]

prohibition 명 금지(령)

동 ① 금지하다 ② 막다, 방해하다

= ① forbid, ban, outlaw

The use of the Internet is **prohibited**.
인터넷의 사용은 금지된다.

pro + hib(it)
forward hold
앞으로(pro) 못 가도록 붙잡는(hib) 것이니까
→ 금지하다, 막다

입장 검문 시에 가지고(hib) 있는 술병들을 앞으로(pro) 내놓으니까 → 금지하다

0133 ★★

## inhibit

[inhíbit]

inhibition 명 억제, 금지

동 ① 억제하다 ② 금지하다

= ② prohibit, forbid, deter, outlaw

The church **inhibits** its people from smoking and drinking.
그 교회는 신자의 흡연과 음주를 금하고 있다.

in + hib(it)
in hold
충동을 마음속에만(in) 있도록(hib) 하다
→ 억제하다

가지고 있는(hib) 것을 안에(in) 못(in) 가지고 들어가게 하니까 → 금지하다

0134 ★★

## exhibit

[igzíbit]

**exhibition** 명 전시회, 전시

동 ① 전시하다, 진열하다 ② 나타내다, 드러내다
명 ① 전시품 ② 전시(회)

The gallery is **exhibiting** Van Gogh's paintings.
그 미술관은 Van Gogh의 그림을 전시하고 있다.

**ex** + **hib(it)**
out hold
쥐고(hib) 있는 것을 밖으로(ex) 드러내다
→ 전시하다

0135 ★★

## inhabit

[inhǽbit]

**inhabitant** 명 주민

동 살다, 거주하다

= occupy, populate, settle (in), dwell in, reside in

This land was **inhabited** by Native Americans a long time ago.
이 땅에는 아주 오래전에 미국 원주민들이 거주했었다.

**in** + **hab(it)**
in dwell
어디 안에서(in) 사는(hab) 거니까
→ 살다, 거주하다
어느 지역 안에서(in) 습관(habit)적으로 있는 것 → 살다, 거주하다

0136 ★★

## habitat

[hǽbitæt]

**habitable** 형 살기에 적합한
**habitation** 명 ① 거주, 주거 ② 거주지

명 ① 서식지 ② 거주 장소

Animals are losing their natural **habitat** because of human civilization.
인간의 문명 때문에 동물들은 자연 서식지를 잃고 있다.

**hab(it)** + **at**
dwell 명접
동식물이 사는(hab) 곳이니까
→ 서식지

0137

## rehabilitate

[riːhəbílətèit]

**rehabilitation** 명 사회 복귀, 재활

동 ① 사회에 복귀시키다
② 회복시키다, 복원하다

The center **rehabilitates** youthful offenders.
그 센터는 청소년 범죄자들을 사회에 복귀시킨다.

**re** + **hab(ilit)** + **ate**
again dwell 동접
살던(hab) 곳으로 다시(re) 돌려보내다
→ 사회에 복귀시키다

# 25 fac, fact

만들다(make), 행하다(do)
변화형 fect, fic

0138 ★★

## factual

[fǽktʃuəl]

**fact** 명 사실, 실제

형 사실적인

= real, genuine, authentic

Science requires **factual** evidence to prove theories.
과학은 이론을 증명하는 사실적 증거를 요구한다.

**fact** + **ual**
make 형접
실제 만들어진(fact) 것에 기반을 둔 것이니까
→ 사실적인

0139 ★★

## proficient

[prəfíʃənt]

proficiency 명 숙달, 능숙, 능란

형 능숙한, 숙련된

= skillful, competent, adept

She is **proficient** in foreign languages.
그녀는 외국어에 능숙하다.

pro + fic(i) + ent
forward make 형접
무엇이든 앞으로(pro) 척척 만들어 (fic) 나아가니까
→ 능숙한

0140 ★★

## sufficient

[səfíʃənt]

suffice 동 충분하다
sufficiency 명 충분(한 양)
sufficiently 부 충분히

형 충분한

= enough, adequate, ample, plenty of

She has **sufficient** qualifications for a team captain.
그녀는 팀의 주장이 될 충분한 자격이 있다.

suf + fic(i) + ent
up to make 형접
어느 정도까지(suf) 되도록 만든 (fic) 거니까
→ 충분한

0141 ★

## deficient

[difíʃənt]

형 ① 부족한 ② 결함이 있는

= ① lacking, insufficient, poor

A **deficient** diet can lead to health problems.
결핍된 식단은 건강 문제를 일으킬 수 있다.

de + fic + ient
down make 형접
어떤 것을 아래가 될 정도로(de) 만드는(fic) 거니까
→ 부족한, 결함이 있는

0142 ★★

## infect

[infékt]

infection 명 감염, 전염병
infectious 형 전염되는, 전염성의

동 ① 감염[전염]시키다 ② 오염시키다

= ② pollute, contaminate

The parasite has **infected** almost 3 million people worldwide.
그 기생충은 전 세계에 걸쳐 거의 3백만 명의 사람들을 감염시켰다.

in + fect
in make
안으로(in) 들어와서 병을 만드니까 (fect)
→ 감염시키다

0143 ★★

## facilitate

[fəsílətèit]

facile 형 손쉬운, 손쉽게 얻은

동 쉽게[용이하게] 하다, 촉진시키다

= ease, smooth, expedite, accelerate, promote

The new trade agreement will **facilitate** more rapid economic growth.
새로운 무역 협정은 더 빠른 경제 성장을 촉진시킬 것이다.

fac + il + itate
do 형접 동접
일을 쉽게 할(fac) 수 있도록(il) 하니까
→ 쉽게 하다, 촉진시키다

0144 ★★

## facility

[fəsíləti]

명 ① 시설, 설비, 기관[보통 *pl.*] ② 편의, 손쉬움

This college has good **facilities** for learning.
이 대학은 학습을 위한 좋은 시설들을 갖추고 있다.

fac + il + ity
do 형접 명접
생활을 편리하게 영위할(fac) 수 있도록(il) 만든 것이니까
→ 시설, 설비

## 26 pel

몰다(drive), 밀다(push)

변화형 pul, puls, peal

0145 ★★

### propel

[prəpél]

propeller 명 프로펠러, 추진기

동 **추진하다, 나아가게 하다**

The boat sailed across the East Sea **propelled** only by wind power.
그 배는 오직 풍력으로만 추진력을 얻어 동해를 횡단하여 항해했다.

pro + pel
forward push
앞으로(pro) 미는(pel) 거니까
→ 추진하다, 나아가게 하다

0146 ★★

### compel

[kəmpél]

compelling 형 ① 강제적인 ② 설득력 있는 ③ 눈을 뗄 수 없는
compulsive 형 ① 강박적인 ② 상습적인
compulsory 형 강제적인, 의무적인, 필수의

동 **강요[강제]하다, 억지로 -하게 하다**

= force, press, impose, impel, coerce

The rain **compelled** us to stay indoors.
비는 우리가 억지로 실내에 머물도록 만들었다.

com + pel
together push
함께(com) 억지로 한 곳으로 몰아가니까(pel)
→ 강요하다

0147 ★

### impel

[impél]

동 **① 강요하다, 억지로 -하게 하다 ② 추진하다, 나아가게 하다**

= ① force, press, impose, compel, coerce

Fatigue **impelled** me to turn back.
피로가 나를 억지로 돌아가게 했다.

im + pel
in push
안으로(im) 강하게 밀어붙이니까(pel)
→ 강요하다, 추진하다

0148 ★★

### expel

[ikspél]

expulsive 형 추방하는
expulsion 명 ① 추방, 제명 ② 방출, 배출

동 **쫓아내다, 추방하다**

= exile, banish, displace

He was **expelled** from school for misconduct.
그는 비행을 저질러 학교에서 쫓겨났다.

ex + pel
out push
밖으로(ex) 밀어내니까(pel)
→ 추방하다

0149 ★★

### pulse

[pʌls]

명 **맥박** 동 **맥박이 뛰다**

To measure the **pulse**, place your fingers over the opposite wrist.
맥박을 재기 위해선, 당신의 손가락을 반대쪽 손목에 올려놓으세요.

pul(se)
push
심장이 피를 밀어내는(pul) 파동
→ 맥박
심장이 펄(pul)떡 펄(pul)떡 뛰다 → 맥박

0150 ★★

### impulse

[ímpʌls]

impulsive 형 충동적인

명 **① 충동, 자극 ② 추진(력)**

= ① urge, drive, stimulation, impetus

I resisted the **impulse** to laugh.
나는 웃고 싶은 충동을 억눌렀다.

im + pul(se)
in push
마음속에서(im) 갑자기 생겨나 밀려나가는(pul) 거니까
→ 충동

DAY

# 04

## DAY 04 어휘 미리보기

| | | | | |
|---|---|---|---|---|
| □ manual | □ avenue | □ concede | □ submit | □ propose |
| □ manufacture | □ revenue | □ antecedent | □ transmit | □ expose |
| □ mandatory | □ advent | □ grade | □ emit | □ impose |
| □ manipulate | □ conventional | □ gradual | □ intermittent | □ oppose |
| □ maneuver | □ exceed | □ ingredient | □ portable | □ dispose |
| □ impress | □ proceed | □ regress | □ import | □ deposit |
| □ depress | □ precede | □ dismiss | □ transport | □ define |
| □ suppress | □ predecessor | □ mission | □ deport | □ confine |
| □ oppress | □ recede | □ admit | □ pose | □ refine |
| □ repress | □ access | □ commit | □ compose | □ infinite |

## 27 manu

손(hand)

변화형 man, mani

0151 ★★

### manual

[mǽnjuəl]

**manually** 부 ① 손으로 ② 수동으로

형 ① 손의 ② 수동의 명 소책자, 설명서

This job requires little **manual** skill.
이 일에는 손 기술이 거의 필요하지 않다.

**manu** + **al**
hand 형·명접
손에(manu) 관한 것이니까
→ 손의, 수동의
손으로(manu) 쓴 작은 사용 설명서
→ 소책자

0152 ★★

### manufacture

[mæ̀njufǽktʃər]

**manufacturer** 명 생산자
**manufacturing** 명 제조업

동 생산하다, 제조하다 명 제조(업)

We spent a lot of time and money **manufacturing** new products.
우리는 새로운 제품들을 생산하는 데 많은 시간과 돈을 썼다.

**manu** + **fact** + **ure**
hand make 명접
손으로(manu) 만드는(fact) 것이니까
→ 제조, 생산하다

0153 ★★

### mandatory

[mǽndətɔ̀:ri]

**mandate** 동 ① 권한을 주다 ② 명령하다 명 ① 권한 ② 명령, 지시

형 ① 명령의 ② 강제적인, 의무적인, 필수의

= ② compulsory, obligatory, imperative

He thinks that wearing uniforms should be **mandatory** in schools.
그는 학교에서 교복 착용이 의무 사항이어야 한다고 생각한다.

**man** + **dat** + **ory**
hand give 형접
어떤 일을 하라고 다른 사람의 손에(man) 넘겨주는(dat) 거니까
→ 명령의
사람(man)이 강제적인(mandatory) 일을 하다 보면 다툴 일(datory)이 많아지니까 → 강제적인

0154 ★★

## manipulate

[mənípjulèit]

**manipulation** 명 ① 잘 다룸 ② 교묘한 조작

동 ① 잘 다루다 ② 조작[조종]하다, 속이다

= ① control, handle, maneuver

As a politician, he knows how to **manipulate** public opinion.
그는 정치인으로서 여론을 조종하는 법을 안다.

**mani** + **pul** + **ate**
hand fill 동접
손안에(mani) 가득 채워(pul) 원하는 대로 만드니까
→ 잘 다루다, 조작[조종]하다

0155 ★

## maneuver

[mənú:vər]

동 ① 움직이다, 이동시키다 ② 기동 훈련시키다 ③ 조종하다, 책략을 쓰다
명 ① 책략, 술책 ② 작전, 기동 훈련

= 동 ③ manipulate, contrive, devise

The driver skillfully **maneuvered** the car.
그 운전자는 능숙하게 차를 조종했다.

**man** + **(o)euver**
hand work
손으로(man) 작동시키다(euver)
→ 움직이다, 이동시키다
사령관이 손으로(man) 군대가 움직이게(euver) 지휘하다
→ 작전, 기동 훈련시키다

# 28 press

누르다(press)
변화형 prem, prim

0156 ★★

## impress

[imprés]

**impression** 명 감동, 인상
**impressive** 형 감동적인, 인상적인

동 깊은 인상을 주다, 감동시키다

= move, touch, affect, influence

The speech **impressed** the audience.
그 연설은 청중에게 깊은 인상을 주었다.

**im** + **press**
in press
마음속에(im) 깊숙이 눌러(press) 새기니까
→ 깊은 인상을 주다

0157 ★★

## depress

[diprés]

**depressed** 형 우울한
**depression** 명 ① 우울증, 우울함 ② 불경기

동 낙담시키다, 우울하게 하다

= dishearten, discourage

The lack of sunlight can **depress** some people.
햇빛이 부족하면 어떤 사람들은 우울해질 수 있다.

**de** + **press**
down press
마음을 아래로(de) 누르는(press) 거니까
→ 낙담시키다

0158 ★★

## suppress

[səprés]

**suppressive** 형 억압하는, 진압하는
**suppression** 명 진압, 억제

동 ① (감정을) 참다, 억누르다 ② 진압하다

= ① control, contain, oppress, repress

*cf.* express (나타내다, 표현하다)

He was unable to **suppress** his anger.
그는 화를 참을 수가 없었다.

**sup** + **press**
down press
감정을 아래로(sup) 강하게 누르다(press)
→ 참다

0159 ★★

## oppress

[əprés]

**oppressor** 명 압제자
**oppression** 명 탄압, 억압
**oppressive** 형 탄압[억압]하는

**동 ① 탄압[억압]하다 ② 압박감을 주다, 우울하게 만들다**

= ① repress, suppress, overwhelm

The dictator **oppressed** the people of the country.
그 독재자는 그 나라 국민을 억압했다.

**op** + **press**
against press
반대편(op)을 짓누르는(press) 거니까
→ **억압하다**

압(op)박하며 누르니까(press)
→ 억압하다, 압박감을 주다

0160 ★

## repress

[riprés]

**repressive** 형 억압적인, 탄압하는
**repression** 명 억압, 탄압, 진압

**동 ① (감정을) 참다, 억누르다 ② 탄압하다**

= ① control, suppress, restrain, hold back

If you experience trauma, it's common to **repress** some of the details.
트라우마를 경험하면 일부 세부 사항을 억압하는 것이 일반적이다.

**re** + **press**
back press
뒤로(re) 물러서도록 누르니까(press)
→ **참다**

# 29 ven, vent 오다(come)

0161 ★★

## avenue

[ǽvənjùː]

**명 대로, 가(街)**

*cf.* venue (장소)

She walked along Fifth **Avenue**.
그녀는 5번가를 걸었다.

**a** + **ven(ue)**
to come
-에(a) 사람이 오고 가고(ven) 하니까
→ **대로, 가(街)**

0162 ★★

## revenue

[révənùː]

**명 세입, 수입**

= income, profit, proceeds, earnings

Tourism is this country's main source of **revenue**.
관광업은 이 나라의 주요 수입원이다.

**re** + **ven(ue)**
back come
투자한 것이 되돌아(re) 오는(ven) 것이니까
→ **수입**

[레버뉴] = 내 번 유 → 첫 월급은 내가 번 유일한 수입(revenue) → 수입

0163 ★★

## advent

[ǽdvent]

**명 출현, 도래**

= arrival, coming, emergence

The **advent** of the Internet made the world much closer.
인터넷의 출현은 세계를 훨씬 더 가깝게 만들었다.

**ad** + **vent**
to come
사람이나 시대가 -에(ad) 나타나니까(vent)
→ **출현**

0164 ★★

## conventional

[kənvénʃənl]

convene 동 ① (회의 등을) 소집하다 ② 회합하다
convention 명 ① 관습, 관례 ② 집회, 대회

형 **관습[관례]적인, 전통적인**

= traditional, orthodox, customary

'Good morning' is a **conventional** greeting.
'굿 모닝'은 전통적인 인사다.

con + ven + tion + al
together come 명접 형접
모든 사람이 함께(con) 행해 오던(ven) 거니까
→ 관습[관례]적인, 전통적인

# 30 ced(e)

가다(go)
변화형 ceas, ceed, ces(s)

0165 ★★

## exceed

[iksíːd]

excess 명 지나침, 과도, 초과
excessive 형 지나친, 과도한
exceedingly 부 극도로, 대단히

동 **① 넘다, 초과하다 ② 능가하다, 우월하다**

= ② surpass, excel, outdo, outperform

Your working hours must not **exceed** 40 hours a week.
당신의 근무시간은 일주일에 40시간을 초과해서는 안 된다.

ex + ceed
out go
적당한 정도를 넘어 밖으로(ex) 가다(ceed)
→ 초과하다

0166 ★★

## proceed

[prəsíːd]

procedure 명 ① 절차 ② 수술
process 명 ① 과정 ② 처리 동 처리하다

동 **나아가다, 계속하다, 진행되다**

= continue, progress, carry on

Despite her bad condition, she **proceeded** with the lesson.
상태가 좋지 않았음에도 불구하고, 그녀는 수업을 계속했다.

pro + ceed
forward go
앞으로(pro) 나아가니까(ceed)
→ 나아가다, 계속하다

0167 ★★

## precede

[prisíːd]

precedent 명 선례, 전례 형 선행하는, 앞선
unprecedented 형 전례 없는

동 **① -에 선행하다[앞서다], -보다 먼저 일어나다 ② -보다 우선하다**

Family duties **precede** those of society.
가족의 의무는 사회의 의무보다 우선이다.

pre + cede
before go
-에 앞서(pre) 가다(cede)
→ -에 선행하다

0168 ★★

## predecessor

[prédəsèsər]

명 **전임자, 선배**

= forerunner

*cf.* successor (후임자)

He couldn't take over the work from the **predecessor**.
그는 전임자로부터 업무를 인계받을 수 없었다.

pre + de + cess + or
before down go 명접
먼저(pre) 거쳐(de) 간(cess) 사람
→ 전임자

0169 ★★

## recede

[risíːd]

동 ① 후퇴하다, 물러나다 ② 약해지다

= ① withdraw, retreat

As old threats **recede**, new ones emerge.
오래된 위협이 사라지자 새로운 위협이 모습을 드러낸다.

**recession** 명 ① 경기 후퇴, 불경기 ② 물러남, 후퇴
**recessive** 형 후퇴하는, 역행하는

re + cede
back go
뒤로(re) 가다(cede)
→ 후퇴하다

0170 ★★

## access

[ǽkses]

명 접근, 이용, 출입 동 접근하다, 이용하다

People who have been adopted are not allowed to have **access** to their files.
입양된 사람들은 자신의 서류에 대한 접근이 허용되지 않는다.

**accessible** 형 접근[이용] 가능한

ac + cess
to go
-쪽으로(ac) 가니까(cess)
→ 접근, 접근하다

0171 ★

## concede

[kənsíːd]

동 ① 양보하다 ② 인정하다

= ① yield, compromise, surrender

The students didn't **concede** the logic of his theory.
학생들은 그의 이론의 논리성을 인정하지 않았다.

**concession** 명 ① 양보 ② 인정 ③ 권리[혜택]

con + cede
completely go
자기 몫까지 다른 사람에게 다(con) 가다(cede)
→ 양보하다

한 세대(cede)가 함께(con) 살아가려면 서로 인정하고 양보해야지
→ 양보하다, 인정하다

0172 ★

## antecedent

[æntəsíːdnt]

명 ① 선례 ② 조상 형 선행된, 이전의

= 명형 precedent

I had an opportunity to find out about my **antecedents**.
나는 내 조상에 대해 알아볼 기회가 생겼다.

**antecede** 동 -에 선행하다, 앞서다

ante + cede + ent
before go 형·명접
먼저(ante) 다녀간(cede) 거니까
→ 선례

# 31 grad

걸어가다(step, go)

변화형 gred, gress

0173 ★★

## grade

[greid]

명 ① 등급, 단계 ② 학년 ③ 성적
동 등급을 매기다

Their daughter talks about her first-**grade** teacher.
그들의 딸이 자신의 1학년 선생님에 관해 이야기하고 있다.

**degrade** 동 ① (질적으로) 떨어뜨리다 ② 강등시키다
**upgrade** 동 ① (질적으로) 올리다 ② 승진시키다

grad(e)
step
단계적으로 걸어가는(grad) 것이니까
→ 등급, 단계

0174 ★★

## gradual

[grǽdʒuəl]

gradually 뷔 서서히, 점점

형 단계적인, 점진적인

= progressive, incremental

Losing weight is a slow, **gradual** process.
체중을 줄이는 것은 느리고 점진적인 과정이다.

grad + ual
step 형접
한 걸음(grad)씩 내딛는
→ 점진적인

0175 ★★

## ingredient

[ingríːdiənt]

명 ① (요리) 재료 ② 성분, 구성 요소

= ② constituent, component, element

Endurance is an essential **ingredient** contributing to someone's success.
인내는 누군가의 성공에 기여하는 필수적인 구성 요소이다.

in + gred(i) + ent
in go 명접
음식 안에(in) 들어가야(gred) 하니까
→ (요리) 재료, 구성 요소

0176 ★

## regress

[rigrés]

regression 명 퇴행, 퇴보
regressive 형 퇴행하는, 퇴보하는

동 퇴보하다, 퇴행하다

*cf.* progress (전진, 진보; 진행되다)

The national economy has **regressed**.
국가 경제가 퇴보했다.

re + gress
back go
뒤로(re) 가다(gress)
→ 퇴보하다

# 32 mit

보내다(send)

변화형 mitt, miss

0177 ★★

## dismiss

[dismís]

dismissal 명 ① 해산 ② 해고, 퇴학 ③ 기각

동 ① 해고하다 ② 해산시키다 ③ 묵살하다

= ② dissolve, disperse, discharge, disband

The class was **dismissed**.
수업이 끝났다.

dis + miss
away send
회사/무리에서 흩어지도록(dis) 멀리 보내다(miss)
→ 해고하다, 해산시키다

0178 ★★

## mission

[míʃən]

missionary 명 전도사, 선교사
형 전도의

명 ① 임무, 사명 ② 전도, 포교 ③ 사절단

It doesn't mean a company must abandon its primary economic **mission**.
그것이 회사가 반드시 회사의 주요한 경제적 임무를 포기해야 한다는 것을 의미하지는 않는다.

miss + ion
send 명접
나라를 대표하여 임무를 가지고 외국으로 보내지는(miss) 단체니까
→ 사절단, 임무
한국에 파견된 미션 스쿨의 임무(mission)는?→ 전도

0179 ★★

## admit

[ədmít]

**admission** 명 ① 인정, 시인 ② 입장, 입학
**admittedly** 부 인정하건대, 틀림없이, 확실히

동 ① 인정하다, 시인하다 ② 받아들이다, (입학을) 허가하다

You try to extend the conversation without **admitting** your ignorance.
당신은 자신의 무지를 인정하지 않고 대화를 이어가려고 한다.

ad + mit
to send
-에(ad) 들여보내다(mit)
→ 받아들이다
[어드밋] = 어디 밑 → 자신이 어디(누구) 밑에 있음을 인정하다(admit) → 인정하다

0180 ★★

## commit

[kəmít]

**commitment** 명 ① 실행 ② 전념 ③ 약속
**committed** 형 전념하는, 헌신적인

동 ① 범하다, 저지르다 ② 전념하다 ③ 맡기다, 위임하다 ④ 약속하다

People who **commit** such offences aren't normal.
그러한 범행을 저지르는 사람들은 정상이 아니다.

com + mit
together send
내 정신 모두(com)를 보낼(mit) 정도로 몰두하니까
→ 전념하다
임무와 함께(com) 보내니까(mit)
→ 맡기다

0181 ★★

## submit

[səbmít]

**submission** 명 ① 제출 ② 복종, 굴복
**submissive** 형 순응하는

동 ① 제출하다 ② 복종하다, 굴복하다

= ② surrender, yield

I **submitted** a loan application.
나는 대출 신청서를 제출했다.

sub + mit
under send
책상 아래로(sub) 보내니까(mit)
→ 제출하다
상대편 아래에(sub) 나를 보내니까(mit)
→ 굴복하다

0182 ★★

## transmit

[trænsmít]

**transmission** 명 ① 보냄, 전송 ② 전염

동 ① 전송하다 ② 전염시키다 ③ (열 등을) 전도하다

The computer failed to **transmit** the files.
그 컴퓨터는 파일을 전송하는 데 실패했다.

trans + mit
across send
이쪽에서 저쪽으로(trans) 보내다(mit)
→ 전송하다

0183 ★★

## emit

[imít]

**emission** 명 배출(물), 배기가스

동 내뿜다, 방출하다

= discharge, release, effuse, radiate

A lot of factories **emit** poisons into the air.
많은 공장들은 대기에 독극물을 내뿜는다.

e + mit
out send
빛 등을 밖으로(e) 내보내다(mit)
→ 방출하다

0184 ★

## intermittent

[intərmítnt]

**intermit** 동 일시 멈추다
**intermission** 명 ① (연극 등의) 중간 휴식 시간 ② 중지[휴지]

형 간헐적인, 간간이 일어나는

= occasional, irregular, scattered, sporadic

There will be **intermittent** showers this afternoon.
오늘 오후 간간히 소나기가 내릴 것이다.

inter + mitt + ent
between send 형접
사이사이에(inter) 보내는(mitt) 거니까
→ 간헐적인

## 33 port 나르다, 운반하다(carry)

0185 ★★

### portable
[pɔ́:rtəbl]

형 **휴대용의, 가지고 다닐 수 있는**

*cf.* potable (마실 수 있는)

**Portable** emergency lights are installed at every subway station.
휴대용 비상조명등이 모든 지하철역에 설치되어 있다.

port + able
carry 형접
운반(port)할 수 있는(able) 거니까
→ 휴대용의

0186 ★★

### import
동 [impɔ́:rt]
명 [ímpɔ:rt]

**importer** 명 수입업자[상사], 수입국

동 **수입하다** 명 **수입**

*cf.* export (수출하다; 수출)

The country has to **import** most of its raw materials.
그 나라는 원자재 대부분을 수입해야 한다.

im + port
in carry
나라 안(im)으로 실어 나르다(port)
→ 수입하다

0187 ★★

### transport
[trænspɔ́:rt]

**transportation** 명 운송, 수송

동 **운송하다, 수송하다**
명 **운송(업), 수송**

Pet taxi services aim to **transport** pet animals.
펫 택시 서비스는 반려동물 수송을 목적으로 한다.

trans + port
across carry
이쪽에서 저쪽으로(trans) 운반하니까(port)
→ 운송하다

0188 ★

### deport
[dipɔ́:rt]

동 **① (국외로) 추방하다 ② (강제로) 이송하다**

= ① expel, exile, banish

The state **deported** illegal immigrants.
그 주는 불법 이민자들을 추방했다.

de + port
off carry
범죄자를 멀리 떨어진(de) 곳으로 나르다(port)
→ 추방하다

## 34 pos 놓다(put)

변화형 pon, posit

0189 ★★

### pose
[pouz]

동 **① 자세를 취하다 ② (문제를) 제기하다**
명 **자세**

= 명 position, posture, stance

We **posed** for our photographs next to the Statue of Liberty.
우리는 자유의 여신상 옆에서 사진을 찍기 위해 자세를 취했다.

pos(e)
put
어떤 자세로 놓이는(pos) 거니까
→ 자세를 취하다
어떤 문제를 내놓는(pos) 거니까
→ (문제를) 제기하다

0190 ★★

## compose

[kəmpóuz]

**composition** 명 ① 구성, 조립 ② 작품 ③ 작곡, 작문
**composer** 명 작곡가
**component** 명 구성 요소, 성분 형 구성하는

동 ① 구성하다 ② 작곡하다, 작문하다

*cf.* be composed of (-으로 구성되어 있다)

This train is **composed** of ten cars.
이 열차는 10량으로 구성되어 있다.

com + pos(e)
together put
함께(com) 놓여(pos) 있으니까
→ 구성하다
음표/글자를 함께(com) 놓으니까 (pos)
→ 작곡하다, 작문하다

0191 ★★

## propose

[prəpóuz]

**proposal** 명 신청, 제안
**proponent** 명 ① 제안자 ② 지지자

동 제안[제의]하다

I will **propose** a new plan at the meeting.
나는 회의에서 새로운 계획을 제안할 것이다.

pro + pos(e)
forward put
앞으로(pro) 내놓으니까(pos)
→ 제안하다
프러포즈(propose)란 결혼을 제안하는 (propose) 것이죠 → 제안하다

0192 ★★

## expose

[ikspóuz]

**exposition** 명 ① 설명 ② 전시회
**exposure** 명 ① 노출 ② 폭로

동 ① 노출시키다, 드러내다 ② 폭로하다

= ② reveal, disclose, divulge, unveil

Do not **expose** infants to strong sunlight.
유아들이 강한 햇볕에 노출되지 않게 하라.

ex + pos(e)
out put
밖으로(ex) 내놓다(pos)
→ 노출시키다

0193 ★★

## impose

[impóuz]

**imposing** 형 인상적인, 눈길을 끄는

동 ① 부과하다 ② 강요하다

= ② force, compel, impel, coerce

A new tax was **imposed** on fuel.
새로운 세금이 유류에 부과되었다.

im + pos(e)
in put
월말에 국가가 세금을 집 안에(im) 놓는(pos) 것에서 유래
→ 부과하다
상대방 안에(im) 의견을 억지로 놓으니까(pos)
→ 강요하다

0194 ★★

## oppose

[əpóuz]

**opposition** 명 반대
**opposite** 형 반대의, 정반대의
**opponent** 명 적(수), 상대

동 반대하다, 대항하다

= resist, defy, confront, object to

I am really upset that your newspaper **opposes** this project.
귀 신문사에서 이 계획을 반대하는 데 대해 저는 몹시 화가 납니다.

op + pos(e)
against put
-에 반하여(op) 놓다(pos)
→ 반대하다
[엎포우즈] = 엎어져 → 길에 엎어져 반대하는(oppose) 시위자를 연상 → 반대하다

0195 ★★

## dispose

[dispóuz]

**disposed** 형 -할 생각이 있는, -하는 경향이 있는
**disposable** 형 일회용의 명 (종종 *pl.*) 일회용 물품
**disposal** 명 처리, 처분
**disposition** 명 ① 기질, 성향 ② 배치, 배열

동 ① 배치하다 ② 처리[처분]하다 (of) ③ 경향을 갖게 하다

They **disposed** of stolen property.
그들은 훔친 물건을 처리했다.

dis + pos(e)
apart put
군대를 각각 떨어뜨려(dis) 놓다 (pos)
→ 배치하다
쓰레기를 멀리 떨어뜨려(dis) 놓다 (pos)
→ 처리[처분]하다

0196 ★★

## deposit
[dipάzit]

명 ① 보증금, 예치금 ② 침전물
동 ① 두다, 놓다 ② 예금하다

I **deposited** money in a bank.
나는 돈을 은행에 예금했다.

de + pos(it)
away put
돈을 따로(de) 두는(pos) 거니까
→ 예금하다

# 35 fin ① 끝(end), 경계(border) ② 제한(limit)

0197 ★★

## define
[difáin]

definition 명 정의
definite 형 ① 확실한, 확고한 ② 분명한, 뚜렷한
definitely 부 명확하게, 명백히

동 정의하다, 규정하다

This is especially true when we attempt to **define** life.
이것은 우리가 인생을 정의하려고 할 때 특히 그러하다.

de + fin(e)
completely border
경계를(fin) 완전히(de) 정하다
→ 정의하다, 규정하다

0198 ★★

## confine
[kənfáin]

confined 형 좁고 사방이 막힌
confinement 명 속박, 감금

동 ① 제한하다, 한정하다 ② 가두다, 감금하다

= ① limit, restrict, curb, constrain

The work will not be **confined** to the area.
그 작업이 그 지역에만 한정되지는 않을 것이다.

con + fin(e)
together border
함께(con) 모아 경계(fin) 안에 두니까
→ 제한하다, 가두다
완전히(con) 제한하니까(fin) → 한정하다

0199 ★★

## refine
[rifáin]

refined
형 ① 정제된 ② 세련된 ③ 개선된
refinement
명 ① 정제 ② 세련 ③ 개선

동 ① 정제하다, 불순물을 제거하다
② 세련되게 하다, 다듬다

Diesel is **refined** from crude oil.
경유는 원유에서 정제된다.

re + fin(e)
again end
반복해서(re) 마무리하는(fin) 거니까
→ 정제하다, 다듬다
다시(re) 고쳐 좋게(fin) 만들다 → 다듬다

0200 ★★

## infinite
[ínfənət]

infinity 명 무한성
finite 형 제한적인

형 무한한, 한계가 없는

= unlimited, boundless, endless

The Internet has opened up **infinite** potentials.
인터넷이 무한한 가능성을 활짝 열었다.

in + fin(ite)
not end/limit
끝/제한(fin)이 없으니까(in)
→ 무한한

# DAY 05

## DAY 05 어휘 미리보기

DAY 05

| | | | | |
|---|---|---|---|---|
| □ prefer | □ static | □ statue | □ renovate | □ similar |
| □ confer | □ stationary | □ stature | □ novice | □ assimilate |
| □ infer | □ constitute | □ statute | □ renew | □ simulate |
| □ fertile | □ institute | □ structure | □ medium | □ simultaneous |
| □ defer | □ substitute | □ construct | □ mediate | □ intact |
| □ sedentary | □ destitute | □ instruct | □ meditate | □ tactile |
| □ residue | □ obstinate | □ obstruct | □ mediocre | □ tangible |
| □ subside | □ consistent | □ instrument | □ Mediterranean | □ contagious |
| □ subsidiary | □ state | □ novel | □ meantime | □ contaminate |
| □ stable | □ status | □ innovation | □ midst | □ integrate |

## 36 fer ① 옮기다(carry) ② 견디다, 낳다(bear)

0201 ★★

### prefer

[prifə́:r]

**preference** 명 선호
**preferable** 형 더 나은, 바람직한

동 **선호하다, 더 좋아하다**

My parents **prefer** tea to coffee.
부모님은 커피보다 차를 더 좋아하신다.

pre + fer
before carry
더 좋아하는 것을 먼저(pre) 옮기니까(fer)
→ 선호하다

0202 ★★

### confer

[kənfə́:r]

**conference** 명 회의, 학회, 회담, 협의회

동 **① 상의하다, 회의하다 ② 수여하다**

= ② bestow, endow, grant

He wanted to **confer** with his colleagues before making a decision.
그는 결정을 내리기 전에 동료들과 의논하고 싶었다.

con + fer
together carry
의견을 함께(con) 옮기다(fer)
→ 상의하다
상을 함께(con) 옮겨가게(fer) 하니까
→ 수여하다

0203 ★★

### infer

[infə́:r]

**inference** 명 추론, 추정, 추측

동 **추론[추측]하다**

= deduce, assume, presume, conjecture, read between the lines

His friends **inferred** that he was drunk.
그의 친구들은 그가 취해 있었다고 추측했다.

in + fer
in carry
머릿속(in) 생각을 나르다(fer)
→ 추론[추측]하다

0204 ★★

## fertile

[fə́:rtl]

**fertilize** 동 비료를 주다
**fertilizer** 명 화학비료
**fertility** 명 비옥함

**형 ① 비옥한, 기름진 ② 많이 낳는, 생식력 있는 ③ 풍부한**

*cf.* barren (메마른, 불모의), sterile (불모의, 불임의)

The settlers tried to find some **fertile** land.
개척자들이 비옥한 땅을 찾으려 했다.

**fer(t)** + **ile**
bear 형접
작물이나 아이를 낳을(fer) 수 있는(ile) 것이니까
→ 생식력 있는

0205 ★

## defer

[difə́:r]

**deferred** 형 연기된
**deference** 명 존중

**동 ① 미루다, 연기하다 ② 경의를 표하다**

= ① delay, postpone, suspend, put off

The blackout **deferred** the upgrade.
정전은 업그레이드를 지연시켰다.

**de** + **fer**
away/down carry
일정표에서 멀리(de) 떼어 옮기다(fer)
→ 연기하다
왕 앞에서 자기 자신을 아래로(de) 낮추는(fer) 것이니까
→ 경의를 표하다

# 37 sid

앉다(sit)
변화형 sed, sess

0206 ★

## sedentary

[sédntèri]

**형 주로 앉아서 하는**

She wanted a **sedentary** job.
그녀는 주로 앉아서 하는 일을 원했다.

**sed(ent)** + **ary**
sit 형접
앉아(sed) 있는 거니까
→ 주로 앉아서 하는

0207 ★

## residue

[rézidjù:]

**residual** 형 잔여의, 나머지의

**명 잔여, 나머지**

= rest, leftover, remnant

There was some kind of sticky **residue** on the floor.
바닥에 끈적끈적한 잔여물이 남아 있었다.

**re** + **sid** + **ue**
back sit 명접
뒤에(re) 따로 앉아(sid) 있는 거니까
→ 잔여, 나머지

0208 ★

## subside

[səbsáid]

**동 ① 가라앉다, 진정되다 ② (지반 등이) 내려앉다**

= ① abate, moderate, lessen, alleviate

The fury of the storm has **subsided**.
사나운 폭풍우가 가라앉았다.

**sub** + **sid(e)**
below sit
아래에(sub) 앉다(sid)
→ 가라앉다

0209 ★

## subsidiary

[səbsídièri]

**subsidize** 동 보조금을 주다
**subsidy** 명 보조금, 장려금

형 ① 부수적인 ② 자(子)회사의 명 자(子)회사

= 형 ① secondary, subordinate, incidental

He is taking History as a **subsidiary** subject.
그는 역사학을 부전공으로 하고 있다.

**sub** + **sid(i)** + **ary**
under sit 형·명접
주요한 자리보다 아래에(sub) 앉아(sid) 있는 거니까
→ 부수적인

# 38 sta

서다, 세우다(stand)

변화형 stitu, sten, stin, sist, ste

0210 ★★

## stable

[stéibl]

**stability** 명 안정, 안정성
**unstable** 형 불안정한, 흔들리는

형 안정된, 견고한 명 마구간

Her blood pressure is now **stable**.
그녀의 혈압이 이제는 안정이 되었다.

**sta** + **ble**
stand 형접
움직이지 않고 서(sta) 있을 수(ble) 있으니까
→ 안정된

0211 ★★

## static

[stǽtik]

형 정적인, 고정적인 명 잡음

*cf.* dynamic (동적인)

House prices will remain **static** for a long period.
주택 가격이 오랜 시간 동안 고정적일 것이다.

**sta** + **tic**
stand 형접
움직이지 않고 서(sta) 있는 상태이니까
→ 정적인

0212 ★★

## stationary

[stéiʃənèri]

**station** 명 정거장

형 정지된, 고정된

*cf.* stationery (문구, 문방구)

It is **stationary** and not removable.
그것은 고정되어서 제거할 수 없다.

**sta(t)** + **ion** + **ary**
stand 명접 형접
서(sta) 있는 거니까
→ 정지된, 고정된

0213 ★★

## constitute

[kɑ́nstətù:t]

**constitution** 명 ① 헌법 ② 구성
**constituent** 형 구성하는
명 ① 구성 요소 ② 선거구민

동 ① 구성하다, 형성하다
② 설립하다, 제정하다

People under the age of 40 **constitute** the majority of the labor force.
40세 미만의 사람들이 노동력의 대부분을 차지한다.

**con** + **stitu(te)**
together stand
함께(con) 서서(stitu) 단체를 구성하다
→ 설립하다

0214 ★★

## institute

[ínstətù:t]

**institution** 명 ① 학원, 협회 ② 제도, 관례

동 ① 제정하다, 설립하다 ② 도입하다, 시작[시행]하다
명 기관[협회], 연구소

The **institute** publishes research reports quarterly.
그 기관은 매 분기마다 연구 보고서를 발간한다.

**in** + **stitu(te)**
in stand
어느 곳에(in) 세우는(stitu) 것이니까
→ 설립하다, 연구소

0215 ★★

## substitute

[sʌ́bstətù:t]

**substitution** 명 대리(인)

동 대신하다, 대체하다 명 대신하는 것[사람]

= 동 replace, fill in

Is there anyone to **substitute** for me?
저를 대신해 줄 사람이 있나요?

**sub** + **stitu(te)**
under stand
아래에(sub) 세워(stitu) 원래의 것을 대신하다
→ 대신하다, 대체하다

0216 ★

## destitute

[déstətù:t]

**destitution** 명 결핍, 궁핍

형 ① 빈곤한 ② -이 없는, 결핍한

= ① poor, needy, broke ② devoid, deficient

The war left her completely **destitute**.
전쟁으로 그녀는 완전히 궁핍해졌다.

**de** + **stitu(te)**
down stand
계층에서 아래에(de) 위치해(stitu) 있는 거니까
→ 빈곤한

0217 ★

## obstinate

[ɑ́bstənət]

**obstinately** 부 완고하게

형 고집 센, 완고한

= stubborn, persistent, insistent

She is the most **obstinate** person.
그녀는 가장 고집이 센 사람이다.

**ob** + **stin** + **ate**
against stand 형접
상대방에 맞서(ob) 꿋꿋하게 서(stin) 있는 거니까
→ 고집 센
[옵스티너트] = 앞에서 버텨 → 엄마에게 장난감 사달라고 계산대 앞에서(obs) 버티네(tinate) → 고집

0218 ★★

## consistent

[kənsístənt]

**consistency** 명 일관성, 일치
**inconsistent** 형 일관성 없는
**inconsistency** 명 불일치, 모순

형 ① 일관된 ② -와 일치하는 (with)

= ② compatible, consonant

You must be **consistent** in applying the rules.
규칙들을 적용할 때는 일관성이 있어야 한다.

**con** + **sist** + **ent**
together stand 형접
흔들리지 않고 일관되게 함께(con) 서(sist) 있는 거니까
→ 일관된

0219 ★★

## state

[steit]

**statement** 명 성명(서), 진술, 서술
**statesman** 명 정치인

명 ① 상태 ② 국가 동 진술하다, 말하다

The country is in a **state** of political chaos.
그 나라는 정치적으로 혼란한 상태이다.

**sta(te)**
stand
서(sta) 있는 방식이니까
→ 상태

0220 ★★

## status

[stéitəs]

명 ① (사회적) 지위, 신분 ② 상황

What jobs have the highest **status** in Korea?
한국에서는 어떤 직업들이 가장 사회적 지위가 높나요?

**sta(t)** + **us**
stand 명접
우리가 서(sta) 있는 곳이니까
→ 지위, 상황

0221 ★★

## statue

[stǽtʃuː]

명 상, 조각상, 동상

Tourists took pictures of the impressive **statue**.
관광객들이 그 인상적인 조각상의 사진을 찍었다.

**sta(t)** + **ue**
stand 명접
장식을 위해 세워(sta) 놓은 것
→ 조각상

0222 ★

## stature

[stǽtʃər]

명 ① 지명도, 위상 ② (사람의) 키

= ① reputation, status, prestige, fame

The company is known for its high ethical **stature**.
그 회사는 높은 윤리적 위상으로 유명하다.

**sta(t)** + **ure**
stand 명접
자리를 잡고 서(sta) 있는 거니까
→ 지명도, 키

0223 ★

## statute

[stǽtʃuːt]

명 ① 법규, 법령
② (조직·기관의) 규정, (학교의) 학칙

= ① law, regulation, act, rule

They are lobbying for a change in the tax **statute**.
세법 개정을 위해 로비를 벌이고 있다.

**sta(t)** + **ute**
stand 명접
모두가 지킬 수 있도록 기준으로 서(sta) 있는 거니까
→ 법규, 법령

# 39 struct

세우다, 쌓다(build)

변화형 stru, stroy, stry

0224 ★★

## structure

[strʌ́ktʃər]

**structural** 형 구조적인, 구조의
**infrastructure** 명 사회 기반 시설

명 ① 건축, 건물 ② 구조
동 조직하다, 구조화하다

The **structure** of the banking system is changing.
은행 체계의 구조는 변하고 있다.

**struct** + **ure**
build 명접
세워진(struct) 것이니까
→ 건축, 건물

0225 ★★

## construct

[kənstrʌ́kt]

**construction** 명 건설
**constructive** 형 건설적인

동 ① 건설하다, 세우다 ② 구성하다

Christian Huygens **constructed** the first pendulum clock.
Christian Huygens가 최초의 추시계를 만들었다.

con + struct
together build
함께(con) 세우니까(struct)
→ 건설하다, 구성하다

[컨스트럭트] = 큰 수 트럭 → 건설(construct) 현장의 큰 수많은 트럭
→ 건설하다, 구성하다

0226 ★★

## instruct

[instrʌ́kt]

**instructive** 형 교육적인, 교훈적인
**instructor** 명 교사, 지도자
**instruction** 명 ① (보통 *pl.*) 설명, 지시 ② 교육

동 ① 가르치다, 교육하다 ② 지시하다

The doctor **instructed** the patient to relax and breathe.
그 의사는 환자에게 편안하게 숨을 쉬도록 지시했다.

in + struct
in build
머릿속에(in) 지식을 쌓아(struct) 주다
→ 가르치다

0227 ★

## obstruct

[əbstrʌ́kt]

**obstructive** 형 방해하는, 장애가 되는
**obstruction** 명 방해(물), 장애(물)

동 방해하다, 막다

= interrupt, disrupt, impede, hinder

Trees may **obstruct** the passage of sunlight.
나무들이 햇빛의 통과를 방해할 수도 있다.

ob + struct
against build
-에 반대하여(ob) 세우다(struct)
→ 방해하다

0228 ★★

## instrument

[ínstrəmənt]

**instrumental** 형 ① 도움이 되는, 중요한 ② 악기의

명 ① 도구, 기계 ② 악기

= ① tool

All you hear are isolated sounds from the **instruments**.
들리는 것은 악기들로부터 나오는 개별적인 소리들뿐이다.

in + stru + ment
in build 명접
무언가를 쌓아 올리는(stru) 데(in) 필요한 것
→ 도구

음악 소양을 쌓는(stru) 데(in) 필요한 것
→ 악기

# 40 nov 새로운(new)

변화형 ne, new

0229 ★★

## novel

[nάvəl]

**novelist** 명 소설가
**novelty** 명 새로움, 참신함, 신기함
**novelize** 동 소설화하다

형 참신한, 새로운 명 소설

*cf.* noble (고결한, 귀족의)

He comes up with a **novel** idea all the time.
그는 매번 참신한 생각을 떠올려 낸다.

nov(el)
new
새로운(nov) 것이니까
→ 참신한

0230 ★★

## innovation

[ìnəvéiʃən]

**innovate** 동 혁신하다
**innovative** 형 획기적인

명 ① 혁신 ② 획기적인 것

It just means you need to embrace **innovation**.
이것은 단지 당신이 혁신을 받아들여야 한다는 것을 의미한다.

in + nov + ation
in / new / 명접
안(in)을 완전히 새롭게(nov) 하는 거니까
→ 혁신

0231 ★★

## renovate

[rénəvèit]

**renovation** 명 ① 수선, 수리 ② 혁신, 쇄신

동 개조하다, 보수하다

= restore, remodel, revamp

Work continues on **renovating** the library.
그 도서관 수리 작업이 계속되고 있다.

re + nov + ate
again / new / 동접
다시(re) 새롭게(nov) 하다
→ 개조하다

0232 ★★

## novice

[návis]

명 초보자, 풋내기

= rookie, amateur

He is a **novice** at swimming.
그는 수영 초보자이다.

nov(ice)
new
새로(nov) 들어온 사람
→ 초보자, 풋내기

0233 ★★

## renew

[rinú:]

**renewal** 명 ① 재개, 부활 ② 갱신, 연장
**renewable** 형 재생 가능한

동 ① 재개하다 ② 갱신[연장]하다

= ① resume, recommence

Can I **renew** these library books?
이 도서관 책들의 대출을 연장할 수 있나요?

re + new
again / new
다시(re) 새롭게(new) 하다
→ 갱신하다

# 41 medi

중간(middle)

변화형 mid, me, med, mes

0234 ★★

## medium

[mí:diəm]

**media** 명 매체, 매스컴

명 ① 매개물, 매체, 수단 ② 중간 형 중간의

Digital video discs are becoming the most popular video storage **medium**.
디지털 비디오 디스크(DVD)는 가장 대중적인 영상 저장 매체가 되고 있다.

medi(um)
middle
중간(medi)에서 전달해 주는 것이니까
→ 매개물, 매체

0235 ★★

## mediate

[mí:dièit]

mediator 명 중재인, 중재 기관
mediation 명 중재

동 중재하다, 조정하다

= intervene

He was asked to **mediate** in the dispute.
그는 분쟁을 조정해 달라는 요청을 받았다.

medi + ate
middle 동접
중간에(medi) 서서 하는 것이니까
→ 중재하다

0236 ★★

## meditate

[médətèit]

meditative 형 사색하는, 명상적인
meditation 명 명상

동 ① 명상하다, 숙고하다 ② 계획하다

= ① consider, contemplate, deliberate, ponder

I am going to learn how to **meditate**.
나는 명상하는 법을 배울 예정이다.

med + it + ate
middle go 동접
의식과 무의식 중간에(med) 가게(it) 하다
→ 명상하다

0237 ★

## mediocre

[mì:dióukər]

형 보통의, 평범한, 그저 그런

= normal, plain, average, ordinary

I felt the play was **mediocre**.
나는 그 연극이 그저 그렇다고 느꼈다.

medi + ocre
middle climb
중간(medi) 위치 정도는 오르는(ocre) 거니까
→ 보통의

0238 ★★

## Mediterranean

[mèdətəréiniən]

형 지중해의

The Nile River empties into the **Mediterranean** Sea.
나일강은 지중해로 흘러든다.

Medi + terra(n) + ean
middle land 형접
육지(terra)와 육지 중간(medi)에 있는 바다니까
→ 지중해의

0239 ★★

## meantime

[mí:ntàim]

명 그동안 부 그동안에, 한편

= 부 meanwhile

The boy ran away in the **meantime**.
그 사이에 소년은 도망갔다.

me(an) + time
middle time
그 중간(me) 사이의 시간(time)이니까
→ 그동안

0240 ★

## midst

[midst]

명 중앙, 한가운데

= middle

People had to keep life going in the **midst** of wars.
사람들은 전쟁 한가운데서도 삶을 영위해야 했다.

mid(st)
middle
중간(mid)에 있는 것이니까
→ 중앙, 한가운데

## 42 simil

비슷한(like)

변화형 simul, sembl

0241 ★★

### similar

[símələr]

similarity 명 유사점, 비슷함
similarly 부 비슷하게

형 **유사한, 비슷한**

= alike, comparable, analogous

The two houses are **similar** in size.
그 두 집은 크기가 비슷하다.

simil + ar
like 형접
비슷한(simil) 것이니까
→ 유사한, 비슷한

0242 ★

### assimilate

[əsíməlèit]

assimilation 명 동화, 흡수

동 **① 동화되다[시키다] ② 소화하다, 이해하다 ③ 흡수하다**

= ① adapt

Newcomers find it hard to **assimilate**.
새로 오는 사람들은 동화되기 힘들어한다.

as + simil + ate
to like 동접
-쪽으로(as) 비슷하게(simil) 만들다
→ 동화시키다

0243 ★★

### simulate

[símjulèit]

simulation 명 ① 흉내, 가장 ② 모의실험

동 **① 가장하다, 흉내 내다 ② 모의실험을 하다**

= ① pretend, imitate, mimic

I shook a sheet of metal to **simulate** the voice of thunder.
나는 천둥 소리를 흉내 내기 위해서 금속판을 흔들었다.

simul + ate
like 동접
비슷하게(simul) 만들다
→ 가장하다, 흉내 내다
시뮬레이션(simulation)이란 실제를 흉내 내어(simulate) 재현하는 기법
→ 흉내 내다

0244 ★★

### simultaneous

[sàiməltéiniəs]

simultaneously 부 동시에, 일제히

형 **동시의, 동시에 일어나는**

= coincident, concurrent

There were several **simultaneous** attacks by the rebels.
반란군의 동시 공격이 몇 차례 있었다.

simul + taneous
like 형접
비슷한(simul) 때에 일어나는(taneous) 거니까
→ 동시의

## 43 tact

건드리다, 접촉하다(touch)

변화형 tang, ting, tag, tain, tamin

0245 ★★

### intact

[intǽkt]

형 **① 원형 그대로의, 손상되지 않은 ② 완전한**

This house has been preserved **intact**.
이 집은 원래 모습 그대로 보존되어 왔다.

in + tact
not touch
손대지(tact) 않은(in) 상태니까
→ 원형 그대로의

0246 ★

## tactile

[tǽktil]

형 촉각의

**Tactile** communication is basic to human beings.
촉각적인 의사소통은 인간에게 기본적인 것이다.

tact + ile
touch 형접
만지는(tact) 것에 관련된(ile) 거니까
→ 촉각의

0247 ★

## tangible

[tǽndʒəbl]

intangible 형 무형의, 알 수 없는

형 ① 만질 수 있는 ② 실재하는, 유형(有形)의 ③ 확실한

= ① palpable, tactile

Museums are our history in **tangible** form.
박물관은 유형의 형태로 된 우리의 역사이다.

tang + ible
touch 형접
접촉할(tang) 수 있는(ible) 거니까
→ 만질 수 있는

0248 ★

## contagious

[kəntéidʒəs]

contagion 명 접촉 전염(병)

형 전염되는, 전염성의

= infectious, epidemic

A **contagious** disease is caused by a virus.
전염병은 바이러스에 의해 발생한다.

con + tag + ious
together touch 형접
서로(con) 병균이 있는 손이 닿는(tag) 거니까
→ 전염되는

0249 ★★

## contaminate

[kəntǽmənèit]

contamination 명 ① 오염(물) ② 타락
contaminant 명 오염 물질

동 더럽히다, 오염시키다

= pollute, infect, taint

The water is **contaminated** with lead.
그 물은 납에 오염되었다.

con + tamin + ate
together touch 동접
오염된 손이 서로(con) 접촉하여(tamin) 더럽혀진 거니까
→ 오염시키다

아이가 먹은 콘(con) 때문에 옷이 더럽혀지다(contaminate) → 더럽히다

0250 ★★

## integrate

[íntəgrèit]

integration 명 ① 통합 ② 인종 통합
integrity 명 ① 정직, 성실 ② 완전한 상태
integral 형 ① 필수적인 ② 완전한

동 통합시키다

= incorporate, consolidate, merge

They successfully **integrated** technology.
그들은 기술을 성공적으로 통합시켰다.

in + teg(r) + ate
not touch 동접
각각을 손대지(teg) 않은(in) 상태로 만들어 합치는 거니까
→ 통합시키다

DAY
# 06

🎧 DAY 06

## DAY 06 어휘 미리보기

| | | | | |
|---|---|---|---|---|
| □ tend | □ inverse | □ observe | □ corrupt | □ pathetic |
| □ extend | □ converse | □ sever | □ abrupt | □ sympathy |
| □ intend | □ diverge | □ seclude | □ erupt | □ empathy |
| □ pretend | □ converge | □ segment | □ interrupt | □ antipathy |
| □ tense | □ controversy | □ intersect | □ disrupt | □ apathy |
| □ convert | □ versatile | □ fragile | □ sentiment | □ devour |
| □ divert | □ serve | □ fragment | □ resent | □ herbivorous |
| □ introvert | □ preserve | □ fraction | □ assent | □ carnivorous |
| □ extrovert | □ conserve | □ fracture | □ consent | □ omnivorous |
| □ reverse | □ reserve | □ bankrupt | □ dissent | □ voracious |

## 44 tend

뻗다(stretch)

변화형 tens

□□□

0251 ★★

### tend

[tend]

**tendency** 명 경향, 풍조

동 ① -하는 경향이 있다, -하기 쉽다 ② 돌보다

The drugs **tend** to cause drowsiness.

그 약은 졸음을 유발하는 경향이 있다.

**tend**
stretch

어떤 방향으로 뻗는(tend) 거니까

→ -하는 경향이 있다, -하기 쉽다

□□□

0252 ★★

### extend

[iksténd]

**extensive** 형 아주 넓은, 광범위한
**extension** 명 ① 연장, 확대 ② 내선
**extent** 명 ① 넓이, 크기 ② 정도

동 확장[연장]하다, 늘리다

= expand, lengthen, prolong, elongate

The citizens submitted the petition to **extend** a road.

시민들은 도로를 연장해 달라는 청원서를 제출했다.

**ex** + **tend**
out stretch

밖(ex)으로 뻗다(tend)

→ 확장[연장]하다

□□□

0253 ★★

### intend

[inténd]

**intent** 형 열중하는, 전념하는 명 의도
**intention** 명 의도, 목적
**intentional** 형 고의적인, 의도적인
**intentionally** 부 고의적으로, 의도적으로

동 ① -할 작정이다, 의도하다 ② 의미하다

We **intended** no harm.

우리는 해칠 의도가 없었다.

**in** + **tend**
into stretch

-속으로(in) 생각이 뻗다(tend)

→ 의도하다

0254 ★★

**pretend**
[priténd]

pretense 명 겉치레, 가식
pretentious 형 허세 부리는, 가식적인

동 -인 체하다, 가장하다

= simulate, fake, feign

As soon as I saw a bear on the mountain trails, I **pretended** to be dead.
등산로에서 곰을 보자마자 나는 죽은 척했다.

pre + tend
before stretch
어떤 모습을 다른 사람 앞에(pre) 뻗어(tend) 놓다
→ -인 체하다

0255 ★★

**tense**
[tens]

tension 명 긴장 (상태)

형 ① 긴장한 ② 팽팽한 명 시제

= 형 ① anxious, nervous, agitated, on edge

There is no need to get **tense**.
긴장할 필요 없다.

tens(e)
stretch
뻗으면(tens) 팽팽해지니까
→ 긴장한, 팽팽한

## 45 vert

돌리다, 바꾸다(turn)
변화형 vers, verg

0256 ★★

**convert**
[kənvə́:rt]

convertible 형 전환 가능한, 개조할 수 있는
명 컨버터블(자동차)
conversion 명 전환, 변화

동 전환[개조]하다, 바꾸다

= alter, modify, transform

The store will **convert** your dollars into euros.
그 상점에서 달러를 유로로 바꿔 준다.

con + vert
completely turn
방향을 완전히(con) 싹 돌린(vert) 거니까
→ 전환[개조]하다, 바꾸다

0257 ★

**divert**
[divə́:rt]

diversion 명 바꾸기, 전환

동 ① 방향을 전환하다
② (관심을) 다른 데로 돌리다
③ (주의를) 돌리다, 기분 전환하다

= ③ distract

The heavy rain **diverted** the course of a stream.
폭우는 개울의 진로 방향을 전환했다.

di + vert
away turn
원래 방향에서 멀리 벗어나게(di) 바꾸는(vert) 거니까
→ 방향을 전환하다

0258 ★★

**introvert**
[íntrəvə̀:rt]

introverted 형 내향적인

명 내향적인 사람 형 내향적인

= 형 shy, timid, reserved

He was an **introvert**.
그는 내향적인 사람이었다.

intro + vert
inward turn
성격이 안으로(intro) 향해 있는(vert) 사람이니까
→ 내향적인 사람

0259 ★★

## extrovert

[ékstrəvə̀:rt]

extroverted 형 외향적인

명 **외향적인 사람** 형 **외향적인**

= 형 sociable, outgoing, gregarious

I want to have an **extrovert** personality.
나는 외향적인 성격을 갖고 싶다.

extro + vert
outside turn
성격이 밖으로(extro) 향해 있는(vert) 사람이니까
→ 외향적인 사람

0260 ★★

## reverse

[rivə́:rs]

reversal 명 전환, 반전
reversible
형 ① 거꾸로 할 수 있는
② (의류 등을) 뒤집어 입을 수 있는

동 **① 뒤집다, 거꾸로 하다 ② 후진하다**
형 **반대의, 역의** 명 **반대**

= 형 opposite, contrary, adverse, converse, inverse

We should **reverse** the order of these pages.
우리는 이 페이지들의 순서를 뒤집어야 한다.

re + vers(e)
back turn
방향이 뒤로(re) 돌려진(vers) 거니까
→ 뒤집다
버스(verse)가 뒤로(re) 가다 → 후진하다

0261

## inverse

[invə́:rs]

invert 동 앞뒤를 바꾸다, 뒤집다
inversion 명 도치, 전도

형 **역의, 반대의** 명 **정반대**

= 형 reverse, opposite, converse, contrary, counter

There's an **inverse** relationship between exercise and stress levels.
운동과 스트레스 수준 사이에는 반비례 관계가 있다.

in + vers(e)
in turn
안에(in) 있던 것을 밖으로 빼내 돌리니까(vers)
→ 역의, 반대의

0262 ★★

## converse

형동 [kənvə́:rs]
명 [kάnvə:rs]

conversely 부 정반대로, 역으로
conversation 명 대화, 회화

형 **정반대의** 명 **정반대** 동 **대화하다**

= 형 opposite, contrary, reverse, adverse, inverse

They **converse** in Spanish.
그들은 스페인어로 대화한다.

con + vers(e)
together turn
함께(con) 말할 차례를 돌리니까(vers)
→ 대화하다

0263 ★

## diverge

[daivə́:rdʒ]

divergent 형 나뉘는, 다른
divergence 명 차이

동 **① 나뉘다, 갈라지다 ② 벗어나다, 일탈하다**

= ② deviate, stray, digress

Don't be afraid to **diverge** from the norm, be creative!
표준에서 벗어나는 것을 두려워하지 말고 창의력을 발휘하세요!

di + verg(e)
apart turn
따로따로(di) 방향을 바꾸다(verg)
→ 갈라지다

0264 ★

## converge

[kənvə́:rdʒ]

convergence 명 수렴, 집합점
convergent 형 수렴하는, 모여드는

동 **① 수렴되다 ② 모여들다, 집중되다**

= ② gather, assemble, convene, congregate

Surfers **converged** on the beach.
서퍼들이 해변에 모였다.

con + verg(e)
together turn
함께(con) 한쪽으로 방향을 돌리니까(verg)
→ 수렴되다

0265 ★★

## controversy

[kántrəvə̀:rsi]

controversial 형 논란의 여지가 있는, 논쟁의

controvert 동 반박하다

명 논쟁

= argument, debate, dispute

There was considerable **controversy** over his appointment.
그의 임용을 둘러싸고 상당한 논쟁이 있었다.

contro + vers(y)
opposite turn
서로 반대되는(contro) 말을 주고받는(vers) 것이니까
→ 논쟁

0266 ★

## versatile

[və́:rsətl]

versatility 명 ① 다재다능 ② 다목적성, 다양성

형 ① 다재다능한 ② 다용도의

Charcoal is a highly **versatile** material.
숯은 꽤 다목적인 물질이다.

vers(at) + ile
turn 형접
이리저리 자유자재로 바꾸기(vers) 쉬운 거니까
→ 다재다능한

# 46 serv 지키다(keep)

0267 ★★

## serve

[sə:rv]

servant 명 하인

service 명 ① 서비스, 봉사 ② 복무, 병역 ③ 예배

동 ① 봉사하다 ② 복무하다 ③ 섬기다, 시중들다 ④ (음식을) 차려 주다, 접대하다

Be polite to the person who **serves** you.
당신을 섬기는 사람에게 예의 바르게 행동하세요.

serv(e)
keep
나라를 지키다(serv)
→ 봉사하다, 복무하다
옆에서 자리를 지키다(serv)
→ 섬기다, 시중들다

0268 ★★

## preserve

[prizə́:rv]

preservation 명 보존

동 지키다, 보호하다, 보존하다

= protect, shelter, secure, conserve

There are many things you can do to **preserve** the environment.
환경을 보존하기 위해 당신이 할 수 있는 일은 많다.

pre + serv(e)
before keep
동물이 멸종되기 전에 미리(pre) 지키다(serv)
→ 보호하다, 보존하다

0269 ★★

## conserve

[kənsə́:rv]

conservative 형 ① 보수적인 ② 신중한

conservatism 명 ① 보수성 ② 보수주의

동 보호하다, 보존하다

= protect, save, preserve

We must **conserve** our nonrenewable resources.
우리는 재생 불가능한 자원들을 보존해야 한다.

con + serv(e)
completely keep
완전히(con) 지키다(serv)
→ 보호하다, 보존하다

0270 ★★

## reserve

[rizə́:rv]

reserved 형 ① 남겨 둔, 예비의 ② 내성적인, 말 없는
reservation 명 예약
reservoir 명 ① 저장 ② 저수지, 저장소

**동 ① 예약하다 ② 비축하다, 따로 남겨 두다 ③ (권리를) 갖다**
**명 ① 예비, 비축 ② 보호 구역**

I **reserved** a table for three at the restaurant.
나는 그 식당에 세 사람 자리를 예약했다.

re + serv(e)
back keep
뒤에(re) 두고 지키다(serv)
→ 비축하다

0271 ★★

## observe

[əbzə́:rv]

observation 명 관찰
observance 명 (법 등의) 준수
observer 명 관찰자, 참관자
observatory 명 관측소, 천문대

**동 ① 관찰하다, 감시하다 ② (법 등을) 준수하다, 지키다 ③ 말하다**

I **observed** the people around me.
나는 내 주변의 사람들을 관찰했다.

ob + serv(e)
before keep
앞에서(ob) 지키다(serv)
→ 관찰하다, 감시하다

# 47 se

① 분리된(apart) ② 자르다(cut)
변화형 sed, sec, sect

0272 ★

## sever

[sévər]

severance 명 단절

**동 자르다, 끊다**

= divide, separate, amputate, cut off

The body of the ship was **severed** in two.
그 배의 동체가 두 동강이 났다.

se + ver
apart prepare
떨어뜨려(se) 준비시키는(ver) 거니까
→ 자르다

하나를 자르면(sever) 여러 개(several) 가 되죠 → 자르다

0273 ★

## seclude

[siklú:d]

seclusion 명 격리, 은둔

**동 격리시키다, 은둔시키다**

= isolate, segregate, quarantine

He **secluded** himself from the outside world.
그는 외부와의 연락을 끊었다.

se + clude
apart shut
세상으로부터 떨어져(se) 문을 닫으니까(clude)
→ 격리시키다

[시클룻] = 시골로 → 시골로 귀양 보내 격리시키다(seclude) → 격리시키다

0274 ★

## segment

[ségmənt]

**명 부분, 구획, 조각 동 나누다, 분할하다**

= 명 part, piece, division, portion, fraction

We control a large **segment** of the market.
우리는 시장의 큰 부분을 장악하고 있다.

se(g) + ment
cut 동·명접
여러 개로 자른(se) 것이니까
→ 구획, 분할하다

0275 ★★

### intersect

[ìntərsékt]

intersection 명 교차로, 가로지름

동 가로지르다, 교차하다

= cross, traverse

The two lines **intersect** at right angles.
두 선은 직각으로 교차한다.

inter + sect
between cut
-사이를(inter) 자르듯(sect) 지나 가다
→ 가로지르다

## 48 frag

부수다(break)

변화형 frac, fract, frang, fring

0276 ★★

### fragile

[frǽdʒəl]

fragility 명 부서지기 쉬움, 여림, 허약

형 약한, 부서지기 쉬운

= weak, delicate, flimsy

This object is **fragile**, so we must be careful when handling it.
이 물건은 부서지기 쉬우므로 다룰 때 조심해야 한다.

frag + ile
break 형접
부서지기(frag) 쉬우니까(ile)
→ 약한, 부서지기 쉬운

0277 ★★

### fragment

[frǽgmənt]

명 조각, 파편 동 산산이 부수다, 해체하다

= 명 part, piece, fraction, portion, segment

The archaeologists examined the **fragments** of ancient pottery.
고고학자들은 그 고대 도자기의 조각들을 조사했다.

frag + ment
break 동·명접
부수어서(frag) 만들어진 것이니까
→ 조각, 파편

0278 ★

### fraction

[frǽkʃən]

fractional 형 ① 단편적인 ② 분수의

명 ① 분수, 비율 ② 일부분, 단편

Only a small **fraction** of the population speaks this language fluently.
인구의 극히 일부만이 이 언어를 유창하게 구사한다.

fract + ion
break 명접
전체에서 부서져(frac) 나온 것이니까
→ 일부분, 단편

0279 ★

### fracture

[frǽktʃər]

fractured 형 파열된, 골절된

명 골절, 파손 동 골절되다, 파열되다

Old people's bones are vulnerable to **fracture**.
노인들의 뼈는 골절이 되기가 쉽다.

fract + ure
break 동·명접
뼈가 부서진(frac) 거니까
→ 골절

## 49 rupt 깨지다, 깨뜨리다(break)

0280 ★★

**bankrupt**

[bǽŋkrʌpt]

**bankruptcy** 명 파산, 도산

형 **파산한, 지급 불능의** 명 **파산자**
동 **파산시키다**

= 형 broke, insolvent

Many banks and factories went **bankrupt**.
많은 은행과 공장들이 파산했다.

**bank** + **rupt**
bank break
은행(bank)과의 관계가 깨진(rupt) 거니까
→ 파산한

0281 ★★

**corrupt**

[kərʌ́pt]

**corruption** 명 부패, 타락

형 **부패한, 타락한**
동 **타락시키다, 부패하게 하다**

= 형 immoral, unethical, dishonest

She was **corrupted** by power and ambition.
그녀는 권력과 야망으로 타락해 있었다.

**cor** + **rupt**
completely break
정상적인 상태를 완전히(cor) 깨뜨리다(rupt)
→ 타락시키다

0282 ★★

**abrupt**

[əbrʌ́pt]

**abruptly** 부 ① 갑자기 ② 퉁명스럽게

형 **① 갑작스러운, 돌연한 ② 퉁명스러운**

= ① sudden, unexpected

She was very **abrupt** with me in the meeting.
회의 때 그녀는 내게 몹시 퉁명스러웠다.

**ab** + **rupt**
off break
갑자기 깨지듯이(rupt) 떨어져(ab) 나오니까
→ 돌연한

0283 ★

**erupt**

[irʌ́pt]

**eruptive** 형 분출성의, 폭발성의
**eruption** 명 분출, 폭발

동 **분출하다[시키다], 폭발하다[시키다]**

= explode, blast

The volcano is expected to **erupt** at any time.
그 화산은 언제든지 분출할 수 있을 것으로 예상된다.

**e** + **rupt**
out break
화산이 밖으로(e) 터져(rupt) 나오니까
→ 분출하다

0284 ★★

**interrupt**

[intərʌ́pt]

**interruption** 명 방해, 저지, 중단

동 **방해하다, 중단시키다**

= disrupt, impede, hinder, obstruct

It is rude to **interrupt** the speaker.
말하는 사람을 방해하는 것은 무례하다.

**inter** + **rupt**
between break
사이를(inter) 끊고(rupt) 들어가다
→ 방해하다

0285 ★★

## disrupt

[disrʌ́pt]

**disruptive** 형 분열시키는, 파괴적인
**disruption** 명 분열, 붕괴, 중단, 혼란

동 ① **붕괴시키다, 파괴하다**
② **방해하다, 중단시키다**

= ② interrupt, impede, hinder, obstruct

Bus services will be **disrupted** today.
버스 운행이 오늘 중단될 것이다.

**dis** + **rupt**
away break
깨뜨려서(rupt) 원래 상태에서 멀어지게(dis) 만드니까
→ 붕괴시키다

# 50 sent

느끼다(feel)
원형 sens

0286 ★★

## sentiment

[séntəmənt]

**sentimental** 형 감상[감정]적인

명 ① **감정, 정서** ② **감상**

= ① emotion, sensibility

There is no place for **sentiment** in competition.
경쟁에선 감상을 부릴 여유가 없다.

**sent(i)** + **ment**
feel 명접
느끼는(sent) 것이니까
→ 감정, 정서
[센티] = 센치 → 감정(sentiment)이 센치하네 → 감정, 정서

0287 ★★

## resent

[rizént]

**resentful** 형 분개하는
**resentment** 명 분개, 분노

동 **분개하다, 불쾌하게 여기다**

He bitterly **resents** being treated unfairly.
그는 부당한 대우를 받는 것에 몹시 불쾌하게 여긴다.

**re** + **sent**
completely feel
어떤 사람에게 나쁜 감정을 강하게(re) 느끼니까(sent)
→ 분개하다

0288 ★

## assent

[əsént]

동 **동의[찬성]하다 (to)** 명 **동의, 찬성, 승인**

= 동 agree (to), consent (to), concur (in)

They **assented** to the terms of the contract.
그들은 계약 조건에 동의했다.

**as** + **sent**
to feel
-와(as) 같은 감정을 느끼다(sent)
→ 동의하다

0289 ★★

## consent

[kənsént]

**consensus** 명 의견 일치, 합의

동 **동의[허락]하다 (to)** 명 **동의[허락], 합의**

= 동 agree (to), assent (to), concur (in), approve

They **consented** to participate in the scientific study.
이들은 과학적 연구에 참여하는 데 동의했다.

**con** + **sent**
together feel
함께(con) 같은 감정을 느끼다(sent)
→ 동의[허락]하다

0290 ★

## dissent

[disént]

동 반대하다 명 반대

*cf.* decent (적당한)

If there's no **dissent**, there's no room for progress.
반대 의견이 없다면 발전의 여지가 없다.

dis + sent
apart feel
상대방과 다르게(dis) 느끼니까(sent)
→ 반대하다

# 51 path

마음, 느끼다(feel)

변화형 pat

0291 ★★

## pathetic

[pəθétik]

형 불쌍한, 애처로운

Their efforts to win the game were **pathetic**.
게임에서 이기려는 그들의 노력은 애처로웠다.

path + etic
feel 형접
-에게 마음(path)을 쓰는 거니까
→ 불쌍한

0292 ★★

## sympathy

[símpəθi]

**sympathize** 동 동정하다
**sympathetic** 형 동정적인

명 ① 동정, 연민 ② 공감

= ① compassion, pity, empathy

I could not restrain my **sympathy** at the sight.
그 광경을 보고 동정을 금할 수가 없었다.

sym + path + y
together feel 명접
마음(path)이 함께(sym)하는 것이니까
→ 동정, 공감

0293 ★

## empathy

[émpəθi]

**empathize** 동 감정 이입하다, 공감하다
**empathic** 형 감정 이입의

명 감정 이입, 공감

He loves children and has a certain **empathy** with them.
그는 아이들을 사랑하고 그들에게 어느 정도 공감을 한다.

em + path + y
in feel 명접
다른 사람의 감정(path) 속으로(em) 들어가는 것이니까
→ 감정 이입

0294 ★

## antipathy

[æntípəθi]

명 반감, 혐오

= hatred, hostility, aversion

Employers and employees have an **antipathy** to each other.
고용주들과 고용인들은 서로에게 반감을 가지고 있다.

anti + path + y
against feel 명접
-에 대항하여(anti) 느끼는 감정(path)
→ 반감

0295 ★

**apathy**

[ǽpəθi]

**apathetic** 형 무관심한, 심드렁한

명 **무관심**

= indifference

The low voter turnout reflected the widespread **apathy**.
낮은 투표율은 광범위한 무관심을 반영했다.

**a** + **path(y)**
without feel
느끼는(path) 것이 없는(a) 상태
→ 무관심

## 52 vor

삼키다(swallow)

변화형 vour, vorac

0296 ★

**devour**

[diváuər]

**devouring** 형 게걸스레 먹는, 탐욕스러운

동 **게걸스레 먹다, 탐닉하다**

He **devoured** the entire plate of spaghetti.
그는 스파게티 한 접시 전부를 게걸스레 먹어치웠다.

**de** + **vour**
down swallow
식도 아래로(de) 집어 삼키다(vour)
→ 게걸스레 먹다

0297 ★

**herbivorous**

[hə:rbívərəs]

**herbivore** 명 초식동물

형 **초식성의**

Most dinosaurs were **herbivorous.**
대부분의 공룡들은 초식성이었다.

**herbi** + **vor** + **ous**
grass swallow 형접
풀을(herbi) 집어 삼키는(vor) 거니까
→ 초식성의

0298 ★

**carnivorous**

[ka:rnívərəs]

**carnivore** 명 육식동물

형 **육식성의**

Lions are typical **carnivorous** animals.
사자는 대표적인 육식동물이다.

**carni** + **vor** + **ous**
flesh swallow 형접
고기를(carni) 집어 삼키는(vor) 거니까
→ 육식성의

0299 ★

**omnivorous**

[amnívərəs]

**omnivore** 명 잡식동물

형 **① 잡식성의 ② 두루 관심을 갖는**

Dogs are **omnivorous** animals.
개는 잡식성 동물이다.

**omni** + **vor** + **ous**
all swallow 형접
모든(omni) 것을 집어 삼키는(vor) 거니까
→ 잡식성의

0300 ★

**voracious**

[vɔ:réiʃəs]

형 **게걸스레 먹는, 탐욕스러운**

= greedy, insatiable

Wolves are **voracious** eaters.
늑대들은 게걸스레 먹는 동물이다.

**vor(ac)** + **ious**
swallow 형접
막무가내로 집어 삼키는(vor)
→ 게걸스레 먹는

# DAY 07

DAY 07

## DAY 07 어휘 미리보기

- □ strain
- □ restrain
- □ constrain
- □ restrict
- □ comply
- □ imply
- □ implication
- □ complicate
- □ explicate
- □ duplicate
- □ replicate
- □ implicit
- □ explicit
- □ deplete
- □ abstract
- □ attract
- □ extract
- □ distract
- □ contract
- □ subtract
- □ trace
- □ trail
- □ sequence
- □ consequence
- □ subsequent
- □ consecutive
- □ persecute
- □ suit
- □ pursue
- □ ensue
- □ transfer
- □ translate
- □ transact
- □ transit
- □ transparent
- □ transfigure
- □ trespass
- □ previous
- □ prehistoric
- □ premature
- □ precaution
- □ present
- □ president
- □ prejudice
- □ predict
- □ prevent
- □ preoccupy
- □ premise
- □ prerequisite
- □ pretext

## 53 strain, strict

팽팽히 당기다(draw tight)

변화형 string, stress

0301 ★★

### strain

[strein]

**strained** 형 팽팽한, 긴장한

동 ① 잡아당기다 ② 긴장시키다 ③ (근육을) 혹사시키다, 상하게 하다

명 긴장, 과로

When I go to see my favorite singer's performance, I feel the **strain**.

나는 좋아하는 가수의 공연을 보러 갈 때 긴장을 느낀다.

**strain**
draw tight
팽팽하게 잡아당기니까(strain)
→ 긴장시키다

0302 ★★

### restrain

[ristréin]

**restraint** 명 규제, 제한

동 ① 제지하다, 못하게 하다 ② 억제하다, 억누르다

= ① prevent, impede, hinder, constrain

Daniel managed to **restrain** his anger.

Daniel은 간신히 화를 억눌렀다.

**re** + **strain**
back draw tight
뒤로(re) 세게 잡아당기니까(strain)
→ 제지하다

0303 ★★

## constrain

[kənstréin]

constraint 명 ① 제한 ② 강요

동 ① 제한하다, 억제하다 ② 강요하다

= ① limit, restrict, curb, confine

She believes that too much instruction **constrains** an artist's creativity.
그녀는 너무 많은 교육이 예술가의 창의력을 억제한다고 믿는다.

**con** + **strain**
together draw tight

함께(con) 어떤 일로부터 세게 끌어당기다(strain)
→ 제한하다

어떤 일을 함께(con) 하도록 세게 끌어당기다(strain)
→ 강요하다

0304 ★★

## restrict

[ristríkt]

restriction 명 제한, 제약

동 제한하다, 한정하다

= limit, curb, confine, constrain

Speed is **restricted** to 30 mph in school zones.
어린이 보호 구역에서는 속도가 시속 30마일로 제한된다.

**re** + **strict**
back draw tight

뒤로(re) 세게 잡아당기니까(strict)
→ 제한하다

다시(re) 엄격하게(strict) 제한하다(restrict) → 제한하다

# 54 ple / plic

채우다(fill) / 접다(fold)

변화형 plet, pli, plo, ploy, ply

0305 ★

## comply

[kəmplái]

compliant
형 순응하는, 따르는, 순종적인

compliance
명 (명령 등에) 응낙, 따름, (법·명령 등의) 준수

동 ① 순응하다 (with)
② (법·명령 등에) 따르다, 준수하다 (with)

= abide (by), obey, follow

It is important to **comply** with traffic laws.
교통 법규를 준수하는 것은 중요하다.

**com** + **ply**
completely fill

동의서의 칸을 완전히(com) 채우니까(ply)
→ 순응하다, 따르다

자기 뜻을 아주(com) 잘 접으니까(ply)
→ 순응하다

0306 ★★

## imply

[implái]

동 내포하다, 암시하다

= suggest, indicate, infer, signify

Silence often **implies** consent.
침묵은 종종 동의를 암시한다.

**im** + **ply**
in fold

뜻이 드러나지 않고 안에(im) 포개져(ply) 있으니까
→ 내포하다

0307 ★★

## implication

[implikéiʃən]

implicate 동 ① 관련[연루]시키다 ② 내포[의미]하다

implicative 형 ① 함축적인 ② 연루의

명 ① 연관, 연루 ② 함축, 암시 ③ 영향, 결과

= ① involvement, connection

Her alibi cleared her of any **implication** in the robbery.
그녀의 알리바이로 인해 그녀는 강도 사건 연루 혐의를 벗었다.

**im** + **plic** + **ation**
in fold 명접

사람을 안으로(im) 끌어들여 어떤 일에 포개지게(plic) 만드는 거니까
→ 연관, 연루

0308 ★★

## complicate

[kámpləkèit]

**complicated** 형 복잡한
**complication** 명 복잡(화), 복잡한 상태

동 **복잡하게 만들다**

Don't **complicate** the problem any further.
문제를 더 이상 복잡하게 만들지 마라.

com + plic + ate
together fold 동접
여러 개가 함께(com) 포개지게 (plic) 만드니까
→ 복잡하게 만들다

0309 ★

## explicate

[éksplәkèit]

동 **설명하다, 명백하게 하다**

= explain, clarify, illuminate

The professor **explicated** the theory of relativity.
그 교수는 상대성이론을 설명했다.

ex + plic + ate
out fold 동접
접은(plic) 것을 밖으로(ex) 활짝 펼쳐 보이는 거니까
→ 설명하다, 명백하게 하다

0310 ★★

## duplicate

동 [djú:plikèit]
형 명 [djú:plikət]

**duplication** 명 ① 복사, 복제 ② 중복

동 **복사하다, 복제하다** 형 **복사의, 복제의** 명 **복사본, 복제품**

= 동 copy, reproduce, replicate

The materials are **duplicated** at no cost.
그 자료는 무료로 복제된다.

du + plic + ate
two fold 동접
접어서(plic) 똑같은 것 두 개(du)를 만들다
→ 복사하다, 복제하다

0311 ★★

## replicate

[répləkèit]

**replica** 명 복제, 사본

동 **복제하다**

= copy, reproduce, duplicate

The artist tried to **replicate** the painting.
그 화가는 그 그림을 복제하려고 애썼다.

re + plic + ate
again fold 동접
접어서(plic) 다시(re) 같은 걸 만들어 내니까
→ 복제하다

0312 ★★

## implicit

[implísit]

**implicitly** 부 함축적으로, 은연중에

형 **함축적인, 암시적인**

= implied, indirect

It can be seen as **implicit** agreement.
그것은 암묵적인 동의로 보여질 수 있다.

im + plic(it)
in fold
의미가 밖으로 드러나지 않고 안에 (im) 접혀(plic) 있는 거니까
→ 함축적인

0313 ★★

## explicit

[iksplísit]

**explicitly** 부 명백하게

형 ① **솔직한** ② **분명한, 명백한**

= ② obvious, distinct, apparent, evident

It is **explicit** evidence of fraud.
그것은 명백한 사기의 증거다.

ex + plic(it)
out fold
접은(plic) 것을 밖으로(ex) 활짝 펼쳐 보이는 거니까
→ 솔직한

0314 ★

## deplete

[diplíːt]

**depletion** 명 고갈, 소모

**동 ① 고갈시키다 ② 대폭 감소시키다**

= ① exhaust, drain, use up

Extravagant spending quickly **depleted** his savings.
사치스러운 지출은 그의 저축금을 빠르게 고갈시켰다.

**de** + **ple(te)**
off fill
채워진(ple) 것을 다 써(de) 버렸으니까
→ 고갈시키다

[디플릿] = 뒤풀이 → 뒤풀이에 참여했더니 체력이 고갈되다(deplete)
→ 고갈시키다

# 55 tract

끌다, 끌리다(draw)

변화형 tra, treat

0315 ★★

## abstract

형명 [ǽbstrækt]
동 [æbstrǽkt]

**형 ① 추상적인 ② 난해한, 심오한**
**명 요약, 발췌**
**동 ① 추출하다 ② 요약하다, 발췌하다**

= 형 ② deep, profound, abstruse

Picasso's paintings are **abstract** art.
Picasso의 그림은 추상 예술이다.

**abs** + **tract**
away draw
구체적인 것에서 멀리(abs) 끌어내는(tract)
→ 추상적인

0316 ★★

## attract

[ətrǽkt]

**attractive** 형 매력적인, 마음을 끄는
**attraction** 명 매력

**동 마음을 끌다, 매혹하다**

In summer the place **attracts** many visitors.
그곳은 여름에 많은 관광객을 끌어들인다.

**at** + **tract**
to draw
-쪽으로(at) 마음을 끄니까(tract)
→ 마음을 끌다

[어트랙트] = 어! 트랙터 → 어! 이 트랙터가 내 마음을 끌다(attract)
→ 마음을 끌다, 매혹하다

0317 ★★

## extract

[ékstrækt]

**extraction** 명 뽑아냄, 추출

**동 ① 뽑아내다, 추출하다 ② 발췌하다**
**명 ① 추출물 ② 발췌**

= 명 ② excerpt

You need to **extract** some compounds and mix them.
당신은 일부 화합물들을 추출해서 그것들을 혼합해야 한다.

**ex** + **tract**
out draw
밖으로(ex) 끌어내다(tract)
→ 뽑아내다

☐☐☐
0318 ★★

## distract

[distrǽkt]

**distraction** 명 ① 주의 산만 ② 기분 전환

**동 (주의를) 딴 데로 돌리다, 산만하게 하다**

= divert

Her phone notifications constantly **distract** her from work.
휴대 전화의 알림이 끊임없이 그녀가 업무하는 데 정신을 산만하게 한다.

**dis** + **tract**
away draw
다른 방향으로(dis) 주의를 끌다(tract)
→ **산만하게 하다**

☐☐☐
0319 ★★

## contract

동 [kəntrǽkt]
명 [kɑ́:ntrækt]

**contraction** 명 수축, 축소
**contractor** 명 계약자, 도급업자

**동 ① 계약하다 ② 수축하다[시키다] ③ (병에) 걸리다**
**명 계약, 계약서**

The cold air caused the metal to **contract** slightly.
차가운 공기로 인해 금속이 약간 수축했다.

**con** + **tract**
together draw
상대방과 함께(con) 거래라는 결론을 끌어내니까(tract)
→ **계약하다**

☐☐☐
0320 ★★

## subtract

[səbtrǽkt]

**subtraction** 명 ① 빼기, 공제 ② 뺄셈

**동 빼다, 공제하다**

If you **subtract** a negative number, the result is positive.
음수를 빼면 결과는 양수가 된다.

**sub** + **tract**
under draw
단계를 아래로(sub) 끌어내리니까(tract)
→ **빼다**

☐☐☐
0321 ★★

## trace

[treis]

**track** 동 추적하다
명 ① 길, 통로, 궤도 ② 지나간 자국, 흔적

**동 ① 추적하다, 찾아내다 ② (역사적으로) 거슬러 올라가다**
**명 ① 발자국, 흔적 ② 극미량, 조금**

The criminal was **traced** to Chicago late at night.
범인은 밤늦은 시간에 시카고까지 추적당했다.

**tra(ce)**
draw
흔적이 이끄는(tra) 대로 추적하다
→ **추적하다, 흔적**

[트레이스] = two + 레이스 → 두 명(two)이 레이스 해서 한 사람은 도망가고 다른 한 사람은 추적하며 흔적을 찾아내는 것
→ **추적하다, 흔적**

☐☐☐
0322 ★★

## trail

[treil]

**동 ① 추적하다 ② 끌다, 끌리다**
**명 ① 자국, 흔적 ② 오솔길**

= 동 ① track, trace, follow

A shooting star usually produces a **trail** of light.
별똥별은 보통 빛의 흔적을 남긴다.

**tra(il)**
draw
추적할 때 흔적은 단서로 이끄니까(tra)
→ **추적하다, 끌다, 흔적**

## 56 sequ

따라가다, 뒤를 잇다(follow)

변화형 (s)ecu, su, secut

0323 ★★

### sequence

[síːkwəns]

sequent 형 ① 다음에 오는, 연속하는 ② 그 결과로 일어나는

명 ① 연속적인 사건들 ② 순서, 차례

The movie is a **sequence** of events leading up to a climax.
영화는 클라이맥스로 이어지는 일련의 사건이다.

sequ + ence
follow 명접
뒤따르는(sequ) 것이니까
→ 순서, 차례

0324 ★★

### consequence

[kάnsəkwèns]

consequent 형 -의 결과로 일어나는, 필연적인
consequently 부 그 결과, 따라서

명 ① 결과 ② 영향 ③ 중요성

This is a necessary **consequence** of progress.
이것은 진행상의 필연적인 결과이다.

con + sequ + ence
together follow 명접
뒤에 함께(con) 따라오는(sequ) 것이니까
→ 결과

0325 ★★

### subsequent

[sʌ́bsikwənt]

subsequently 부 그 뒤에 (계속해서)

형 그 다음의, 차후의

= following, successive, ensuing

**Subsequent** events proved her to be right.
그 이후의 사건들이 그녀가 옳다는 것을 입증해 주었다.

sub + sequ + ent
down follow 형접
아래에(sub) 이어서 일어나는(sequ) 거니까
→ 그 다음의

0326 ★

### consecutive

[kənsékjətiv]

consecutively 부 연속하여

형 연속적인, 계속되는

= successive, succeeding, continuous

It snowed for ten **consecutive** days.
눈이 10일 동안 계속 내렸다.

con + secu + tive
together follow 형접
함께(con) 따라오는(secu) 거니까
→ 연속적인

0327 ★

### persecute

[pə́ːrsikjùːt]

persecution 명 박해, 학대

동 ① 박해하다 ② 귀찮게 굴다

He **persecuted** the followers of other religions.
그는 타종교의 신도들을 박해했다.

per + secut(e)
thoroughly follow
끝까지(per) 따라가서(secut) 못 살게 굴다
→ 박해하다

0328 ★★

### suit

[suːt]

suitable 형 적합한, 적절한
sue 동 ① 고소하다, 소송을 제기하다 ② 청구하다

동 적합하다, 어울리다
명 ① 정장, 한 벌의 옷 ② (법률) 소송

= 명 ② case, lawsuit, litigation

This food doesn't **suit** my taste.
이 음식은 제 입맛에 안 맞아요.

su(it)
follow
-을 잘 따라서(su) 잘 맞으니까
→ 적합하다
어떤 절차에 따라(su) 진행되는 것이니까
→ 소송

0329 ★★

**pursue**

[pərsúː]

**pursuit** 명 ① 추구 ② 뒤쫓음, 추적

동 ① 추구하다 ② 뒤쫓다, 추적하다 ③ 계속하다

What are you **pursuing** in your studies?
당신은 학업에서 무엇을 추구하고 있나요?

**pur** + **su(e)**
forward follow
앞으로(pur) 따라서(su) 나아가니까
→ 뒤쫓다, 추적하다
[퍼슈] = 포수 → 포수가 짐승을 뒤쫓다 (pursue) → 뒤쫓다

0330 ★

**ensue**

[insúː]

**ensuing** 형 다음의, 뒤이은

동 잇따라 일어나다

Peace will hopefully **ensue** after the conflict.
분쟁 이후에는 평화가 뒤따르길 바란다.

**en** + **su(e)**
upon follow
-의 다음에(en) 이어서(su) 일어나다
→ 잇따라 일어나다

## 57 trans-

① 이쪽에서 저쪽으로(across) ② 관통(through)

변화형 tra-, tran-, tres-

0331 ★★

**transfer**

동 [trænsfə́ːr]
명 [trǽnsfər]

**transferable** 형 이동 가능한

동 ① 옮기다, 이동하다 ② 전학[전근] 가다
명 ① 이동 ② 전학, 전근

We **transferred** to a different hospital because of the medical accident.
우리는 의료 사고 때문에 다른 병원으로 옮겼다.

**trans** + **fer**
across carry
이쪽에서 저쪽으로(trans) 옮기다(fer)
→ 옮기다, 이동하다

0332 ★★

**translate**

[trænsléit]

**translation** 명 번역, 통역
**translator** 명 번역가, 통역사

동 ① 번역하다, 통역하다 ② (다른 형태로) 옮기다, 바꾸다

This book can't **translate** into German.
이 책은 독일어로 번역할 수 없다.

**trans** + **late**
across carry
이 글에서 저 글로(trans) 옮기는(late) 거니까
→ 번역하다, 통역하다

0333 ★★

**transact**

[trænzǽkt]

**transaction** 명 거래

동 거래하다

We **transact** business with a large number of stores.
우리는 많은 가게들과 거래한다.

**trans** + **act**
across move
이쪽에서 저쪽으로(trans) 물건과 돈을 움직이는(act) 거니까
→ 거래하다

0334 ★★

## transit

[trǽnsit, -zit]

**transition** 명 변천, 변이, 과도기
**transitional** 형 변천하는, 과도기의

명 ① 통과, 통행 ② 운송, 운반

Some goods got damaged in **transit**.
일부 상품이 운송 중에 손상되었다.

trans + it
across go
이쪽에서 저쪽으로 가로질러 (trans) 건너가는(it) 것
→ 통과, 통행

0335 ★★

## transparent

[trænspέərənt]

**transparency** 명 투명도

형 투명한, 비치는

= clear, lucid, crystalline

The insect has **transparent** wings.
그 곤충은 투명한 날개를 가지고 있다.

trans + par + ent
through appear 형접
이쪽에서 저쪽이 관통해서(trans) 보이는(par)
→ 투명한, 비치는

0336 ★

## transfigure

[trænsfígjər]

동 변모시키다

= alter, modify, transform, convert

At this moment the moon emerges and **transfigures** the landscape.
이 순간 달이 떠오르며 풍경을 바꿔어 놓는다.

trans + figure
across shape
이것에서 저것으로(trans) 모양을 (figure) 바꾸다
→ 변모시키다

0337 ★

## trespass

[tréspəs]

**trespasser** 명 무단 침입자

동 무단 침입하다

= invade, intrude

I **trespassed** on private land.
나는 사유지에 무단 침입했다.

tres + pass
across go through
남의 땅을 허락 없이 가로질러 (tres) 통과하다(pass)
→ 무단 침입하다

# 58 pre- 미리, 먼저, 앞에(before)

0338 ★★

## previous

[príːviəs]

**previously** 부 이전에, 미리, 사전에

형 앞의, 이전의

No **previous** experience is necessary for this work.
이 업무에는 이전의 경험이 전혀 필요 없다.

pre + vi + ous
before way 형접
길(vi)을 앞서가는(pre) 거니까
→ 앞의

0339 ★★

## prehistoric

[prìhistɔ́:rik]

prehistory 명 선사시대

형 선사시대의

Some people lived in caves in **prehistoric** times.
일부 사람들은 선사시대에 동굴에서 살았다.

pre + histor + ic
before history 형접
역사(histor)가 쓰이기 전의(pre) 시대니까
→ 선사시대의

0340 ★★

## premature

[prì:mətʃúər]

prematurity 명 시기상조, 서두름 (↔ maturity 명 성숙, 원숙)

형 ① 시기상조의, 정상[예상]보다 이른 ② 조산의

It is **premature** to carry out the plan.
그 계획을 실행하기에는 아직 시기상조이다.

pre + mature
before ripe
어떤 때가 무르익기(mature) 전(pre)이니까
→ 시기상조의

0341 ★★

## precaution

[prikɔ́:ʃən]

precautious 형 조심하는, 신중한
precautionary 형 예방의

명 ① 조심, 경계 ② 예방 조치

= ① vigilance, prudence

I'll keep the letter as a **precaution**.
나는 예방 조치로 그 편지를 가지고 있을 것이다.

pre + cau + tion
before observe 명접
미리(pre) 주시하는(cau) 거니까
→ 조심

0342 ★★

## present

동 [prizént]
명형 [préznt]

presence 명 존재, 참석
presentation 명 ① 제출, 수여 ② 발표

동 ① 주다, 제공하다 ② 보여 주다, 나타내다
명 ① 선물 ② 현재
형 ① 출석한, 존재하는 ② 현재의

I was **present** at the meeting.
나는 그 회의에 출석했다.

pre + (e)s + ent
before be 동·형·명접
지금 우리 앞에(pre) 있는(s) 시간
→ 현재, 현재의
선생님 눈앞에(pre) 있는(s)
→ 출석한, 존재하는
생일날 내 앞에(pre) 보내진(sent) 것
→ 선물

0343 ★★

## president

[prézədənt]

preside 동 (집회 등의) 사회를 보다, 주재하다

명 대통령, 장, 회장

U.S. **President** Grover Cleveland was informed that he had cancer.
미국 대통령 Grover Cleveland는 자신이 암에 걸렸다는 것을 알게 되었다.

pre + sid + ent
before sit 명접
맨 앞쪽(pre)에 앉은(sid) 사람이니까
→ 대통령, 회장

0344 ★★

## prejudice

[prédʒudis]

명 편견 동 편견을 갖게 하다

= bias

He is completely dependent on the **prejudices** of his times.
그는 시대의 편견에 전적으로 의존한다.

pre + jud + ice
before judge 명접
제대로 알기 전에(pre) 판단해 버리는(jud) 상태니까
→ 편견

0345 ★★

## predict

[pridíkt]

prediction 명 예견, 예측
predictable 형 예측할 수 있는

동 예언하다, 예측[예상]하다

= foresee, forecast, foretell, prophesy, anticipate

The CEO **predicts** this year will be even better.
대표 이사는 올해는 훨씬 더 좋아질 것이라고 예측한다.

pre + dict
before say
미리(pre) 말하다(dict)
→ 예언하다

0346 ★★

## prevent

[privént]

prevention 명 방지, 방해, 예방

동 ① 막다, 방해하다 ② 예방하다

= ① hinder, impede, curb, obstruct

These programs **prevent** access to many services on the Internet.
이 프로그램들은 인터넷의 많은 서비스에 접속하는 것을 막는다.

pre + vent
before come
미리(pre) 와서(vent) 행동하니까
→ 막다, 예방하다

0347 ★★

## preoccupy

[priάkjupài]

동 ① -의 마음을 사로잡다, 몰두시키다
② 먼저 차지하다, 선취하다

She is totally **preoccupied** with her work.
그녀는 완전히 자신의 일에 몰두한다.

pre + oc + cup + y
before toward take 동접
먼저(pre) 다가가(oc) 그것을 가져가는(cup) 거니까
→ 먼저 차지하다

0348 ★

## premise

[prémis]

명 ① 전제 ② 토지, 부동산[*pl.*]

The argument is wrong from the basic **premise**.
그 주장은 기본 전제에서부터 틀렸다.

pre + mise
before send
어떤 주장 전에 미리 앞에(pre) 내세워(mise) 놓은 것
→ 전제

0349 ★★

## prerequisite

[pri:rékwəzit]

requisite 형 필요한
명 필수품, 필요조건

형 ① 필수의, 미리 필요한 ② 전제가 되는
명 ① 전제 조건 ② 필수 기초 과목

Is Biology a **prerequisite** for this medical course?
생물학은 이 의학 과정의 필수 기초 과목인가요?

pre + re + quisit(e)
before again seek
나중에 혹시 모를 다시(re) 구해야(quisit) 하는 것을 미리(pre) 하니까
→ 필수의, 전제가 되는

0350 ★

## pretext

[prí:tekst]

명 구실, 핑계

= excuse

He made a **pretext** of his car engine's malfunction.
그는 차 엔진의 고장을 구실로 삼았다.

pre + text
before weave
어떤 행동에 대해 미리(pre) 이리저리 짜두는(text) 거니까
→ 구실

# DAY 08

## DAY 08 어휘 미리보기

DAY 08

| | | | | |
|---|---|---|---|---|
| □ persist | □ communicate | □ collide | □ discard | □ antibody |
| □ persuade | □ companion | □ compound | □ distinct | □ antibiotic |
| □ perform | □ comrade | □ confuse | □ disinterested | □ antioxidant |
| □ persevere | □ accompany | □ console | □ discordant | □ antagonist |
| □ perpetual | □ comprise | □ confirm | □ disparity | □ contrary |
| □ permanent | □ correspond | □ confederate | □ disguise | □ contrast |
| □ perish | □ consensus | □ disorder | □ dilute | □ counterproductive |
| □ permit | □ constant | □ disability | □ disseminate | □ encounter |
| □ perfume | □ coherent | □ discharge | □ antisocial | □ counteract |
| □ correlate | □ commodity | □ disregard | □ antarctic | □ counterfeit |

## 59 per-

① 완전히, 철저히(thoroughly)
② 내내, 통과하여(through)

0351 ★★

### persist

[pərsíst]

persistent 형 ① 끈질긴 ② 지속적인
persistence 명 ① 고집 ② 지속됨

동 ① 고집하다, 주장하다 ② 지속되다

She **persisted** in her opinion.
그녀는 자기 의견을 고집했다.

per + sist
thoroughly stand
완전히(per) 서 있다(sist)
→ 고집하다, 지속되다

0352 ★★

### persuade

[pərswéid]

persuasive 형 설득력 있는, 설득 잘하는
persuasion 명 ① 설득 ② 확신

동 설득하다, 설득하여 -하게 하다

*cf.* dissuade ((설득하여) 단념시키다)

I tried to **persuade** him but with no effect.
난 그를 설득하려고 애를 썼지만 효과가 없었다.

per + suad(e)
thoroughly urge
철저히(per) 촉구하다(suad)
→ 설득하다

0353 ★★

### perform

[pərfɔ́ːrm]

performance 명 ① 실행, 수행 ② 공연 ③ 실적, 성과
performer 명 ① 행위자 ② 연주자

동 ① 수행하다 ② 공연[연주/연기]하다 ③ 작동하다

The dolphins **performed** well at the circus.
돌고래들이 서커스 공연을 잘했다.

per + form
thoroughly provide
준비한 것을 완전히(per) 일정한 형태로 보여 주다(form)
→ 수행하다, 공연하다

0354 ★

## persevere

[pə̀ːrsəvíər]

perseverance 명 인내(심), 참을성

동 **인내하다, 견디다, 꾸준히 노력하다**

= persist, continue, endure

If you **persevere**, you can learn anything.
꾸준히 노력하면 무엇이든 배울 수 있다.

per + sever(e)
thoroughly strict
엄격한(sever) 훈련을 끝까지 철저하게(per) 하니까
→ 견디다, 꾸준히 노력하다

0355 ★★

## perpetual

[pərpétʃuəl]

perpetuate 동 영속시키다

형 **영구적인, 끊임없는**

= permanent, eternal, everlasting, perennial

They lived for years in a **perpetual** state of fear.
그들은 수년간 끊임없는 공포 상태에서 살았다.

per + pet(u) + al
through seek 형접
내내(per) 추구하는(pet) 거니까
→ 영구적인

0356 ★★

## permanent

[pə́ːrmənənt]

permanently 부 영구히, 영구불변으로

형 **불변의, 영구적인**

= eternal, perpetual, everlasting, perennial

She was looking for a **permanent** job.
그녀는 영구적인 직업을 찾고 있었다.

per + man + ent
thoroughly remain 형접
철저하게(per) 끝까지 남아 있는(man) 상태니까
→ 불변의

0357 ★

## perish

[périʃ]

perishable 형 상하기 쉬운

동 **① 죽다 ② 사라지다, 소멸하다**

= ② disappear, vanish

All his belongings **perished** in the fire.
그 화재로 그의 모든 재산이 사라졌다.

per + ish
thoroughly go
완전히(per) 가버리다(ish)
→ 죽다
페르시아(Persia)는 현재는 사라진 (perish) 국가다 → 사라지다

0358 ★★

## permit

동 [pərmít]
명 [pə́ːrmit]

permission 명 허락, 허가

동 **허락하다** 명 **허가증**

= 동 allow, authorize, grant, sanction

Pets are not **permitted** in the museum.
반려동물은 미술관 입장이 허락되지 않는다.

per + mit
through send
통과시켜(per) 보내는(mit) 거니까
→ 허락하다

0359 ★

## perfume

[pə́ːrfjuːm]

명 **① 향기 ② 향수**

= ① fragrance, scent

The hall smelled of his mother's **perfume**.
복도에서 그의 엄마의 향수 냄새가 났다.

per + fume
through smoke
향(fume)이 통하게(per) 하는 거니까
→ 향기, 향수

# 60 co-, com-, con-

① 함께(together) ② 강조(completely)

변화형 col-, cor-

0360 ★

## correlate

[kɔ́:rəlèit]

**correlation** 명 상호 관계, 연관성

동 **상호 관련시키다, 연관성이 있다**

The figures seem to **correlate**.
그 수치들은 연관성이 있어 보인다.

cor + relate
together relate
서로(cor) 관련시키다(relate)
→ 상호 관련시키다

0361 ★★

## communicate

[kəmjú:nəkèit]

**communication** 명 ① 의사소통 ② 전달, 연락

동 **① 의사소통하다 ② 전하다, 알리다**

Most people **communicate** through SNS these days.
오늘날 대부분의 사람들이 SNS를 통해 의사소통한다.

com + mun + icate
together share 동접
함께(com) 생각을 공유하는(mun) 거니까
→ 의사소통하다

0362 ★★

## companion

[kəmpǽnjən]

**companionship** 명 ① 교제, 사귐 ② 우정, 동료애

명 **친구, 동료**

= associate, colleague, co-worker, comrade

It's wise to steer clear of bad **companions**.
나쁜 동료는 피하는 것이 현명하다.

com + pan + ion
together bread 명접
함께(com) 빵(pan) 한 조각도 나누는 사이
→ 친구

함께(com) 회사(company)를 다니는 사이 → 친구, 동료

0363 ★

## comrade

[kάmræd]

명 **동지, 동료, 친구**

Many of his **comrades** were killed in combat.
많은 그의 동료들이 전투에서 사망했다.

com + rade
together roommate
방을 함께(com) 쓰는 동료(rade) 니까
→ 동지, 동료

학교를 함께(com) 감네다(comrade)
→ 동료, 친구

0364 ★★

## accompany

[əkʌ́mpəni]

동 **-와 동반하다, 동행하다**

I'll **accompany** her to the station.
나는 그녀와 역까지 동행할 것이다.

ac + com + pan(y)
to together bread
가는 길에(ac) 함께(com) 빵(pan)을 나누다
→ -와 동반하다

0365 ★★

## comprise

[kəmpráiz]

동 구성하다, 포함하다

*cf.* be comprised of (-로 구성되다)

This group is **comprised** of nine members.
이 그룹은 9명의 회원으로 구성되어 있다.

com + pris(e)
together seize
함께(com) 잡아서(pris) 집단을 이루니까
→ 구성하다, 포함하다

0366 ★★

## correspond

[kɔ̀ːrəspɑ́nd]

**correspondence** 명 ① 일치 ② 서신 왕래
**correspondent** 명 통신원, 특파원

동 ① 일치하다, 상응하다 (with/to)
② 서신을 주고받다, 통신하다 (with)

= ① coincide, (with), correlate (with), accord (with), conform (to)

Her phone number does not **correspond** with the one listed online.
그녀의 전화번호가 온라인에 등록된 전화번호와 일치하지 않는다.

cor + re + spond
together back pledge
편지나 전화로 서로서로(cor) 되받기로(re) 약속된(spond) 거니까
→ 통신하다

0367 ★★

## consensus

[kənsénsəs]

**consent** 동 동의하다

명 의견 일치, 합의

The President is skilled at achieving **consensus** on sensitive issues.
대통령은 민감한 사안들에 대해 합의를 이끌어 내는 데 능숙하다.

con + sens(us)
together feel
모두(con) 같게 느끼니까(sens)
→ 의견 일치

0368 ★★

## constant

[kɑ́nstənt]

**constantly** 부 끊임없이
**constancy** 명 ① 불변성 ② 지조, 절개

형 불변의, 끊임없는
명 ① 변하지 않는 것 ② [수학] 상수

= 형 continuous, persistent, incessant

His **constant** singing was beginning to annoy her.
그의 끊임없는 노랫소리가 그녀를 짜증 나게 하기 시작했다.

con + st + ant
together stand 형·명접
언제나 함께(con) 서(st) 있는 거니까
→ 불변의

0369 ★★

## coherent

[kouhíərənt]

**coherence** 명 일관성
**incoherent** 형 앞뒤가 안 맞는 말을 하는

형 일관성 있는, 논리 정연한

= consistent, logical

*cf.* adherent (점착성의; 지지자), cohesive (결합하는, 응집력 있는), cohesion (결합, 응집력)

The flow of the story was **coherent**.
그 이야기의 전개는 일관성이 있었다.

co + her + ent
together stick 형접
논리적으로 함께(co) 붙어(her) 있는 거니까
→ 일관성 있는

□□□
0370 ★★

## commodity
[kəmɑ́dəti]

명 **상품, 생필품, 원자재**

= product, goods

Sometimes clean water becomes a precious **commodity.**
때때로 깨끗한 물은 귀중한 상품이 된다.

com + mod + ity
completely measure 명접
내 필요에 딱(com) 맞춰진(mod) 것이니까
→ **상품, 생필품**
일반적(common)으로 사용하는 물건이니까 → **상품, 생필품**

□□□
0371 ★★

## collide
[kəláid]

**collision** 명 충돌

동 ① **부딪치다, 충돌하다**
② **(의견이) 일치하지 않다, 상충되다**

We regularly **collide** over policy decisions.
우리는 정책 결정을 두고 정기적으로 의견 충돌을 일으킨다.

col + lide
together strike
서로(col) 맞부딪치다(lide)
→ **충돌하다**
차가 서로(col) 미끄러져서((s)lide) 부딪히다 → **충돌하다**

□□□
0372 ★★

## compound
동 [kəmpáund]
명형 [kɑ́mpaund]

동 **혼합하다, 합성하다**
명 ① **(화학적) 화합물, 혼합물** ② **합성어**
형 **혼합의, 합성의**

= 명 ① mixture, blend, composite

Salt is a **compound** of sodium and chlorine.
소금은 나트륨과 염소의 화합물이다.

com + pound
together put
여러 요소를 한 자리에 함께(com) 놓다(pound)
→ **혼합하다**

□□□
0373 ★★

## confuse
[kənfjú:z]

**confusion** 명 ① 혼동 ② 혼란
**confused** 형 (사람이) 혼란스러운

동 ① **혼동하다** ② **혼란스럽게 하다**

= ② perplex, bewilder, confound

He was **confused** by the news.
그는 그 소식에 혼란스러워했다.

con + fus(e)
together pour
함께(con) 부어(fus) 버려 구분이 되지 않으니까
→ **혼동하다, 혼란스럽게 하다**

□□□
0374 ★

## console
[kənsóul]

**consolation** 명 위안, 위로

동 **위안을 주다, 위로하다**

= comfort, soothe, reassure, solace

Nothing can **console** me for the loss.
그 무엇도 내게 손실에 대한 위안을 줄 수 없다.

con + sol(e)
completely comfort
완전히(con) 위안을 주다(sol)
→ **위로하다**

0375 ★★

## confirm

[kənfə́:rm]

confirmation 명 확인, 확증
confirmed 형 확인된, 입증된

동 ① 확인해 주다, 확증[입증]하다 ② 승인하다

= 동 ① certify, verify, testify, validate

I'd like to **confirm** those results.
나는 그 결과를 확증하고 싶다.

**con** + **firm**
completely strong
무언가를 완전히(con) 확고하게(firm) 하다
→ 확증[입증]하다

0376 ★

## confederate

형 명 [kənfédərət]
동 [kənfédərèit]

confederation 명 동맹, 연합

형 동맹한, 연합한 명 동맹자, 연합자
동 동맹하다

The **confederate** system is not working for us.
그 연합 시스템은 우리에게 적합하지 않다.

**con** + **feder** + **ate**
together league 형접
함께하는(con) 연합체(feder)니까
→ 동맹한

함께(con) 연합해서(confederate) 적군을 패더라(federa) → 동맹한, 연합한

# 61 dis-, di-

① 부정(not) ② 반대(opposite)
③ 떨어져, 분리된(away, apart)

0377 ★★

## disorder

[disɔ́:rdər]

disorderly 형 무질서한, 난잡한

명 ① 무질서, 혼란 ② 장애

= ① chaos, confusion, disruption

The whole country is in **disorder**.
나라 전체가 무질서하다.

**dis** + **order**
not order
질서(order)가 없으니까(dis)
→ 무질서, 장애

0378 ★★

## disability

[dìsəbíləti]

disable 동 장애를 입히다, 무능력하게 하다
disabled 형 장애를 가진, 무능력하게 된

명 장애, 무능력

The benefits the nation provides depend on the degree of **disability**.
국가가 제공하는 혜택은 장애의 정도에 달려 있다.

**dis** + **abil** + **ity**
not able 명접
어떤 것을 할 수 있는(abil) 상태가 아닌(dis) 거니까
→ 장애, 무능력

0379 ★★

## discharge

[distʃɑ́:rdʒ]

charge 동 ① 청구[부과]하다
② 기소[고소]하다, 비난하다
③ 책임지게 하다
④ 채우다, 충전하다

동 ① 내보내다, 방출[석방, 해고]하다
② 짐을 내리다
명 내보냄, 방출, 석방, 해고, 제대

= 동 ① dismiss, expel, release, liberate

The pitcher received a **discharge** notice from the team.
그 투수는 팀으로부터 방출 통보를 받았다.

**dis** + **charge**
opposite carriage
마차(charge)에 짐을 싣는 것의 반대니까(dis)
→ 짐을 내리다

사람을 회사에서 내리는 거니까
→ 해고하다

☐☐☐

0380 ★★

## disregard

[dìsrigɑ́:rd]

**regard** 동 평가하다, 존중하다 명 관심, 고려, 존경

동 **무시하다, 묵살하다** 명 **무시, 묵살**

= 동 ignore, discount

She totally **disregards** others' feelings.
그녀는 다른 사람들의 감정은 완전히 무시한다.

**dis** + **re** + **gard**
not back guard
더 이상 뒤에서(re) 지켜봐(gard) 주지 않는(dis) 것이니까
→ 무시하다

☐☐☐

0381 ★★

## discard

[diskɑ́:rd]

동 **버리다, 폐기하다**

= abandon, desert, forsake

10% of the data were **discarded** as untrustworthy.
그 데이터 중 10%가 신뢰할 수 없는 것으로 폐기되었다.

**dis** + **card**
away card
카드놀이에서 필요 없는 카드(card)를 멀리 떼어(dis) 놓는 거니까
→ 버리다

☐☐☐

0382 ★★

## distinct

[distíŋkt]

**distinctive** 형 독특한
**distinction** 명 구별, 차이
**distinguish** 동 구별하다, 식별하다

형 **① 뚜렷한, 분명한 ② 별개의**

= ① obvious, apparent, evident, noticeable

Irish is **distinct** from English.
아일랜드어는 영어와는 별개의 것이다.

**dis** + **(s)tinct**
apart prick
콕 찍어서(tinct) 따로 떨어뜨려(dis) 놓은 거니까
→ 뚜렷한, 별개의

☐☐☐

0383 ★

## disinterested

[disíntərèstid]

**disinterest** 명 ① 사심 없음 ② 무관심

형 **① 사심이 없는, 객관적인 ② 무관심한**

= ① fair, objective, unbiased, unprejudiced, impartial

*cf.* uninterested (무관심한)

His advice appeared to be **disinterested**.
그의 충고는 사심이 없는 것 같았다.

**dis** + **interest** + **ed**
not concern 형접
-에 관심(interest)을 두지 않는(dis) 거니까
→ 사심이 없는

☐☐☐

0384 ★

## discordant

[diskɔ́:rdənt]

**discord** 명 불일치, 불화

형 **① 조화[일치]하지 않는 ② 불협화음의**

= ① inconsistent, incompatible, contradictory, divergent

The artist uses **discordant** colors.
그 화가는 조화를 이루지 않는 색상을 사용한다.

**dis** + **cord** + **ant**
apart heart 형접
마음(cord)이 따로따로 떨어져(dis) 있는 거니까
→ 조화하지 않는

☐☐☐

0385 ★

## disparity

[dispǽrəti]

**parity** 명 동등, 동격

명 **차이, 불균형**

= difference, disagreement, distinction

The **disparity** in their ages caused controversy.
그들의 나이 차는 논란을 일으켰다.

**dis** + **par** + **ity**
not equal 명접
동등하지(par) 않으니까(dis)
→ 차이

0386 ★★

## disguise
[disgáiz]

동 ① 변장[위장]하다 ② 숨기다, 속이다
명 ① 변장 ② 은폐

= 동 ① mask, camouflage

The Trojan horse was **disguised** as a gift.
트로이 목마는 선물로 위장되어 있었다.

**dis** + **guise**
away look
원래 모양(guise)에서 멀어지게(dis) 만드니까
→ 변장[위장]하다

0387 ★

## dilute
[dailú:t]

**dilution** 명 묽게 하기, 희석

동 희석하다, 약화시키다 형 희석된

= 동 weaken, lessen, attenuate, mitigate

Large classes **dilute** the quality of education.
대규모 학급은 교육의 질을 약화시킨다.

**di** + **lut(e)**
apart wash
물을 따로(di) 넣어서 씻어(lut) 내는 거니까
→ 희석하다

0388 ★

## disseminate
[disémənèit]

동 퍼뜨리다, 전파하다

That information has been widely **disseminated.**
그 정보는 널리 전파되었다.

**dis** + **semin** + **ate**
apart seed 동접
멀리(dis) 도처에 씨앗(semin)을 뿌리다
→ 퍼뜨리다

# 62 anti-, ant-

① -에 대항하여(against)
② -에 반대하여(opposite)

0389 ★

## antisocial
[æntisóuʃəl]

**social** 형 ① 사회의 ② 사교적인

형 반사회적인, 비사교적인

= asocial

Our classmates will think you're being **antisocial** if you don't go.
네가 안 가면 반 친구들이 너를 비사교적이라고 생각할 거야.

**anti** + **soci** + **al**
against companion 형접
동료(soci)에게 대항하는(anti) 것이니까
→ 반사회적인, 비사교적인

0390 ★

## antarctic
[æntá:rktik]

명 (the A-) 남극 (지방) 형 남극의

*cf.* arctic (북극; 북극의)

The **Antarctic** is the coldest place on Earth.
남극은 지구에서 가장 추운 곳이다.

**ant** + **arctic**
opposite arctic
북극(arctic)과 반대되는(ant) 곳
→ 남극 (지방)

0391 ★

## antibody

[ǽntibὰdi]

명 항체

*cf.* antigen (항원)

Vaccines help your body produce **antibodies.**
백신은 우리 몸이 항체를 생성하도록 도와준다.

anti + body
against body
몸(body)에 들어온 병원균에 대항하는(anti) 것이니까
→ 항체

0392 ★

## antibiotic

[æntibaiάtik]

형 항생의 명 항생 물질, 항생제

Some types of **antibiotics** are used to promote growth in livestock.
어떤 종류의 항생제는 가축의 성장을 촉진하기 위해 사용된다.

anti + bio + tic
against life 형·명접
세균과 같은 생명체(bio)에 대항하는(anti) 것이니까
→ 항생의, 항생제

0393

## antioxidant

[æntiάksidənt]

oxidant 명 산화제

명 ① 산화[노화] 방지제, 항산화제 ② 방부제

= ② preservative, antiseptic

Vitamins C and E are both an **antioxidant.**
비타민 C와 E는 모두 노화 방지제이다.

anti + oxidant
against oxidant
산화제(oxidant)에 대항하는(anti) 것이니까
→ 산화[노화] 방지제

0394 ★

## antagonist

[æntǽgənist]

antagonize 동 적대감을 불러일으키다
antagonism 명 적의, 적대감

명 적대자

= opponent, adversary, foe, enemy

He faced his **antagonist** on the bridge.
그는 다리 위에서 자신의 적대자와 대치했다.

ant + agon + ist
against struggle 명접
반대쪽에서(ant) 싸우는(agon) 사람(ist)
→ 적대자

# 63 contra-, counter-

① -에 대항하여(against)
② -에 반대하여(opposite)

0395 ★★

## contrary

[kάntreri]

형 반대의, 상반[모순]되는 명 반대되는 것

= 형 opposite, reverse, adverse, converse, inverse

On the **contrary,** other star players disagree.
반면에, 다른 스타급 선수들은 동의하지 않는다.

contra + ry
against 형·명접
서로 반대되니까(contra)
→ 반대의, 상반[모순]되는

0396 ★★

## contrast

명 [kάːntræst]
동 [kəntrǽst]

명 대조, 대비 동 대조를 이루다

*cf.* in contrast (이와 반대로),
in contrast to/with (-와는 달리)

In **contrast** to their neighbors, they live modestly.
이웃들과는 달리, 그들은 검소하게 산다.

contra + st
against stand
서로 반대(contra) 입장에 서(st) 있으니까
→ 대조, 대조를 이루다

0397 ★

## counterproductive

[kàuntərprədʌ́ktiv]

**productive** 형 생산적인
**unproductive** 형 비생산적인, 불모의, 헛된

형 비생산적인, 역효과를 낳는

Such measures are **counterproductive** in a crisis.
그러한 조치는 위기 속에서 역효과이다.

counter + produc(t) + ive
opposite bring forth 형접
생산하는(produc) 경향에 반하는(counter) 것이니까
→ 비생산적인

0398 ★★

## encounter

[inkáuntər]

동 ① 우연히 만나다, 마주치다
② (위험·곤란 등에) 맞닥뜨리다
명 ① 만남 ② 충돌, 교전

= 동 ② face, confront, run into

We **encountered** a number of difficulties.
우리는 많은 어려움에 맞닥뜨렸다.

en + counter
in opposite
서로 반대(counter) 방향에서 오다가 점점 사정거리 안으로(en) 들어오니까
→ 우연히 만나다

0399 ★

## counteract

[kàuntərǽkt]

**counteractive** 형 반작용의, 중화성의 명 반작용제, 중화제

동 ① 대응하다, 거스르다, 방해하다
② (효력을) 없애다, 중화시키다

He liked to **counteract** a person's plan.
그는 남의 계획을 방해하는 것을 좋아했다.

counter + act
against move
대항하는(counter) 움직임(act)을 하니까
→ 대응하다, 거스르다

0400 ★★

## counterfeit

[káuntərfit]

동 위조하다 형 위조의, 가짜의

= 형 fake, false, forged, bogus, imitation

The brothers **counterfeited** bills.
그 형제는 지폐를 위조했다.

counter + feit
against make
진품에 대항하여(counter) 만들다(feit)
→ 위조하다

DAY

# 09

DAY 09

## DAY 09 어휘 미리보기

| | | | | |
|---|---|---|---|---|
| □ reproduce | □ retail | □ appoint | □ admire | □ unconscious |
| □ respond | □ retire | □ adhere | □ affiliate | □ unconditional |
| □ recall | □ retreat | □ adjust | □ appease | □ unwillingly |
| □ regain | □ reciprocal | □ adapt | □ acquiesce | □ unbiased |
| □ replace | □ reimburse | □ adopt | □ amass | □ uneven |
| □ remove | □ resurrection | □ accord | □ assort | □ uninterested |
| □ react | □ amoral | □ affirm | □ uneasy | □ unfold |
| □ reassure | □ anarchy | □ acknowledge | □ uncommon | □ unsettle |
| □ rejoice | □ amnesia | □ attach | □ unfavorable | □ unearth |
| □ retrieve | □ anesthetic | □ assure | □ unbearable | □ undo |

## 64 re-

**① 다시(again) ② 뒤에(back) ③ 반대(against) ④ 강조(completely)**

변화형 red-, reci-

□□□
0401 ★★

### reproduce

[rìːprədúːs]

**reproductive** 형 생식의, 번식의
**reproduction** 명 ① 재생 ② 복제 ③ 번식

**동 ① 다시 만들어 내다, 재생[재현]하다 ② 복사[복제]하다 ③ 번식하다**

= ② duplicate, replicate

Plants can **reproduce** through seeds or spores.
식물은 씨앗이나 포자를 통해 번식할 수 있다.

re + produce
again bring forth
이미 만든 것을 다시(re) 만드니까 (produce)
**→ 재생[재현]하다, 복사[복제]하다**

□□□
0402 ★★

### respond

[rispɑ́nd]

**response** 명 반응, 응답
**responsive** 형 즉각 반응하는, 민감한

**동 반응하다, 응답하다 (to)**

= react, reply

They still haven't **responded** to my letter.
그들은 아직도 내 편지에 응답하지 않고 있다.

re + spond
back pledge
어떤 질문이나 행동에 대한 약속(spond)을 되돌려(re) 보내 주는 거니까
**→ 반응하다, 응답하다**

0403 ★★

## recall

[rikɔ́:l]

동 ① 다시 부르다, 소환하다 ② 회상하다
명 ① 소환, 회수 ② 회상

= 동 ② retrospect, recollect

Do you **recall** what we discussed yesterday?
어제 논의한 내용을 기억하시나요?

re + call
again call
지나간 일을 다시(re) 부르니까(call)
→ 소환하다, 회상하다

0404 ★

## regain

[rigéin]

동 되찾다, 회복하다

= recover, retrieve, reclaim

**Regaining** a lost friendship can be difficult.
잃어버린 우정을 되찾는 것은 어려울 수 있다.

re + gain
again gain
다시(re) 얻게(gain) 되니까
→ 되찾다

0405 ★★

## replace

[ripléis]

**replacement** 명 ① 대신할 사람 ② 교체, 대체
**replaceable** 형 바꿀 수 있는, 복구할 수 있는

동 대신하다, 대체하다

= substitute, for, fill in for

Can you **replace** this document with a digital copy?
이 문서를 디지털 사본으로 대체할 수 있나요?

re + place
again put
어떤 자리에 다시(re) 놓는(place) 거니까
→ 대신하다

0406 ★★

## remove

[rimú:v]

**removal** 명 제거, 철거
**remover** 명 ① 제거제 ② 이사 전문 회사[주로 *pl.*]

동 제거하다

= eliminate, extinguish, exterminate, eradicate

**Remove** all unnecessary items from your backpack.
배낭에서 불필요한 물건을 모두 꺼내라.

re + move
again move
가져온 것을 다시(re) 옮기니까(move)
→ 제거하다

0407 ★★

## react

[riǽkt]

**reaction** 명 반응, 반작용
**overreact** 동 과잉 반응하다

동 반응하다, 반작용하다

= respond, interact

It's not easy to **react** calmly to criticism.
비판에 침착하게 반응하는 것은 쉽지 않다.

re + act
against act
어떤 것에 대항하여(re) 행동하니까(act)
→ 반응하다, 반작용하다

0408 ★★

## reassure

[rì:əʃúər]

**reassurance** 명 ① 안심시키기 ② 안심시키는 말
**assure** 동 장담하다, 확언하다

동 안심시키다

= comfort, console

The doctor **reassured** the patient.
그 의사는 환자를 안심시켰다.

re + as + sure
again to sure
한 번 더(re) 상대방에게(as) 확실하게 해주니까(sure)
→ 안심시키다

0409 ★

## rejoice

[ridʒɔ́is]

**rejoicing** 명 기뻐함, 축하

동 **기뻐하다, 좋아하다**

They **rejoiced** at the good news.
그들은 그 좋은 소식을 듣고 기뻐했다.

**re** + **joice**
completely joy
완전(re) 기뻐하니까(joice)
→ **기뻐하다, 좋아하다**

0410 ★★

## retrieve

[ritríːv]

**retrieval** 명 되찾아 옴, 회수

동 **① 되찾다, 회복하다 ② 검색하다** 명 **회복**

= 동 ① recover, regain, redeem

You cannot **retrieve** the data from the damaged hard drive.
손상된 하드 드라이브에서 데이터를 검색할 수 없다.

**re** + **triev(e)**
again find
잃어버린 건강을 다시(re) 찾으니까(triev)
→ **회복하다**
다시(re) 노력해서(try) 되찾다(retrieve)
→ **되찾다**

0411

## retail

[ríːteil]

**retailer** 명 소매업자

명 **소매, 소매상** 형 **소매의, 소매상의**
동 **소매하다**

**Retail** sales grew just 3.8 percent this year.
소매 매출이 올해 3.8% 증가에 그쳤다.

**re** + **tail**
again cut
물건을 다시(re) 하나씩 낱개로 잘라(tail) 판매하는 거니까
→ **소매(하다)**

0412 ★

## retire

[ritáiər]

**retired** 형 은퇴한
**retirement** 명 은퇴, 퇴직

동 **물러나다, 은퇴하다**

He **retired** from professional tennis at his peak.
그는 전성기에 프로 테니스에서 은퇴했다.

**re** + **tire**
back draw
일선에서 자신을 뒤로(re) 끌어내니까(tire)
→ **은퇴하다**
매일 일이 피곤하면(tire) 뒤로(re) 물러나는 것을 고려하니까 → **은퇴하다**

0413 ★

## retreat

[ritríːt]

동 **물러나다, 후퇴하다** 명 **① 후퇴 ② 피난처**

= 동 withdraw, retire, draw back

Those ill-fated children had no idea what the sea's strange **retreat** meant.
그 불운한 아이들은 바다의 이상한 후퇴가 무엇을 의미하는지 몰랐다.

**re** + **treat**
back draw
병사를 뒤로(re) 끌어내니까(treat)
→ **후퇴하다, 물러나다**

0414 ★

## reciprocal

[risíprəkəl]

**reciprocate** 동 ① 교환하다 ② 보답하다
**reciprocity** 명 호혜(互惠)주의

형 **상호 간의**

= mutual

We need a **reciprocal** agreement to allow student exchanges.
학생 교류를 허용하려면 상호 협정이 필요하다.

**reci** + **proc** + **al**
back forth 형접
교류가 앞과(proc) 뒤로(reci) 서로 오가는
→ **상호 간의**

0415 ★

## reimburse

[rìːimbə́ːrs]

reimbursement 명 변제, 상환, 배상

동 -에게 변상하다, 갚다

= compensate, repay

We can't **reimburse** you for the parking fee.
주차 요금에 대해서는 변제해 드릴 수 없습니다.

re + im + burs(e)
back in purse
다시(re) 상대방의 지갑(burs) 안에(im) 돈을 넣어 주니까
→ -에게 변상하다

0416 ★

## resurrection

[rèzərékʃən]

resurrect 동 부활시키다

명 부활, 소생

= reappearance, rebirth, restoration, renaissance, revival

Easter celebrates the **resurrection** of Jesus Christ.
부활절은 예수 그리스도의 부활을 기념하는 날이다.

re + sur(rect) + ion
again rise 명접
다시(re) 땅 밑에서 지상으로 올라오는(sur) 거니까
→ 부활

# 65 a-, an-

① 부정(not) ② 없는(without)

변화형 am-, ar-

0417 ★

## amoral

[eimɔ́ːrəl]

amorality 명 도덕관념이 없음
moral 형 ① 도덕의 ② 도덕적인

형 도덕관념이 없는, 선악 판단이 안 되는

*cf.* immoral (부도덕한)

The character in the story is **amoral**.
그 이야기 속 등장인물은 도덕적이지 않다.

a + moral
without moral
도덕적인(moral) 개념이 없는(a)
→ 도덕관념이 없는

0418 ★

## anarchy

[ǽnərki]

anarchic 형 무정부(상태)의

명 무정부 상태, (정치·사회적) 혼란

= chaos, rebellion, disorder, insurrection

*cf.* monarchy (군주제)

**Anarchy** is the absence of government and law.
무정부 상태는 정부와 법의 부재이다.

an + archy
without leader
국민을 다스리는 지도자(archy)가 없으니까(an)
→ 무정부 상태

[애너키] = 애 낳기 → 무정부 상태(anarchy)에서는 애 낳기가 어려우니까
→ 무정부 상태

0419 ★

## amnesia

[æmníːʒə]

명 기억 상실(증), 건망증

= oblivion

*cf.* amnesty (사면), anemia (빈혈)

She suffers from **amnesia** since the car accident.
그녀는 자동차 사고 후 기억 상실증에 시달린다.

a + mne(s) + ia
not memory 명접
기억(mne)을 하지 못하는(a) 증상
→ 기억 상실(증)

[엠니지어] = 엠(M) 잊어 → memory(기억) 잊어 → 기억 상실(증), 건망증

0420 ★

## anesthetic

[ænəsθétik]

**anesthesia** 명 마취 (상태)

**형 마취의, 무감각한 명 마취제**

*cf.* aesthetic (미학적, 미적인)

There was no **anesthetic** in 7,000 BC.
기원전 7천 년에는 마취제가 없었다.

an + (a)esth(e) + tic
without sensation 형·명접
감각(esth)이 없는(an)
→ 마취의

# 66 ad-

방향, 접근(to)

변화형 a-, ac-, af-, ag-, al-, am-, an-, ap-, ar-, as-, at-

0421 ★★

## appoint

[əpɔ́int]

**appointment** 명 ① 임명, 지명 ② 약속

**동 ① 임명[지명]하다**
**② (시간·장소 등을) 정하다**

= nominate, designate

They will **appoint** her as their new manager.
그들은 그녀를 새 매니저로 임명할 것이다.

ap + point
to point
어떤 사람을(ap) 손가락으로 가리키는(point) 거니까
→ 임명하다, 지명하다

0422 ★★

## adhere

[ədhíər]

**adherent** 형 점착성의 명 지지자
**adherence** 명 ① 고수 ② 접착
**adhesive** 형 들러붙는 명 접착제

**동 ① 들러붙다, 부착하다 (to) ② 고수하다 (to)**

The glue does not **adhere** to the wall.
그 접착제는 벽에 잘 붙지 않는다.

ad + here
to stick
-에(ad) 붙이니까(here)
→ 들러붙다

0423 ★★

## adjust

[ədʒʌ́st]

**adjustment** 명 ① 조정, 조절 ② 적응
**adjustable** 형 조정[조절]할 수 있는

**동 ① 맞추다, 조정[조절]하다 ② 적응하다**

= ② adapt, conform, accommodate, assimilate

He will quickly **adjust** himself to student life.
그는 학생으로서의 생활에 곧 적응하게 될 것이다.

ad + just
to right
-에(ad) 맞도록(just) 변화시키니까
→ 조정[조절]하다

0424 ★★

## adapt

[ədǽpt]

**adaptation** 명 ① 적응 ② 각색, 개작
**adaptive** 형 적응할 수 있는
**adapter** 명 ① 개작자, 번안자 ② [기계] 어댑터

**동 ① 적응하다[시키다] ② 맞추다, 조정하다**
**③ 각색하다, 개작하다**

The movie business must **adapt** to changing conditions in the marketplace.
영화 업계는 변화하는 시장 상황에 적응해야 한다.

ad + apt
to fitted
상황에(ad) 적절하도록(apt) 하니까
→ 적응하다, 적응시키다

0425 ★★

## adopt

[ədάpt]

**adoption** 명 ① 채택 ② 입양
**adopter** 명 ① 채용자 ② 양부모
**adoptee** 명 양자

**동 ① 채택하다 ② 입양하다**

= ① embrace, approve, take on

The textbook was **adopted** in several schools.
그 교과서는 여러 학교에서 채택되었다.

**ad** + **opt**
to choose
어느 쪽으로(ad) 선택하는(opt) 거니까
→ **채택하다, 입양하다**

0426 ★

## accord

[əkɔ́:rd]

**accordance** 명 ① 일치 ② 수여

**동 ① 일치하다 (with) ② 부여하다**
**명 일치, 합의**

The results **accord** with our predictions.
그 결과들은 우리의 예측과 일치한다.

**ac** + **cord**
to heart
-에(ac) 마음(cord)이 통하는 거니까
→ **일치하다, 일치, 합의**

0427 ★

## affirm

[əfə́:rm]

**affirmative** 형 확언의, 긍정적인
**affirmation** 명 긍정

**동 확언하다, 단언하다, 주장하다**

= declare, assert, proclaim, guarantee

The reporter **affirmed** that the news was true.
그 기자는 그 뉴스가 사실이라고 주장했다.

**af** + **firm**
to strong
-에게(af) 확고하게(firm) 말하다
→ **확언하다, 단언하다**

0428 ★★

## acknowledge

[æknάlidʒ]

**acknowledgment**
명 ① 인정, 시인, 승인 ② 감사, 사례

**동 ① 인정하다, 시인하다 ② 감사를 표하다**

She **acknowledged** that she had made a mistake.
그녀는 자신이 실수를 저질렀다는 것을 인정했다.

**ac** + **knowledge**
to knowledge
-에(ac) 대해 알고 있음(knowledge)을 알리다
→ **인정하다, 시인하다**

0429 ★★

## attach

[ətǽtʃ]

**attachable** 형 붙일 수 있는
**attachment** 명 ① 부착(물), 부속품 ② 애착

**동 붙이다, 첨부하다**

A price tag was **attached** to each article.
각각의 상품에 가격표가 붙어 있었다.

**at** + **(s)tach**
to stake
-에(at) 말뚝(tach)을 박아 두는 거니까
→ **붙이다**

[어태취] = 어? 떼지 → 어 떼지 말고 붙이지 그래 → 붙이다

0430 ★★

## assure

[əʃúər]

**assured** 형 보증된, 확실한
**assurance** 명 보증, 확신
**reassure** 동 안심시키다

동 **보장[보증]하다, 장담하다**

*cf.* ensure (반드시 -하게 하다, 보증하다),
insure (보증하다, 보험에 들다)

I **assure** you of his innocence.
나는 그의 결백을 보증한다.

**as** + **sure**
to sure
누구에게(as) 어떤 것이 확실하도록(sure) 하다
→ 보장[보증]하다

0431 ★★

## admire

[ædmáiər]

**admiring** 형 감탄하는, 칭찬하는
**admirable** 형 감탄스러운, 존경할 만한

동 **감탄하다, 칭찬하다, 존경하다**

= respect, honor, revere, esteem, acclaim, compliment

I **admire** people who can work in such difficult conditions.
나는 그렇게 어려운 상황에서 일하는 분들을 존경한다.

**ad** + **mir(e)**
to wonder
-에(ad) 놀라는(mir) 거니까
→ 감탄하다

0432 ★

## affiliate

[əfílièit]

**affiliation** 명 ① 가입, 가맹 ② 합병

동 **① 가입시키다 ② 합병시키다**
명 **계열 회사**

The company was **affiliated** with another big one.
그 회사는 또 다른 큰 회사와 합병되었다.

**af** + **fili** + **ate**
to son 동접
-에(af) 자(fili)회사로 만드는 거니까
→ 합병시키다

0433 ★★

## appease

[əpí:z]

**appeasement** 명 달램, 진정, 완화

동 **진정시키다, 달래다**

= ease, relieve, soothe, alleviate, pacify

Nothing could **appease** the crying baby.
어떤 것도 우는 아기를 달랠 수 없었다.

**ap** + **pease**
to peace
마음에(ap) 평화(pease)를 가져다 주니까
→ 진정시키다

0434 ★

## acquiesce

[ækwiés]

동 **묵인하다, (마지못해) 따르다 (in)**

= consent (to), assent (to), comply (with)

The party **acquiesced** in our proposal.
그 정당은 우리의 제안을 묵인했다.

**ac** + **qui(es)** + **ce**
to quiet 동접
상대방의 의견에(ac) 조용히(qui) 입을 다무니까
→ 묵인하다

0435 ★

## amass

[əmǽs]

mass 명 덩어리, 크기, 질량 동 모이다

동 모으다, 축적하다

= gather, assemble, accumulate

The sisters **amassed** a large fortune from selling bags.
그 자매들은 가방을 팔아 큰 재산을 모았다.

**a** + **mass**
to pile
한 쪽으로(a) 쌓는(mass) 거니까
→ 모으다

0436 ★

## assort

[əsɔ́:rt]

assorted 형 여러 가지의, 갖은

동 ① 분류하다 ② 구색을 갖추다

He **assorted** the products into three kinds.
그는 그 상품들을 세 종류로 분류했다.

**as** + **sort**
to arrange
한 쪽으로(as) 정리하는(sort) 거니까
→ 분류하다

# 67 un- ① 부정(not) ② 반대(opposite)

0437 ★★

## uneasy

[ʌní:zi]

형 불편한, 불안한, 불안정한

The intern felt **uneasy** in the unfamiliar surroundings.
그 인턴은 익숙지 않은 환경에 있어서 마음이 불안했다.

**un** + **easy**
not comfortable
편하지(easy) 않은(un) 거니까
→ 불편한

0438 ★★

## uncommon

[ʌnká:mən]

형 드문, 흔하지 않은

= unusual, scarce, rare

Breast cancer in young men is **uncommon**.
젊은 남성에게 유방암은 드물다.

**un** + **com** + **mon**
not together share
함께(com) 공유된(mon) 게 아니니까(un)
→ 드문, 흔하지 않은

0439 ★

## unfavorable

[ʌnféivərəbl]

favorable 형 ① 호의적인 ② 유리한

형 ① 호의적이 아닌, 비판적인 ② 불리한

The decision was **unfavorable** to us all.
그 결정은 우리 모두에게 불리했다.

**un** + **favor** + **able**
not kindness 형접
친절함(favor)을 베풀 만하지 않은(un) 거니까
→ 호의적이 아닌

0440 ★

## unbearable

[ʌnbɛ́ərəbl]

bearable 형 견딜 만한

형 참을 수 없는

= intolerable, unendurable, unacceptable

The heat in the theater was **unbearable**.
극장 안의 더위는 참을 수 없을 정도였다.

un + bear + able
not endure 형접
참을(bear) 만하지 않은(un) 거니까
→ 참을 수 없는

0441 ★★

## unconscious

[ʌnkɑ́nʃəs]

unconsciousness 명 의식 불명
conscious 형 ① 의식적인 ② 의식이 있는

형 ① 무의식적인 ② 의식을 잃은

He has been **unconscious** for a week.
그는 일주일째 의식을 잃은 상태에 있다.

un + conscious
not aware
의식하지(conscious) 못하는(un) 것이니까
→ 무의식적인

0442 ★

## unconditional

[ʌnkəndíʃənl]

conditional 형 조건부의

형 무조건적인, 절대적인

= unquestioning, complete, absolute

The fans gave her **unconditional** love.
그 팬들은 그녀에게 무조건적인 사랑을 베풀었다.

un + condition + al
not agreement 형접
협의(condition)의 성질이 아닌(un) 거니까
→ 무조건적인

0443 ★★

## unwillingly

[ʌnwíliŋli]

unwillingness 명 본의 아님
unwilling 형 꺼리는, 마지못한
willing 형 꺼리지 않는, 기꺼이 하는

부 마지못해, 본의 아니게

= reluctantly

He **unwillingly** accepted the offer.
그는 마지못해 그 제안을 받아들였다.

un + willing + ly
not wishing 형접
바라서(willing) 하는 것이 아니니까(un)
→ 마지못해

0444 ★★

## unbiased

[ʌnbáiəst]

bias 명 선입견, 편향
biased 형 선입견 있는, 편향된

형 선입견 없는, 공평한

= fair, objective, unprejudiced, impartial

He is **unbiased** about the subject.
그는 그 주제에 대해 선입견이 없다.

un + biased
not biased
선입견이 있지(biased) 않은(un) 거니까
→ 선입견 없는

0445 ★★

## uneven

[ʌníːvən]

even 형 ① 평평한 ② 짝수의

형 ① 불규칙한, 평평하지 않은
② 공정하지 않은

The surface felt **uneven** under his feet.
그의 발밑으로 느껴지는 표면이 평평하지 않았다.

un + even
not level
평평하지(even) 않은(un) 것이니까
→ 불규칙한, 공정하지 않은

0446 ★

## uninterested

[ʌ̀níntərəstid]

형 **무관심한, 냉담한**

= indifferent, detached, aloof, apathetic

*cf.* disinterested (사심 없는, 공평한, 무관심한)

She was totally **uninterested** in sports.
그녀는 스포츠에는 전혀 흥미가 없었다.

un + interested
not concerned
관심 있어 하지(interested) 않은(un) 거니까
→ 무관심한

0447 ★

## unfold

[ʌnfóuld]

동 **① (접힌 것을) 펴다, 펼치다**
**② (내용 등을) 펼치다[펼쳐지다], 밝히다[밝혀지다]**

= ② reveal, disclose, divulge, unveil

The audience listened in fascination as the story **unfolded**.
이야기가 펼쳐지자 관객들은 매료되어 귀를 기울였다.

un + fold
opposite fold
접는(fold) 것의 반대(un)니까
→ 펼치다

0448 ★

## unsettle

[ʌ̀nsétl]

동 **① 뒤흔들다, 동요시키다**
**② 불안하게 하다, -의 마음을 어지럽히다**

unsettled 형 ① 불안정한
② 해결되지 않은
③ 정착하지 않은

Changing rules might **unsettle** the kids.
규칙 변경은 아이들을 불안하게 만들 수 있다.

un + settle
not settle
마음이 아직 정착되지(settle) 않은(un) 거니까
→ 어지럽히다

0449 ★

## unearth

[ʌnə́ːrθ]

동 **파내다, 발굴하다**

= exhume, excavate

The scientists **unearthed** buried fossils.
과학자들이 묻혀 있던 화석을 발굴했다.

un + earth
opposite ground
땅(earth)에 묻힌 것을 반대로(un) 꺼내니까
→ 파내다

0450 ★

## undo

[ʌndúː]

동 **① 무효로 만들다, 원상태로 돌리다**
**② 풀다, 열다**

What is done cannot be **undone**.
이미 저질러진 일은 원상태로 되돌릴 수 없다.

un + do
opposite do
한(do) 일을 반대로(un) 되돌리니까
→ 원상태로 돌리다

DAY

# 10

DAY 10

## DAY 10 어휘 미리보기

| | | | | |
|---|---|---|---|---|
| □ misunderstand | □ malady | □ enlarge | □ embody | □ foretell |
| □ misuse | □ malice | □ endanger | □ embed | □ forearm |
| □ mislead | □ beneficial | □ encourage | □ enliven | □ foremost |
| □ misplace | □ beneficent | □ enrich | □ enlighten | □ forerunner |
| □ miscarry | □ benevolent | □ ensure | □ encompass | □ forehead |
| □ misbehave | □ symphony | □ entrust | □ encode | □ progress |
| □ misdeed | □ synchronize | □ enlist | □ entice | □ procedure |
| □ mischief | □ symbiosis | □ enact | □ engross | □ prospect |
| □ malnutrition | □ synthetic | □ entitle | □ forecast | □ prophecy |
| □ malfunction | □ enable | □ empower | □ foresee | □ provision |

## 68 mis- ① 잘못된(wrong) ② 나쁜(bad)

□□□
0451 ★

### misunderstand 동 오해하다

[misʌndərstǽnd]

**misunderstanding** 명 오해
**misunderstood**
형 오해를 받는, 제대로 인정 받지 못하는

I think she **misunderstood** what I meant.
그녀가 내 말을 오해한 것 같다.

mis + understand
wrong understand
잘못(mis) 이해하니까(understand)
→ 오해하다

□□□
0452 ★★

### misuse 명 오용 동 오용하다, 잘못 사용하다

명 [mìsjúːs]
동 [misjúːz]

= abuse

Some people **misuse** credit cards and end up in debt.
어떤 사람들은 신용카드를 오용하여 빚을 지게 된다.

mis + use
wrong use
잘못(mis) 사용하니까(use)
→ 오용하다

0453 ★★

## mislead

[mislíːd]

**misleading** 형 오도하는, 현혹하는

동 ① 잘못 인도하다
② 오해하게 하다, 속이다, 현혹하다

= ② fool, trick, cheat, deceive

Fake news articles can **mislead** people.
가짜 뉴스 기사는 사람들을 오도할 수 있다.

**mis** + **lead**
wrong lead
잘못된(mis) 방향으로 이끌다(lead)
→ 잘못 인도하다

0454 ★

## misplace

[mìspléis]

**misplaced** 형 부적절한, 잘못된

동 잘못 두다, 둔 곳을 잊다

= mislay, lose

I've **misplaced** my car key.
나는 자동차 열쇠를 둔 곳을 잊어버렸다.

**mis** + **place**
wrong put
물건을 원래 있던 곳이 아닌 잘못된(mis) 곳에 두다(place)
→ 잘못 두다

0455

## miscarry

[miskǽri]

**miscarriage** 명 ① 유산 ② 실패

동 ① 실패하다 ② 유산하다

You can even **miscarry** without knowing you're pregnant.
당신은 임신한 줄도 모르고 유산할 수도 있다.

**mis** + **carry**
wrong carry
잘못(mis) 옮기다(carry)
→ 실패하다, 유산하다

0456 ★

## misbehave

[mìsbihéiv]

**misbehavior** 명 부정 행위

동 못된 짓을 하다, 비행을 저지르다

*cf.* well-behaved (행실이 바른)

Can boredom cause a child to **misbehave**?
지루함이 아이의 잘못된 행동을 유발할 수 있나요?

**mis** + **behave**
bad act
나쁜(mis) 행동을 하고(behave) 다니다
→ 못된 짓을 하다

0457 ★

## misdeed

[misdíːd]

명 악행, 범죄

Stealing is a serious **misdeed** with legal consequences.
도둑질은 법적 처벌을 받을 수 있는 심각한 악행이다.

**mis** + **deed**
wrong act
그릇된(mis) 행동(deed)
→ 악행

0458 ★★

## mischief

[místʃif]

**mischievous** 형 짓궂은, 말썽꾸러기의

명 ① (심각하지 않은) 나쁜 짓, 장난(기) ② 손해

Raccoons are known for their **mischief**.
너구리는 장난을 잘 치기로 유명하다.

**mis** + **chief**
bad head
나쁜(mis) 짓의 선두(chief)에 서려는 거니까
→ 장난(기), 손해

## 69 mal-

① 나쁜(bad) ② 잘못된(wrong)

변화형 mali-

0459 ★★

### malnutrition

[mælnu:tríʃən]

명 영양실조, 영양 부족

= famine, starvation

A balanced diet is essential to prevent **malnutrition.**

균형 잡힌 식단은 영양실조를 예방하는 데 필수적이다.

mal + nutri + tion
bad / feed / 명접

제대로 못(mal) 먹은(nutri) 거니까
→ 영양실조

0460 ★★

### malfunction

[mælfʌ́ŋkʃən]

명 기능 불량, 오작동 동 제대로 작동하지 않다

= 명 breakdown, defect, crash

The flight has been canceled due to the engine **malfunction.**

엔진 오작동으로 비행이 취소되었다.

mal + funct + ion
wrong / do / 명접

잘못되게(mal) 기능하는(funct) 거니까
→ 기능 불량, 제대로 작동하지 않다

0461 ★

### malady

[mǽlədi]

명 병, (사회의) 병폐

= illness, disease

She suffers from a mysterious **malady.**

그녀는 알 수 없는 질병으로 고생하고 있다.

mal + ad + y
bad / hold / 명접

나쁜(mal) 것이 몸의 아픈 부위를 붙잡고(ad) 있는 상태
→ 병

[맬러디] = 말랐디 → 병에 걸려 몸이 말랐디(malady) → 병

0462 ★

### malice

[mǽlis]

명 악의, 적의

= malevolence, hostility

The anonymous comment was filled with **malice.**

익명의 댓글에는 악의가 가득했다.

**malicious** 형 악의 있는, 심술궂은

mal + ice
bad / 명접

나쁜(mal) 성질(ice)
→ 악의

## 70 bene-

좋은(good)

0463 ★★

### beneficial

[bènəfíʃəl]

형 유익한, 이로운

= advantageous, profitable

Those plants that we call weeds are often **beneficial.**

우리가 잡초라고 부르는 식물들은 종종 이롭기도 하다.

**benefit** 명 이익, 혜택 동 -에 득이 되다

bene + fic + ial
good / do / 형접

좋은(bene) 것이 되도록 하는(fic) 성질을 띠니까
→ 유익한, 이로운

0464 ★

## beneficent

[bənéfəsənt]

beneficiary 명 수혜자, 수령인
benefactor 명 기부자, 후원자

형 도움을 주는, 선행을 베푸는, 친절한

= generous, tolerant, humane, benevolent, lenient

*cf.* maleficent (해로운, 나쁜 짓을 하는)

She carries on a **beneficent** work.
그녀는 자선 사업을 한다.

bene + fic + ent
good do 형접
다른 사람들에게 좋은(bene) 일을 하는(fic) 거니까
→ 도움을 주는

0465 ★

## benevolent

[bənévələnt]

benevolence 명 자비심, 자선, 선행

형 인정 많은, 자비로운

= generous, tolerant, humane, lenient

*cf.* malevolent (악의적인, 사악한)

She acted as if she was so **benevolent**.
그녀는 마치 자신이 상당히 자비로운 듯 행동했다.

bene + vol + ent
good will 형접
좋은(bene) 의지(vol)를 지닌 거니까
→ 인정 많은

# 71 sym-, syn-

함께(together)

변화형 sy-, syl-, syg-, sys-

0466 ★★

## symphony

[símfəni]

symphonic 형 교향악의, 조화를 이루는

명 ① 교향곡, 교향악단 ② 조화

She plays the viola in a **symphony** orchestra.
그녀는 교향악단에서 비올라를 연주한다.

sym + phon + y
together sound 명접
함께(sym) 조화되어 나는 소리(phon)니까
→ 교향곡

0467 ★

## synchronize

[síŋkrənàiz]

동 동시에 발생하다[움직이다], 동시에 발생하게[움직이게] 하다

The cloud storage service keeps all your devices **synchronized**.
클라우드 스토리지 서비스는 모든 장치를 동기화 상태로 유지한다.

syn + chron + ize
together time 동접
함께(syn) 시간(chron)을 공유하는 거니까
→ 동시에 발생하다[움직이다]

0468 ★

## symbiosis

[sìmbióusis]

symbiotic 형 공생하는, 공생의

명 공생(共生)

Her ideas are focused on **symbiosis**.
그녀의 생각은 공생에 초점이 맞추어져 있다.

sym + bio + sis
together life 명접
함께(sym) 삶(bio)을 살아가는 것이니까
→ 공생

0469 ★

### synthetic

[sinθétik]

**synthesize** 동 ① 합성하다 ② 종합하다
**synthesis** 명 ① 합성 ② 종합, 통합

형 ① 합성한, 인조의 ② 종합적인
명 인조 물질[직물]

= 형 ① artificial, fake, man-made

Nylon is a **synthetic** fiber.
나일론은 합성 섬유이다.

syn + thet + ic
together place 형접
한곳에 함께(syn) 모아 두는(thet) 것이니까
→ 합성한

## 72 en-, em-

① -이 되게 하다(make) ② 안에(in)

변화형 el-

0470 ★★

### enable

[inéibl]

동 -할 수 있게 하다

Money **enables** you to do everything.
돈은 당신이 무엇이든지 할 수 있게 한다.

en + able
make able
할 수 있게(able) 하는(en) 거니까
→ -할 수 있게 하다

0471 ★

### enlarge

[inlá:rdʒ]

**enlargement** 명 확대, 확장

동 확대하다, 확장하다

= widen, expand, extend, magnify, broaden

Magnifiers can **enlarge** part of the screen.
돋보기는 화면 일부를 확대할 수 있다.

en + large
make large
크게(large) 하다(en)
→ 확대하다

0472 ★★

### endanger

[indéindʒər]

**endangered** 형 멸종 위기에 처한

동 위험에 빠뜨리다, 위태롭게 하다

= risk, imperil

Deforestation **endangers** wildlife habitats.
삼림 벌채는 야생 동물 서식지를 위태롭게 한다.

en + danger
make danger
위험(danger)에 처하게 만드니까 (en)
→ 위험에 빠뜨리다

0473 ★★

### encourage

[inkə́:ridʒ]

**encouragement** 명 격려(가 되는 것)

동 ① 용기를 북돋우다, 격려하다 ② 장려하다

= ① inspire, motivate

*cf.* discourage (용기를 잃게 하다, 못하게 말리다)

People have been **encouraged** to use credit cards for various reasons.
사람들은 다양한 이유들로 인하여 신용카드를 쓰도록 장려되고 있다.

en + courage
make courage
용기(courage)를 만들어(en) 주는 거니까
→ 용기를 북돋우다, 격려하다

0474 ★

## enrich

[inrítʃ]

동 ① 부유하게 하다 ② 풍부하게 하다

Dams hold back silt which **enriches** the soil.
댐은 토양을 비옥하게 하는 토사를 (휩쓸려가지 않도록) 지키고 있다.

**en** + **rich**
make rich
부자(rich)로 만드니까(en)
→ 부유하게 하다, 풍부하게 하다

0475 ★★

## ensure

[inʃúər]

동 확실하게 하다, 보장[보증]하다

= guarantee, assure, secure, make sure

Proofread your work to **ensure** there are no mistakes.
실수가 없는지 확실히 하기 위해 작업물을 교정봐라.

**en** + **sure**
make sure
확실한(sure) 상태로 만들다(en)
→ 확실하게 하다, 보장[보증]하다

0476 ★

## entrust

[intrʌ́st]

동 위임하다, 맡기다

= assign, delegate, hand over

Passengers **entrust** their safety to the bus driver.
승객들은 그들의 안전을 버스 기사에게 맡긴다.

**en** + **trust**
make belief
그 사람에 대한 믿음(trust)을 만드는(en) 거니까
→ 위임하다

0477 ★

## enlist

[inlíst]

동 병적에 넣다, 입대시키다[하다], 징집하다[되다]

The author was **enlisted** into the US Navy.
그 작가는 미 해군에 징집되었다.

**en** + **list**
in list
명부(list) 안에(en) 이름을 넣다
→ 병적에 넣다

0478 ★★

## enact

[inǽkt]

**enactment** 명 ① 제정 ② 법규

동 제정하다

= institute, legislate, constitute

*cf.* enforce (집행하다, 강요하다)

France **enacted** a new law against illegal immigrants.
프랑스는 불법 이민자들에 대한 새로운 법을 제정했다.

**en** + **act**
make law
법(act)으로 만들다(en)
→ 제정하다

0479 ★★

## entitle

[intáitl]

동 ① 자격[권리]을 주다 ② 제목을 붙이다

Senior citizens are often **entitled** to discounts on public transportation.
어르신들은 종종 대중교통 할인을 받을 수 있다.

**en** + **title**
in title
-안에(en) 자격/제목(title)을 넣다
→ 자격[권리]을 주다, 제목을 붙이다

0480 ★★

## empower

[impáuər]

동 권한을 주다

= authorize, qualify, entitle

The movement started to **empower** women to vote.
그 운동은 여성들에게 투표할 권한을 주기 위해 시작되었다.

**em** + **power**
in power
그 사람 안에(em) 힘(power)을 실어 주는 거니까
→ 권한을 주다

0481 ★

## embody

[imbádi]

동 구체화하다, 구현하다

This painting **embodies** the beauty of the Italian countryside.
이 그림은 이탈리아 시골의 아름다움을 구현하고 있다.

**em** + **body**
make body
추상적인 대상에 대해 실체를(body) 만들어(em) 주다
→ 구체화하다

0482 ★

## embed

[imbéd]

동 (보통 수동태로) 깊숙이 박다, 파묻다

A piece of glass was **embedded** in his leg.
유리 조각이 그의 다리에 깊숙이 박혔다.

**em** + **bed**
in bed
어떤 물건을 침대(bed) 안에(em) 놓다
→ 파묻다

0483 ★

## enliven

[enláivən]

동 활기 있게 하다, 더 생동감 있게 만들다

= energize, vitalize, animate, exhilarate

The children's arrival **enlivened** a boring evening.
아이들의 도착은 지루한 저녁을 활기 있게 했다.

**en** + **liv** + **en**
make life 동접
생기(liv) 있게 만들다(en)
→ 활기 있게 하다

0484 ★

## enlighten

[inláitn]

**enlightenment**
명 ① 깨달음, 계몽 ② 계몽주의, 계몽 운동

동 이해시키다, 계몽[교화]하다

The author published books to **enlighten** the public.
그 작가는 대중을 계몽하기 위해 책을 냈다.

**en** + **light** + **en**
in light 동접
누군가의 마음속에(en) 빛(light)을 비추게 만들다
→ 계몽[교화]하다

0485 ★

**encompass**

[inkʌ́mpəs]

compass 명 ① 나침반 ② 컴퍼스 ③ 범위

동 ① 포함하다, 아우르다 ② 에워싸다

= ② surround, encircle, enclose, border

Our group **encompasses** all ages.
우리 집단은 모든 연령대를 아우른다.

en + com + pass
make together step
함께(com) 걸음(pass)으로 재서 만들어(en) 내는 거니까
→ 포함하다, 에워싸다
컴퍼스(compass)로 그린 원을 연상
→ 에워싸다

0486 ★

**encode**

[inkóud]

code 명 ① 암호 ② 법규, 규범

동 암호화[부호화]하다

*cf.* decode ((암호 등을) 해독하다, 번역하다)

DNA **encodes** the genetic information.
DNA는 유전 정보를 암호화한다.

en + code
make code
암호(code)가 되게 하니까(en)
→ 암호화하다

0487 ★

**entice**

[intáis]

동 꾀다, 유혹하다

= tempt, allure, seduce, lure

She **enticed** me into a trap.
그녀는 나를 꾀어 함정에 빠뜨렸다.

en + tice
in torch
상대방의 마음속에(en) 불(tice)을 지피다
→ 꾀다

0488 ★★

**engross**

[ingróus]

gross 형 ① 총- ② 중대한, 심한 ③ 무례한, 저속한

동 집중시키다, 몰두하게 만들다

= immerse, preoccupy

*cf.* (-에 몰두하다) be engrossed[absorbed/lost/immersed/wrapped] in

He **engrossed** himself in his writing.
그는 집필에 몰두했다.

en + gross
in large
어떤 일 안으로까지(en) 큰(gross) 관심을 주다
→ 집중시키다

## 73 fore-

① 일찍(early) ② 앞에(before)

변화형 for-

0489 ★★

**forecast**

[fɔ́:rkæst]

forecaster 명 예측자, 일기 예보자

동 예상[예측]하다, 예보하다

명 예상[예측], 예보

= 동 foresee, foretell

The weather **forecast** calls for sunshine all week.
일기 예보에 따르면 이번 주 내내 햇살이 내리쬔다고 한다.

fore + cast
before throw
미래의 정보를 앞서(fore) 던져놓다(cast)
→ 예상[예측]하다, 예보하다

0490 ★★

## foresee

[fɔːrsíː]

**foreseeable** 형 예측할 수 있는
**foresight** 명 예지력, 선견지명

동 예견[예상]하다, 예언하다

= forecast, foretell

It's difficult to **foresee** the future with complete accuracy.
미래를 완전히 정확하게 예측하는 것은 어렵다.

**fore** + **see**
early see
일찍이(fore) 보다(see)
→ 예견[예상]하다

0491 ★★

## foretell

[fɔːrtél]

동 예언하다

= foresee, forecast

The palm reader **foretold** a long and happy life.
그 손금쟁이는 길고 행복한 삶을 예언했다.

**fore** + **tell**
early tell
일찍이(fore) 말하다(tell)
→ 예언하다

0492 ★

## forearm

[fɔːrάːrm]

동 (보통 수동태로) 미리 무장하다, 대비하다
명 팔뚝

She was born without her left **forearm**.
그녀는 왼쪽 팔뚝이 없는 상태로 태어났다.

**fore** + **arm**
early arm
일찍이(fore) 무장하니까(arm)
→ 미리 무장하다

0493 ★★

## foremost

[fɔ́ːrmòust]

형 ① 선두의, 맨 앞에 위치한 ② 가장 중요한

She was one of the **foremost** scientists.
그녀는 가장 중요한 과학자들 중 한 사람이었다.

**fore** + **most**
before 최상급/best
가장(most) 맨 앞에(fore) 있는
→ 선두의

0494 ★

## forerunner

[fɔ́ːrrʌ̀nər]

명 선구자, 전신

= pioneer, predecessor

The silent film era was a **forerunner** of modern cinema.
무성 영화 시대는 현대 영화의 선구자였다.

**fore** + **runner**
early runner
일찍이(fore) 달려가(runner) 개척한 사람이니까
→ 선구자

0495 ★

## forehead

[fɔ́ːrhèd, fɔ́ːrid]

명 이마

= brow

She wrinkled her **forehead** in concentration.
그녀는 집중해서 이마에 주름이 잡혔다.

**fore** + **head**
before head
앞에(fore) 나온 머리(head)니까
→ 이마

## 74 pro-

① 앞으로(forward) ② 미리(before)

변화형 pr-

0496 ★★

### progress

명 [prάːgres]
동 [prəgrés]

명 ① 전진, 진행 ② 진보, 발전
동 ① 전진하다, 진행되다 ② 진보[발전]하다

= 동 ① continue, proceed

progressive 형 점진적인, 진보적인
progression 명 진전

Innovation is essential for continued **progress**.
지속적인 발전을 위해서는 혁신이 필수적이다.

pro + gress
forward go
앞으로(pro) 나아가다(gress)
→ 전진하다, 진보하다

0497 ★★

### procedure

[prəsíːdʒər]

명 순서, 절차

procedural 형 절차(상)의
proceed 동 나아가다, 계속하다
process 명 과정, 진행
동 처리하다, 가공하다
proceeding 명 진행

Are blood tests part of the **procedure**?
혈액 검사도 절차의 일부인가요?

pro + ced + ure
forward go 명접
앞으로(pro) 진행되는(ced) 과정이니까
→ 순서, 절차

0498 ★★

### prospect

[prάspekt]

명 ① 가망, 가능성 ② 전망, 예상 ③ 조망, 경치

= ① likelihood, possibility, chances

*cf.* retrospect (회상, 추억; 회고하다, 회상하다)

prospective 형 ① 장래의, 미래의 ② 예상되는

The **prospect** of the shipbuilding industry is not very hopeful.
조선업의 전망은 그다지 밝지 않다.

pro + spect
before see
그 사람의 앞(pro)날을 보다(spect)
→ 가망, 가능성
내 앞(pro)의 풍경을 보다(spect)
→ 조망, 경치

0499 ★

### prophecy

[prάfəsi]

명 예언

prophet 명 예언자
prophesy 동 예언하다

The **prophecy** that Oedipus feared has actually come true.
오이디푸스가 두려워한 예언이 실제로 이루어졌다.

pro + phe + cy
forward speak 명접
앞으로(pro) 일어날 일에 대해서 말하는(phe) 것이니까
→ 예언

0500 ★★

### provision

[prəvíʒən]

명 ① 대비, 준비 ② 공급, 제공 ③ 식량[주로 *pl.*] ④ (법률) 규정, 조항

provisional 형 일시적인, 잠정적인
provide 동 제공[공급]하다

He made no **provision** for extra attendees.
그는 추가 참가자들에 대한 대비를 하지 않았다.

pro + vis + ion
before see 명접
미리 앞서서(pro) 살펴보는(vis) 것
→ 대비, 준비

# DAY 11

## DAY 11 어휘 미리보기

DAY 11

| | | | | |
|---|---|---|---|---|
| □ incredible | □ inevitable | □ insight | □ intimidate | □ excel |
| □ impatient | □ indispensable | □ income | □ inhale | □ exotic |
| □ impolite | □ irreversible | □ instinct | □ imprison | □ exile |
| □ immoral | □ irreparable | □ intuition | □ inmate | □ exorcise |
| □ imprudent | □ inaudible | □ inject | □ impart | □ elicit |
| □ independent | □ incessant | □ instill | □ express | □ exorbitant |
| □ indifferent | □ indiscriminate | □ input | □ extinct | □ extracurricular |
| □ impartial | □ inarticulate | □ install | □ exhaust | □ extraordinary |
| □ invaluable | □ illicit | □ infuriate | □ eradicate | □ extravagant |
| □ infamous | □ inborn | □ impoverish | □ efface | □ extrinsic |

## 75 in-, im- (1)

부정(not)

변화형 il-, ir-, ig-

0501 ★★

### incredible

[inkrédəbəl]

incredibly 부 대단히, 놀랍게도
credible 형 믿을 수 있는, 믿을 만한

형 **믿을 수 없는, 엄청난**

= unbelievable, magnificent, prodigious

The movie I saw today was **incredible**.
오늘 본 영화는 엄청났다.

in + cred + ible
not believe 형접
믿을(cred) 수 없는(in)
→ 믿을 수 없는, 엄청난

0502 ★★

### impatient

[impéiʃənt]

impatience 명 성급함, 안달

형 **참을성 없는, 성급한**

I blamed myself for being so **impatient** with the children.
나는 아이들에게 너무 참을성 없던 것을 자책했다.

im + pati + ent
not suffer 형접
고통을 겪어(pati) 내는 것을 못하는(im)
→ 참을성 없는

0503 ★★

### impolite

[ìmpəláit]

형 **불손한, 무례한**

= rude, disrespectful

His **impolite** behavior caused a serious ethical debate.
그의 무례한 행동은 심각한 윤리적 논쟁을 불러일으켰다.

im + polite
not polite
공손하지(polite) 않은(im)
→ 불손한

0504 ★★

## immoral

[imɔ́:rəl]

immorality 명 부도덕

형 부도덕한

= corrupt, unethical

*cf.* amoral (도덕관념이 없는, 선악 판단이 안 되는)

Capital punishment was regarded as **immoral.**
사형은 부도덕한 것으로 여겨졌다.

im + moral
not moral
도덕적이지(moral) 않은(im) 거니까
→ 부도덕한

0505 ★

## imprudent

[imprú:dnt]

imprudence 명 경솔
prudent 형 신중한

형 경솔한, 무모한, 신중치 못한

= careless, reckless

She was **imprudent** enough to trust him.
그녀는 경솔하게도 그를 믿었다.

im + pr + ud + ent
not before see 형접
먼저(pr) 살펴보는(ud) 신중함을 갖지 못한(im) 거니까
→ 경솔한

0506 ★★

## independent

[ìndipéndənt]

dependent 형 의존[의지]하는

형 독립적인, 독자적인

She became financially **independent** of her parents.
그녀는 부모로부터 경제적으로 독립하게 되었다.

in + de + pend + ent
not down hang 형접
아래로(de) 매달리지(pend) 않는(in)
→ 독립적인

0507 ★★

## indifferent

[indífərənt]

indifference 명 무관심

형 무관심한, 냉담한

= uninterested, detached, aloof, apathetic

People have become **indifferent** to the suffering of others.
사람들은 다른 사람들의 고통에 대해 무관심해졌다.

in + di(f) + fer + ent
not apart carry 형접
너와 나는 별개(di)니까 네 일을 내 마음에 지니지(fer) 않는다(in)
→ 무관심한

0508 ★★

## impartial

[impɑ́:rʃəl]

impartiality 명 공명정대, 공평
partial 형 ①부분적인
②불공평한, 편파적인

형 공정한, 공평한

= fair, objective, unbiased, unprejudiced

Referees have to make **impartial** judgments.
심판들은 공정한 판단을 내려야만 한다.

im + part + ial
not part 형접
일부분에(part) 치우치지 않는(im)
→ 공정한

0509 ★★

## invaluable

[invǽljuəbl]

valuable 형 귀중한

형 **매우 귀중한**

= precious, priceless

In his job, patience is an **invaluable** asset.
그가 하는 일에서는 인내가 귀중한 자산이다.

**in** + **valu** + **able**
not value 형접
가치(valu)를 따질 수 없을(in) 정도로 귀중한 거니까
→ **매우 귀중한**

0510 ★★

## infamous

[ínfəməs]

형 **악명 높은**

= notorious

The general was **infamous** for his brutality.
그 장군은 무자비하기로 악명 높았다.

**in** + **fa(m)** + **ous**
not speak 형접
좋지 않은(in) 쪽으로 언급되니까(fa)
→ **악명 높은**

0511 ★★

## inevitable

[inévətəbl]

inevitably 부 필연적으로, 반드시
evitable 형 피할 수 있는

형 **피할 수 없는, 필연적인**

= necessary, unavoidable

It was an **inevitable** consequence of the recent changes.
그것은 최근 변화의 필연적인 결과였다.

**in** + **e** + **vit** + **able**
not out go 형접
밖으로(e) 나갈(vit) 수 없는(in) 거니까
→ **피할 수 없는**

0512 ★★

## indispensable

[ìndispénsəbl]

형 **필수 불가결한, 없어서는 안 될**

= vital, essential, fundamental, integral

A compass is **indispensable** for any hiker.
나침반은 등산객에게 없어서는 안 될 필수품이다.

**in** + **dis** + **pens** + **able**
not apart hang 형접
분리해서(dis) 매달아(pens) 놓을 수 없을(in) 만큼 중요한 거니까
→ **필수 불가결한**

0513 ★

## irreversible

[ìrivə́:rsəbl]

reversible 형 ① 되돌릴 수 있는 ② 양면으로 입을 수 있는

형 **변경할 수 없는, 되돌릴 수 없는**

= unalterable, irrevocable, permanent

Damage done to the environment is **irreversible**.
환경에 입혀진 피해는 되돌리기 어렵다.

**ir** + **re** + **vers** + **ible**
not back turn 형접
뒤로(re) 돌릴(vers) 수 없는(ir)
→ **변경할 수 없는**

0514 ★

## irreparable

[irépərəbl]

**repair** 동 수리하다
**repairable** 형 수리할 수 있는

형 ① 수리할 수 없는 ② 회복할 수 없는

The actor's death is an **irreparable** loss.
그 배우의 죽음은 회복할 수 없는 상실이다.

ir + re + par + able
not again prepare 형접
다시(re) 준비될(par) 수 있는 상태가 아니니까(ir)
→ 회복할 수 없는

0515 ★

## inaudible

[inɔ́:dəbl]

**audible** 형 잘 들리는

형 알아들을 수 없는, 들리지 않는

She whispered something **inaudible** in his ear.
그녀는 그의 귀에 들리지 않는 말을 속삭였다.

in + audi + ble
not hear 형접
듣지(audi) 못하니까(in)
→ 알아들을 수 없는

0516 ★★

## incessant

[insésnt]

**incessantly** 부 끊임없이

형 끊임없는, 쉴 새 없는

= constant, continuous, persistent

They were tired of the **incessant** work.
그들은 끊임없는 일에 지쳤다.

in + cess + ant
not yield 형접
있던 자리에서 물러나지(cess) 않고(in) 계속하는 거니까
→ 끊임없는

[인세슨트] = 인세 + ssant → 작가들은 끊임없이 인세가 들어온다 → 끊임없는

0517 ★

## indiscriminate

[ìndiskrímənət]

**discriminate** 동 ① 구별하다 ② 차별하다

형 ① 무분별한, 무차별적인 ② 신중하지 못한

We are **indiscriminate** in collecting stamps.
우리는 닥치는 대로 우표를 모은다.

in + dis + crimin + ate
not away sift 형접
따로(dis) 체로 쳐서 가려낼(crimin) 수 없는(in)거니까
→ 무분별한

0518 ★

## inarticulate

[ìna:rtíkjulət]

**articulate** 형 분명한, 명료한 동 분명하게 발음[설명]하다

형 불분명한

= unclear, vague, obscure, ambiguous

Their demands are often **inarticulate**.
그들의 요구는 종종 불분명하다.

in + art(i) + cul + ate
not part small 형접
작은(cul) 토막(art)을 잘 잇지 못하는(in) 거니까
→ 불분명한

0519 ★

## illicit

[ilísit]

**licit** 형 합법적인, 정당한

형 위법[불법]의, 금지된

= illegal, unlawful, criminal, illegitimate

*cf.* elicit (끌어내다)

He was accused of the **illicit** sale of drugs.
그는 불법 마약 판매로 기소되었다.

il + licit
not lawful
합법적이지(licit) 않으니까(il)
→ 위법[불법]의

## 76 in-, im- (2)

① 안에(in) ② 안으로(into)

변화형 ir-

0520 ★

### inborn

[ìnbɔ́ːrn]

형 **타고난, 선천적인**

= natural, innate, inherent, intrinsic

Children seem to have an **inborn** love for music.
아이들은 음악에 대해서 선천적인 애정을 가진 것처럼 보인다.

in + born
in born
태어날(born) 때부터 안에(in)에 있는 거니까
→ **타고난, 선천적인**

0521 ★★

### insight

[ínsàit]

명 **통찰력**

You will have the **insight** you need to sort it all out.
당신은 그것을 모두 정리하는 데 필요한 통찰력을 갖게 될 것이다.

in + sight
in vision
마음속에(in) 있는 시야(sight)니까
→ **통찰력**

0522 ★★

### income

[ínkʌm]

명 **수입, 소득**

= revenue, profit, proceeds, earnings

My wife has some **income** besides her salary.
내 아내는 월급 외에 (부)수입이 있다.

in + come
in come
계좌 안(in)으로 들어오는(come) 것
→ **수입**

0523 ★★

### instinct

[ínstiŋkt]

instinctive 형 본능적인

명 **① 본능, 직감 ② (타고난) 재능, 소질**

= ① intuition

Do humans still rely on their basic **instincts** for survival?
인간은 여전히 생존을 위해 기본 본능에 의존하나요?

in + stinct
in prick
마음속에서(in) 찌르는(stinct) 것
→ **본능**

0524 ★★

### intuition

[intuːíʃən]

intuitive 형 직관적인

명 **직관(력), 직감**

= instinct

His **intuition** tells him that she is telling a lie.
그의 직감상 그녀는 거짓말을 하고 있다.

in + tuit + ion
in watch 명접
안을(in) 들여다보는(tuit) 능력
→ **직관(력)**

0525 ★

## inject

[indʒékt]

**injection** 명 주입, 주사

동 **주입하다, 주사하다**

= instill, infuse, imbue

Farmers feed or **inject** the animals with antibiotics.
농부들은 동물들에게 항생제를 먹이거나 주사한다.

**in** + **ject**
in throw
안으로(in) 액체를 던지다(ject)
→ **주입하다, 주사하다**

0526 ★★

## instill

[instíl]

동 **(사상·감정 등을) 주입하다, 불어넣다**

= inject, infuse, imbue

The professor tried to **instill** his philosophy into his students.
그 교수는 자신의 철학을 학생들에게 주입시키려 했다.

**in** + **still**
in drop
어떤 내용을 마음속에(in) 떨어뜨리는(still) 거니까
→ **(사상·감정 등을) 주입하다**

0527 ★★

## input

[ínpùt]

명 **① 투입(량), 조언[시간](의 제공) ② 입력**
동 **(정보 등을) 입력하다**

*cf.* output (생산, 산출, 출력; 출력해 내다)

A mouse is one of the **input** devices.
마우스는 입력 장치 중의 하나이다.

**in** + **put**
in put
안에(in) 들여놓은(put) 것
→ **투입, 입력**

0528 ★★

## install

[instɔ́:l]

**installation** 명 설치
**installment** 명 할부(금)

동 **설치하다**

The game won't run unless you **install** the latest patch.
최신 패치를 설치하지 않으면 게임이 실행되지 않을 것이다.

**in** + **stall**
in put
안에(in) 놓는(stall) 거니까
→ **설치하다**
[인스털] = 인 + 수돌 → 집 안에다(in) 수돌(수도를) 설치하다 → **설치하다**

0529 ★

## infuriate

[infjúrièit]

동 **격분하게 하다**

= enrage, exasperate

The hollow words of the President **infuriated** me.
대통령의 공허한 말들이 나를 격분시켰다.

**in** + **furi** + **ate**
in fury 동접
-의 마음속에(in) 분노(furi)를 일으키니까
→ **격분하게 하다**

0530 ★

## impoverish

[impάvəriʃ]

**impoverished** 형 빈곤한

동 ① 가난하게 하다 ② (질을) 저하시키다

The acid rain **impoverishes** the soil.
산성비는 토양의 질을 저하시킨다.

im + pover + ish
in poor 동접
가난한(pover) 상황 안에(im) 있게 하니까
→ 가난하게 하다

0531 ★

## intimidate

[intímədèit]

**intimidating** 형 겁을 주는, 겁나는
**intimidation** 명 위협, 협박

동 위협하다, 협박하다

= threaten, frighten

*cf.* timid (겁 많은, 소심한), intimate (친밀한)

They **intimidated** people into voting for them.
그들은 사람들이 자신들에게 투표하도록 위협했다.

in + timid + ate
in fearful 동접
마음 안에(in) 겁이 많아지도록 (timid) 만드니까
→ 위협하다

0532 ★★

## inhale

[inhéil]

동 들이쉬다, 들이마시다

*cf.* exhale (내쉬다)

I closed my eyes and **inhaled** deeply.
나는 눈을 감고 숨을 깊이 들이마셨다.

in + hale
in breathe
안으로(in) 숨을 들이는(hale) 거니까
→ 들이쉬다

0533 ★★

## imprison

[imprízn]

**imprisonment** 명 투옥, 감금

동 투옥하다, 감금하다

The bank robber was **imprisoned** for 20 years.
그 은행 강도는 20년 동안 수감되었다.

im + prison
in prison
감옥(prison) 안에(im) 넣다
→ 투옥하다

0534 ★

## inmate

[ínmèit]

명 ① 수감자 ② (정신병원) 입원자

= ① prisoner, convict

The two **inmates** busted out of their cell.
두 명의 수감자가 감옥에서 탈출했다.

in + mate
in companion
교도소 건물 안에서의(in) 동료니까 (mate)
→ 수감자

0535 ★

## impart

[impά:rt]

동 ① 전하다 ② 나누어 주다

= ② distribute, assign, allocate, allot

I have disappointing news to **impart** to you.
너에게 전해 줄 실망스러운 소식이 있다.

im + part
in divide
-안으로(im) 정보의 일부를 나누어 주니까(part)
→ 전하다

## 77 ex-, e- ① 밖으로(out) ② 소멸(out) ③ 강조(completely) ④ 위로(up)

변화형 ef-

0536 ★★

**express**

[ikspré s]

**expression** 명 ① 표현 ② 표정
**expressive** 형 표현하는, 나타내는

동 **표현하다, 나타내다** 형 **급행의**
명 **급행, 속달**

The purpose of your letter is to **express** love and gratitude.
당신 편지의 목적은 사랑과 감사를 표현하는 것이다.

**ex** + **press**
out press
생각을 밖으로(ex) 밀어 누르니까 (press)
→ 표현하다

0537 ★★

**extinct**

[ikstíŋkt]

**extinction** 명 멸종, 소멸

형 **멸종된, 사라진**

= lost

The species couldn't adapt to the climate and became **extinct**.
그 종은 기후에 적응하지 못하고 멸종되었다.

**ex** + **tinct**
out prick
찔러서(tinct) 밖으로(ex) 몰아내 사라지게 하니까
→ 멸종된, 사라진

0538 ★★

**exhaust**

[igzɔ́ːst]

**exhausted** 형 기진맥진한, 탈진한

동 **① 기진맥진하게 하다 ② 다 써 버리다**

= ① fatigue, tire, wear out

He didn't want to **exhaust** himself anymore.
그는 더 이상 그 자신을 기진맥진하게 하고 싶지 않았다.

**ex** + **haust**
out draw up
가진 모든 것을 끌어올려(haust) 소멸시키니까(ex)
→ 기진맥진하게 하다

0539 ★★

**eradicate**

[irǽdikèit]

동 **근절하다, 뿌리 뽑다**

= remove, eliminate, extinguish, exterminate

It is her mission to **eradicate** illegalities and corruption.
부정부패를 근절하는 것이 그녀의 임무이다.

**e** + **radic** + **ate**
out root 동접
뿌리(radic)를 흙 밖으로(e) 뽑아내니까
→ 근절하다

0540 ★

**efface**

[iféis]

동 **삭제하다, 지우다**

= remove, eliminate, extinguish, exterminate, eradicate

Kate **effaced** some lines in a book.
Kate는 책에서 몇 줄을 지웠다.

**ef** + **face**
out face
표면(face) 위에 있는 것을 밖으로(ef) 빼내서 없애니까
→ 삭제하다
집에 가면 얼굴(face)에서 화장을 지우니까(efface) → 삭제하다, 지우다

0541 ★★

## excel

[iksél]

**excellent** 형 뛰어난, 우수한
**excellence** 명 우수

동 **능가하다, (-보다) 뛰어나다**

= surpass, outdo

Tom **excelled** among his classmates in mathematics.
Tom은 같은 반 친구들 중에서도 수학에 뛰어났었다.

**ex** + **cel**
out rise high
밖으로(ex) 높이 떠오르니까(cel)
→ 능가하다, (-보다) 뛰어나다

0542 ★

## exotic

[igzátik]

형 **이국적인, 외국의**

= foreign, alien

She likes **exotic** flowers.
그녀는 이국적인 꽃들을 좋아한다.

**ex(o)** + **tic**
out 형접
국내의 바깥쪽에(ex) 있으니까
→ 이국적인

0543 ★★

## exile

[égzail]

동 **추방하다** 명 **추방(자), 망명(자)**

= 동 expel, banish

The opposition leader returned after 40 years of **exile**.
그 야당 지도자는 40년간의 망명 생활에서 돌아왔다.

**ex** + **ile**
out wander
나라 밖으로(ex) 내보내 떠돌게(ile) 하다
→ 추방하다

0544 ★

## exorcise

[éksɔːrsàiz]

**exorcism** 명 퇴마, 귀신 쫓아내기
**exorcist** 명 퇴마사

동 **내쫓다**

= expel

The priest **exorcised** evil spirits.
그 사제는 악한 귀신을 내쫓았다.

**ex** + **orc** + **ise**
out oath 동접
저주(orc)로 귀신을 불러 몰아내는(ex) 것이니까
→ 내쫓다

영화 엑소시스트(exorcist)의 퇴마사들은 악령을 내쫓으니까(exorcise) → **내쫓다**

0545 ★

## elicit

[ilísit]

동 **끌어내다, 유도해 내다**

= derive, generate, provoke, induce, evoke

*cf.* licit (합법적인), illicit (불법적인)

I could **elicit** no response from the client.
나는 그 고객으로부터 아무 반응도 끌어낼 수 없었다.

**e** + **lic(it)**
out entice
밖으로(e) 유인해서(lic) 빼내니까
→ 끌어내다

일리(eli) 있는 논리를 끌어내다(elicit)
→ 끌어내다

0546 ★

**exorbitant**
[igzɔ́:rbətənt]

형 **과도한, 지나친**

This luxurious car costs an **exorbitant** amount of maintenance.
이 호화로운 차는 과도한 유지비가 든다.

ex + orbit + ant
out track 형접
상식적인 길(orbit)에서 벗어났으니까(ex)
→ 지나친

## 78 extra- ① 밖의(outside) ② -을 넘어서(beyond)

변화형 exter-, extrin-

0547 ★

**extracurricular**
[èkstrəkəríkjulər]

curriculum 명 교육 과정, 이수 과정

형 **과외의, 정규 과목 이외의**

Many schools offer a variety of **extracurricular** programs.
많은 학교에서 다양한 과외 프로그램을 제공한다.

extra + curricul(um) + ar
outside course 형접
교과 과정(curricul) 범위 밖(extra)인
→ 과외의, 정규 과목 이외의

0548 ★★

**extraordinary**
[ikstrɔ́:rdənèri]

ordinary 형 평범한, 일상적인

형 **① 놀라운, 기이한 ② 비범한, 대단한**

= ② outstanding, striking, remarkable, exceptional

The critic was a truly **extraordinary** woman.
그 비평가는 참으로 비범한 여성이었다.

extra + ordin + ary
outside order 형접
정상적인 상태(ordin) 밖에(extra) 있는
→ 놀라운

0549 ★

**extravagant**
[ikstrǽvəgənt]

extravagance 명 낭비(벽), 사치(품)

형 **낭비하는, 사치스러운**

= wasteful, lavish, prodigal

Her family was enraged at her **extravagant** lifestyle.
그녀의 가족은 그녀의 사치스러운 생활 방식에 격분했다.

extra + vag + ant
beyond wander 형접
자기 수입을 벗어나(extra) 헤매는(vag)
→ 낭비하는, 사치스러운

자신의 수입을 넘어서서(extra) 돈을 낭비하니까 버거운(vagant) → 낭비하는

0550 ★

**extrinsic**
[ikstrínsik]

형 **비본질적인, 외부의, 관련 없는**

*cf.* intrinsic (내재하는, 본질적인)

They had to consider **extrinsic** factors.
그들은 외부적 요인들을 고려해야 했다.

extrin + sic
outside along
내부가 아닌 외적인(extrin) 것을 따르는(sic)
→ 비본질적인

DAY
# 12

## DAY 12 어휘 미리보기

DAY 12

| | | | | |
|---|---|---|---|---|
| □ interval | □ preposterous | □ outweigh | □ degrade | □ default |
| □ intermediate | □ outcome | □ outlive | □ biodegrade | □ superior |
| □ interdependent | □ outline | □ decline | □ debase | □ superb |
| □ intersection | □ outstanding | □ defect | □ depict | □ supreme |
| □ interpret | □ outspoken | □ detach | □ deprive | □ superficial |
| □ intervene | □ outbreak | □ declare | □ deliberate | □ supernatural |
| □ interact | □ outfit | □ deceased | □ decay | □ superstition |
| □ intertwine | □ outrage | □ debate | □ decompose | □ superfluous |
| □ postwar | □ outlaw | □ devote | □ dehydrate | □ surplus |
| □ postpone | □ outdated | □ depart | □ defunct | □ surveillance |

## 79 inter- 사이에(between)

□□□
0551 ★★
### interval
[íntərvəl]

명 ① 간격, 사이 ② 중간 휴식 시간

= ① gap

They call at regular **intervals**.
그들은 일정한 간격을 두고 전화한다.

inter + val
between wall
벽(val) 사이에(inter) 있는 공간
→ 간격

□□□
0552 ★★
### intermediate
[intərmíːdiət]

형 중간의, 중급의 명 중급자, 중개자

Liquid crystals are considered to be **intermediate** between liquid and solid.
액정은 액체와 고체의 중간에 있는 것으로 여겨진다.

inter + medi + ate
between middle 형·명접
-의 사이(inter) 중간(medi)에 있는 거니까
→ 중간의

□□□
0553 ★
### interdependent
[intə̀ːrdipéndənt]

형 상호 의존적인

*cf.* independent (독립적인, 독자적인)

Plants and animals are **interdependent** in an ecosystem.
식물과 동물은 생태계에서 상호 의존적이다.

inter + depend + ent
between rely 형접
서로 간에(inter) 의존하는 (depend) 거니까
→ 상호 의존적인

0554 ★

## intersection

[ìntərsékʃən]

intersect 통 교차하다, 가로지르다

명 교차로

= crossroad, junction

The accident caused traffic at the **intersection.**
사고로 인해 교차로에서 교통 체증이 발생했다.

inter + sect + ion
between cut 명접
도로 사이를(inter) 잘라(sect) 나눈 것
→ 교차로

0555 ★★

## interpret

[intə́:rprit]

interpretation 명 ① 해석 ② 통역
interpreter 명 ① 해석자 ② 통역사

통 ① 해석하다, 이해하다 ② 통역하다

*cf.* misinterpret (잘못 해석[이해]하다)

He **interpreted** for the Norwegian tourist.
그는 노르웨이 관광객을 위해 통역했다.

inter + pret
between trade
양측 간의(inter) 소통이 오가게(pret) 하다
→ 해석하다, 통역하다

0556 ★

## intervene

[ìntərví:n]

intervention 명 개입, 중재

통 ① 간섭[개입]하다, 중재하다
② 끼어들다, 방해하다

= ① mediate, arbitrate, interfere

Will anyone **intervene** if they see injustice?
불의를 목격하면 개입하실 분 있으신가요?

inter + ven(e)
between come
두 사람 사이에(inter) 와서(ven) 끼어드는 거니까
→ 간섭[개입]하다

0557 ★★

## interact

[ìntərǽkt]

interactive 형 상호적인, 상호 작용을 하는
interaction 명 상호 작용

통 상호 작용하다 (with)

*cf.* reaction (반응, 반발)

Animals in zoos rarely **interact** with each other.
동물원의 동물들은 서로 상호 작용하는 경우가 거의 없다.

inter + act
between act
상호 간에(inter) 행동하니까(act)
→ 상호 작용하다

0558 ★

## intertwine

[ìntərtwáin]

통 ① 뒤얽다, 엮다
② (주로 수동태로) 밀접하게 관련되다

The girl **intertwined** flowers in a garland.
그 소녀는 화환에다 꽃들을 엮었다.

inter + twine
between twist
서로(inter) 꼬아(twine) 합쳐지는 거니까
→ 뒤얽다

## 80 post-

뒤의(after)
변화형 poster-

0559 ★

### postwar

[póustlwɔːr]

형 전후(戰後)의

*cf.* prewar (전전(戰前)의)

The **postwar** era saw a baby boom.
전후 시대에는 베이비 붐이 일어났다.

post + war
after war
전쟁(war)이 끝난 후의(post)
→ 전후의

0560 ★★

### postpone

[poustpóun]

동 연기하다, 미루다

= delay, defer, suspend, put off

We **postponed** the launch due to technical issues.
우리는 기술적인 문제로 인해 출시를 연기했다.

post + pon(e)
after put
날짜를 뒤로(post) 놓는(pon) 거니까
→ 연기하다, 미루다

0561 ★

### preposterous

[pripástərəs]

형 ① 터무니없는, 불합리한 ② 앞뒤가 뒤바뀐

= ① silly, foolish, absurd, ridiculous

Don't suggest such **preposterous** solutions!
그런 터무니없는 해결책을 제안하지 마세요!

pre + poster + ous
before after 형접
뒤에(poster) 와야 하는 게 앞으로(pre) 온 거니까
→ 앞뒤가 뒤바뀐

## 81 out-

① 밖으로(outside, outward) ② -보다 더 잘(better than, more than)
변화형 ut-

0562 ★★

### outcome

[áutkʌ̀m]

명 결과, 성과

The board expected a successful **outcome** from the project.
이사회는 그 프로젝트의 성공적인 결과를 기대했다.

out + come
outside come
밖으로(out) 나오는(come) 것
→ 결과, 성과

0563 ★★

### outline

[áutlàin]

동 ① 윤곽을 그리다 ② 개요를 서술하다
명 ① 윤곽, 외형 ② 개요

= 명 ② sketch, summary, abstract, synopsis

Briefly **outline** your ideas for the upcoming campaign.
다가오는 캠페인에 대한 아이디어를 간략하게 설명하세요.

out + line
outside line
바깥(out) 선(line)을 그리니까
→ 윤곽, 개요

0564 ★★

## outstanding

[àutstǽndiŋ]

형 뛰어난, 두드러진

= striking, remarkable, extraordinary, exceptional

She is known to be an **outstanding** scholar.
그녀는 뛰어난 학자로 알려져 있다.

**out** + **sta(nd)** + **ing**
outside stand 형접
밖으로(out) 튀어나와 서 있어서 (sta) 눈에 잘 띄는
→ 뛰어난

0565 ★

## outspoken

[áutspòukən]

형 거리낌 없는, 솔직한

= honest, frank, candid, blunt, straightforward

His **outspoken** expressions sometimes offend me.
그의 거리낌 없는 표현들은 가끔 나를 불쾌하게 한다.

**out** + **spoken**
outside speak
밖으로(out) 끄집어내어 숨김없이 말하는(spoken) 거니까
→ 거리낌 없는, 솔직한

0566 ★★

## outbreak

[áutbrèik]

명 발생, 발발

People were in a panic due to the **outbreak** of war.
전쟁의 발발로 사람들은 공황 상태에 빠졌다.

**out** + **break**
outside break
밖으로(out) 갑자기 깨져(break) 나오는 것
→ 발생, 발발

0567 ★

## outfit

[áutfit]

명 의상 한 벌, 복장, 차림

= suit, dress, costume

She picked a stylish **outfit** for the party.
그녀는 파티를 위해 멋진 옷을 골랐다.

**out** + **fit**
outside fit
밖에(out) 나갈 때 입는 딱 맞는(fit) 옷
→ 의상 한 벌

0568 ★★

## outrage

[áutreidʒ]

**outrageous** 형 ① 터무니없는 ② 포악한

명 ① 격분, 격노 ② 불법 행위, 폭행
동 격분하게 만들다

The accused expressed **outrage** at the judgment.
피고인은 판결에 분노를 표했다.

**out** + **rage**
outside rage
몹시 격분하여(rage) 밖으로(out) 표출되는 것
→ 격분, 격노

0569 ★

## outlaw

[áutlɔ̀ː]

동 불법화하다, 금하다 명 범법자, 도망자

= 동 inhibit, prohibit, forbid, deter

Smoking is **outlawed** in this building.
흡연은 이 건물에서 금지된다.

**out** + **law**
outside law
어떤 행동을 법(law) 테두리 밖으로(out) 만들다
→ 불법화하다

0570 ★

## outdated

[àutdéitid]

형 **시대에 뒤처진, 구식의**

= old-fashioned, obsolete

The office computer system is hopelessly **outdated.**
사무실의 컴퓨터 시스템은 절망스러울 정도로 구식이다.

**out** + **date** + **d**
more than / data / 형접
날짜(date)가 더(out) 오래된 거니까
→ 시대에 뒤처진

0571 ★

## outweigh

[àutwéi]

동 **-보다 더 크다, -보다 더 중요하다**

*cf.* outnumber (-보다 수가 더 많다), outperform (일을 더 잘하다, 능가하다)

The risks related to social media **outweigh** the rewards.
소셜 미디어와 관련된 위험은 보상보다 더 크다.

**out** + **weigh**
more than / weigh
-보다(out) 더 많은 무게가 나가니까(weigh)
→ -보다 더 중요하다

0572 ★

## outlive

[àutlív]

동 **-보다 더 오래 살다**

*cf.* outlast (-보다 더 오래 가다), outgrow (-보다 더 커지다)

Turtles can **outlive** humans.
거북이는 인간보다 더 오래 살 수 있다.

**out** + **live**
more than / live
-보다(out) 오래 사니까(live)
→ -보다 더 오래 살다

# 82 de-

① 아래로(down) ② 분리, 이탈(away, off, from) ③ 강조(completely)

0573 ★★

## decline

[dikláin]

동 **① 감소[하락]하다, 쇠퇴하다 ② 거절하다**
명 **감소, 쇠퇴**

= 동 ① decrease, shrink, diminish, dwindle

*cf.* incline (기울이다, 경사지게 하다)

The value of the dollar on the world market has **declined** in recent years.
세계 시장에서 달러의 가치가 최근 몇 년간 감소해 왔다.

**de** + **clin(e)**
from/down / bend
-로부터/아래로(de) 기우니까(clin)
→ 감소[하락]하다, 쇠퇴하다

0574 ★★

## defect

[dí:fekt]

**defective** 형 결함[결점]이 있는
**deficient** 형 부족한, 결핍된
**deficiency** 명 부족, 결핍

명 **① 결함[결점] ② 부족[결핍]**

= ① flaw, fault, disadvantage, drawback, shortcoming

The car was recalled due to a safety **defect.**
그 자동차는 안전 결함으로 인해 리콜되었다.

**de** + **fect**
down / make
어떤 것의 가치를 떨어뜨리게(de) 만드는(fect) 거니까
→ 결함[결점]

0575 ★★

## detach

[ditǽtʃ]

**detachment** 명 분리
**detached** 형 ① 분리된 ② 초연한

동 **분리하다, 떼다**

= separate, remove, free

*cf.* attach (붙이다, 첨부하다)

You also can **detach** and carry it.
그것은 또 따로 떼어서 갖고 다닐 수도 있다.

**de** + **(s)tach**
off stake
말뚝(tach) 박아 둔 것을 떨어지게(de) 하니까
→ **분리하다, 떼다**
[디태취] = 뒤 떼지 → 뒤에 있는 걸 좀 떼지(detach) 그래 → **분리하다, 떼다**

0576 ★★

## declare

[diklέər]

**declaration** 명 선언, 발표

동 **① 선언하다, 발표하다**
**② (세관에 물품을) 신고하다**

The prince was **declared** the rightful heir to the throne.
그 왕자는 왕좌의 정당한 후계자로 선포되었다.

**de** + **clar(e)**
completely clear
완전히(de) 분명하게(clar) 말하는 거니까
→ **선언하다, 발표하다**

0577 ★★

## deceased

[disíːst]

**decease** 명 사망 동 사망하다

형 **사망한** 명 **고인**

= 형 defunct, departed

They honored the memory of the **deceased**.
그들은 고인을 추모했다.

**de** + **ceas(e)** + **d**
away go 형접
멀리(de) 떠났으니까(ceas)
→ **사망한**

0578 ★★

## debate

[dibéit]

**debatable** 형 논란의 여지가 있는

명 **토론, 논쟁** 동 **토론하다, 논쟁하다**

The party also devoted a large part of its conference to a **debate** on education.
그 정당은 또한 회의의 상당 부분을 교육에 대한 토론에 할애하였다.

**de** + **bat(e)**
down beat
누군가가 굽힐(de) 때까지 서로 치고받으니까(bat)
→ **토론하다, 논쟁하다**
몽둥이(bat)를 아래에(de) 두고 입으로 싸우다 → **토론하다, 논쟁하다**

0579 ★★

## devote

[divóut]

**devotion** 명 헌신
**devoted** 형 헌신적인, 열렬히 사랑하는

동 **바치다, 헌신하다, 전념하다**

We must **devote** a lot of time to this project.
우리는 이번 프로젝트에 많은 시간을 바쳐야 한다.

**de** + **vot(e)**
down vow
고개를 숙여(de) 내 삶을 바칠 것을 맹세하다(vot)
→ **바치다, 헌신하다**
정치인은 선거철에 표(vote)를 받기 위해 디(de)게 전력하니까 → **바치다, 전념하다**

0580 ★★

## depart

[dipάːrt]

**departure** 명 떠남, 출발
**departed** 형 고인이 된 명 고인

동 ① 떠나다, 출발하다 ② 벗어나다, 이탈하다

*cf.* impart (전하다, 나누어 주다)

Flights for Paris **depart** from Terminal 3.
파리행 비행기는 3번 터미널에서 출발한다.

de + part
away divide
-로부터 갈라져(part) 멀어지다(de)
→ 출발하다, 벗어나다

0581 ★

## degrade

[digréid]

동 ① (가치·품위 등이) 저하되다[시키다], 떨어지다[떨어뜨리다]
② 강등[좌천]시키다
③ (화학적으로) 분해되다[하다]

= ① shame, debase, disgrace, humiliate

*cf.* upgrade ((질적으로) 올리다, 승진시키다)

Medicinal effects can **degrade** over time.
약효는 시간이 지나면 떨어질 수 있다.

de + grad(e)
down step
단계(grad)가 낮아지니까(de)
→ 저하되다[시키다]

0582

## biodegrade

[bàioudigréid]

**biodegradable**
형 생분해[자연분해]성의

동 (생물학적으로) 자연분해되다

Choose eco-friendly products that **biodegrade** easily.
쉽게 생분해되는 친환경 제품을 선택해라.

bio + de + grade
life down step
생물체(bio)의 단계(grade)를 낮추다(de)
→ 자연분해되다

0583 ★

## debase

[dibéis]

**debased** 형 품질이 저하된

동 (가치·품위 등을) 저하시키다, 떨어뜨리다

= shame, degrade, disgrace, humiliate

Sports are **debased** by commercial sponsorship.
스포츠가 상업적 후원 때문에 가치가 떨어졌다.

de + base
down low
품질을 아래로(de) 떨어뜨리니까(base)
→ 저하시키다

0584 ★★

## depict

[dipíkt]

**depiction** 명 묘사

동 그리다, 묘사하다

= describe, illustrate, portray

They **depicted** the situation to us in great detail.
그들은 우리에게 그 상황을 매우 상세히 묘사했다.

de + pict
down paint
쭉(de) 그림을 칠하듯(pict) 묘사하다
→ 그리다, 묘사하다

0585 ★★

## deprive

[dipráiv]

**deprivation** 명 박탈, 파면
**deprived** 형 가난한, 불우한

동 **빼앗다, 박탈하다**

The fire **deprived** them of their home.
그들은 화재로 집을 잃었다.

de + priv(e)
completely separate
완전히(de) 분리해 버리니까(priv)
→ 빼앗다, 박탈하다

0586 ★★

## deliberate

동 [dilíbərèit]
형 [dilíbərət]

**deliberately** 부 ① 고의적으로 ② 신중하게
**deliberation** 명 ① 숙고 ② 신중함

동 **숙고하다, 신중히 생각하다**
형 **① 의도적인, 계획적인 ② 신중한, 심사숙고한**

= 동 consider, contemplate, meditate, ponder

The mistake seemed **deliberate**, not accidental.
그 실수는 우발적인 것이 아니라 고의적인 것처럼 보였다.

de + liber + ate
completely balance 동·형접
저울질하듯이(liber) 사안을 철저히(de) 재보는 거니까
→ 숙고하다, 신중한
링컨이 노예 해방(liberate)을 신중히 생각하다 → 숙고하다, 신중히 생각하다

0587 ★★

## decay

[dikéi]

**decadent** 형 타락한, 퇴폐적인

동 **썩다, 부패하다, 쇠퇴하다** 명 **부패, 쇠퇴**

= 동 rot, decompose

Leaves that fall from trees **decay** and turn into soil eventually.
나무에서 떨어진 낙엽들은 결국 썩어서 토양으로 바뀐다.

de + cay
down fall
썩어서 아래로(de) 떨어지니까(cay)
→ 썩다, 부패하다
어떠한 정권도 10년간(decade) 권력을 잡으면 썩기(decay) 마련 → 썩다, 부패하다

0588 ★

## decompose

[dì:kəmpóuz]

동 **① 부패되다[시키다]**
**② (성분·요소로) 분해되다[시키다]**

Bacteria **decompose** dead things.
박테리아는 죽은 것들을 분해시킨다.

de + com + pos(e)
away together put
함께(com) 놓여(pos) 있던 것을 서로 떨어뜨려(de) 썩게 하니까
→ 부패시키다

0589 ★

## dehydrate

[di:háidreit]

**dehydration** 명 건조, 탈수

동 **(식품을) 건조시키다, 탈수 상태가 되다**

*cf.* hydrate (수화(水化)시키다)

Hot weather can quickly **dehydrate** you.
더운 날씨는 빨리 탈수 증세를 일으킬 수 있다.

de + hydr + ate
off water 동접
물(hydr)을 다 없애니까(de)
→ (식품을) 건조시키다

0590 ★

**defunct**

[difʌ́ŋkt]

형 ① 죽은 ② 사용되지 않는 ③ 효력을 잃은

= ① deceased, departed

Videotapes became **defunct** due to digital devices.
비디오 테이프들은 디지털 기기들로 인해 사용되지 않게 되었다.

**de** + **funct**
away do
활동하지(funct) 않는(de)
→ 죽은, 사용되지 않는

0591 ★

**default**

[difɔ́:lt]

명 태만, 채무 불이행
동 소홀히 하다, 채무를 이행하지 않다

= 명 neglect, delinquency

The auto company is in **default** on the loan.
그 자동차 회사가 그 대출금에 대한 채무를 이행하지 않고 있다.

**de** + **faul(t)**
away fail
멀리 떨어져서(de) 할 일을 안 하는(faul) 거니까
→ 태만
채무자나 회사, 국가가 채무 불이행(파산) 상태에 빠진 걸 '디폴트(default)'라고 합니다 → 채무 불이행

## 83 super-, sur-

위에, 넘어선(over)

변화형 supr-, supra-, sover-

0592 ★★

**superior**

[səpíəriər]

**superiority** 명 우월성, 우세

형 ① 보다 더 우수한 ② 상급의
명 윗사람, 상급자

*cf.* inferior (-보다 못한, 하급의)

My daughter is definitely **superior** to other children.
내 딸은 다른 아이들보다 단연 우수하다.

**super** + **ior**
over 형·명접
-보다 위의(super)
→ 보다 더 우수한

0593 ★★

**superb**

[supə́:rb]

형 최고의, 뛰어난

He displayed a **superb** batting performance at the last game.
그는 마지막 경기에서 뛰어난 타격 실력을 선보였다.

**super(b)**
over
다른 것보다 위에(super) 있는
→ 최고의

0594 ★★

**supreme**

[səprí:m]

형 ① 최고의, 대단한 ② 최고 권위의

= ① utmost, maximum, extraordinary

*cf.* supreme court (대법원)

They danced in a state of **supreme** joy.
그들은 최고로 기쁜 상태에서 춤을 췄다.

**supr(eme)**
over
가장 위의(supr) 것이니까
→ 최고의

0595 ★★

## superficial
[sù:pərfíʃəl]

형 **표면(상)의, 피상적인**

= shallow, cursory

The book shows only a **superficial** understanding of the theory.
그 책은 그 이론에 대해 피상적인 이해만을 보여 주고 있다.

**super** + **fic(i)** + **al**
over face 형접
표면(fic) 위에(super) 쪽만
→ 표면(상)의, 피상적인

0596 ★★

## supernatural
[sù:pərnǽtʃərəl]

형 **초자연적인, 불가사의한** 명 **초자연적 현상**

= 형 paranormal, psychic

The ritual involved **supernatural** forces, they said.
그 의식에는 초자연적인 힘이 개입되어 있다고 그들은 말했다.

**super** + **natur** + **al**
over nature 형·명접
자연(natur)을 뛰어넘은(super)
→ 초자연적인

0597 ★★

## superstition
[sù:pərstíʃən]

**superstitious** 형 미신을 믿는

명 **미신**

Breaking a mirror is a well-known **superstition.**
거울을 깨는 것은 잘 알려진 미신이다.

**super** + **stit** + **ion**
over stand 명접
상식 등을 초월하여(super) 서(stit) 있는 것
→ 미신

0598 ★

## superfluous
[supə́:rfluəs]

형 **여분의, 남아도는**

= spare, surplus, redundant

It was his **superfluous** wealth that ruined him.
그를 망친 것은 그의 남아도는 재산이었다.

**super** + **flu** + **ous**
over flow 형접
-위에(super) 흘러넘친(flu)
→ 여분의, 남아도는
플러스(flous) 위에 더 남아도는(super)
→ 여분의, 남아도는

0599 ★★

## surplus
[sə́:rplʌs]

명 **잉여, 과잉** 형 **잉여의, 과잉의**

= spare, excess

*cf.* deficit (부족(액), 적자), shortage (부족)

Just omit the **surplus** words.
그냥 과잉의(필요 없는) 말을 생략하라.

**sur** + **plus**
over more
예상을 넘어서(sur) 더 더해지면 (plus)
→ 잉여, 과잉
플러스(plus)를 완전히 넘어서니(sur)
→ 잉여, 과잉

0600 ★

## surveillance
[sərvéiləns]

**surveil** 동 감시[감독]하다

명 **감시, 망보기, 감독**

= observation, vigilance

The parking lot is kept under video **surveillance.**
그 주차장은 비디오 감시 하에 있다.

**sur** + **veil(l)** + **ance**
over watch 명접
위에서(sur) 내려다 봄(veil)
→ 감시

DAY 13

## DAY 13 어휘 미리보기

DAY 13

| | | | | |
|---|---|---|---|---|
| □ underlying | □ overdue | □ overweight | □ dual | □ classify |
| □ underline | □ overlap | □ unique | □ dubious | □ civilize |
| □ undertake | □ overlook | □ union | □ tribe | □ stabilize |
| □ undercover | □ oversee | □ unite | □ trivial | □ theorize |
| □ undermine | □ overhear | □ unify | □ quarter | □ publish |
| □ subconscious | □ overtake | □ universal | □ square | □ distinguish |
| □ subject | □ overthrow | □ unanimous | □ simplify | □ differentiate |
| □ subtle | □ override | □ bilingual | □ purify | □ originate |
| □ suburb | □ overcome | □ biannual | □ clarify | □ activate |
| □ suffocate | □ overwork | □ billion | □ terrify | □ strengthen |

## 84 under- 아래에(below)

0601 ★★

### underlying

[ʌ́ndərlàiiŋ]

**underlie** 동 -의 아래에 있다, -의 기초가 되다

형 ① 근본적인 ② 밑에 있는

= ① fundamental, essential, basic

They will talk about the **underlying** cause of the rising crime rate.
그들은 증가하는 범죄율의 근본적인 원인에 대해 이야기할 것이다.

under + ly + ing
below lie 형접
본질 아래에(under) 누워 있는(ly) 거니까
→ 근본적인

0602 ★★

### underline

[ʌ́ndərlàin]

동 ① 밑줄을 긋다 ② 강조하다

= ② emphasize, highlight, accentuate

Translate the **underlined** parts into English.
밑줄 친 부분을 영어로 번역하세요.

under + line
below line
아래(under)에 선(line)을 그으니까
→ 밑줄을 긋다
중요한 문구 아래(under) 선(line)을 그으니까 → 강조하다

0603 ★★

### undertake

[ʌ̀ndərtéik]

**undertaking** 명 ① 일 ② 약속

동 ① 떠맡다 ② 착수하다, 시작하다

Our team **undertook** research on aging.
우리 팀은 노화에 대한 연구에 착수했다.

under + take
below take
아래에서(under) 자신의 윗사람의 일거리를 취한(take) 거니까
→ 떠맡다

0604 ★

## undercover

[ʌ̀ndərkʌ́vər]

형 **비밀리에 하는, 첩보 활동의, 위장 근무의**

= secret, hidden, confidential, covert

The arms dealer was arrested by the **undercover** cop.
무기 거래상이 위장 근무 경찰에게 체포되었다.

**under** + **cover**
below cover
덮개(cover) 아래에(under) 있는 거니까
→ **비밀리에 하는**

0605 ★★

## undermine

[ʌ̀ndərmáin]

동 **① 손상시키다, 약화시키다 ② 밑을 파다**

= ① weaken, impair, erode, dilute, sap

This crisis has **undermined** my position.
이런 위기가 내 지위를 약화시켜 왔다.

**under** + **mine**
below dig
-의 아래를(under) 파니까(mine)
→ **손상시키다**
중세 전투에서 성의 아래를(under) 파고(mine) 들어가니까 → **손상시키다**

# 85 sub-

아래에(under)

변화형 su-, so-, suf-, sug-, sus-, sup-

0606 ★★

## subconscious

[sʌ̀bkɑ́:nʃəs]

**subconsciousness** 명 잠재의식

형 **잠재의식의** 명 **잠재의식**

= 형 subliminal

*cf.* unconscious (무의식적인, 의식을 잃은)

Surrealism explores the **subconscious** elements of the human mind.
초현실주의는 인간 내면의 잠재의식적 요소를 탐구한다.

**sub** + **conscious**
under aware
정신의 심층 아래에서(sub) 의식하고(conscious) 있는 거니까
→ **잠재의식의**

0607 ★★

## subject

형명 [sʌ́bdʒekt]
동 [səbdʒékt]

**subjective** 형 주관의, 주관적인
**subjection** 명 복종, 종속

형 **① 지배를 받는 ② -에 영향을 받기 쉬운 (to)**
동 **복종시키다**
명 **① 과목 ② 주제 ③ 백성 ④ 피실험자**

All human beings are **subject** to death.
모든 인간은 죽음의 지배를 받는다.

**sub** + **ject**
under throw
왕 아래에(sub) 던져진(ject) 거니까
→ **지배를 받는, 백성**
실험 아래에(sub) 던져진(ject) 사람들
→ **피실험자**

0608 ★★

## subtle

[sʌ́tl]

형 **① 미묘한 ② 섬세한**

= delicate

There are **subtle** differences between them.
그것들 사이에는 미묘한 차이가 있다.

**sub** + **tle**
under weave
잘 짜여진(tle) 망 아래에(sub) 있는 거니까
→ **미묘한**

0609 ★

## suburb

[sʌ́bəːrb]

**suburban** 형 교외의

명 교외

They moved from the city to the **suburbs.**
그들은 도시에서 교외로 이사했다.

**sub** + **urb**
under city
도심(urb) 아래(sub)에 있는 곳
→ 교외

0610 ★

## suffocate

[sʌ́fəkèit]

**suffocating** 형 숨 막히는

동 질식하게 하다 [질식하다]

= stifle, smother, choke

She was **suffocated** by the smoke.
그녀는 연기 때문에 질식했다.

**suf** + **foc** + **ate**
under throat 동접
목(foc) 아래를(suf) 졸라 숨을 못 쉬게 하다
→ 질식하게 하다

# 86 over-

① 넘어(over), 위에(above)
② 지나치게(too much)

0611 ★★

## overdue

[òuvərdúː]

형 기한이 지난, 이미 늦은

**Overdue** bills can hurt your credit score.
지불 연체 고지서는 신용 점수에 타격을 줄 수 있다.

**over** + **due**
over owed
빚지고 있는(due) 기한을 넘긴(over) 거니까
→ 기한이 지난

0612 ★

## overlap

동 [òuvərlǽp]
명 [óuvərlæp]

동 -위에 겹치다, 포개다 명 ① 중복 ② 일치

Their free time didn't **overlap** with mine.
그들의 자유 시간과 나의 자유 시간이 일치하지 않았다.

**over** + **lap**
above lap
-위에(over) 겹치는(lap) 거니까
→ -위에 겹치다

0613 ★★

## overlook

[òuvərlúk]

동 ① 간과하다, 못 보고 넘어가다
② 눈감아 주다, 못 본 척하다 ③ 내려다보다

= ② forgive, excuse, pardon, condone

*cf.* look over (-을 살펴보다)

Don't **overlook** the small details.
사소한 부분도 간과하지 마라.

**over** + **look**
over see
어떤 것을 건너(over) 뛰어서 보니까(look)
→ 간과하다

0614 ★★

**oversee**
[òuvərsíː]

동 **감시하다, 감독하다**

= monitor, supervise

Her role is to **oversee** the negotiations.
그녀의 역할은 협상을 감독하는 것이다.

**over** + **see**
above look
위에서(over) 일어난 일이 잘 되고 있는지 보는(see) 거니까
→ 감시하다

0615 ★

**overhear**
[òuvərhíər]

동 **우연히 엿듣다**

I **overheard** someone on the bus asking for directions.
나는 버스에서 누군가 길을 묻는 소리를 우연히 들었다.

**over** + **hear**
over hear
우연히 넘어서(over) 오는 소리를 듣는(hear) 거니까
→ 우연히 엿듣다

0616 ★★

**overtake**
[òuvərtéik]

동 ① **따라잡다, 추월하다** ② **압도하다**

*cf.* take over (-을 인계받다)

Some music is capable of **overtaking** the mind.
어떤 음악은 정신을 압도할 수 있다.

**over** + **take**
over take
상대방을 넘어서(over) 잡으니까(take)
→ 따라잡다

0617 ★

**overthrow**
[òuvərθróu]

동 **전복시키다, 타도하다** 명 **전복, 타도**

Old ideas have been **overthrown** by new ones.
옛 관념들은 새로운 관념들에 의해 전복되었다.

**over** + **throw**
over throw
정도를 넘어서는(over) 힘으로 던져(throw) 버리니까
→ 전복시키다

0618 ★

**override**
[òuvərráid]

동 **짓밟다, 무시하다**

= disregard, discount, ignore

You must not **override** their efforts.
그들의 노력을 무시해서는 안 된다.

**over** + **ride**
over ride
말을 타고 달려와(ride) 위로(over) 덮치는 거니까
→ 짓밟다

0619 ★★

**overcome**
[òuvərkʌ́m]

동 ① **극복하다** ② **(적을) 이기다**

= ① surmount, get over

*cf.* come over (-에 들르다)

The two parties managed to **overcome** their differences on the issue.
그 두 정당은 그 사안에 대한 그들의 의견 차이를 극복하는 데 성공했다.

**over** + **come**
over come
난관을 넘어서(over) 오니까(come)
→ 극복하다

0620 ★

**overwork**

[òuvərwə́:rk]

동 **과로하다** 명 **과로**

**Overworking** can lead to burnout.
과로는 번아웃을 초래할 수 있다.

**over** + **work**
too much work
지나치게(over) 일하다(work)
→ 과로하다

0621 ★

**overweight**

[òuvərwéit]

형 **① 과체중의, 비만의 ② 중량 초과의**

= ① fat, obese, chubby, corpulent

One out of every two Americans is **overweight**.
전체 미국인 두 명 중 한 명이 과체중이다.

**over** + **weight**
too much weight
지나치게(over) 무게(weight)가 나가니까
→ 과체중의, 비만의

## 87 uni-, un- 하나(one)

0622 ★★

**unique**

[ju:ní:k]

형 **① 유일무이한 ② 독특한**

= ② distinctive, individual

Every snowflake has a **unique** design.
모든 눈송이는 독특한 디자인을 가지고 있다.

**uni** + **que**
one 형접
하나(uni)만 있는 거니까
→ 유일무이한

0623 ★★

**union**

[jú:njən]

**reunion** 명 재회, 동창회

명 **① 결합, 단결 ② (노동)조합, 협회**

This has affected the public's overall opinion toward the European **Union**.
이것은 유럽 연합에 대한 대중의 전반적인 여론에 영향을 미쳤다.

**uni** + **on**
one 명접
하나(uni)가 되는 것이니까
→ 결합, 조합

0624 ★★

**unite**

[ju:náit]

**united** 형 연합한, 통합된
**unity** 명 ① 통합, 통일 ② 조화

동 **결합하다, 통합하다**

= unify, integrate, bond, ally, associate

*cf.* unit (한 개, 구성 단위)

Sports can **unite** people of all backgrounds.
스포츠는 모든 배경을 가진 사람들을 통합할 수 있다.

**uni** + **te**
one 동접
하나(uni)로 묶어 버리니까
→ 결합하다

0625 ★

**unify**
[jú:nəfài]

**unification** 명 통일

동 **통일하다, 통합하다**

Qin Shi Huang conquered all opposing states and **unified** China in 221 BC.
진시황은 기원전 221년에 모든 적대적인 국가들을 정복하고 중국을 통일하였다.

uni + fy
one 동접
하나(uni)로 만들다(fy)
→ 통일하다

0626 ★★

**universal**
[jù:nəvə́:rsəl]

**universe** 명 ① 우주 ② (전) 세계
**universally** 부 일반적으로

형 **① 전 세계적인 ② 보편적인**

= ② widespread, prevalent, pervasive, ubiquitous

**Universal** healthcare is a goal for many nations.
보편적 의료 서비스는 많은 국가의 목표이다.

uni + vers + al
one turn 형접
한(uni) 덩어리가 된(vers) 거니까
→ 전 세계적인, 보편적인

0627 ★

**unanimous**
[ju:nǽnəməs]

**unanimously** 부 만장일치로

형 **만장일치의**

*cf.* anonymous (익명의)

The jury reached a **unanimous** verdict.
배심원단은 만장일치로 평결을 내렸다.

un + anim + ous
one mind 형접
모든 사람이 한(un) 마음(anim)이니까
→ 만장일치의

## 88 bi-, du- / tri- / quar- 둘(two) / 셋(three) / 넷(four)

0628 ★

**bilingual**
[bailíŋgwəl]

형 **2개 국어를 구사할 수 있는**
명 **2개 국어 구사자**

*cf.* monolingual (1개 국어를 구사하는 (사람)),
multilingual (여러 나라 국어를 구사하는 (사람))

She is **bilingual** in English and Korean.
그녀는 영어와 한국어 두 개 언어를 한다.

bi + lingu + al
two tongue 형·명접
두(bi) 개의 언어(lingu)를 가진 거니까
→ 2개 국어를 구사할 수 있는

0629 ★

**biannual**
[baiǽnjuəl]

형 **연 2회의**

*cf.* biennial (2년마다의)

You need to have a routine **biannual** examination.
당신은 일 년에 두 번 정기 검진을 받아야 한다.

bi + ann(u) + al
two year 형접
한 해(ann)에 두(bi) 번이니까
→ 연 2회의

0630 ★★

## billion

[bíljən]

명 10억[미국], 1조[영국]

Each day nearly a **billion** gallons of crude oil are refined.
매일 거의 10억 갤런의 원유가 정제된다.

**bi** + **(mi)llion**
two million
백만(llion)의 제곱(bi)이니까
→ 1조
[빌리언] = 빌려 온 → 빌려 온 10억 (billion) → 10억

0631 ★

## dual

[dú:əl]

**duality** 명 이중성

형 두 부분으로 된, 이중의

The celebrity has **dual** nationality.
그 연예인은 이중 국적자이다.

**du** + **al**
two 형접
둘(du)로 이루어지니까
→ 이중의

0632 ★

## dubious

[dú:biəs]

형 의심하는, 수상쩍은

= suspicious, doubtful

I have **dubious** feelings about this plan.
나는 이 계획에 대해 의구심이 든다.

**dub** + **ious**
two 형접
두(dub) 가지 생각으로 가득 차 있는(ious) 것이니까
→ 의심하는
의심(dub → doubt)으로 가득 차 있으니까(ious) → 의심하는

0633 ★★

## tribe

[traib]

명 부족, 종족

Boomerangs were mostly used in competitions between native **tribes**.
부메랑은 주로 원주민 부족들 사이의 대결에 사용되었다.

**tri** + **be**
three be
옛날 로마가 세(tri) 부족으로 나뉘어 있던(be) 것에서 유래
→ 부족

0634 ★★

## trivial

[tríviəl]

**triviality** 명 ① 사소한 문제 ② 사소함, 시시함

형 사소한, 하찮은

= minor, marginal, insignificant

Don't waste time on **trivial** matters.
사소한 일로 시간을 낭비하지 마라.

**tri** + **vi** + **al**
three way 형접
삼(tri)거리(vi)는 어디에나 있는 거니까
→ 사소한
하나도 아닌 세 개(tri)나 있으니
→ 사소한, 하찮은

0635 ★★

## quarter

[kwɔ́:rtər]

**quarterly** 형 분기별의, 계절마다의

명 1/4, 15분, 25센트

Nearly a **quarter** of Australians aged 30 to 59 are married.
30-59세의 오스트레일리아 사람 중 거의 4분의 1 정도가 결혼했다.

**quar(ter)**
four
커다란 한 조각을 네(quar) 등분하면
→ 1/4

0636 ★★

## square

[skwɛər]

명 ① 정사각형 ② 광장 부 똑바로, 정면으로

*cf.* rectangle (직사각형), pentagon (오각형)

Some builders left a huge **square** of plate glass standing upright in a plaza.
어떤 건설업자들이 광장에 큰 정사각형의 판유리를 똑바로 세워 놓았다.

s + quar(e)
out four
네(quar) 변이 나와(s) 있는 공간
→ 정사각형, 광장

# 89 동사형 접미사 -ify, -ize, -ish, -ate, -en

### -(i)fy : -화하다, -하게 만들다

0637 ★★

## simplify

[símpləfài]

simplicity 명 단순함, 간단함
simplistic 형 지나치게 간단한, 극도로 단순화된

동 단순화하다

We need to **simplify** regulations for small businesses.
우리는 중소기업을 위한 규제를 간소화해야 한다.

simpl + ify
simple 동접
단순(simpl)하게 만들다
→ 단순화하다

0638 ★★

## purify

[pjúrəfài]

purification 명 정화
pure 형 순수한
impure 형 ① 불순물이 섞인 ② 불결한

동 깨끗이 하다, 정화하다

To **purify** water, you can boil it or use a filter.
물을 정화하려면 물을 끓이거나 필터를 사용할 수 있다.

pur + ify
pure 동접
순수(pur)하게 만들다
→ 정화하다

0639 ★★

## clarify

[klǽrəfài]

clarity 명 명료함

동 ① 명확하게 하다 ② 맑게 하다

= ① explain, illuminate

Can you **clarify** the instructions, please?
지침을 명확히 설명해 주시겠어요?

clar + ify
clear 동접
맑게(clar) 만들다
→ 맑게 하다, 명백하게 하다

0640 ★★

## terrify

[térəfài]

terror 명 ① 테러 ② 공포, 두려움
terrible 형 무서운, 끔찍한
terrific 형 ① 엄청난 ② 훌륭한

동 겁나게 하다, 두렵게 하다

The spider **terrified** her, so she screamed.
거미가 그녀를 겁나게 해서 그녀는 소리를 질렀다.

terr + ify
terror 동접
겁(terr)을 먹게 만들다
→ 겁나게 하다

0641 ★★

## classify

[klǽsəfài]

classification 명 분류

동 분류하다

= sort, categorize

The professor asked me to **classify** books by subjects.
교수님은 나에게 책을 주제별로 분류해 달라고 요청하셨다.

class + ify
class 동접
종류(class)별로 되게 만들다
→ 분류하다

### -ize : -화하다

0642 ★★

## civilize

[sívəlàiz]

civilization 명 문명

동 문명화하다, 교화하다

They tried to **civilize** the natives of Africa.
그들은 아프리카의 원주민들을 개화시키려고 노력했다.

civil + ize
citizen 동접
시민(civil)답게 만들다
→ 문명화하다

0643 ★

## stabilize

[stéibəlàiz]

stable 형 안정된, 견고한, 튼튼한

동 안정되다, 안정시키다

*cf.* finalize (마무리하다, 끝내다)

After the storm, the weather conditions **stabilized**.
폭풍이 지나간 후 기상 조건이 안정되었다.

sta + bil + ize
stand 형·명접 동접
움직이지 않고 서(sta) 있다
→ 안정되다

0644

## theorize

[θíːəràiz]

theory 명 이론, 학설

동 이론화하다, 이론[학설]을 세우다

= hypothesize, conjecture

Scientists **theorize** the existence of life on other planets.
과학자들은 다른 행성에 생명체가 존재한다고 이론화한다.

theor + ize
speculation 동접
깊이 생각하여(theor) 만드는 거니까
→ 이론화하다

### -ish : -화하다

0645 ★★

## publish

[pʌ́bliʃ]

publicity 명 ① 널리 알려짐 ② 광고, 홍보

publication 명 출판

동 ① 출판[발행]하다 ② 발표[공표]하다

He began **publishing** poems and essays.
그는 시와 수필을 발표하기 시작했다.

publ + ish
people 동접
대중(publ)이 알 수 있게 하다
→ 출판하다, 발표하다

□□□
0646 ★★

## distinguish

[distíŋgwiʃ]

**distinguished** 형 두드러진, 현저한, 유명한
**distinguishable** 형 구별할 수 있는, 분간할 수 있는

동 **구별하다, 식별하다**

= differentiate, discriminate, discern

Can you **distinguish** between fact and fiction in this story?
이 이야기에서 사실과 허구를 구별할 수 있나요?

**di** + **stingu** + **ish**
apart / prick / 동접
사물을 분리하기(di) 위해 콕콕 찔러서(stingu) 살펴보다
→ 구별하다

### -ate : -되게끔 만들다

□□□
0647 ★★

## differentiate

[dìfərénʃièit]

**differentiation** 명 구별, 차별

동 **구별하다, 구분 짓다**

= distinguish, discriminate, discern

News reporters have to **differentiate** facts from opinions.
기자들은 사실과 의견을 구별해야 한다.

**di(f)** + **fer** + **ent** + **ate**
apart / carry / 형접 / 동접
분리하여(di) 가져가게(fer) 만드는 거니까
→ 구별하다

□□□
0648 ★★

## originate

[ərídʒənèit]

**original** 형 ① 원래의 ② 원본의 ③ 독창적인 명 원본
**originality** 명 독창성, 신선함

동 **시작되다, 비롯하다**

= stem, derive

Humankind **originated** in Africa.
인류는 아프리카에서 시작되었다.

**ori(gin)** + **ate**
be born / 동접
태어나는(ori) 거니까
→ 시작되다

□□□
0649 ★

## activate

[ǽktəvèit]

**active** 형 활동적인, 활발한

동 **작동시키다, 활성화시키다**

The employee **activated** the security system before leaving the building.
그 직원은 건물을 떠나기 전에 보안 시스템을 작동시켰다.

**act** + **iv(e)** + **ate**
move / 형접 / 동접
움직이는(act) 성질을 갖게(iv) 만드니까
→ 작동시키다, 활성화시키다

### -en : -되게끔 만들다

□□□
0650 ★★

## strengthen

[stréŋkθən]

**strength** 명 ① 힘, 세기 ② 강점

동 **강하게 하다, 강화시키다**

= reinforce, enhance, bolster

**Strengthen** your argument with evidence.
증거를 통해 당신의 주장을 강화하라.

**streng** + **th** + **en**
strong / 명접 / 동접
강한(streng) 것(th)이 되게끔 만들다
→ 강화시키다

DAY

# 14

DAY 14

## DAY 14 어휘 미리보기

| | | | | |
|---|---|---|---|---|
| □ favorable | □ spacious | □ habitual | □ combustion | □ citizenship |
| □ comparable | □ adventurous | □ massive | □ cruelty | □ hardship |
| □ penniless | □ aromatic | □ customary | □ stupidity | □ adulthood |
| □ restless | □ mechanical | □ momentary | □ frequency | □ livelihood |
| □ thoughtful | □ costly | □ statutory | □ nuisance | □ racism |
| □ plentiful | □ deadly | □ fortunate | □ altitude | □ optimism |
| □ eventful | □ abundant | □ passionate | □ solitude | □ pessimism |
| □ vigorous | □ prudent | □ childish | □ shortage | □ robber |
| □ marvelous | □ personal | □ mannish | □ leakage | □ carrier |
| □ righteous | □ optional | □ sensation | □ withdrawal | □ politician |

## 90 형용사형 접미사

-able, -less, -ful, -ous, -(t)ic, -(t)ical, -ly, -ant, -ent, -(u)al, -ive, -ary, -ory, -ate, -ish

### -able : 가능성, 능력, 적합성(-할 수 있는, -할 만한, -하기 쉬운)

□□□
0651 ★

**favorable**
[féivərəbl]

favor 명 호의, 부탁 동 호의를 보이다

형 ① 호의적인 ② 유리한

= ① agreeable, approving

Only 10 percent expressed a **favorable** view.
10%만이 호의적인 전망을 내놓았다.

favor + able
kindness 형접
친절함(favor)을 베풀 수 있으니까(able)
→ 호의적인

□□□
0652 ★★

**comparable**
[kámpərəbl]

incomparable 형 비할 데가 없는

형 비슷한, 비교할 만한, 필적하는

= alike, similar, analogous

These two laptops are **comparable** in price.
이 두 노트북은 가격이 비슷하다.

com + par + able
together equal 형접
같이(com) 놓고 볼 때 같다고(par) 할 수 있으니까(able)
→ 비슷한, 비교할 만한

## -less : 결핍, 결여(-가 없는, -할 수 없는, -하기 어려운)

0653 ★

### penniless

[pénilis]

penny 명 페니(영국의 화폐 단위)

형 **무일푼의, 몹시 가난한**

= poor, indigent, impoverished

They struggled to survive, **penniless** and homeless.

그들은 무일푼에다가 노숙자로 생존을 위해 고군분투했다.

**penni** + **less**
penny 형접
페니(penni, 돈)가 결여된(less) 거니까
→ 무일푼의

0654 ★

### restless

[réstlis]

restlessly 부 안절부절못하여
unrest 명 불안

형 **① 불안한, 들뜬, 침착하지 못한 ② 잠 못 이루는**

The crowd grew **restless** as the wait continued.

기다림이 계속되자 군중은 불안해졌다.

**rest** + **less**
rest 형접
안정하기(rest) 어려운(less) 거니까
→ 불안한, 잠 못 이루는

## -ful : 풍부(-이 가득한, -이 많은, -의 성질을 가진)

0655 ★

### thoughtful

[θɔ́ːtfəl]

thought 명 생각

형 **사려 깊은**

= considerate, attentive, caring, concerned

The **thoughtful** children wrote thank-you letters to firefighters.

사려 깊은 어린이들이 소방관들에게 감사 편지를 썼다.

**thought** + **ful**
thought 형접
다른 사람에 대한 생각(thought)이 가득한(ful) 거니까
→ 사려 깊은

0656 ★★

### plentiful

[pléntifəl]

plenty of 형 많은, 풍부한
plenty 명 많음, 풍부, 다량

형 **많은, 풍부한**

= luxuriant, affluent, ample, copious, abundant

My sister has a **plentiful** source of inspiration.

내 여동생은 풍부한 영감의 원천을 가지고 있다.

**ple(n)** + **ti** + **ful**
fill 명접 형접
가득(ful) 채워진(ple) 거니까
→ 많은, 풍부한
[플랜티플] = 풀 and 또 풀 → 풀이 많은(plentiful) → 많은, 풍부한

0657

### eventful

[ivéntfəl]

event 명 사건, 일

형 **다사다난한, 파란만장한**

Her stories reflected her own **eventful** past.

그녀의 이야기는 자신의 다사다난한 과거를 반영했다.

**event** + **ful**
event 형접
사건(event)이 가득한(ful) 거니까
→ 다사다난한

## -ous : 성질, 성향(-의 특징이 있는, -로 가득한)

0658 ★

### vigorous

[vígərəs]

vigor 명 활력, 정력
vigorously 부 발랄하게, 힘차게

형 **① 활력 있는 ② 격렬한**

= ② passionate, eager, enthusiastic

A **vigorous** person does things with great energy.

활력 있는 사람은 엄청난 에너지를 가지고 일을 한다.

**vigor** + **ous**
liveliness 형접
활력(vigor)이 있는(ous) 거니까
→ 활력 있는

0659 ★

## marvelous

[mάːrvələs]

marvel 명 놀라움, 경이로움 동 경이로워하다

형 ① 신기한, 놀라운 ② 훌륭한

유 ② magnificent, gorgeous

The world is wide and has a lot of **marvelous** people in it.
세계는 넓고 그 안에는 놀라운 사람들이 많다.

marvel + ous
wonder 형접
놀라움(marvel)으로 가득한(ous) 거니까
→ 신기한, 훌륭한

[마블러스] = 마블 + 러스 → 아이언맨 같은 놀라운(marvel) 슈퍼히어로를 그려낸 마블 코믹스 → 놀라운

0660 ★

## righteous

[ráiʧəs]

형 ① 정의로운, 공정한 ② 당연한, 마땅한

He is a man of **righteous** character.
그는 의로운 성품을 가진 사람이다.

rig(ht) + ous
straight 형접
도덕적으로 옳은(rig) 특징(ous)이 있는 거니까
→ 정의로운, 공정한

0661 ★

## spacious

[spéiʃəs]

spaciously 부 넓게, 거대하게

형 넓은, 널찍한

유 capacious

*cf.* spatial (공간의, 공간적인)

**Spacious** parking is available at the venue.
그 행사장에는 넓은 주차장이 마련되어 있다.

spac(i) + ous
space 형접
공간(spac)으로 가득한(ous) 거니까
→ 넓은, 널찍한

0662 ★

## adventurous

[ædvénʧərəs]

adventure 명 모험(심)
venture 명 ① 모험 ② 벤처 (사업) 동 모험하다, 과감히 -하다

형 ① 모험을 즐기는, 대담한 ② 모험적인

*cf.* adventitious (우발적인, 우연한)

I'm not **adventurous** enough to travel alone.
나는 혼자 여행할 만큼 대담하지 않다.

ad + vent + ur(e) + ous
to come 명접 형접
-에(ad) 우연히 다가오는(vent) 것(ur), 즉 모험(adventure)의 특징(ous)이 있는 거니까
→ 모험적인

### -(t)ic, -(t)ical : 성질, 성향(-의 성질을 가진, -에 관한, -으로 이루어진)

0663

## aromatic

[ærəmǽtik]

aroma 명 향기

형 향기로운

유 fragrant

The smell of **aromatic** candles from a gift shop was heavy in the air.
선물 가게에서 나는 향초 냄새가 공기 중에 가득했다.

aroma + tic
fragrance 형접
향기(aroma)로 이루어진(tic) 거니까
→ 향기로운

0664 ★

## mechanical

[məkǽnikəl]

mechanic 명 정비공
mechanism 명 기계 장치, 기법

형 ① 기계(상)의 ② 기계적인, 습관적인

It leads to defects in **mechanical** properties.
그것은 기계적 특성의 결함을 초래한다.

mechan + ical
machine 형접
기계(mechan)의 성질(ical)을 지닌 거니까
→ 기계적인

## -ly : 성질, 성향(-의 성질을 가진, -다운, -마다)

0665 ★

### costly
[kɔ́:stli]

형 ① 값이 비싼 ② 대가[희생]가 큰

= ① expensive, pricey

Building a spaceship is a very **costly** endeavor.
우주선을 만드는 것은 매우 비용이 많이 드는 작업이다.

co + st + ly
with stand 형접
제품과 함께(co) 서(st) 있는 것, 즉 비용(cost)의 성질(ly)을 지닌 거니까
→ 값이 비싼

0666 ★

### deadly
[dédli]

형 ① 치명적인 ② 극도의, 심한

= ① fatal, lethal, mortal, life-threatening

Wear a helmet — head injuries can be **deadly**.
헬멧을 착용해라, 머리 부상은 치명적일 수 있다.

dead + ly
die 형접
죽게(dead) 하는 성질(ly)을 지닌 거니까
→ 치명적인

## -ant, -ent : 성질, 성향(-의 성질[성향]을 가진)

0667 ★★

### abundant
[əbʌ́ndənt]

**abound** 동 풍부하다, 많이 있다
**abundance** 명 풍부

형 풍부한

= luxuriant, affluent, ample, copious, plentiful

*cf.* redundant (여분의, 과잉의, 장황한)

A kiwi contains **abundant** nutrition.
키위는 풍부한 영양분을 함유하고 있다.

abund + ant
overflow 형접
많아서 넘치는(abound) 성질(ant) 이니까
→ 풍부한

0668 ★★

### prudent
[prú:dnt]

**prudence** 명 신중함
**imprudent** 형 경솔한, 무모한

형 신중한, 사려 깊은

= cautious, considerate, deliberate, discreet

We must choose the **prudent** course.
우리는 신중한 과정을 선택해야 한다.

pr + ud + ent
before see 형접
미리(pr) 내다보는(ud) 성향(ent) 이니까
→ 신중한
[프루던데] = 풀던데 → 공무원 시험을 신중하게 풀던데(prudent) → 신중하게

## -(u)al : 성질, 성향(-의 성질을 가진, -같은, -에 관한)

0669 ★★

### personal
[pə́rsənl]

**personality** 명 성격, 개성
**impersonal** 형 ① 비인격적인, 인간미 없는 ② 개인과 관계가 없는

형 ① 개인의, 사적인 ② 개인에 관한 ③ 직접[몸소] 하는

*cf.* personnel (인사과, (총)인원[직원])

The artist relies heavily on her **personal** experiences.
그 예술가는 사적인 경험에 크게 의존한다.

person + al
person 형접
한 사람(person)에 관한(al) 거니까
→ 개인의, 사적인

0670 ★

## optional
[ɑ́pʃənl]

형 **선택의, 임의의**

The Games consist of 10 **optional** sports.
이 대회는 10개의 선택 종목으로 구성된다.

option + al
choice 형접
선택(option)의 성질(al)을 지닌 거니까
→ 선택의

0671 ★★

## habitual
[həbíʧuəl]

형 **습관적인**

= customary, accustomed, usual, regular

We need to break this **habitual** cycle of procrastination.
우리는 습관적인 미루기의 고리를 끊어야 한다.

hab(it) + ual
habit 형접
늘 지니고(hab) 있는 것, 즉 습관(habit)의 성질(ual)을 지닌 거니까
→ 습관적인

### -ive : 성질, 성향(-의 성질[경향]을 가진)

0672 ★★

## massive
[mǽsiv]

mass 명 ① 덩어리, 모임 ② 다수 ③ 크기, 질량 형 대규모의 동 모이다

형 **대량의, 큰 덩어리의**

= enormous, gigantic, immense, colossal

A scientist discovered a **massive** new galaxy.
한 과학자가 거대한 새로운 은하를 발견했다.

mass + ive
mass 형접
덩어리/다수(mass)의 성질(ive)을 지닌 거니까
→ 대량의, 큰 덩어리의

### -ary, -ory : 성질, 성향(-의 성질을 가진, -에 관한)

0673 ★★

## customary
[kʌ́stəmèri]

custom 명 관습, 습관

형 **① 관례적인 ② 습관적인**

= ① traditional, conventional

Is tipping waiters **customary** in your country?
당신의 나라에서는 웨이터에게 팁을 주는 것이 관례인가요?

custom + ary
habit 형접
관습/습관(custom)의 성질(ary)을 지닌 거니까
→ 관습적인, 습관적인

0674 ★

## momentary
[móuməntèri]

moment 명 순간, 잠깐, 잠시

형 **순간적인, 잠깐의**

= temporary, transient, tentative, provisional

*cf.* momentous (중대한)

After a **momentary** hesitation, she determined to leave.
잠깐 주저한 후에 그녀는 떠나기로 결심했다.

mom + ent + ary
move 명접 형접
움직이는(mom) 때, 즉 순간(moment)의 성질(ary)을 지닌 거니까
→ 잠깐의

0675 ★

## statutory
[stǽʧutɔ̀:ri]

statute 명 법령, 법규

형 **법령의, 법정의**

**Statutory** deductions are allowed for those expenses.
그 비용에 대해서는 법정 공제가 허용된다.

statut + ory
law 형접
법(statut)에 관련된(ory) 거니까
→ 법령의

## -ate : 성질, 성향(-이 있는, -의 특징으로 가득한)

0676 ★★

### fortunate
[fɔ́:rʧənət]

fortune 명 ① 운 ② 재산, 부
fortunately 부 운 좋게도

형 **운이 좋은**

= fortuitous

The lost hiker was **fortunate** to be found alive.
길을 잃은 등산객이 살아서 발견된 것은 운이 좋았다.

fortun(e) + ate
luck 형접
운(fortun)을 가진 성향(ate)이니까
→ 운이 좋은

0677 ★★

### passionate
[pǽʃənət]

passion 명 열정, 격정
passionately 부 열렬히, 격렬하게

형 **열정적인, 격정적인**

= eager, enthusiastic

She is a **passionate** defender of civil liberties.
그녀는 시민의 자유에 대한 열렬한 옹호자이다.

pass + ion + ate
suffer 명접 형접
고통(pass)을 견뎌내는 것, 즉 열정(passion)이 있는 성향(ate)이니까
→ 열정적인

## -ish : 성질, 성향((대개 부정적인 의미로) -의 성질을 가진, -같은)

0678 ★

### childish
[ʧáildiʃ]

형 **유치한**

= immature

*cf.* childlike (아이 같은, 순진한)

Is this behavior too **childish** for someone your age?
이 행동은 또래에 비해 너무 유치한 행동인가요?

child + ish
child 형접
아이(child) 같은 성질(ish)이니까
→ 유치한

0679

### mannish
[mǽniʃ]

형 **(여자가) 남자 같은(부정적인 의미)**

*cf.* manlike (남자다운; 긍정적인 의미)

Her sister was wearing a hat and **mannish** clothing.
그녀의 여동생은 모자를 쓰고 남자 같은 옷을 입고 있었다.

man(n) + ish
masculine 형접
남자(man) 성향(ish)이 있으니까
→ 남자 같은

# 91 명사형 접미사

-ation, -(t)ion, -(i)ty, -cy, -ance, -tude, -age, -al, -ship, -hood, -ism, -er, -or, -ian

## -ation, -(t)ion : 과정, 상태, 동작

0680 ★

### sensation
[senséiʃən]

sensational 형 선풍적인, 세상을 놀라게 하는

명 **① 감각, 느낌 ② 센세이션, 선풍**

= ① feeling, sense

He felt an unpleasant **sensation** at the moment.
그는 그 순간 불쾌한 느낌이 들었다.

sens + ation
feel 명접
느끼는(sens) 것이니까
→ 감각, 느낌

0681 ★

## combustion

[kəmbʌ́stʃən]

combust 동 연소시키다

명 연소, 산화

The **combustion** of fossil fuels has many impact on environments.
화석 연료의 연소는 환경에 많은 영향을 미친다.

com + bust + ion
completely burn 명접
완전히(com) 태운(bust) 것이니까
→ 연소, 산화

### -(i)ty : 상태, 성질, 정도

0682 ★

## cruelty

[krúːəlti]

cruel 형 잔인한, 잔혹한

명 잔인, 잔혹

The **cruelty** of his words cut me like a knife.
그의 말에 담긴 잔인함이 나를 비수처럼 찔렀다.

cruel + ty
rude 명접
미개한(cruel) 것이니까
→ 잔인, 잔혹

0683 ★

## stupidity

[stjuːpídəti]

stupid 형 어리석은, 우둔한

명 어리석음, 어리석은 짓

= foolishness, folly, silliness

I was shocked by the **stupidity** of their decision.
나는 그들의 어리석은 결정에 충격을 받았다.

stupid + ity
dull 명접
어리석은(stupid) 것이니까
→ 어리석음

### -cy : 성질, 상태

0684 ★★

## frequency

[fríːkwənsi]

frequent 형 빈번한, 흔히 있는
frequently 부 자주, 흔히

명 ① 빈도, 횟수 ② 빈번함 ③ 주파수

The **frequency** of natural disasters seems to be increasing.
자연재해의 빈도가 점점 더 잦아지고 있는 것 같다.

frequen + cy
repeated 명접
반복되는(frequen) 것이니까
→ 빈도, 빈번함

### -ance : 행동, 상태, 성질

0685 ★

## nuisance

[njúːsəns]

명 성가신 존재, 골칫거리

*cf.* nuance (뉘앙스, 미묘한 차이)

He was a **nuisance** to his football team.
그는 그의 축구 팀에 성가신 존재였다.

nui(s) + ance
harm 명접
남들에게 피해(nui)를 주는 것
→ 성가신 존재

## -tude : 정도, 성질, 상태

0686 ★

### altitude
[ǽltətjù:d]

명 **고도, 높이**

*cf.* aptitude (소질, 적성), latitude (위도, 범위), longitude (경도)

The helicopter was flying at high **altitude**.
그 헬리콥터는 높은 고도로 날고 있었다.

**alti** + **tude**
high 명접
높은(alti) 위치에 있는 상태(tude)
→ 고도

0687 ★

### solitude
[sɑ́lətjù:d]

**sole** 형 유일한, 혼자[단독]의
**solitary** 형 혼자 하는

명 **고독, 외로움**

= loneliness, isolation, privacy

The artist found inspiration in the peaceful **solitude**.
그 예술가는 평화로운 고독에서 영감을 얻었다.

**soli** + **tude**
alone 명접
혼자 있는(soli) 상태(tude)니까
→ 고독, 외로움

## -age : 행동, 상태, 결과

0688 ★★

### shortage
[ʃɔ́:rtidʒ]

명 **부족, 결핍**

= lack, scarcity, deficiency, dearth

There is a **shortage** of food in the flooded areas.
수해 지역들에 식량이 부족하다.

**short** + **age**
short 명접
짧아서(short) 기준에 못 미치는 상태
→ 부족, 결핍

0689 ★★

### leakage
[lí:kidʒ]

**leak** 동 ① (액체·기체가) 새다[새게 하다]
② (비밀을) 누설하다

명 **누출**

= spill

Check the bottles for **leakage** before use, please.
병을 사용하시기 전에 새지 않는지 확인해 주세요.

**leak** + **age**
leak 명접
액체 따위가 샌(leak) 상태
→ 누출

## -al: 과정, 상태

0690 ★

### withdrawal
[wiðdrɔ́:əl]

**withdraw** 동 ① (뒤로) 물러나다, 철수하다
② 철회하다

명 **철회, 취소, 후퇴**

= retreat, pullout

*cf.* denial (부인), arrival (도착), disposal (처분), proposal (제안)

The sudden **withdrawal** of support caused the project's delay.
갑작스러운 지원 철회로 인해 프로젝트가 지연되었다.

**with** + **draw** + **al**
back pull 명접
당겨서(draw) 뒤로(with) 오게 하는 거니까
→ 철회, 취소

## -ship : ① 자격, 지위, 신분 ② 상태, 성질

0691 ★

### citizenship

[sítizənʃìp]

citizen 명 국민, 시민

명 **시민권, 시민의 자격[신분]**

*cf.* ownership (소유권), membership (회원권), internship (인턴직), dealership (대리점, 판매 자격)

He gained his **citizenship** after living here for ten years.
그는 이곳에서 10년 동안 살다가 시민권을 취득했다.

**citizen** + **ship**
citizen 명접
시민(citizen)인 상태
→ 시민권

0692 ★★

### hardship

[hɑ́:rdʃìp]

명 **어려움, 고난, 곤란**

= distress, suffering, misery, dilemma, plight

The policy made many citizens suffer **hardship**.
그 정책은 많은 시민들을 고난에 처하게 했다.

**hard** + **ship**
hard 명접
어려운(hard) 상태
→ 어려움

## -hood : ① 기간 ② 신분, 상태, 성질 ③ 단체, 집단

0693

### adulthood

[ədʌ́lthùd]

명 **성인기**

*cf.* childhood (어린 시절), babyhood (유아기), boyhood (소년기), brotherhood (형제 관계, 형제애), parenthood (부모의 신분), motherhood (어머니 신분, 모성애)

Upon reaching **adulthood**, she finally felt independent.
성인이 된 그녀는 마침내 독립심을 느꼈다.

**adult** + **hood**
grown up 명접
성인(adult)인 기간
→ 성인기

0694 ★

### livelihood

[láivlihùd]

명 **생계(의 수단), 살림**

= living

Their principal **livelihood** was in the sea.
그들의 주요한 생계 수단은 바다에 있었다.

**live** + **li** + **hood**
life way 명접
살아가는(live) 방식(li)을 이룬 상태(hood)
→ 생계

## -ism : ① 행동, 상태, 결과 ② 체제, 주의, 신앙 ③ 차별주의

0695

### racism

[réisizm]

race 명 ① 인종, 민족 ② 경주, 달리기 (시합)

명 **인종 차별(주의)**

*cf.* modernism (현대주의), socialism (사회주의), communism (공산주의), capitalism (자본주의)

Building a society free of **racism** is an ongoing challenge.
인종 차별 없는 사회를 만드는 것은 지속적인 도전이다.

**rac** + **ism**
race 명접
인종(rac)을 대하는 태도를 나타내는 거니까
→ 인종 차별주의

0696 ★★

## optimism

[άptəmìzm]

**optimistic** 형 낙관적인
**optimist** 명 낙천주의자

명 **낙관(론), 낙천주의**

Her **optimism** is contagious, it lifts everyone's spirits.
그녀의 낙관주의는 전염성이 있어, 모든 사람의 기분을 북돋아 준다.

**optim** + **ism**
best 명접(생각, 믿음)
최선(optim)의 상황만을 생각(ism)하는 거니까
→ **낙천주의**
미래를 자기가 선택할(opt) 수 있다고 믿는 것은 낙관이니까 → **낙관(론), 낙천주의**

0697 ★★

## pessimism

[pésəmìzm]

**pessimistic** 형 비관적인
**pessimist** 명 비관론자

명 **비관(론), 비관[염세]주의**

There is **pessimism** about job prospects.
취업 전망에 대한 비관론이 있다.

**pessim** + **ism**
worst 명접(생각, 믿음)
최악(pessim)의 상황만을 생각(ism)하는 거니까
→ **비관주의**
[페서미즘] = 패스 미스 → 월드컵에서 중요한 순간에 패스 미스가 일어나 실점을 허용하면 그 선수는 승리에 비관적(pessimism)이 될 수밖에 → **비관주의**

### -er, -or : 행위자

0698 ★

## robber

[rάbər]

**robbery** 명 도둑질, 강도 행위
**rob** 동 빼앗다, 강탈하다

명 **도둑, 강도**

= thief, burglar

Witnesses described the **robber** as wearing a mask.
목격자들은 강도가 마스크를 쓰고 있었다고 설명했다.

**rob(b)** + **er**
steal 명접
강탈하는(rob) 사람(er)
→ **도둑, 강도**

0699 ★

## carrier

[kǽriər]

명 **① 운송 회사, 항공사**
**② 보균자, (병균) 매개체**

*cf.* carriage (마차, 운반, 수송), courier (배달원, 택배 회사)

The mosquito is a **carrier** of yellow fever.
모기는 황열의 매개체이다.

**carri** + **er**
carry 명접
운반하는(carri) 주체(er)
→ **운송 회사, 매개체**

### -ian : 사람, 소속, 직업, 전문가

0700 ★★

## politician

[pὰlitíʃən]

**politics** 명 정치학
**political** 형 정치적인

명 **정치가**

*cf.* -ant (사람): assistant (조수, 보조자), consultant (상담사), protestant (신교도, 항의자)

Is she a qualified candidate to become a **politician**?
그녀는 정치인이 될 자격이 있는 후보인가요?

**poli** + **tic** + **ian**
city 형접 명접
시(poli)와 관련된 일을 하는 사람(ian)
→ **정치가**

PART

# 2

# 어원과 연상 중심 어휘 1400

도식화된 어원 설명과 재미있는 연상 설명을 통해
더 효과적으로 더 오래 기억하는 어휘

DAY 15 / DAY 42

심슨보카

shimson voca

DAY 15

DAY 15

## DAY 15 어휘 미리보기

| | | | | |
|---|---|---|---|---|
| □ highlight | □ designate | □ bulletin | □ equilibrium | □ nominal |
| □ emphasize | □ nominate | □ note | □ possess | □ ambiguous |
| □ underscore | □ inaugurate | □ notify | □ asset | □ ambivalent |
| □ accentuate | □ select | □ notice | □ property | □ obscure |
| □ accidental | □ recommend | □ distribute | □ mortgage | □ specific |
| □ account | □ suggest | □ dispense | □ acquire | □ concrete |
| □ allot | □ connote | □ dose | □ inquire | □ particular |
| □ allocate | □ recognize | □ portion | □ question | □ sole |
| □ assign | □ cognition | □ proportion | □ issue | □ solitary |
| □ resign | □ acquaint | □ symmetry | □ anonymous | □ desolate |

□□□
0701 ★★

## highlight
[hailàit]

동 강조하다
명 하이라이트, 가장 좋은[흥미로운] 부분

= emphasize, stress, underline, accentuate, play up

*cf.* play down (폄하하다, 깎아내리다)

This museum exhibit **highlights** historical artifacts.
이 박물관 전시는 역사적인 유물을 강조한다.

무대의 높은(high) 곳에서 나를 향해 핀 조명(light)을 내려 쏘고 있으니 내가 강조되죠(highlight)
→ 강조하다

□□□
0702 ★★

## emphasize
[émfəsàiz]

**emphasis** 명 강조

동 강조하다

= highlight, stress, underscore, accentuate

Parents **emphasize** that children should be independent.
부모들은 아이들이 독립적이어야 한다고 강조한다.

em + phas + ize
in  show  동접

안에서도(em) 보이게(phas) 하는 거니까
→ 강조하다

과일 장수가 앰프(emph)를 써서 과일 크기(size)를 강조하다(emphasize)
→ 강조하다

0703 ★

## underscore

[ʌ́ndərskɔ̀ːr]

동 **밑줄을 긋다, 강조하다**

= highlight, stress, underline, accentuate

**Underscore** the key words.
중요한 단어에 밑줄을 그으세요.

**under** + **score**
below / draw a line

중요한 내용은 아래에(under) 선을 그어두니까(score)
→ 밑줄을 긋다

점수(score) 아래에(under) 두 줄로 밑줄을 그으니까(underscore)
→ 밑줄을 긋다

0704 ★★

## accentuate

[æksénʧuèit]

accent 명 ① 악센트, 강세 ② 강조
동 ① 강하게 발음하다
② 강조하다

동 **강조하다, 두드러지게 하다**

= highlight, stress, underline, underscore

I'll **accentuate** the positive in my speech.
나는 내 연설에서 긍정을 강조할 것이다.

**ac** + **cent(u)** + **ate**
to / sing / 동접

어떤 것에(ac) 노래하듯(cent) 음을 넣은 거니까
→ 강조하다

중심(center)에(ac) 두어 강조하다(accentuate)
→ 강조하다

0705 ★★

## accidental

[æksidéntl]

accident 명 사고, 우연
accidentally 부 우연히, 뜻하지 않게

형 **① 우연한, 돌발적인 ② 부수적인**

= ① casual, coincidental

She expects an **accidental** meeting with him.
그녀는 그와의 우연한 만남을 기대한다.

**ac** + **cident** + **al**
to / fall / 형접

-에(ac) 갑자기 떨어지는(cident) 거니까
→ 우연한, 돌발적인

사고(accident)는 우연히(accidental) 일어나죠
→ 우연한, 돌발적인

0706 ★★

## account

[əkáunt]

accountable 형 (해명할) 책임이 있는
accountant 명 회계사

명 **① 이야기 ② 설명 ③ 계좌 ④ (회계) 장부**
동 **① 설명하다 (for) ② 비율을 차지하다 (for)**

They went to the bank to open a new bank **account**.
그들은 새로운 은행 계좌를 개설하러 은행에 갔다.

**ac** + **count**
to / count

돈을 셈해서(count) 넣어두는 곳(ac)
→ 계좌

누군가에게(ac) 계산해서(count) 이야기하니까
→ 설명하다

0707 ★★

## allot

[əlát]

allotment 명 할당량

동 **(시간·돈·업무 등을) 할당[배당]하다**

= distribute, assign, allocate

The teacher **allotted** homework to each student.
그 교사는 각 학생에게 숙제를 할당했다.

**al** + **lot**
to / bunch

많은 것(lot)을 사람들에게(al) 나누니까
→ 할당하다, 배당하다

0708 ★★

## allocate

[ǽləkèit]

allocation 명 할당, 배당

동 **할당하다, 배분하다**

= distribute, assign, allot

The resources were **allocated** to the project.
자원이 그 프로젝트에 할당되었다.

al + loc + ate
to place 동접
개개인에게(al) 위치(loc)를 정해 주다
→ 할당하다

0709 ★★

## assign

[əsáin]

assignment 명 과제, 임무
assigned 형 할당된

동 **① 배정하다, 할당하다 ② 선임하다 ③ 지정하다**

= ① distribute, allocate, allot

Which one of these seats is she **assigned** to?
그녀가 이 좌석들 중에 어느 좌석으로 배정받았나요?

as + sign
to mark
각각에게(as) 몫을 표시해서(sign) 나눠주니까
→ 할당하다

0710 ★★

## resign

[rizáin]

resignation 명 사직, 사임
resigned 형 받아들이는, 체념한

동 **① 사임하다, 사직하다 ② 포기하다, 체념하다**

= ① retire

There was heavy pressure to **resign**.
사임하라는 심한 압박이 있었다.

re + sign
back mark
물러나겠다고(re) 표식을 남기는(sign) 거니까
→ 사직하다

0711 ★★

## designate

[dézignèit]

designated 형 지정된, 임명된
designation 명 지정, 임명

동 **① 지정[명시]하다 ② 지명[임명]하다 ③ 명명하다, 칭하다**

= ② appoint, assign, delegate, nominate

This room was **designated** as a smoking area.
이 방은 흡연 구역으로 지정됐다.

de + sign + ate
down mark 동접
지명할 사람 이름 아래에(de) 표시하다(sign)
→ 지정하다

건물 디자인(design)을 맡길 업체를 지정하다(designate)
→ 지정하다

0712 ★★

## nominate

[nɑ́mənèit]

nomination 명 지명, 임명

동 **① (후보자로) 지명[추천]하다 ② 임명하다**

= ② appoint, assign, delegate, designate

He was **nominated** as best actor.
그는 최우수 남자 배우(상)로 지명되었다.

nomin + ate
name 동접
후보자의 이름을(nomin) 부르다
→ 지명하다

0713 ★

## inaugurate

[inɔ́ːgjurèit]

**inauguration** 명 취임, 개시

동 ① 취임시키다 ② 시작하다

= ② commence, initiate, embark

The senator was **inaugurated** as President.
그 상원 의원은 대통령에 취임했다.

**in** + **augur** + **ate**
in / predict / 동접

고대 국가에서(in) 왕이 취임할 때나 큰일이 있기 전 제사장이 예언한(augur) 것에서 유래
→ 취임시키다, 시작하다

**이노규레이트** = **이놈 + great**

"이놈 훌륭하네(great)!"하며 요직에 취임시키다(inaugurate)
→ 취임시키다

0714 ★★

## select

[silékt]

**selection** 명 선발, 선택
**selective** 형 선택적인, 선별적인

동 선택하다 형 엄선된

She **selected** the biggest pearl.
그녀는 가장 큰 진주를 선택했다.

**se** + **lect**
apart / choose

다른 것들로부터 분리하여(se) 골라내다(lect)
→ 선택하다

**실렉트** = **실 넥타**

파티에 가기 위해 실크 넥타이를 선택하다(select)
→ 선택하다

0715 ★★

## recommend

[rèkəménd]

**recommendation** 명 추천
**commend** 동 ① 추천하다 ② 칭찬하다

동 ① 추천하다 ② 권하다

Can you **recommend** a good hotel in Seoul?
서울에 있는 좋은 호텔을 추천해 주시겠어요?

**레커멘드** = **내 꺼만**

스리슬쩍 내 꺼만 추천하다(recommend)
→ 추천하다, 권하다

0716 ★★

## suggest

[səgdʒést]

**suggestion** 명 ① 제안 ② 암시, 연상
**suggestive** 형 연상시키는, 시사하는

동 ① 제안하다 ② 암시하다

= ② indicate, imply, infer, signify

The evidence **suggests** that he stole the money.
그 증거는 그가 그 돈을 훔쳤음을 암시한다.

**sug** + **gest**
under / carry

본심을 드러내지 않고 몰래 아래로(sug) 전달하다(gest)
→ 암시하다

0717 ★

## connote

[kənóut]

**connotation** 명 내포, 암시

동 내포하다, 암시하다

= suggest, indicate, imply, infer, signify

*cf.* denote (나타내다, 뜻하다)

What he says **connotes** multiple meanings.
그의 말은 복합적인 의미를 내포하고 있다.

**con** + **note**
together / know

의미를 함께(con) 알게(note) 하니까
→ 내포하다, 암시하다

**커노트** = **큰 노트**

큰 노트를 가지고 다니는 것은 성실한 학생임을 암시한다(connote)
→ 암시하다

0718 ★★

## recognize

[rékəgnàiz]

recognized 형 인정된, 공인된
recognizable 형 알아볼 수 있는, 인식할 수 있는
recognition 명 ① 인식 ② 인정, 승인

동 ① 알아보다, 인지하다 ② 인정하다

= ① notice, identify, perceive, realize

I **recognized** the voice of my mom.
나는 엄마의 목소리를 알아들었다.

re + cogn + ize
again know 동접
다시(re) 알아보다(cogn)
→ 알아보다

0719 ★

## cognition

[kagníʃən]

cognitive 형 인식의, 인지의
cognizant 형 인식하고 있는, 알고 있는
cognizable 형 인식할 수 있는

명 인식, 인지

= awareness, realization, perception

Social **cognition** skills are critical for learning.
사회적 인지력은 학습에 매우 중요하다.

cogn + ition
know 명접
알게 되는(cogn) 것이니까
→ 인식, 인지

0720 ★★

## acquaint

[əkwéint]

acquainted 형 알고 있는, 아는 사이인
acquaintance 명 아는 사이, 지인

동 ① 알리다, 전하다 ② 숙지시키다

= ② familiarize

*cf.* quaint (이상한)

Please **acquaint** me with the details of the case.
그 사건의 자세한 내용을 나에게 알려 주세요.

ac + quaint
to know
-에게(ac) 잘 알게(quaint) 하니까
→ 숙지시키다
방송사에 이상한(quaint) 사건을 알리다(acquaint)
→ 알리다, 전하다

0721 ★★

## bulletin

[búlitən]

명 게시, 고시

*cf.* bulletin board (게시판)

He put something on the **bulletin** board.
그는 게시판에 무언가를 게재했다.

bullet(총알)처럼 빠르게 게시(bulletin)하다
→ 게시, 고시

0722 ★★

## note

[nout]

notable 형 주목할 만한, 눈에 띄는, 유명한

동 ① 적어 두다 ② 주목하다 ③ 언급하다
명 ① 메모 ② 음표

*cf.* be noted for (-으로 유명하다), of note (중요한)

I made a **note** to call her back later.
나는 그녀에게 나중에 다시 전화하겠다고 메모를 남겼다.

사실 우리가 쓰는 '노트[공책]'는 notebook이라 하고, note의 진정한 의미는 '메모'예요
→ 메모

0723 ★★

## notify

[nóutəfài]

**notification** 명 알림, 통지

동 **알리다, 통지하다**

= inform, announce, advise

Please **notify** the family of the cancellation.
그 가족에게 취소 사실을 알려 주세요.

**노터파이** = **노트펴**

알려(notify) 줄 게 있으니 노트펴
→ 알리다

0724 ★★

## notice

[nóutis]

**noticeable** 형 눈에 띄는, 현저한, 주목할 만한

명 **① 주의, 주목 ② 통지, 통보 ③ 안내문**

동 **① 알아차리다 ② 주목하다 ③ 통지하다**

*cf.* on[at] short notice (촉박하게)

We didn't **notice** the time passing while we were playing.
우리는 노는 동안 시간 가는 줄 몰랐다.

**노티스** = **know + teeth**

이빨에 고춧가루 있으면 혼자 알지 말고 내게 알려(notice) 줘
→ 통지

0725 ★★

## distribute

[distríbjuːt]

**distributor** 명 배급사, 유통사
**distribution** 명 분배, 배급

동 **분배하다, 나누어 주다**

= assign, allocate, allot

The organization **distributed** food to the earthquake victims.
그 단체는 지진 피해자들에게 먹을 것을 나눠 주었다.

**dis** (apart) + **tribute** (allot)

여기저기(dis) 나누어 주다(tribute)
→ 분배하다

0726 ★★

## dispense

[dispéns]

동 **① 나누어 주다, 제공하다 ② 조제하다**

= ① distribute, assign, allocate, allot

*cf.* dispense with (~없이 지내다)

They **dispensed** necessities to the poor.
그들은 가난한 사람들에게 생필품을 나누어 주었다.

**dis** (apart) + **pens(e)** (weigh)

무게를 재서(pens) 따로따로(dis) 주니까
→ 나누어 주다

0727 ★★

## dose

[dous]

**overdose** 명 과다 복용 동 과다 복용하다

명 **복용량, 투여량**

The **dose** is three pills with every meal.
복용량은 끼니마다 세 알씩이다.

**dos(e)** (give)

1회 복용으로 주어진(dos) 약의 양
→ 복용량

0728 ★★

## portion

[pɔ́:rʃən]

apportion 동 분배하다

명 ① 부분 ② 몫 동 분배하다

= 동 distribute, assign, allocate, allot

She sliced the cake into several **portions**.
그녀는 케이크를 여러 조각으로 잘랐다.

port + ion
part 명접
부분(port)을 차지하는 거니까
→ 부분, 몫

0729 ★

## proportion

[prəpɔ́:rʃən]

proportional 형 비례하는

명 ① 비율 ② 균형 ③ 부분

= ① ratio

*cf.* in proportion to (-에 비례하여)

The **proportion** of regular smokers increases sharply with age.
정기적인 흡연자들의 비율은 나이가 들수록 급격하게 증가한다.

pro + port + ion
before part 명접
부분(port)이 전체의 앞(pro)에 나와 차지하는 정도를 나타내는 거니까 (8/10을 연상)
→ 비율

0730 ★

## symmetry

[símətri]

symmetric(al) 형 (좌우) 대칭적인
asymmetry 명 비대칭, 불균형

명 (좌우의) 대칭, 균형

= regularity, proportion, balance

Balance and **symmetry** are important in art.
예술에서는 균형과 대칭이 중요하다.

시머트리 = similar + three
비슷한(similar) 세 개(three)의 면이 대칭(symmetry)을 이루고 있다
→ 대칭

0731 ★

## equilibrium

[i:kwəlíbriəm]

명 ① 평형, 균형 ② (마음의) 평정

= ② composure, tranquillity, serenity

Yoga restores one's inner **equilibrium**.
요가는 사람의 내적 균형을 회복시켜 준다.

equ(i) + libri + um
equal balance 명접
균형(libri)이 같은(equ) 상태니까
→ 평형

0732 ★★

## possess

[pəzés]

possession 명 소유(물), 재산
possessive 형 소유욕이 강한, 소유의

동 ① 소유하다, 가지다 ② -의 마음을 사로잡다

You are not allowed to **possess** a pistol in this country.
당신은 이 나라에서 권총을 소유할 수 없다.

pos + sess
power sit
힘(pos) 있는 자리에 앉으면(sess) 무엇이든 차지하기 쉬우니까
→ 소유하다, 가지다

0733 ★★

## asset

[ǽset]

명 자산, 재산

= property, estate, possessions, belongings

The house and furniture are my **asset**.
그 집과 가구는 나의 자산이다.

'미래 에셋'은 자산(asset)을 관리해 주는 회사죠
→ 자산, 재산

0734 ★★

## property
[prάpərti]

명 ① 재산, 소유물 ② 특성, 속성

= ① possessions, belongings

Cultural **property** is not always in fashion but remains important.
문화재는 항상 유행하는 것은 아니지만 변함없이 중요하다.

사람은 적당한(proper) 재산(property)은 가지고 있어야 하니까
→ 재산

0735 ★

## mortgage
[mɔ́:rgidʒ]

명 저당, (담보) 대출 동 저당 잡히다

I'm having difficulty keeping up my **mortgage** payments.
나는 담보 대출을 계속 갚는 데 어려움을 겪고 있다.

mort + gage
death pledge
돈을 갚느라 죽음(mort) 직전까지 매여 있는 서약(gage)
→ 저당, (담보) 대출

0736 ★★

## acquire
[əkwáiər]

**acquired** 형 ① 획득한 ② 후천적인
**acquisition** 명 획득(물), 취득(물)

동 얻다, 획득하다, 습득하다

= obtain

She has **acquired** a good knowledge of English.
그녀는 훌륭한 영어 지식을 습득했다.

ac + quir(e)
to seek
-에(ac) 대해 구하다(quir)
→ 얻다, 획득하다

0737 ★★

## inquire
[inkwáiər]

**inquiry** 명 ① 조사 ② 문의, 질문
**inquisitive** 형 탐구적인, 호기심이 강한

동 ① 묻다, 질문하다 ② 조사하다

= ② inspect, examine

He **inquired** about train schedules for Liverpool.
그는 Liverpool행 열차 시간표에 대해서 물었다.

인과이어 = 인과아니여?
사건의 인과 관계를 묻다
→ 조사하다

0738 ★★

## question
[kwéstʃən]

**questionable** 형 의심스러운
**questionnaire** 명 설문지

명 ① 질문 ② 문제 ③ 의심
동 ① 질문하다 ② 의심하다, 이의를 제기하다

= 동 query, doubt, suspect, dispute

Don't be afraid to **question** authority.
권위에 의문을 제기하는 것을 두려워하지 마라.

퀘스천 = 스치면 캐
스치면 계속 캐물어(question)
→ 질문, 의심

0739 ★★

## issue
[íʃu:]

**issuance** 명 발행, 발포

동 ① 발행[발표]하다 ② 공포[발포]하다
명 ① 주제, 쟁점 ② 문제 ③ (정기 간행물의) 호

= 동 ① publish, release, roll out

We need to address the climate **issue**.
우리는 기후 문제를 해결해야 한다.

이슈 = 있슈
문제(issue) 있슈?
→ 문제

0740 ★★

## anonymous

[ənánəməs]

anonymity 명 익명(성)
anonym 명 가명, 익명, 무명씨

형 **익명의, 작자 불명의**

= unknown, unnamed, unidentified

We received an **anonymous** letter.
우리는 익명의 편지를 받았다.

an + onym + ous
without name 형접
이름이(onym) 없는(an) 것이니까
→ 익명의

0741 ★

## nominal

[námənl]

형 **명목상의, 이름뿐인**

He is the **nominal** leader of the party.
그는 그 정당의 명목상 대표이다.

nomin + al
name 형접
이름(nomin)뿐인
→ 명목상의

0742 ★★

## ambiguous

[æmbígjuəs]

ambiguously 부 애매모호하게
ambiguity 명 애매성, 애매모호함

형 **애매한, 모호한**

= unclear, vague, obscure, equivocal

This particular part of the law is a little **ambiguous.**
이 법의 특정한 부분은 약간 모호하다.

ambi + gu + ous
both drive 형접
한쪽이 아닌 양쪽으로(ambi) 이끌려고(gu) 하니까
→ 애매한
두 육상 선수가 결승선에 같이 애매하게(ambiguous) 들어오니까, "앵? 비겨스?"
→ 애매한

0743 ★

## ambivalent

[æmbívələnt]

ambivalence 명 상반되는 감정, 양면 가치

형 **양면적인, 상반되는 감정을 가진**

= unsure, uncertain, conflicting

She is **ambivalent** about getting married.
그녀는 결혼에 대해 상반되는 감정을 가졌다.

ambi + val + ent
both strong 형접
상충되는 양쪽(ambi) 면이 모두 강하니까(val)
→ 양면적인

0744 ★

## obscure

[əbskjúər]

obscurity 명 ① 잊혀짐, 무명 ② 모호함

형 **① 불명확한, 모호한 ② 잘 알려지지 않은**
동 **모호하게 하다**

= 형 ① unclear, vague, ambiguous, equivocal

The origin of the word remains **obscure.**
그 단어의 기원은 여전히 분명하지 않다.

치료(cure)약이 없어(obs) 삶이 불명확한
→ 불명확한, 모호한

0745 ★★

## specific

[spisífik]

specifically 부 분명히, 특히
specification 명 ① 상술 ② 설명서

형 **① 구체적인, 분명한 ② 특정한**

= ② certain, particular, distinct

I asked the interviewees **specific** questions.
나는 면접자들에게 구체적인 질문을 했다.

spec(i) + fic
see 형접
눈으로 자세히 볼(spec) 수 있게 만드는(fic) 거니까
→ 구체적인

0746 ★★

## concrete

[kánkriːt]

**concretely** 부 구체적으로

형 ① 구체적인 ② 콘크리트로 된
명 콘크리트

= 형 ① specific, precise, definite

The police had no **concrete** evidence.
경찰은 구체적인 증거를 가지고 있지 않았다.

con + crete
together grow
여러 요소들이 함께(con) 더해져 뚜렷함이 커진(crete) 거니까
→ 구체적인

0747 ★★

## particular

[pərtíkjulər]

**particularly** 부 특히

형 ① 특정한, 특별한 ② 개별적인 ③ 까다로운

= ① certain, specific, distinct

This **particular** model is one of our biggest sellers.
이 특정 모델은 가장 많이 팔리는 우리 제품들 중 하나이다.

part(i) + cul + ar
part small 형접
작은(cul) 부분(part)에 관한 거니까
→ 특정한

0748 ★★

## sole

[sóul]

**solely** 부 오로지, 단지, 단독으로

형 ① 유일한, 단 하나의 ② 혼자의, 독신의

= ① single, solitary, lone, unique

Her **sole** object in life is to become a travel writer.
그녀의 유일한 삶의 목표는 여행 작가가 되는 것이다.

sol(e)
alone
혼자(sol)니까
→ 유일한, 독신의

0749 ★★

## solitary

[sάlətèri]

**solitude** 명 고독

형 ① 혼자의, 혼자 하는 ② 고독한, 외로운

They kept him in **solitary** confinement.
그들은 그를 독방에 감금시켰다.

sol + it + ary
alone go 형접
혼자(sol) 가는(it) 거니까
→ 고독한

0750 ★★

## desolate

[désələt]

**desolation** 명 황량함, 고적함
**desolated** 형 쓸쓸한, 외로운

형 ① 적막한, 황량한 ② 고독한, 쓸쓸한

I discovered a house in a **desolate** desert.
나는 황량한 사막에 있는 집 한 채를 발견했다.

de + sol + ate
completely alone 형접
완전히(de) 혼자니까(sol)
→ 적막한

# DAY 16

DAY 16

## DAY 16 어휘 미리보기

| | | | | |
|---|---|---|---|---|
| □ ample | □ immense | □ mammal | □ predator | □ fundamental |
| □ copious | □ tremendous | □ bark | □ fierce | □ ultimate |
| □ adequate | □ mighty | □ roar | □ furious | □ terminal |
| □ luxuriant | □ warlike | □ scar | □ rage | □ terminate |
| □ abound | □ warfare | □ inflict | □ ruthless | □ exterminate |
| □ redundant | □ armor | □ haunt | □ steep | □ annihilate |
| □ afford | □ tactic | □ fright | □ severe | □ eliminate |
| □ bulky | □ creep | □ dread | □ intense | □ abolish |
| □ gigantic | □ crawl | □ nervous | □ drastic | □ uproot |
| □ enormous | □ paw | □ anxious | □ radical | □ collapse |

0751 ★★

### ample
[ǽmpl]

**amplify** 동 ① 증폭시키다 ② 더 자세히 진술하다

형 **충분한, 풍부한**

= abundant, luxuriant, affluent, copious

The town experienced **ample** rainfall this spring, replenishing the water reserves.
그 마을은 올봄에 비가 많이 내려 수자원이 풍부해졌다.

예시(example)가 충분해야 (ample) 이해가 잘 되죠
→ 충분한
화장품 사는데 직원이 샘플(sample)을 넉넉히(ample) 넣어 줬다
→ 풍부한

0752 ★

### copious
[kóupiəs]

형 **많은, 풍부한**

= abundant, luxuriant, affluent, ample

She supported her opinion with **copious** evidence.
그녀는 방대한 증거로 자기 의견을 뒷받침했다.

복사(copy)를 많이 하면 양이 많아지니까(copious)
→ 많은, 풍부한

0753 ★★

### adequate
[ǽdikwət]

**adequately** 부 충분히, 적절히
**inadequate** 형 불충분한, 부적당한

형 **충분한, 적당한**

= enough, sufficient, appropriate

The room was a bit small but **adequate**.
방은 조금 작았지만 충분했다.

ad (to) + equ (equal) + ate (형접)
-에(ad) 필적하는(equ) 것이니까
→ 충분한

0754 ★

## luxuriant

[lʌgʒúəriənt]

**luxuriance** 명 무성, 풍부
**luxurious** 형 사치스러운, 호화로운

형 ① 풍부한 ② 화려한, 번창한 ③ 기름진, 다산의

= ① abundant, affluent, ample, copious

She has a **luxuriant** imagination.
그녀는 풍부한 상상력을 가지고 있다.

**lux(uri)** + **ant**
light 형접
도시가 빛나는(lux) 거니까
→ 화려한
땅이 빛나는(lux) 거니까
→ 기름진

0755 ★★

## abound

[əbáund]

**abundant** 형 풍부한, 많은

동 풍부하다, 충분하다, 많이 있다

= thrive, flourish, proliferate

Fish **abound** in the streams and rivers.
시내와 강에는 물고기가 많이 있다.

**ab** + **ound**
away wave
멀리까지(ab) 물결이(ound) 도달할 정도로 넘치니까
→ 풍부하다

0756

## redundant

[ridʌ́ndənt]

**redundancy** 명 과잉

형 ① 과잉의, 불필요한 ② 장황한

= ① spare, surplus, superfluous

Further explanation is **redundant**.
추가적인 설명은 불필요하다.

**re** + **(d)und** + **ant**
again wave 형접
물결이(und) 계속(re) 출렁일 만큼 많으니까
→ 과잉의
다시(re) 덤(dun)으로 주고 덤(dan)으로 주니 여분이 넘쳐난다
→ 과잉의, 불필요한

0757 ★★

## afford

[əfɔ́ːrd]

**affordable** 형 감당할 수 있는, (값이) 알맞은

동 -할 여유가 있다, -을 살 형편이 되다

I cannot **afford** to take a long vacation.
난 장기 휴가를 갈 여유가 없다.

**어포드** = **어, 포드**
어, 포드 차네! 상당히 경제적으로 여유가 있는(afford) 사람이군
→ -할 여유가 있다, -을 살 형편이 되다

0758 ★★

## bulky

[bʌ́lki]

**bulk** 명 대부분, (큰) 규모

형 부피가 큰, 커서 다루기 힘든

= cumbersome

This luggage is **bulky** in size but light in weight.
이 짐은 크기만 크지 무게는 가볍다.

몸을 벌크(bulk)업하면 부피가 커지죠(bulky)
→ 부피가 큰

0759 ★★

## gigantic

[dʒaigǽntik]

형 거대한

= massive, immense, enormous, colossal

The statue of the late president was **gigantic**.
고인이 된 대통령의 동상은 거대했다.

거대한(gigantic) 것을 두고 '자이언트(giant)하다'라고 하죠
→ 거대한

0760 ★★

## enormous

[inɔ́:rməs]

enormity 명 ① 엄청남, 심각함 ② 범죄행위, 극악무도함

**형 거대한, 막대한, 엄청난**

= massive, gigantic, immense, colossal

The children showed **enormous** interest in Lego.
그 아이들은 레고에 엄청난 관심을 보였다.

e + norm + ous
out standard 형접
정상 기준(norm)을 벗어난(e) 거니까
→ 거대한

0761 ★★

## immense

[iméns]

**형 거대한, 엄청난**

= massive, gigantic, enormous, colossal

The benefits are **immense**.
그 혜택은 어마어마하다.

im + mens(e)
not measure
잴(mens) 수 없을(im) 만큼 큰 것이니까
→ 거대한

이맨스 = 이만해
심슨 머리 엄청 커! 이-만해!
→ 거대한

0762 ★★

## tremendous

[triméndəs]

**형 ① 엄청난, 거대한 ② 무서운**

= ① immense, monumental, prodigious, mighty

He became a **tremendous** reader.
그는 엄청난 독서광이 되었다.

트리멘더스 = 둘이 멘댔어
짐이 너무 거대해서(tremendous) 둘이 멘댔어
→ 엄청난, 거대한

0763 ★★

## mighty

[máiti]

might 명 힘, 세력 동 -일지도 모른다
almighty 형 전능한

**형 ① 강력한, 힘센 ② 거대한**

= ① powerful, potent, formidable

They are **mighty** soldiers.
그들은 강력한 군인들이다.

마이티 = 마이에 티
마이에 티셔츠 한 장만 입고 거리를 활보하는 힘센(mighty) 깡패를 연상
→ 강력한, 힘센

0764 ★

## warlike

[wɔ́:rlaik]

**형 ① 전쟁의 ② 호전적인, 도전적인**

Even though the Egyptians were **warlike**, they found time for peaceful games.
이집트인들은 호전적이기는 했지만, 평화로운 게임을 위한 시간을 가지기도 했다.

전쟁(war)을 좋아하는(like) 거니까
→ 전쟁의, 호전적인

0765 ★★

## warfare

[wɔ́:rfɛər]

**명 전쟁, 전투**

= war

He wrote of the horrors of modern **warfare**.
그는 현대 전쟁의 끔찍함에 대해 글을 썼다.

war + fare
war journey
전쟁(war)의 여정(fare)이니까
→ 전쟁, 전투

0766 ★

## armor

[á:rmər]

명 갑옷 동 무장하다

You need body **armor** to succeed in that business.

그 업계에서 성공하려면 갑옷이라도 필요하다.

**arm** + **or**
arm 명접

무장(arm)하기 위한 거니까
→ 갑옷

옛날에 군대(army)는 갑옷(armor)으로 무장했다(armor)
→ 갑옷, 무장하다

0767 ★

## tactic

[tǽktik]

**tact** 명 요령, 눈치, 재치
**tactful** 형 요령[눈치] 있는

명 ① 전략, 방법 ② 전술[*pl.*]

= ① strategy

You need a good **tactic** to win the game.

그 게임에서 이기려면 좋은 전략이 필요하다.

사령관이 지도를 탁탁(tac) 틱틱(tic) 짚어 가면서 부하들에게 전술(tactic)을 설명하는 모습을 연상
→ 전술

0768 ★

## creep

[kri:p]

동 살금살금 움직이다, 기다

= crawl

The worm **crept** along the table.

지렁이가 탁자 위를 기어갔다.

게(crab)는 항상 옆으로만 기어다니죠(creep)
→ 살금살금 움직이다, 기다

0769 ★★

## crawl

[krɔ:l]

동 ① 기어가다, 포복하다
② (기차·시간이) 천천히 가다
명 ① 기어감, 포복 ② 서행

She **crawled** across the floor.

그녀는 바닥을 기어갔다.

**크롤** = **코를**

코를 땅에 대고 기어가다(crawl)
→ 기어가다, 포복하다

0770 ★

## paw

[pɔ:]

명 (동물의) 발

*cf.* claw (발톱)

The dog licked his **paw**.

개가 자기 발을 핥았다.

**포**

포크(claw)로 사용하는 발(paw)
→ (동물의) 발

0771 ★

## mammal

[mǽməl]

명 포유동물

*cf.* reptile (파충류), amphibian (양서류), vertebrate (척추동물)

**Mammals** are animals such as humans, dogs, lions, and whales.

포유동물은 인간, 개, 사자, 그리고 고래와 같은 동물들이다.

**매멀** = **맘말**

맘말(맘마를) 먹고 자라는 포유동물(mammal)
→ 포유동물

0772 ★★

## bark

[ba:rk]

동 (개가) 짖다 명 나무껍질

The loud noise made the dog **bark**.

시끄러운 소리에 개가 짖었다.

**바크** = **밖 크~**

밖을 향해 우리 강아지가 '크~'하며 짖어요(bark)
→ 짖다

0773 ★

**roar**

[rɔːr]

동 ① 고함치다 ② (동물이) 으르렁거리다
명 ① 고함, 아우성 ② 포효

= 동 ① exclaim

The lion came out of the cage **roaring**.
사자가 으르렁거리면서 우리에서 나왔다.

로 = 노(怒)
사자가 노하면 으르렁거리니까(roar)
→ 으르렁거리다, 포효

0774 ★★

**scar**

[skaːr]

명 흉터, 자국 동 -에 상처를 남기다

= 명 wound

He was **scarred** for life during a pub fight.
그는 술집에서 싸우다가 평생 남을 상처를 입었다.

스카프(scarf)로 흉터(scar)를 가리다
→ 흉터, 자국

0775 ★

**inflict**

[inflíkt]

동 ① (상처를) 입히다
② (형벌·고통을) 가하다, 주다

The cat **inflicted** injury on her owner.
그 고양이는 주인에게 상처를 입혔다.

in + flict
in strike
안으로(in) 때리니까(flict)
→ (상처를) 입히다

0776 ★

**haunt**

[hɔːnt]

동 ① (유령이) 나오다, 출몰하다
② (불쾌한 생각·기억이) 떠오르다
③ 자주 다니다

This house has been **haunted** by ghosts for many years.
이 집은 여러 해 동안 귀신이 출몰해 왔다.

hhhhh하면서 돌아가신 숙모(aunt)의 유령이 나온 뒤로 그 기억이 계속 떠오른다(haunt)
→ (유령이) 나오다,
(불쾌한 생각·기억이) 떠오르다
사냥(hunt)에 성공하려면 짐승이 자주 출몰하는(haunt) 곳에 가야지
→ 출몰하다

0777 ★

**fright**

[frait]

**frighten** 동 겁먹게[놀라게] 하다

명 공포, 경악

*cf.* freight (화물)

He had a **fright** when he saw the ghost.
그는 유령을 봤을 때 공포에 사로잡혔다.

싸우는(fight) 사람을 보면 공포(fright)를 느끼니까
→ 공포, 경악

0778 ★

**dread**

[dred]

**dreadful** 형 ① 무서운 ② 지독한

명 공포, 불안 동 두려워하다, 무서워하다

I **dread** the thought of coming home late at night.
나는 밤늦게 집에 오는 것을 생각하니 무섭다.

죽은(dead) 사람을 보면 갑자기 무서워지니까(dread)
→ 두려워하다, 무서워하다

0779 ★★

**nervous**

[nə́ːrvəs]

**nerve** 명 신경

형 ① 불안해하는, 초조한 ② 신경의

*cf.* nervous system (신경계)

He was very **nervous** and couldn't sit still in the chair.
그는 너무 초조해서 의자에 가만히 앉아 있을 수 없었다.

nerv + ous
nerve 형접
신경(nerv)을 쓰니까
→ 불안해하는, 초조한

0780 ★★

## anxious

[æŋkʃəs]

anxiety 명 ① 걱정, 불안 ② 열망, 갈망

형 ① 걱정하는 ② 열망하는, 갈망하는

= ① worried, concerned, nervous, agitated

We were **anxious** for his safety.
우리는 그가 안전한지 걱정했다.

anx + ious
choke 형접
질식할(anx) 정도로 마음을 짓누르니까
→ 걱정하는

0781 ★★

## predator

[prédətər]

predatory 형 포식성의, 약자를 이용해 먹는

명 ① 약탈자 ② 포식동물, 육식동물

Many **predators** hunt in the night time.
많은 포식자들이 밤에 사냥한다.

pred(a) + tor
prey 명접
사냥해서 잡아먹는(pred) 동물이니까
→ 포식동물

프레더털 = 뿌리 다 털
뿌리까지 다 털어가는 약탈자(predator)
→ 약탈자

0782 ★★

## fierce

[fiərs]

fiercely 부 사납게, 맹렬하게

형 ① 사나운 ② 맹렬한

= ① violent, vicious, ferocious

**Fierce** fighting continued without intermission.
맹렬한 싸움이 끊임없이 지속되었다.

피어스 = 피어싱
뾰족하고 무서운 피어싱을 하면 사나워(fierce) 보일 수 있죠
→ 사나운, 맹렬한

0783 ★★

## furious

[fjúəriəs]

fury 명 분노

형 ① 격노한 ② 맹렬한

= ① mad, enraged, infuriated

He risked a glance at her **furious** face.
그는 과감히 그녀의 격노한 얼굴을 힐끗 한 번 보았다.

furi + ous
fury 형접
분노(furi)하는 성질(ous)이니까
→ 격노한

0784 ★★

## rage

[reidʒ]

enrage 동 격분하게 하다
outrage 명 격분, 격노 동 격분하게 만들다

동 분노하다, 몹시 화내다 명 분노, 격분

= 명 fury, anger, outrage

He trembled with **rage**.
그는 분노로 몸을 떨었다.

레이지 = (전자)레인지
전자레인지에 포일을 넣으면 분노(rage)하듯 불꽃이 튀니 주의하세요
→ 분노하다, 분노

0785 ★

## ruthless

[rú:θlis]

ruthlessly 부 무자비하게, 잔인하게

형 무자비한, 가차 없는

= cruel, harsh, brutal, relentless

The country is ruled by a **ruthless** dictator.
그 나라는 무자비한 독재자의 통치를 받는다.

ruth + less
pity 형접
연민(ruth)이 결여된(less) 거니까
→ 무자비한, 가차 없는

0786 ★★

## steep

[sti:p]

형 가파른

= sharp

The stairs are high and **steep**.
계단이 높고 가파르다.

가파른(steep) 계단(step)
→ 가파른

0787 ★★

## severe

[sivíər]

severely 부 심하게, 엄하게

형 ① 극심한, 심각한 ② 엄격한

*cf.* sever (자르다)

Don't be so **severe** with the children.
아이들에게 그렇게 엄격하게 굴지 마라.

sever + e
cut 형접
칼로 자르듯이(sever) 하니까
→ 심각한, 엄격한

0788 ★★

## intense

[inténs]

intensive 형 강한, 집중적인
intensity 명 강렬함, 강도[세기]
intensify 동 심해지다, 강화하다

형 ① 강렬한, 극심한 ② 열정적인, 진지한

He's very **intense** about everything.
그는 매사에 아주 열정적이다.

인텐스 = 人 댄스
클럽에서 사람들의 댄스는 강렬하고 열정적이죠(intense)
→ 강렬한, 열정적인

0789 ★★

## drastic

[drǽstik]

drastically 부 과감하게

형 과감한, 격렬한, 급격한

= extreme, severe, intense, radical

He resorted to a **drastic** measure.
그는 과감한 조치를 취했다.

드래스틱 = 드럼 스틱
드럼 스틱으로 격렬하게(drastic) 드럼을 치는 록 밴드를 연상
→ 격렬한

0790 ★

## radical

[rǽdikəl]

radically 부 근본적으로, 본래

형 ① 근본적인, 기본적인 ② 급진적인, 과격한
명 급진주의자

It requires a **radical** change in the educational system.
그것은 교육 제도상의 근본적인 변화가 필요하다.

래디컬 = 레이디 + 꼴
레이디 가가의 꼴(모습)은 아주 급진적(radical)이고 파격적이다
→ 급진적인

0791 ★★

## fundamental

[fʌ̀ndəméntl]

fundamentally 부 근본적으로, 필수적으로

형 ① 근본적인, 기본적인
② 핵심적인, 필수적인

= ② vital, essential, integral, indispensable

Nonviolence was the **fundamental** tenet of Gandhi's philosophy.
비폭력은 간디 철학의 기본 교리였다.

fund(a) + ment + al
bottom 명접 형접
기본 바탕(fund)이 되는 것이니까
→ 근본적인, 기본적인

0792 ★★

## ultimate

[ʌ́ltəmit]

ultimately 부 궁극적으로, 결국

형 ① 최후의, 궁극적인, 절대적인
② 제1차적인, 근본적인

Do you want to know the **ultimate** question?
궁극적 질문에 대해 알고 싶으세요?

ultim + ate
final 형접
최종(ultim)적인 성질(ate)이니까
→ 최후의

0793 ★★

## terminal

[tə́:rmənl]

형 말기의, 불치의 명 종착역, 종점

= 형 deadly, fatal, lethal

He has **terminal** lung cancer.
그는 폐암 말기이다.

termin + al
end 형·명접
끝의(termin)
→ 말기의

0794 ★★

## terminate

[tə́ːrmənèit]

termination 명 종료

동 끝내다, 종료하다

= quit, cease, suspend, halt

The agreement between us was **terminated**.
우리 사이의 합의는 파기되었다.

termin + ate
end 동접
끝나도록(termin) 만들다(ate)
→ 끝내다

0795 ★

## exterminate

[ikstə́ːrmənèit]

extermination 명 몰살, 전멸

동 몰살시키다, 전멸시키다

= remove, eliminate, extinguish, eradicate

He used pesticides to **exterminate** insects.
그는 곤충을 박멸하는 데 살충제를 썼다.

ex + termin + ate
out border 동접
생의 경계(termin) 밖으로(ex) 전부 내몰다
→ 몰살시키다

0796 ★

## annihilate

[ənáiəlèit]

annihilation 명 전멸

동 ① 전멸시키다 ② 완파하다

= ① remove, eliminate, extinguish, exterminate, eradicate

We **annihilated** the enemy soldiers.
우리는 적군 병사들을 전멸시켰다.

an + nihil + ate
to nothing 동접
-에(an) 아무것도 남아 있지 않도록(nihil) 하다
→ 전멸시키다

0797 ★★

## eliminate

[ilímənèit]

elimination 명 제거, 삭제

동 없애다, 제거하다

= remove, extinguish, exterminate, eradicate

This diet claims to **eliminate** toxins from the body.
이 다이어트법은 체내의 독소를 제거해 준다고 주장한다.

e + limin + ate
out border/limit 동접
제한선(limin) 밖으로(e) 쫓아내다
→ 없애다, 제거하다
깡패가 네가 본 것 경찰에 이르면(elimi) 없애(eliminate) 버린다
→ 없애다

0798 ★

## abolish

[əbáliʃ]

abolition 명 폐지

동 폐지하다, 없애다

= terminate, eliminate, repeal, abrogate, revoke

Slavery was **abolished** after the Civil War.
노예제도는 남북전쟁 이후에 폐지되었다.

어발리쉬 = 어 빨리 씨
나쁜 제도들은 어? 빨리 씨를 뽑아 없애야지(abolish)
→ 폐지하다, 없애다

0799 ★

## uproot

[ʌprúːt]

동 뿌리째 뽑다, 근절하다

= eradicate, eliminate, abolish, extinguish

He tried to **uproot** the evils of the Administration.
그는 행정부의 악폐를 근절시키려고 노력했다.

up + root
up root
뿌리(root)를 위로(up) 뽑아버리다
→ 뿌리째 뽑다

0800 ★★

## collapse

[kəlǽps]

동 붕괴하다, 무너지다 명 붕괴, 실패

= 동 crumble

The roof **collapsed** under the weight of snow.
지붕이 눈의 무게를 못 이기고 무너졌다.

col + laps + e
together slip 동·명접
모두 다 같이(col) 미끄러지다(laps)
→ 무너지다

# DAY 17

## DAY 17 어휘 미리보기

DAY 17

| | | | | |
|---|---|---|---|---|
| □ withdraw | □ diagnose | □ substantial | □ authentic | □ blemish |
| □ withhold | □ ascertain | □ cardinal | □ actual | □ shortcoming |
| □ withstand | □ identify | □ chief | □ sophisticated | □ rare |
| □ upright | □ identical | □ earnest | □ exquisite | □ sparse |
| □ erect | □ concur | □ industrious | □ elaborate | □ scarce |
| □ frame | □ coincident | □ diligent | □ elegant | □ scanty |
| □ infuse | □ consonant | □ laborious | □ thorough | □ meager |
| □ implant | □ compatible | □ sincere | □ merit | □ slender |
| □ transplant | □ comparative | □ straightforward | □ flaw | □ dearth |
| □ detect | □ considerable | □ candid | □ faulty | □ plump |

□□□

0801 ★★

## withdraw

[wiðdrɔ́ː]

**withdrawal** 명 ① 철수 ② 인출 ③ 철회

동 ① 물러나다, 철수하다 ② (돈을) 인출하다 ③ 철회하다, 취소하다

= ③ cancel, retract, nullify, annul

They urged him to **withdraw** his complaint.
그들은 그에게 항의를 철회하도록 설득했다.

**with** + **draw**
back pull
당겨서(draw) 뒤로(with) 오게 하다
→ 철회하다

□□□

0802 ★★

## withhold

[wiðhóuld]

동 ① 주지 않다 ② 억누르다, 억제하다 ③ 보류하다

He **withheld** his consent to the plan.
그는 그 계획에 대한 승낙을 보류했다.

**with** + **hold**
back hold
앞으로 못 가게 뒤에(with) 둔 채로 가지고 있다(hold)
→ 보류하다

□□□

0803 ★★

## withstand

[wiðstǽnd]

동 저항하다, 견디다

= resist, defy

All buildings can **withstand** earthquakes.
모든 건물들은 지진을 견딜 수 있다.

**with** + **stand**
against stand
정부에 대항하여(with) 서다 (stand)
→ 저항하다

0804 ★★

## upright

[ʌ́pràit]

형 똑바로 선, 직립의 명 수직, 직립

= 형 erect, vertical, perpendicular

Raise your body into an **upright** position.
몸을 똑바로 세우세요.

**up** + **right**
up straight
위로(up) 똑바른(right) 것이니까
→ 똑바로 선, 직립의

0805 ★★

## erect

[irékt]

형 똑바로 선 동 세우다, 건립하다

= 형 upright, vertical, perpendicular

The child stood **erect**, trying to listen carefully.
그 아이는 똑바로 서서 주의 깊게 들으려고 했다.

**e** + **rect**
up straight
위쪽으로(e) 똑바른(rect) 거니까
→ 똑바로 선

0806 ★★

## frame

[freim]

동 ① 틀에 넣다, 짜다, 만들다 ② 누명을 씌우다
명 ① 틀, 액자 ② 뼈대 ③ 구조

**framework** 명 ① 뼈대, 골조 ② 체제

The window **frame** is cracked and needs repair.
창틀에 금이 가서 수리가 필요하다.

타오르는(flame) 저녁노을을 액자(frame)에 담고 싶다
→ 액자

0807 ★

## infuse

[infjú:z]

동 ① 주입하다, 불어넣다 ② (찻잎 등을) 우리다

= ① inject, instill, imbue, implant

**infusion** 명 ① 불어넣음, 고취 ② 우려낸 물

He **infused** fresh courage into his army.
그는 그의 군대에 새로운 용기를 불어넣었다.

**in** + **fus(e)**
in pour
안으로(in) 쏟아붓다(fus)
→ 주입하다

0808 ★

## implant

[implǽnt]

동 심다, 뿌리내리다

= inject, instill, inculcate, impress, infuse

**implantation** 명 주입, 착상

Prejudices can be **implanted** in the mind easily.
편견은 마음속에 쉽게 심어질 수 있다.

**im** + **plant**
in plant
-안에(im) 심다(plant)
→ 심다

0809 ★

## transplant

[trænsplǽnt]

동 이식하다, 옮겨 심다 명 이식

**transplantation** 명 이식

She underwent a heart **transplant** operation.
그녀는 심장 이식 수술을 받았다.

**trans** + **plant**
across plant
이쪽에서 저쪽으로(trans) 옮겨 심다(plant)
→ 이식하다

0810 ★★

## detect

[ditékt]

동 발견하다, 감지하다

**detection** 명 발견, 탐지

The tests are designed to **detect** the disease early.
그 테스트들은 그 질병을 초기에 발견하기 위해 고안되었다.

**de** + **tect**
off cover
덮은(tect) 것을 제거하니까(de)
→ 발견하다
'화재 연기 감지기'를 smoke-detecter라고 하죠
→ 감지하다

Day 01 02 03 04 05 06 07 08 09 10 11 12 13 14 15 16 17 18 19 20 21 22 23 24 25 26 27 28 29 30 31 32 33 34 35 36 37 38 39 40 41 42 43 44 45 46 47 48 49 50 부록1 부록2

0811 ★

## diagnose

[dáiəgnòus]

**diagnosis** 명 진단
**diagnostic** 형 진단의

동 **진단하다**

= identify, determine, detect

She was **diagnosed** with cancer.
그녀는 암 진단을 받았다.

dia + gno(se)
apart know
이것저것을 구분하여(dia) 따져 봐서 질병의 원인을 알아내려(gno) 하니까
→ **진단하다**

0812 ★

## ascertain

[æsərtéin]

**certain** 형 ① 확실한 ② 특정한

동 **확인하다**

= identify, verify, discern, diagnose

We were unable to **ascertain** the truth.
우리는 사실을 확인할 수 없었다.

as + cert(ain)
to sure
-에 대해(as) 확실하게(cert) 해주니까
→ **확인하다**

0813 ★★

## identify

[aidéntəfài]

**identification** 명 신분 증명서, 식별
**identity** 명 ① 정체성 ② 일치

동 **① (신원을) 확인하다, 식별하다 ② 동일시하다 (with)**

= ① notice, recognize

Witnesses were asked to **identify** the man who robbed the theater.
목격자들은 그 극장을 턴 남자의 신원을 확인해 달라는 요청을 받았다.

iden(t) + ify
same 동접
어떤 사람이 내가 찾는 사람과 같은지(iden) 알아보다
→ **(신원을) 확인하다, 식별하다**

인터넷 ID(identification)로 신원을 확인하다(identify)
→ **(신원을) 확인하다**

0814 ★★

## identical

[aidéntikəl]

형 **동일한, 똑같은**

= equal, equivalent

His essay is almost **identical** to mine.
그의 에세이는 내 것과 거의 똑같다.

아이덴티컬 = 아 이젠 틸 거
모든 직장인의 동일한(identical) 생각 '아 이젠 틸 거'
→ **동일한, 똑같은**

0815 ★★

## concur

[kənkə́:r]

**concurrent** 형 공존하는, 동시에 발생하는

동 **① 동시에 일어나다 ② 동의하다 (with)**

= ① coincide, synchronize

I **concur** with his opinion.
나는 그의 의견에 동의한다.

con + cur
together run
함께(con) 동시에 달리다(cur)
→ **동시에 일어나다**

0816 ★★

## coincident

[kouínsidənt]

**coincide** 동 동시에 일어나다
**coincidence** 명 ① 동시 발생 ② 우연의 일치

형 **① 동시에 일어나는 ② 일치하는 (with)**

= ② consistent, compatible, consonant

Their goals are **coincident** with ours.
그들의 목적은 우리의 목적과 일치한다.

co + in + cid + ent
together in fall 형접
동시에(co) 안으로(in) 떨어지는(cid) 거니까
→ **동시에 일어나는**

0817 ★

## consonant
[kάnsənənt]

consonance 명 일치, 조화

형 -와 일치하는 (with) 명 자음

= 형 consistent, compatible, coincident

*cf.* vowel (모음)

His actions are **consonant** with his principles.
그의 행위는 그의 원칙과 일치한다.

con + son + ant
together sound 형·명접
함께(con) 소리를(son) 내는 거니까
→ -와 일치하는

0818 ★★

## compatible
[kəmpǽtəbl]

incompatible 형 양립할 수 없는, 모순된
compatibility 명 호환성, 양립성

형 양립하는, 화합할 수 있는

= consistent, consonant, coherent

This project isn't **compatible** with the company's plans.
이 프로젝트는 회사의 계획과 양립하지 않는다.

com + pat + ible
together feel 형접
같은(com) 감정을 느낄(pat) 수 있는
→ 양립하는, 화합할 수 있는

0819 ★★

## comparative
[kəmpǽrətiv]

compare 동 비교하다
comparatively 부 비교적

형 비교의, 상대적인

*cf.* comparable (비슷한, 비교할 만한, 필적하는)

I'm taking a course in **comparative** literature.
나는 비교 문학 강좌를 듣고 있다.

com + par(a) + tive
together equal 형접
같은(par) 것인지를 보기 위해 함께(com) 두니까
→ 비교의

0820 ★★

## considerable
[kənsídərəbəl]

consider 동 고려하다
consideration 명 고려, 숙고
considerate 형 사려 깊은

형 ① 상당한 ② 중요한

= ① sizable, substantial

That family owns a **considerable** amount of land.
그 가족은 상당한 양의 토지를 소유하고 있다.

con + sider + able
together star 형접
과거에는 미래를 예측하기 위해 함께(con) 별(sider)을 관찰하는 게 중요했으니까
→ 중요한

0821 ★★

## substantial
[səbstǽnʃəl]

substance 명 ① 물질, 물체 ② 본질, 실체

형 ① (양이) 상당한 ② 본질적인, 중요한 ③ 실제의

= ② fundamental, essential, basic

He found **substantial** happiness in work.
그는 일에서 상당한 기쁨을 얻었다.

sub + sta(n) + tial
under stand 형접
아래에(sub) 버티고 서 있는(sta) 거니까
→ 본질적인, 중요한

0822 ★

## cardinal
[kά:rdənl]

형 ① 기본적인 ② 가장 중요한
명 추기경, 기수

= 형 ② key, important, significant, critical, crucial

It is a matter of **cardinal** importance.
그것은 가장 중요한 문제이다.

카디널 = 카드날
신용 불량자가 되지 않으려면 카드(결제)날이 가장 중요하죠 (cardinal)
→ 가장 중요한

0823 ★★

## chief

[tʃiːf]

chiefly 부 대개, 주로

형 주요한, 중요한
명 (조직·단체의) 우두머리, 장

= 형 main, major, prime, primary

Fathers work very hard as the **chief** of their family.
아버지들은 그들 가정의 가장으로서 매우 열심히 일한다.

컴퓨터에서 칩(chip)은 인간의 두뇌와 같은 중요한(chief) 역할을 한다
→ 주요한, 중요한

0824 ★★

## earnest

[ə́ːrnist]

earnestly 부 진지하게

형 ① 성실한, 열심인 ② 진지한

There is no doubt that he is an **earnest** believer.
그가 성실한 신자라는 데에는 의심의 여지가 없다.

돈 버는(earn) 데 열심인(earnest)
→ 성실한, 열심인

0825 ★★

## industrious

[indʌ́striəs]

형 근면한, 부지런한

= hard-working, diligent

*cf.* industrial (산업의)

He is an **industrious** office worker.
그는 근면한 회사원이다.

industri (diligent) + ous (형접)
근면한(industri) 성질(ous)이니까
→ 근면한, 부지런한

0826 ★★

## diligent

[díləd͡ʒənt]

diligence 명 근면, 성실

형 근면한, 성실한

= hard-working, industrious

He is **diligent** in his studies.
그는 학업에 성실하다.

di (apart) + lig (gather) + ent (형접)
따로따로(di) 역할을 분담해 먹이를 모으는(lig) 개미들
→ 근면한, 성실한

0827 ★★

## laborious

[ləbɔ́ːriəs]

형 ① 힘든, 고된 ② 공들인 ③ 근면한, 부지런한

= ① tough, demanding, challenging, arduous

Checking all the information will be **laborious**.
정보를 모두 확인하는 일은 힘들 것이다.

labor (work) + ious (형접)
일(labor)을 많이 하니까
→ 힘든, 고된

0828 ★★

## sincere

[sinsíər]

insincerely 부 성의 없이, 불성실하게

형 진실된, 진정한

= honest, frank, candid, straightforward

He lived a **sincere** life.
그는 진실된 삶을 살았다.

sincere (candid)
솔직한(sincere) 거니까
→ 진실된, 진정한

0829 ★★

## straightforward

[strèitfɔ́ːrwərd]

형 ① 똑바른, 정직한 ② 간단한, 쉬운
부 똑바로, 정직하게

= 형 ① honest, frank, candid, sincere

It's a pretty **straightforward** procedure.
그건 아주 간단한 절차이다.

앞으로(forward) 곧은(straight) 것
→ 똑바른

0830 ★★

## candid

[kǽndid]

candor 명 솔직, 정직

형 **솔직한, 노골적인**

= honest, frank, sincere, straightforward

We had **candid** talks about the current crisis.
우리들은 현재의 위기에 관해서 솔직한 이야기를 나누었다.

대통령 후보자(candidate)는 국민 앞에서 솔직해야죠(candid)
→ 솔직한

0831 ★★

## authentic

[ɔːθéntik]

authenticate 동 진짜임을 증명하다

형 **① 진짜의, 진품인 ② 믿을 만한**

= ① real, factual, genuine, actual

The restaurant offers **authentic** Greek food.
그 식당은 진짜 그리스 요리를 제공한다.

오쎈틱 = 오 쎈데

오- 너 진짜(authentic) 쎈데
→ 진짜의

0832 ★★

## actual

[ǽktʃuəl]

actually 부 실제로

형 **실제의, 사실상의**

= real, factual, genuine, authentic

The **actual** cost was higher than we expected.
실제 비용은 우리가 예상했던 것보다 높았다.

act + ual
move 형접

실제로 눈앞에서 움직이니까(act)
→ 실제의, 사실상의

0833 ★★

## sophisticated

[səfístəkèitid]

sophistication 명 ① 교양 ② 세련 ③ 정교화, 복잡화

형 **① 세련된, 교양 있는 ② 정교한, 복잡한**

= ② complicated, complex, intricate

Medical techniques are becoming more and more **sophisticated**.
의학 기술은 점점 더 정교해지고 있다.

소피(sophi)의 스케이트(sticate)는 정교하다(sophisticated)
→ 정교한

0834 ★★

## exquisite

[ikskwízit], [ékskwizit]

형 **① 매우 훌륭한 ② 정교한, 우아한**

= ② delicate, elaborate, sophisticated

I admired the **exquisite** artwork.
나는 그 정교한 예술품에 감탄했다.

ex + quisit(e)
out seek

밖으로(ex) 열심히 찾아다닌(quisit) 거니까
→ 매우 훌륭한

익스퀴짓 = 익숙해진

어려운 발레 동작이 익숙해진
→ 매우 훌륭한, 정교한

0835 ★★

## elaborate

[ilǽbərət]

형 **공들인, 정교한**
동 **① 정교하게 만들다 ② 자세히 설명하다, 상술하다**

= 형 delicate, exquisite, sophisticated

She prepared a very **elaborate** meal.
그녀는 대단히 공들인 식사를 준비했다.

e + labor + ate
out work 동·형접

공을 들인(labor) 것이 밖으로(e) 드러난 거니까
→ 정교한

0836 ★★

## elegant

[éligənt]

**elegance** 명 우아, 고상, 기품

형 **우아한, 품위 있는**

I like the restaurant's **elegant** decoration.
나는 그 레스토랑의 우아한 장식을 좋아한다.

우아한(elegant) 사람에게 엘레강스(elegance)하다고 하죠
→ **우아한, 품위 있는**

0837 ★★

## thorough

[θə́:rou]

**thoroughly** 부 철저히, 완전히

형 **철저한, 빈틈없는**

= meticulous, rigorous, complete, sedulous

His knowledge is extensive and **thorough**.
그의 지식은 광범위하고 빈틈이 없다.

**쏘로우** = **쏘라우**
적들을 철저하게(thorough) 쏘라우!
→ **철저한, 빈틈없는**

0838 ★★

## merit

[mérit]

명 **장점**

The plan has both **merits** and demerits.
그 계획은 장점도 있고 단점도 있다.

메리트 증권은 장점(merit)이 많다
→ **장점**

0839 ★★

## flaw

[flɔ:]

**flawless** 형 흠이 없는, 완전한

명 **결점, 흠**

= fault, defect, blemish, deficiency, shortcoming

Pride was the greatest **flaw** in his personality.
교만이 그의 인성에서 가장 큰 결점이었다.

오래된 바닥(floor)에는 흠(flaw)이 많지
→ **결점, 흠**

0840 ★★

## faulty

[fɔ́:lti]

**fault** 명 잘못, 결함
**faultless** 형 흠잡을 데 없는

형 **결함이 있는, 불완전한**

Ask for a refund if the goods are **faulty**.
상품에 하자가 있으면 환불을 요청하세요.

**fault** + **y**
flaw 형접
결점(fault)이 있는 거니까
→ **결함이 있는**

0841 ★

## blemish

[blémiʃ]

명 **티, 흠** 동 **흠집을 내다, 더럽히다**

His reputation is without a **blemish**.
그의 평판은 흠잡을 데 없다.

비난해서(blame) 그녀의(she) 명성에
→ **흠집을 내다**

0842 ★★

## shortcoming

[ʃɔ́:rtkʌmiŋ]

명 **결점, 단점**

= flaw, fault, defect, blemish, drawback

His **shortcoming** is his lack of concentration.
그의 결점은 집중력의 부족이다.

목표한 기준치에 항상 짧게(short) 와서(coming) 부족하니까
→ **결점, 단점**

0843 ★★

## rare

[rɛər]

**rarely** 부 드물게, 좀처럼 -하지 않는

형 **드문, 진귀한**

Good singers can be found anywhere, but great singers are **rare**.
좋은 가수는 어디에서나 찾을 수 있지만, 위대한 가수는 드물다.

**레어** = **내어**
진귀한(rare) 음식이니 잘 내어드려
→ **드문, 진귀한**

0844 ★★

## sparse

[spɑːrs]

sparsely 부 드문드문, 성기게

형 **드문, 희박한, 드문드문 나 있는**

= scanty, scarce, sporadic, meager

The information on the subject is **sparse**.
그 주제에 대한 정보는 매우 적다.

스포츠(s) 선수가 몸에 파스(parse)를 드문드문(sparse) 붙였다
→ 드문, 희박한

0845 ★★

## scarce

[skɛərs]

scarcely 부 ① 거의 -않다 ② 겨우, 간신히
scarcity 명 부족, 결핍

형 **부족한, 드문**

= scanty, deficient, inadequate

The human resources in the region are **scarce**.
그 지역의 인적 자원은 부족하다.

얼굴에 흉터(scar)가 있는 사람은 드무니까(scarce)
→ 드문

0846 ★

## scanty

[skǽnti]

형 **부족한, 빈약한**

= meager, insufficient, deficient

She is **scanty** of words.
그녀는 말수가 적다.

스캔티 = 스키에 + 티
스키 탈 때 티만 입는 건 부족하다(scanty)
→ 부족한

0847 ★

## meager

[míːgər]

형 **빈약한, 불충분한**

= scanty, inadequate, modest, paltry

This encyclopedia contains **meager** information.
이 백과사전은 빈약한 정보를 담고 있다.

뭐(m) 이걸(eager) 누구 코에 붙여?
→ 빈약한, 불충분한

0848 ★

## slender

[sléndər]

형 **① 날씬한, 홀쭉한 ② 빈약한**

= ① slim, thin, skinny

She was **slender**, with delicate wrists and ankles.
그녀는 가냘픈 손목과 발목을 가졌으며 날씬했다.

슬렌더
날씬한(slender) 사람을 보고 슬렌더하다고 하죠?
→ 날씬한, 홀쭉한

0849 ★

## dearth

[dəːrθ]

명 **부족, 결핍**

= lack, shortage, scarcity, deficiency

There was a **dearth** of reliable information on the subject.
그 주제에 대한 신뢰할 만한 정보가 부족했다.

식량 부족(dearth)으로 인한 사람들의 죽음(death)
→ 부족, 결핍

0850 ★

## plump

[plʌmp]

형 **살찐, 통통한**

= fat, chubby, obese, overweight

Maria was small and **plump** with a mass of curly hair.
Maria는 풍성한 곱슬머리에 작고 통통했다.

살찐(plump) 부분은 살덩어리(lump)가 많다
→ 살찐, 통통한

# DAY 18

DAY 18

## DAY 18 어휘 미리보기

| | | | | |
|---|---|---|---|---|
| □ obese | □ particle | □ infant | □ nimble | □ hospitality |
| □ corporal | □ carbon | □ adolescence | □ passive | □ invigorate |
| □ metabolic | □ vessel | □ juvenile | □ timid | □ enhance |
| □ diabetes | □ artery | □ orphan | □ diffident | □ increase |
| □ dizzy | □ liver | □ widow | □ coward | □ augment |
| □ insomnia | □ wrist | □ victim | □ hesitate | □ mount |
| □ vomit | □ flesh | □ prey | □ reluctant | □ surmount |
| □ spit | □ knee | □ keen | □ reckless | □ paramount |
| □ substance | □ offspring | □ acute | □ host | □ maximum |
| □ molecule | □ embryo | □ swift | □ entertain | □ utmost |

0851 ★

**obese**

[oubíːs]

**obesity** 명 비만

형 **살찐, 비만인**

= fat, chubby, plump, overweight

Lose weight if you're overweight or **obese**.

만약 당신이 과체중이거나 비만이라면 살을 빼십시오.

오(o)! 비지(bese), 비계가 많은
→ **살찐, 비만인**

0852 ★

**corporal**

[kɔ́ːrpərəl]

형 **신체의, 육체의**

= physical

The school banned **corporal** punishment.

그 학교는 신체적 처벌을 금지했다.

**corpor** + **al**
body 형접
몸(corpor)의
→ **신체의, 육체의**

0853 ★

**metabolic**

[mètəbɑ́lik]

**metabolism** 명 신진대사, 대사 (작용)

형 **신진대사의**

The high **metabolic** rate generates body heat.

높은 신진대사율은 체열을 발생시킨다.

**메타볼릭** = **매달 볼링**
매달 볼링을 치면 신진대사(metabolic)가 좋아지지
→ **신진대사의**

0854 ★

**diabetes**

[dàiəbíːtiːz, -tis]

명 **당뇨병**

The fruit reduces the risk of heart disease and **diabetes**.

그 과일은 심장병과 당뇨병의 위험을 줄여 준다.

다이어트(diet)로 당뇨병(diabetes)을 예방할 수 있죠
→ **당뇨병**

0855 ★

## dizzy
[dízi]

형 **현기증 나는, 어지러운**

I often get **dizzy** spells.
나는 종종 잠깐씩 현기증이 난다.

공부를 열심히 한 사람은 시험이 끝나면 디지(dizzy)게 어지러워요(dizzy)
→ 현기증 나는, 어지러운

0856 ★

## insomnia
[insɑ́mniə]

명 **불면증**

**Insomnia** is caused by worries about daily life.
불면증은 일상생활에 대한 걱정에서 유발된다.

in + somn + ia
not sleep 명접
잠을(somn) 잘 수 없는(in) 상태니까
→ 불면증

0857 ★

## vomit
[vɑ́mit]

동 **① 토하다 ② 내뿜다, 분출하다**

= ① spew, throw up

He **vomited** all he had eaten.
그는 먹은 것을 다 토했다.

바밑 = 봐 밑
봐 밑을. 누가 토했어(vomit)! (술을 많이 마시고 우우웩- -_-;)
→ 토하다

0858 ★

## spit
[spit]

동 **(침·피·음식을) 뱉다** 명 **① 침 ② (침을) 뱉기**

You have bad manners to **spit** on the sidewalk.
너는 길에다 침을 뱉는 나쁜 버릇이 있다.

'스핏!'을 발음하면 침을 뱉게(spit) 되죠
→ 뱉다, 침

0859 ★★

## substance
[sʌ́bstəns]

substantial 형 상당한

명 **① 물질, 물체 ② 본질, 실체**

= ② essence, nature

Water is a vital **substance** for life.
물은 생명에 필수적인 물질이다.

sub + st + ance
under stand 명접
하늘 아래(sub) 서(st) 있는 모든 것
→ 물질

0860 ★

## molecule
[mɑ́ləkjù:l]

molecular 형 분자의, 분자에 의한

명 **분자**

*cf.* atom (원자), electron (전자), proton (양성자)

The atoms bond together to form a **molecule**.
원자들이 함께 결합하여 분자를 형성한다.

모래(mole)처럼 작은 분자(molecule)
→ 분자

0861 ★

## particle
[pɑ́:rtikl]

명 **미립자, 극소(량)**

There's not a **particle** of truth in his remark.
그의 말에는 티끌만큼의 진실도 없다.

부분(part)처럼 작고 티끌(ticle) 같은 것
→ 미립자

0862 ★★

## carbon

[ká:rbən]

명 탄소

*cf.* carbon dioxide (이산화탄소), oxygen (산소), hydrogen (수소)

The black lead in pencils is made of soft **carbon**.
연필에 쓰이는 흑연은 부드러운 탄소로 만들어진다.

차(car)의 본(bon)네트에서 나오는 탄소(carbon)
→ 탄소

0863 ★★

## vessel

[vésəl]

명 ① 배, 선박 ② 용기, 그릇 ③ 혈관

= ② container

They planned to escape to another refuge by that **vessel**.
그들은 저 배를 타고 다른 피난처로 달아날 계획을 세웠다.

베설 = 벴어

배를 타고 가던 중 그릇을 깨뜨려 혈관(vessel)을 벴어
→ 배, 그릇, 혈관

0864 ★

## artery

[á:rtəri]

명 동맥

*cf.* vein (정맥)

The highway has fulfilled its task as an economic **artery**.
그 고속도로는 경제 동맥으로서의 임무를 다하고 있다.

ar + tery
air keep

공기(ar)를 지니고(tery) 있는 관
→ 동맥

줄기처럼 갈라진(part) 동맥(artery)의 모습을 연상
→ 동맥

0865 ★

## liver

[lívər]

명 간

The stomach cancer has spread to the **liver**.
위암이 간으로 전이됐다.

사는(live) 데 있어 특히 중요한 간(liver)
→ 간

0866 ★

## wrist

[rist]

명 손목

*cf.* waist (허리), palm (손바닥), fist (주먹)

He took me by the **wrist** yesterday.
그가 어제 내 손목을 잡았다.

레슬링(wrestling)하다가 손목(wrist)을 비틀다(wrest)
→ 손목

0867 ★★

## flesh

[fleʃ]

명 ① (사람·동물의) 살, 고기 ② (과일의) 과육

Is this cut of meat **flesh** or a plant-based alternative?
이 부위는 고기 살인가요, 아니면 식물성 대체품인가요?

플래시(flash)처럼 눈 깜짝할 새에 찌는 게 살(flesh)이죠
→ 살

0868 ★★

## knee

[ni:]

**kneel** 동 무릎을 꿇다, 무릎을 굽히다

명 무릎

The man fell to his **knees** in surprise.
그 남자는 놀라서 무릎을 꿇었다.

앗, 내 도가니(knee)!
→ 무릎

격투기 선수가 무릎을 들어 상대를 향해 니킥(knee kick)!
→ 무릎

0869 ★★

## offspring

[ɔ́:fspriŋ]

명 (사람의) 자손, 자식, (짐승의) 새끼

= descendant

A liger is the **offspring** of a male lion and a female tiger.
라이거는 수컷 사자와 암컷 호랑이 사이의 새끼이다.

**off** + **spring**
away spring
엄마 배 속에서 튀어나와(spring) 분리(off)되니까
→ 자손, 자식, 새끼

0870 ★

## embryo

[émbriòu]

**embryonic** 형 태아의

명 태아, 배아

= fetus

He is doing research into human **embryo** cloning.
그는 인간 배아 복제에 대해 연구하고 있다.

**em** + **bryo**
make swell
엄마 뱃속 안에서 부풀어 오르게 (bryo) 만들다(em)
→ 태아

0871 ★★

## infant

[ínfənt]

**infancy** 명 ① 유아기 ② 초기

명 유아 형 ① 유아의 ② 초기의

The first issue an **infant** faces right after birth is trust.
유아가 출생 직후 처음 직면하는 문제는 믿음이다.

**in** + **fa** + **nt**
not speak 명접
거의 말을(fa) 하지 못하는(in) 사람이니까
→ 유아, 유아의

0872 ★★

## adolescence

[ædəlésns]

**adolescent** 명 청소년 형 청소년기의

명 청소년기, 사춘기

= teens, youth

In our culture, **adolescence** lasts almost 10 years.
우리 문화권에서는, 청소년기가 거의 10년 동안 계속된다.

**애덜레센스** = **아들 에센스**
사춘기(adolescence) 때는 여드름이 나니까 아들에게 에센스를 사다 주세요!
→ 청소년기, 사춘기

0873 ★

## juvenile

[dʒú:vənl]

형 ① 청소년의 ② 젊은 ③ 유치한

= ③ childish, immature

**Juvenile** crime is increasing at a terrific rate.
청소년 범죄가 무서운 속도로 증가하고 있다.

**juven** + **ile**
young 형접
어리니까(juven)
→ 청소년의

**쥬버나일** = **주변 일**
주변 일에 관심이 없는 청소년
→ 청소년의

0874 ★

## orphan

[ɔ́:rfən]

명 고아 형 고아의

He adopted the **orphan**.
그는 그 고아를 입양했다.

**올판** = **오빤**
오빤 고아(orphan)였다
(흔히 드라마에서는 여주인공이 사랑하는 남자(오빠)가 고아여서 집안의 반대에 부딪히죠)
→ 고아

0875 ★

## widow

[wídou]

명 미망인, 과부, 홀어미

*cf.* widower (홀아비)

The **widow** puts her hopes on her only son.
그 홀어미는 외아들에게 희망을 걸고 있다.

창문(window) 밖을 멍하니 바라보는 외로운 과부(widow)를 연상
→ 과부, 홀어미

0876 ★★

## victim

[víktim]

명 ① 피해자, 희생자 ② 제물, 희생양

= ② sacrifice

They are trying to rescue as many **victims** as possible.
그들은 가능한 한 많은 희생자들을 구조하려고 노력하고 있다.

빅팀 = big team
스포츠에선 항상 큰 팀(big team)에 지는 희생자(victim)가 발생하죠
→ 피해자, 희생자

0877 ★★

## prey

[prei]

명 먹이, 희생(자) 동 잡아먹다

*cf.* predator (포식자, 포식 동물)

These animals were the **prey** of hyenas.
이런 동물들이 하이에나의 먹이였다.

pre (seize) + y (동·명접)
사냥으로 잡힌(pre) 거니까
→ 먹이, 잡아먹다

0878 ★★

## keen

[ki:n]

형 ① 예리한, 날카로운 ② 열망하는, 열정적인

= ① acute, astute, sharp, shrewd

The hiker has a **keen** sense of direction.
그 등산가는 예리한 방향 감각을 가지고 있다.

가수 퀸(Queen)이 인천공항에 등장하자 팬들이 열정적(keen)으로 달려들다
→ 열망하는, 열정적인

0879 ★★

## acute

[əkjú:t]

**acuity** 명 날카로움, 예민함

형 ① 뾰족한, 날카로운 ② 격렬한, 극심한

= ① keen, astute, sharp, shrewd

She is an **acute** observer of social phenomena.
그녀는 사회 현상에 대한 날카로운 관찰자이다.

acu(te) (sharp)
날카로운(acu) 거니까
→ 날카로운

0880 ★

## swift

[swift]

**swiftly** 부 신속히, 빨리

형 신속한, 재빠른

= rapid, prompt, immediate, instant

She was **swift** to react.
그녀는 재빠르게 반응을 보였다.

재빠르게(swift) 바꾸다(shift)
→ 신속한, 재빠른

0881 ★

## nimble

[nímbəl]

형 ① (동작이) 민첩한, 재빠른
② 영리한, 빈틈없는

= ① quick, agile

She played the guitar with **nimble** fingers.
그녀는 빠른 손놀림으로 기타를 연주했다.

님블 = 님 볼
님 볼 생각에 빨리(nimble) 가게 되죠
→ 민첩한, 빠른

0882 ★★

## passive

[pǽsiv]

**passively** 부 수동적으로, 소극적으로

형 **수동적인, 소극적인**

*cf.* active (활동적인, 적극적인), aggressive (공격적인)

He is a man of **passive** nature.
그는 수동적인 사람이다.

pass + ive
suffer 형접
고통(pass)을 그대로 받는 상태니까
→ 수동적인

0883 ★★

## timid

[tímid]

형 **겁 많은, 소심한, 내성적인**

= shy, diffident, reserved, introverted

He stopped in the doorway, too **timid** to go in.
그는 너무 소심해서 들어가지는 못하고 문간에서 멈춰 섰다.

tim + id
fear 형접
겁(tim)의 성질(id)을 가졌으니까
→ 겁 많은

0884 ★

## diffident

[dífidənt]

**diffidence** 명 소심함, 자신 없음

형 **소심한, 자신이 없는**

= shy, timid, reserved, introverted

*cf.* confident (자신 있는, 확신하는)

The girl seemed **diffident**.
그 소녀는 소심해 보였다.

di(f) + fid + ent
away trust 형접
자신감(fid)이 없으니까(di)
→ 소심한

0885 ★★

## coward

[káuərd]

**cowardly** 형 겁 많은, 비겁한

명 **겁쟁이, 비겁자**

They called me a **coward** because I would not fight.
그들은 내가 싸우려 하지 않았기 때문에 나를 겁쟁이라고 불렀다.

소(cow)를 무서워하는 겁쟁이 (coward)
→ 겁쟁이

0886 ★★

## hesitate

[hézətèit]

**hesitant** 형 망설이는, 주저하는
**hesitation** 명 망설임, 주저

동 **망설이다, 주저하다**

Please do not **hesitate** to contact me.
주저하지 말고 제게 연락해 주세요.

해지테이트 = 해지 + rate
보험료(rate)가 인상하여 보험을
해지할까 망설이다(hesitate)
→ 망설이다, 주저하다

0887 ★★

## reluctant

[rilʌ́ktənt]

**reluctance** 명 꺼림, 반항

형 **꺼리는, 싫어하는**

= unwilling, hesitant, loath, disinclined

She was **reluctant** to admit she was wrong.
그녀는 자신이 틀렸다는 것을 인정하기를 꺼렸다.

운(luck)에 반대되는(re) 것은 꺼리게(reluctant) 되죠
→ 꺼리는

0888 ★★

## reckless

[réklis]

**recklessness** 명 무모함

형 **무모한, 신중하지 못한**

= careless, imprudent

*cf.* reckon (생각하다, 계산하다)

They thought his new business was **reckless**.
그들은 그의 새로운 사업이 무모하다고 생각했다.

계산하지(reckon) 않고(less) 행동하니까
→ 무모한, 신중하지 못한

0889 ★★

## host

[houst]

hostess 명 여[안]주인

명 ① 주인, 주최자 ② (프로그램) 진행자 ③ 숙주(宿主)

동 ① (파티, 모임을) 주최하다, 열다 ② 진행하다

Who will **host** the meeting today?
오늘 회의는 누가 진행하나요?

파티를 주최한(host) 주인(host)을 떠올려 보세요
→ 주인, 주최하다

0890 ★★

## entertain

[èntərtéin]

entertaining 형 재미있는, 즐거움을 주는

entertainment 명 ① 연예, 오락 ② 대접, 환대

동 ① 즐겁게 하다 ② 대접하다

= ① amuse, delight, please, cheer

The TV program aims to educate and **entertain** children.
그 TV 프로그램은 아이들을 교육하고 즐겁게 하는 것을 목표로 한다.

연예인은 사람들을 즐겁게 하니까(entertain) 엔터테이너(entertainer)라고 부르죠
→ 즐겁게 하다

0891 ★★

## hospitality

[hàspitǽləti]

hospitable 형 환대하는, 친절한

명 환대, 후한 대접

*cf.* hospitalize (입원시키다), hostility (적의, 적대감)

I'm grateful for your **hospitality**.
저는 당신의 환대에 감사합니다.

아플 때 누가 병원(hospital)에 찾아오면 고마워서 환대(hospitality)하죠
→ 환대

0892 ★

## invigorate

[invígərèit]

동 ① 기운 나게 하다 ② 활성화하다

= ① energize, vitalize, animate, enliven, exhilarate

She felt **invigorated** after the walk.
그녀는 산책을 하고 나니 기운이 났다.

in + vigor + ate
completely liveliness 동접
활력(vigor)을 강하게(in) 주다
→ 기운 나게 하다

0893 ★★

## enhance

[inhǽns]

enhancement 명 증진, 고양

동 높이다, 향상시키다

= increase, augment, intensify, strengthen, reinforce

Their dedication to their work **enhanced** the reputation of the company.
그들의 일에 대한 헌신은 회사의 명성을 높였다.

인핸스 = 人·해낸·수
사람들(en)이 임무를 해낸(han) 수(ce)가 많으니까
→ 향상시키다

0894 ★★

## increase

[inkríːs]

increasingly 부 점점 더, 더욱더

동 증가하다, 증가시키다 명 증가

= 동 augment, enlarge, expand, elevate, enhance

*cf.* decrease (감소하다, 감소시키다; 감소)

It can **increase** the risk of heart disease.
그것은 심장병의 위험을 증가시킬 수 있다.

in + crea(se)
in grow
안에(in) 더해져서 자라나다(crea)
→ 증가하다

0895 ★

## augment

[ɔːgmént]

augmentation 명 증가, 증대

동 증가시키다, 증가하다

= increase, expand, amplify, escalate, boost

Heavy rains **augmented** the water supply.
폭우로 물 공급이 증가했다.

오그멘트 = 59면

5월, 9월만 되면 식욕이 늘어 체중이 증가한다(augment)
→ 증가시키다, 증가하다

겨울에 어그(aug) 부츠를 신으면 체온이 증가하죠(augment)
→ 증가시키다, 증가하다

0896 ★★

## mount

[maunt]

동 ① (산·계단을) 오르다 ② 증가하다 명 산

= 동 ① climb, ascend

She **mounted** the stairs with difficulty.
그녀는 힘겹게 계단을 올라갔다.

mount
climb

오르는(mount) 거니까
→ (산·계단을) 오르다

0897 ★★

## surmount

[sərmáunt]

동 ① 극복하다 ② (산·언덕 등을) 오르다, 넘다

= ① overcome

We can **surmount** every difficulty with patience.
인내를 가지고 우리는 모든 어려움을 극복할 수 있다.

sur + mount
over climb

산·역경 위를(sur) 오르니까(mount)
→ 극복하다

0898 ★★

## paramount

[pǽrəmàunt]

형 ① 주요한 ② 최고의

= ① main, major, chief, prime, primary

This is of **paramount** importance.
이것은 다른 무엇보다 중요하다.

para + mount
beside climb

다른 사람들 옆에서(para) 홀로 올라서는(mount)
→ 주요한, 최고의

0899 ★★

## maximum

[mǽksəməm]

명 최고, 최대 형 최대의, 최고의

= 형 utmost, supreme, paramount

*cf.* minimum (최소, 최저)

The **maximum** speed limit here is 50km per hour.
이곳의 최고 제한 속도는 시속 50km이다.

maxim + um
greatest 명접

가장 위대한(maxim) 것이니까
→ 최고

0900 ★★

## utmost

[ʌ́tmòust]

형 최고의, 극도의

= greatest, maximum, supreme, paramount

Secrecy is of the **utmost** importance.
보안이 최고로 중요하다.

ut + most
more than best

최고(most)인 것보다 더(ut)하니까
→ 최고의, 극도의

# DAY 19

DAY 19

## DAY 19 어휘 미리보기

| | | | | |
|---|---|---|---|---|
| □ ascend | □ proliferate | □ potential | □ plummet | □ abhor |
| □ descend | □ surpass | □ omnipotent | □ shrink | □ disgust |
| □ transcend | □ aid | □ promising | □ stumble | □ hostile |
| □ elevate | □ assist | □ frustrate | □ stagger | □ aggressive |
| □ escalate | □ thrive | □ deter | □ startle | □ neutral |
| □ magnify | □ prosper | □ dissuade | □ flee | □ sociable |
| □ exaggerate | □ flourish | □ dwindle | □ escape | □ intimate |
| □ boost | □ blossom | □ diminish | □ avoid | □ affection |
| □ boast | □ morale | □ curtail | □ evade | □ active |
| □ envy | □ potent | □ plunge | □ detest | □ radioactive |

□□□
0901 ★★

### ascend
[əsénd]

ascent 명 오르기, 상승

동 올라가다, 오르다

= climb, mount, surmount

The air became colder as I **ascended.**
위로 올라갈수록 공기가 차가워졌다.

a + scend
to climb
-에(a) 오르다(scend)
→ 올라가다

□□□
0902 ★★

### descend
[disénd]

descent 명 ① 하강 ② 혈통, 가문
descendant 명 자손, 후손

동 ① 내려가다 ② (-의) 자손이다 ③ 전해지다

= ① plunge, plummet, slump

The plane began to **descend.**
비행기가 하강하기 시작했다.

de + scend
down climb
오르는(scend) 것을 아래(de) 방향으로 하는 거니까
→ 내려가다

□□□
0903 ★

### transcend
[trænsénd]

transcendent 형 초월적인

동 초월하다, 넘다

= surpass, excel, exceed

Her appeal **transcends** class barriers.
그녀의 호소는 계층 장벽을 초월한다.

tran + scend
across climb
어떤 것을 가로질러(tran) 오르다(scend)
→ 초월하다

□□□
0904 ★★

### elevate
[éləvèit]

elevation 명 승진, 승격, 증가

동 높이다, 들어 올리다

= raise, lift, boost

The song **elevated** my spirits.
그 노래로 내 기분은 좋아졌다.

e + lev + ate
up lift 동접
위로(e) 들어 올리다(lev)
→ 높이다

0905 ★★

**escalate**

[éskəlèit]

동 **상승하다, 확대하다**

= increase, strengthen, intensify, accelerate

We do not want to **escalate** the war.
우리는 그 전쟁이 확대되는 것을 원치 않는다.

e + scal + ate
completely climb 동접
완전히(e) 오르다(scal)
→ 상승하다

0906 ★★

**magnify**

[mǽgnəfài]

magnificent 형 훌륭한, 장엄한
magnification 명 확대

동 ① **확대하다** ② **과장하다**

= ② exaggerate, overstate

The lens **magnifies** an object 100 times.
그 렌즈는 사물을 100배 확대한다.

magn + ify
great 동접
더 거대하게(magn) 하다
→ 확대하다

0907 ★★

**exaggerate**

[igzǽdʒərèit]

exaggeration 명 과장

동 **과장하다**

= magnify, overstate

Peter tends to **exaggerate** the story.
Peter는 이야기를 과장하는 경향이 있다.

이그재저레이트 = 입이 째져라
자식을 입이 째져라 과장해서 (exaggerate) 자랑하다
→ 과장하다

0908 ★★

**boost**

[bu:st]

동 **신장시키다, 북돋우다**

= strengthen, reinforce, enhance, bolster

The movie helped to **boost** her screen career.
그 영화는 그녀의 영화계 경력을 신장시키는 데 도움이 되었다.

카트라이더에서 부스터(booster)를 쓰면 속도를 끌어올릴(boost) 수 있죠
→ 신장시키다, 북돋우다

0909 ★★

**boast**

[boust]

boastful 형 자랑하는, 뽐내는

동 **자랑하다, 뽐내다**

Parents like to **boast** about their children's achievements.
부모들은 자녀의 성취에 대해 자랑하기를 좋아한다.

사장(boss)이 보트(boat)를 새로 샀다고 자랑했다(boast)
→ 자랑하다, 뽐내다

0910 ★★

**envy**

[énvi]

envious 형 부러워하는

동 **부러워하다** 명 **부러움, 질투**

I **envy** people who are very sociable.
나는 매우 사교적인 사람들이 부럽다.

en + vy
upon see
누군가를 위로(en) 올려다보니까(vy)
→ 부러워하다

0911 ★

**proliferate**

[prəlífərèit]

proliferation 명 확산, 급증

동 **확산하다, 급증하다**

= multiply, burgeon, rocket

Germs tend to **proliferate** in humid conditions.
세균은 습한 환경에서 증식하는 경향이 있다.

앞으로(pro) 생명체(life)를 계속 생산해 내니까
→ 확산하다, 급증하다

0912 ★★

## surpass

[sərpǽs]

**unsurpassed** 형 능가할 자가 없는, 탁월한

동 **능가하다, 뛰어넘다**

= exceed, excel, outdo, outperform, transcend

The result **surpassed** our expectations.
그 결과는 우리의 예상을 뛰어넘었다.

**sur** + **pass**
over go through
예상이나 기준 위로(sur) 통과하다(pass)
→ **능가하다**

0913 ★★

## aid

[eid]

동 **원조하다, 돕다** 명 **원조, 도움**

Many governments give **aid** to their poor citizens.
수많은 정부가 자국의 가난한 시민들에게 원조를 제공한다.

**에이드** = **에이즈**
에이즈 발병률이 높은 아프리카 국가에는 원조(aid)가 필요하다
→ **원조하다, 돕다**

0914 ★★

## assist

[əsíst]

**assistant** 명 도와주는 사람, 조수
**assistance** 명 원조

동 **돕다, 원조하다**

He will **assist** me in moving some equipment.
그는 내가 장비 옮기는 것을 도와줄 것이다.

**as** + **sist**
to stand
옆에(as) 서(sist) 있으니까
→ **돕다**
축구에서 어시스트란 골을 넣도록 도와주는 것(assist)
→ **돕다**

0915 ★★

## thrive

[θraiv]

**thriving** 형 번영하는, 성대한

동 **번영하다, 번성하다**

= prosper, flourish, bloom

Today her company continues to **thrive**.
오늘날 그녀의 회사는 계속해서 번창한다.

차가 있어 드라이브(drive)할 수 있는 사람이 많은 곳은 번성하는(thrive) 나라죠
→ **번성하다**

0916 ★★

## prosper

[prɑ́spər]

**prosperity** 명 번영, 번창
**prosperous** 형 번영한, 번창한

동 **번영하다, 번창하다**

= thrive, flourish, burgeon, bloom

We need to create an atmosphere where business can **prosper**.
우리는 사업이 번창할 수 있는 분위기를 조성할 필요가 있다.

**pro** + **sper**
forward hope
앞으로(pro) 성공의 희망이(sper) 보이다
→ **번창하다**

**프라스퍼** = **plus + 퍼**
이익(plus)이 퍼지다
→ **번영하다, 번창하다**

0917 ★★

## flourish

[flə́:riʃ]

동 **번영하다, 번창하다**

= thrive, prosper, proliferate, bloom

*cf.* flour (밀가루)

He is **flourishing** in his new business.
그는 새 사업이 번창하고 있다.

**플러리쉬** = **플러스**
이익이 플러스(plus)인 사업은 번창한다(flourish)
→ **번영하다, 번창하다**

0918 ★★

## blossom

[blɑ́səm]

명 **꽃** 동 **① 꽃을 피우다 ② 번영하다**

= 동 ① bloom

The cherry trees began to **blossom**.
벚나무가 꽃을 피우기 시작했다.

**블라섬** = **붉났음**
들판에 붉은 꽃(blossom)이 만발하여 붉났음
→ **꽃, 꽃을 피우다**

0919 ★

## morale
[mərǽl]

명 사기, 의욕

*cf.* moral (도덕적인)

Staff are suffering from low **morale**.
직원들이 사기 저하에 시달리고 있다.

머랠 = 모레
내일 모레가 휴가면 군인들의 사기(morale)가 높아지죠
→ 사기, 의욕

0920 ★

## potent
[póutnt]

**impotent** 형 무력한, 무기력한

형 강력한, 효능 있는

= powerful, mighty, formidable

It was a **potent** drug.
그것은 강력한 약이었다.

전쟁에서 대포(po)가 10개(ten)면 강력하죠(potent)
→ 강력한

0921 ★★

## potential
[pəténʃəl]

**potentiality** 명 잠재력, 가능성

형 잠재적인, 가능성 있는 명 잠재력, 가능성

= 형 possible, likely, prospective

He wanted to talk with **potential** customers.
그는 잠재 고객들과 이야기 해보고 싶었다.

pot + ent + ial
power 형접 형·명접
앞으로 유력한(pot) 성질이 있는 거니까
→ 잠재적인

0922 ★

## omnipotent
[amnípətənt]

형 전능한, 무엇이든지 할 수 있는

= almighty

Some people believe God is **omnipotent**.
몇몇 사람들은 신은 전지전능하다고 믿는다.

omni + pot + ent
all able 형접
무엇이든(omni) 할 수 있는(pot) 거니까
→ 전능한

0923 ★★

## promising
[prámisiŋ]

형 장래가 촉망되는, 조짐이 좋은

She is regarded as a **promising** athlete.
그녀는 장래가 촉망되는 운동선수로 여겨진다.

pro + mis + ing
forward send 형접
앞으로의(pro) 능력을 지금 보내어(mis) 보여 주는 사람이니까
→ 장래가 촉망되는

0924 ★★

## frustrate
[frʌ́streit]

**frustrated** 형 좌절한, 실망한
**frustration** 명 좌절, 실망, 실패

동 좌절시키다

The lack of evidence in this case is **frustrating** the police detectives.
이 사건의 증거 부족은 경찰 수사관들을 좌절시키고 있다.

프러스트레이트 = 풀어 straight
교사가 문제를 잔뜩 주며 "풀어 쭉(straight)!"이라고 해서 학생들을 좌절시키다(frustrate)
→ 좌절시키다

0925 ★★

## deter
[ditə́:r]

**deterrent** 명 방해물, 억제책

동 ① 단념시키다 ② 저지하다

= ① discourage, dissuade

Failure did not **deter** him from trying again.
실패는 그가 다시 도전하는 것을 단념시키지 못했다.

de + ter
away frighten
겁을 주어서(ter) 하던 일에서 떨어뜨리니까(de)
→ 단념시키다

0926 ★

## dissuade

[diswéid]

동 **단념시키다**

= discourage, deter

I tried to **dissuade** him from his foolish intension.
나는 그의 어리석은 의도를 단념시키려고 노력했다.

**dis** + **suad(e)**
against urge
촉구하는(suad) 것의 반대(dis)니까
→ 단념시키다

0927 ★★

## dwindle

[dwíndl]

동 **(점점) 줄어들다**

= decrease, decline, shrink, diminish

His fortune has **dwindled** away.
그의 재산은 점차 줄어들었다.

**dwin(dle)**
die
점점 사라지니까(dwin)
→ (점점) 줄어들다
수량의 수치가 아래로(down) 내려가는 건 줄어든다는(dwindle) 의미죠
→ (점점) 줄어들다

0928 ★★

## diminish

[dimíniʃ]

**diminution** 명 축소, 감소

동 **① 줄이다, 감소하다 ② 깎아내리다, 폄하하다**

= ① decrease, decline, shrink, dwindle

His influence has **diminished** over time.
시간이 흐르면서 그의 영향력이 줄었다.

**di** + **min** + **ish**
apart small 동접
원래의 것에서 떨어져(di) 더 작게(min) 하다
→ 줄이다

0929 ★

## curtail

[kəːrtéil]

동 **삭감하다, 축소시키다**

= reduce, lessen, cut back

Spending on snacks was severely **curtailed**.
간식 구입비가 대폭 삭감되었다.

**cur** + **tail**
short cut
예산을 짧게(cur) 자르니까(tail)
→ 삭감하다

0930 ★

## plunge

[plʌndʒ]

동 **① 뛰어들다 ② 떨어지다, 급락하다**
명 **급락**

= 동 ② plummet, descend

He **plunged** into a river because of the unbearable heat.
그는 견딜 수 없는 더위 때문에 강으로 뛰어들었다.

**플런쥐** = **푸른 쥐**
푸른 쥐가 하수구에 뛰어들다(plunge)
→ 뛰어들다

0931 ★

## plummet

[plʌ́mit]

동 **곤두박질치다, 급락하다**
명 **급락**

= plunge

The jet **plummeted** into a row of houses.
그 제트기는 늘어선 집들 사이로 곤두박질쳤다.

**플러밋** = **풀어냈**
놀이기구의 안전장치를 풀어냈더니 곤두박질쳤다(plummet)
→ 곤두박질치다, 급락하다

0932 ★★

## shrink

[ʃriŋk]

동 ① 감소하다[시키다]
② 오그라들다, 움츠리다

= ① decrease, decline, diminish, dwindle

My sweater **shrank** in the wash.
세탁으로 내 스웨터가 줄어들었다.

새우(shrimp)처럼 몸을 움츠린다(shrink)
→ 움츠리다

0933 ★

## stumble

[stʌ́mbl]

동 ① 넘어지다 ② 비틀거리다
③ (말 등을 하다가) 더듬거리다

= ② stagger

The man **stumbled** along.
그 남자는 비틀거리며 걸어갔다.

스텀블 = 수 + 덤불
수많은 덤불 때문에 넘어지다(stumble)
→ 넘어지다

0934 ★

## stagger

[stǽgər]

staggering 형 ① 비틀거리는 ② 충격적인

동 ① 비틀거리다, 흔들리다
② 깜짝 놀라게 하다

He **staggered** with a package on his shoulder.
그는 자기 어깨에 짐을 짊어지고 비틀거렸다.

무대(stage)에서 비틀거리며(stagger) 춤추는 모습을 연상
→ 비틀거리다

0935 ★

## startle

[stɑ́:rtl]

startled 형 깜짝 놀란

동 깜짝 놀라게 하다

= surprise, astonish, amaze

I was **startled** at the knocking at midnight.
나는 한밤중에 문 두드리는 소리에 깜짝 놀랐다.

star + tle
stiff 동접
깜짝 놀라면 경직되니까(star)
→ 깜짝 놀라게 하다

스타틀 = 스타들
스타들이 무대에 등장하면서 관객들을 깜짝 놀라게 했다(startle)
→ 깜짝 놀라게 하다

0936 ★★

## flee

[fli:]

동 달아나다, 피하다

= escape, run away

Many people have **fled** from the area of the fighting.
많은 사람들이 전투 지역에서 달아나 버렸다.

자유(free)를 찾아 남한으로 달아나는(flee) 배를 쫓는 함대(fleet)
→ 달아나다, 피하다

0937 ★★

## escape

[iskéip]

동 도망가다, 달아나다, 피하다 명 탈출

The two were killed, but he **escaped**.
두 사람은 살해되었지만, 그는 달아났다.

es + cap(e)
out head
머리(cap)에 씌워진 덮개를 벗고 밖으로(es) 나가니까
→ 도망가다

0938 ★★

## avoid

[əvɔ́id]

동 **피하다, 회피하다**

= evade, avert, elude, shun

She managed to **avoid** being punished.
그녀는 가까스로 처벌을 면했다.

**a** + **void**
away empty
다른 데로 가서(a) 자리를 비우는(void) 거니까
→ 피하다

**어보이드** = **어 보인다**
"어? 보인다!" 하니까 빚쟁이가 피하다(avoid)
→ 피하다, 회피하다

0939 ★★

## evade

[ivéid]

**evasion** 명 회피, 모면, 얼버무리기

동 **피하다, 회피하다**

= avoid, avert, elude, shun

I want to **evade** an embarrassing question.
나는 곤란한 질문을 피하고 싶다.

**e** + **vade**
out go
밖으로(e) 빠져나가다(vade)
→ 회피하다

0940 ★★

## detest

[ditést]

**detestable** 형 혐오스러운

동 **혐오하다, 몹시 싫어하다**

= hate, despise, loathe, abhor

The two political rivals **detest** each other.
그 두 정적은 서로 몹시 싫어한다.

**디테스트** = **디 + test**
학생들은 디게 시험(test)을 싫어하죠(detest)
→ 혐오하다, 몹시 싫어하다

0941 ★

## abhor

[æbhɔ́ːr]

**abhorrent** 형 혐오스러운

동 **혐오하다, 몹시 싫어하다**

= hate, detest, despise, loathe

They **abhor** all forms of racism.
그들은 모든 형태의 인종 차별주의를 혐오한다.

**ab** + **hor**
away shudder
멀어지고 싶어(ab) 몸서리 칠(hor) 정도니까
→ 혐오하다
공포(horror) 영화를 몹시(ab) 싫어하다
→ 몹시 싫어하다

0942 ★★

## disgust

[disgʌ́st]

**disgusting** 형 메스꺼운, 구역질나는

동 **① 메스껍게 하다 ② 혐오감을 일으키다**
명 **① 메스꺼움 ② 혐오**

= 명 ② hatred, hostility, antipathy

She looked with **disgust** at the food.
그녀는 혐오스럽다는 듯이 그 음식을 바라보았다.

**디스거스트** = **뒤섞였으**
누가 토해서 뒤섞인 것을 보면 메스꺼우니까(disgust)
→ 메스껍게 하다

0943 ★★

## hostile

[hɑ́stl]

**hostility** 명 적의, 반감

형 **적대적인, 싫어하는**

= antagonistic, aggressive, adverse

The students had **hostile** attitudes towards their teachers.
그 학생들은 그들의 교사에게 적대적인 태도를 보였다.

**host** + **ile**
stranger 형접
낯선 사람으로(host) 여기는 거니까
→ 적대적인

0944 ★★

## aggressive
[əgrésiv]

aggression 명 공격, 침략, 공격성

형 ① 공격적인 ② 적극적인

= ① offensive, combative, hostile

She suggested an **aggressive** marketing campaign.
그녀는 공격적인 마케팅 작전을 제안했다.

ag + gress + ive
to step 형접
남의 영토로(ag) 발을 내디딘(gress) 거니까
→ 공격적인

0945 ★★

## neutral
[njúːtrəl]

neutralize 동 중립화하다
neutrality 명 중립

형 중립의, 공평한 명 중립, 중립국

= 형 impartial, unbiased, objective

The country remained **neutral** in the war.
그 나라는 전쟁에서 중립을 유지했다.

ne + utr + al
not either 형·명접
둘 중 어느 하나(utr)도 아닌(ne)
→ 중립의

0946 ★★

## sociable
[sóuʃəbl]

social 형 사회적인, 사교적인
socialism 명 사회주의
socialize 동 사회화하다
sociology 명 사회학

형 사교적인

= outgoing, gregarious, amicable, extrovert

Our new neighbors are not very **sociable**.
우리의 새로운 이웃은 그다지 사교적이지 않다.

soci + able
companion 형접
동료(soci)가 되기 쉬운
→ 사교적인

0947 ★★

## intimate
[íntəmət]

intimacy 명 친밀함

형 친밀한, 친한

= close, familiar

I am on **intimate** terms with him.
나는 그와 친밀한 사이다.

intim + ate
inmost 형접
가장 안쪽까지(intim) 알고 있으니까
→ 친밀한, 친한

0948 ★★

## affection
[əfékʃən]

affect 동 영향을 끼치다
affectionate 형 다정한, 애정 어린

명 애정

Parents have **affection** for their children.
부모들은 자식들에게 애정을 갖는다.

유년기에 가장 많은 영향을 끼치는(affect) 것은? 부모의 애정(affection)
→ 애정

0949 ★★

## active
[ǽktiv]

activity 명 활동, 운동
action 명 활동, 행동

형 활동적인, 적극적인

= energetic, lively, dynamic, enthusiastic

He showed an **active** involvement in the team project.
그는 팀 프로젝트에서 적극적인 참여를 보였다.

act + ive
move 형접
움직이는(act) 성향이니까
→ 활동적인, 적극적인

0950 ★★

## radioactive
[rèidiouǽktiv]

형 방사선의, 방사능의

Uranium is a **radioactive** element.
우라늄은 방사능 원소이다.

radi(o) + act + ive
light move 형접
빛(radi)이 활동하는(act) 거니까
→ 방사선의, 방사능의

DAY
# 20

## DAY 20 어휘 미리보기

DAY 20

| | | | | |
|---|---|---|---|---|
| □ sweep | □ migrate | □ curse | □ nourish | □ subliminal |
| □ extinguish | □ immigrate | □ insult | □ nurture | □ hypnosis |
| □ liquidate | □ mutual | □ coarse | □ foster | □ hypothesis |
| □ wipe | □ commute | □ crude | □ promote | □ stingy |
| □ delete | □ mutate | □ harsh | □ expedite | □ miserly |
| □ obsolete | □ secure | □ barren | □ accelerate | □ humane |
| □ oblivion | □ fasten | □ sterile | □ further | □ humanity |
| □ stain | □ punctual | □ arid | □ remote | □ mercy |
| □ rust | □ acupuncture | □ drought | □ blunder | □ famine |
| □ rot | □ indulge | □ nutritious | □ lapse | □ starve |

0951 ★★

### sweep
[swi:p]

동 ① 쓸다, 청소하다 ② 휩쓸다 ③ (선거·경기에서) 압승하다

≡ ② engulf, overwhelm, flood

They were **swept** into the sea.
그들은 바다로 휩쓸려 갔다.

스윕 = 수 + 휩
상대 팀의 수비를 휩쓸어(sweep) 이기다
→ 휩쓸다, 압승하다

0952 ★★

### extinguish
[ikstíŋgwiʃ]

동 ① 끝내다, 없애다 ② 끄다

≡ ① remove, eliminate, exterminate, eradicate

Firefighters tried to **extinguish** the fire.
소방관들이 화재를 진압하려고 애를 썼다.

ex (out) + (s)ting(u) (prick) + ish (형접)
완전히 찔러서(ting) 없애는(ex) 거니까
→ 끝내다, 끄다

0953 ★

### liquidate
[líkwidèit]

동 ① 청산하다 ② 팔다, 매각하다 ③ 숙청하다

He decided to **liquidate** some of his buildings.
그는 자기 건물 중 일부를 매각하기로 결정했다.

매각하기(liquidate) 위해서는 자산을 액체(liquid)처럼 유동성 있게 만들어야 하니까
→ 매각하다

□□□
0954 ★★

## wipe
[waip]

동 ① (먼지·물기를) 닦다 ② 지우다 명 닦음

= ② remove, erase, efface, obliterate

She **wiped** her hands on the towel.
그녀는 수건에 손을 닦았다.

와잎 = 와이프
와이프가 행주로 식탁을 닦다(wipe)
→ 닦다

□□□
0955 ★★

## delete
[dilí:t]

deletion 명 삭제
indelible 형 지울 수 없는, 잊을 수 없는

동 지우다

= remove, eradicate, erase, efface, obliterate

I think I just **deleted** a key part of my computer system.
내가 내 컴퓨터 시스템에서 중요한 부분을 방금 삭제한 것 같다.

de + lete
away wipe
닦아(lete) 없애버리는(de) 거니까
→ 지우다
키보드의 Delete키는 삭제 기능
→ 지우다

□□□
0956 ★

## obsolete
[àbsəlí:t]

형 구식의, 더는 쓸모없는

= outdated, old-fashioned

With the advent of smartphones, MP3 players have become **obsolete**.
스마트폰의 등장으로 MP3 플레이어는 쓸모가 없어졌다.

압설릿 = 없앨랫
쓸모없는 구식 제도는 다 없앨랫
→ 구식의, 더는 쓸모없는

□□□
0957 ★

## oblivion
[əblíviən]

oblivious 형 ① 잘 잊어버리는 ② 의식하지 못하는

명 ① 망각 ② 의식하지 못하는 상태

The only earthly certainty is **oblivion**.
세상에서 유일하게 확실한 것은 망각이다.

ob + liv + ion
over smooth 명접
전체에(ob) 걸쳐 문질러 부드럽게 만드니까(liv)
→ 망각

□□□
0958 ★

## stain
[stein]

stainless 형 얼룩지지 않은, 흠이 없는

동 얼룩지게 하다, 더럽히다
명 ① 얼룩 ② 오점, 흠

Be careful not to **stain** your new shirt.
네 새 셔츠에 얼룩이 묻지 않도록 조심해라.

스테인 = 스, 때, 잉
스치면 때로 남는 잉크
→ 얼룩

□□□
0959 ★★

## rust
[rʌst]

동 녹슬다, 녹슬게 하다 명 녹

= 동 corrode, oxidize, decay, rot

Water **rusts** iron.
수분은 철을 녹슬게 한다.

친구 간의 신뢰(trust)가 녹슬다(rust)
→ 녹슬다, 녹

□□□
0960 ★★

## rot
[rat]

rotten 형 썩은

동 썩다, 부패하다 명 썩음, 부패

= 동 decay, decompose, corrode

Foods are apt to **rot** quickly in summer.
여름엔 음식이 빨리 부패하기 쉽다.

그 나라는 뿌리(root)부터 썩었다(rot)
→ 썩다, 부패하다

0961 ★★

## migrate

[máigreit]

**migrant** 명 이주민
**migration** 명 이주

동 **이주하다, 이동하다**

= relocate, emigrate

Thousands of workers **migrate** to this area each summer.
매년 여름 수천 명의 근로자가 이 지역으로 이주한다.

**migr** + **ate**
move 동접
이동하는(migr) 것이니까
→ 이주하다, 이동하다

0962 ★★

## immigrate

[íməgrèit]

**immigration** 명 ① 이민, 이민자 수 ② 출입국 관리소
**immigrant** 명 (다른 나라로 온) 이민자

동 **이민 오다**

*cf.* emigrate (이민 가다)

His family **immigrated** to Canada after the war.
그의 가족은 전쟁 후 캐나다로 이민 왔다.

**im** + **migr** + **ate**
in move 동접
안으로(im) 이주하다(migr)
→ 이민 오다

0963 ★★

## mutual

[mjúːʧuəl]

**mutuality** 명 상호 관계

형 **① 서로의, 상호 간의 ② 공동의, 공통의**

= ① reciprocal, communal, correlative

There was an atmosphere of **mutual** trust between them.
그들 사이에는 서로를 신뢰하는 분위기가 있었다.

**mut** + **ual**
change 형접
서로 교환하며 바꾸는(mut) 거니까
→ 서로의

0964 ★★

## commute

[kəmjúːt]

**telecommute** 동 재택 근무하다
**commuter** 명 통근자

동 **통근하다** 명 **통근 (거리)**

She **commutes** from Oxford to London every day.
그녀는 매일 옥스퍼드에서 런던까지 통근한다.

**com** + **mut(e)**
completely change
집에서 직장으로, 직장에서 집으로 완전히(com) 방향을 바꾸다(mut)
→ 통근하다

0965 ★

## mutate

[mjúːteit]

**mutable** 형 변하기 쉬운, 변덕스러운
**mutant** 형 돌연변이의, 돌연변이체
**mutation** 명 ① 돌연변이 ② 변화

동 **변형되다, 돌연변이가 되다**

The cell is likely to **mutate** into drug-resistant forms.
그 세포는 약물에 내성이 있는 형태로 변형될 가능성이 있다.

**mut** + **ate**
change 동접
모습이 바뀌니까(mut)
→ 변형되다

0966 ★★

## secure

[sikjúər]

**security** 명 안전, 보안

형 **① 안전한 ② 틀림없는, 확실한**
동 **① 안전하게 하다 ② 확보하다**

It is wise to keep your money in a **secure** place.
당신의 돈을 안전한 곳에 보관하는 것이 현명하다.

**se** + **cure**
apart care
걱정(cure)에서 멀리 벗어난(se)
→ 안전한
컴퓨터 바이러스를 치료해서(cure) 컴퓨터를 안전하게 하다(secure)
→ 안전하게 하다

0967 ★★

## fasten

[fǽsn]

동 ① 매다[매이다] ② 잠그다[잠기다] ③ 고정시키다

**Fasten** your seatbelt before takeoff.
이륙 전에 안전벨트를 착용하세요.

비행기 기장님이 안전벨트 매라고 말하죠, "Fasten your seatbelt."
→ 매다

0968 ★★

## punctual

[pʌ́ŋktʃuəl]

**punctually** 부 정각에
**punctuate** 동 구두점을 찍다

형 시간을 엄수하는, 기한을 잘 지키는

= prompt, timely, on time

He's always very **punctual**.
그는 항상 기한을 아주 잘 지킨다.

punct + ual
prick 형접
정해진 시간을 찔러서(punct) 딱 맞추는 거니까
→ 시간을 엄수하는

0969 ★

## acupuncture

[ǽkjupʌ̀ŋktʃər]

명 침술

**Acupuncture** is a famous treatment in China.
침술은 중국에서 유명한 치료법이다.

acu + punct + ure
sharp prick 명접
날카로운(acu)것으로 찌르는(punct) 의술이니까
→ 침술

0970 ★★

## indulge

[indʌ́ldʒ]

**indulgent** 형 멋대로 하게 하는, 관대한

동 ① 탐닉하다, 빠지다 ② 제멋대로 하게 하다

He **indulged** himself in gambling.
그는 도박에 빠졌다.

인덜쥐 = 人 + 돌지
마약에 빠지더니(indulge) 사람(人)이 돌지
→ 빠지다

0971 ★★

## curse

[kəːrs]

동 저주하다, 욕하다 명 저주, 욕설

The witch **cursed** the princess at her birth.
마녀는 공주가 태어났을 때 저주를 걸었다.

지갑(purse)을 훔쳐 가면 욕하니까(curse)
→ 저주하다, 욕하다

0972 ★★

## insult

[insʌ́lt]

동 모욕하다, 창피를 주다 명 모욕, 무례

= 동 offend

I never had the intention to **insult** you.
당신을 모욕할 의도는 전혀 없었습니다.

in + sult
in leap
안으로(in) 뛰어들어(sult) 덤비는 것이니까
→ 모욕하다

0973 ★★

## coarse

[kɔːrs]

형 ① 거친 ② 음란한, 상스러운

The dress material was of **coarse** texture.
그 옷감은 질감이 거칠었다.

나는 거친(coarse) 운전 코스를(course) 저주한다(curse)
→ 거친

0974 ★★

## crude

[kruːd]

형 거친, 가공하지 않은

= raw, coarse

**Crude** oil needs to be processed to make gasoline.
원유는 휘발유로 만들기 위해 가공되어야 한다.

무례한(rude) 것을 보고 거칠다고(crude) 하죠
→ 거친, 가공하지 않은

0975 ★★

## harsh

[hɑːrʃ]

**harshly** 부 거칠게, 심하게

형 **거친, 가혹한**

= cruel, brutal, ruthless

Don't you think that's a bit **harsh**?
그건 좀 가혹하지 않아요?

**하쉬 = 하쒸**
"하쒸!"라며 거칠게(harsh) 말하다
→ 거친

0976 ★★

## barren

[bǽrən]

형 **① 불모의 ② 불임의** 명 **불모지, 척박한 땅**

= 형 ① unproductive, sterile, arid, desert

Some deserts are **barren**, with no life.
몇몇 사막은 생명체가 없는 불모지이다.

**배런 = 베린**
이 땅은 불모지(barren)라 베린(버린) 거야
→ 불모의, 불모지

0977 ★

## sterile

[stéril]

형 **① 불모의 ② 불임의 ③ 살균한**

= ① unproductive, barren, arid, infertile

Mules are usually **sterile**.
노새는 대개 불임이다.

**스테럴 = 스테로이드**
스테로이드를 많이 쓰면 불임(sterile) 확률이 높아진다
→ 불임의

불임(sterile)이란 수태(ster)하지 못한다는 것
→ 불임의

0978 ★

## arid

[ǽrid]

형 **① 마른, 불모의 ② 무미건조한, 재미없는**

= ① unproductive, barren, sterile, desert, desolate

This plant grows well in **arid** regions.
이 식물은 건조한 지역에서 잘 자란다.

**애리드 = 어리다**
메마른(arid) 사막의 식물은 잘 안 자라서 어리다
→ 마른, 불모의

땅이 마르면 식물이 제거되어(rid) 하나도 없다(a)
→ 마른, 불모의

0979 ★★

## drought

[draut]

**dry** 동 마르다

명 **가뭄**

Grain production has decreased because of **drought**.
가뭄 때문에 곡물 생산은 감소해 왔다.

가뭄(drought)은 메마른(dry) 것이니까
→ 가뭄

0980 ★★

## nutritious

[njuːtríʃəs]

**nutrition** 명 영양
**nutrient** 명 영양분, 영양소

형 **영양가 있는, 영양분 많은**

= nourishing

It is always important to choose enjoyable, **nutritious** food.
즐길 수 있고 영양가 있는 음식을 선택하는 것은 항상 중요하다.

**nutri(t)** (feed) + **ious** (형접)
영양을 공급(nutri) 해주는 거니까
→ 영양가 있는

0981 ★★

## nourish

[nə́ːriʃ]

**nourishment** 명 영양(분), 자양분

동 **영양분을 공급하다, 기르다**

= feed, nurture

Milk **nourishes** a baby.
우유는 아기에게 영양분을 공급한다.

**nour** (feed) + **ish** (동접)
음식을 먹이다(nour)
→ 영양분을 공급하다

0982 ★★

## nurture

[nə́:rʧər]

명 양육 동 기르다

= 동 raise, rear, feed, nourish

The children were **nurtured** by loving parents.
그 아이들은 애정 어린 부모에게 길러졌다.

nurt + ure
feed 동·명접
자양분을 먹이는(nurt) 것이니까
→ 양육

0983 ★★

## foster

[fɔ́:stər]

동 ① 촉진하다, 육성하다 ② 맡아 기르다, 위탁 양육하다

= ① encourage, promote, further, stimulate

These activities are intended to **foster** children's language skills.
이 활동들은 아이들의 언어 능력을 육성하기 위한 것이다.

포스터(poster)를 붙여 흥행을 촉진하다(foster)
→ 촉진하다, 육성하다

0984 ★★

## promote

[prəmóut]

**promotion** 명 ① 승진 ② 장려 ③ 판매촉진

동 ① 촉진하다, 장려하다 ② 승진시키다 ③ 홍보하다

= ② raise, upgrade, elevate

They are trying to **promote** a clash with other cultures.
그들은 다른 문화와의 충돌을 부추기려 하고 있다.

pro + mot(e)
forward move
회사에서 앞으로(pro) 나아가게(mot) 하다
→ 승진시키다

0985 ★

## expedite

[ékspədàit]

동 ① 촉진시키다 ② 신속히 처리하다

= ① quicken, accelerate, spur, hasten, facilitate

The government **expedited** the emergency relief plan.
정부는 긴급 구호 계획을 신속히 추진했다.

ex + ped + ite
out foot 동접
발에서(ped) 족쇄를 벗겨(ex) 빨리 움직이게 하니까
→ 촉진시키다

0986 ★★

## accelerate

[əksélərèit]

**acceleration** 명 가속, 촉진

동 가속하다, 빨라지다

= hasten, expedite, promote, further, facilitate

Exposure to the sun can **accelerate** the aging process.
햇볕에 노출되면 노화 과정이 가속될 수 있다.

ac + celer + ate
to swift 동접
-에(ac) 더하여 빨라지게(celer) 하니까
→ 가속하다
차의 액셀러레이터(accelerator)를 밟으면 가속이 붙죠
→ 가속하다

0987 ★★

## further

[fə́:rðər]

부 ① 더 멀리 ② 더욱 형 더 먼
동 (일·계획을) 발전시키다

They took measures to prevent **further** damage.
그들은 더 이상의 피해를 막기 위해 조치를 취했다.

furth + er
forward 동·형·부접
앞으로(furth) 더(er) 나아가는 거니까
→ 더 멀리, 더욱

0988 ★★

## remote

[rimóut]

형 ① 먼, 멀리 떨어진, 외딴 ② (가능성이) 희박한 ③ 원격 조정의

Due to the **remote** location, we had limited cell phone reception.
외진 곳이라서 우리는 휴대 전화 수신이 제한되었다.

re + mot(e)
away move
멀리(re) 옮겨(mot) 간 것이니까
→ 먼

0989 ★

## blunder

[blʌ́ndər]

명 큰 실수 동 큰 실수를 하다

= 명 mistake, error, slip, lapse

His master scolded him for his **blunder**.
그의 주인은 그의 큰 실수를 꾸짖었다.

블런더 = 불낸다
남의 집에 불내는 것은
→ 큰 실수
눈을 감고(blind) 행동하면 큰 실수(blunder)를 하게 된다는 것에서 유래
→ 큰 실수

0990 ★

## lapse

[læps]

명 ① 실수, 잘못 ② (시간의) 경과
동 벗어나다, 실수하다

Be careful not to make a **lapse** of the tongue.
말실수를 하지 않도록 조심하라.

laps(e)
slip
아차 하는 순간 미끄러지는(laps) 것이니까
→ 실수, 잘못

0991

## subliminal

[sʌblímənl]

형 잠재의식의

= subconscious

They should think about **subliminal** racism.
그들은 잠재의식 속에 있는 인종차별에 대해 생각해야 한다.

sub + limin + al
under limit 형접
의식의 경계(limin) 아래를(sub) 말하는 거니까
→ 잠재의식의

0992 ★

## hypnosis

[hipnóusis]

**hypnotize** 동 최면을 걸다

명 최면

**Hypnosis** helped me give up smoking.
최면술이 내가 담배를 끊는 것을 도와주었다.

hypno + sis
sleep condition
잠자는(hypno) 상태(sis)니까
→ 최면

0993 ★★

## hypothesis

[haipάθəsis]

**thesis** 명 ① 학위 논문 ② 논제, 의제

명 가설, 가정, 추측

= theory, thesis, proposition, premise

A **hypothesis** that survives thorough testing becomes a theory.
철저한 시험에서 살아남은 가설이 이론이 된다.

hypo + thesis
under preposition
논제(thesis) 아래에(hypo) 있는 것
→ 가설, 가정

0994 ★★

## stingy

[stíndʒi]

형 인색한

= mean, miserly

The man was **stingy** with money.
그 남자는 돈에 인색했다.

sting + y
prick 형접
칼로 찔러도(sting) 피 한 방울 안 나올 정도니까
→ 인색한

0995 ★★

## miserly

[máizərli]

miser 명 인색한 사람, 구두쇠

형 인색한

*cf.* misery (고통, 비참)

He was a harsh, **miserly** man, and loved money.
그는 가혹하고 인색한 사람이며 돈을 사랑했다.

miser + ly
unhappy 형접
돈이 없어서 불행하니까(miser)
→ 인색한

0996 ★★

## humane

[hju:méin]

human 명 인간, 인류
형 인간의, 인간다운

형 자비로운, 인도적인

= generous, tolerant, benevolent, lenient

It's not **humane** to treat people like that.
그런 식으로 사람들을 대하는 것은 인도적이지 않다.

hum(an) + e
earth 형접
땅(hum) 위 존재인 인간의 바람직한 성질
→ 자비로운, 인도적인

0997 ★★

## humanity

[hju:mǽnəti]

명 ① 인류 ② 인간성 ③ 인류애

They are trying to bring **humanity** to a nuclear war.
그들은 인류를 핵전쟁으로 끌어들이려 하고 있다.

hum(an) + ity
earth 명접
땅(hum)에 발을 딛고 살아가는 존재들이니까
→ 인류, 인간성, 인류애

0998 ★★

## mercy

[mə́:rsi]

merciful 형 자비로운

명 자비

= tolerance, generosity, humanity

*cf.* at the mercy of (-에 좌우되어, -의 처분대로)

He begged the judge to show **mercy**.
그는 판사에게 자비를 베풀어 달라고 간청했다.

merc + y
reward 명접
보상(merc)을 기꺼이 주는 거니까
→ 자비

머시 = 뭐시
본처가 말하길, '뭐시 자비(mercy)야?'
→ 자비

0999 ★★

## famine

[fǽmin]

명 기근, 배고픔

= shortage, poverty, starvation

Each year **famine** kills millions of people in poor countries.
매년 가난한 나라에서는 수백만 명의 사람들이 기근으로 죽는다.

가족(family)이 많으면 식량이 부족해서 기근(famine)에 처할 수도 있으니까
→ 기근, 배고픔

1000 ★★

## starve

[sta:rv]

starvation 명 기아, 굶주림
starved 형 굶주린

동 굶주리다, 굶어 죽다

I would rather **starve** than ask him a favor.
나는 그에게 부탁하느니 차라리 굶어 죽겠다.

star(ve)
stiff
심하게 굶주리면 몸이 경직되니까(star)
→ 굶주리다, 굶어 죽다

스타브 = 수타배 → 숱하게 배
숱하게 배를 굶주리다(starve)
→ 굶주리다

# DAY 21

DAY 21

## DAY 21 어휘 미리보기

| | | | | |
|---|---|---|---|---|
| □ subsist | □ roll | □ heritage | □ fanatic | □ poisonous |
| □ frugal | □ bunch | □ heredity | □ enthusiasm | □ toxic |
| □ thrift | □ bundle | □ inherent | □ despair | □ noxious |
| □ curb | □ compile | □ intrinsic | □ desperate | □ detrimental |
| □ forbear | □ assemble | □ hardwired | □ chill | □ doom |
| □ refrain | □ congregate | □ native | □ frigid | □ destiny |
| □ bewilder | □ aggregate | □ innate | □ frost | □ fate |
| □ baffle | □ accumulate | □ naive | □ hazard | □ fatal |
| □ perplex | □ heir | □ awful | □ jeopardy | □ lethal |
| □ rotate | □ inherit | □ formidable | □ peril | □ mortal |

1001 ★

### subsist

[səbsíst]

**subsistence** 명 최저 생활, 생계
**subsistent** 형 존속하는, 타고난

동 ① 근근이 살아가다 ② 존속되다

They **subsisted** by begging.
그들은 구걸로 근근이 살아갔다.

**sub** + **sist**
under stand
하위(sub) 계층에 서(sist) 있다
→ 근근이 살아가다

1002 ★

### frugal

[frúːgəl]

**frugality** 명 절약, 검소

형 검소한, 절약하는

= thrifty, economical

He is accustomed to a **frugal** lifestyle.
그는 검소한 생활에 익숙해져 있다.

**프루걸** = **뿌리 + 갈**
뿌리까지 갈아 먹을 만큼 아끼는
→ 검소한

1003 ★

### thrift

[θrift]

**thrifty** 형 검소한

명 검약, 검소

He overcame his poverty through industry and **thrift**.
그는 근면과 검소로 가난을 극복했다.

검소해야(thrift) 번영하지(thrive)
→ 검약, 검소

1004 ★★

### curb

[kəːrb]

동 억제[제한]하다 명 ① 억제 ② 연석

= 동 limit, restrict, confine, constrain

We put a **curb** on the spread of AIDS.
우리는 에이즈의 확산을 억제한다.

커브(curve)에선 속도를 억제해야(curb) 하니까
→ 억제하다, 제한하다

1005 ★

## forbear

[fɔːrbέər]

동 억제하다, 참다

= keep, abstain, desist, withhold, refrain

I could not **forbear** laughing.
나는 웃음을 참을 수 없었다.

다이어트를 위해(for) 먹고 싶은 것을 참는(bear) 거니까
→ 억제하다, 참다

1006 ★

## refrain

[rifréin]

동 삼가다, 자제하다 (from)

= keep, abstain, desist, withhold, forbear

You have to **refrain** from smoking.
당신은 흡연을 삼가야 한다.

re + frain
back restrain
생각이 뒤로(re) 물러나도록 저지하는(frain) 거니까
→ 자제하다

1007 ★★

## bewilder

[biwíldər]

bewildering 형 어리둥절하게 만드는

동 당황하게 하다, 어리둥절하게 만들다

= confuse, perplex, confound, baffle

She was **bewildered** by their continual questions.
그녀는 그들의 계속되는 질문에 당황했다.

학생이 너무 거칠게(wild) 대들면 선생님은 당황하죠(bewilder)
→ 당황하게 하다

1008 ★

## baffle

[bǽfl]

동 당황하게 하다

= confuse, perplex, bewilder, confound

I was **baffled** about my parents' separation.
나는 부모님의 별거에 당혹스러워했다.

배플 = 베프 / battle
베프끼리 갑자기 싸우면(battle) 주변 사람들이 당황하니까(baffle)
→ 당황하게 하다

1009 ★★

## perplex

[pərpléks]

perplexity 명 당황, 곤혹, 난처함

동 당황하게 하다, 난처하게 하다

= confuse, bewilder, baffle, puzzle

His strange silence **perplexes** me.
그의 이상한 침묵이 나를 당황하게 한다.

per + plex
thoroughly fold
완전히(per) 접어(plex) 꼬이게 하니까
→ 당황하게 하다, 난처하게 하다

1010 ★★

## rotate

[róuteit]

rotation 명 ① 회전, 순환 ② 교대

동 ① 회전하다[시키다]
② 교대하다, 순환 근무하다

= ① turn, revolve

Horses can **rotate** their ears up to 180 degrees.
말은 최대 180도까지 귀를 회전시킬 수 있다.

rot + ate
roll 동접
두루마리처럼(rot) 도니까
→ 회전하다

1011 ★★

## roll

[roul]

rolling 명 구르기, 회전
형 ① 구르는 ② 완만하게 경사진

동 ① 구르다[굴리다] ② (둥글게) 말다
명 ① 구르기 ② 통, 두루마리 ③ 명부

Let's **roll** the dice and see what happens.
주사위를 굴려서 무슨 일이 일어나는지 보자.

화장지가 두루두루 말려(roll) 두루마리 롤(roll)로 되어 있죠
→ 말다, 두루마리
자주 먹는 롤케이크(roll cake)는 둥글게 말려 있죠
→ 말다

1012 ★★

## bunch

[bʌntʃ]

명 ① 다발, 묶음 ② 많음

= ① bundle

A **bunch** of people showed up for the surprise party.
깜짝 파티에 많은 사람들이 찾아왔다.

내가 번(bun) 돈 뭉치(ch), 돈 다발(bunch)
→ 다발

번치 = 많지

먼지 뭉치 많지(bunch)
→ 많음

1013 ★

## bundle

[bʌ́ndl]

명 다발, 묶음, 꾸러미 동 다발로 하다, 묶다

= 명 bundle, roll, packet, pile

This software update is available as a **bundle**.
이 소프트웨어 업데이트는 묶음으로 제공됩니다.

마트에 비닐로 번들번들(bundle)하게 묶어 놓은 다발
→ 다발, 묶음

1014 ★

## compile

[kəmpáil]

compilation 명 편집, 편찬

동 ① 엮다, 편집하다 ② 모으다, 수집하다

= ① arrange, organize, compose

Her recipe **compiles** flavors from around the world.
그녀의 요리법은 전 세계의 맛을 모아 놓은 것이다.

com + pile
together pile

자료를 다 함께(com) 놓고 쌓으니까(pile)
→ 엮다, 편집하다

1015 ★★

## assemble

[əsémbl]

assembly
명 ① 의회, 집회 ② (차량 등의) 조립

동 ① 모으다, 모이다 ② 조립하다

= ① gather, convene, congregate

The researchers decided to **assemble** data.
연구원들은 데이터를 모으기로 결정했다.

'공장 조립 라인'을 assembly line이라 하죠
→ 조립하다

1016 ★

## congregate

[káŋgrigèit]

congregation 명 ① 모임, 집회 ② 신자, 신도

동 모이다, 모으다

= gather, assemble, convene

Young people often **congregate** in the main square in the evenings.
저녁이면 젊은이들이 주 광장에 자주 모인다.

캉그리게이트 = 깡그리 + gate

깡그리 문(gate) 앞에 모이다(congregate)
→ 모이다

1017 ★

## aggregate

[ǽgrigət]

동 ① 합계가 -이 되다 ② 모이다, 모으다
명 합계, 총액, 집합체 형 합계의, 총합의

The five companies made an **aggregate** profit of $10 million.
그 다섯 회사는 총 천만 달러의 수익을 냈다.

ag + greg + ate
to flock 동·명접

각각의 숫자가 한 곳으로(ag) 모이니까(greg)
→ 합계가 -이 되다

1018 ★★

## accumulate
[əkjú:mjulèit]

accumulation 명 축적(물), 누적

동 **모으다, 축적하다, 쌓이다**

= amass

By investing wisely she **accumulated** a fortune.
그녀는 현명한 투자로 많은 돈을 모았다.

통장에(ac) 돈을 꾸물꾸물(cumul) 모으다(accumulate)
→ 축적하다

1019 ★★

## heir
[ɛər]

명 **상속인, 후계자**

= successor

He is the **heir** to a large fortune.
그는 많은 재산의 상속인이다.

에어 = 에워

할아버지를 에워싸는 돈밖에 모르는 상속인들(heir)
→ 상속인, 후계자

1020 ★★

## inherit
[inhérit]

inheritance 명 상속, 유산
inherent 형 타고난

동 **(재산·권리를) 물려받다, 상속받다**

He **inherited** a large fortune from his father.
그는 아버지로부터 많은 재산을 물려받았다.

in + herit
in　heir

상속인(herit) 안에(in) 속해 있으니까
→ (재산·권리를) 물려받다, 상속받다

1021 ★★

## heritage
[héritidʒ]

명 **유산**

= legacy, inheritance

The historic building is as much part of our **heritage** as the paintings.
그 역사적인 건물은 그림만큼이나 우리 유산의 일부이다.

헤리티쥐 = 허리띠지

유산(heritage)으로 물려받은 허리띠지
→ 유산

1022 ★★

## heredity
[hərédəti]

hereditary 형 유전적인, 유전성의

명 **유전**

**Heredity** is not a factor in causing the cancer.
유전은 암을 일으키는 요인이 아니다.

우리의 허례(here) 의식과 더티(dity)한 습관이 자녀에게 유전되지(heir) 않도록 하자
→ 유전

1023 ★★

## inherent
[inhíərənt]

inherit 동 물려받다
inherently 부 선천적으로

형 **타고난, 내재된, 본질적인**

= natural, inborn, innate, intrinsic

Stress is an **inherent** part of dieting.
스트레스는 다이어트의 본질적인 부분이다.

in + herent
in　stick

안에(in) 들러붙어(herent) 있으니까
→ 타고난, 내재된

1024 ★★

## intrinsic
[intrínsik]

intrinsically 부 본질적으로

형 **내재하는, 본질적인**

= natural, inborn, innate, inherent

The **intrinsic** value of it is priceless.
그것의 본질적인 가치는 값을 매길 수 없다.

intrin + sic
within　along

안쪽(intrin)을 따라가면(sic) 나오니까
→ 내재하는

1025

## hardwired

[há:rdwáiərd]

형 ① 타고나는, 선천적인 ② 하드웨어에 내장된

= ① inherent, intrinsic, innate, natural, native

This reflex seems **hardwired**, not learned.
이 반사는 학습된 것이 아니라 선천적인 것 같다.

단단하게(hard) 철사(wire)로 엮어 고정되어 있으니까
→ 타고나는, 하드웨어에 내장된

1026 ★★

## native

[néitiv]

**natively** 부 선천적으로, 천연적으로

형 ① 출생지의 ② 타고난 명 원주민, 현지인

= 형 ① aboriginal, indigenous

Her **native** language is Korean.
그녀의 모국어는 한국어이다.

nat + ive
born 형·명접
태어난(nat) 대로니까
→ 타고난

1027 ★★

## innate

[inéit]

형 ① 타고난, 선천적인 ② 고유의

= ① natural, inborn, inherent, intrinsic

A great writer has an **innate** gift.
위대한 작가는 타고난 재능이 있다.

in + nat(e)
in born
태어날(nat) 때부터 안에(in) 지니고 있는 거니까
→ 타고난

1028 ★★

## naive

[na:í:v]

형 순진한, 소박한

= innocent, ingenuous

His approach to life is refreshingly **naive**.
삶에 대한 그의 접근법은 신선할 정도로 순진하다.

na + ive
born 형접
막 태어난(na) 아이 같은 거니까
→ 순진한

나이브 = 나이보
나이보다 순진한(naive) 사람
→ 순진한

1029 ★★

## awful

[ɔ́:fəl]

**awe** 명 두려움, 경외심

형 끔찍한, 지독한

= terrible, horrific, dreadful

*cf.* awesome (경탄할 만한, 엄청난)

The weather this summer is very **awful**.
올여름 날씨는 정말 끔찍하다.

오풀 = 오, 뿔
괴물의 끔찍한(awful) 뿔을 보고 "오, 뿔!"
→ 끔찍한, 지독한

1030 ★

## formidable

[fɔ́:rmidəbl]

형 어마어마한, 가공할

= powerful, mighty, potent

**Formidable** power dwells in your soul.
어마어마한 힘이 당신의 영혼에 머물고 있다.

폴미더블 = 못 미더울
그가 맡은 일의 양이 못 미더울(믿을) 만큼 많았다
→ 어마어마한, 가공할

폴미더블 = 폼이 double
투수의 투구 폼이 2개(double)니까
→ 어마어마한, 가공할

1031 ★

## fanatic

[fənǽtik]

형 광신적인, 열광적인 명 광신자, 열광자

= 명 devotee, enthusiast

The **fanatic** fans thronged toward him.
열광적인 팬들이 그에게 몰려왔다.

광적인(lunatic) 팬(fan)
→광신자

1032 ★★

## enthusiasm

[inθú:ziæzm]

**enthusiastic** 형 열성적인, 열광적인

명 열중, 열광

I really admire your **enthusiasm**.
난 당신의 열정을 정말 존경한다.

인수지애즘 = 인수 + 지애 + 중
인수와 지애는 서로 열광적(enthusiasm)으로 사랑 중
→열중, 열광

1033 ★★

## despair

[dispέər]

**desperation** 명 절망

동 절망하다 명 절망, 실망

In isolation, hope disappears, and **despair** rules.
고립 상태에서는 희망은 사라지고 절망이 지배한다.

de (away) + spair (hope)
희망(spair)이 사라진(de) 상태이니까
→절망하다, 절망

디스페어 = 데스pair
부부(pair) 중에 한 명이 죽으면(des) 절망하죠(despair)
→절망하다

1034 ★★

## desperate

[déspərit]

**desperately** 부 필사적으로, 절망적으로

형 ① 필사적인 ② 자포자기한, 절망적인

It was a **desperate** attempt to preserve the peace.
그것은 평화를 지키기 위한 필사적인 시도였다.

de (off) + sper (hope) + ate (형접)
희망(sper)이 없으니까(de)
→자포자기한

1035 ★★

## chill

[ʧil]

**chilly** 형 차가운, 으스스한

명 냉기, 한기 동 오싹하게 만들다

It **chills** my blood to think of it.
그 일은 생각만 해도 오싹해진다.

칠 = 치를
치를 떨 만큼 차가운 냉기(chill)
→냉기, 한기

1036 ★★

## frigid

[frídʒid]

형 ① 추운, 혹한의 ② 냉담한

= ② indifferent, aloof, distant

The recent **frigid** weather will continue until next week.
최근의 추운 날씨가 다음 주까지 지속될 것이다.

프리지드 = 풀이 지다
겨울 날씨가 너무 추워(frigid) 풀이 지다
→추운

1037 ★★

## frost

[frɔ:st]

**frosty** 형 서리가 내리는, 몹시 추운
**freeze** 동 얼다, 얼리다
**defrost** 동 ① 서리[얼음]을 없애다 ② (냉동식품을) 해동하다

명 서리, 추운 날씨

I used to think that the North Pole was the seat of **frost**.
나는 북극이 서리의 땅이라고 생각하곤 했다.

추워서 언(frozen) 서리(frost)
→서리

1038 ★★

## hazard

[hǽzərd]

**hazardous** 형 위험한

명 **위험 (요소)**

= risk, peril, jeopardy, threat, menace

Learn the **hazards** of dust in the home for children.
아이들을 위해 집안 먼지의 위험성에 대해 알아보세요.

**해저드** = **해 졌으**
해가 지면 밖이 더 위험(hazard)해지죠
→ 위험 (요소)

1039 ★

## jeopardy

[dʒépərdi]

**jeopardize** 동 위험에 빠뜨리다, 위태롭게 하다

명 **위험**

= risk, peril, hazard, threat, menace

The financial crisis will put the company's future in **jeopardy**.
금융 위기는 그 회사의 미래를 위험에 빠뜨릴 것이다.

**줴펄디** = **잡혔지**
적군에게 잡혔지
→ 위험

1040 ★★

## peril

[pérəl]

**perilous** 형 위험한

명 **위험**

= risk, hazard, jeopardy, threat, menace

We are in the gravest **peril**.
우리는 가장 심각한 위험에 처해 있다.

**페럴** = **폐를**
폐를 다칠지도 모르는 위험(peril)
→ 위험

1041 ★★

## poisonous

[pɔ́izənəs]

**poison** 명 독, 독약
**poisoning** 명 중독, 독살

형 **유독한, 독이 있는**

= toxic

Chocolate is **poisonous** to dogs.
초콜릿은 개에게 독이 된다.

**포이저너스** = **보이지 않소**
유독한(poisonous) 미세먼지 때문에 앞이 보이지 않소
→ 유독한, 독이 있는

1042 ★★

## toxic

[tάksik]

**toxicity** 명 유독성

형 **유독한, 독이 있는**

= poisonous, noxious, harmful

Too much **toxic** waste is being dumped at sea.
너무나 많은 유독성 폐기물이 바다에 버려지고 있다.

**tox** + **ic**
poison 형접
독(tox)이 있는 거니까
→ 유독한, 독이 있는

1043 ★

## noxious

[nάkʃəs]

형 **유독한, 유해한**

= harmful, damaging, detrimental

**Noxious** gas was rising from the fire.
불에서 유독가스가 뿜어져 나오고 있었다.

**nox** + **ious**
harmful 형접
몸에 해로운(nox) 것이니까
→ 유독한, 유해한

1044 ★

## detrimental

[dètrəméntl]

형 **해로운**

= harmful, damaging

The policy will be **detrimental** to the peace process.
그 정책은 평화 정착 과정에 해가 될 것이다.

뒤틀린(detri) 정신(mental)은 사람에게 해롭죠(detrimental)
→ 해로운

1045 ★★

## doom

[du:m]

명 **운명, 비운, 파멸**
동 **(불행한) 운명에 처하게 하다**

= 명 fate, destiny

*cf.* be doomed to RV (~할 운명에 처하다)

Indeed, print-oriented novelists seem **doomed** to disappear.
정말로 인쇄 출판물 위주의 소설가들은 사라질 운명에 처한 것처럼 보인다.

행위(do)에 의해 운명(doom)이 결정되는 것이니까
→ (불행한) 운명에 처하게 하다

1046 ★★

## destiny

[déstəni]

**destined** 형 (~할) 운명에 있는

명 **운명, 숙명**

*cf.* be destined to RV (~할 운명이다)

Is it **destiny** that brings people together, or is it an accident?
사람들을 맺어 주는 것은 운명인가, 아니면 우연인가?

**de** + **stin** + **y**
completely stand 명접
완전히(de) 정해진 길 위에 서(stin) 있는 것이니까
→ 운명, 숙명

1047 ★★

## fate

[feit]

명 **운명, 숙명**

= destiny, doom, providence

The **fate** of the three men is unknown.
그 세 남자의 운명은 알려져 있지 않다.

**fa** + **te**
speak 명접
우리의 운명은 결국 신에 의해 말해진(fa) 것이니까
→ 운명, 숙명

물만 마셔도 찌는 사람의 살찜(fat) 운명(fate)
→ 운명, 숙명

1048 ★★

## fatal

[féitl]

**fatality** 명 사망자, 치사율
**fatally** 부 치명적으로

형 **① 치명적인 ② 운명의**

= ① deadly, lethal, mortal, life-threatening

The drunk driver caused a **fatal** accident.
그 음주 운전자는 치명적인 사고를 일으켰다.

**fa(t)** + **al**
speak 형접
신의 말씀(fa), 즉 운명을 결정하는 성질(al)이니까
→ 치명적인

1049 ★

## lethal

[lí:θəl]

형 **치사의, 치명적인**

= deadly, fatal, mortal, life-threatening

The disclosure will be **lethal** to his reputation.
그 폭로는 그의 명성에 치명적일 것이다.

**리떨** = **니 딸**
니 딸은 치명적인(lethal) 단점을 가지고 있어
→ 치명적인

1050 ★★

## mortal

[mɔ́:rtl]

**mortality** 명 ① 사망률, 사망자 수 ② 죽을 운명
**immortal** 형 불멸의

형 **① 죽을 운명의 ② 치명적인**

We are all **mortal**.
우리 모두 죽을 운명이다.

**mort** + **al**
death 형접
죽음(mort)의 성질을 띠니까
→ 죽을 운명의, 치명적인

DAY
# 22

## DAY 22 어휘 미리보기

DAY 22

| | | | | |
|---|---|---|---|---|
| □ tentative | □ garbage | □ gaze | □ foe | □ aftermath |
| □ temporary | □ landfill | □ glimpse | □ opponent | □ condition |
| □ chronic | □ dump | □ skim | □ object | □ bind |
| □ eternal | □ sake | □ browse | □ spouse | □ splash |
| □ longevity | □ forsake | □ prose | □ bride | □ shed |
| □ euthanasia | □ abandon | □ encyclopedia | □ bribe | □ spill |
| □ nasty | □ desert | □ signify | □ forfeit | □ leak |
| □ foul | □ squander | □ mean | □ kidnap | □ drain |
| □ stink | □ available | □ represent | □ plight | □ drown |
| □ sewage | □ usage | □ peer | □ deadlock | □ tide |

□□□
1051 ★

## tentative
[téntətiv]

**tentatively** 부 임시로, 잠정적으로

형 **일시적인, 잠정적인**

= temporary, momentary, transient, provisional

I have made **tentative** plans to take a trip to Canada in July.
나는 7월에 캐나다 여행을 하기로 잠정적인 계획을 세워 놓았다.

텐트(tent)는 일시적인(tentative) 숙소니까
→ 일시적인, 잠정적인

□□□
1052 ★★

## temporary
[témpərèri]

**temporal** 형 ① 시간의 ② 현세의
**temporarily** 부 일시적으로, 임시로

형 **일시적인, 임시의**

= momentary, transient, tentative, provisional

*cf.* permanent (불변의, 영구적인)

Jet lag is only **temporary**.
시차로 인한 피로는 일시적일 뿐이다.

tempor (time) + ary (형접)
한때(time)의 성질(ary)을 지닌 거니까
→ 일시적인

□□□
1053 ★★

## chronic
[kránik]

형 **만성적인, 장기간 지속되는**

= persistent, long-term

*cf.* acute (급성의)

The illness frequently coexists with other **chronic** diseases.
그 질병은 흔히 다른 만성 질환과 같이 나타난다.

chron (time) + ic (형접)
시간(chron)에 관한 것이니까
→ 만성적인, 장기간 지속되는

크라닉 = 끄러니
병이 안 낫고 질질 끄(러)니(chronic)
→ 만성적인

1054 ★★

## eternal

[itə́:rnəl]

eternity 명 영원
eternally 부 영원히

형 영원한, 불변의

= permanent, perpetual, everlasting, perennial

The secret of **eternal** youth is arrested development.
영원한 젊음의 비결이란 성장이 멈추는 것이다.

이터널 = 이 터널
이 터널은 튼튼하게 잘 만들어져서 영원할(eternal) 것이다
→ 영원한, 불변의

1055 ★

## longevity

[lɔndʒévəti]

명 ① 장수, 오래 지속됨 ② 수명

The town is one of the most famous **longevity** villages in the world.
그 마을은 세계적으로 가장 유명한 장수 마을 중 하나이다.

long + ev + ity
long age 명접
오랜(long) 시대(ev)에 걸쳐 사는 것
→ 장수

1056

## euthanasia

[jù:θənéiʒə]

명 안락사

**Euthanasia** is only legal in the state of Oregon.
안락사는 오레곤 주에서만 합법이다.

eu + thana(s) + ia
good death 명접
죽음(thana)을 좋게(eu) 맞이하는 것이니까
→ 안락사

1057 ★

## nasty

[nǽsti]

형 ① 더러운, 역겨운 ② 심술궂은 ③ 음란한, 음흉한

= ① dirty, unpleasant, disgusting, awful, foul

*cf.* naughty (버릇없는)

The weather turned into a **nasty** storm.
날씨는 궂은 폭풍으로 변했다.

보금자리(nest)가 더러운(nasty)
→ 더러운, 역겨운

1058 ★

## foul

[faul]

형 ① 더러운, 불쾌한 ② (스포츠) 반칙인, 파울의, 부당한
명 (스포츠) 반칙, 파울

= 형 ② dirty, unfair, illegal, unjust

She couldn't stand the **foul** language used.
그녀는 욕설을 참을 수 없었다.

축구 경기에서 반칙하면(foul) "파~울!"
→ 반칙, 파울

경기 중에 파울 당하면 기분이 불쾌하죠(foul)
→ 더러운, 불쾌한

1059 ★

## stink

[stiŋk]

동 악취를 풍기다 명 악취

This room **stinks** to high heaven.
이 방은 지독한 악취를 풍긴다.

코를 찌르는(sting) 악취(stink)
→ 악취

1060 ★

## sewage

[sú:idʒ]

명 **하수, 오물**

The raw **sewage** flowed into the sea.
정화되지 않은 하수가 바다로 흘러 들어갔다.

**수이지** = **수(水)이지**
하수(sewage)는 사용된 후의 더러운 물(水)이지
→ **하수, 오물**

1061 ★★

## garbage

[gɑ́:rbidʒ]

명 **쓰레기**

= waste, junk, trash, rubbish, debris, litter

I picked the can out of the **garbage** and looked at the label.
나는 쓰레기에서 그 캔을 꺼낸 뒤 제품 라벨을 보았다.

차고(garage)에 쌓인 쓰레기(garbage)를 연상
→ **쓰레기**

1062

## landfill

[lǽndfil]

명 **쓰레기 매립지**

= dump

Millions of plastic bags are sent to **landfills** every day.
수백만 개의 비닐봉지들이 매일 쓰레기 매립지로 보내진다.

**land** + **fill**
land fill
쓰레기로 가득 채운(fill) 땅(land)이니까
→ **쓰레기 매립지**

1063 ★★

## dump

[dʌmp]

**dumping** 명 ① (쓰레기) 내버림 ② 투매, 덤핑

동 **① 털썩 내려놓다, 내버리다**
**② 팔아 치우다, 투매하다**
명 **쓰레기 더미, 폐기장**

Some people secretly **dump** waste into the sea.
어떤 사람들은 몰래 쓰레기를 바다에 내버린다.

쓰레기를 내버릴(dump) 때 쓰는 트럭이 덤프 트럭
→ **내버리다**

1064 ★

## sake

[seik]

명 **위함, 이익, 목적**

*cf.* for the sake of (~을 위해서)

He's going to live in the country for the **sake** of his health.
그는 건강을 위해 시골에서 살 것이다.

**새이크** = **새 이익**
우리는 새 이익을 목적(sake)으로 삼죠
→ **이익, 목적**

1065 ★

## forsake

[fərséik]

동 **① (친구 등을) 저버리다**
**② (습관 등을) 그만두다**

= ① abandon, desert, discard

He held her close and swore never to **forsake** her.
그는 그녀를 꼭 끌어안고 절대로 그녀를 버리지 않겠다고 맹세했다.

새 이익(sake)을 위해(for) 애인을 버린(forsake) 비정한 사람
→ **저버리다**

1066 ★★

## abandon

[əbǽndən]

**abandoned** 형 ① 버려진 ② 제멋대로인
**abandonment** 명 ① 버림 ② 포기

동 **① 포기하다, 그만두다**
**② (사람을) 버리다, 떠나다**

= ② desert, discard, forsake

Don't force me to **abandon** my plan.
제가 계획을 포기하도록 강요하지 마세요.

아빠(aba) 돈(don)을 포기하고(abandon) 자기 길을 가는 자식
→ **포기하다**

1067 ★★

## desert

[dézərt]

deserted 형 ① 사람이 없는 ② 버림받은

명 사막, 황야 동 버리다

= 동 abandon, discard, forsake

They adapted well to their life in the **desert**.
그들은 사막 생활에 잘 적응했다.

de + sert
away join
서로 결합된(sert) 땅에서 멀리 벗어난(de) 것이니까
→ 황야, 버리다

1068 ★

## squander

[skwɑ́ndər]

동 낭비하다, 함부로 쓰다

= waste, dissipate, misuse, lavish

He has never **squandered** money on flashy cars.
그는 화려한 차에 돈을 낭비한 적이 없다.

남들보다 더(der) 소비하니까(spend)
→ 낭비하다

1069 ★★

## available

[əvéiləbl]

avail 동 쓸모가 있다 명 효용
availability 명 이용 가능성

형 이용할 수 있는, 구할 수 있는

= accessible

There aren't enough resources **available**.
이용할 수 있는 자원이 충분하지 않다.

a + vail + able
to worth 형접
가치(vail) 있는 쪽(a)으로 할 수 있는(able) 것이니까
→ 이용할 수 있는

1070 ★★

## usage

[jú:sidʒ]

명 사용, 사용법

= use, utilization

Water **usage** has increased steadily over the past 100 years.
물 사용은 지난 100년 동안 꾸준히 증가해 왔다.

us + age
use 명접
사용하는(us) 것에 관한 거니까
→ 사용, 사용법

1071 ★

## gaze

[geiz]

동 지켜보다, 응시하다 명 응시, 주시

= 동 look, stare

We all **gazed** at each other in blank dismay.
우리는 모두 당황해서 멍하니 서로 얼굴만 쳐다보았다.

가재(gaze) 눈을 뜨고 바라보니까
→ 지켜보다, 응시하다

1072 ★

## glimpse

[glimps]

명 ① 잠깐[언뜻] 봄, 일별 ② 짧은 경험
동 잠깐[언뜻] 보다

= 명 ① glance, sight

I caught a **glimpse** of her.
나는 그녀를 언뜻 보았다.

글림스 = 끌림스
끌려서 잠깐 보다(glimpse)
→ 잠깐[언뜻] 봄

1073 ★★

## skim

[skim]

동 ① 훑어보다 ② 스치듯 지나가다 ③ (액체 위 기름을) 걷어내다

= ① glance, scan, browse, flip

I always **skim** the sports section of the newspaper.
나는 항상 신문의 스포츠면을 훑어본다.

뛰어넘듯이(skip) 글을 훑어 읽다(skim)
→ 훑어보다

1074 ★

## browse

[brauz]

동 ① 대강 훑어보다, 구경하다
② (짐승이) 풀을 뜯어 먹다

= ① scan, skim, glance

He was **browsing** the displays.
그는 진열된 물건들을 구경하고 있었다.

브라우즈 = 블라우스
멋진 블라우스를 구경하다 (browse)
→ 대강 훑어보다, 구경하다

1075 ★

## prose

[prouz]

**prosaic** 형 평범한, 따분한

명 ① 산문 ② 단조, 단조로운 글

*cf.* verse (운문), poetry (시, 시가)

He is a writer of incomparable **prose**.
그는 누구와도 견줄 수 없는 산문 작가이다.

프로우즈 = 풀어서
풀어서 쓴 글(prose)이니까
→ 산문

1076 ★

## encyclopedia

[insàikləpíːdiə]

명 백과사전

Most children have an **encyclopedia** in their room.
대부분의 아이들은 방에 백과사전을 가지고 있다.

en + cyclo + pedia
in circle education
안에(en) 주위(cyclo)의 교육(pedia)을 모두 담은 책
→ 백과사전

1077 ★★

## signify

[sígnəfài]

**significant** 형 ① 중요한 ② 상당한
**significance** 명 ① 중요성, 중대성 ② 의미

동 ① 의미하다, 나타내다 ② 중요하다

= ① suggest, indicate, imply, infer

She nodded to **signify** that she agreed.
그녀는 동의한다는 뜻으로 고개를 끄덕였다.

sign + ify
mark 동접
기호로(sign) 나타내 보이니까(ify)
→ 의미하다

1078 ★★

## mean

[miːn]

형 ① 중간의, 보통의 ② 심술궂은, 비열한
동 의미하다, 의도하다

His classmates didn't like him because he was **mean**.
그는 비열했기 때문에 그의 반 친구들은 그를 좋아하지 않았다.

me(an)
middle
어느 쪽 편도 들지 않고 중간에(me) 있으니까
→ 중간의, 보통의

1079 ★★

## represent

[rèprizént]

**representative** 명 대표자
**representation** 명 묘사

동 ① 대표하다 ② 표현하다, 나타내다

The dove **represents** peace.
비둘기는 평화를 나타낸다.

re + pre + (e)s + ent
completely before be 동접
다른 사람들보다 완전히(re) 앞에(pre) 있는(s) 거니까
→ 대표하다
사랑하는 사람에게 선물(present)로 내 마음을 표현하다(represent)
→ 표현하다, 나타내다

1080 ★

## peer

[piər]

명 ① 동료 ② (영국의) 귀족
동 자세히 눈여겨보다, 응시하다

= 명 ① colleague, co-worker, associate

I have many **peers** to help me.
나는 나를 도와줄 동료가 많다.

피어
피어나는 꽃이 신기해서 귀족들(peer)이 응시하니까(peer)
→ 자세히 눈여겨보다, 응시하다

1081 ★

## foe

[fou]

명 **적, 원수**

= opponent, enemy, antagonist, rival

We couldn't tell whether he was a friend or **foe.**

우리는 그가 친구인지 적인지 분간할 수 없었다.

포우 = 포

포를 쏘는 적(foe)

→ 적, 원수

1082 ★★

## opponent

[əpóunənt]

**opposite** 형 반대편의, 정반대의

**opposition** 명 반대, 적대

**oppose** 동 반대하다

명 **적수, 반대자**

= foe, enemy, antagonist, adversary

I overwhelmed my **opponent** in the first game.

나는 첫 경기에서 내 적수를 압도했다.

op + pon + ent

against put 명접

반대편에(op) 놓인(pon) 거니까

→ 적수, 반대자

1083 ★★

## object

동 [əbdʒékt] 명 [ábdʒikt]

**objective** 명 목표 형 객관적인

**objection** 명 반대

동 **반대하다** 명 **① 물체 ② 목표**

*cf.* subject (과목, 주제; 복종시키다; 지배를 받는)

Many people **object** to animal testing.

많은 사람이 동물 실험에 반대한다.

ob + ject

against throw

무언가를 마주(ob) 세워 놓고 돌을 던져(ject) 맞추니까

→ 반대하다, 목표

1084 ★

## spouse

[spaus, spauz]

명 **배우자**

I always tell my **spouse** without disguise when I have a problem.

나는 문제가 있으면 언제나 내 배우자에게 숨김없이 말한다.

spou(se)

promise

서로 함께하기로 약속한(spou) 사람이니까

→ 배우자

1085 ★

## bride

[braid]

명 **신부**

*cf.* groom (신랑)

She had a **bride**'s flower in her hair.

그녀는 머리에 신부 화환을 썼다.

결혼식 날 제일 빛나는(bright) 사람은 신부(bride)니까

→ 신부

1086 ★

## bribe

[braib]

**bribery** 명 뇌물 수수

명 **뇌물** 동 **뇌물을 주다**

It is illegal to offer a **bribe** to a policeman.

경찰관에게 뇌물을 주는 것은 불법이다.

브라이브 = 브레드

우리나라의 '떡값'처럼 빵(bread)을 뇌물(bribe)로 주다

→ 뇌물

1087 ★

## forfeit

[fɔ́:rfit]

동 **몰수당하다, 잃다** 명 **벌금, 몰수품**

*cf.* confiscate (몰수하다, 압수하다)

He has **forfeited** his right.

그는 권리를 잃었다.

포핏 = 뽑히

재산을 모두 몰수당해서(forfeit) 집안 기둥뿌리가 뽑히다

→ 몰수당하다, 잃다

1088 ★

## kidnap

[kídnæp]

동 **납치하다, 유괴하다**

= abduct

They want to **kidnap** small children.
그들은 어린아이들을 유괴하고 싶어 한다.

아이(kid)를 냅(nap)다 데려가는 거니까
→ 납치하다

1089 ★

## plight

[plait]

명 **곤경**

= hardship, dilemma

She was struck by the **plight** of the refugees.
그녀는 난민들의 곤경에 충격을 받았다.

고소공포증을 가진 사람은 비행기(flight) 탈 때마다 곤경(plight)에 빠지니까
→ 곤경

1090 ★

## deadlock

[dédlɑk]

명 **교착 상태, 막다른 골목**

= standstill, stalemate

The two nations' relationship was at a **deadlock**.
양국 관계는 교착 상태에 빠졌다.

**dead** + **lock**
still lock
정지한(dead) 상태로 잠겼으니까(lock)
→ 교착 상태

1091 ★

## aftermath

[ǽftərmæθ]

명 **결과, 여파**

We needed a lot of rebuilding in the **aftermath** of the war.
우리는 전쟁의 여파로 많은 재건축이 필요했다.

수학(math) 시험 이후(after) 성적의 여파(aftermath)가 크니까
→ 결과, 여파

1092 ★★

## condition

[kəndíʃən]

conditional 형 조건부의
명 (문법) 조건문[법]
unconditional 형 무조건적인
precondition 명 전제[필수] 조건

명 **① 상태 ② 조건 ③ 상황, 환경[*pl.*]**
동 **① 길들이다, 훈련시키다**
**② 결정하다, 좌우하다**

= 명 ② stipulation, rule, terms, provision

The athlete is in peak **condition** for the race.
그 선수는 경기에 출전할 수 있는 최상의 상태이다.

네 상태(condition)에 따라 계약 조건(condition)이 결정돼(condition)
→ 상태, 조건, 결정하다

1093 ★★

## bind

[baind]

동 **묶다, 매다**

= tie, fasten, secure

She **bound** the package.
그녀는 소포를 묶었다.

파일 바인더(binder)로 서류를 하나로 묶다(bind)
→ 묶다, 매다

1094 ★

## splash

[splæʃ]

동 **(물·흙탕물을) 튀기다, 튀다**

= splatter, spatter

Don't **splash** water.
물을 튀기지 마라.

**스플래쉬** = **스프레이**
스프레이를 뿌리면 액체가 튀니까(splash)
→ 튀기다, 튀다

1095 ★

**shed**

[ʃed]

동 ① (눈물·피를) 흘리다, 떨어뜨리다
② (털·껍질을) 벗다

The trees began to **shed** their leaves.
나무들은 잎사귀를 떨어뜨리기 시작했다.

그녀(she)가 연인을 그리워하며 눈물을 흘리다(shed)
→ 흘리다, 떨어뜨리다

1096 ★★

**spill**

[spil]

동 흘리다, 엎지르다 명 엎지름, 유출

My son **spilled** ink on a desk.
내 아들이 책상에 잉크를 엎질렀다.

스타벅스(s) 커필(pill) 엎질렀다(spill)
→ 흘리다, 엎지르다

1097 ★

**leak**

[li:k]

**leakage** 명 누출(물), 새어나감

동 ① 새다[새게 하다]
② (비밀 등이) 누설되다[누설하다]
명 ① 새는 곳 ② 누출, 누설

= 동 ① spill, exude, discharge, seep (out)

The boat started to **leak** after hitting the rocks.
그 배는 바위에 부딪힌 후 물이 새기 시작했다.

수도 파이프가 약해(weak) 부서져(break) 누수(leak)가 발생했다
→ 새다, 새는 곳

1098 ★

**drain**

[drein]

**drainage** 명 배수, 배수 시설

동 ① (물을) 빼내다, 배수하다 ② 비우다
③ 고갈시키다

= ② empty, void, evacuate

Their fight **drains** national energy.
그들의 싸움은 국력을 고갈시킨다.

드러운 비(rain)를 배수관을 통해 빼내다(drain)
→ 빼내다

1099 ★★

**drown**

[draun]

**drowned** 형 익사한

동 물에 빠지다, 익사하다[시키다]

She thought someone must be in the car, getting **drowned**.
그녀는 누군가 차에 탄 상태로 익사할 위험에 처해 있음이 분명하다고 생각했다.

드라운 = 드러운
드러운 물에 빠지다(drown)
→ 물에 빠지다, 익사하다

1100 ★★

**tide**

[taid]

**tidal** 형 조수의

명 ① 조수, 조류 ② 흐름 ③ 풍조, 경향

**Tides** result from the pull of the moon's and the sun's gravity on the Earth.
조수는 지구에 미치는 달의 인력과 태양의 중력 때문에 일어나는 현상이다.

때(time)에 맞춰 들어오고 나가는 조수(tide)
→ 조수, 흐름

# DAY 23

## DAY 23 어휘 미리보기

DAY 23

| | | | | |
|---|---|---|---|---|
| □ contend | □ pirate | □ tidy | □ clumsy | □ capital |
| □ compete | □ camouflage | □ pliable | □ awkward | □ prime |
| □ competent | □ fabricate | □ flexible | □ urgent | □ primary |
| □ capable | □ forge | □ elastic | □ pressing | □ principal |
| □ capacity | □ falsify | □ resilient | □ emergency | □ momentous |
| □ faculty | □ artificial | □ restore | □ imperative | □ milestone |
| □ emulate | □ fake | □ recover | □ crucial | □ breakthrough |
| □ imitate | □ fraud | □ foolproof | □ decisive | □ ignore |
| □ mimic | □ courteous | □ mature | □ profitable | □ neglect |
| □ plagiarize | □ decent | □ ripen | □ staple | □ marginal |

1101 ★★

**contend**

[kənténd]

**contest** 명 ① 논쟁 ② 경쟁, 콘테스트
**contender** 명 경쟁자

**동 ① 다투다, 경쟁하다, 싸우다 ② 주장하다**

= ① compete

Nurses often have to **contend** with violent or drunken patients.
간호사들은 폭력적이거나 술에 취한 환자들과도 자주 싸워야 한다.

대회(contest)에서 서로 다투다 (contend)
→ **다투다, 경쟁하다**

1102 ★★

**compete**

[kəmpíːt]

**competitive** 형 경쟁하는, 경쟁력 있는
**competition** 명 경쟁, 시합, 경기
**competitor** 명 경쟁자

**동 경쟁하다, 겨루다**

= contend

Young children usually **compete** for their mother's attention.
어린아이들은 보통 엄마의 관심을 서로 받으려고 경쟁한다.

**com** + **pet(e)**
together seek
상대방과 함께(com) 동일한 목표를 추구하니까(pet)
→ **경쟁하다**

1103 ★★

## competent

[kάmpətənt]

competence 명 능력, 역량

형 유능한, 능력[자격]이 있는

= skillful, proficient, adept, capable

He is **competent** in teaching English.
그는 영어를 가르치는 데 유능하다.

com + pet + ent
together seek 형접
함께(com) 목표를 추구할(pet) 자격이 충분히 되니까
→ 유능한

컴퍼턴트 = 컴퓨턴
컴퓨턴(컴퓨터는) 복잡한 과정을 빠르게 해내니까 능력 있는(competent) 물건
→ 유능한

1104 ★★

## capable

[kéipəbl]

capability 명 능력, 역량
incapable 형 -할 수 없는

형 유능한, -할 수 있는

= competent, able, adept, apt, proficient

*cf.* be capable of (-할 수 있다)

She proved herself to be a **capable** business person.
그녀는 자신이 유능한 사업가임을 입증했다.

cap + able
take 형접
목표를 잡을(cap) 수 있는 거니까
→ 유능한, -할 수 있는

1105 ★★

## capacity

[kəpǽsəti]

capacious 형 널찍한, 큼직한

명 ① 용량, 수용력 ② 능력

= ① ability, potential, proficiency, faculty

She has the **capacity** to go all the way to the top.
그녀는 정상까지 쭉 올라갈 만한 능력이 있다.

cap(ac) + ity
take 명접
무언가를 가지고(cap) 있으니까
→ 능력

1106 ★★

## faculty

[fǽkəlti]

명 ① 능력 ② 학부 ③ 교수단

*cf.* facility (시설, 설비, 편의)

The humanity **faculty** offers a wide range of courses in literature, philosophy, and cultural studies.
인문학부는 문학, 철학, 그리고 문화 연구에서의 다양한 과정을 제공한다.

fac + ul + ty
make 형접 명접
뭔가를 만들어 낼(fac) 수 있는 것이니까
→ 능력
학생을 지식인으로 만드는(fac) 능력을 가진 집단
→ 학부, 교수단

1107 ★

## emulate

[émjulèit]

동 모방하다

= copy, imitate, mimic

We need to **emulate** his passion for his education.
우리는 그의 교육열을 본받을 필요가 있다.

애(e)가 애밀(emul) 따라하다(emulate)
→ 모방하다

1108 ★★

## imitate

[ímətèit]

**imitation** 명 ① 모방 ② 모조품

**동 ① 모방하다, 흉내 내다 ② 모사[모조]하다**

= ① copy, mimic, emulate

My friend can **imitate** the singer's voice perfectly.
내 친구는 그 가수의 목소리를 완벽하게 흉내 낼 수 있다.

**이미테이트** = **이미 + take**
이미 있는 것을 취하는(take) 행위는 모방하는(imitate) 것이니까
→ 모방하다

1109 ★

## mimic

[mímik]

**mimicry** 명 흉내

**동 모방하다, 흉내 내다 형 가짜[모조]의**
**명 흉내쟁이**

= 동 copy, imitate, emulate

She's always **mimicking** her friends.
그녀는 맨날 친구들을 흉내 낸다.

**mim** + **ic**
mime 형접
몸짓으로 표현하는(mim) 것이니까
→ 흉내 내다

1110 ★

## plagiarize

[pléidʒəràiz]

**plagiarism** 명 표절

**동 표절하다**

= copy, pirate

It's illegal to **plagiarize** other people's work.
다른 사람들의 작품을 표절하는 것은 불법이다.

**플래저라이즈** = **표절 + rise**
논문 표절 사태가 일어나다(rise)
→ 표절하다

1111 ★

## pirate

[páiərət]

**명 ① 해적 ② 불법 복제**
**동 ① 약탈하다 ② 표절하다, 불법 복제하다**

In the 19th century, **pirates** roamed the sea.
19세기에는 해적들이 바다를 배회했다.

**파이러트** = **파리 떼**
파리 떼처럼 덤비는 해적(pirate)
→ 해적

1112 ★

## camouflage

[kǽməflɑ̀ːʒ]

**명 위장 동 위장하다, 감추다**

= 동 disguise

He was dressed in **camouflage** for hunting.
그는 사냥을 위해 위장복을 입고 있었다.

**캐머플라지** = **캐면 풀리지**
정체를 계속 캐면 위장(camouflage)이 풀리지
→ 위장

1113 ★

## fabricate

[fǽbrikèit]

**fabrication** 명 조작, 위조(물)

**동 ① 만들다 ② 조작하다, 위조하다**

= ② counterfeit, forge, falsify, fake, make up

The desk was **fabricated** from pieces of old wood.
그 책상은 오래된 목재로 만들어졌다.

**패브리케이트** = **패버리겠다**
자꾸 경마 승부 조작하면(fabricate) 패버리겠다
→ 조작하다
공장에서 직물(fabric)을
→ 만들다

1114 ★

## forge

[fɔ:rdʒ]

동 ① 만들다, 구축하다 ② 위조하다

= ② counterfeit, falsify, fabricate, copy, imitate

They tried to **forge** the framework for the economy.
그들은 경제의 틀을 구축하려고 노력했다.

폴쥐 = 4G
우리나라가 4G망을 구축했다(forge)
→ 만들다, 구축하다

1115 ★

## falsify

[fɔ́:lsɪfài]

**false** 형 ① 틀린 ② 거짓의, 가짜의
**falsification** 명 위조, 조작

동 ① 속이다, 위조하다 ② 틀렸음을 입증하다

= ① counterfeit, forge, fabricate, fake

Documents were altered to **falsify** the evidence.
증거를 위조하기 위해 문서들이 변조됐다.

fals + ify
deceive 동접
속게(fals) 만들다
→ 속이다, 위조하다

1116 ★★

## artificial

[ɑ̀:rtəfíʃəl]

형 ① 인공의, 인위적인 ② 거짓된, 꾸민

= ① synthetic, fake, man-made, manufactured

The beverage contains no **artificial** preservatives.
그 음료에는 인공 방부제가 전혀 들어 있지 않다.

art(i) + fic + ial
art make 형접
인위적으로(art) 만든(fic) 거니까
→ 인공의, 인위적인

1117 ★★

## fake

[feik]

명 ① 위조품 ② 사기(꾼) 형 가짜의, 위조의
동 위조하다, 꾸며내다

= 형 false, forged, counterfeit, bogus

She judged the painting to be authentic, not a **fake**.
그녀는 그 그림이 위조품이 아니라 진품이라고 감정했다.

축구에서 공격수가 수비수를 속이기 위해 하는 가짜(fake) 동작은 페이크 모션
→ 가짜의, 위조의

1118 ★★

## fraud

[frɔ:d]

**fraudulent** 형 사기를 치는

명 사기(꾼)

= cheat, deceit, deception, swindle

She played a **fraud** to sustain her family.
그녀는 가족을 부양하기 위해 사기를 쳤다.

프로드 = 프로다
저 사기꾼(fraud)은 프로다
→ 사기(꾼)

1119 ★★

## courteous

[kə́:rtiəs]

courtesy 명 공손함, 정중함
courteously 부 예의 바르게, 정중히

형 예의 바른

= polite, respectful

The hotel staff are friendly and **courteous**.
그 호텔 직원들은 친절하고 예의 바르다.

컬티어스 = court에서
법정(court)에서는 공손한 태도를 보여야 하죠
→ 예의 바른

1120 ★★

## decent

[dí:snt]

decency 명 ① 체면, 품위 ② 예의[*pl.*]

형 ① 예의 바른, 품위 있는
② 제대로 된, 괜찮은

= ② satisfactory, reasonable, acceptable

It's not a great job, but the pay is **decent**.
대단한 직업은 아니지만, 보수는 괜찮다.

dec + ent
appropriate 형접
행위나 상황이 적절한(dec) 거니까
→ 예의 바른, 제대로 된

1121 ★★

## tidy

[táidi]

형 단정한, 깔끔한 동 치우다, 정돈하다

= 형 neat, organized

His room is always clear and **tidy**.
그의 방은 언제나 깨끗하고 깔끔하다.

타이디 = 타이 + 디
넥타이(tie)를 매면 디(dy)게 단정하니까(tidy)
→ 단정한, 깔끔한

1122 ★

## pliable

[pláiəbəl]

형 ① 유연한 ② 순응적인

= ① flexible, adaptable, plastic, elastic, resilient

It tends to make your mind extremely **pliable**.
그것은 당신의 마음을 매우 유연하게 만드는 경향이 있다.

pli + able
fold 형접
접힐(pli) 수 있는(able)
→ 유연한, 순응적인

1123 ★★

## flexible

[fléksəbl]

flexibility 명 융통성, 탄력성, 유연성

형 ① 탄력적인, 융통성 있는
② 유연한, 구부리기 쉬운

= ② pliable,adaptable, plastic, elastic, resilient

He isn't **flexible** in his thinking.
그는 사고가 유연하지 않다.

flex + ible
bend 형접
구부리기(flex) 쉬운 거니까
→ 탄력적인

1124 ★★

## elastic

[ilǽstik]

elasticity 명 탄성, 탄력성

형 탄력 있는, 유연한

= flexible, adaptable, plastic, pliable, resilient

This headband is very **elastic**.
이 머리띠는 매우 탄력 있다.

장난감 공은 대개 탄력 있는(elastic) 플라스틱(plastic) 재질이다
→ 탄력 있는

1125 ★

## resilient

[rizíljənt]

resilience 명 탄성, 회복력

형 탄력성이 있는, 잘 회복하는

= flexible, adaptable, plastic, pliable, elastic

Rubber is more **resilient** than wood.
고무는 나무보다 더 탄력이 있다.

re + sili + ent
back jump 형접
탱탱해서 뒤로(re) 잘 뛰어오르니까(sili)
→ 탄력성이 있는

당겨도 다시(re) 조용히(silent) 원래대로 돌아가는 탄력성 있는(resilient) 물건
→ 탄력성이 있는

1126 ★★

## restore

[ristɔ́:r]

restoration 명 회복

동 ① 회복시키다 ② 되찾다, 복원[복구]하다

He is **restored** to health.
그는 건강을 회복했다.

re + store
again stand
다시(re) 바로 서도록(store) 하다
→ 회복시키다, 복원[복구]하다

1127 ★★

## recover

[rikʌ́vər]

recovery 명 ① (병의) 회복 ② (분실한 것의) 회수

동 ① 회복하다 ② 되찾다, 회수하다

= ② regain, retrieve, reclaim

Fortunately, its bite is not poisonous and the victim will **recover**.
다행히 그것이 무는 것은 독성이 없어서 희생자는 회복할 것이다.

re + cover
again cover
감기 걸린 아이에게 이불을 다시(re) 덮으니(cover)
→ 회복하다

1128 ★

## foolproof

[fú:lpru:f]

형 ① 실패할[잘못될] 염려가 없는 ② 누구나 다룰 수 있는, 아주 간단한

= ① infallible, unfailing, unerring, reliable, trustworthy

*cf.* proof (-을 막는)

This security measure is **foolproof.**
이 보안 조치는 잘못될 염려가 없다.

fool + proof
fool resistant
바보(fool)가 되는 것을 막을(proof) 정도로 간단하니까
→ 실패할[잘못될] 염려가 없는

풀푸르프 = full proof
충분한(full) 증거(proof)가 있으므로
→ 실패할[잘못될] 염려가 없는

1129 ★★

## mature

[mətjúər]

maturity 명 성숙, 숙성
premature 형 너무 이른, 시기상조의

형 익은, 성숙한

= ripe

They go from helpless babies to **mature** adults.
그들은 무력한 아기에서 성숙한 어른이 된다.

머추어 = 맞추어
가을에 맞추어 익은(mature) 과일
→ 익은, 성숙한

1130 ★★

## ripen

[ráipən]

ripe 형 익은, 숙성된

동 익다[익히다], 숙성하다[숙성시키다]

Apples turn from green to red as they **ripen**.
사과는 익으면서 녹색에서 빨간색으로 변한다.

라이픈 = 나이 든

나이 든 것을 두고 익었다(ripen)고 하니까
→ 익다

1131 ★

## clumsy

[klʌ́mzi]

형 ① 서투른, 어설픈 ② 다루기 힘든

= ① awkward, inept, maladroit

On land, penguins are very **clumsy**.
육지에서 펭귄들은 아주 서투르다.

클럼지 = 꼬라지

하고 다니는 꼬라지가 서투른(clumsy)
→ 서투른

1132 ★★

## awkward

[ɔ́:kwərd]

형 ① 서투른 ② 어색한 ③ 다루기 어려운, 곤란한

= ① clumsy, inept, maladroit
② embarrassed, uncomfortable

I felt **awkward** after tripping in public.
나는 공공장소에서 넘어진 후 어색함을 느꼈다.

어퀄드 = 어, 쿨럭

"어, 심슨 아닌가? 죄송합니다 쿨럭 ^^;" (어색한(awkward) 웃음)
→ 어색한

1133 ★★

## urgent

[ə́:rdʒənt]

urgently 부 급히

형 긴급한, 시급한

= pressing, crucial, acute, emergency

The problem requires **urgent** attention.
그 문제는 시급한 관심을 요한다.

urg + ent
urge 형접
재촉하는(urg) 상황이니까
→ 긴급한

얼전트 = 어 전투

어(ur)! 지금 전투(gent) 중이니까
→ 긴급한, 시급한

1134 ★

## pressing

[présiŋ]

press 동 ① 누르다 ② 압박하다 명 언론

형 긴급한, 절박한, 임박한

= urgent, critical, crucial, life-and-death

There's a **pressing** need for blood donations.
헌혈이 절실히 필요하다.

마감일이 임박하면(pressing) 싱싱한(fresh) 아이디어의 압박감(pressure)
→ 긴급한, 임박한

1135 ★★

## emergency

[imə́:rdʒənsi]

명 비상 (사태) 형 비상용의, 긴급한

= 명 crisis

*cf.* emergence (출현, 발생)

He opened the **emergency** exit.
그는 비상 탈출구를 열었다.

e + merge + ncy
out dip 명접
담겨(merge) 있다가 갑자기 나타나는(e) 일
→ 비상 (사태)

1136 ★★

## imperative

[impérətiv]

형 ① 필수적인, 긴급한 ② 명령적인

= ① mandatory, compulsory, obligatory, urgent, pressing

It is **imperative** that they finish by next week.
그들이 다음 주까지 일을 끝내는 것은 필수적이다.

im + per + ative
in prepare 형접
어떤 일에서(im) 꼭 준비(per)해야 하는
→ 필수적인

1137 ★★

## crucial

[krúːʃəl]

형 중요한, 결정적인

= key, important, significant, critical, decisive, cardinal

Defense of the realm is **crucial**.
왕국을 지키는 것은 중요하다.

cruc(i) + al
cross 형접
갈림길에 있는 X자(cruc) 표지판에서 결정해야 하니까
→ 중요한

1138 ★★

## decisive

[disáisiv]

**decisively** 부 결정적으로, 단호하게

형 결정적인, 확정적인

= conclusive, key, important, critical

It is time to be **decisive** about our plan.
우리 계획을 결정할 때이다.

de + cis + ive
off cut 형접
한 가지를 빼놓고 나머지는 잘라내서(cis) 없애야(de) 하는 성질(ive)이니까
→ 결정적인

1139 ★★

## profitable

[práfitəbəl]

**profit** 명 수익
**profitability** 명 수익성

형 ① 수익성이 있는 ② 유익한

= ② advantageous, beneficial

The oil business is a **profitable** one.
석유 사업은 수익성이 있다.

profit + able
benefit 형접
이익(profit)이 되니까(able)
→ 수익성이 있는

1140 ★

## staple

[stéipl]

형 주요한 명 주요 산물

= 형 main, major, chief, prime, primary

The **staple** food of the Koreans is rice.
한국인의 주식은 쌀이다.

스테이플 = 숱해 애플
사과밭에 가면 숱해 애플이! 왜? 주요 산물(staple)이니까!
→ 주요한, 주요 산물
사과(apple)는 농부들의 주요 산물(staple)이다
→ 주요한, 주요 산물

1141 ★★

## capital

[kǽpətl]

명 ① 수도 ② 대문자 ③ 자본
형 ① 주요한 ② 자본의

= 명 ① metropolis

You will discover new streets and different views of the **capital**.
당신은 수도의 새로운 거리와 다양한 모습들을 발견할 것이다.

capit + al
head 형·명접
나라에서 머리(capit) 역할을 하는 도시니까
→ 수도

1142 ★★

## prime

[praim]

형 ① 주요한, 주된 ② 최고의
명 ① 전성기 ② 초기

= 형 ① main, major, chief, primary, cardinal

My **prime** concern is to protect my property.
나의 주된 관심사는 내 재산을 보호하는 것이다.

prim(e)
first
제1의(prim) 것이니까
→ 주된, 최고의

1143 ★★

## primary

[práimeri]

**primarily** 부 ① 첫째로, 우선 ② 본래 ③ 주로

형 ① 주요한 ② 최초의, 초기의

= ② initial, original

The disease is still in its **primary** stage.
그 병은 아직 초기 단계이다.

prim + ary
first 형접
제1의(prim) 것이니까
→ 주요한

1144 ★★

## principal

[prínsəpəl]

형 주요한, 주된, 제일의 명 우두머리, 교장

= 형 main, major, chief, prime, primary

*cf.* principle (원리, 원칙, 주의)

The **principal** knows all the students by name.
교장 선생님은 모든 학생들을 이름까지 아신다.

prin + cip + al
first take 형·명접
첫(prin) 자리를 차지하는(cip) 거니까
→ 주요한

1145 ★★

## momentous

[mouméntəs]

**momentum** 명 탄력, 가속도

형 중대한, 중요한

= key, important, significant, critical, crucial

*cf.* momentary (순간의, 잠깐의)

Our society faced **momentous** decisions.
우리 사회는 중대한 결정에 직면했다.

mom + ent + ous
move 명접 형접
움직이는(mom) 때, 즉 순간(moment)들로 가득하니까
→ 중대한, 중요한

1146 ★★

## milestone

[máilstòun]

명 ① 이정표
② 획기적인[중요한] 사건, 중대 시점

= ② landmark

The candlelight protests were a **milestone** in history.
촛불 시위는 역사상 중요한 사건이었다.

이정표(milestone)는 일정 마일(mile)마다 돌(stone)을 놓아 거리를 표시하는 것
→ 이정표

1147 ★★

## breakthrough

[bréikθrùː]

명 ① 돌파구 ② 획기적 발전

They made a major **breakthrough** in cloning research.
그들은 복제 연구에서 중대한 돌파구를 마련했다.

앞을 가로막는 것을 전부 부수며(break) 관통하는(through) 거니까
→ 돌파구, 획기적 발전

1148 ★★

## ignore

[ignɔ́ːr]

**ignorant** 형 ① 무지한, 무식한 ② 모르는
**ignorance** 명 무지, 모름

동 무시하다

= neglect, disregard, discount, belittle

Instead of saying 'Hello', he just **ignored** me.
'안녕'이라 말하기는커녕, 그는 그저 나를 무시했다.

이그노어 = 이거 놔!
이거 놔! 하면서 나를 무시하다(ignore)
→ 무시하다

1149 ★★

## neglect

[niglékt]

**negligible** 형 무시해도 좋은, 하찮은
**negligence** 명 부주의, 태만

동 ① 무시하다 ② 방치하다, 소홀히 하다
명 ① 무시 ② 방치, 태만

= 동 ① ignore, disregard, discount, belittle

Do not **neglect** others' good advice.
다른 사람들의 좋은 조언을 무시하지 말라.

'니(ne)는 글렀(glect)어' 하며 무시하다
→ 무시하다, 방치하다, 소홀히 하다

1150 ★★

## marginal

[máːrdʒinl]

**margin** 명 ① 가장자리 ② 한계

형 ① 가장자리의, 중요하지 않은 ② 한계의

= ① minor, trivial, insignificant, negligible

His Youtube channel gives us only **marginal** information.
그의 유튜브 채널은 우리에게 중요하지 않은 정보만을 준다.

요즘 장사꾼들이 마진(margin)이 안 남는다고 하니
→ 한계의

DAY 24

## DAY 24 어휘 미리보기

DAY 24

| | | | | |
|---|---|---|---|---|
| □ tedious | □ pandemic | □ setback | □ attribute | □ terse |
| □ monotonous | □ endemic | □ drawback | □ contribute | □ prolong |
| □ temper | □ rampant | □ barrier | □ pardon | □ elongate |
| □ temperament | □ ubiquitous | □ obstacle | □ condone | □ dense |
| □ soothe | □ pervasive | □ categorize | □ apology | □ compact |
| □ mitigate | □ prevail | □ label | □ condense | □ congestion |
| □ relieve | □ operate | □ screen | □ concentrate | □ populous |
| □ alleviate | □ launch | □ invoice | □ abbreviate | □ populate |
| □ plague | □ onset | □ rate | □ abridge | □ dwell |
| □ epidemic | □ outset | □ deserve | □ brevity | □ abide |

□□□

1151 ★

**tedious**

[tíːdiəs]

형 **지루한**

≡ dull, monotonous, dreary, mundane

His speech was both long and **tedious**.
그의 연설은 길고 지루했다.

**티디어스 = 티 + 되었어**
지루한(tedious) 기다림 속에서 티(tea)를 많이 마셔서 더는 됐다
→ 지루한

□□□

1152 ★★

**monotonous**

[mənátənəs]

**monotone** 명 단조로운 소리
형 단조로운
**monotony** 명 단조로움

형 **단조로운, 지루한**

≡ dull, tedious, dreary, repetitious

Aircraft passed overhead with **monotonous** regularity.
항공기들이 단조로울 정도로 정기적으로 머리 위를 지나갔다.

**mono** + **ton** + **ous**
one sound 형접
하나의(mono) 어조로(ton) 소리 내는 거니까
→ 단조로운

□□□

1153 ★★

**temper**

[témpər]

**tempered** 형 -한 기질의

명 **① (화내는) 성질[성미], 기질 ② 기분**

≡ ① nature, temperament, disposition

She has a calm **temper**.
그녀는 차분한 성질을 지녔다.

**temper**
mix
여러 가지가 섞여서(temper) 나타나는 것이니까
→ 성질

1154 ★★

## temperament

[témpərəmənt]

**temperamental**
형 ① 기질적인 ② 신경질적인, 괴팍한

**명 ① 성질, 기질 ② 신경질적임**

= ① nature, disposition, temper, character

He has a very even **temperament**.
그는 매우 차분한 기질이 있다.

**temper(a)** + **ment**
mix 명접
적당히 섞여져서(temper) 나타나는 것이니까
→ 기질

1155 ★★

## soothe

[su:ð]

**soothing** 형 달래는, 위로하는

**동 달래다, 진정시키다, 완화시키다**

= ease, relieve, alleviate, appease, mitigate

I tried to **soothe** the crying child.
나는 우는 아이를 진정시키려고 애썼다.

**수우드** = **수두**
수두를 앓느라 아파하는 아이를 달래다(soothe)
→ 달래다, 진정시키다

1156 ★★

## mitigate

[mítəgèit]

**mitigation** 명 완화, 경감

**동 누그러뜨리다, 진정시키다**

= ease, relieve, soothe, alleviate, appease

Soil erosion can be **mitigated** by the planting of trees.
토양 침식은 나무를 심음으로써 완화될 수 있다.

**미티게이트** = **미치게뜨**
짜증 나 미치겠다는 친구를 간신히 진정시키다(mitigate)
→ 누그러뜨리다, 진정시키다

1157 ★★

## relieve

[rilí:v]

**relief** 명 ① 안도 ② 구호품

**동 ① 완화시키다, 덜다 ② 구원하다, 구조하다**

= ① ease, soothe, alleviate, appease, mitigate

This medicine will help to **relieve** your back pain.
이 약은 요통을 완화시켜 줄 것이다.

**re** + **liev(e)**
completely light
고통 등을 완전히(re) 가볍게(liev) 해 주다
→ 완화시키다, 덜다

1158 ★

## alleviate

[əlí:vièit]

**alleviative** 형 ① 완화시키는 ② 위안이 되는
**alleviation** 명 경감, 완화

**동 완화시키다, 덜다**

= ease, relieve, soothe, appease, mitigate

This will **alleviate** your pain.
이것이 당신의 고통을 덜어 줄 것이다.

**al** + **lev(i)** + **ate**
to light 동접
고통 등을 가벼운(lev) 방향으로(al) 가게 하다
→ 완화시키다

1159 ★

## plague

[pleig]

명 **전염병** 동 **괴롭히다**

= 명 epidemic, pandemic

The sorcerer called down a **plague** on the town.
마법사는 마을에 역병을 내렸다.

**plag** + **ue**
strike 명접
신이 인간에게 분노해서 강한 타격(plag)을 준 것이라는 믿음에서 유래
→ **전염병**

전염병에 걸렸는지 몸이 아플라구(plague) 한다
→ **전염병**

1160 ★★

## epidemic

[èpədémik]

명 **전염병, 유행병**
형 **유행성의, 널리 퍼져 있는**

= 명 pandemic, plague

Doctors are trying to keep down the **epidemic**.
의사들이 전염병을 막아 보려고 애쓰고 있다.

**epi** + **dem** + **ic**
upon people 형·명접
사람들(dem) 위에서(epi) 옮겨다니는 거니까
→ **유행성의**

1161 ★

## pandemic

[pændémik]

명 **전국적인 유행병, 전 세계적인 유행병**
형 **전국적으로 유행하는**

= 명 epidemic, plague, endemic

In some parts of the world malaria is still a **pandemic**.
세계의 몇몇 지역에서는 말라리아가 아직도 전국적으로 유행하는 병이다.

**pan** + **dem** + **ic**
all people 형접
모든(pan) 사람들(dem)에게 옮기는 것이니까
→ **전국적인 유행병**

1162 ★

## endemic

[endémik]

형 **풍토성의, 한 지방에만 나타나는, 고유의**

= native, aboriginal, indigenous

Malaria is **endemic** in many tropical countries.
말라리아는 많은 열대 국가들의 풍토병이다.

**en** + **dem** + **ic**
in people/district 형접
어느 지역(dem) 안에(en) 있는 사람들(dem) 사이에서 유행하는 거니까
→ **풍토성의**

1163 ★

## rampant

[rǽmpənt]

형 **만연하는, 유행하는**

= pandemic, widespread, prevalent, pervasive

Starvation was **rampant** in the country.
그 나라에는 굶주림이 만연했다.

**ramp** + **ant**
climb 형접
무서운 기세로 오르는(ramp) 성질(ant)이니까
→ **유행하는**

어두운 시골 밤길에 차의 램프(ramp) 불빛은 멀리까지 퍼지죠
→ **만연하는**

1164 ★

## ubiquitous

[juːbíkwətəs]

형 도처에 존재하는, 편재하는

= universal, widespread, prevalent, pervasive

Sand is **ubiquitous** throughout the universe.
모래는 우주 도처에 존재한다.

ubiqui(t) + ous
everywhere 형접
어디에든(ubiqui) 있는 것이니까
→ 도처에 존재하는

1165 ★

## pervasive

[pərvéisiv]

pervade 동 만연하다, 스며들다
pervasion 명 보급, 침투

형 만연한, 스며드는

= universal, widespread, ubiquitous, prevalent

A sense of social change is **pervasive** in her novels.
그녀의 소설에는 사회 변화에 대한 의식이 스며들어 있다.

per + va + sive
through go 형접
통과하여(per) 가는(va) 거니까
→ 만연한, 스며드는

1166 ★★

## prevail

[privéil]

prevailing 형 우세한, 지배적인
prevalent 형 만연하는, 널리 퍼져 있는
prevalence 명 유행, 널리 퍼짐

동 ① 만연하다 ② 우세하다, 이기다

= ① abound

I am sure that it will **prevail**.
나는 그것이 널리 퍼질 것이라고 확신한다.

pre + vail
before strong
강함에(vail) 있어 남들보다 앞서는(pre) 거니까
→ 우세하다
먼저(pre) 상대방을 베어(vail) 버리니까
→ 우세하다

1167 ★★

## operate

[ápərèit]

operation 명 ① 작동, 작업 ② 수술
operating 형 ① 경영상의 ② 수술의

동 ① 일하다, 작동하다 ② 수술하다 (on)

This machine **operates** night and day.
이 기계는 밤낮으로 작동한다.

아퍼레잇 = 아퍼라
너무 아프면 수술해야(operate) 하니까
→ 수술하다
오페라(opera) 극단에서 일하다(operate)
→ 일하다

1168 ★★

## launch

[lɔːntʃ]

동 ① 시작[착수]하다 ② 출시하다 ③ 발사하다

= ① commence, initiate

A missile was **launched** from the submarine.
미사일이 잠수함에서 발사되었다.

점심(lunch)을 먹고 나서 일을 시작하다(launch)
→ 시작하다, 착수하다

1169 ★

## onset

[ɔ́:nset]

명 ① 시작, 착수 ② 습격, 공격 ③ 발병

= ① outset

*cf.* offset (상쇄하다)

The college entrance exam in Korea reminds me of the **onset** of winter.
한국의 대학 입학 시험은 나에게 겨울의 시작을 떠올리게 한다.

출발점에 붙어서(on) 놓여(set) 있으니까
→ 시작

1170 ★★

## outset

[áutsèt]

명 시작, 최초, 발단

= onset

Why didn't you say so at the **outset**?
왜 시작 때 그렇게 말하지 않았나요?

out + set
outside set
안에 있는 것을 밖으로(out) 꺼내 놓음(set)
→ 시작, 최초

1171 ★

## setback

[sétbæ̀k]

명 ① 방해 ② 실패, 차질 ③ 역행, 퇴보

There was a temporary **setback** in the peace process.
평화 협상 과정에서 일시적인 차질이 있었다.

뒤(back)로 가도록 설정한(set) 거니까
→ 방해

1172 ★

## drawback

[drɔ́:bæ̀k]

명 결점, 문제점

= flaw, fault, defect, disadvantage, shortcoming

The only **drawback** to the project is the cost.
그 계획의 유일한 문제점은 비용이다.

잘 나아가던 것을 뒤(back)로 끌어 당기는(draw) 것
→ 결점, 문제점

1173 ★★

## barrier

[bǽriər]

명 장벽, 장애물, 울타리

= barricade, obstacle, hindrance

The step toward the positive direction is to identify your **barriers**.
긍정적인 방향으로의 한 걸음은 당신의 장애물들을 파악하는 것이다.

울타리(barrier)는 집 주위에 막대기(bar)를 설치한 거니까
→ 장애물, 울타리

1174 ★★

## obstacle
[ɑ́bstəkl]

명 **방해, 장애(물)**

= barrier, barricade, hindrance, impediment

His poor sight was an **obstacle** to success.
그의 나쁜 시력은 성공의 장애물이었다.

ob + sta + cle
against stand 명접
나를 가로막은(ob) 채 서(sta) 있는 거니까
→ **방해, 장애(물)**

압스터클 = 압서 태클
축구에서 앞서 태클로 방해(obstacle)하다
→ **방해, 장애(물)**

1175

## categorize
[kǽtəgəràiz]

동 **분류하다, 범주에 넣다**

= classify, group, label

Libraries **categorize** books by genre and author.
도서관은 장르와 저자별로 책을 분류한다.

같은 카테고리(category)로 분류하다(categorize)
→ **분류하다**

1176 ★

## label
[léibəl]

명 **상표, 표시**
동 **① 라벨[꼬리표]을 붙이다**
**② 분류하다, (-라고) 부르다 (as)**

= ① tag, mark, stamp, flag

Stick a **label** on the box for recycling.
재활용을 위해 상자에 라벨을 붙여라.

제품에 상표(label)를 탁(tag) 붙여 표시하죠(mark)
→ **상표, 표시**

1177 ★★

## screen
[skriːn]

명 **① 화면 ② 가리개, 칸막이 ③ 차단막**
동 **① 가리다, 차단[보호]하다 ② 상영하다**
**③ 가려내다, 심사하다**

= 동 ③ check, evaluate, assess, scrutinize

Is there a **screen** on the porch to keep bugs out?
현관에 벌레가 들어오는 것을 막기 위한 차단막이 있나요?

자외선 차단제(sunscreen)를 발라 햇볕(sun)으로부터 내 피부를 보호하죠(screen)
→ **차단[보호]하다**

TV 화면(screen)에 비명을 지르는(scream) 장면(scene)이 나왔다
→ **화면**

1178 ★

## invoice
[ínvɔis]

명 **송장, 청구서** 동 **송장[청구서]을 보내다**

= 명 bill, statement

We issued an **invoice** for the recent repairs.
저희가 최근 수리에 대한 청구서를 발행했어요.

인보이스 = in + 보이셔
물품 내역이 안에 보이셔?
→ **송장, 청구서**

1179 ★★

## rate

[reit]

**rating** 명 평가, 등급, 순위

동 ① 평가하다 ② (-로) 여기다 ③ 등급을 매기다
명 ① 비율 ② 요금 ③ 속도

= 동 ① assess, evaluate, appraise, value

*cf.* group rate (단체 요금), flat rate (고정 요금)

This movie is highly **rated** on Rotten Tomatoes.
이 영화는 Rotten Tomatoes에서 높은 평가를 받았다.

가급적 great이라고 평가하고 (rate) 싶은 게 사람 마음이죠
→ 평가하다

레이트 = 라떼

라떼(rate)는 말이야, 커피를 탈 때 커피-프림-설탕 비율(rate)이 중요했어
→ 비율

1180 ★★

## deserve

[dizə́:rv]

동 -을 받을 만하다, -할 가치가 있다

They also **deserve** your respect.
그들도 당신의 존중을 받을 만하다.

증거가 나올 수 있으니까 범죄자의 집은 뒤져볼(deserve) 가치가 있다
→ -을 받을 만하다, -할 가치가 있다

1181 ★★

## attribute

[ətríbju:t]

**attribution** 명 귀착시킴, 귀속

동 -의 탓으로 돌리다 명 속성, 자질

= 동 credit, accredit, ascribe

Patience is an essential **attribute** for good teachers.
인내심은 훌륭한 교사의 필수적인 자질이다.

at + tribute
to allot

몫이나 결과 등을 -탓으로(at) 돌리니까(tribute)
→ -의 탓으로 돌리다

1182 ★★

## contribute

[kəntríbju:t]

**contribution** 명 기부(금), 기증(품), 공헌
**contributor** 명 ① 기부자 ② 기고자

동 ① 기부하다 ② 공헌[기여]하다 (to)

= ① donate

Immigrants have **contributed** to British culture in many ways.
이민자들은 영국 문화에 많은 방식으로 기여를 해 왔다.

컨트리뷰트 = 컨트리부

세금은 나라(contri)의 부(bu)에 많은 공헌을 한다(contribute)
→ 공헌[기여]하다

1183 ★★

## pardon

[pɑ́:rdn]

동 용서하다 명 용서, 사면

= 동 forgive, excuse, overlook, condone

He asked her **pardon** for having deceived her.
그는 그녀에게 그녀를 속인 것에 대해 용서를 구했다.

par + don
thoroughly give

완전히(par) 면죄부를 주다(don)
→ 용서하다

1184 ★

## condone

[kəndóun]

동 용납하다, 용서하다

= forgive, excuse, overlook, pardon

Citizens couldn't **condone** that the government policies were going wrong.
시민들은 정부 정책이 잘못되어 가는 것을 용납할 수 없었다.

컨던 = 큰돈

합의금으로 큰돈 주면 용서해(condone) 주죠

→ 용서하다

1185 ★★

## apology

[əpάlədʒi]

**apologize** 동 사과하다

명 사과

You must make an **apology** for that hurt.
당신은 그 상처에 대해 사과해야만 한다.

apo + log + y
off speak 명접

별로 하고 싶지 않은(apo) 말(log)이라는 의미에서 유래

→ 사과

어팔러쥐 = 어, (쪽)팔리지

한참 싸운 후에 사과(apology)를 할 때는 어, 쪽팔리지

→ 사과

1186 ★

## condense

[kəndéns]

동 ① 농축[응축]시키다 ② 요약하다

= ② shorten, summarize, abbreviate, abridge

**Condense** the soup by boiling it for ten minutes.
수프를 10분 동안 끓여 농축시켜라.

con + dense
completely thick

매우(con) 빽빽하게(dense) 하다

→ 농축시키다

콘덴싱(condensing) 보일러는 기체를 액체로 응축하는 보일러

→ 응축시키다

1187 ★★

## concentrate

[kάnsəntrèit]

**concentration** 명 집중(력)

동 ① 집중하다, 전념하다 ② 농축시키다

명 농축물

= ① focus

Try to **concentrate** when practicing.
연습할 때 집중하려고 노력해라.

con + centr + ate
together center 동접

모든 힘을 중심부에(centr) 함께(con) 모으다

→ 집중하다

1188 ★★

## abbreviate

[əbríːvièit]

**abbreviation** 명 요약

동 ① 요약[축약]하다 ② 단축하다

= ① shorten, summarize, condense, abridge

'United Nations' is generally **abbreviated** to 'UN.'
'United Nations(국제 연합)'는 보통 'UN'으로 축약된다.

ab + brev(i) + ate
to short 동접

-을(ab) 짧게(brev) 만들다

→ 요약[축약]하다

1189 ★

## abridge

[əbrídʒ]

동 ① 요약[축약]하다 ② 단축하다

= ① shorten, summarize, condense, abbreviate

She **abridged** a long story.
그녀는 긴 이야기를 요약했다.

**a** + **bridg(e)**
to short
-을(a) 짧게(bridg) 하다
→ 요약[축약]하다
강에(a) 다리(bridge)를 놓으니 길이 짧아지다
→ 단축하다

1190 ★

## brevity

[brévəti]

**brief** 형 짧은

명 간결함, 순간

**Brevity** is the soul of writing.
글은 간결함이 생명이다.

**brev** + **ity**
short 명접
짧은(brev) 순간이니까
→ 간결함, 순간

1191 ★

## terse

[təːrs]

형 간결한

= brief, concise, succinct

Now he is seen as a **terse**, disciplined novelist.
이제 그는 간결하고 절제된 소설가로 여겨진다.

**털스** = **털어서**
거추장스러운 것들을 모두 털어서 간결해진(terse)
→ 간결한

1192 ★★

## prolong

[prəlɔ́ːŋ]

동 늘이다, 연장하다

= extend, lengthen, elongate

The operation could **prolong** his life.
그 수술은 그의 생명을 연장할 수 있었다.

**pro** + **long**
forward long
기간을 앞으로(pro) 길게(long) 늘리는 거니까
→ 연장하다

1193 ★

## elongate

[ilɔ́ːŋgeit]

동 늘이다, 연장하다

= extend, lengthen, prolong

This helps to **elongate** your eyelashes.
이것은 당신의 속눈썹을 늘리는 데 도움을 준다.

**e** + **long** + **ate**
out long 동접
-을 밖으로(e) 길게(long) 만들다
→ 늘이다

1194 ★★

## dense

[dens]

**density** 명 밀도

형 ① 빽빽한, 밀집한 ② 짙은, 자욱한

= ① thick, packed, crammed, compact

A **dense** fog is the sailor's greatest enemy.
짙은 안개는 선원의 최대의 적이다.

춤추는(dance) 사람들로 빽빽한(dense) 무도회장을 연상
→ 빽빽한, 밀집한

1195 ★★

## compact
[kəmpǽkt]

형 ① 소형의 ② 조밀한, 빽빽한
동 꽉 채우다

= 형 ② thick, packed, crammed, dense

This is the **compact** car that came out recently.
이것이 최근에 나온 소형차이다.

CD(Compact Disc)는 각종 자료를 하나의 파일로 압축시켜 보관할 수 있는 소형(compact) 디스크
→ 소형의

1196 ★★

## congestion
[kəndʒéstʃən]

**congest** 동 ① 혼잡하게 하다 ② 충혈시키다

명 ① 혼잡 ② 인구과잉, 밀집

Many people live in the suburbs because of traffic **congestion** and pollution.
많은 사람들이 교통 혼잡과 공해 때문에 교외에 살고 있다.

con (together) + gest (carry) + ion (명접)
좁은 장소에서 여러 가지가 함께(con) 날라지니까(gest)
→ 혼잡

1197

## populous
[pάpjuləs]

형 인구가 조밀한, 인구가 많은

New York City is a **populous** metropolis.
뉴욕시는 인구가 많은 대도시이다.

popul (people) + ous (형접)
사람들로(popul) 북적대는 것이니까
→ 인구가 조밀한

1198 ★★

## populate
[pάpjulèit]

**population** 명 인구

동 ① (-에) 살다, 거주하다 ② 거주시키다

= ① inhabit, occupy, dwell in, reside in

The tribe began to **populate** the island in the 16th century.
그 부족은 16세기에 그 섬에 살기 시작했다.

popul (people) + ate (동접)
사람들(popul)이 있게 하다
→ 거주시키다

1199 ★★

## dwell
[dwel]

**dwelling** 명 집, 주거

동 살다, 거주하다

= reside

*cf.* dwell on (-을 곱씹다)

Wolf spiders are a group of ground-**dwelling** hunting spiders.
늑대 거미는 땅 위에 살며 사냥하는 거미들 무리이다.

드웰 = 두 앨
두 앨 낳고 잘(well) 살다(dwell)
→ 살다, 거주하다

1200 ★★

## abide
[əbáid]

**abiding** 형 지속적인

동 ① 머무르다, 살다 (in) ② 지키다, 따르다 (by) ③ 참다

= ② follow, observe, obey

We **abide** in a small town.
우리는 소도시에서 살고 있다.

어바이드 = 어버이
어버이와 함께 법을 지키며 살다(abide)
→ 살다, 지키다

DAY
# 25

## DAY 25 어휘 미리보기

DAY 25

| | | | | |
|---|---|---|---|---|
| □ occupy | □ reap | □ demographics | □ recruit | □ entrepreneurship |
| □ occupation | □ leap | □ diagram | □ employ | □ institution |
| □ professional | □ cultivate | □ explore | □ budget | □ maintenance |
| □ adept | □ rear | □ quest | □ fund | □ manage |
| □ expert | □ domesticate | □ empirical | □ foundation | □ administer |
| □ sage | □ tame | □ experiment | □ headquarters | □ superintend |
| □ realm | □ anticipate | □ laboratory | □ corporate | □ mode |
| □ coverage | □ imagine | □ principle | □ incorporate | □ modify |
| □ plow | □ analyze | □ priority | □ enterprise | □ moderate |
| □ grind | □ statistics | □ personnel | □ entrepreneur | □ modest |

□□□
1201 ★★

### occupy

[ɑ́kjupài]

**occupation** 명 직업, 점유

동 **차지하다, 점유하다, 점령하다**

The army **occupied** the country until the war ended.
전쟁이 끝날 때까지 군대가 그 나라를 점령했다.

**oc** + **cup** + **y**
toward take 동접
어떤 것에 다가가(oc) 그것을 가져가는(cup) 것
→ 차지하다

□□□
1202 ★★

### occupation

[ɑ̀kjəpéiʃən]

**occupational** 형 직업의, 직업과 관련된
**occupant** 명 사용자, 입주자

명 **① 직업 ② 점유, 점령**

= ① vocation, profession

The enemy's **occupation** of the city lasted a year.
적군의 도시 점령은 1년 동안 계속되었다.

**occup** + **(a)tion**
occupy 명접
차지하는(occup) 상태(tion)니까
→ 점유

□□□
1203 ★★

### professional

[prəféʃənl]

**profess** 동 공언하다, 주장하다
**profession** 명 직업

형 **직업의, 전문적인** 명 **전문가**

= 명 expert, specialist, master, adept

He went to a lawyer to get some **professional** advice.
그는 전문적인 조언을 얻기 위해 변호사에게 갔다.

**pro** + **fess** + **ion** + **al**
forward speak 명접 형접
어떤 주제에 대해 남들 앞에서(pro) 말할(fess) 수 있을 정도니까
→ 직업의, 전문적인
어떤 일을 전문적(professional)으로 잘하는 것을 보고 프로페셔널하다고 하죠
→ 직업의, 전문적인

1204 ★

## adept

형 [ədépt] 명 [ǽdept]

형 정통한, 능숙한 명 숙련자, 달인

= 형 skillful, competent, proficient

*cf.* adapt (적응하다, 맞추다, 각색하다), adopt (채택하다, 입양하다)

He is pretty **adept** at working with computers.
그는 컴퓨터를 다루는 데 꽤 능숙하다.

ad + ept
to grasp
어떤 분야에(ad) 대해 완전히 이해를(ept) 한 거니까
→ 정통한

1205 ★★

## expert

[ékspəːrt]

expertise 명 전문 지식

명 전문가, 숙련가 형 전문가의, 숙련된

= 명 specialist, professional, master, adept

**Experts** point out that this is a serious problem.
전문가들은 이것이 심각한 문제라고 지적한다.

ex + per(t)
out try
밖에서(ex) 많은 시도를(per) 해 본 사람
→ 전문가, 숙련가

1206 ★

## sage

[seidʒ]

명 현자 형 현명한

= 명 pundit, guru, scholar 형 wise, sagacious

Many proverbs come from the sayings of **sages**.
많은 속담은 현자들의 말에서 유래되었다.

세이지 = 세, 이, 지
세상의 이치를 알지
→ 현자

1207 ★

## realm

[relm]

명 ① 영역, 범위 ② 왕국

= ① domain, sphere, area

He has devoted all his life to the **realm** of science.
그는 과학 영역에 그의 일생을 바쳐왔다.

레름 = 낼름
왜놈이 낼름 집어삼킨 조선 왕국(realm)
→ 왕국

1208 ★

## coverage

[kʌ́vəridʒ]

명 ① 보도, 방송 ② 범위 ③ 보급(률)

That newspaper's **coverage** is quite objective.
그 신문의 보도는 꽤 객관적이다.

cover + age
cover 명접
방송에서 다루니까(cover)
→ 보도, 방송

1209 ★

## plow

[plau]

동 (쟁기·괭이로) 갈다, 경작하다 명 쟁기

The field **plows** easily.
그 밭은 쉽게 갈린다.

플라우 = 풀 나온
농부가 풀 나온 곳을 경작하다(plow)
→ 갈다, 경작하다

1210 ★

## grind

[graind]

grinder 명 가는 기구

동 ① 갈다, 빻다 ② 문지르다

I **grind** my teeth in bed.
나는 잠잘 때 이를 간다.

곡식(grain)을 빻다(grind)
→ 빻다

1211 ★

## reap

[ri:p]

동 **거두다, 수확하다**

The farmer sowed seeds and **reaped** what he sowed.
농부는 씨를 뿌리고 뿌린 것을 거두었다.

무엇을 거둘(reap) 때가 되면 신나서 껑충껑충 뛰죠(leap)
→ 거두다, 수확하다

1212 ★★

## leap

[li:p]

동 **껑충 뛰다** 명 **도약**

She **leaped** for joy at the news.
그녀는 그 소식을 듣고 기뻐서 껑충 뛰었다.

립
I(↑)처럼 높이 뛰니까(leap)
→ 껑충 뛰다

1213 ★★

## cultivate

[kʌ́ltəvèit]

**cultivation** 명 ① 경작 ② 양성

동 **① 경작하다, 재배하다 ② 기르다, 양성하다**

= ② raise, rear, nurture

Cambodians mainly **cultivate** rice.
캄보디아인들은 주로 쌀을 재배한다.

컬티베이트 = 칼 티 베이
재배한(cultivate) 농작물을 칼로 티나게 베어 수확하니까
→ 경작하다, 재배하다

1214 ★★

## rear

[riər]

동 **① 기르다, 양육하다 ② 일으키다, 세우다**
명 **뒤, 후미**

= 동 ① raise, nurture

Please move to the **rear** of the bus!
버스의 뒤쪽으로 가 주세요!

re(ar)
back
양육할 때는 아이들의 뒤(rear)를 돌보아야 하니까
→ 양육하다, 뒤
리어카(rear car)는 자전거 뒤(rear)에 달아 끄는 수레
→ 뒤, 후미

1215 ★★

## domesticate

[dəméstikèit]

**domestication** 명 길들이기, 교화
**domestic** 형 ① 가정의 ② 국내의

동 **① 길들이다[사육하다] ② 재배하다**

= ① tame

There's a need to **domesticate** grains.
곡물을 재배할 필요가 있다

dom(estic) + ate
house 동접
짐승을 집안(dom)에 들이다
→ 길들이다

1216 ★★

## tame

[teim]

**untamed** 형 길들여지지 않은, 야생의

형 **① 길들여진 ② 유순한** 동 **길들이다**

= 형 ② compliant, obedient, submissive, docile

It **tames** a lion better than anything.
그것은 어떤 것보다도 사자를 더 잘 길들인다.

테임 = 퇴임
퇴임하고 나면 편안한 삶에 길들여져(tame) 사니까
→ 길들이다

1217 ★★

## anticipate

[æntísəpèit]

**anticipation** 명 예상, 기대

동 **예상하다, 기대하다**

= expect, predict

They **anticipate** that there will be trouble next year.
그들은 내년에 문제가 생길 것으로 예상한다.

anti + cip + ate
before take 동접
다가올 일의 앞에서(anti) 미리 생각을 잡아내니까(cip)
→ 예상하다

1218 ★★

## imagine
[imǽdʒin]

imaginary 형 상상의, 가상의
imaginative 형 창의적인, 상상력이 풍부한
imagination 명 ① 상상, 상상력 ② 창의력

**동 ① 상상하다, 그리다 ② 생각하다, 추측하다**

유 ① visualize, envisage, picture

Can you **imagine** without fireflies lighting up a summer night?
반딧불이가 없는 여름밤을 상상할 수 있나요?

이미지(image)를 상상하다(imagine)
→ 상상하다

1219 ★★

## analyze
[ǽnəlàiz]

analyst 명 분석가
analysis 명 분석, 해석

**동 분석하다, 분해하다**

Use your experience to **analyze** the situation.
상황을 분석하기 위해 당신의 경험을 이용하라.

주식 시장을 분석하여(analyze) 투자 관련 정보를 제공하는 전문가는? 증권 애널리스트(analyst)
→ 분석하다, 분해하다

1220 ★★

## statistics
[stətístiks]

statistical 형 통계의, 통계적인

**명 ① 통계학[단수 취급] ② 통계 자료, 통계 수치[복수 취급]**

**Statistics** is the discipline of collecting and analyzing data.
통계학은 데이터를 수집하고 분석하는 학문이다.

sta(t) + ist + ics
stand 명접 명접
땅 위에 서 있는 것, 즉 국가(sta)와 연관된 데이터를 연구하는 사람들(ist)이 다루는 학문(ics)이니까
→ 통계학

1221

## demographics
[dèməgrǽfiks]

demographic 형 인구 통계학의
demography 명 인구 통계학

**명 인구 통계 (자료)**

**Demographics** include age, income, and location.
인구 통계에는 연령, 소득, 위치가 포함된다.

demo + graph + ics
people write 명접
사람(demo)의 생활 조건에 관련하여 쓴(graph) 것
→ 인구 통계 (자료)

1222 ★★

## diagram
[dáiəgræm]

**명 도표, 도형**

He illustrated his point by using a simple **diagram**.
그는 간단한 도표를 사용해 요점을 설명했다.

dia + gram
across write
가로질러(dia) 그리는(gram) 것이니까
→ 도표, 도형

1223 ★★

## explore
[iksplɔ́:r]

exploration 명 ① 탐험 ② 탐구, 조사
explorer 명 탐험가

**동 ① 탐험하다 ② 탐구하다, 조사하다**

유 ② investigate, inspect, examine, probe

We've almost **explored** the whole world.
우리는 전 세계를 거의 다 탐험했다.

인터넷 explorer란? 인터넷을 탐험하는(explore) 것
→ 탐험하다

1224 ★★

## quest
[kwest]

**동 찾다, 추구하다 명 탐색, 탐구**

*cf.* on a quest (탐색 중에), in quest of (~을 찾아서)

He traveled in **quest** of gold.
그는 금을 찾아 떠돌아다녔다.

질문(question)이란 답을 찾기(quest) 위한 것
→ 찾다, 추구하다

1225 ★

## empirical

[impírikəl]

**empiricism** 명 경험주의, 실증주의

형 **경험적인, 경험의**

= experimental

There's no **empirical** evidence to support his view.
그의 견해를 뒷받침할 경험적 증거는 없다.

em + pir + ical
in try 형접
직접 안에(em) 뛰어들어 해보는(pir) 거니까
→ 경험적인

1226 ★★

## experiment

[ikspérəmənt]

**experimental** 형 ① 실험의, 실험적인 ② 경험적인

명 **실험** 동 **실험하다**

His theory has been confirmed by an **experiment**.
그의 이론은 실험으로 확증되었다.

ex + per(i) + ment
out try 명접
밖으로(ex) 꺼내어 시도해 보다(per)
→ 실험

1227 ★★

## laboratory

[lǽbərətɔ̀:ri]

명 **실험실, 연구실(= lab)**

To be a mathematician, you don't need an expensive **laboratory**.
수학자가 되기 위해서 비싼 연구실이 필요하지는 않다.

labor + atory
work 명접
과학자들이 일하는(labor) 곳
→ 실험실, 연구실

1228 ★★

## principle

[prínsəpl]

명 **원리, 원칙**

The shapes of Korean kites are based on scientific **principles**.
한국 연의 형태는 과학적인 원리에 기초를 두고 있다.

prin + cip + le
first take 명접
처음에(prin) 잡아(cip) 놓는 것이니까
→ 원리, 원칙

1229 ★★

## priority

[praiɔ́:rəti]

**prior** 형 이전의, 앞의, (-보다) 우선하는
**prioritize** 동 우선순위를 매기다, 우선시하다

명 **우선 사항, 우선(권)**

Our first **priority** is to improve quality.
우리의 최우선 사항은 품질을 개선시키는 것이다.

pri(or) + ity
first 명접
다른 무엇보다도 먼저인(pri) 것이니까
→ 우선 사항

1230 ★★

## personnel

[pə̀:rsənél]

명 **① 전 직원, 인원들 ② 인사과**
형 **직원의, 인사(부)의**

= 명 ① staff, employee, workforce, manpower

You should keep in touch with the **personnel** department manager.
당신은 인사과장과 연락을 지속해야 한다.

회사에서 사람(person)을 다루는 부서
→ 인사과

1231 ★★

## recruit

[rikrú:t]

**recruitment** 명 신규 모집, 채용

동 **모집하다, 채용하다** 명 **신병, 신입 사원**

His task is to **recruit** new members for the club.
그의 임무는 클럽의 신입 회원을 모집하는 일이다.

re + cruit
again grow
인원을 다시(re) 키우는(cruit) 거니까
→ 모집하다, 채용하다

1232 ★★

## employ
[implɔ́i]

employment 명 고용
employer 명 고용주
employee 명 고용인, 직원

**동 ① 고용하다, 채택하다 ② 이용하다**

= ② use, utilize, exploit

We **employ** an expert to advise on contracts.
우리는 계약에 대한 자문을 해 줄 전문가를 고용한다.

**em** + **ploy**
in fold
회사 안으로(em) 접어(ploy) 들이다
→ 고용하다

1233 ★★

## budget
[bʌ́dʒit]

**명 예산**

The boss cut the **budget** of this year.
사장은 올해의 예산을 삭감했다.

가로수용 버드(bud)나무를 심기 위해 의회에서 얻어낸(get) 것은?
→ 예산

1234 ★★

## fund
[fʌnd]

**명 기금, 자금 동 -에 자금을 제공하다**

You will have to use your emergency **fund**.
당신은 비상금을 사용해야 할 것이다.

**fund**
bottom
어떤 일에 밑천(fund)이 되는 거니까
→ 기금, 자금

1235 ★★

## foundation
[faundéiʃən]

found 동 ① 설립하다, 세우다
② (-에) -의 기반을 두다

**명 설립, 기초**

Love is a relationship built on a firm **foundation**.
사랑이란 단단한 토대 위에 세워진 관계이다.

**found** + **(a)tion**
bottom 명접
바닥(found)을 다져 뭔가를 세운 것이니까
→ 설립, 기초

1236 ★★

## headquarters
[hedkwɔ́:rtərs]

headquarter 동 본사를 두다

**명 본부, 본사**

Eighty percent of large corporations have their **headquarters** in Seoul.
대기업의 80%가 서울에 본사를 두고 있다.

우두머리(head)가 있는 구역(quarter)이니까
→ 본부, 본사

1237 ★★

## corporate
[kɔ́:rpərət]

corporation 명 법인, 조합, 주식회사

**형 ① 기업의, 법인의 ② 공동의**

**Corporate** profits are on the rise.
기업 이익이 상승세에 있다.

**corpor** + **ate**
body 형접
한 조직의 몸체(corpor)에 해당하는 거니까
→ 법인의

1238 ★★

## incorporate
[inkɔ́:rpərèit]

incorporation 명 합병, 법인 단체

**동 ① 포함시키다 ② 합병하다
③ 법인을 설립하다**

= ② integrate, consolidate, merge

They **incorporated** the proposals into the plan.
그들은 그 제안들을 계획에 포함시켰다.

**in** + **corpor** + **ate**
into body 동접
한 몸체(corpor) 안으로(in) 집어넣다
→ 포함시키다, 합병하다

1239 ★★

## enterprise

[éntərpràiz]

명 ① 기업, 회사 ② 중요한 사업, 기획, 계획

The government provided funding to support innovative **enterprises**.
정부는 혁신적인 기업을 지원하기 위해 자금을 제공했다.

**enter** + **pris(e)**
between seize
틈새(enter)시장에 들어가서 기회를 잡는(pris) 것
→ 중요한 사업, 기획, 계획

1240

## entrepreneur

[àːntrəprənə́ːr]

명 (진취적) 기업가

= businessperson, enterpriser

The talk will inspire future **entrepreneurs**.
이 강연은 미래의 기업가들에게 영감을 줄 것이다.

**안트러프러너** = **안 틀어 프로 러너**
난 성공을 위해 앞만 보고 달려. 길을 안 틀어, 난 프로 러너니까
→ (진취적) 기업가

1241

## entrepreneurship

[àːntrəprənə́ːrʃip]

명 기업가 정신

**Entrepreneurship** requires dedication and hard work.
기업가 정신에는 헌신과 노력이 필요하다.

**entre** + **preneur** + **ship**
between take 명접
사람들 사이에서(entre) 기회를 잡는(preneur) 능력(ship)
→ 기업가 정신

1242 ★★

## institution

[ìnstətjúːʃən]

명 ① 기관, 협회 ② 제도, 관례 ③ 설립, 개시

Online learning is changing how **institutions** educate.
온라인 학습은 기관들의 교육 방식을 바꾸고 있다.

**인스티튜션** = **인스타 추천**
인스타 추천 기관(institution)
→ 기관

1243 ★

## maintenance

[méintənəns]

**maintain** 동 ① 유지[지속]하다 ② 유지 보수하다 ③ 주장하다

명 ① 유지, 지속 ② (유지) 보수, 정비

Proper **maintenance** extends appliance lifespan.
적절한 유지 보수를 하면 기기 수명이 연장된다.

**메인터넌스** = **메인댄서**
아이돌 그룹 메인댄서의 인기 유지(maintenance) 비밀은? 끊임없는 자기 관리(maintenance)
→ 유지, (유지) 보수

1244 ★★

## manage

[mǽnidʒ]

**management** 명 ① 관리, 경영 ② 경영진
**managerial** 형 관리의, 경영의

동 ① 경영하다, 관리하다 ② 간신히 해내다 (to)

= ① administer, supervise, direct, superintend

The organization **manages** two camps.
그 기관은 두 개의 캠프를 운영하고 있다.

**man** + **ag(e)**
hand move
어떤 것을 손(man)에 쥐고 움직이는(ag) 거니까
→ 경영하다, 관리하다
연예인의 매니저(manager)는 연예인의 일정을 관리하죠(manage)
→ 경영하다, 관리하다

1245 ★★

## administer

[ədmínistər]

**administration** 명 관리, 운영, 행정
**administrative** 형 관리상의, 행정상의
**administrator** 명 행정관, 집행자
**minister** 명 ① 장관, 각료 ② 성직자

**동 ① 관리하다, 운영하다 ② 집행하다, 시행하다**

= ② execute, implement

Dokdo is **administered** by Ulleung Island.
독도는 울릉도에 의해 관리된다.

**ad** + **minister**
to serve
-에(ad) 대해 제공하고 도움을 주는(minister) 거니까
→ 관리하다, 운영하다
장관(minister)은 자기 부서를 관리하고(administer) 정책을 시행하는(administer) 사람
→ 관리하다, 시행하다

1246 ★

## superintend

[sù:pərinténd]

**superintendent** 명 관리자, 감독관

**동 관리하다, 감독하다**

= oversee, monitor, supervise, direct, administer

She appointed him to **superintend** the work.
그녀는 그 일을 감독하도록 그를 임명했다.

**super** + **in** + **tend**
over into stretch
위에서(super) 구석구석 안에(in) 손길을 뻗는(tend) 거니까
→ 관리하다

1247 ★

## mode

[moud]

**modal** 형 ① (문법) 법의 ② 양식[형식]의

**명 ① 방식, 방법, 형식 ② 기분, 태도**

= ① manner, way, method

There are many **modes** of transportation available.
이용할 수 있는 교통수단이 많다.

기분(mode)에는 여러 모드가 있죠, 기쁨 모드, 슬픔 모드, 분노 모드... 모두 기쁨 모드로 ON!
→ 기분

1248 ★★

## modify

[mádəfài]

**modification** 명 변경, 수정

**동 바꾸다, 수정하다**

= alter, transform, convert

The team leader **modified** the details of his plan.
팀장은 그의 계획의 세부 내용을 수정했다.

**mod** + **ify**
measure 동접
어떤 척도(mod)에 맞도록 바꾸다(ify)
→ 수정하다

1249 ★★

## moderate

형 [mádərət] 동 [mádərèit]

**형 ① 적당한 ② 중간의, 평균의 ③ 절제하는**
**동 완화시키다**

= 형 ① average, modest, ordinary

The hotel is **moderate** in its charges.
그 호텔은 요금이 적당하다.

음악에서 모데라토는 '적당한(moderate) 빠르기'
→ 적당한
엄마(마더, moder)는 절제하시지(moderate)
→ 절제하는

1250 ★★

## modest

[mádist]

**modesty** 명 겸손

**형 ① 겸손한 ② 보통의, 적당한**

= ① humble

Really great men are **modest**.
정말 위대한 사람들은 겸손하다.

**mod** + **est**
measure 형접
과하지 않게 딱 자기 수준(mod)에 맞는 거니까
→ 겸손한
뭐(mo) 대단한 사람 됐어도(dest) 겸손한(modest)
→ 겸손한

DAY

# 26

## DAY 26 어휘 미리보기

DAY 26

| | | | | |
|---|---|---|---|---|
| □ instantaneous | □ lament | □ fancy | □ convince | □ literal |
| □ prompt | □ condole | □ greed | □ confident | □ literate |
| □ immediate | □ wail | □ lust | □ profound | □ illegible |
| □ current | □ sob | □ appetite | □ peculiar | □ opposite |
| □ contemporary | □ sorrow | □ petition | □ bizarre | □ friction |
| □ inclined | □ deplore | □ entail | □ abnormal | □ conflict |
| □ liable | □ implore | □ require | □ eccentric | □ bump |
| □ prone | □ solicit | □ demand | □ odd | □ percussion |
| □ mourn | □ entreat | □ oblige | □ riddle | □ futile |
| □ grieve | □ yearn | □ command | □ decipher | □ outstretch |

□□□

1251 ★★

### instantaneous

[ìnstəntéiniəs]

**instant** 형 즉각적인 명 순간

형 **즉각적인**

= prompt, immediate, swift

Death was almost **instantaneous.**
죽음은 거의 즉각적이었다.

**in** + **sta(nt)** + **aneous**
in / stand / 형접
안에(in) 서서(sta) 바로 반응할 수 있도록 존재하는 성질이니까
→ 즉각적인

□□□

1252 ★★

### prompt

[prɑːmpt]

**promptly** 부 지체 없이, 즉시

형 **즉각적인, 신속한**
동 **① 유발하다 ② 자극하다, 부추기다**

= 동 ① spark, arouse, trigger

**Prompt** action was required as the fire spread.
불길이 번져 가자 즉각적인 조치가 필요했다.

**pro** + **mpt**
forward / take
앞으로(pro) 끄집어내서(mpt) 빨리 처리하는
→ 즉각적인
앞으로(pro) 나서서 취하게(mpt) 만드니까
→ 자극하다, 부추기다

□□□

1253 ★★

### immediate

[imíːdiət]

**immediately** 부 즉시, 곧

형 **즉각적인, 당면한**

= prompt, instantaneous, swift

The spoken word is **immediate** but lacks permanence.
발화되는 말은 즉각적이지만 영구성이 결여되어 있다.

**im** + **medi** + **ate**
not / middle / 형접
중간(medi)에 끼어드는 것이 없으니까(im)
→ 즉각적인

1254 ★★

## current

[kə́:rənt]

currently 부 현재
currency 명 ① 화폐, 통화 ② 유통

형 현재의 명 ① 흐름 ② 경향

The **current** situation is not good.
현재 상황은 좋지 않다.

cur(r) + ent
run 형·명접
지금 달리고(cur) 있는 것이니까
→ 현재의

1255 ★★

## contemporary

[kəntémpərèri]

형 ① 동시대의 ② 현대의
명 동년배, 동시대인

There was no **contemporary** account of the battle.
그 전투에 대한 동시대의 기록은 없었다.

con + tempor + ary
together time 형·명접
서로(con) 같은 시간대(tempor)에 있는 거니까
→ 동시대의

1256 ★★

## inclined

[inkláind]

incline 동 -할 마음이 들게 하다, 기울다
inclination 명 경향

형 ① -하고 싶어 하는 ② -하는 경향이 있는

= ① willing, disposed ② liable, prone

I was **inclined** to trust him.
나는 그를 믿고 싶었다.

in + clin + ed
in bend 형접
어떤 행동 안으로(in) 이미 마음이 기울어진(clin) 거니까
→ -하고 싶어 하는

1257 ★

## liable

[láiəbl]

liability 명 ① (법적) 책임 ② 빚, 부채

형 ① 책임이 있는(for)
② -하기 쉬운, -하는 경향이 있는(to RV)

= ① responsible, accountable

We're all **liable** to make mistakes.
우리 모두는 실수하기 쉽다.

li + able
bind 형접
어떤 일에 얽매일(li) 수 있는(able) 거니까
→ 책임이 있는, -하기 쉬운

1258 ★★

## prone

[proun]

형 -하기 쉬운, 영향을 받기 쉬운, 경향이 있는

= inclined

We become **prone** to feelings of nostalgia.
우리는 향수의 감정을 쉽게 느끼는 경향이 있다.

프론 = 프로
프로라면 자신의 전문 분야는 언제든지 하기 쉽죠(prone)
→ -하기 쉬운

1259 ★★

## mourn

[mɔ:rn]

mournful 형 슬픔에 잠긴, 애처로운

동 슬퍼하다, 애도하다

= grieve, bemoan, lament

*cf.* moan (신음하다, 불평하다)

She **mourned** over the death of her friend.
그녀는 친구의 죽음을 애도했다.

모온 = 먼
먼 산을 보며 슬퍼하다(mourn)
→ 슬퍼하다, 애도하다

1260 ★★

## grieve

[gri:v]

grief 명 깊은 슬픔, 비탄
grieved 형 슬픈

동 슬퍼하다, 애도하다

= mourn, lament, wail, sorrow

We need time to **grieve** whenever we are sad.
우리는 슬플 때마다 슬퍼할 시간이 필요하다.

griev(e)
heavy
마음이 무거워지는(griev) 거니까
→ 슬퍼하다

1261 ★

**lament** [ləmént]

lamentable 형 슬픈, 한탄하는

동 **한탄하다, 슬퍼하다, 애도하다**

= mourn, grieve, bemoan, sorrow, wail, sob

The whole world **lamented** his death.
전 세계가 그의 죽음을 애도했다.

러멘트 = 라면도
가난해서 라면도 먹지 못하는 신세를 한탄하다(lament)
→ 한탄하다

1262 ★

**condole** [kəndóul]

condolence 명 애도, 조의

동 **조문하다, 애도하다**

= 명 howl, sob

His friends **condoled** with him on his wife's death.
그의 친구들은 그의 부인의 사망에 대해 애도의 뜻을 표했다.

con + dol(e)
together grieve
함께(con) 슬퍼하다(dol)
→ 조문하다, 애도하다

컨도울 = 큰 돌
큰 돌(비석) 앞에서 조문하다(condole)
→ 조문하다

1263 ★

**wail** [weil]

동 **울부짖다, 통곡하다** 명 **비탄, 통곡**

= 명 groan, lament, howl, sob

The women of the town **wailed** over the war victims.
그 마을의 여자들은 전쟁의 희생자들에 대해서 통곡했다.

웨일 = 왜 이래
"당신 왜 이래"하며 울부짖다(wail)
→ 울부짖다, 통곡하다

1264 ★★

**sob** [sab]

동 **흐느껴 울다** 명 **흐느낌, 오열**

The movie's ending left her **sobbing**.
그 영화의 결말은 그녀를 흐느껴 울게 만들었다.

섭(sob)섭(sob)해서 남몰래 흐느껴 울다
→ 흐느껴 울다

1265 ★★

**sorrow** [sárou]

sorrowful 형 슬픈

명 **슬픔, 비애** 동 **슬퍼하다**

Time heals all **sorrows**.
시간은 모든 슬픔을 치유한다.

쏘로우 = 서러워
서러워하고 슬퍼하다(sorrow)
→ 슬퍼하다

1266 ★

**deplore** [diplɔ́:r]

deplorable 형 비참한, 개탄스러운

동 **① 비탄하다, 개탄하다 ② 후회하다**

= ① mourn, grieve, bemoan, lament

I **deplore** and condemn this killing.
나는 이런 살인 행위를 개탄하고 규탄한다.

de + plor(e)
down cry
울면서(plor) 땅을(de) 치다
→ 비탄하다

1267 ★

**implore** [implɔ́:r]

imploration 명 탄원, 애원
imploring 형 탄원하는, 애원하는

동 **간청하다**

= beg, plead, solicit, entreat

I **implored** him not to go.
나는 그에게 가지 말라고 간청했다.

im + plor(e)
on cry
절벽 위에서(im) 살려 달라고 우는(plor) 의미에서
→ 간청하다

1268 ★

## solicit

[səlísit]

**solicitude** 명 ① 염려 ② 갈망 ③ 배려

**동 간청하다, 요청하다**

= beg, plead, implore, entreat

They **solicited** funds from the organization.
그들은 그 단체에 자금을 요청했다.

**soli** + **cit**
whole summon
전체를(soli) 다 불러서(cit) 부탁하니까
→ **간청하다**

태양(sol)을 보며 비를 내려 달라고 간청하다(solicit)
→ **간청하다**

1269 ★

## entreat

[intríːt]

**동 간청하다, 간절히 원하다**

= beg, plead, implore, solicit

She **entreated** us not to go.
그녀는 우리에게 가지 말라고 간청했다.

**en** + **treat**
make draw
상대방의 마음이 끌리게(treat) 만들다(en)
→ **간청하다**

**인트릿** = **人 + treat**
사람(人)을 치료(treat)해 달라고 간청하다(entreat)
→ **간청하다**

1270 ★

## yearn

[jəːrn]

**yearning** 명 갈망, 동경

**동 그리워하다, 갈망하다**

= crave, long, desire

We **yearn** for beauty and truth in our lives.
우리는 우리의 삶에서 아름다움과 진실을 갈망한다.

해(year)가 바뀌어도 여전히 그리워하다(yearn)
→ **그리워하다**

1271 ★★

## fancy

[fǽnsi]

**동 ① 상상하다 ② 원하다**
**형 ① 화려한 ② 근사한**
**명 ① 공상, 상상 ② 바람, 욕망**

The child **fancies** a world where everyone speaks the same language.
그 아이는 모든 사람이 같은 언어를 사용하는 세상을 꿈꾼다.

근사한(fancy) 스포츠카를 타고 있는 나를 상상해(fancy)
→ **상상하다, 근사한**

**팬시** = **팬 + see**
팬들은 자신이 좋아하는 가수를 직접 보길 원하죠(fancy)
→ **원하다**

1272 ★★

## greed

[griːd]

**greedy** 형 탐욕스러운

**명 탐욕**

= desire, lust

There are no limits to man's **greed**.
인간의 탐욕에는 한계가 없다.

**그리드** = **그리도**
그리도 탐욕스러운 돼지
→ **탐욕**

1273 ★

## lust

[lʌst]

**명 욕망, 갈망**

He has a real **lust** for life.
그는 생에 대한 진정한 욕망을 가지고 있다.

**lust**
light
마음속에서 빛나는(lust) 것
→ **갈망**

욕망(lust)은 사람이 마지막(last)까지 포기 못 하는 것
→ **욕망**

1274 ★★

## appetite

[ǽpətàit]

명 ① 식욕 ② 욕구

= ① hunger, greed

I lost my **appetite**.
나는 식욕을 잃었다.

ap + pet + ite
to seek 명접
무언가에(ap) 대해 추구하는(pet) 거니까
→ 식욕, 욕구

1275 ★

## petition

[pətíʃən]

명 탄원(서), 진정(서)
동 탄원하다, 청원하다

They turned in a **petition** with 70,000 signatures.
그들은 7만 명의 서명을 받은 탄원서를 제출했다.

pet(i) + tion
seek 명접
도움을 구하는(pet) 것이니까
→ 탄원(서)

퍼티션 = 파티션
사무실에 파티션을 설치해 달라고 청원하다(petition)
→ 청원하다

1276 ★

## entail

[intéil]

동 -을 수반하다, 필요로 하다

= require, involve, demand, necessitate

The job **entails** lots of hard work.
그 직업은 많은 힘든 일을 수반한다.

en + tail
make cut
-에 다른 것을 잘라(tail) 붙여 만드니까(en)
→ -을 수반하다, 필요로 하다

1277 ★★

## require

[rikwáiər]

**required** 형 필수의
**requirement** 명 ① 필요(조건) ② 자격 요건

동 ① 요구하다, 요청하다 ② 필요로 하다

= ② entail, involve, demand, necessitate

These pets **require** a lot of care and attention.
이 반려동물들은 많은 보살핌과 관심을 필요로 한다.

re + quir(e)
again seek
자꾸 다시(re) 구하다(quir)
→ 요구하다, 필요로 하다
니(re)는 과외(quire)가 필요하겠다고 엄마가 말했다
→ 필요로 하다

1278 ★★

## demand

[dimǽnd]

**demanding**
형 ① (일이) 부담이 큰, 힘든 ② (사람이) 요구가 지나친

동 요구하다 명 ① 요구 ② 수요

*cf.* in demand (수요가 많은),
on demand (요구가 있는 즉시)

High **demand** for this product led to a shortage.
이 제품에 대한 높은 수요로 인해 공급 부족이 일어났다.

디맨드 = 디게 민다
옆 사람이 좀 옆으로 가라고 요구하는데(demand), 디게 민다
→ 요구하다

1279 ★★

## oblige

[əbláidʒ]

**obligation** 명 의무, 책임
**obligatory** 형 의무적인, 강제의

동 강요하다, 의무를 지우다

*cf.* be obliged to RV (-하기를 강요받다)

They were **obliged** to sell their house in order to pay their debts.
그들은 빚을 청산하기 위해 집을 팔아야만 했다.

노블레스 오블리주(noblesse oblige)란 귀족에게는 도덕적 의무가 있다는 의미
→ 의무를 지우다

1280 ★★

## command

[kəmǽnd]

commander 명 지휘관, 사령관

동 ① 명령하다, 지휘하다
② (월급·가격 등을) 받다
명 명령, 지휘

= 동 ① order, dictate, mandate

The king **commanded** his soldiers to fight.
왕은 병사들에게 싸우라고 명령했다.

com + mand
completely entrust
누군가에게 임무를 완전히(com) 맡기는(mand) 거니까
→ 명령하다

1281 ★★

## convince

[kənvíns]

convincing 형 설득력 있는
convinced 형 확신하는

동 납득시키다, 확신시키다

She failed to **convince** them.
그녀는 그들을 납득시키는 데 실패했다.

con + vinc(e)
completely conquer
완전히(con) 상대방의 마음을 정복하다(vinc)
→ 납득시키다

1282 ★★

## confident

[kánfədənt]

confide 동 ① 신뢰하다 ② 털어놓다
confidential 형 비밀의
confidence 명 신뢰, 신용, 자신

형 확신하는, 자신 있는

I am **confident** that everything will come out right in time.
때가 되면 모든 것이 잘될 것이라고 확신한다.

con + fid + ent
completely trust 형접
자기 자신을 완전히(con) 믿는(fid) 거니까
→ 확신하는, 자신 있는

1283 ★★

## profound

[prəfáund]

형 깊은, 심오한

= deep, abstract

His death had a **profound** effect on us all.
그의 죽음은 우리 모두에게 깊은 영향을 주었다.

프로파운드 = 프로판다
아마추어가 아닌 프로(pro)가 파는(found) 학문이니까
→ 심오한

1284 ★★

## peculiar

[pikjú:ljər]

형 ① 독특한 ② 이상한

= ② odd, weird, abnormal, bizarre, queer

There is something **peculiar** about her.
그녀에게는 무언가 독특한 점이 있다.

피큘리얼 = 피클이야
참 독특한(peculiar) 맛의 피클이야
→ 독특한

1285 ★

## bizarre

[bizá:r]

형 기이한, 특이한

= odd, weird, abnormal, peculiar, eccentric

Some are quite **bizarre**, but some are good choices.
일부는 꽤 특이하지만 일부는 좋은 선택입니다.

비자르 = 빗자루
마녀들이 빗자루를 타고 다니는 건 신기하죠
→ 기이한, 특이한
바자(bazaar)회는 참 이상한(bizarre) 행사야
→ 기이한, 특이한

1286 ★★

## abnormal

[æbnɔ́:rməl]

abnormality 명 비정상, 이상

형 비정상적인, 이상한

= odd, weird, bizarre, peculiar, quirky

His **abnormal** behavior worried his family.
그의 비정상적인 행동은 그의 가족을 걱정시켰다.

ab + norm + al
away standard 형접
규범(norm)에서 먼(ab) 것이니까
→ 비정상적인

1287 ★

## eccentric

[ikséntrik]

eccentricity 명 이상함, 엉뚱함

형 괴짜의, 별난 명 괴짜, 기인

= 형 odd, weird, abnormal, bizarre, peculiar

I know it's an **eccentric** town.
나는 그곳이 별난 마을이라는 것을 알고 있다.

ec + centr + ic
out center 형·명접
중심에서(centr) 벗어난(ec) 거니까
→ 괴짜의

1288 ★★

## odd

[ɔd]

odds 명 ① 역경 ② 불화, 다툼 ③ 차이 ④ 승산, 가능성

형 ① 이상한, 특이한 ② 홀수의

= ① peculiar, weird, bizarre, eccentric, abnormal, outlandish

It's **odd** this fruit has no seeds.
이 과일에 씨앗이 없는 것이 이상하다.

오디디(o.d.d.)가 이상한데(odd)?
→ 이상한

1289 ★★

## riddle

[rídl]

명 수수께끼

The **riddle** of the Sphinx was at last revealed.
스핑크스의 수수께끼는 결국 밝혀졌다.

리들 = 니들
니들 수수께끼(riddle) 한번 맞혀 봐
→ 수수께끼

1290 ★

## decipher

[disáifər]

cipher 명 암호 동 암호문으로 쓰다

동 해독하다, 풀다

= decode, decrypt

He **deciphered** the hidden suggestions in the lyrics.
그는 가사에 숨겨진 암시하는 바를 해독했다.

de + cipher
off code
암호(cipher)로부터 분리시키니까 (de)
→ 해독하다

1291 ★

## literal

[lítərəl]

literally 부 ① 문자[말] 그대로 ② 정말로, 사실상

형 ① 문자[말] 그대로의 ② 문자(상)의

Take the **literal** meaning of the sentence, not the figurative one.
문장의 비유적 의미가 아닌 문자 그대로의 의미를 받아들여라.

리터럴 = L처럼
글자(Letter)에 나와 있는 것처럼
→ 문자[말] 그대로

1292 ★★

## literate

[lítərət]

literature 명 문학
literary 형 문학의
literacy 명 읽고 쓸 줄 아는 능력
illiterate 형 글을 모르는, 문맹의

형 글을 읽고 쓸 줄 아는

Most of the children in his class are **literate**.
그의 학급 어린이들의 대부분이 글을 읽고 쓸 수 있다.

liter + ate
letter 형접
글자를(liter) 읽고 쓸 줄 아는 거니까
→ 글을 읽고 쓸 줄 아는

1293 ★

## illegible

[ilédʒəbəl]

형 읽기 어려운, 판독하기 어려운

*cf.* eligible (적임의, 적격의)

Her handwriting is **illegible**.
그녀의 글씨는 알아보기 어렵다.

il + leg + ible
not read 형접
읽을(leg) 수(ible) 없는(il) 거니까
→ 읽기 어려운, 판독하기 어려운

1294 ★★

## opposite

[ɔ́pəzit]

**opposition** 명 반대

**형 ① 마주 보고 있는, 맞은편의 ② 정반대의**
**명 정반대의 일[사람, 말]**

= 형 ② contrary, reverse, adverse, inverse, converse

The **opposite** of love is indifference.
사랑의 정반대의 말은 무관심이다.

**op** + **pos(i)** + **te**
against put 형·명접
반대편에(op) 놓여(pos) 있는 거니까
→ 정반대의

1295 ★★

## friction

[fríkʃən]

**명 ① 마찰 ② 갈등, 불화**

= ② discord, conflict, dispute

Heat is produced by **friction**.
열은 마찰에 의해 생긴다.

소설(fiction)에서는 인물 간의 갈등(friction)이 등장하기 마련이다
→ 마찰, 갈등

1296 ★★

## conflict

명 [kánflikt]
동 [kənflíkt]

**명 갈등, 충돌 동 상충하다, 충돌하다**

= 명 discord, friction, dispute, quarrel

There was a constant **conflict** within the party.
당내에서 끊임없는 갈등이 있었다.

**con** + **flict**
together strike
서로 함께(con) 치니까(flict)
→ 갈등, 충돌

1297 ★★

## bump

[bʌmp]

**동 충돌하다, 부딪치다 명 충돌**

= 동 clash, crash, collide

The cat **bumped** the vase off the shelf.
고양이가 꽃병에 부딪쳐 (꽃병을) 선반에서 떨어지게 했다.

범퍼(bumper)카는 서로 부딪치는(bump) 재미로 하는 거니까
→ 충돌하다, 부딪치다

1298

## percussion

[pərkʌ́ʃən]

**repercussion** 명 (사건·행동의 간접적인) 영향, 반향

**명 ① 타악기 ② 충돌, 충격**

We used a lot of **percussion**.
우리는 많은 타악기를 사용했다.

**per** + **cuss** + **ion**
through strike 명접
통과하여(per) 치니까(cuss)
→ 충돌

1299 ★★

## futile

[fjú:tl]

**형 헛된, 소용없는**

= worthless, ineffective, vain

*cf.* fertile (비옥한, 기름진)

Their efforts to revive her were **futile**.
그녀를 소생시키려는 그들의 노력은 소용이 없었다.

**fut** + **ile**
pour 형접
막 퍼부었는데(fut) 아무것도 안 남으니까
→ 헛된

1300 ★

## outstretch

[àutstrétʃ]

**outstretched** 형 뻗친, 펼친

**동 뻗다, 펴다**

**Outstretch** your arms towards the wall.
벽 쪽으로 팔을 쭉 뻗으세요.

**out** + **stretch**
outward reach
밖을(out) 향해 쭉 뻗은(stretch) 것이니까
→ 뻗다

DAY 27

## DAY 27 어휘 미리보기

DAY 27

| | | | | |
|---|---|---|---|---|
| □ feasible | □ shiver | □ yield | □ grant | □ relevant |
| □ viable | □ tremble | □ breed | □ award | □ immune |
| □ practical | □ reckon | □ hatch | □ reward | □ exempt |
| □ rational | □ suppose | □ salvage | □ compensate | □ craft |
| □ sensible | □ speculate | □ tow | □ render | □ draft |
| □ sober | □ exert | □ drag | □ qualify | □ profile |
| □ temperate | □ utilize | □ haul | □ eligible | □ blueprint |
| □ absurd | □ harness | □ bestow | □ suitable | □ scheme |
| □ insane | □ exploit | □ donate | □ proper | □ project |
| □ vibrate | □ abuse | □ endow | □ appropriate | □ streamline |

1301 ★

### feasible

[fíːzəbl]

feasibility 명 실행 가능성

형 **실행할 수 있는, 실행 가능한**

= viable, practicable

It's not **feasible** to manage the business that way.
그런 방식으로 사업을 운영하는 것은 실행 가능하지 않다.

실행할 수 있을(feasible) 때 가능하다(possible)고 하죠
→ 실행할 수 있는

1302 ★

### viable

[váiəbəl]

viability 명 실행 가능성, 생존 능력

형 **실행 가능한, 성공할 수 있는**

= feasible, practicable

Such projects are not financially **viable** without government funding.
그러한 사업들은 정부 기금이 없으면 재정적으로 실행 가능하지 않다.

vi (way) + able (형접)
길(vi)이 있는 곳으로 가는 거니까
→ 실행 가능한

1303 ★★

### practical

[prǽktikəl]

practically 부 사실상, 거의
impractical 형 ① 비현실적인 ② 비실용적인

형 **① 현실적인 ② 실용적인**

= ① realistic, rational, sensible, reasonable

I doubt if such a thing is of any **practical** use.
나는 그런 것이 실용적일지 의심스럽다.

practic (use) + al (형접)
사용할(practic) 수 있는 성질(al)이니까
→ 현실적인, 실용적인

1304 ★★

## rational

[rǽʃənl]

**rationality** 명 합리(성)
**rationalize** 동 합리화하다
**rationale** 명 이유, 근거
**irrational** 형 비이성적인

형 **합리적인, 이성적인**

= practical, sensible, realistic, reasonable

I merely present **rational** arguments.
나는 단지 합리적인 주장을 제시할 뿐이다.

**ratio** + **nal**
calculate 형접
계산하고 추론하니까(ratio)
→ 합리적인, 이성적인

1305 ★★

## sensible

[sénsəbl]

**sensory** 형 감각의, 지각의
**insensible** 형 ① 이해할 수 없는 ② 무감각한

형 **① 분별 있는, 합리적인, 현명한 ② 실용적인, 알맞은**

= ① practical, realistic, rational, reasonable

It was **sensible** of him to accept that proposal.
그가 그 제안을 받아들이는 것은 현명했다.

**sens** + **ible**
feel 형접
옳고 그름을 느낄(sens) 수 있는(ible) 거니까
→ 현명한, 분별 있는

1306 ★

## sober

[sóubər]

**sobriety** 명 맨정신, 술 취하지 않은 상태

형 **① 술 마시지 않은, 절제하는 ② 냉정한, 진지한**

= ① temperate

He has been **sober** for three years.
그는 3년째 술을 마시지 않고 있다.

**소우벌** = **소주 버릴**
따라준 소주도 버릴 정도로 진지한 금주(sober) 결심
→ 술 마시지 않은, 진지한

1307 ★★

## temperate

[témpərət]

형 **① 절제된, 차분한 ② (기후가) 온화한**

= ① sensible, sober, moderate

She preferred a man of **temperate** habits.
그녀는 차분한 습성을 지닌 사람을 선호했다.

화·성질(temper)을 참고 먹으니(ate)
→ 차분한, 온화한

1308 ★★

## absurd

[æbsə́:rd, æbzə́:rd]

**absurdity** 명 어리석은 일, 부조리

형 **어리석은, 터무니없는**

= silly, foolish, ridiculous

It is **absurd** to call him a fanatic.
그를 광신도라고 부르는 것은 터무니없다.

**업설드** = **없어 + 두(頭)**
어리석은(absurd) 사람을 보고 "쟨 그냥 머리(頭)가 없어!"
→ 어리석은

1309 ★

## insane

[inséin]

**sane** 형 제정신의, 분별 있는

형 **미친, 제정신이 아닌**

= crazy, mad, lunatic

All prisoners were slowly going **insane**.
모든 죄수들은 서서히 미쳐 가고 있었다.

**in** + **sane**
not healthy
정신이 건강하지(sane) 않은(in) 것이니까
→ 미친

1310 ★★

## vibrate

[váibreit]

동 **진동하다, 떨리다**

= shiver, tremble, shudder, quiver

The traffic is so heavy that the bridge on the highway seems to **vibrate**.
교통량이 너무 많아서 고속도로 다리가 진동하는 것 같다.

가수가 노래할 때 '워~우워'하면서 음을 떠는(vibrate) 바이브레이션(vibration) 기법
→ 진동하다, 떨리다

1311 ★

## shiver
[ʃívər]

동 **떨다, 전율하다**

= tremble, shudder, quiver, vibrate

I **shivered** from the cold.
나는 감기에 걸려서 덜덜 떨었다.

**쉬벌** = **쉬 + 벌**
한겨울에 쉬를 보고 나서 몸을 벌벌 떨다(shiver)
→ **떨다**

1312 ★★

## tremble
[trémbl]

동 **떨다, 흔들리다**

= shiver, shudder, quiver, vibrate

His legs were **trembling** with fear.
그의 다리가 두려움 때문에 떨렸다.

**trem** + **ble**
shake 형접
사람이나 땅이 떠니까(trem)
→ **흔들리다**

**트렘블** = **틀어 불**
추워서 몸이 떨리니까(tremble) 틀어, 불!
→ **떨다**

1313 ★

## reckon
[rékən]

동 **① 생각하다, 간주하다 ② 세다, 계산하다 ③ 추정하다**

= ① consider, regard, judge, deem

I **reckon** him as a wise man.
나는 그를 현명한 남자라고 생각한다.

**레컨** = **내 껀**
내 껀 내가 계산할게(reckon)
→ **계산하다**

1314 ★★

## suppose
[səpóuz]

동 **생각하다, 가정하다**

= assume, presume, conjecture, deduce, reckon

I **suppose** you are one of the best players in the world.
나는 당신이 세계 최고의 선수 중 한 명이라고 생각합니다.

**sup** + **pos(e)**
under put
아래에(sup) 놓여(pos) 전제가 되니까
→ **생각하다, 가정하다**

1315 ★

## speculate
[spékjulèit]

**speculation** 명 추측, (어림) 짐작

동 **사색하다, 추측하다**

= guess, conjecture

He always **speculates** about what might happen.
그는 항상 일어날지도 모르는 일에 대해 추측한다.

**spec(ul)** + **ate**
see 동접
어떤 문제를 자세히 훑어보는(spec) 것에서 유래
→ **추측하다**
스님들이 수백(spec) 개의 굴(cul)에서 사색하니까
→ **사색하다**

1316 ★★

## exert
[igzə́:rt]

**exertion** 명 ① 발휘, 행사 ② 노력, 분투

동 **① 발휘하다, 행사하다 ② 노력하다 (oneself)**

= ① use, utilize, apply, exercise, employ, deploy

Sally had to **exert** herself to study for her exam.
Sally는 시험공부를 하려고 노력해야만 했다.

운동할(exercise) 때 힘을 발휘하려고 노력하죠(exert)
→ **발휘하다, 노력하다**

1317 ★★

## utilize

[jú:təlàiz]

utility 명 유용성, 효율
utilitarian 형 실용적인

동 이용하다, 활용하다

= use, exploit, employ

It is better to **utilize** public transportation because there is no parking lot.
주차장이 없으므로 대중교통을 이용하는 것이 더 좋다.

uti(l) + ize
use 동접
사용하게(uti) 만들다(ize)
→ 이용하다

1318 ★

## harness

[há:rnis]

동 이용하다 명 마구(馬具)

= 동 use, utilize, exploit, employ, apply

We must **harness** the skill and creativity of our workforce.
우리는 우리 노동자들의 기술과 창의력을 활용해야 한다.

할니스 = 할리스
할리스 커피를 이용하다(harness)
→ 이용하다

1319 ★★

## exploit

[iksplɔ́it]

exploitation 명 ① 개발 ② 착취

동 ① 개발하다 ② 이용[활용]하다 ③ 착취하다

= ③ abuse, misuse

We should **exploit** our own coal resources because the price of oil has surged.
석윳값이 급등했기 때문에 우리의 석탄 자원을 이용해야 한다.

ex + plo(it)
out fold
접혀(plo) 있는 것을 밖으로(ex) 펼치다
→ 개발하다
어느 지역을 개발할 때 그 지역을 이용하고 착취하니까
→ 이용[활용]하다, 착취하다

1320 ★★

## abuse

[əbjú:z]

동 ① (지위·능력을) 남용하다
② (사람·동물을) 학대하다
명 ① 남용 ② 학대, 욕

= 동 ② mistreat, maltreat, misuse

People **abuse** the natural resources of the earth by wasting or polluting them.
사람들은 지구의 천연자원을 낭비하거나 오염시켜서 그것을 남용한다.

ab + use
off use
무언가를 잘못된(ab) 방식으로 사용하는(use) 거니까
→ (지위·능력을) 남용하다
어뷰즈 = 없! 유즈
너무 많이 남용해서(use) 없(ab)어
→ 남용하다

1321 ★★

## yield

[ji:ld]

동 ① 생산[산출]하다 ② 양보[양도]하다 (to)
③ 항복[굴복]하다 (to)
명 생산액, 산출량

= 동 ③ surrender, submit

The tree **yields** plenty of fruit.
그 나무는 많은 열매를 생산한다.

밭(field)에서 농작물을 생산하여(yield) 배고픈 사람들에게 양보하다(yield)
→ 생산하다, 양보하다

1322 ★★

## breed

[bri:d]

breeding 명 번식, 사육

동 ① 낳다 ② 기르다, 사육하다 명 품종, 종류

= 동 ② raise, rear, nurture

He **breeds** race horses on his farm.
그는 자신의 농장에서 경주마를 기른다.

서양의 부모들은 아이들에게 빵(bread)을 먹이며 기르니까(breed)
→ 기르다

1323 ★★

## hatch

[hætʃ]

동 부화하다 명 승강구, 뚜껑

= 동 incubate

Don't count your chickens before they are **hatched**.
알이 부화하기 전에 닭부터 세지 마라.

헤치 = 헤치다
새끼가 알껍데기를 헤치고 나오다
→ 부화하다

1324 ★

## salvage

[sǽlvidʒ]

salvation 명 구조, 구출

동 구조하다, 구출하다

= rescue

*cf.* savage (야만적인; 야만인)

We **salvaged** several paintings from the fire.
우리는 그림 몇 점을 불 속에서 구해 냈다.

샐비쥐 = 살피지
구조대가 인명을 구조(save)하려고(salvage) 숲속을 살피지
→ 구조하다, 구출하다

1325 ★★

## tow

[tou]

동 ① 끌다 ② 견인하다 명 ① 끌기 ② 견인차

My car broke down, and a truck **towed** it to the garage.
내 차가 고장 나서 트럭이 정비소까지 견인해 갔다.

토우 = 土雨
흙비(土雨)에 파묻힌 트럭을 견인하다(tow)
→ 끌다, 견인하다

1326 ★★

## drag

[dræg]

동 끌다[끌리다] 명 장애물

= 동 haul, pull, draw, tug, tow

The strong current **dragged** the boat downstream.
강한 물살이 보트를 하류로 끌고 갔다.

컴퓨터 바탕화면의 아이콘 옮길 때 마우스 커서로 끌어와 드래그 앤 드롭(drag & drop)하죠
→ 끌다

1327 ★★

## haul

[hɔːl]

overhaul 동 철저하게 조사하다, 점검하다

동 잡아끌다, 세게 당기다

= drag, pull, draw, tug, tow

He was **hauled** along to the police station.
그는 경찰서로 끌려갔다.

허얼 = 헐
누가 세게 잡아당기면 헐! 하니까
→ 잡아끌다, 세게 당기다

1328 ★

## bestow

[bistóu]

동 주다, 수여하다

= confer, endow, grant, award

The king **bestowed** knighthood on his loyal subject.
왕은 그의 충성스러운 신하에게 기사 작위를 수여했다.

시험에서 최선(best)을 다하면 상을 주니까(bestow)
→ 주다

1329 ★★

## donate

[dóuneit]

donation 명 기부, 기부금
donor 명 기부자, 기증자

동 기부하다, 기증하다

= contribute

Some libraries have agreed to **donate** books to schools.
일부 도서관은 학교에 책을 기증하는 데 동의했다.

도네잇 = 돈 내잇
불우 이웃을 돕기 위해 돈 내잇
→ 기부하다, 기증하다

1330 ★

## endow

[indáu]

endowment 명 기부, 기증

동 ① 기부하다 ② 주다, 부여하다

= ① donate

The queen **endowed** him with the power to enforce the law.

여왕은 그에게 법을 집행할 권한을 부여했다.

인다우 = 이리 다우

"이리 다우" 하니까 주다(endow)

→ 주다

1331 ★★

## grant

[grænt]

동 ① 승인하다 ② 주다, 수여하다 명 보조금

= 동 ① permit, accord, concede

The boys were **granted** an extra day of vacation.

소년들은 방학을 하루 더 추가로 받았다.

아버지가 생일 선물로 그랜드(grand) 피아노를 주다(grant)

→ 주다, 수여하다

1332 ★★

## award

[əwɔ́:rd]

동 주다, 수여하다 명 상

They were **awarded** the Nobel Prize for Physics.

그들은 노벨 물리학상을 받았다.

a + ward

out watch

지켜보고(ward) 밖으로(a) 골라내서 치하하다

→ 수여하다, 상

1333 ★★

## reward

[riwɔ́:rd]

명 보상(금), 보답 동 보상하다, 보답하다

A **reward** was offered for the child's safe return.

그 아이의 무사 귀환을 위해 보상금이 제시되었다.

re + ward

back watch

뒤에서(re) 지켜 주는 사람을 주의해서 보고(ward) 되갚아 주는 것

→ 보답

1334 ★★

## compensate

[kɑ́mpənsèit]

compensatory 형 ① 보상의, 배상의 ② 보충의

compensation 명 ① 보상, 배상 ② 보충, 보완

동 ① 보상하다, 배상하다 ② 보충하다

= ① reimburse

Nothing can **compensate** for the loss of a loved one.

사랑하는 사람을 잃은 것은 그 무엇으로도 보상할 수 없다.

com + pens + ate

together weigh 동접

서로(com) 무게를 달아(pens) 처지는 쪽을 보충하는 것에서 유래

→ 보충하다

캄펀세이트 = 큰 펜 세트

친구의 펜을 부러뜨려서 큰 펜 세트로 보상하다(compensate)

→ 보상하다, 배상하다

1335 ★

## render

[réndər]

동 ① -이 되게 하다 ② (대가로) 주다, 제공하다

Depression can **render** one hopeless.

우울증은 사람을 절망적으로 만들 수 있다.

render

give

어떤 상황을 주니까(render)

→ -이 되게 하다

무언가를 주니까(render)

→ (대가로) 주다, 제공하다

1336 ★★

## qualify

[kwɑ́ləfài]

qualification 명 자격 (부여), 권한, 조건

qualified 형 자격이 있는, 적임의

동 -에게 자격[권한]을 주다

= authorize, empower

Paying a fee doesn't **qualify** you for membership.

회비를 내는 것이 당신에게 회원 자격을 주지는 않는다.

qual + ify

quality 동접

자질(qual)을 갖추게 하는 거니까

→ -에게 자격[권한]을 주다

1337 ★★

## eligible

[élidʒəbl]

eligibility 명 적임, 적격

형 **적임의, 적격의**

= fit, suitable, qualified

There weren't any **eligible** candidates in this election.
이번 선거에서는 어떤 적격의 후보자도 없었다.

e + lig + ible
out choose 형접
선택되어(lig) 밖으로(e) 나올 만한(ible)
→ 적임의
이 자리에는 엘리트(elite)가 적임이다(eligible)
→ 적임의

1338 ★★

## suitable

[sú:təbəl]

형 **적합한, 적절한**

= fit, apt, proper, appropriate

He is **suitable** for the post.
그는 그 자리에 적합하다.

suit + able
fit 형접
딱 맞는(suit) 거니까
→ 적합한, 적절한

1339 ★★

## proper

[prɑ́pər]

properly 부 제대로, 적절히
property 명 ① 재산, 소유물 ② 특성, 속성

형 **적절한, 적당한**

= fit, apt, suitable, appropriate

He is the **proper** person for the work.
그는 그 일에 적임자이다.

proper
one's own
자기 자신(proper)에게 딱 들어맞는 것이니까
→ 적절한, 적당한

1340 ★★

## appropriate

[əpróupriət]

형 **적합한, 어울리는**
동 **① 도용하다, 무단 사용하다 ② 충당하다**

= 형 fit, apt, proper, suitable

Jeans are not **appropriate** for a formal party.
청바지는 격식을 갖춘 파티에는 적합하지 않다.

ap + propri + ate
to one's own 동·형접
자기 자신(propri)에게(ap) 알맞은 거니까
→ 적합한, 어울리는

1341 ★★

## relevant

[réləvənt]

relevance 명 관련성, 적절
irrelevant 형 부적절한, 관계없는

형 **적절한, 관련된**

= pertinent

Does he have the **relevant** experience?
그는 관련 경험이 있습니까?

나와 관계(relation)가 있으니
→ 적절한, 관련된

1342 ★★

## immune

[imjú:n]

immunize 동 면역력을 갖게 하다
immunity 명 면역력

형 **① 면역의, 면역성이 있는 ② -이 면제된**

= ② exempt

Stress has weakened his **immune** system.
스트레스로 그의 면역 체계가 약화되었다.

im + mun(e)
not duty
병에 걸릴 의무가(mun) 없는(im) 거니까
→ 면역성이 있는
의무가(mun) 없는(im) 거니까
→ -이 면제된

1343 ★★

## exempt

[igzémpt]

exemption 명 면제

동 **(의무·책임을) 면제하다** 형 **면제되는**

= 형 immune

Some students are **exempt** from certain exams.
일부 학생들은 특정 시험을 면제받는다.

ex + empt
out take
밖으로(ex) 빼낸다는(empt) 의미에서
→ 면제하다

□□□
1344 ★★

## craft

[kræft]

craftsman 명 기술자, 장인

명 ① 기술, 솜씨, 공예 ② 선박, 비행기

= ① skill, art, technique

You taught us through **crafts** and pictures.
당신은 공예와 그림을 통해서 우리를 가르치셨습니다.

> Star Craft 게임을 하려면 기술(craft)이 뛰어나야겠지
> → 기술, 솜씨

□□□
1345 ★★

## draft

[dræft]

명 ① 도안, 초안, 설계 ② 징병

동 ① 초안을 작성하다, 설계하다 ② 징병하다

He showed me the **draft** of an article he was writing.
그는 집필 중인 기사의 초안을 내게 보여 주었다.

> 스포츠 감독이 신인 선수를 드래프트하여 새 시즌을 설계하다(draft)
> → 설계하다

□□□
1346 ★

## profile

[próufail]

명 ① 윤곽 ② 개요 ③ (얼굴의) 옆모습

= ② sketch, summary, outline, abstract, synopsis

You have a great **profile**.
당신은 옆모습이 정말 멋지시네요.

> 연쇄 살인범의 옆모습 윤곽(profile)이 프로파일러(profiler)에 의해 드러났다
> → 윤곽, (얼굴의) 옆모습

□□□
1347 ★★

## blueprint

[blú:print]

명 ① 청사진, 설계도 ② 계획

동 청사진을 만들다, 계획하다

The architect drafted the **blueprints** for the building.
그 건축가가 건물의 청사진 초안을 작성했다.

> 청사진(blueprint)은 빛에 쉽게 바래지 않는 파란색(blue) 배경의 설계도를 사용한 것에서 유래
> → 청사진, 설계도

□□□
1348 ★★

## scheme

[ski:m]

명 계획 동 계획하다

They **schemed** to overthrow the Cabinet.
그들은 내각 타도를 계획했다.

> 공부하기 전 스케줄(schedule)을 먼저 짠 다음 구체적인 계획(scheme)을 세우죠
> → 계획

□□□
1349 ★★

## project

명 [prádʒekt]
동 [prədʒékt]

projector 명 ① 설계자 ② 영사기
projection 명 ① 예상, 추정 ② 투영, 영사, 영상

명 계획

동 ① 계획하다 ② 투영하다

They set up a **project** to computerize the library system.
그들은 도서관 체제를 컴퓨터화할 계획을 세웠다.

> **pro** + **ject**
> forward throw
> 시간상 앞으로(pro) 해야 하게끔 던져진(ject) 것이니까
> → 계획, 계획하다

□□□
1350 ★

## streamline

[strí:mlàin]

동 ① 효율화하다, 간소화하다 ② 유선형으로 하다

= ① simplify

We hope to **streamline** the laborious process.
우리는 그 힘든 과정을 간소화하기를 희망한다.

> 개울(stream)의 선(line)처럼 유선형으로 유유히 잘 흘러가니까
> → 효율화하다, 간소화하다

# DAY 28

## DAY 28 어휘 미리보기

DAY 28

| | | | | |
|---|---|---|---|---|
| □ muse | □ patient | □ prestige | □ oral | □ refer |
| □ contemplate | □ liberal | □ fame | □ verbal | □ cite |
| □ ponder | □ generous | □ repute | □ linguistic | □ quote |
| □ irrespective | □ tranquil | □ renown | □ eloquent | □ recite |
| □ tolerate | □ serene | □ notorious | □ colloquial | □ pronounce |
| □ undergo | □ aesthetic | □ oval | □ dialect | □ homogeneous |
| □ endure | □ urban | □ spiral | □ loquacious | □ equivalent |
| □ durable | □ municipal | □ curl | □ chatter | □ parallel |
| □ sturdy | □ federal | □ wind | □ comment | □ akin |
| □ robust | □ celebrity | □ blow | □ mention | □ analogy |

1351 ★

### muse
[mjuːz]

**동 명상하다, 곰곰이 생각하다**
**명 ① (영감을 주는) 뮤즈 ② 명상**

= 동 consider, contemplate, deliberate, meditate, ponder

He **mused** on the mystery of death.
그는 죽음의 신비를 곰곰이 생각했다.

박물관(museum)은 조용하니까 저절로 명상(muse)이 되죠
→ 명상하다, 곰곰이 생각하다

1352 ★

### contemplate
[kάntəmplèit]

**동 심사숙고하다, 고려하다**

= consider, deliberate, meditate, ponder, muse

**contemplation** 명 사색, 명상

You're too young to **contemplate** retirement.
당신은 은퇴를 고려하기에는 너무 젊다.

절(temple)에서 명상하며 숙고하는(contemplate) 스님들
→ 심사숙고하다

1353 ★★

### ponder
[pάndər]

**동 숙고하다, 곰곰이 생각하다**

= consider, contemplate, deliberate, meditate, muse

**Ponder** the error of your thought.
당신 생각의 오류를 곰곰이 생각하라.

pond + er
weigh 동접
이것저것 저울질해(pond) 보니까
→ 숙고하다
연못가(pond)에 가서 곰곰이 생각하다(ponder)
→ 숙고하다

1354 ★★

## irrespective

[irispéktiv]

**irrespectively** 부 관계없이

형 -와 상관없는 (of)

= irrelevant

I will buy the clothes **irrespective** of the price.
나는 가격에 상관없이 그 옷을 살 것이다.

ir + respective
not each
한 부분도(respective) 연관이 없는(ir) 거니까
→ -와 상관없는

1355 ★★

## tolerate

[tɑ́lərèit]

**tolerant** 형 ① 관대한 ② 잘 견디는, 내성 있는
**tolerance** 명 ① 관용, 용인 ② 내성

동 참다, 견디다

= bear, endure, persevere, undergo

I can just about **tolerate** it at the moment.
나는 지금은 그것을 그런대로 참을 수 있다.

화장실(toilet)을 생각하며 참다(tolerate)
→ 참다

1356 ★★

## undergo

[ʌ̀ndərgóu]

동 ① 겪다, 경험하다 ② 참다, 견디다

= ② bear, endure, tolerate, stand

She had to **undergo** many hardships in her life.
그녀는 삶에서 많은 고충을 겪어야만 했다.

under + go
below go
곤란한 일 아래로(under) 가다(go)
→ 겪다

1357 ★★

## endure

[indjúər]

**endurance** 명 인내

동 ① 참다, 견디다 ② 지속되다

= ① bear, persevere, tolerate, undergo

They **endure** day after day.
그들은 매일매일 견딘다.

en + dur(e)
in last
속으로(en) 참으면서 무언가를 지속하는(dur) 거니까
→ 참다, 지속되다

끝(end)까지 참다(endure)
→ 참다, 지속되다

1358 ★★

## durable

[djúərəbl]

**durability** 명 내구성

형 내구성이 있는, 오래가는, 튼튼한

= solid, sturdy, robust

This desk was made with **durable** wood.
이 책상은 튼튼한 나무로 만들어졌다.

dur + able
last 형접
지속(dur) 할 수 있는(able) 거니까
→ 내구성이 있는

1359 ★

## sturdy

[stə́:rdi]

형 튼튼한, 견고한

= solid, durable, robust

My grandfather still remains hale and **sturdy**.
나의 할아버지는 여전히 건강하고 튼튼하시다.

공부(study)를 많이 하면 실력이 튼튼하고 견고한(sturdy) 상태가 되니까
→ 튼튼한, 견고한

1360 ★

## robust

[roubʌ́st]

형 건장한, 튼튼한

= solid, durable, sturdy

The company has a **robust** security system.
그 회사는 튼튼한 보안 시스템을 갖추고 있다.

로봇(robot)처럼 튼튼한(robust)
→ 튼튼한

1361 ★★

## patient

[péiʃənt]

patience 명 인내(력), 참을성

명 환자 형 인내심 있는, 참을성 있는

= 형 tolerant

She's very **patient** with young children.
그녀는 어린 아이들에게 매우 인내심 있다.

**페이션트** = **페이 쓴**

페이(월급)가 쓴 직장이지만 참고 인내하다(patient)
→ 인내심 있는, 참을성 있는

1362 ★★

## liberal

[líbərəl]

liberalism 명 자유주의

형 ① 자유주의의, 자유로운 ② 관대한, 후한
명 자유주의자

His parents are very **liberal**, and they respect his spirit of independence.
그의 부모는 매우 자유주의적이라 그의 자립심을 존중해 준다.

**liber** + **al**
free 형·명접

자유로운(liber) 거니까
→ 자유주의의, 자유주의자

1363 ★★

## generous

[dʒénərəs]

generosity 명 관대함

형 ① 관대한, 너그러운 ② 풍부한

= ① tolerant, humane, benevolent, lenient, beneficent, humane

A **generous** smile gives everyone a boost.
너그러운 미소는 모두에게 힘을 준다.

**gener** + **ous**
produce 형접

베풂은 마음에서 우러나오는(gener) 것이니까
→ 관대한

1364 ★

## tranquil

[trǽŋkwil]

tranquilize 동 가라앉히다
tranquility 명 조용함, 평화

형 고요한, 평온한

= calm, mild, temperate, placid, serene

He looked at the man with a **tranquil** eye.
그는 그 남자를 평온한 눈으로 바라보았다.

**tran** + **quil**
completely quiet

완전히(tran) 조용한(quil) 거니까
→ 고요한, 평온한

**트랭퀼** = **뜰 안 길**

뜰 안쪽 길은 고요하니까(tranquil)
→ 고요한, 평온한

1365 ★

## serene

[sərí:n]

serenity 명 평온, 고요함

형 조용한, 평온한

= calm, mild, temperate, placid, tranquil

The woods were reflected in the **serene** lake.
나무는 평온한 호수에 반사되었다.

세레나데(serenade)는 조용하고 평온한(serene) 악곡을 의미하죠
→ 조용한, 평온한

1366 ★

## aesthetic

[esθétik]

형 심미적인 명 미학

*cf.* anesthetic (마취의, 마취제)

She told us her **aesthetic** appreciation of the music.
그녀는 우리에게 그 음악에 대한 심미적 감상을 말해 주었다.

**aesthet** + **ic**
art 형·명접

예술(aesthet)의 성질(ic)이니까
→ 심미적인

1367 ★★

## urban

[ə́:rbən]

urbanize 동 도시화하다

형 도시의, 도심의

We can make **urban** drivers pay more in gasoline taxes.
우리는 도시 운전자들이 휘발유 세금을 더 많이 내도록 할 수 있다.

**어번** = **5번**

뉴욕 5번가는 뉴욕의 중심으로 유명하죠?
→ 도시의, 도심의

1368 ★★

## municipal

[mjuːnísəpəl]

**municipality** 명 시 당국, 지자체

형 **시의, 자치의**

They took her to the **municipal** hospital.
그들은 그녀를 시립병원으로 데려갔다.

mun(i) + cip + al
duty take 형접
시민에게 서비스를 제공할 의무를 (mun) 가지는(cip) 거니까
→ 시의

1369 ★

## federal

[fédərəl]

**federation** 명 ① 연방 국가 ② 연합, 동맹

형 **① 연방의, 동맹[연합]의 ② (미국) 연방 정부의**

= ① confederate, allied, united

The FBI is a **federal** agency.
FBI(Federal Bureau of Investigation, 미국 연방 수사국)는 연방 기관이다.

자치권을 가진 여러 나라가 연합하여(federal) 구성한 국가 중 미국이 대표적이죠
→ 연방의, 동맹[연합]의

1370 ★★

## celebrity

[səlébrəti]

**celebrate** 동 기념[축하]하다

명 **유명 인사, 명성**

She had an interview with the **celebrity**.
그녀는 그 유명 인사와 인터뷰했다.

셀럽이란 말은 유명 인사인 'celebrity'를 줄여 부르는 것
→ 유명 인사

1371 ★★

## prestige

[prestíːʒ]

**prestigious** 형 명성이 있는, 일류의

명 **위신, 명성**

= fame, renown, reputation, celebrity, repute

The invention brought the scientist honor and **prestige**.
그 발명품은 그 과학자에게 명예와 위신을 가져다주었다.

명성(prestige) 높은 사람은 맨 앞에(pre) 서(s) 튀지(tige)
→ 위신, 명성

1372 ★★

## fame

[feim]

**famous** 형 유명한

명 **평판, 명성**

= honor, prestige, reputation, celebrity, repute

**Fame** brought her nothing but distress.
명성은 그녀에게 고통밖에 가져다 주지 않았다.

fa(m) + e
speak 명접
사람들 사이에서 자주 언급되니까 (fa)
→ 평판, 명성

1373 ★★

## repute

[ripjúːt]

**reputation** 명 평판, 명성

명 **평판, 명성** 동 **평판하다, 여기다**

= 명 fame, renown, reputation, celebrity, prestige

My parents were artists of some **repute**.
우리 부모님은 어느 정도 명성이 있는 화가들이셨다.

re + pute
again think
어떤 사람이 다시(re) 생각해(pute) 볼 정도로 유명하니까
→ 평판
어떤 사람을 다시(re) 놓고(put) 평하는 것
→ 평판

1374 ★★

## renown

[rináun]

**renowned** 형 유명한, 명성 있는

명 **명성**

= fame, reputation, prestige, celebrity, repute

She used to be a singer of some **renown**.
그녀는 명성이 좀 있는 가수였다.

re + nown
again name
거듭(re) 이름(nown)이 언급되는 거니까
→ 명성

1375 ★★

## notorious

[noutɔ́ːriəs]

notoriety 명 악명, 악평

형 악명 높은

= infamous

She is **notorious** for fouling others' names.
그녀는 다른 이들의 험담을 하기로 악명 높다.

not + orious
know 형접
나쁜 쪽으로 잘 알려진(not)
→ 악명 높은

1376 ★

## oval

[óuvəl]

명 타원형 형 타원형의

*cf.* diamond (마름모, 다이아몬드), cube (정육면체), cone (원뿔)

The table is **oval**-shaped.
그 탁자는 타원형 모양이다.

오우벌 = O + 벌
'O'자로 입을 벌려 타원형(oval)을 만들다
→ 타원형

1377 ★

## spiral

[spáiərəl]

형 나선형의

There was a **spiral** staircase in his luxurious house.
그의 호화로운 집에는 나선형 계단이 있었다.

손연재 선수가 S자 나선형(spiral) 모양으로 리본을 돌리는 모습을 연상
→ 나선형의

1378 ★

## curl

[kəːrl]

동 ① 곱슬곱슬하게 하다 ② 웅크리다, 감다
명 곱슬(머리)

*cf.* curly hair (곱슬머리)

Dry curly hair naturally for maximum **curl** and shine.
곱슬거림과 윤기를 최상으로 하기 위해 곱슬머리를 자연스럽게 말리세요.

머리카락이 'c'모양처럼 구부러져 있으니까
→ 곱슬머리

1379 ★★

## wind

명 [wind] 동 [waind]

명 바람, 강풍
동 ① (길·강이) 구부러지다, 굽이치다
② (실·옷을) 감다, 돌리다

*cf.* wind up (결국 -으로 끝나다)

The river **winds** along.
강이 굽이쳐 흐른다.

와인드 = 와인 + 드
와인을 드링킹하면 길이 구부러져(wind) 보인다
→ (길·강이) 구부러지다, 굽이치다

1380 ★★

## blow

[blou]

동 ① (입으로) 불다 ② (바람이) 불다
명 강타, 타격

= 동 exhale, expel, breathe out

The wind is **blowing** leaves everywhere.
바람이 사방에 나뭇잎을 날리고 있다.

입으로 바람을 불어(blo), 우(woo)~
→ (입으로) 불다

1381 ★★

## oral

[ɔ́:rəl]

형 구두의, 구강의

= spoken, verbal

An **oral** agreement is not enough.
구두 합의로는 충분하지 않다.

**or** + **al**
mouth 형접
입(or)에 관한 것이니까
→ 구두의, 구강의

1382 ★★

## verbal

[və́:rbəl]

**verbally** 부 말로, 구두로

형 언어의, 구두의

= oral, spoken

Don't count on a **verbal** promise.
구두로 한 약속은 믿지 마라.

**verb** + **al**
word 형접
단어(verb)의 성질(al)이니까
→ 언어의, 구두의

1383 ★★

## linguistic

[liŋgwístik]

**linguistics** 명 언어학
**linguist** 명 언어학자
**lingual** 형 언어의
**bilingual** 형 두 개 언어를 말하는

형 언어(학)의

His **linguistic** ability served him well in his career.
그의 언어 능력은 그의 경력에 큰 도움이 되었다.

**lingu** + **ist** + **ic**
tongue human 형접
말(lingu)을 연구하는 사람(ist)에 관한 거니까
→ 언어(학)의

1384 ★★

## eloquent

[éləkwənt]

형 웅변의, 말 잘하는

= fluent

She is an **eloquent** speaker.
그녀는 웅변가이다.

**e** + **loqu** + **ent**
out speak 형접
입에서 말이(loqu) 술술 나오는(e) 거니까
→ 웅변의, 말 잘하는

1385

## colloquial

[kəlóukwiəl]

형 구어(체)의, 대화(체)의

*cf.* literary (문어체의)

The book is written in a **colloquial** style.
그 책은 구어체 방식으로 쓰였다.

**col** + **loqu** + **ial**
together speak 형접
함께(col) 이야기하는(loqu) 거니까
→ 구어(체)의

1386 ★

## dialect

[dáiəlèkt]

명 방언, 사투리

The villagers speak their own **dialect**.
그 마을 사람들은 그들만의 방언을 사용한다.

**다이얼렉트** = **다이 얼라**
"니 완전 얼라다이"는 '너 완전 어리다'라는 뜻의 사투리
→ 방언, 사투리
표준어 말(lect)에서 떨어져 나간(di) 것
→ 방언, 사투리

1387 ★

## loquacious

[loukwéiʃəs]

형 수다스러운, 말이 많은

= talkative, wordy

He becomes **loquacious** after he drinks.
그는 술을 마신 후에 말이 많아진다.

**loqu** + **acious**
speak 형접
말을(loqu) 계속해서 늘어놓는 거니까
→ 수다스러운

1388 ★★

## chatter

[ʧǽtər]

**chat** 통 잡담하다, 대화하다

통 **재잘거리다** 명 **재잘거림, 수다**

Stop **chattering** and finish your work.
그만 재잘거리고 네 일을 끝내라.

채팅(chatting)은 온라인상에서 떠드는 수다(chatter)
→ 재잘거리다, 수다

1389 ★★

## comment

[kάment]

**commentary** 명 중계, 해설

통 **논평하다** 명 **논평, 언급**

She refused to **comment** on the outcome of the election.
그녀는 선거 결과에 대해 논평하기를 거부했다.

No comment란? '그것에 대해 논평하지(comment) 않겠다'라는 의미
→ 논평하다

1390 ★★

## mention

[ménʃən]

통 **말하다, 언급하다** 명 **언급**

*cf.* not to mention (~은 말할 것도 없고)

Suppose you **mention** the name of your new neighbor to a friend.
네가 너의 새로운 이웃의 이름을 어떤 친구에게 언급한다고 가정해 보자.

멘트(ment)를 날리는 거니까
→ 언급하다

1391 ★★

## refer

[rifə́:r]

**reference** 명 ① 언급 ② 참조, 참고(서)
**referee** 명 중재인, 심판

통 **① 언급하다 (to), (A를 B라고) 부르다 (to A as B) ② 참고[참조]하다 ③ 가리키다**

They agreed never to **refer** to the matter again.
그들은 그 문제를 다시는 언급하지 않기로 동의했다.

**re** + **fer**
again carry
내용을 다시(re) 나르는(fer) 거니까
→ 언급하다, 참고[참조]하다
'니(re) 이뻐(fer)'라고 친구가 말하니까
→ 언급하다

1392 ★

## cite

[sait]

**citation** 명 ① 인용 ② 소환

통 **① 인용하다, 언급하다 ② 소환하다**

= ① quote

The devil can **cite** Scripture for his purpose.
악마는 자신의 목적을 위해서 성경을 인용할 수도 있다.

**cit(e)**
summon
유명한 사람의 말을 불러내니까(cit)
→ 인용하다

1393 ★★

## quote

[kwout]

**quotation** 명 ① 인용(구) ② 견적

통 **① 인용하다 ② 예를 들다 ③ 견적을 내다**
명 **① 인용 어구 ② 견적가**

= 통 ① cite, extract, excerpt

Misusing **quotes** can be misleading.
인용문을 잘못 사용하면 오해의 소지가 있다.

괴테(Goethe)의 말을 인용하다(quote)
→ 인용하다

1394 ★★

## recite

[risáit]

**recital** 명 독주회, 독창회

통 **① 암송하다 ② 낭독하다**

Each student had to **recite** a poem to the class.
각 학생은 학급 학생들 앞에서 시를 암송해야 했다.

**re** + **cit(e)**
again summon
다시(re) 소리 내어 부르다(cit)
→ 암송하다

□□□
1395 ★★

## pronounce

[prənáuns]

**pronunciation** 명 발음(법)
**pronouncement** 명 공표, 선언
**pronounced** 형 단호한, 확연한

**동 ① 발음하다 ② 선언하다, 발표하다**

= ① enunciate, articulate, utter

He couldn't **pronounce** my name correctly.
그는 내 이름을 정확히 발음하지 못했다.

**pro** + **nounce**
forward announce
앞으로(pro) 소리 내서 발표하다(nounce)
→ 발음하다, 선언하다

□□□
1396 ★

## homogeneous

[hòumədʒíːniəs]

**형 동종의, 동질의**

*cf.* heterogeneous (이종의, 이질의)

It was a tedious city of **homogeneous** buildings.
그곳은 동종[같은 모양]의 건물들로 이루어진 따분한 도시였다.

**homo** + **gene** + **ous**
same birth 형접
출생(gene)이 같은(homo) 것이니까
→ 동종의

□□□
1397 ★★

## equivalent

[ikwívələnt]

**equivalence** 명 같음, 등가성

**형 ① 동등한 ② 상당하는, 맞먹는**
**명 동등한 것**

= 형 ① equal, identical

His remark is **equivalent** to an insult.
그의 말은 모욕이나 다름없다.

**equ(i)** + **val** + **ent**
equal value 형·명접
같은(equ) 가치의(val)
→ 동등한

□□□
1398 ★★

## parallel

[pǽrəlèl]

**형 ① 평행의 ② 유사한**
**명 ① 평행선 ② 대등한 것**
**동 ① 평행하다 ② 유사하다**

*cf.* have no parallel (비할 데 없다)
in parallel (병행하여, 동시에)

She drew two **parallel** lines on her paper.
그녀는 종이 위에 두 개의 평행선을 그렸다.

**para** + **llel**
beside 동·형·명접
옆에(para) 평행하게 나란히 있는 거니까
→ 평행의

□□□
1399 ★

## akin

[əkín]

**kin** 명 친족, 혈족

**형 ① 친족의 ② -와 유사한 (to)**

= ② alike, similar, comparable, analogous

What he felt was more **akin** to pity than love.
그가 느낀 감정은 사랑보다는 연민에 더 가까웠다.

**a** + **kin**
to family
-와(a) 혈족인(kin) 상태
→ 친족의

**어킨** = **얽힌**
피가 서로 얽힌
→ 친족의

□□□
1400 ★

## analogy

[ənǽlədʒi]

**analogous** 형 유사한, 비슷한

**명 ① 유사, 비슷함 ② 유추**

= ① similarity, resemblance, parallel

There is an **analogy** between the heart and a pump.
심장과 펌프 사이엔 유사점이 있다.

**ana** + **log(y)**
upon speak
어떤 말과(log) 딱 붙어 있는(ana) 비슷한 의미의 말(log)
→ 유사, 유추

그 아날로그(analogue) 감성을 아는 사람들은 비슷한 연령대로 유추된다(analogy)
→ 유사, 비슷함, 유추

DAY
# 29

## DAY 29 어휘 미리보기

DAY 29

| | | | | |
|---|---|---|---|---|
| □ valid | □ congratulate | □ insist | □ ritual | □ belittle |
| □ plausible | □ clap | □ bet | □ chapel | □ befall |
| □ reliable | □ applaud | □ betray | □ choir | □ emerge |
| □ credible | □ praise | □ splendid | □ divine | □ merge |
| □ accredit | □ compliment | □ gorgeous | □ sacred | □ patent |
| □ discredit | □ complement | □ high-end | □ sacrifice | □ apparent |
| □ conceal | □ supplement | □ esteem | □ saint | □ plain |
| □ reveal | □ replenish | □ adore | □ secular | □ clear |
| □ unveil | □ insert | □ worship | □ skeptical | □ obvious |
| □ divulge | □ assert | □ bless | □ beware | □ manifest |

□□□
1401 ★★

## valid
[vǽlid]

형 ① 유효한, 효과가 있는 ② 정당한, 타당한

= ② legal, lawful, legitimate, justifiable

The contract is still **valid**.
그 계약은 아직 유효하다.

**validity** 명 ① 유효함 ② 타당성
**validate** 동 ① 입증하다, 증명하다 ② 확인하다
**validation** 명 확인
**invalid** 형 무효한, 효력이 없는

val + id
worth 형접
여전히 가치(val) 있는 거니까
→ 유효한

□□□
1402 ★

## plausible
[plɔ́:zəbəl]

형 그럴듯한, 그럴싸한

= probable

His explanation sounds fairly **plausible** to me.
그의 설명은 내게 아주 그럴듯하게 들린다.

plaus + ible
applaud 형접
박수를 칠(plaus) 만하니까(ible)
→ 그럴듯한

□□□
1403 ★★

## reliable
[riláiəbəl]

형 믿을 수 있는, 의지할 수 있는

= credible

The news was obtained from **reliable** sources.
이 소식은 믿을 수 있는 소식통에서 나왔다.

**rely** 동 의지하다
**reliant** 형 의존[의지]하는
**reliability** 명 신뢰도
**unreliable** 형 믿을 수 없는

reli + able
rely 형접
의지할(reli) 수 있으니까(able)
→ 의지할 수 있는

1404 ★★

## credible

[krédəbl]

credibility 명 신뢰성

형 믿을 수 있는, 믿을 만한

= reliable

He has so many **credible** colleagues.
그에겐 믿을 만한 동료가 상당히 많다.

cred + ible
believe 형접
믿을(cred) 수 있는 것이니까
→ 믿을 수 있는

1405 ★

## accredit

[əkrédit]

동 -가 한 것으로 믿다[간주하다]

= attribute, credit

The discovery of penicillin is usually **accredited** to Alexander Fleming.
페니실린의 발견은 일반적으로 Alexander Fleming이 한 것으로 간주된다.

ac + cred(it)
to believe
-쪽(ac)에 신임(cred)을 주니까
→ -가 한 것으로 믿다

1406 ★

## discredit

[diskrédit]

동 의심하다 명 ① 불신 ② 불명예

Violent football fans bring **discredit** on the teams they support.
폭력적인 축구 팬들은 자기들이 응원하는 팀들에게 불명예를 안겨 준다.

dis + cred(it)
not believe
믿지(cred) 않으니까(dis)
→ 의심하다

1407 ★★

## conceal

[kənsí:l]

동 숨기다

She knew at once that he was **concealing** something from her.
그녀는 그가 그녀에게 뭔가를 숨기고 있다는 것을 단번에 알았다.

con + ceal
completely hide
완전히(con) 감추는(ceal) 거니까
→ 숨기다

컨실 = 큰 실(수)
큰 실수를 몰래 숨기다(conceal)
→ 숨기다

1408 ★★

## reveal

[riví:l]

revelation 명 폭로(된 사실)

동 ① (비밀 등을) 드러내다, 밝히다
② 드러내 보이다

= ① divulge, disclose, unveil, uncover, let slip

Will the movie **reveal** the killer's identity?
영화에서 살인자의 정체가 밝혀질까요?

경쟁자(rival)의 비밀이 드디어 밝혀졌다(reveal)
→ 밝히다

1409 ★

## unveil

[ənvéil]

동 밝히다, 폭로하다

= reveal, disclose, divulge

It is time to **unveil** the truth.
이제 진실을 밝힐 때이다.

가리고 있던 베일(veil)을 없애는(un) 거니까
→ 밝히다

1410 ★★

## divulge

[divʌ́ldʒ]

동 폭로하다

= reveal, disclose, unveil

I can't **divulge** his secret to you.
나는 너에게 그의 비밀을 폭로할 수 없다.

"뒤(di)에서 벌지(vulge)"라며 뒷돈 받는 사람을 폭로하다(divulge)
→ 폭로하다

1411 ★★

## congratulate

[kəngrǽʧulèit]

**congratulation** 명 축하

동 **축하하다**

We **congratulate** you on your remarkable achievements in college.
우리는 당신이 대학에서 놀라운 성과를 낸 것을 축하합니다.

**con** + **grat(ul)** + **ate**
together favor 동접
함께(con) 호의(grat)를 표하는 것이니까
→ **축하하다**

1412 ★

## clap

[klæp]

동 **① 박수를 치다 ② 손뼉을 치다**
명 **박수[손뼉] (소리)**

= 동 ① applaud, give a big hand

*cf.* slap ((손바닥으로) 찰싹 때리다)

It's rude to **clap** between movements in classical music.
클래식 음악에서 악장 사이에 박수를 치는 것은 실례다.

선생님이 크랩(crap)을 사주신대~ 자! 박수(clap)!
→ **박수를 치다**

1413 ★★

## applaud

[əplɔ́:d]

동 **① 박수를 보내다 ② 칭찬하다**

= ② compliment, praise, acclaim, commend

The audience **applauded**.
관객이 박수를 보냈다.

**어플로드** = **앞으로**
여러분, 앞으로 나오신 분에게 박수를 보내주세요(applaud)
→ **박수를 보내다, 칭찬하다**

1414 ★★

## praise

[preiz]

동 **칭찬하다** 명 **칭찬, 찬양**

= 동 compliment, applaud, acclaim, commend

Reviewers **praised** highly on the play.
비평가들이 그 연극을 아주 칭찬했다.

**prais(e)**
price
어떤 것의 가치(prais)를 알아봐 주는 행위
→ **칭찬하다, 칭찬**

1415 ★★

## compliment

[kámpləmənt]

**complimentary**
형 ① 칭찬의 ② 무료의

동 **칭찬하다** 명 **칭찬**

= 동 applaud, praise, acclaim, commend

It's a great **compliment** to be asked to do it.
그것을 해달라는 요청을 받는 것은 대단한 찬사이다.

**com** + **pli** + **ment**
completely fill 동·명접
인정욕구를 완전히(com) 채워주는(pli) 것
→ **칭찬**

**TIP** complement vs compliment
아이는 칭찬을 좋아하니까 '아이(i)'가 있는 compliment가 '칭찬하다'인 것으로 구별하기!

1416 ★★

## complement

[kámpləmənt]

**complementary**
형 보충하는, 보완하는

동 **보완하다, 보충하다** 명 **보충(물)**

= 동 supplement, replenish

The team needs players who **complement** each other.
그 팀에는 서로를 보완하는 선수들이 필요하다.

**com** + **ple** + **ment**
completely fill 동·명접
부족한 것을 완전히(com) 채우는(ple) 거니까
→ **보충하다**

1417 ★★

## supplement

[sʌ́pləment]

supplementary 형 보충의, 추가의

동 보충하다 명 보완, 보충

= 동 complement

She **supplemented** her regular income with a part-time job.
그녀는 아르바이트로 정규 수입을 보충했다.

제공해 주니(supply) 보충(supplement)이 되죠
→ 보충하다

1418 ★

## replenish

[ripléniʃ]

동 다시 채우다, 보충[공급]하다

= supplement, complement

Imagine being able to **replenish** the dying cells.
죽어가는 세포를 보충할 수 있다고 상상해 보아라.

re (again) + ple(n) (fill) + ish (동접)
다시(re) 채우는(ple) 거니까
→ 다시 채우다

1419 ★★

## insert

[insə́:rt]

insertion 명 ① 삽입(물) ② 삽입 광고

동 삽입하다, 끼워 넣다 명 삽입물

**Insert** coins in machine slots.
동전을 투입구에 넣으세요.

in (in) + sert (join)
안(in)에 함께 넣다(sert)
→ 끼워 넣다

1420 ★★

## assert

[əsə́:rt]

assertive 형 적극적인, 확신에 찬
assertion 명 ① 주장 ② (권리 등의) 행사

동 주장하다, 단언하다

= claim, maintain, insist, affirm

He continued to **assert** that he was innocent.
그는 계속해서 자기가 무죄라고 주장했다.

as (to) + sert (join)
-에 대해(as) 확실하게 묶어 두는(sert) 거니까
→ 단언하다

1421 ★★

## insist

[insíst]

insistent 형 주장하는, 고집하는
insistence 명 주장, 고집

동 주장하다, 고집하다

= claim, maintain, assert, affirm

The president **insisted** that the operation be kept secret.
대통령은 그 수술이 비밀에 부쳐져야 한다고 주장했다.

in (in) + sist (stand)
내면의(in) 생각을 세우는(sist) 것이니까
→ 주장하다

인시스트 = 人 + 씻었다
어떤 사람(人)이 감옥을 나오면서 이젠 손을 씻었다고 주장하다(insist)
→ 주장하다

1422 ★

## bet

[bet]

betting 명 내기(에 거는 돈)

동 ① 내기를 하다, 돈을 걸다 ② 단언하다
명 ① 내기 ② 짐작, 생각

= 동 ① wager, stake

Let's **bet** on who finishes first.
누가 먼저 끝내는지 내기를 해보자.

이기기(beat) 위해서라면 내 야구 방망이(bat)라도 내기에 걸겠어(bet)
→ 내기를 하다, 돈을 걸다
단언할 때 말을 내뱉(bet)죠
→ 단언하다

1423 ★★

## betray

[bitréi]

betrayal 명 배반, 폭로
betrayer 명 배신자, 밀고자

동 배반하다, 배신하다

The man **betrayed** his country.
그 남자는 조국을 배반했다.

비트레이 = 비틀어이
배반한(betray) 놈의 목을 비틀어이!
→ 배반하다, 배신하다

1424 ★★

## splendid
[spléndid]

형 ① 아주 좋은[멋진], 훌륭한 ② 화려한

= ① gorgeous, magnificent, sumptuous

The hotel balcony offered a **splendid** view of the sea.
그 호텔 발코니에서는 아주 멋진 바다 풍경이 보였다.

스플렌디드 = 스 블렌디드
스타벅스 블렌디드 음료는 맛이 정말 훌륭해(splendid)!
→ 훌륭한

1425 ★★

## gorgeous
[gɔ́:rdʒəs]

형 아주 멋진, 근사한

= fabulous, marvelous, splendid

What a **gorgeous** house she has!
그녀의 집은 얼마나 호화스러운가!

고저스 = 가졌어
그녀는 가졌어, 근사한(gorgeous) 저택을
→ 아주 멋진, 근사한

1426 ★★

## high-end
[háiend]

형 ① 최고(급)의, 최첨단의 ② 고가의

The new department store carries **high-end** products.
새로 생긴 백화점은 최고급 상품들을 취급한다.

높은(high) 곳의 가장 끝(end)은
→ 최고(급)의

1427 ★★

## esteem
[istí:m]

self-esteem 명 자부심, 자존심

동 존경하다, 존중하다 명 존경, 존중

= 동 respect, admire, honor, revere

He was **esteemed** the perfect novelist.
그는 완벽한 소설가로 존경받았다.

esteem
evaluate
-에 대해 높이 평가하니까(esteem)
→ 존경하다

1428 ★★

## adore
[ədɔ́:r]

동 ① 숭배하다 ② 매우 좋아하다

= ① respect, admire, honor, revere, esteem

The movie star **adores** the attention from people.
그 영화배우는 사람들에게서 관심을 받는 것을 매우 좋아한다.

아이돌(idol)을 매우 좋아하다(adore)
→ 매우 좋아하다

1429 ★★

## worship
[wə́:rʃip]

동 ① 숭배하다, 존경하다 ② 예배하다
명 ① 숭배, 존경 ② 예배

= 동 ① admire, honor, revere, esteem

The ancient Greeks **worshipped** many gods.
고대 그리스인들은 여러 신들을 숭배했다.

일본은 옛 전함(warship) 위의 장군들을 아직도 숭배하죠(worship)
→ 숭배하다, 존경하다

1430 ★

## bless
[bles]

blessing 명 ① 축복
② 다행스러운[고마운] 것
blessed 형 ① 신성한 ② 축복받은
bliss 명 더없는 행복

동 축복하다

The children **blessed** the animals at the petting zoo.
아이들은 동물원에 있는 동물들을 축복했다.

"(God) Bless you!", 재채기를 한 사람에게 하는 신의 축복(bless)을 빌어 주는 말입니다. (예전에는 재채기가 죽음의 초기 증상으로 여겨져서 건강과 안전을 빌어 주었대요)
→ 축복하다

1431 ★★

## ritual

[rítʃuəl]

**ritually** 부 의식적으로, 의식에 따라
**ritualize** 동 의식적으로 되다

명 **의식 (절차), 의례(적인 일)**
형 **의식의, 의례적인**

He objects to the **ritual** of organized religion.
그는 조직화된 종교의 의례를 반대한다.

리추얼 = 미추어
의식 절차(ritual)가 너무 복잡해서 미추어 버리겠다
→ 의식 (절차), 의례

1432 ★★

## chapel

[tʃǽpəl]

명 **① 예배당, 예배실 ② 예배(에의 출석)**
= ① church, cathedral

We married in the **chapel** of the hospital.
우리는 그 병원의 예배당에서 결혼했다.

채플은 주로 어디에서 하죠?
→ 예배당

1433 ★

## choir

[kwaiər]

명 **성가대, 합창단**

The school **choir** practises every Thursday.
학교 합창단은 매주 목요일에 연습한다.

콰이어 = 가요
가요도 부르는 합창단(choir)
→ 성가대, 합창단

1434 ★★

## divine

[diváin]

형 **① 신의, 신에 관한 ② 신성한, 신과 같은**
= ② sacred, holy

It's **divine** punishment for the wrong you did.
그것은 네가 지은 죄에 대한 신성한 벌이다.

디바인 = diva인
디바(diva)인 것은 원래 여신이라는 의미니까
→ 신성한

1435 ★★

## sacred

[séikrid]

형 **① 성스러운, 신성한 ② 종교적인**
= ① divine, holy

Cows are considered **sacred** in Indian religions such as Hinduism.
힌두교와 같은 인도 종교에서는 소들을 신성시한다.

sacr + ed
holy 형접
신성하게(sacr) 여겨지는 거니까
→ 성스러운

1436 ★★

## sacrifice

[sǽkrəfàis]

동 **① 희생하다 ② 제물로 바치다**
명 **① 희생 ② 제물**

Their glory lies not in their achievements but in their **sacrifices**.
그들의 영광은 그들의 성취가 아니라 그들의 희생에 있다.

sacr(i) + fice
holy do
신성한(sacr) 일을 행하는(fice) 거니까
→ 희생하다, 제물로 바치다

1437 ★★

## saint

[seint]

명 **성인, 성자**

He is as generous as a **saint**.
그는 성자처럼 인자하다.

세인트 = 世人들
세인(世人)들이 우러러보는 성인(saint)
→ 성인, 성자

1438 ★

## secular

[sékjulər]

형 **세속적인, 비종교적인**
= profane

It is very difficult to renounce **secular** pleasure.
세속적인 쾌락을 포기하기란 매우 어렵다.

세큘러 = 세 + 굴러
세상에서 굴러
→ 세속적인

1439 ★

## skeptical

[sképtikəl]

**skeptic** 명 회의론자
**skepticism** 명 회의론

형 **회의적인, 의심하는**

The reporter was **skeptical** about the government report.
그 기자는 정부 보도에 대해 회의적이었다.

**skep(tic)** + **al**
see 형접
믿지 못해 직접 봐야(skep) 하니까
→ 회의적인
SK에 입사했는데 회의만 반복하면 회의감(skeptical)이 들겠죠
→ 회의적인

1440 ★★

## beware

[biwέər]

동 **조심하다**

You must **beware** of the dog.
당신은 그 개를 조심해야 한다.

**be** + **ware**
make careful
조심성 있게(ware) 만들다(be)
→ 조심하다
**비웨어** = **비 와요**
비 와요, 운전 조심하세요(beware)!
→ 조심하다

1441 ★

## belittle

[bilítl]

동 **경시하다, 과소평가하다, 헐뜯다**

= disparage, downgrade, underestimate, minimize

People tend to **belittle** other people's success.
사람들은 다른 사람의 성공을 경시하는 경향이 있다.

**be** + **little**
make small
누군가의 존재감을 작게(little) 만드니까(be)
→ 경시하다

1442 ★

## befall

[bifɔ́:l]

동 **(안 좋은 일이) 일어나다, 생기다, 닥치다**

It might be the worst fate that can **befall** mankind.
그것은 인간에게 닥칠 수 있는 최악의 비운일지도 모른다.

**be** + **fall**
completely fall
어떤 일이 누군가에게 확(be) 떨어지다(fall)
→ (안 좋은 일이) 일어나다

1443 ★★

## emerge

[imə́:rdʒ]

**emergent** 형 ① 신생의, 신흥의 ② 긴급한
**emergence** 명 ① 출현, 등장 ② 발생

동 **① 드러나다, 알려지다**
**② 생겨나다, 부상하다**

A touchy question **emerged**.
골치 아픈 문제가 나타났다.

**e** + **merge**
out dip
물속에 잠겨(merge) 있던 것이 밖으로(e) 나오다
→ 나타나다

1444 ★★

## merge

[mə:rdʒ]

**merger** 명 합병

동 **① 합병하다, 합치다 ② 어우러지다, 융합되다**

= ① incorporate, integrate, consolidate

A proposal to **merge** the two companies was voted through yesterday.
그 두 회사를 합병하자는 제안이 어제 가결되었다.

**merge**
dip
M & A는 Mergers(합병) and Acquisitions(인수)의 줄임말
→ 합병하다

1445 ★

## patent

[pǽtnt]

명 전매특허, 특허품 형 특허의
동 특허를 얻다

He took out a **patent** for a new potato peeler.
그는 새로운 감자 칼에 대한 전매특허를 얻어 냈다.

**패턴트 = 펴 + 텐트**
자동으로 펴지는 텐트로 특허를 얻다(patent)
→ 전매특허, 특허를 얻다

1446 ★★

## apparent

[əpǽrənt]

**apparently** 부 ① 명백히 ② 겉으로 보기에

형 ① 명백한 ② 외견상의

= ① obvious, distinct, evident, noticeable

The man attacked me for no **apparent** reason.
그 남자는 어떤 명백한 이유도 없이 나를 공격했다.

**appar** + **ent**
appear 형접
밖으로 나타나(appar) 다른 사람의 눈에 보이니까
→ 명백한

1447 ★★

## plain

[plein]

**plainly** 부 분명히

형 ① 분명한, 명료한 ② 솔직한, 있는 그대로의 ③ 무늬가 없는 ④ 보통의, 평범한
명 평원, 평지

= 형 ④ normal, average, ordinary, mediocre

He made it **plain** that we should leave.
그는 우리가 떠나야 한다는 것을 분명히 했다.

플레인 요거트는 아무 시럽도 넣지 않은 있는 그대로의(plain) 요거트죠
→ 있는 그대로의

1448 ★★

## clear

[kliər]

**clarify** 동 명확하게 하다, 분명히 말하다
**clarity** 명 명료성
**clearance** 명 ① (재고) 정리 ② 허가, 인가

형 ① 분명한, 확실한 ② 맑은, 깨끗한
동 ① 치우다 ② 맑게 하다

= 형 ① obvious, evident, apparent, definite

The message was **clear** and concise.
그 메시지는 분명하고 간결했다.

임무를 확실하게 해치우고(clear) 나면 "미션 클리어!"라고 외치니까
→ 치우다

1449 ★★

## obvious

[ɑ́bviəs]

**obviously** 부 명백하게, 분명히, 두드러지게

형 명백한, 분명한

= distinct, apparent, evident, noticeable

It is **obvious** that he will succeed.
그가 성공할 것은 명백한 일이다.

**ob** + **vi** + **ous**
against way 형접
마주 보는(ob) 길(vi) 앞에 있어 모습이 잘 드러나니까
→ 명백한
앞(ob)이 비어서(vious) 명백하게(obvious) 보이는
→ 명백한

1450 ★★

## manifest

[mǽnəfèst]

동 ① 명백히 하다, 나타내다 ② 증명하다
형 분명한, 명확한

= 형 obvious, distinct, apparent, evident, noticeable

It is **manifest** to all of us.
그것은 우리 모두가 분명하게 아는 일이다.

**mani** + **fest**
hand fist
손으로(mani) 주먹을(fest) 쥐어 감정을 드러내는 거니까
→ 명백히 하다, 나타내다

DAY
# 30

DAY 30

## DAY 30 어휘 미리보기

| | | | | |
|---|---|---|---|---|
| □ feeble | □ vulnerable | □ gauge | □ wonder | □ noticeable |
| □ delicate | □ wither | □ measure | □ breathtaking | □ tackle |
| □ sensitive | □ wane | □ dimension | □ remarkable | □ address |
| □ infirm | □ groan | □ magnitude | □ exceptional | □ content |
| □ faint | □ moan | □ diameter | □ prodigious | □ interfere |
| □ dim | □ weary | □ thermometer | □ salient | □ hamper |
| □ overcast | □ fatigue | □ barometer | □ striking | □ hinder |
| □ blurred | □ ache | □ fairy | □ eminent | □ impede |
| □ pale | □ suffer | □ fable | □ preeminent | □ disturb |
| □ fade | □ weigh | □ occult | □ prominent | □ turbulent |

1451 ★

### feeble
[fí:bəl]

형 **약한, 연약한**

= weak, fragile, delicate

A **feeble** body weakens the mind.
연약한 육체는 마음을 약하게 만든다.

**피블 = 피 불**
우리 사회에서는 약한(feeble) 사람들만 피 보죠
→ 약한

1452 ★★

### delicate
[délikət]

delicacy 명 연약함, 섬세함

형 **① 연약한 ② 세심한, 까다로운 ③ 섬세한, 정교한**

= ③ elaborate, exquisite, sophisticated

Neurons extend long and **delicate** branches.
뉴런은 길고 섬세한 가지를 뻗는다.

**de + lic + ate**
away entice 형접
사람의 넋이 빠지게(de) 유혹(lic)할 정도로 섬세하니까
→ 섬세한

1453 ★★

### sensitive
[sénsətiv]

sense 명 ① 감각, 의식 ② 분별 ③ 의미 동 느끼다, 감지하다

형 **① 민감한, 예민한 ② 섬세한, 세심한**

= ① liable, vulnerable, susceptible

Regional conflicts are a politically **sensitive** issue.
지역 갈등은 정치적으로 민감한 사안이다.

**sens + itive**
feel 형접
느끼기(sens) 쉬운
→ 민감한, 예민한

1454 ★

### infirm
[infə́:rm]

firm 형 확고한, 튼튼한

형 **병약한, 노쇠한** 명 **병약자**

Her grandfather was old and **infirm**.
그녀의 할아버지는 늙고 병약했다.

**in + firm**
not firm
튼튼한(firm) 상태가 아니니까(in)
→ 병약한

1455 ★★

## faint

[feint]

**faintly** 부 희미하게

동 **기절하다, 실신하다** 형 **희미한, 어렴풋한**

= 형 dim, pale, blurred

There is still a **faint** hope that he may be cured.
아직 그가 치유될지도 모른다는 어렴풋한 희망이 있다.

벽 낙서에 페인트(paint)를 칠하니까 희미해졌어(faint)
→ 희미한

1456 ★★

## dim

[dim]

형 **침침한, 어둑한, 흐린**

They can find **dim** light in the distance.
그들은 멀리서 흐린 불빛을 발견할 수 있다.

눈이 침침(dimdim)한
→ 침침한, 어둑한, 흐린

1457 ★★

## overcast

[óuvərkæ̀st]

형 **흐린, 음침한**

동 **흐리게 하다, 우울하게 만들다**

The **overcast** sky made me gloomy.
흐린 하늘은 나를 우울하게 했다.

**over** + **cast**
over throw
구름이 태양 앞에 던져져(cast) 빛을 덮으니까(over)
→ 흐린, 음침한

1458 ★

## blurred

[blə:rd]

**blurry** 형 흐릿한, 모호한
**blur** 동 흐리게 하다, 흐려지다
명 흐릿한 것

형 **흐린, 선명하지 않은**

The writing is **blurred** and difficult to read.
글자가 흐려서 읽기 어렵다.

사진에 블러(blur) 효과를 주면 윤곽선이 흐릿해지죠(blurred)
→ 흐린, 선명하지 않은

1459 ★★

## pale

[peil]

형 ① **(안색이) 창백한** ② **(색이) 옅은, 엷은** ③ **(빛이) 약한**

동 ① **(안색이) 창백해지다** ② **색이 옅어지다** ③ **(빛이) 약해지다**

You look **pale**.
너 창백해 보여.

얼굴이 파래(pale)서
→ 창백한

1460 ★★

## fade

[feid]

**faint** 형 희미한, 흐릿한 동 실신하다

동 **바래다, 희미해지다, 사라지다**

His smile **faded**.
그의 미소가 희미해졌다.

**페이드** = **페인트**
페인트칠한 색이 바래서 사라지다(fade)
→ 바래다, 사라지다

1461 ★★

## vulnerable

[vʌ́lnərəbl]

**vulnerability** 명 취약성

형 **상처받기 쉬운, 취약한**

= sensitive, weak, fragile

The law is there to protect the **vulnerable**.
법은 취약한 사람들을 보호하기 위해 있는 것이다.

**벌너러블** = **벌 + 너를**
너를 벌주면 쉽게 상처받을(vulnerable) 테니까
→ 상처받기 쉬운

1462 ★

## wither

[wíðər]

동 **시들다[시들게 하다], 약해지다[약하게 하다]**

= fade, wane

Their friendship **withered** over time.
그들의 우정은 시간이 지나면서 시들었다.

물(water)을 주지 않으면 꽃이 시들죠(wither)
→ 시들다

1463 ★

**wane**

[wein]

동 **적어지다, 약해지다, 시들다**

= fade, wither

The controversy did not look likely to **wane**.

그 논란은 수그러들지 않을 것처럼 보였다.

웨인 = 와인

비싼 와인을 자주 사 마시니 통장 잔고가 적어지다(wane)

→ 적어지다

1464 ★

**groan**

[groun]

동 **① 신음하다, 괴로워하다 ② 불평하다**

명 **① 신음 (소리) ② 불평하는 소리**

The wounded **groaned** for medicine.

부상자들은 약을 달라고 신음했다.

그로운 = 괴로운

괴로운 듯 신음 소리를 내다(groan)

→ 신음하다, 괴로워하다

1465 ★

**moan**

[moun]

**bemoan** 동 한탄하다, 슬퍼하다

동 **① 신음하다 ② 한탄하다, 불평하다**

명 **① 신음 (소리) ② 불평**

*cf.* groan (신음하다, 끙끙거리다), mourn (애도하다, 슬퍼하다)

The crowd **moaned** in disappointment at the team's loss.

관중들은 팀의 패배에 실망하여 신음했다.

몬 = 뭔

"뭔가 별로야" 하고 시도 때도 없이 불평하다(moan)

→ 불평하다

1466 ★★

**weary**

[wíəri]

형 **① 피로한, 지친 ② 싫증 난**

동 **지치다[지치게 만들다], 싫증 나다[싫증 나게 만들다]**

I am **weary** out with his long talk.

나는 그가 길게 말하는 것에 싫증 난다.

위어리 = 왜 이리

"사는 게 왜 이리 지치냐(weary).."

→ 지친

1467 ★★

**fatigue**

[fətíːg]

**fatigued** 형 지친, 피로한

명 **피로** 동 **피로하게[지치게] 하다, 약화시키다**

He was so **fatigued** that he slept for twelve hours.

그는 너무 지쳐서 12시간 동안 잠을 잤다.

퍼티그 = 버티기

버티기가 힘든 피로(fatigue)

→ 피로

1468 ★

**ache**

[eik]

동 **아프다** 명 **아픔, 통증**

*cf.* headache (두통), toothache (치통), stomachache (복통)

My back **aches** after a long day.

나는 하루 종일 일하고 나면 허리가 아프다.

'이크'하고 머리를 쥐어박으니 아프지(ache)?

→ 아프다

1469 ★★

**suffer**

[sʌ́fər]

**suffering** 명 괴로움, 고통

동 **① (고통 등을) 겪다 ② 괴로워하다, 시달리다 (from)**

They **suffer** from the heat of the sun all the year round.

그들은 일 년 내내 태양의 열기에 괴로워한다.

su(f) + fer

under bear

-아래에서(su) 견디다(fer)

→ (고통 등을) 겪다

서퍼 = 섭하

젊은 시절 겪은(suffer) 상처뿐인 그 경험을 섭하지만 참겠다

→ (고통 등을) 겪다

1470 ★★

**weigh**
[wei]

동 ① 무게를 달다 ② 무게가 -이다 ③ 숙고하다, 비교 검토하다 ④ 중요시되다

She **weighed** the pros and cons of quitting her job one last time.
그녀는 마지막으로 직장을 그만두는 것에 대한 장단점을 저울질했다.

웨이 = 왜 이
몸무게를 재고(weigh) 나서 "왜 이리 살쪘지?" 하니까
→ 무게를 달다, 무게가 -이다

1471 ★★

**gauge**
[geidʒ]

동 ① 재다, 측정하다 ② (사람·행동 등을) 평가[판단]하다
명 ① 표준 치수, 규격 ② (평가·판단 등의) 기준[방법, 수단]

= 동 ② evaluate, appraise, measure, assess

It was difficult to **gauge** whether she was angry or not.
그녀가 화가 난 건지 아닌지를 판단하기가 어려웠다.

분노 게이지(gauge)를 측정하다
→ 측정하다

1472 ★★

**measure**
[méʒər]

measurement 명 측량, 측정

동 ① 재다, 측정하다 ② 판단하다, 평가하다
명 ① 조치[주로 *pl.*] ② 척도 ③ 치수

= 동 ② evaluate, assess, appraise, gauge

Don't **measure** others by only one standard.
단 한 가지 기준으로 남들을 평가하지 마세요.

meas + ure
measure 동·명접
재는(meas) 거니까
→ 재다, 측정하다

매저 = 맺어
결혼 정보 회사가 짝을 맺어 주려고 조건을 재다(measure)
→ 재다, 측정하다

1473 ★★

**dimension**
[dimén∫ən]

명 ① 치수, 크기, 규모 ② 차원

= ① size, scale

Time has been referred to as the fourth **dimension**.
시간은 네 번째 차원(4차원)이라고 일컬어져 왔다.

di + mens + ion
two measure 명접
어느 두(di) 지점 사이를 측정(mens)한 거니까
→ 치수, 크기
맨션(mansion)의 규모(dimension)
→ 규모

1474 ★★

**magnitude**
[mǽgnətjù:d]

명 ① (엄청난) 규모, 중요도 ② (지진의) 진도

We didn't know the **magnitude** of the problem.
우리는 그 문제의 규모를 몰랐다.

magn(i) + tude
great 명접
거대한(magn) 성질이니까
→ (엄청난) 규모, 중요도

1475 ★★

**diameter**
[daiǽmətər]

명 지름

The cake was about 30 centimeters in **diameter**.
그 케이크는 지름이 약 30cm였다.

dia + meter
across measure
원의 왼쪽을 지나서(dia) 오른쪽까지 측정한(meter) 치수니까
→ 지름

1476 ★★

## thermometer

[θərmámətər]

명 온도계

The **thermometer** reads 82 degrees Fahrenheit.
온도계는 화씨 82도를 가리킨다.

thermo + meter
hot measure
열(thermo)을 재는(meter) 것이니까
→ 온도계

써모미터 = summer + meter
여름(summer)에 얼마나 더운지 재보다(meter)
→ 온도계

1477 ★★

## barometer

[bərámitər]

명 ① 기압계 ② 척도

A **barometer** is used to measure the pressure of the atmosphere.
기압계는 대기의 압력을 재는 데 사용된다.

bar(o) + meter
pressure unit measure
압력 단위(bar)를 재는(meter) 것이니까
→ 기압계

1478 ★

## fairy

[féəri]

명 요정

*cf.* fairly (꽤, 공정하게)

The story tells of a kind **fairy**.
이 이야기는 친절한 요정에 대한 내용이다.

요정(fairy)이 나오는 이야기를 fairy tale이라고 하죠
→ 요정

1479 ★★

## fable

[féibl]

명 우화, 전설, 꾸며낸 이야기

She told me a **fable** about a dog.
그녀는 내게 개에 관한 우화를 말해 줬다.

fa + ble
speak 명접
동물들이 사람처럼 말하니까(fa)
→ 우화

1480 ★

## occult

[əkʌ́lt]

cult 명 숭배, 신흥 종교

형 불가사의한, 주술적인 명 주술

= 형 mysterious, cryptic

He began to believe he had **occult** powers.
그는 자신이 주술적인 힘을 가졌다고 믿기 시작했다.

컬트(cult) 문화는 불가사의하고 주술적이니까
→ 불가사의한, 주술적인

1481 ★★

## wonder

[wʌ́ndər]

wonderful 형 훌륭한, 경이로운

동 ① 궁금해하다 ② 놀라다 명 경이, 불가사의

I **wonder** who she is.
나는 그녀가 누군지 궁금하다.

원더
원더우먼의 힘을 보고 놀라며 그의 정체를 궁금해하다(wonder)
→ 궁금해하다, 놀라다

1482 ★★

## breathtaking

[breθtéikiŋ]

형 놀랄 만한, 아슬아슬한

It was a **breathtaking** performance.
숨이 막힐 정도로 멋진 공연이었다.

너무 놀라워서 숨(breath)을 앗아갈(taking) 정도니까
→ 놀랄 만한

1483 ★★

## remarkable

[rimá:rkəbəl]

**remark** 명 발언, 주목 동 언급하다

형 **놀라운, 주목할 만한**

She was a truly **remarkable** woman.
그녀는 정말 놀라운 여성이었다.

**remark** + **able**
distinguish 형접
구분이 갈(remark) 수 있으니까
→ 놀라운, 주목할 만한

1484 ★★

## exceptional

[iksépʃənl]

**except** 전 -을 제외하고, -이 없으면
접 -을 제외하고[that절]
**exception** 명 제외, 예외

형 **① 예외적인 ② 아주 뛰어난**

= ② outstanding, striking, remarkable, extraordinary

This cold weather is **exceptional** for March.
이 추운 날씨는 3월로서는 예외적이다.

**ex** + **cept(ion)** + **al**
out take 형접
잡아서(cept) 밖으로(ex) 꺼내 따로 둘 만하니까
→ 예외적인, 아주 뛰어난

1485

## prodigious

[prədídʒəs]

**prodigy** 명 영재, 신동

형 **① 비범한, 놀라운 ② 거대한, 엄청난**

= ① marvelous, extraordinary, exceptional

His **prodigious** memory helped him pass every test.
그의 놀라운 기억력은 그가 모든 시험을 통과하도록 도와주었다.

앞으로(pro) 더 지져스(digious)를 외칠 정도로 놀라운(prodigious)
→ 비범한, 놀라운

**프러디져스** = **pro + 다 졌어**
내 앞으로(pro) 다 졌어
→ 비범한, 놀라운

1486 ★

## salient

[séiliənt]

형 **눈에 띄는, 두드러진**

= conspicuous, noticeable

She pointed out the **salient** features of the new design.
그녀는 그 새 디자인의 두드러진 특징들을 지적했다.

**세일런트** = **세일**
백화점 세일 코너는 눈에 확 띄니까(salient)
→ 눈에 띄는, 두드러진

1487 ★★

## striking

[stráikiŋ]

형 **현저한, 두드러진, 인상적인**

= outstanding, remarkable, extraordinary, exceptional

This building presents a **striking** contrast to its surroundings.
이 건물은 주변과 현저한 대조를 이루고 있다.

내 눈을 때릴(strike) 정도로 인상적인(striking)
→ 인상적인, 두드러진

1488 ★★

## eminent

[émənənt]

형 **저명한, 탁월한**

= notable, renowned, celebrated, distinguished, prominent

He is an **eminent** architect.
그는 저명한 건축가이다.

**e** + **min** + **ent**
out push 형접
남들보다 세상 밖으로(e) 밀어져(min) 있는 거니까
→ 저명한

1489 ★

## preeminent

[priémənənt]

**preeminence** 명 탁월, 걸출
**eminent** 형 유명한, 뛰어난

형 **탁월한, 우수한**

= outstanding, striking, remarkable, extraordinary, exceptional

He is a **preeminent** soccer player.
그는 우수한 축구 선수이다.

**pre** + **eminent**
before eminent
유명함에(eminent) 있어서 앞서는(pre)
→ 탁월한

1490 ★★

## prominent

[prámənənt]

형 **① 눈에 띄는, 두드러진 ② 저명한**

= ② notable, renowned, celebrated, distinguished, eminent

She is the most **prominent** woman in technology.
그녀는 기술 분야에서 가장 저명한 여성이다.

**pro** + **min** + **ent**
forth push 형접
남들보다 앞으로(pro) 밀어져(min) 있어 눈에 띄는 거니까
→ 두드러진

1491 ★★

## noticeable

[nóutisəbl]

**notice** 명 ① 주의, 주목 ② 통지, 통보
동 ① 주목하다, 알아차리다 ② 통지하다

형 **눈에 띄는, 뚜렷한, 현저한**

There is a **noticeable** distinction between the rich and the poor.
부유한 사람과 가난한 사람 사이에는 눈에 띄는 차이가 있다.

**not(ice)** + **able**
know 형접
알아차릴(not) 수 있는 거니까
→ 눈에 띄는, 뚜렷한

1492 ★★

## tackle

[tǽkəl]

동 **① (일 등에) 부딪치다, (문제 등을) 다루다 ② 태클하다**
명 **태클**

I can **tackle** any role with ease.
나는 어떤 역할이든 쉽게 다룰 수 있다.

**tack** + **le**
stick 동·명접
어떤 주제에 달라붙으니까(tack)
→ 다루다

1493 ★★

## address

[ədrés]

**addresser** 명 발신인, 화자

명 **① 주소 ② 연설**
동 **① 연설하다 ② 말을 걸다 ③ (문제 등을) 다루다, 해결하다**

= 명 ② speech, lecture, discourse

The news report **addressed** the ongoing political crisis.
그 뉴스 보도는 현재 진행 중인 정치적 위기를 다뤘다.

주소(address)가 잘못되었다고 말을 걸었더니(address) 해결해 줬어(address)
→ 주소, 말을 걸다, 해결하다

1494 ★

## content

[kəntént]

**contain** 동 ① 포함[함유]하다 ② 억누르다
**contentment** 명 만족(감)
**discontent** 형 불만스러운 명 불만

형 **만족하는 (with)** 동 **만족시키다** 명 **내용(물)**

= 형 satisfied, pleased, happy

The committee members seemed quite **content** with their decision.
위원들은 자신들의 결정에 상당히 만족해하는 것 같았다.

캠핑 가서 큰(con) 텐트(tent)에 만족하는(content)
→ 만족하는

1495 ★★

## interfere

[intərfíər]

interference 명 방해

동 ① 방해하다 (with) ② 간섭하다 (in)

= ② intrude, intervene

This stress can **interfere** with our memories.
이 스트레스가 우리의 기억을 방해할 수 있다.

inter + fere
between pierce
사람들 사이를(inter) 찌르다(fere)
→ 방해하다
사람들 사이에(inter) 끼어서 담배를 피어(fere) 방해하다(interfere)
→ 방해하다

1496 ★

## hamper

[hǽmpər]

동 방해하다

= interrupt, disrupt, impede, hinder, obstruct

The heavy snowfall **hampered** our progress.
폭설이 우리의 전진을 방해했다.

햄(ham)을 퍼(per)먹으면 다이어트에 방해(hamper)가 되죠
→ 방해하다

1497 ★★

## hinder

[híndər]

hindrance 명 방해

동 방해하다, 막다

= interrupt, disrupt, impede, obstruct

Nothing will **hinder** me.
아무것도 나를 방해하지 못할 거야.

hinder
behind
자꾸 뒤로(hinder) 보내니까
→ 방해하다, 막다

힌더 = 힌두
힌두교도가 기독교의 전파를 방해하다(hinder)
→ 방해하다, 막다

1498 ★

## impede

[impí:d]

impediment 명 장애(물)

동 방해하다, 지연시키다

= interrupt, disrupt, hinder, obstruct

The noise **impeded** the flow of the work.
그 소음은 일의 흐름을 방해했다.

im + ped(e)
in foot
안에(im) 발을(ped) 넣어 걸려 넘어지게 하니까
→ 방해하다

1499 ★★

## disturb

[distə́:rb]

disturbance 명 방해, 소란, 소동

동 방해하다, 어지럽히다

= interrupt, disrupt

Don't **disturb** Katie.
Katie를 방해하지 마라.

dis + turb
away disorder
집중으로부터 멀어지게(dis) 해 어지럽히다(turb)
→ 방해하다

1500 ★

## turbulent

[tə́:rbjulənt]

turbulence 명 ① 격동, 격변 ② 난기류

형 ① 휘몰아치는, 격동의 ② 사나운

The seventies were a **turbulent** period in Korean history.
70년대는 한국 역사에서 격동의 시기였다.

turb(ul) + ent
disorder 형접
휘몰아쳐 어지럽게(turb) 만드는 거니까
→ 휘몰아치는

DAY 31

## DAY 31 어휘 미리보기

DAY 31

| | | | | |
|---|---|---|---|---|
| □ aisle | □ guard | □ factor | □ notion | □ moist |
| □ route | □ shield | □ component | □ noble | □ meadow |
| □ routine | □ shelter | □ local | □ doctrine | □ pasture |
| □ regular | □ refuge | □ locate | □ docile | □ prairie |
| □ shortcut | □ spontaneous | □ deploy | □ holistic | □ straw |
| □ stray | □ impromptu | □ approximate | □ ecosystem | □ weed |
| □ deviate | □ casual | □ approach | □ organism | □ gravel |
| □ deflect | □ causal | □ landscape | □ salmon | □ livestock |
| □ scorn | □ stem | □ outlook | □ parasite | □ barn |
| □ contempt | □ derive | □ standpoint | □ mist | □ cargo |

□□□
1501 ★★

**aisle**
[ail]

명 **통로, 복도**

= passage

Sir, would you prefer a window seat or an **aisle** seat?
손님, 창가 쪽 좌석으로 드릴까요, 아니면 통로 쪽 좌석으로 드릴까요?

아일 = 아이를
비행기에서 어린 아이를 데리고 통로(aisle) 쪽 자리에 앉은 엄마
→ **통로, 복도**

□□□
1502 ★★

**route**
[ru:t]

명 **① 길, 항로, 노선 ② 방법, 수단**

= ① way, course, road

His best **route** of escape was the freeway.
그의 최상의 탈출 경로는 고속도로였다.

밖(out)으로 나가는 길(route)을 찾아라
→ **길, 항로**

□□□
1503 ★★

**routine**
[ru:tí:n]

명 **판에 박힌 일, 일상적인 일[일과]**
형 **일상적인, 정기적인**

= 형 regular, periodical

We follow the same **routine** every morning and evening.
우리는 매일 아침저녁으로 똑같은 일과를 따른다.

매일 로테이션(rotation)으로 항상 하는 일
→ **판에 박힌 일, 일상적인 일[일과]**

1504 ★★

## regular

[régjulər]

**regularity** 명 규칙적임, 정기적임
**irregular** 형 불규칙적인

형 ① 규칙적인, 정기적인, 고정적인 ② 보통의, 표준적인 ③ 정규의

= ① routine, periodical

The value of **regular** exercise should not be underestimated.
규칙적인 운동의 가치를 과소평가하면 안 된다.

**reg** + **ular**
rule 형접
항상 지배적인(reg) 것이니까
→ 규칙적인, 정기적인

1505 ★★

## shortcut

[ʃɔ́:rtkʌ̀t]

명 지름길

The kids take a **shortcut** through the parking lot to get to school.
아이들은 주차장을 통과하는 지름길로 학교에 간다.

**short** + **cut**
short cut
길을 짧게(short) 잘라(cut) 가는 거니까
→ 지름길

1506 ★★

## stray

[strei]

**astray** 형 길을 잃은

동 길을 잃다, 길을 잘못 들다
형 길을 잃은, 빗나간

= 동 deviate, diverge

The puppy has **strayed** off from the house.
강아지가 집을 나가 길을 잃었다.

**스트레이** = **스트릿**
여기가 대체 어느 스트릿(street) 이야?
→ 길을 잃은

1507 ★

## deviate

[dí:vièit]

**deviant** 형 벗어난, 일탈적인

동 (일상·예상 등을) 벗어나다 (from)

= diverge, stray

The bus **deviated** from its scheduled route.
버스가 정해진 경로를 벗어났다.

**de** + **vi** + **ate**
off way 동접
길에서(vi) 비껴(de) 나가게 하다
→ 벗어나다

1508 ★

## deflect

[diflékt]

동 ① (특히 무엇에 맞고 난 뒤) 방향을 바꾸다 ② (비난 등을) 모면하다[피하다]

The ball **deflected** off his head, straight into the goal.
공이 그의 머리에 맞고 그대로 골인이 되었다.

**de** + **flect**
off bend
원래에서 벗어나(de) 다른 방향으로 틀다(flect)
→ 방향을 바꾸다, 모면하다

1509 ★

## scorn

[skɔ:rn]

**scornful** 형 경멸하는

명 경멸 동 경멸하다, 비웃다

= 동 despise, contemn, disdain

She felt **scorn** for his political views.
그녀는 그의 정치적 견해에 대한 경멸을 느꼈다.

순(s) 옥수수(corn)만 먹는다고 비웃다(scorn)
→ 경멸하다, 비웃다

1510 ★★

## contempt

[kəntémpt]

명 ① 경멸, 멸시 ② 무시

= ① scorn

I feel nothing but **contempt** for people who treat children so cruelly.
나는 아이들을 매우 잔인하게 대하는 사람들에 대해 경멸밖엔 안 느껴진다.

컨(con)닝하게 해주면 돈 준다고 유혹하는(tempt) 사람을 경멸하다(contempt)
→ 경멸

1511 ★★

## guard

[gɑːrd]

guardian 명 ① 수호자 ② 후견인

동 ① 보호하다, 지키다 ② 감시하다
명 ① 수위, 경호원 ② 보초, 감시

= 동 ① protect, defend, shield, shelter

The goalkeeper **guarded** the net with impressive agility.
그 골키퍼는 민첩하게 골문을 지켰다.

갓(gua)을 쓰고 왕(lord)을 지키는(guard)
→ 수위, 경호원

1512 ★★

## shield

[ʃiːld]

동 보호하다 명 방패, 보호물

= 동 protect, guard, defend

The ozone layer **shields** us from the sun's harmful ultraviolet radiation.
오존층은 태양의 해로운 자외선으로부터 우리를 보호한다.

조개껍질(shell)처럼 생긴 방패(shield)를 연상
→ 방패

1513 ★

## shelter

[ʃéltər]

명 ① 주거지 ② 피난처, 은신처 ③ 보호 시설
동 ① 피하다 ② 보호하다

= 명 ② refuge

There was no **shelter** from the gunfire.
포격을 피할 피난처가 없었다.

쉘터 = 쉴 터
피난처(shelter)는 위험을 피해 쉴 터(곳)
→ 피난처, 보호 시설

1514 ★★

## refuge

[réfjuːdʒ]

refugee 명 피난민

명 피난, 피난처, 은신처

= shelter

They took **refuge** in a mountain hut.
그들은 산속 오두막으로 피난했다.

re + fuge
back flee
뒤로(re) 도망치는(fuge) 곳이니까
→ 피난처
레퓨지 = 내빼지
내가 전쟁을 피해 내빼곤 한 곳
→ 피난처, 은신처

1515 ★★

## spontaneous

[spɑntéiniəs]

spontaneously 부 자발적으로

형 ① 자발적인 ② 자연 발생적인

= ① voluntary, impromptu

There is no **spontaneous** brain activity.
자발적인 뇌 활동이란 없다.

스폰테니어스 = 스폰 + 테니스
스폰서들이 테니스 선수를 지원하겠다고 자발적으로(spontaneous) 나서다
→ 자발적인

1516 ★

## impromptu

[imprάmptjuː]

형 즉석의, 즉흥의

= improvised, spontaneous

She delivered an **impromptu** speech.
그녀는 즉흥 연설을 했다.

im + pro + mpt(u)
not before take
미리(pro) 잡아보지(mpt) 않고(im) 하는 거니까
→ 즉석의

1517 ★

## casual

[kǽʒuəl]

**casually** 부 ① 우연히 ② 무심코
**casualty** 명 ① 사상자 ② 피해자

**형 ① 평상시의, 격식을 차리지 않는 ② 우연한 ③ 무심결의**

= ② accidental, incidental, unexpected, unintentional

Don't take my **casual** remark seriously.
내가 무심코 한 말을 진지하게 받아들이지 마.

요즘 많은 회사원들이 평상시(usual)에 격식 차리지 않은(casual) 복장으로 출근하죠
→ 격식을 차리지 않은

1518

## causal

[kɔ́:zəl]

**causality** 명 인과 관계

**형 인과 관계의**

There's no **causal** relationship between mobile phone use and bad grades.
휴대 전화 사용과 나쁜 성적 사이에는 인과 관계가 없다.

커즐 = 밝혀질
이유(cause)가 무엇 때문인지(because) 그 인과 관계가 밝혀질(causal) 거다
→ 인과 관계의

1519 ★★

## stem

[stem]

**동 유래하다, 생기다 (from) 명 줄기**

= 동 come, arise, derive

Their disagreement **stemmed** from a misunderstanding.
그들의 불일치는 오해에서 비롯되었다.

ste(m) stand
땅에서부터 솟아 서(ste) 있는 거니까
→ 유래하다, 줄기

1520 ★★

## derive

[diráiv]

**derived** 형 유래된, 파생된

**동 ① 이끌어내다, 얻다 ② 유래하다, 파생되다 (from)**

= ② originate, stem

We **derive** knowledge from reading books.
우리는 독서에서 지식을 얻는다.

강(river)에서 문명이 떨어져(de) 나왔으니까
→ 유래하다

1521 ★★

## factor

[fǽktər]

**명 요인, 요소**

Our psychology is another **factor** in the consumption of calories.
우리의 심리 상태는 칼로리 소비의 또 다른 요인이다.

fact + or
make 명접
-을 구성하는(fact) 거니까
→ 요인, 요소

1522 ★

## component

[kəmpóunənt]

**compose** 동 ① 구성하다 ② 작곡[작문]하다

**명 구성 요소, 성분, 부품 형 구성하는**

= 명 element, ingredient, section, constituent

Laughter is a key **component** of a happy life.
웃음은 행복한 삶의 핵심 요소이다.

컴(com)퓨터 포(po)기자는 너트(nent)가 컴퓨터 부품(component)으로 들어가는지도 모른다
→ 부품

1523 ★★

## local

[lóukəl]

형 ① 지역의, 현지의 ② 일부에 대한

Many **local** markets are no longer opening.
대부분의 현지 시장들은 더 이상 문을 열지 못하고 있다.

loc + al
place 형접
장소(loc)에 관한 것이니까
→ 지역의

1524 ★★

## locate

[lóukeit]

**location** 명 장소, 위치

동 ① -의 위치를 찾아내다 ② 두다, 위치시키다

Rescue planes are trying to **locate** the missing sailors.
구조에 나선 항공기들이 실종된 선원들의 위치를 찾아내기 위해 애쓰고 있다.

loc + ate
place 동접
장소(loc)를 알아내다
→ -의 위치를 찾아내다

1525 ★

## deploy

[diplɔ́i]

**deployment** 명 배치

동 배치하다

The country decided to **deploy** troops.
그 나라는 병력을 배치하기로 결정했다.

de + ploy
opposite fold
접는(ploy) 것의 반대로(de) 널리 펼치니까
→ 배치하다

디플로이 = 뒤 + 풀어
적진 뒤에 군대를 풀어 놓으니까
→ 배치하다

1526 ★★

## approximate

동 [əprɑ́ksəmeit]
형 [əprɑ́ksəmət]

**approximation**
명 ① 접근 ② 근사치, (-에) 가까움
**approximately** 부 대략, 거의

동 근접하다, -에 가깝다
형 근사치의, 대략적인

The **approximate** cost will be about $1,200.
대략적인 비용은 1,200달러 정도 될 것이다.

ap + prox(im) + ate
to near 동접
-에(ap) 가까운(prox) 거니까
→ 근접하다

1527 ★★

## approach

[əpróutʃ]

동 다가가다, 접근하다 명 접근, 접근법

We need to adopt a different **approach** to the problem.
우리는 문제에 대한 다른 접근법을 취해야 한다.

ap + proach
to near
-에(ap) 가까이(proach) 가는 거니까
→ 다가가다, 접근하다

1528 ★★

## landscape

[lǽndskèip]

명 풍경, 경치

The **landscape** is beautiful but you're not in the mood to enjoy anything.
경치는 아름답지만, 당신은 어떤 것도 즐길 기분이 아니군요.

land + scape
land condition
어떤 땅(land)의 환경(scape)이니까
→ 풍경, 경치

1529 ★★

## outlook

[áutlùk]

명 ① 경치, 조망 ② 관점, 시야 ③ 전망, 예측

This year's economic **outlook** remains uncertain.
올해 경제 전망은 불확실하다.

out + look
outside see
밖을(out) 내다보는(look) 것
→ 경치, 전망

1530 ★★

## standpoint
[stǽndpɔ̀int]

명 입장, 견지, 관점

= view, perspective

Let's consider it from a different **standpoint**.
다른 관점에서 생각해 보자.

내가 어떤 입장에 서서(stand) 보는 점(point)
→ 관점

1531 ★★

## notion
[nóuʃən]

noted 형 유명한, 저명한
notable 형 ① 주목할 만한 ② 유명한, 저명한

명 생각, 개념

He has a **notion** that life is a voyage.
그는 인생은 항해와 같다는 생각을 갖고 있다.

no + tion
know 명접
아는(no) 것이니까
→ 생각, 개념

노우션 = 노선
그는 나랑 생각(notion)하는 노선이 달라
→ 생각, 개념

1532 ★★

## noble
[nóubl]

nobly 부 고귀하게, 당당히
nobility 명 귀족, 고귀함
ignoble 형 비열한, 야비한

형 ① 고결한, 숭고한 ② 귀족의

= ① dignified, honorable

His **noble** manners deeply impressed her.
그의 고결한 태도는 그녀에게 깊은 인상을 주었다.

no + ble
know 형접
널리 알려질(no) 만한 거니까
→ 고결한

1533 ★

## doctrine
[dáktrin]

명 ① 교리, 신조 ② 정책, 주의

He studied the Christian **doctrine**.
그는 기독교 교리를 연구했다.

doct(r) + ine
teach 명접
사상가의 가르침(doct)
→ 교리

1534 ★

## docile
[dáːsl]

docility 명 온순함

형 유순한, 고분고분한

= tame, compliant, obedient, submissive

She is an intelligent and **docile** pupil.
그녀는 총명하고 유순한 학생이다.

doc + ile
teach 형접
가르치기(doc) 쉬운 거니까
→ 유순한

1535

## holistic
[hòulístik]

형 전체론의, 전체론적인

= integral, overall, comprehensive

This problem needs a **holistic** approach, not a quick fix.
이 문제는 빠른 해결이 아닌 전체론적인 접근이 필요하다.

홀리스틱 = whole + 이 스틱
뭐가 문제인지 이 스틱 전체(holistic)를 봐라
→ 전체론의

1536 ★★

## ecosystem
[ékousìstəm]

명 생태계

Reckless development is destroying the **ecosystem**.
무분별한 개발이 생태계를 파괴하고 있다.

어느 환경(eco) 속의 생물들과 그 주변을 포함하는 체계(system)
→ 생태계

1537 ★★

## organism

[ɔ́:rgənìzm]

microorganism 명 미생물

명 생물, 유기체

Human is an **organism** composed of countless cells.
인간은 셀 수 없이 많은 세포로 구성된 유기체이다.

organ + ism
organ 명접
여러 기관(organ)으로 구성된 존재
→ 생물, 유기체

1538 ★★

## salmon

[sǽmən]

명 연어

*cf.* trout (송어)

Today's special is a splendid lunch of smoked **salmon**.
오늘의 특별 요리는 훌륭한 훈제 연어 점심이다.

새먼 = 세면
강물을 거슬러 올라갈 정도로 힘이 세면 연어(salmon)야
→ 연어

1539 ★★

## parasite

[pǽrəsàit]

명 기생충

The lazy man was a **parasite** on his family.
그 게으른 남자는 그의 가족의 기생충이었다.

para + site
beside food
옆에(para) 기생하면서 음식을 (site) 보충하는 곤충이니까
→ 기생충

1540 ★★

## mist

[mist]

명 ① 옅은 안개 ② 분무
동 안개가 끼다, 흐려지다

The night grew darker and the **mist** began to spread around him.
밤은 점차 어두워졌고 그의 주위에는 안개가 퍼지기 시작했다.

안개(mist)처럼 얼굴에 뿌리는 화장품을 미스트라고 하죠
→ 옅은 안개

1541 ★★

## moist

[mɔist]

moisture 명 습기, 물기

형 습기 있는, 축축한

= humid

The plant grows best in direct sunlight and with rich, **moist** soil.
식물은 직사광선과 기름지고 촉촉한 토양에서 가장 잘 자란다.

미스트(mist)는 촉촉하게(moist) 해주니까
→ 습기 있는, 축축한

1542 ★★

## meadow

[médou]

명 목초지, 초원

= prairie

Cattle were grazing in the **meadow**.
소들이 초원에서 풀을 뜯어 먹고 있었다.

메도우 = 매도 + 우(牛)
초원(meadow)은 소(牛)를 매어 두는 곳
→ 초원

1543 ★★

## pasture

[pǽstʃər]

명 ① 목장 ② 목초지

= ② meadow

The ox arrives at the **pasture**.
그 황소가 목장에 도착한다.

목사(pastor)는 목장(pasture)에서 양을 치는 사람이라는 의미
→ 목장, 목초지

1544 ★★

## prairie
[préəri]

명 **대초원**

**Prairies** stretch as far as the eyes can see.
대초원이 끝없이 펼쳐져 있다.

**프레어리** = **풀에 이리**
대초원(prairie)은 풀에 이리(풀과 이리)가 있는 곳
→ **대초원**

1545 ★★

## straw
[strɔː]

명 **① 빨대 ② 지푸라기, (밀)짚**

The cottage roof is thatched with **straw**.
그 오두막의 지붕은 짚으로 엮은 것이다.

'지푸라기라도 잡다'를 영어로?
catch at a straw
→ **지푸라기**

1546 ★★

## weed
[wiːd]

명 **잡초**
동 **① 잡초를 뽑다 ② 없애다, 제거하다 (out)**
*cf.* seed (씨앗)

She has a garden overgrown with **weeds**.
그녀는 잡초가 무성한 정원을 갖고 있다.

**위드** = **위(에) + 드(러난)**
땅 위에 드러난 잡초(weed)
→ **잡초**

1547 ★★

## gravel
[grǽvəl]

명 **자갈**

The construction vehicle was filled with **gravel**.
건설 차량이 자갈로 가득 차 있었다.

해변가에 가면 꼭 자갈(gravel)을 손에 움켜잡는(grab) 사람들이 있죠
→ **자갈**

1548 ★★

## livestock
[láivstak]

명 **가축**
*cf.* calf (송아지, 새끼), cattle (소 (무리))

On many farms you'll find **livestock**.
당신은 많은 농장에서 가축을 보게 될 것이다.

**live** + **stock**
life stock
식량을 비축(stock)하기 위해 기르는 살아 있는(live) 동물
→ **가축**

1549 ★★

## barn
[baːrn]

명 **창고, 헛간, 외양간**

Sometimes a **barn** is used for storing hay and grain, too.
종종 헛간은 건초와 곡물을 저장하기 위해서도 사용된다.

**반**
'반'으로 시작하는 말은? '반'창고!
→ **창고**
헛간(barn)이 타지(burn) 않게 조심해
→ **헛간**

1550 ★★

## cargo
[káːrgou]

명 **(선박·비행기의) 화물**
= freight

The ship was carrying a **cargo** of crude oil.
그 배는 원유 화물을 수송하고 있었다.

카고 트럭, 카고 바지는 모두 화물(cargo) 관련 단어들이죠.
→ **화물**

DAY 32

DAY 32

## DAY 32 어휘 미리보기

| | | | | |
|---|---|---|---|---|
| □ load | □ equator | □ brutal | □ stimulate | □ blast |
| □ timber | □ latitude | □ relentless | □ arouse | □ burst |
| □ porch | □ vertical | □ virtue | □ animate | □ catalyst |
| □ sphere | □ terrestrial | □ blink | □ vital | □ incentive |
| □ hemisphere | □ earthquake | □ gleam | □ vivid | □ motive |
| □ orbit | □ alert | □ twinkle | □ revive | □ impetus |
| □ satellite | □ vice | □ radiate | □ revitalize | □ illuminate |
| □ celestial | □ vicious | □ blaze | □ stir | □ illustrate |
| □ lunar | □ sinister | □ flame | □ mingle | □ demonstrate |
| □ telescope | □ savage | □ spur | □ trigger | □ reflect |

□□□
1551 ★★

### load

[loud]

**unload** 동 짐을 내리다
**loading** 명 선적, 적재

**명 ① 짐 ② 작업량 ③ 많음 동 싣다**

= 명 ① cargo, freight

*cf.* lord (주인, 임금, 귀족)

The donkey patiently waited while they **loaded** its back with goods.
당나귀는 그들이 자신의 등에 물건을 싣는 동안 참을성 있게 기다렸다.

오 왕(lord)이시여, 제 짐(load)이 많으니 저 마차에 좀 싣겠습니다
→ 짐, 싣다

□□□
1552 ★

### timber

[tímbər]

**명 재목, 목재**

These forests have been exploited for **timber** since Saxon times.
이 숲들은 앵글로색슨 시대 이래로 목재를 구하는 데 이용돼 왔다.

팀버 = 버팀
통나무집 밑에 큰 목재(timber)가 버팀
→ 재목, 목재

□□□
1553 ★

### porch

[pɔːrʧ]

**명 현관, 베란다**

The old church has a **porch** with a bench.
그 오래된 교회에는 벤치가 놓인 현관이 있다.

포취 = 표지
광고 표지가 붙어있는 현관(porch)
→ 현관

□□□
1554 ★★

### sphere

[sfiər]

**명 ① 구(체) ② 영역, 범위**

The sun is the most perfect **sphere** ever observed in nature.
태양은 자연에서 관찰된 가장 완벽한 구체이다.

sphere
globe
지구(sphere)의 모양은 둥그니까
→ 구(체)

1555 ★★

## hemisphere

[hémisfìər]

명 **반구(체)**

Unexpected bitter cold swept the entire Southern **Hemisphere** in 2007.
예상치 못한 혹한이 2007년 남반구 전역을 휩쓸었다.

**hemi** + **sphere**
half globe
지구(sphere)의 절반(hemi)이니까
→ 반구(체)

1556 ★★

## orbit

[ɔ́:rbit]

명 **① 궤도 ② 범위** 동 **궤도를 그리며 돌다**

= 명 ② scope, range

How much does it cost to put a satellite into **orbit**?
인공위성을 궤도에 진입시키는 데 비용이 얼마나 드나요?

**올빗** = **오! 빛**
오! 저 빛의 궤도(orbit)가 보이니?
→ 궤도

1557 ★★

## satellite

[sǽtəlàit]

명 **(인공)위성**

The moon is a **satellite** of the Earth.
달은 지구의 위성이다.

위성(satellite)은 하늘에 떠 있는 별(star) 같다
→ (인공)위성

1558 ★

## celestial

[səléstʃəl]

형 **하늘의, 천체의**

A total solar eclipse is a rare **celestial** event that always generates excitement.
개기일식은 언제나 흥분을 자아내는 보기 드문 천체 현상이다.

**설레셜** = **설레서**
밤하늘을 보면 마음이 설레서
→ 하늘의, 천체의

1559 ★★

## lunar

[lú:nər]

형 **달의**

Those of us who watched the **lunar** voyage of Apollo 11 were thrilled.
우리들 중에서 Apollo 11호의 달나라 여행을 목격한 사람은 감격했었다.

**루나** = **누나**
달(lunar)만 뜨면 괜히 슬퍼지는 누나
→ 달의

1560 ★★

## telescope

[téləskòup]

명 **망원경**

*cf.* microscope (현미경)

She loved watching the skies through her father's **telescope**.
그녀는 아버지의 망원경을 통해서 하늘을 보는 것을 좋아했다.

**tele** + **scop(e)**
far see
먼(tele) 곳을 보기(scop) 위한 도구니까
→ 망원경

1561 ★★

## equator

[ikwéitər]

명 **적도**

The capital of the country is on the **equator**.
그 나라의 수도는 적도 상에 있다.

**equ** + **at** + **or**
equal make 명접
지구를 똑같이(equ) 반으로 나누도록 만든(at) 선이니까
→ 적도

1562 ★

## latitude

[lǽtətjù:d]

명 **① 위도 ② 지역**

We measured the longitude and **latitude** to determine its absolute location.
우리는 그것의 절대 위치를 확정하기 위해 경도와 위도를 측정했다.

**lati** + **tude**
wide 명접
지구의 너비, 폭(lati)
→ 위도

1563 ★★

## vertical

[və́:rtikəl]

형 **수직의** 명 **수직선**

Floors are horizontal and walls are **vertical**.
바닥은 수평이고 벽은 수직이다.

커튼 중에 수직(vertical) 모양인 버티컬이라고 있죠
→ 수직의

1564 ★

## terrestrial

[təréstriəl]

형 **① 지구의 ② 육생의**

Newton investigated **terrestrial** motion.
뉴턴은 지구의 움직임을 연구했다.

terr(e) + st + rial
land stand 형접
땅(terr) 위에 서(st) 있는 거니까
→ 지구의

1565 ★★

## earthquake

[ə́:rθkweik]

**quake** 동 ① (몸을) 떨다 ② 흔들리다

명 **지진**

Damage from the **earthquakes** was not immediately reported.
지진 피해는 즉각 보고되지 않았다.

earth + quake
ground tremble
땅(earth)이 마구 흔들리는(quake) 것
→ 지진

1566 ★★

## alert

[ələ́:rt]

**alertness** 명 ① 경계 ② 기민함

형 **① 경계하는, 조심성 있는 ② 기민한, 민첩한**
동 **알리다, 경보를 발하다** 명 **경보, 경계**

= 형 ① cautious, attentive

The governor **alerted** island residents that a hurricane was coming.
주지사는 섬 주민들에서 허리케인이 다가온다고 알렸다.

적색경보는 red alert!
→ 경보, 경계하는

1567 ★★

## vice

[vais]

명 **악덕, 악행**

Virtue triumphs over **vice** in the end.
선은 결국 악을 이긴다.

악행(vice)을 저지르지 말라고 충고(advice)하다
→ 악덕, 악행

1568 ★★

## vicious

[víʃəs]

**vice** 명 악, 악행, 범죄

형 **① 잔인한, 포악한 ② 사나운, 공격적인 ③ 악의적인**

= ① violent, fierce, ferocious

Wolves are not naturally cruel or **vicious**.
늑대는 선천적으로 잔인하거나 사납지 않다.

비시어스 = 빚이 있으
"너 나한테 진 빚이 있으"라고 말하는 잔인한(vicious) 사채업자를 연상
→ 잔인한, 악의적인

1569 ★

## sinister

[sínistər]

형 **① 사악한, 해로운 ② 불길한**

= ① malevolent, malicious, spiteful, vicious

These incidents began to take on a more **sinister** aspect.
이 사건들이 더 불길한 양상을 띠기 시작했다.

죄(sin)를 짓는 사람(ster)은 사악하고 불길하니까(sinister)
→ 사악한, 불길한

1570 ★★

## savage
[sǽvidʒ]

형 ① 야만적인, 미개한 ② 잔인한
명 야만인, 미개인

= 형 ② cruel, harsh, brutal, ruthless

**Savage** tribes still live in some parts of the world.
아직도 세계 일부 지역에는 미개한 부족이 살고 있다.

새비지 = 쌔비지
야만인(savage)은 짐승의 가죽을 쌔비지
→ 야만적인, 야만인

1571 ★★

## brutal
[brúːtl]

brute 명 짐승
brutally 부 야만스럽게, 잔인하게

형 짐승 같은, 잔인한

= cruel, harsh, ruthless

The **brutal** dictator is universally abhorred.
잔인한 독재자는 세계적으로 혐오받는다.

브루털 = 부르떨
일본군의 잔인한(brutal) 짓을 보니 몸이 부르르 떨린다
→ 잔인한

1572 ★

## relentless
[riléntlis]

relent 동 누그러지다, 수그러들다

형 ① 잔인한, 가차 없는 ② 수그러들지 않는

= ① cruel, harsh, brutal, ruthless

We all jumped in the pool to escape the **relentless** heat of the sun.
우리는 모두 수그러들지 않는 태양열을 피하려고 수영장으로 뛰어들었다.

친구가 제때 돈을 갚지 않자 다시(re)는 빌려주지(lent) 않는(less)
→ 가차 없는

1573 ★★

## virtue
[vəːrtʃuː]

virtuous 형 도덕적인

명 ① 덕, 미덕 ② 장점 ③ 순결

*cf.* by virtue of (~덕분에)

Our main **virtue** is respect for others.
우리의 중요한 미덕은 타인에 대한 존중이다.

버츄 = 버스
버스에서 노약자에게 자리를 양보하는 것이 미덕(virtue)이죠
→ 미덕

1574 ★★

## blink
[bliŋk]

동 (눈을) 깜박이다 명 눈의 깜박거림

She **blinked** at the sudden light.
갑작스러운 빛에 그녀는 눈을 깜박였다.

전구를 전선에 연결(link)하니 불이 깜박이다(blink)
→ 깜박이다

1575 ★

## gleam
[gliːm]

명 번쩍임, 번득임 동 반짝 빛나다

He polished the silver spoon until it **gleamed**.
그는 은수저를 반짝 빛날 때까지 닦았다.

글림 = 거림
번쩍(gleam)거림
→ 번쩍임, 번득임

1576 ★★

## twinkle
[twíŋkl]

동 반짝이다, 빛나다

He watched the **twinkling** farmhouse lights below.
그는 저 밑으로 반짝이는 농가의 불빛들을 보았다.

별이나 빛이 깜박이면서(wink) 반짝이니까(twinkle)
→ 반짝이다, 빛나다

1577 ★★

## radiate

[réidièit]

**radiation** 명 방사, 방열

동 ① (빛·열을) 발하다, 방사하다 ② (사방으로) 퍼지다

Streets **radiate** from the city in every direction.
도로가 도시에서 사방팔방으로 퍼져 있다.

radi + ate
ray 동접
빛(radi)이나 열을 만드니까
→ 발하다, 방사하다

1578 ★

## blaze

[bleiz]

**ablaze** 형 불길에 휩싸인, 불타는 듯한 부 빛나서, 열광하여

동 ① 활활 타다 ② 눈부시게 빛나다
명 ① 불, 화재 ② 섬광 ③ (감정의) 폭발, 격앙

= flame

The campfire **blazed** brightly all night.
모닥불이 밤새 활활 타올랐다.

블레이즈 = 불내지
활활 타면(blaze) 불내지
→ 활활 타다, 불

1579 ★★

## flame

[fleim]

명 ① 불꽃 ② 광채 ③ 격정
동 ① 활활 타오르다 ② 빛나다

= 동 ② glow, shine, flash, glare, blaze

*cf.* frame (틀에 넣다; 틀, 액자)

The Olympic torch carries an eternal **flame**.
올림픽 성화는 영원한 불꽃을 지니고 있다.

명성(fame)을 얻고자 눈에 불꽃(flame)이 이글이글 타고 있다
→ 불꽃
비난했더니(blame) 눈에 불(flame)을 켜고 달려들죠
→ 불꽃

1580 ★★

## spur

[spəːr]

명 ① 박차 ② 자극
동 ① 박차를 가하다 ② 자극하다, 격려하다

= 동 ① quicken, accelerate, hasten, facilitate

*cf.* spurt (분출하다; 분출)

This book **spurs** imagination.
이 책은 상상력을 자극한다.

스포츠에서 마지막 박차(spur)를 가하는 것을 막판 스퍼트(spurt)라고 하죠
→ 박차

1581 ★★

## stimulate

[stímjulèit]

**stimulus** 명 자극제, 자극(이 되는 것)
**stimulation** 명 자극, 격려
**stimulative** 형 자극적인, 고무적인

동 ① 자극하다, 활발하게 하다 ② 격려하다, 고무하다

= ① spark, arouse, trigger, prompt

Reading books **stimulates** your imagination.
독서는 당신의 상상력을 자극한다.

stim(ul) + ate
prick 동접
찔러서(stim) 부추기다
→ 자극하다

1582 ★★

## arouse

[əráuz]

동 불러일으키다, 자극하다

= spark, trigger, stimulate, prompt

This incident **aroused** his anger.
이번 일은 그의 분노를 불러일으켰다.

a + rouse
completely rouse
강하게(a) 깨우다(rouse)
→ 불러일으키다

1583 ★★

## animate
[ǽnəmèit]

animation 명 ① 생기 ② 애니메이션, 만화 영화

동 생기를 주다, 생명을 불어넣다 형 살아 있는

= 동 energize, vitalize, enliven, exhilarate

Her gaiety **animated** the entire group.
그녀의 유쾌함은 전체 모임에 생기를 주었다.

애니메이션(animation)은 그림에 생명을 불어넣어(animate) 움직이게 한다
→ 생기를 주다, 생명을 불어넣다

1584 ★★

## vital
[váitl]

vitality 명 활력, 원기, 생기
vitalize 동 생기를 불어넣다

형 ① 생명의 ② 활기찬, 생생한 ③ 필수적인, 중요한

= ③ essential, fundamental, integral, indispensable

The kidneys play a **vital** role in removing waste from the blood.
신장은 혈액에서 노폐물을 제거하는 중요한 역할을 한다.

vit (life) + al (형접)
생명의(vit)
→ 필수적인

비타민(vitamin)은 몸에 필수적이니까(vital)
→ 필수적인

1585 ★★

## vivid
[vívid]

형 ① 생생한, 선명한 ② 활기찬, 생기가 넘치는

In spring everything is fresh and **vivid**.
봄에는 만물이 싱싱하고 생기가 넘친다.

viv (live) + id (형접)
생기(viv)가 있는 것같이 생생하니까(vivid)
→ 생생한, 선명한

비비드 = 비 비다
"비! 비다!" 비가 내리자 농부들이 활기차지다(vivid)
→ 활기찬, 생기가 넘치는

1586 ★★

## revive
[riváiv]

revival 명 회복, 부활, 재유행

동 ① 회복하다[시키다], 소생하다[시키다] ② 부활시키다 ③ 재공연[상영]하다

We tried to **revive** the old customs.
우리는 옛 풍습을 부활시키려고 힘썼다.

re (again) + viv(e) (live)
다시(re) 살아나게(viv) 하다
→ 부활시키다

1587 ★

## revitalize
[ri:váitəlàiz]

revitalization 명 경기 부양, 재활성화

동 새로운 활력을 주다, 재활성화시키다

= energize, animate, enliven, exhilarate

A good night's sleep will **revitalize** you.
숙면은 당신에게 새로운 활력을 줄 것이다.

re (again) + vit (life) + alize (동접)
다시(re) 생기를(vit) 불어넣다(alize)
→ 새로운 활력을 주다

1588 ★★

## stir
[stə:r]

동 ① 휘젓다, 뒤섞다 ② (감정을) 유발하다, 자극하다

= ② spark, arouse, trigger, stimulate, prompt

The thought of conquering the mountain **stirs** me with anticipation.
그 산을 정복한다는 생각이 나를 기대감으로 자극한다.

스캔들이 스타(star)를 자극하다(stir)
→ 자극하다

1589 ★

## mingle

[míŋgl]

동 ① 섞다, 섞이다 ② (사람들과) 어울리다

= ① mix, blend

I **mingled** feelings over the matter.
그 문제에 관해 나는 감정이 뒤섞였다(만감이 교차했다).

밍글 = 맹글

닭을 밀가루와 섞어서(mingle) 치킨을 맹글다
→ 섞다, 섞이다

1590 ★★

## trigger

[trígər]

명 ① 방아쇠 ② 계기, 발단
동 ① 방아쇠를 당기다 ② 촉발시키다, 유발하다

= 동 ② spark, arouse, stimulate, prompt

This incident **triggered** a major conflict.
이 사건은 주요한 갈등을 유발했다.

호랑이(tiger)를 잡기 위해 방아쇠(trigger)를 당기다
→ 방아쇠, 촉발시키다

1591 ★

## blast

[blæst]

동 폭파하다 명 ① 폭발 ② 돌풍, 폭풍

= 동 explode, burst

Several were wounded in the **blast**.
이번 폭발로 여러 명이 부상당했다.

블라스트 = 불났었다

지난번 폭발(blast)로 불났었다
→ 폭발

1592 ★★

## burst

[bəːrst]

동 ① 터지다[터뜨리다], 파열하다[파열시키다]
② 갑자기 -하다 (into, out)
명 ① 격발 ② 파열, 폭발

= 동 ① explode, pop, blast, go off

The dam **burst** after years of neglect.
수년간 방치해 온 댐이 터졌다.

버스트 = 버스 + 트

버스랑 트럭이 부딪히면 폭발(burst) 사고가 나니까
→ 폭발

1593 ★

## catalyst

[kǽtəlist]

명 ① 기폭제, 촉매 ② 자극, 장려

= ② stimulus, motivation, incentive

His sad expression served as a **catalyst** to her anger.
그의 슬픈 표정이 그녀의 화에 기폭제가 되었다.

까탈(catal)스러운 사람이 일을 철저하게 해서 매출에 큰 기폭제(catalyst)가 되니까
→ 기폭제

1594 ★★

## incentive

[inséntiv]

명 ① 자극, 동기 ② 장려책, 장려금
형 격려하는, 보상의

= 명 ① stimulus, motivation, catalyst

They have no **incentive** to work harder.
그들에게는 더 열심히 일할 동기가 없다.

in + cent + ive
in / sing / 형·명접

마음속에서(in) 노래(cent)가 절로 나오게 하는 것
→ 자극, 장려책

1595 ★★

## motive

[móutiv]

**motivate** 동 동기[자극]를 주다
**motivation** 명 동기 부여, 자극

명 동기, 자극 형 움직이게 하는, 원동력이 되는

Her **motives** were disclosed.
그녀의 동기가 폭로되었다.

mot + ive
move 형·명접
나를 움직이게(mot) 하는 것
→ 동기, 자극

1596 ★

## impetus

[ímpətəs]

**impetuous** 형 충동적인, 성급한

명 ① 자극, 충동 ② 추진력

= ① urge, drive, stimulation, impulse

The event gave **impetus** to numerous people.
그 사건은 많은 사람들에게 자극을 주었다.

im + pet + us
in rush 명접
안으로(im) 덤벼드니까(pet)
→ 자극

1597 ★★

## illuminate

[ilú:mənèit]

**illumination** 명 ① 빛 ② 이해, 깨달음

동 ① (불을) 비추다, 밝게 하다
② 설명하다, 분명히 하다

= ② explain, clarify

The sun **illuminates** the earth.
태양은 지구에 빛을 비춘다.

il + lumin + ate
in light 동접
안으로(il) 빛이(lumin) 들어오게 하다
→ 비추다, 밝게 하다

1598 ★★

## illustrate

[iləstrèit]

**illustrative** 형 실례[예시]가 되는
**illustrious** 형 뛰어난, 저명한
**illustration** 명 ① 삽화 ② 설명 ③ 실례

동 ① 설명하다, 예시를 보여주다
② 삽화를 넣다

= ① describe, portray, depict

Try to **illustrate** the topic with examples.
그 주제를 예시로 설명해 보라.

il + lust(r) + ate
in light 동접
마음 안에서(il) 빛처럼(lust) 명확하게 떠오르게 하다
→ 설명하다
삽화가를 일러스트레이터(illustrator)라고 하죠
→ 삽화를 넣다

1599 ★★

## demonstrate

[démənstrèit]

**demonstration** 명 ① 증명 ② 시위

동 ① 증명하다 ② 시범을 보이다, 설명하다
③ 시위하다

= ① certify, verify, testify, validate

*cf.* demographics ((인구) 통계 자료)

He **demonstrated** that the earth is round.
그는 지구가 둥글다는 것을 증명했다.

demo(n) + strate
people 동접
사람들에게(demo) 보여 주는 거니까
→ 증명하다

1600 ★★

## reflect

[riflékt]

**reflection** 명 ① 반사, 반영 ② 심사숙고

동 ① 반사하다, 비치다 ② 심사숙고하다
③ 반영하다

= ② consider, contemplate, deliberate, meditate, ponder

His face was **reflected** in the mirror.
그의 얼굴이 거울에 비춰졌다.

re + flect
again bend
빛이 다시(re) 구부러지다(flect)
→ 반사하다
과거 일을 다시(re) 구부려서(flect) 생각하니까
→ 심사숙고하다

# DAY 33

DAY 33

## DAY 33 어휘 미리보기

| | | | | |
|---|---|---|---|---|
| □ stagnant | □ soar | □ multiple | □ paradigm | □ apparatus |
| □ stubborn | □ surge | □ multiply | □ furnish | □ alter |
| □ stiff | □ surf | □ multitude | □ adorn | □ alternative |
| □ rigid | □ swamp | □ public | □ ornament | □ alternate |
| □ stern | □ swarm | □ patron | □ garment | □ alien |
| □ strict | □ troop | □ patriot | □ tailor | □ alienate |
| □ variable | □ flock | □ plot | □ closet | □ altruism |
| □ capricious | □ herd | □ intrigue | □ shelf | □ egocentric |
| □ volatile | □ colony | □ contrive | □ utensil | □ nap |
| □ exalt | □ mass | □ mold | □ gadget | □ doze |

□□□
1601 ★★

### stagnant
[stǽgnənt]

**stagnation** 명 경기 침체
**stagnate** 동 고이다, 침체하다

형 **고여 있는, 침체해 있는**

There is a **stagnant** pool at the bottom of the park.
공원 아래쪽에 물이 고여 있는 웅덩이가 있다.

경기 침체(stagnation)란 경제가 침체해 있는(stagnant) 상태
→ 고여 있는, 침체해 있는

□□□
1602 ★★

### stubborn
[stʌ́bərn]

형 **고집 센, 완고한**

= persistent, insistent, obstinate

I don't know why he's so **stubborn** about it.
그 사람이 그 일에 왜 그렇게 고집을 부리는지 모르겠어.

스터번 = 스타 + born
스타로 태어나야(born) 한다고 고집부리는 부모
→ 고집 센, 완고한

□□□
1603 ★★

### stiff
[stif]

형 **① 뻣뻣한, 뻑뻑한 ② (사람·행동 등이) 경직된, 딱딱한 ③ (근육이) 뻐근한 ④ 거센, 격렬한**

The speech he made was **stiff** and formal.
그가 한 연설은 딱딱하고 격식적이었다.

막대기(stick)는 뻣뻣(stiff)하니까
→ 뻣뻣한, 경직된

□□□
1604 ★★

### rigid
[rídʒid]

**rigidity** 명 ① 엄격함 ② 단단함, 경직

형 **① 엄격한, 융통성 없는 ② (사물이) 단단한, 뻣뻣한**

The curriculum was too narrow and too **rigid**.
그 커리큘럼은 너무 편협하고 융통성이 없었다.

바른(right) 생활하는 사람은 약간 엄격하고 융통성이 없죠(rigid)
→ 융통성 없는, 뻣뻣한

1605 ★

## stern

[stəːrn]

형 엄격한

She was brought up in a **stern** family.
그녀는 엄격한 가정에서 자랐다.

**ster(n)**
stiff
사람이 경직되어(ster) 있으니까
→ 엄격한
강한(strong) 인상을 가진 엄격한 (stern) 군인
→ 엄격한

1606 ★★

## strict

[strikt]

형 ① 엄격한, 엄한 ② 정확한, 엄밀한

= ① rigorous, stern, rigid

My parents had **strict** rules about money.
부모님은 돈에 대해 엄격한 규칙을 가지고 계셨다.

**strict**
draw tight
팽팽하게 당겨진(strict) 것이니까
→ 엄격한

1607 ★★

## variable

[vέəriəbl]

**vary** 동 ① 다르다, 다양하다 ② 바꾸다, 바뀌다
**various** 형 다양한
**variation** 명 ① 변화, 차이 ② 변주

형 변하기 쉬운, 가변적인, 변덕스러운
명 변수

= 형 changeable, volatile

There are many **variables** in this election.
이번 선거에는 많은 변수가 있다.

**var(i)** + **able**
vary 형·명접
바뀔(var) 수 있는 거니까
→ 변하기 쉬운

1608 ★

## capricious

[kəpríʃəs]

형 변덕스러운

= changeable, variable, volatile

The weather has been **capricious** recently.
최근의 날씨는 변덕스러웠다.

**카프리셔스** = **카프리썬**
카프리썬 맛을 고르는 데 이랬다저랬다 하니까
→ 변덕스러운

1609 ★

## volatile

[válətil]

형 ① 휘발성의 ② 불안정한, 변덕스러운

= changeable, variable

The stock market's really **volatile** these days.
요즘은 주식시장이 아주 불안정하다.

**발러틀** = **보일러 틀**
방금 전까지만 해도 덥다고 했으면서 갑자기 보일러 틀자고 하는
→ 변덕스러운

1610 ★

## exalt

[igzɔ́ːlt]

동 ① 승격시키다, 높이다 ② 칭찬하다

= ② compliment, applaud, praise, acclaim, commend

*cf.* exult (크게 기뻐하다, 의기양양하다)

The poem was written to **exalt** the country.
그 시는 그 나라를 칭송하기 위해 쓰였다.

**ex** + **alt**
out high
세상 밖으로(ex) 이름과 명성을 높이다(alt)
→ 승격시키다

1611 ★★

**soar**

[sɔːr]

**soaring** 형 치솟는, 날아오르는

동 ① 급등하다, 치솟다 ② 날아오르다

= 동 ① surge, skyrocket

The eagle **soared** through the autumn sky.
독수리가 가을 하늘을 뚫고 날아올랐다.

소어 = 쏘아
활을 쏘아 날아오르다(soar)
→ 치솟다, 날아오르다

1612 ★★

**surge**

[səːrdʒ]

**resurge** 동 재기하다, 부활하다
**resurgence** 명 재기, 부활

동 ① 밀어닥치다, 쇄도하다 ② 급등하다
명 ① 큰 파도 ② 쇄도 ③ 급등

= 동 ② soar, skyrocket

Flood water **surged** into their houses.
범람한 물이 그들의 집 안으로 밀려들어 왔다.

surg + e
up from under / 동·명접
아래에서 위로(surg) 솟아오르니까
→ 급등하다
서지 = 솟지
주가가 급등하며(surge) 하늘 위로 치솟지
→ 급등하다

1613 ★★

**surf**

[səːrf]

동 ① 파도타기 하다
② (인터넷상에서 정보를) 찾아다니다
명 밀려드는 파도

The boy is **surfing** the Internet.
그 소년은 인터넷을 하고 있다.

파도를 타는 서핑(surfing)처럼 인터넷에서 돌아다니는 거니까
→ 파도타기 하다, (인터넷상에서 정보를) 찾아다니다

1614 ★★

**swamp**

[swamp]

명 늪
동 ① 늪에 빠지게 하다 ② 밀려들다, 쇄도하다

*cf.* swarm (떼; 떼 지어 다니다)

We get **swamped** with homework.
우린 숙제의 늪에 빠졌다.

더울(warm) 땐 늪(swamp)에 곤충 떼(swarm)가 밀려들죠
→ 늪, 밀려들다

1615 ★

**swarm**

[swɔːrm]

명 떼, 무리 동 떼[무리] 지어 다니다

= 명 crowd, flock, herd, mob, mass, troop

The stadium lights attracted a **swarm** of moths.
경기장 조명에 나방 떼가 몰려들었다.

더우면(warm) 벌레들(worm)이 스멀스멀 무리(swarm) 지어 다니죠
→ 무리, 무리 지어 다니다

1616 ★★

**troop**

[truːp]

명 ① 군대, 부대[보통 *pl.*] ② 무리, 떼

Federal **troops** were sent to the war zone.
연방군이 전쟁 지역에 파견되었다.

전쟁터에서 부비트랩(trap)을 피해 가는 군대(troop)
→ 군대, 부대

1617 ★★

**flock**

[flak]

동 무리 짓다, 모이다 명 ① 무리, 떼 ② 털

Birds fly about in **flocks**.
새는 무리 지어 날아다닌다.

플락 = 플럭
플럭플럭거리며 무리를 지어 날아가는 새 떼(flock)를 연상
→ 무리, 떼

1618 ★★

## herd

[həːrd]

명 (짐승의) 떼 동 떼지어 가다

= 명 flock, school

A **herd** of elephants were crossing the river.
코끼리 떼가 강을 건너고 있었다.

떼(herd)를 지으면 결속력이 단단(hard)해지니까
→ 떼

1619 ★★

## colony

[kάləni]

colonize 동 식민지로 만들다
colonization 명 식민지화

명 ① 식민지, 집단 거주지 ② (동·식물의) 군집

Jamestown was the oldest **colony** in America.
제임스타운은 미국에서 가장 오래된 식민지였다.

칼러니 = 칼로 니
칼로 니 나라를 식민지(colony)로 만들다
→ 식민지, 집단 거주지

1620 ★★

## mass

[mæs]

massive 형 거대한
amass 동 모으다, 축적하다

명 ① 덩어리 ② 집단, 다수 ③ 대중[*pl.*] ④ 질량 ⑤ (가톨릭) 미사
형 대량의, 대중적인 동 모이다[모으다]

*cf.* mass-produce (대량 생산하다), mess (엉망인 상태; 엉망으로 만들다)

The protesters formed a **mass** in the city center.
시위자들은 도심에서 군중을 형성했다.

수학(math) 문제를 엉망(mess)으로 만든 집단(mass)
→ 집단, 다수

1621 ★★

## multiple

[mΛltəpl]

형 다수의, 다양한 명 배수

= 형 numerous, various, diverse

We made **multiple** copies of the report.
우리는 보고서를 여러 부 복사했다.

multi (many) + ple (fold)
여러(multi) 겹으로(ple) 된 거니까
→ 다수의

1622 ★★

## multiply

[mΛltəplài]

동 ① 곱하다 ② 증가시키다

It's possible to **multiply** these bacteria in the laboratory.
이 박테리아를 실험실에서 증가시키는 것은 가능하다.

multi (many) + ply (fold)
여러 번(multi) 접어서(ply) 포개는 것이니까
→ 곱하다, 증가시키다

1623 ★★

## multitude

[mΛltətjùːd]

명 ① 아주 많은 수 ② 일반 대중[군중]

Every day we are faced with a **multitude** of choices.
우리는 매일 다수의 선택에 직면한다.

multi (many) + tude (명접)
많은(multi) 사람들
→ 다수, 군중

1624 ★★

## public

[pΛblik]

publication 명 출판, 발행
publicize 동 광고[홍보]하다
publicity 명 ① 널리 알려짐 ② 홍보, 선전

형 공공의, 일반 대중의 명 대중

**Public** libraries are handy for finding information.
공공도서관은 정보를 찾는 데 편리하다.

publ (people) + ic (형·명접)
여러 사람과(publ) 관계된 거니까
→ 공공의, 일반 대중의

1625 ★★

## patron

[péitrən]

patronize 동 ① 후원하다 ② 애용하다 ③ 가르치려 들다

명 ① **보호자, 후원자** ② **단골손님**

= ① supporter, sponsor

The owner allows only **patrons** a sale on account.
주인은 단골고객들에게만 외상판매를 허용한다.

patr + on
father 명접
아버지(patr)처럼 보살펴 주는 사람이니까
→ 보호자, 후원자
힘들 때 내 등을 두드려(pat) 주는 사람
→ 보호자, 후원자

1626 ★★

## patriot

[péitriət]

patriotism 명 애국심

명 **애국자**

He regards himself as a **patriot**.
그는 스스로를 애국자라고 여긴다.

patr(i) + ot
father 명접
아버지(patr)의 나라를 위하는 사람
→ 애국자

1627 ★★

## plot

[plat]

명 ① **구성, 줄거리** ② **음모**
동 ① **줄거리를 만들다** ② **음모하다, 몰래 계획하다**

In summary, the **plot** of the movie is boring and confusing at the same time.
요약하자면, 그 영화의 줄거리는 지루하면서 동시에 혼란스럽다.

플롯 = 플룻
플룻에 독을 묻혀 플룻을 부는 주인공을 죽이려는 음모(plot)가 영화 줄거리(plot)
→ 구성, 줄거리, 음모

1628 ★

## intrigue

[intríːg]

intriguing 형 흥미를 자아내는

동 ① **흥미를 불러일으키다** ② **음모를 꾸미다**
명 **음모**

= 동 ② plot, conspire, collude

Economics somehow **intrigues** me.
경제학은 왠지 내 흥미를 불러일으킨다.

in + trig + ue
in trick 동·명접
계획 안에(in) 속임수들을(trig) 넣으니까
→ 흥미를 불러일으키다, 음모를 꾸미다

1629 ★

## contrive

[kəntráiv]

contrived 형 꾸며낸, 인위적인

동 ① **고안하다, 발명하다** ② **(나쁜 일을) 꾸미다**

= ① devise, conceive, invent

He **contrived** a new kind of engine.
그는 새로운 종류의 엔진을 고안해 냈다.

여럿이 함께(con) 노력해서(try) 새 기술을 발명해 내다
→ 고안하다, 발명하다

1630 ★★

## mold

[mould]

동 ① **(틀에 넣어) 만들다, 주조하다**
명 ① **틀, 주형** ② **곰팡이**

He **molded** a rabbit out of clay.
그는 찰흙으로 토끼를 만들었다.

몰드 = 몰두
도자기공이 몰두해서 도자기 틀을 만들다(mold)
→ 만들다, 주조하다

1631 ★★

## paradigm

[pǽrədàim]

명 ① 예, 모범 ② 이론적 틀, 패러다임

= ① example, model

The war was a **paradigm** of the destructive side of human nature.
그 전쟁은 인간 본성의 파괴적인 면을 보여 주는 하나의 예였다.

**패러다임** = **패러 다님**
까부는 사람들을 패러 다니며 본보기를 보임
→ 예, 모범

1632 ★★

## furnish

[fə́ːrniʃ]

동 제공하다, 비치하다

She **furnished** him with sufficient evidence.
그녀는 그에게 충분한 증거를 제공했다.

가구(furniture)를 방에 비치하다(furnish)
→ 제공하다, 비치하다

1633 ★

## adorn

[ədɔ́ːrn]

**adornment** 명 ① 장식 ② 장식품

동 꾸미다, 장식하다

= decorate, ornament

I bought flowers to **adorn** my house.
나는 집을 꾸미기 위해 꽃을 샀다.

**어돈** = **어, 돈**
어, 돈으로 장식(adorn)했구나!
(돈을 펑펑 쓴 화려한 집을 연상)
→ 꾸미다, 장식하다

1634 ★

## ornament

[ɔ́ːrnəmənt]

**ornamental** 형 장식용의

명 장식품, 장신구 동 장식하다

= 명 accessory

The clock is simply for **ornament** because it doesn't work any more.
그 괘종시계는 더 이상 가지 않기 때문에 그저 장식용이다.

**오너먼트** = **오너만**
보통 회사는 오너 방만 멋있는 장신구(ornament)로 꾸민다
→ 장식품, 장신구

1635 ★

## garment

[gáːrmənt]

명 의복

= dress, clothes, attire

I took six **garments** to the dry cleaner's.
나는 세탁소에 여섯 벌의 옷을 맡겼다.

**갈먼트** = **까만 티**
까만 티셔츠 의복(garment)을 연상
→ 의복

1636 ★★

## tailor

[téilər]

명 재봉사, 재단사 동 (요구·조건 등에) 맞추다

A **tailor** is a person whose job is to make men's clothes.
재봉사는 남자들의 옷을 만드는 것을 직업으로 하는 사람이다.

**tail** + **or**
cut 명접
천을 자르는(tail) 사람이니까
→ 재봉사, 재단사

1637 ★

## closet

[klɔ́zit]

명 벽장, 옷장

The children hid in the **closet** during hide-and-seek.
아이들은 숨바꼭질하다가 옷장에 숨었다.

벽장(closet) 문을 꽁꽁 닫아(close)
→ 벽장, 옷장

1638 ★★

## shelf

[ʃelf]

명 선반, 책꽂이

= rack

*cf.* book shelf (책꽂이), shelf life (유통 기한)

The vintage record player sits on a dusty **shelf**.
빈티지 레코드플레이어는 먼지투성이의 선반 위에 놓여 있다.

셰프(chef)가 선반(shelf)에 음식 재료를 놓다
→ 선반

1639 ★

## utensil

[ju:ténsəl]

명 도구, 기구

= tool, equipment, apparatus, appliance, gadget

Not all cooking **utensils** are provided in the kitchen.
모든 요리 기구들이 주방에 갖추어져 있는 것은 아니다.

유텐씰 = you + ten + 쓸

당신(you)은 부엌에서 열(ten) 가지 도구(utensil)를 쓸 수 있다
→ 도구, 기구

1640 ★

## gadget

[gǽdʒit]

명 장치, 도구

= tool, equipment, apparatus, appliance, utensil

My wife bought some kitchen **gadgets**.
내 아내가 어떤 부엌 도구를 샀다.

개짙 = 가제트

예전 만화에서 가제트 형사는 몸이 기계 장치(gadget)로 구성된 기계 인간이었다
→ 장치, 도구

1641 ★★

## apparatus

[æpərǽtəs]

명 장치, 기구, 기계

= tool, equipment, appliance, utensil

We need a new piece of **apparatus** for the experiment.
우리는 그 실험을 위해 새로운 기구 한 점이 필요하다.

ap (to) + para (prepare) + tus (명접)

특별한 목적을 위해(ap) 준비된(para) 것
→ 장치, 기구

아페라투스 = 앞에 놔두스

미리 장치(apparatus)를 앞에 놔두고 일을 시작하려는 거니까
→ 장치, 기계

1642 ★★

## alter

[ɔ́:ltər]

alteration 명 변경, 변화

동 변하다, 바꾸다

= modify, transform, convert

His teacher urged him to **alter** his ways.
그의 스승은 그에게 그의 방식을 바꾸도록 권고했다.

alter (change)

원래 모습과 다르게(alter) 만드니까
→ 변하다, 바꾸다

1643 ★★

## alternative

[ɔ:ltə́:rnətiv]

alternate 형 번갈아 하는[일어나는] 동 교체하다, 번갈아 하다[일어나다]

명 대안, 대체

형 대안적인, 대체 가능한

There is no viable **alternative**.
실행 가능한 대안이 없다.

alter (other) + native (형·명접)

원래 것과 다른(alter) 것으로 바꿀 수 있으니까
→ 대안

1644 ★

## alternate

형 [ɔ́:ltərnət] 동 [ɔ́:ltərnèit]

**alternately** 부 번갈아, 교대로

형 **번갈아 하는, 번갈아 일어나는**
동 **교체하다, 번갈아 하다, 번갈아 일어나다**

= 동 rotate, take turns

We take the bus on **alternate** days to save gas.
우리는 기름을 아끼기 위해 격일로 버스를 탄다.

얼터너트 = 얼 타 너두?
계속 번갈아 하며 순서가 바뀌니까 (alter) 헷갈려서 얼 타지 너두?
→ 번갈아 하는

1645 ★★

## alien

[éiljən, -liən]

형 **① 이질적인 ② 외국의 ③ 외계의**
명 **① 외국인 ② 외계인**

= 형 ② foreign, exotic

The idea is **alien** to our religion.
그 사상은 우리 종교와는 이질적이다.

ali + en
other 형·명접
주변에 있는 것과는 생김새 등이 다른(ali) 것이니까
→ 이질적인

1646 ★

## alienate

[éiljənèit]

**alienation** 명 멀리함

동 **소원하게 만들다**

His comments have **alienated** a lot of young voters.
그의 논평은 많은 젊은 유권자들을 소원하게 만들었다.

ali(en) + ate
other 동접
나와 다르다고(ali) 느끼게 만드니까
→ 소원하게 만들다

1647 ★

## altruism

[ǽltru:izm]

**altruistic** 형 이타적인

명 **이타주의, 이타심**

**Altruism** is whether you think about others.
이타심은 타인을 생각하느냐는 것이다.

altru + ism
other 명접
다른 사람(altru)을 생각하는 주의(ism)니까
→ 이타심

1648 ★

## egocentric

[ì:gouséntrik]

형 **자기중심의, 이기적인** 명 **이기주의자**

He broke my trust with his **egocentric** behavior.
그는 자신의 이기적인 행동으로 나의 신뢰를 잃었다.

ego + centr + ic
self center 형·명접
자기(ego) 중심(centr)적인 거니까
→ 자기중심의

1649 ★★

## nap

[næp]

명 **낮잠** 동 **낮잠 자다, 졸다**

After lunch, he would take a **nap**.
점심 후에 그는 보통 낮잠을 잤다.

랩(rap)을 배우는 친구는 학교에서 주로 낮잠(nap)을 잔다
→ 낮잠

1650 ★★

## doze

[douz]

동 **졸다** 명 **잠깐 잠**

For a while, she **dozed** over her work.
잠깐 그녀는 일을 하다가 졸았다.

도우즈 = 또 조
졸다가 빵 12개(dozen)를 먹고 또 조는(doze) 아이를 연상
→ 졸다

# DAY 34

## DAY 34 어휘 미리보기

DAY 34

| | | | | |
|---|---|---|---|---|
| □ nod | □ delay | □ amend | □ portrait | □ overwhelm |
| □ dormitory | □ suspend | □ rectify | □ phenomenon | □ surrender |
| □ dormant | □ procrastinate | □ redress | □ symptom | □ relinquish |
| □ nocturnal | □ thrust | □ correct | □ preliminary | □ servile |
| □ slum | □ paradox | □ accurate | □ initial | □ beg |
| □ grin | □ orthodox | □ meddle | □ initiative | □ flatter |
| □ chuckle | □ typical | □ pushy | □ threshold | □ fair |
| □ paralyze | □ general | □ heedless | □ vanguard | □ partial |
| □ numb | □ overall | □ caution | □ conquer | □ compartment |
| □ tardy | □ remedy | □ trait | □ triumph | □ chamber |

□□□
1651 ★★

**nod**
[nad]

동 ① (고개를) 끄덕이다 ② 꾸벅꾸벅 졸다

All you have to do is **nod** your head and say "Uh-huh".
너는 머리를 끄덕이면서 "아하"라고만 하면 된다.

나드 = 나도
심슨쌤의 강의가 좋냐는 물음에 나도 고개를 끄덕이다(nod)
→ 끄덕이다

□□□
1652 ★★

**dormitory**
[dɔ́:rmətɔ̀:ri]

명 기숙사

Our school has a **dormitory** attached to it.
우리 학교에는 부속 기숙사가 있다.

dormit (sleep) + ory (명접)
학생들이 자는(dormit) 곳이니까
→ 기숙사

□□□
1653 ★

**dormant**
[dɔ́:rmənt]

형 ① 휴면[동면]기의
② 활동을 중단한, 잠복기의

= inactive, latent

Volcanoes can be active, **dormant** or extinct.
화산은 활화산, 휴화산 또는 사화산일 수 있다.

기숙사(dormitory)는 잠자는(dormant) 곳
→ 휴면[동면]기의

□□□
1654 ★

**nocturnal**
[nɔktə́:rnl]

형 밤에 활동하는, 야행성의

*cf.* diurnal (주행성의)

**Nocturnal** animals hunt by night.
야행성 동물은 밤에 사냥을 한다.

낙터널 = 놀토날
놀토날에는 밤늦게까지 활동하니까(nocturnal)
→ 밤에 활동하는, 야행성의

1655 ★★

## slum

[slʌm]

명 **빈민굴, 슬럼가**

*cf.* slump (폭락, 의기소침)

The reporter looked into the conditions in the **slums**.
기자는 슬럼가의 환경을 탐방했다.

슬럼 = 슬렁
빈민가(slum)에 깡패들이 어슬렁
→ **빈민굴, 슬럼가**

1656 ★

## grin

[grin]

동 **씽긋 웃다** 명 **씩 웃음, 씽긋 웃음**

A broad **grin** comes on to a hundred and fifty faces.
150명의 얼굴에 활짝 웃음이 번진다.

그린
'그린'하고 발음하면 이가 드러나면서 씽긋 웃게(grin) 되죠
→ **씽긋 웃다**

1657 ★

## chuckle

[ʧʌ́kl]

동 **낄낄 웃다** 명 **낄낄 웃음**

*cf.* giggle (키득키득 웃다), sneer (비웃다)

Ben shook his head and **chuckled**.
Ben은 고개를 가로저으며 낄낄 웃었다.

처클 = 조크를
조크를 던지니 사람들이 낄낄 웃었다(chuckle)
→ **낄낄 웃다**

1658 ★★

## paralyze

[pǽrəlàiz]

**paralysis** 명 마비(상태), 활동 불능(상태)

동 **마비시키다, 무력하게 만들다**

Heavy rain **paralyzed** the rail transport of the whole country.
폭우가 전국의 철도 수송을 마비시켰다.

para + lyze
beside loosen
몸 한 쪽이(para) 풀려(lyze) 말을 듣지 않다
→ **마비시키다**
장애인 올림픽은 Paralympics라고 하죠. 'paraplegia(하반신 마비)'와 'Olympic(올림픽)'의 합성어예요
→ **마비시키다**

1659 ★★

## numb

[nʌm]

형 **① 마비된, 감각이 없는 ② 멍한**
동 **-의 감각을 잃게 하다**

I was **numb** from the cold.
나는 추위에 감각이 마비되었다.

넘 = 너무
너무 추워서 감각을 잃어버리니까(numb)
→ **마비된**

1660 ★

## tardy

[tɑ́:rdi]

형 **느린, 지체된**

= sluggish

*cf.* retard (지체시키다, 방해하다)

They are always **tardy** in responding to my email.
그들은 내 이메일에 대한 답변이 항상 느리다.

늦었으니 태워줄게 타(tar) 뒤(dy)에!
→ **느린, 지체된**

1661 ★★

## delay

[diléi]

동 **미루다, 연기하다** 명 **연기, 지체**

= 동 postpone, defer, suspend

We must **delay** our decision for a day.
우리는 결정을 하루 연기시켜야 한다.

약속 등을 멀리(de) 떼어 두다(lay)
→ **미루다, 연기하다**

1662 ★★

## suspend

[səspénd]

suspension 명 ① 보류 ② 정학, 정직

동 ① 매달다 ② 연기하다 ③ 일시 중지하다

= ② delay, postpone, defer

He had to **suspend** his business because of heavy snow.
그는 폭설 때문에 영업을 일시 중지해야 했다.

sus + pend
under hang
무거운 것이 아래에(sus) 매달려 (pend) 있어 나아가지 못하니까
→ 일시 중지하다

1663 ★

## procrastinate

[proukrǽstənèit]

동 질질 끌다, 미루다

= delay, postpone, defer

I don't know why I **procrastinated** for so long.
나도 내가 왜 이렇게 오래 질질 끌었는지 모르겠다.

앞으로(pro) 해야 할 일을 질질 끌어(cra)가는 나태(nate)한 사람을 연상
→ 질질 끌다

1664 ★★

## thrust

[θrʌst]

동 밀다, 찌르다 명 ① 찌르기 ② 요점, 취지

He **thrust** me roughly towards the door.
그는 나를 문 쪽으로 거칠게 밀었다.

친구 간 신뢰(trust)가 녹슬어(rust) 서로 밀치면서(thrust) 싸우다
→ 밀다, 찌르다

1665 ★★

## paradox

[pǽrədɑ̀ks]

paradoxical 형 역설의, 자기모순의

명 역설, 모순

'More haste, less speed' is a well-known **paradox**.
'급할수록 천천히'는 잘 알려진 역설이다.

para + dox
contrary to opinion
일반적인 견해(dox)에 반하는 (para) 거니까
→ 역설

1666 ★

## orthodox

[ɔ́:rθədɑ̀ks]

형 정통의, 전통적인

= traditional, conventional

We prefer a more **orthodox** approach to the problem.
우리는 그 문제에 대해 좀 더 정통적인 접근법을 선호한다.

오르독스 = 오래됐으
오래돼서 전통적인
→ 정통의, 전통적인

1667 ★★

## typical

[típikəl]

typically 부 전형적으로, 일반적으로
atypical 형 이례적인

형 전형적인, 일반적인

= usual, standard

There's no such thing as a **typical** American.
전형적인 미국인이란 것은 없다.

보통의 유형(type)인
→ 전형적인, 일반적인

1668 ★★

## general

[dʒénərəl]

generally 부 일반적으로, 대개
generalize 동 일반화하다

형 일반적인, 보편적인 명 장군, 대장

The **general** opinion is that the test was difficult.
그 시험이 어려웠다는 것이 일반적인 견해다.

gener + al
race 형접
종족(gener) 전체에 관계되는
→ 일반적인, 보편적인

1669 ★★

## overall

[óuvərɔ̀:l]

형 **종합적인, 전체의**

The **overall** nutritional status of the children is good.
아이들의 영양 상태가 전반적으로 좋다.

**over** + **all**
above whole
'위에서부터(over) 아래까지 전체의(all)'라는 의미에서
→ 종합적인

1670 ★★

## remedy

[rémədi]

명 **① 치료(약) ② 해결책**
동 **① 치료하다 ② 바로잡다, 개선하다**

= 명 ① treatment

Proper exercise and diet is a sure **remedy** for overweight people.
적절한 운동과 식이요법은 과체중인 사람들을 위한 확실한 치료법이다.

**re** + **med(y)**
again heal
다시(re) 원상태가 되기 위해 치료하는(med) 거니까
→ 치료(약)

1671 ★

## amend

[əménd]

**mend** 동 고치다, 수정하다

동 **개정[수정]하다, 고치다, 개선하다**

= fix, correct, edit, revise

He had to **amend** his opinion.
그는 자신의 의견을 수정해야만 했다.

**어멘드** = **어, 맨들**
세안 습관을 고치니까(amend) 피부가 어, 맨들해졌어!
→ 개정[수정]하다, 고치다

1672 ★

## rectify

[réktəfài]

**rectification** 명 개정, 교정, 수정

동 **바로잡다, 교정하다**

= revise, correct, redress, mend, amend

We must find out what went wrong and **rectify** it.
우리는 무엇이 잘못되었는지 찾아내서 그것을 바로잡아야 한다.

**rect** + **ify**
straight 동접
똑바르게(rect) 하다
→ 바로잡다, 교정하다

1673 ★

## redress

[rí:dres, ridrés]

동 **바로잡다, 교정하다**

= revise, correct, mend, amend, rectify

President made a promise to **redress** the severe economic condition.
대통령은 심각한 경제 상황을 바로잡겠다고 약속했다.

**re** + **dress**
again straighten
다시(re) 똑바로(dress) 하는 것이니까
→ 교정하다
면접 전에 다시(re) 옷매무새(dress)를 고치다
→ 바로잡다

1674 ★★

## correct

[kərékt]

**correction** 명 교정, 수정
**incorrect** 형 부정확한, 틀린

동 **고치다, 바로잡다** 형 **올바른, 정확한**

= 형 accurate, exact, precise

Did you **correct** the errors in your essay?
에세이의 오류를 수정했나요?

오류들을 모아(collect) 바로잡는(correct) 것이 올바르다(correct)
→ 바로잡다, 올바른
**커렉트** = **고뤠?**
"그건 틀려, 이게 맞아(correct)!"
"정말 고뤠?"
→ 올바른

1675 ★★

## accurate

[ǽkjurət]

accuracy 명 정확(성), 정밀(도)
accurately 부 정확히, 정밀하게

형 **정확한**

= precise, exact

The assessment of the situation should be **accurate**.
그 상황에 대한 평가는 정확해야 한다.

ac + cur + ate
to care 형접
~에(ac) 특별한 주의를(cur) 기울인 것이니까
→ 정확한

1676 ★

## meddle

[médl]

meddling 명 간섭, 참견

동 **간섭하다, 참견하다**

= interfere, intrude, intervene

She had no right to **meddle** in his affairs.
그녀가 그의 일에 간섭할 권리는 없었다.

매들 = 매 들(고)
부모가 매 들고 잘못된 행동에 간섭하다(meddle)
→ 간섭하다

1677 ★★

## pushy

[púʃi]

형 **지나치게 밀어붙이는**

He's a very **pushy** man.
그는 매우 지나치게 밀어붙이는 사람이다.

push + y
push 형접
밀어붙이는(push) 성질(y)이니까
→ 지나치게 밀어붙이는

1678 ★

## heedless

[hí:dlis]

heed 동 주의를 기울이다 명 주의, 조심
heedlessness 명 부주의함

형 **부주의한**

= careless, reckless, imprudent

He is **heedless** of the danger.
그는 위험에 부주의하다.

heed + less
attention 형접
주의가(heed) 없는(less) 거니까
→ 부주의한

정신머리가(head) 없는(less) 거니까
→ 부주의한

1679 ★★

## caution

[kɔ́:ʃən]

cautious 형 주의 깊은, 신중한

동 **경고하다, 조심시키다**
명 **① 주의, 조심 ② 경고**

= 동 warn

The policeman gave him a **caution** for speeding.
경찰은 그에게 과속 주의를 주었다.

코오션 = 코에 손
독가스 경고 표시를 보고 코에 손을 대며 주의하는 사람을 연상
→ 경고하다, 주의

1680 ★★

## trait

[treit]

명 **특성, 특색, 특징**

= attribute, characteristic, feature

Certain **traits** set them apart from the others.
어떤 특징들은 타인과 그들을 구별시킨다.

tra + it
draw go
사람이나 사물에서 끌어져서(tra) 나오는(it) 것
→ 특성

1681 ★★

## portrait

[pɔ́:rtrit]

portray 동 그리다, 묘사하다
portrayal 명 묘사

명 **초상화, 인물 사진**

The **portrait** is full of life.
그 초상화는 살아 있는 것 같다.

초상화(portrait)란? 사람 얼굴의 특성(trait)을 보여 주기 위해 그리는 것
→ 초상화, 인물 사진

1682 ★★

**phenomenon**

[finάmənὰn]

명 현상 [*pl.* phenomena]

We are reminded daily of this **phenomenon**.
우리는 매일 이러한 현상을 생각하게 된다.

피나메논 = 피 나면은
코에서 피 나면은 그것은 피곤할 때 생기는 현상(phenomenon)
→ 현상

1683 ★★

**symptom**

[símptəm]

명 ① 증상 ② 징후, 징조

There are, however, several things you can do to suppress the **symptoms**.
그러나 증상을 완화시키기 위해 당신이 할 수 있는 것들이 몇 가지 있다.

심톰 = 심(心) + 통(痛)
가슴(心)에 통(痛)증이 오면 그것은 병의 증상(symptom)
→ 증상, 징후

1684 ★★

**preliminary**

[prilímənèri]

형 예비[준비]의
명 ① 준비 행동 ② 예선전, 예비 시험

After a few **preliminary** remarks, he announced the winners.
몇 차례 예비 발언 후에, 그가 당첨자들을 발표했다.

pre (before) + limin (limit) + ary (형·명접)
출발하기 전 제한선(limin) 앞에(pre) 있는 상태니까
→ 예비[준비]의

1685 ★★

**initial**

[iníʃəl]

initially 부 처음에

형 처음의, 최초의 명 머리글자[이니셜]

= 형 primary

The **initial** reaction was excellent.
초기 대응은 훌륭했다.

in (into) + it (go) + ial (형접)
안으로(in) 들어가기(it) 시작하는 거니까
→ 처음의

1686 ★★

**initiative**

[iníʃiətiv]

initiate 동 착수시키다
initiatively 부 앞서서, 처음에

명 ① 주도(권), 진취성 ② 계획 ③ 솔선, 선도

He did it on his own **initiative**.
그는 본인 주도에 따라 그것을 했다.

in (into) + it (go) + iative (명접)
사람들이 안으로(in) 가도록(it) 만들다
→ 주도(권), 선도

1687 ★

**threshold**

[θréʃhould]

명 ① 출발점, 발단 ② 입구, 문지방

They met at the **threshold** of the theater.
그들은 극장의 입구에서 만났다.

thres (step) + hold (hold)
걸음(thres) 때 닫으니까(hold)
→ 입구, 문지방

쓰레기(trash)를 가지고 있다가 (hold) 쓰레기통에 버리는 게 환경 미화의 시작
→ 출발점, 발단

1688 ★

**vanguard**

[vǽngὰ:rd]

명 선구자, 선두, 선봉(부대)

= forerunner, pioneer

He is in the **vanguard** of cancer research.
그는 암 연구에 있어 선구자이다.

기존 예술 관념을 거부하고 혁신을 시도했던 아방가르드(avant-garde)에서 유래
→ 선구자

1689 ★★

## conquer

[káŋkər]

conquerable 형 정복할 수 있는
conqueror 명 정복자, 승리자
conquest 명 ① 정복 ② 극복

동 ① 정복하다 ② 극복하다

= ② overcome

A lot of people have tried to **conquer** the mountain.
많은 사람들이 그 산을 정복하려고 노력해 왔다.

콩커 = 콩고
1885년에 벨기에가 아프리카 콩고를 정복하다(conquer)
→ 정복하다

1690 ★★

## triumph

[tráiəmf]

triumphant
형 승리를 거둔, 의기양양한

명 승리 동 승리하다

News of their **triumph** spread around the world.
그들의 승리 소식이 전 세계에 퍼졌다.

트럼프(Trump)가 2016년 미국 대통령 선거에서 승리했었다(triumph)
→ 승리, 승리하다

1691 ★★

## overwhelm

[òuvərhwélm]

overwhelming 형 압도적인

동 ① 압도하다 ② 당황하게 하다

I wept **overwhelmed** with joy.
나는 기쁨에 압도되어 울었다.

over + whelm
above beat
위에서(over) 짓누르는(whelm) 거니까
→ 압도하다

1692 ★★

## surrender

[səréndər]

동 ① 항복하다 ② 포기하다, 넘겨주다
명 ① 항복 ② 양도

= 동 ① yield, submit

I would rather die than **surrender**.
죽을지언정 항복하지 않을 것이다.

sur + render
over give
권위를 넘겨(sur) 주다(render)
→ 항복하다, 항복

서랜더 = 서랜다
항복(surrender)하려면 손 들고 서 랜다
→ 항복하다, 항복

1693 ★

## relinquish

[rilíŋkwiʃ]

동 포기하다, 단념하다

= abandon, desert, discard, forsake

*cf.* delinquent (비행의, 체납된)

He was forced to **relinquish** control of the company.
그는 그 회사에 대한 지배권을 포기하도록 강요받았다.

re + linqu + ish
back leave 동접
부상당한 군인을 뒤에(re) 남겨두고(linqu) 떠나니까
→ 포기하다

1694 ★

## servile

[sə́:rvil]

형 굽실거리는, 비굴한

He shows a **servile** attitude to the country we detest.
그는 우리가 혐오하는 나라에 비굴한 태도를 보여 준다.

serv + ile
serve 형접
높은 사람한테 시중들기(serv) 쉬운(ile)
→ 굽실거리는, 비굴한

1695 ★★

**beg**

[beg]

**beggar** 명 거지

동 ① 간청하다, 애원하다 ② 구걸하다

Sometimes hungry people **beg** for food.
가끔씩 배고픈 이들이 음식을 구걸한다.

베그 = 100
거지가 100원이라도 달라고 간청하다(beg)
→ 간청하다, 애원하다

1696 ★★

**flatter**

[flǽtər]

**flattery** 명 아첨, 추켜세우기

동 아첨하다, 알랑거리다

She doesn't want to **flatter** people to gain their trust.
그녀는 신뢰를 얻기 위해 사람들에게 아첨하는 것을 원하지 않는다.

납작(flat) 엎드리는 거니까
→ 아첨하다

1697 ★★

**fair**

[fɛər]

**fairness** 명 공정성
**fairly** 부 ① 공정하게 ② 상당히, 꽤

형 ① 공정한 ② 상당한 ③ (하늘이) 맑은 ④ 아름다운
명 박람회

= 형 ① impartial, unbiased, equitable, neutral

*cf.* fare (요금), pair (한 쌍)

**Fair** trade ensures equitable wages for farmers.
공정 무역은 농민들에게 공평한 임금을 보장한다.

공정한 경기(fair play)를 하는 사람이 상당히(fair) 아름답게(fair) 보이는 법이죠
→ 공정한, 상당한, 아름다운

1698 ★★

**partial**

[pɑ́:rʃəl]

**partiality** 명 편애
**impartial** 형 공평한, 편견 없는

형 ① 부분적인, 불완전한 ② 편애하는, 불공평한

It was only a **partial** solution to the problem.
그것은 그 문제에 대한 부분적인 해결책일 뿐이었다.

part + ial
part 형접
한쪽 편(part)만 드니까
→ 편애하는, 불공평한

1699 ★

**compartment**

[kəmpɑ́:rtmənt]

명 칸, 구획

The luggage is all lined up in the storage **compartment**.
짐가방들이 짐칸에 모두 정렬되어 있다.

com + part + ment
completely part 명접
완전히(com) 부분(part)으로 나눈 것
→ 칸, 구획

1700 ★

**chamber**

[tʃéimbər]

명 ① (공공건물의) 회의실 ② 방, -실

*cf.* Chamber of Commerce (상공 회의소)

The king held court in the grand **chamber**.
그 왕은 대회의실에서 궁정을 열었다.

회의 때 외엔 자물쇠로 채(cha)워버(ber)린 방(chamber)
→ 방

DAY

# 35

## DAY 35 어휘 미리보기

DAY 35

| | | | | |
|---|---|---|---|---|
| □ disaster | □ overbearing | □ tyranny | □ probable | □ acid |
| □ calamity | □ haughty | □ autocratic | □ forbid | □ potable |
| □ catastrophe | □ bold | □ arbitrary | □ refuse | □ fragrant |
| □ isolate | □ feast | □ unruly | □ reject | □ scent |
| □ insulate | □ feat | □ autonomy | □ embarrass | □ odor |
| □ quarantine | □ dynasty | □ dignity | □ exasperate | □ ferment |
| □ segregate | □ sovereign | □ majesty | □ offend | □ swell |
| □ polarize | □ monarch | □ sanction | □ inflammatory | □ inflation |
| □ cram | □ empire | □ endorse | □ edible | □ germ |
| □ arrogant | □ hierarchy | □ approve | □ savor | □ sprout |

□□□

1701 ★★

### disaster

[dizǽstər]

명 ① 재해, 대참사, 불행 ② 완전한 실패자[작]

= ① catastrophe, calamity, tragedy, misfortune

Was it a natural **disaster** or human error?
그것은 자연재해였나요 아니면 인간의 실수였나요?

디재스터 = di + 재해 + ster
→ 재해
망망대해에서 별을 보고 항해하는 선원들에겐 별(star)이 사라지는(disappear) 것이 재앙(disaster)이니까
→ 재해, 대참사, 불행

□□□

1702 ★★

### calamity

[kəlǽməti]

명 재난, 재앙

= disaster, catastrophe

The war brought **calamity** to the entire region.
그 전쟁은 전 지역에 재앙을 가져왔다.

컬래머티 = 갈라 + 밑이
갑자기 땅 밑이 갈라지는 재앙(calamity)이 일어났다
→ 재난, 재앙

□□□

1703 ★★

### catastrophe

[kətǽstrəfi]

catastrophic(al) 형 큰 재앙의, 파멸의

명 큰 재해, 재난

= disaster, calamity

The flood in Venice was a major **catastrophe**.
베니스의 홍수는 주된 큰 재해였다.

형이 애지중지하는 트로피(trophe)를 동생이 갖다(cata) 버린 참사(catastrophe)가 벌어졌다
→ 재난

1704 ★★

## isolate
[áisəlèit]

**isolation** 명 고립, 격리

동 **고립시키다, 격리하다**

= seclude, segregate, quarantine, insulate

She was **isolated** to prevent infection.
그녀는 전염 예방을 위해서 격리되었다.

**isol** + **ate**
island 동접
섬처럼(isol) 고립시키다
→ 격리하다

1705 ★

## insulate
[ínsəlèit]

**insulation** 명 단열, 절연
**insulated** 형 단열된
**insular** 형 배타적인, 편협한

동 **① 단열[방음] 처리를 하다 ② -로부터 격리[보호]하다**

= ② isolate, segregate, separate

Conserve energy by **insulating** your home.
집에 단열 처리를 하여 에너지를 절약하라.

**insul** + **ate**
island 동접
열이나 소리로부터 고립시켜 섬처럼(insul) 만들다
→ 단열[방음] 처리를 하다

1706 ★

## quarantine
[kwɔ́:rəntì:n]

명 **격리** 동 **격리하다**

= 동 isolate, seclude, segregate, insulate

The patients were immediately **quarantined**.
환자들은 즉시 격리되었다.

**쿼런틴** = **코로나 + 틘**
코로나 병균이 틘 사람은 격리해야(quarantine) 한다
→ 격리, 격리하다

1707 ★

## segregate
[ségrigèit]

**segregation**
명 ① 분리, 격리 ② 인종[성별] 차별

동 **① 분리하다, 격리하다 ② (인종) 차별하다**

= ① isolate, seclude, quarantine, insulate

Blacks were **segregated** from whites here.
이곳에서 흑인들은 백인들과 격리되었다.

**se** + **greg** + **ate**
apart flock 동접
무리를(greg) 갈라 따로(se) 떨어지게 만드니까
→ 분리하다

1708 ★★

## polarize
[póuləràiz]

**polar** 형 북[남]극의, 극지의
**polarization** 명 양극화, 분열

동 **양극화되다, 양극화시키다**

The issue has **polarized** public opinion.
그 쟁점이 여론을 양극화시켰다.

**polar** + **ize**
polar 동접
양극(polar)으로 멀어지게 하다(ize)
→ 양극화시키다

1709 ★

## cram
[kræm]

**crammed** 형 가득 찬

동 **① 밀어[쑤셔] 넣다 ② 벼락치기 공부를 하다**

*cf.* cramp (속박하다, 제한하다)

It's better not to **cram** at the last minute.
마지막 순간에 벼락치기를 하지 않는 것이 좋다.

"그램(cram)! 아직 늦지 않았어"라며 벼락치기 공부를 하다
→ 벼락치기 공부를 하다
스팸(spam) 캔에 그램(gram) 수를 재서 고기를 쑤셔 넣다(cram)
→ 밀어[쑤셔] 넣다

1710 ★★

## arrogant
[ǽrəgənt]

**arrogance** 명 오만, 거만

형 **거만한, 오만한**

= haughty, pretentious

I didn't like her **arrogant** attitude.
나는 그녀의 거만한 태도가 맘에 들지 않았다.

**ar** + **rog** + **ant**
to ask 형접
-에(ar) 이래라저래라 요구하는(rog) 거니까
→ 오만한

1711 ★

**overbearing**

[òuvərbέəriŋ]

형 **고압적인, 거만한**

= arrogant, pretentious

We resented her **overbearing** attitude.
우리는 그녀의 고압적인 태도에 분개했다.

over + bear + ing
above have 형접
남보다 위에(over) 있다는 생각을 가진(bear)
→ 건방진

1712 ★

**haughty**

[hɔ́:ti]

형 **오만한, 건방진**

= arrogant

*cf.* naughty (장난꾸러기인, 버릇없는)

I disliked her **haughty** cast.
나는 그녀의 오만한 태도가 싫었다.

버릇없고(naughty) 건방진(haughty) 아이
→ 건방진

1713 ★★

**bold**

[bould]

**boldness** 명 대담함, 두드러짐
**boldly** 부 대담하게, 두드러지게

형 ① **대담한** ② **굵은**

= ① courageous, fearless

He is absolutely not timid but as **bold** as a lion.
그는 절대로 소심하지 않고 사자처럼 대담하다.

볼드 = 벌두
벌두 무서워하지 않을 만큼 대담한(bold)
→ 대담한
볼드체란 굵은(bold) 글씨체
→ 굵은

1714 ★★

**feast**

[fi:st]

명 **잔치, 축제** 동 **맘껏 먹다**

= 명 party, festival

We had a **feast** at home yesterday because it was a holiday.
어제는 휴일이었기 때문에 우리는 집에서 잔치를 벌였다.

피스트 = 피서
피서 지역은 항상 잔치(feast) 분위기지!
→ 잔치, 축제

1715 ★★

**feat**

[fi:t]

명 **공적, 위업**

Despite his historic **feat**, his life was miserable.
그의 역사적 위업에도 불구하고, 그의 인생은 비참했다.

적을 패배시키고(defeat) 업적(feat)을 쌓다
→ 공적, 위업

1716 ★★

**dynasty**

[dáinəsti]

명 **왕조, 명가, 명문**

= empire

The practice dates from the Joseon **Dynasty** period.
그 관행은 조선 왕조 시대부터 시작된 것이다.

dyna(s) + ty
power 명접
왕의 힘이 강력(dyna)할 때니까
→ 왕조

1717 ★★

## sovereign

[sávərin]

**sovereignty** 명 ① 주권, 통치권 ② 독립국
**reign** 명 통치, 지배 동 통치하다, 지배하다

명 **군주, 주권자**
형 **① 주권이 있는 ② 독립의, 자치의**

= 형 ② independent, autonomous

**Sovereign** power resides with the people.
주권은 국민에게 있다.

**sover** + **eign**
over rule
누구보다 위에서(sover) 나라를 다스리는(eign) 거니까
→ 주권이 있는

**사버린** = **사 버린**
독립을 위해 땅을 다 사 버린 군주(sovereign)
→ 군주, 독립의

1718 ★

## monarch

[mánərk]

명 **군주, 최고 지배자**

He's a hidden **monarch**, like King Arthur was.
그는 Arthur 왕처럼 숨겨진 군주입니다.

**mon** + **arch**
one ruler
통치자(arch)가 1인(mon)이므로
→ 군주

**마너크** = **모나코**
모나코 왕국의 군주(monarch)
→ 군주, 최고 지배자

1719 ★★

## empire

[émpaiər]

**emperor** 명 황제
**imperial** 형 제국의, 황제의

명 **제국**

She once ruled over a vast **empire**.
그녀는 한때 방대한 제국을 다스렸다.

**em** + **pire**
in order
안에서(em) 황제의 절대적 명령(pire)이 미치는 곳
→ 제국

1720 ★★

## hierarchy

[háiərὰ:rki]

명 **① 지배 계층 ② 계급(제), 계층**

The caste system categorized Hindus into a social **hierarchy**.
카스트 제도는 힌두교도인들을 사회 계급제로 분류했다.

**hier** + **arch** + **y**
high rule 명접
높은(hier) 지배(arch) 계층이니까
→ 계급, 계층

1721 ★

## tyranny

[tírəni]

**tyrant** 명 폭군, 전제 군주
**tyrannical** 형 포악한, 전제 군주의

명 **① 폭정, 포악한 행위 ② 전제 정치, 독재**

The colonists rebelled against the king's **tyranny**.
식민지 주민들은 왕의 폭정에 반항했다.

**티러니** = **튀라 니**
독재(tyranny)자는 튀라! 니!
(국민들의 봉기로 도망가는 독재자를 연상)
→ 전제 정치, 독재

1722 ★★

## autocratic

[ɔ̀:təkrǽtik]

**autocracy** 명 전제[독재] 정치

형 **독재의, 독재적인**

The president resigned after 30 years of **autocratic** rule.
그 대통령은 30년간의 독재 통치 끝에 사임했다.

**auto** + **cra** + **tic**
self rule 형접
스스로(auto) 통치하는(cra) 거니까
→ 독재의

1723 ★

**arbitrary**

[ά:rbətrèri]

형 ① 임의적인, 제멋대로인
② 일방적인, 독단적인

He made ambiguous, **arbitrary** decisions.
그는 모호하고 임의적인 결정을 내렸다.

ar + bitr + ary
to go 형접
어디로든(ar) 마음대로 가는(bitr) 거니까
→ 제멋대로인, 독단적인

궤도(orbit)를 제멋대로(arbitrary) 틀어리(trary)
→ 임의적인, 제멋대로인

1724 ★

**unruly**

[ʌnrú:li]

형 제멋대로 하는

His **unruly** behavior is getting worse.
그의 제멋대로 하는 행동이 점점 더 심해지고 있다.

un + rul(y)
not rule
규칙대로(rul) 하지 않는(un) 거니까
→ 제멋대로 하는

1725 ★★

**autonomy**

[ɔ:tάnəmi]

**autonomous** 형 자주적인, 자치의

명 ① 자치권, 자율성 ② 자치 국가

The six republics are demanding **autonomy**.
6개 공화국들이 자치를 요구하고 있다.

auto + nom + y
self rule 명접
스스로(auto) 다스리는(nom) 거니까
→ 자치권

'어떤 놈이(autonomy) 자치를 주장해'라고 하는 독재자가 있죠
→ 자치권, 자율성

1726 ★★

**dignity**

[dígnəti]

명 존엄, 위엄, 품위

In a democracy, everyone deserves to be treated with human **dignity**.
민주주의 사회에서는, 모든 사람이 존엄한 인간으로 대우받을 자격이 있다.

한 분야를 깊게 파면(dig) 그 분야에서 위엄(dignity)이 있게 되죠
→ 존엄, 위엄

1727 ★★

**majesty**

[mǽdʒəsti]

**majestic** 형 위엄 있는, 장엄한
**majestically** 부 장엄하게

명 위엄, 존엄, 장엄함

= dignity

He was awed by the **majesty** of the mountain.
그는 그 산의 장엄함에 경외감이 들었다.

maj(es) + ty
great 명접
위대한(maj) 것이니까
→ 위엄, 존엄, 장엄함

1728 ★

**sanction**

[sǽŋkʃən]

동 ① 승인하다 ② 제재하다
명 ① 인가 ② 제재

A city hall gave **sanction** to building a library.
시청은 도서관을 짓는 것을 허가했다.

생선 = 생선
정부가 후쿠시마산 생선 수입을 승인할까, 제재할까?
→ 승인하다, 제재하다

1729 ★

**endorse**

[indɔ́:rs]

**endorsement** 명 승인, 배서

동 ① 승인하다, 지지하다, 보증하다
② (수표 등에) 배서하다

= ① back, support, uphold, advocate

She **endorses** the ideas expressed in the article.
그녀는 그 논문에 표명된 사상을 지지한다.

en + dorse
make back
종이 뒷면(dorse) 위에 서명을 만들다(en)
→ (수표 등에) 배서하다

1730 ★★

## approve

[əprúːv]

**approval** 명 ① 인정, 찬성 ② 허가, 승인
**disapprove** 동 찬성하지 않다, 못마땅해 하다

동 ① 찬성하다 ② 허가하다, 승인하다

Her parents didn't **approve** of her marriage.
그녀의 부모는 그녀의 결혼을 찬성하지 않았다.

ap + prov(e)
to prove
-에(ap) 좋다고 증명해(prov) 주니까
→ 찬성하다, 허가하다

1731 ★★

## probable

[prάbəbl]

**probably** 부 아마도, 대개는
**probability** 명 가망성, 확률
**improbable** 형 일어날 것 같지 않은

형 있음 직한, 가망성이 있는

= likely, plausible

It is **probable** that it will rain tomorrow.
내일 비가 올 것 같다.

prob + able
prove 형접
증명할(prob) 수 있는 거니까
→ 있음 직한

프라버블 = 풀어 봐봐
네 선물을 풀어 봐봐. 네가 원하는 게 있을 수도 있어
→ 있음 직한

1732 ★★

## forbid

[fərbíd]

동 금지하다

= inhibit, prohibit, ban, outlaw

You are **forbidden** to smoke during the meeting.
회의 중에 흡연을 금지합니다.

for + bid
away command
무언가로부터 멀리 떨어지도록(for) 명령하다(bid)
→ 금지하다

1733 ★★

## refuse

[rifjúːz]

**refusal** 명 거절

동 거절하다, 거부하다

= reject, turn down

He would never **refuse** to help a neighbor.
그는 이웃을 돕는 일을 절대 거절하지 않을 것이다.

re + fuse
back pour
받은 것이 마음에 안 들어 뒤로(re) 부어(fuse) 버리니까
→ 거절하다, 거부하다

1734 ★★

## reject

[ridʒékt]

**rejection** 명 거절

동 거절하다, 거부하다

= turn down

He is afraid you will **reject** him.
그는 당신이 그를 거절할까 봐 두려워하고 있다.

re + ject
back throw
뒤로(re) 돌려보내니까(ject)
→ 거절하다

1735 ★★

## embarrass

[imbǽrəs]

**embarrassment** 명 당황
**embarrassed** 형 당황한
**embarrassing** 형 난처한

동 당황하게 하다, 난처하게 하다

Don't **embarrass** me with difficult questions.
어려운 질문으로 날 당황케 하지 마라.

em + barra(ss)
in bar
막대(barra)로 안에(em) 가두면
→ 당황하게 하다

1736 ★

## exasperate

[igzǽspərèit]

동 ① 몹시 화나게 하다 ② 악화시키다

= ① enrage, infuriate

It only **exasperated** the problem.
그것은 문제를 악화시킬 뿐이었다.

이그재스퍼레이트 = 이그 재 스포했네
결말을 스포해서 화나게 하는 (exasperate) 사람을 보고 "이그 재 스포했네"
→ 몹시 화나게 하다

1737 ★★

## offend

[əfénd]

**offense** 명 ① 화나게 함 ② 위반, 범죄 ③ 공격(↔ defence 명 수비, 방어)
**offender** 명 위반자
**offensive** 형 공격적인, 불쾌한, 무례한

**동 ① 화나게 하다, 기분 상하게 하다 ② 위반하다**

= ① insult

Be careful not to **offend** the customers.
손님들의 기분을 나쁘게 하지 않도록 주의하세요.

**of** + **fend**
against strike
상대편을(of) 치는(fend) 거니까
→ 화나게 하다

**어팬드** = **어! 팬다**
어! 사람을 팬다면 상대방은 화나니까(offend)
→ 화나게 하다

1738 ★

## inflammatory

[inflǽmətɔ̀ri]

**inflammation** 명 염증

**형 ① 선동적인, 분노를 유발하는 ② 염증을 일으키는**

= ① provocative

That politician made **inflammatory** speeches.
그 정치인은 선동적인 연설을 했다.

**in** + **flam(ma)** + **tory**
in burn 형접
사람들 마음속에(in) 불이(flam) 나도록 하는 거니까
→ 선동적인

1739 ★★

## edible

[édəbl]

**형 식용의, 먹을 수 있는**

The fruit of that tree is not **edible**.
저 나무의 열매는 먹을 수 없다.

**ed** + **ible**
eat 형접
먹을(ed) 수 있는 것
→ 식용의, 먹을 수 있는

1740 ★

## savor

[séivər]

**savory** 형 향 좋은, 풍미 있는

**동 맛보다, 음미하다 명 맛**

I want to **savor** something fresh and unique.
나는 신선하고 독특한 것을 맛보길 원한다.

오셔서 한국의 맛(flavor)을 맛보세요(savor)
→ 맛보다, 음미하다

1741 ★★

## acid

[ǽsid]

**형 신맛의, 산(성)의 명 산, 신 것**

**Acid** rain also destroys land.
산성비는 땅도 파괴한다.

**ac** + **id**
sharp 형접
날카롭게(ac) 쏘는 맛이니까
→ 신맛의

1742 ★★

## potable

[póutəbəl]

**형 마셔도 되는**

*cf.* portable (휴대가 쉬운)

Reclaimed water is reused as a **potable** supply.
정수된 물은 식수로 재사용된다.

냄비(pot)에 있는 물을 마실 수 있나요(able)?
→ 마셔도 되는

1743 ★★

## fragrant

[fréigrənt]

**fragrance** 명 향기, 향수

**형 향기로운**

= aromatic

*cf.* flagrant (극악무도한, 악명 높은)

The air was **fragrant** with the smell of orange blossoms.
공기가 오렌지 꽃 냄새로 향기로웠다.

향기로운(fragrant) 장미꽃을 주다(grant)
→ 향기로운

1744 ★★

**scent**

[sent]

명 향기, 냄새 동 냄새 맡다

= 명 smell, aroma, fragrance

The orange has a **scent** all its own.
오렌지에는 독특한 향기가 있다.

50센트(cent)로 향기(scent)가 좋은 장미꽃을 사다
→ 향기, 냄새

1745 ★

**odor**

[óudər]

명 (좋지 못한) 냄새

= smell

Its **odor** is unmistakable, but hard to describe.
그 냄새는 분명하지만, 설명하기는 힘들다.

오우더 = 오우, 더
오우, 더러운 냄새(odor)
(누군가가 몰래 방귀를 뀐 상황을 연상)
→ (좋지 못한) 냄새

1746 ★

**ferment**

[fə́:rment]

**fermentation** 명 발효

동 발효시키다 명 효모, 발효

A winemaker **ferments** grapes into wine.
와인 제조자는 포도를 발효시켜 와인을 만든다.

펄먼 = 팔면
슈퍼에서 김치를 팔면 발효(ferment)가 잘 되었는지 시식을 해보는 모습을 연상
→ 발효

1747 ★★

**swell**

[swel]

동 부풀리다, 팽창하다 명 팽창

= expand

My toe **swelled** when I dropped a jar on it.
내 발가락은 내가 단지를 떨어뜨려서 부풀어 올랐다.

적은(small) 재산을 잘(well) 부풀리다(swell)
→ 부풀리다, 팽창하다

1748 ★★

**inflation**

[infléiʃən]

**inflate** 동 부풀리다, 과장하다

명 ① 팽창 ② 통화 팽창, 인플레이션

The overissue of paper money causes **inflation**.
지폐의 과도한 발행은 인플레이션을 일으킨다.

in + flat + ion
into blow 명접
안에(in) 바람을 불어(flat) 넣으니까
→ 팽창, 통화 팽창

1749 ★★

**germ**

[dʒə:rm]

**germinate** 동 싹트다, 시작되다

명 병균, 세균

= bacterium, microbe

Doctors are always washing their hands to avoid **germs**.
의사들은 세균을 피하기 위해 항상 손을 씻는다.

줘엄 = 점
점처럼 생긴 병균(germ)
→ 병균, 세균

1750 ★★

**sprout**

[spraut]

동 싹이 트다, 발아하다 명 새싹

The farmer's corn crop **sprouted** in early March.
농부의 옥수수 작물은 3월 초순에 싹이 텄다.

spr + out
spread out
씨를 퍼뜨리니까(spr) 싹이 나오다(out)
→ 싹이 트다, 새싹

DAY
# 36

DAY 36

## DAY 36 어휘 미리보기

| | | | | |
|---|---|---|---|---|
| □ choke | □ discipline | □ mock | □ jury | □ clause |
| □ smother | □ punish | □ ridicule | □ judicial | □ convict |
| □ bother | □ blame | □ cynical | □ justify | □ innocent |
| □ tease | □ criticize | □ charge | □ warrant | □ repent |
| □ irritate | □ condemn | □ accuse | □ testify | □ release |
| □ afflict | □ rebuke | □ impeach | □ testimony | □ endeavor |
| □ bully | □ reprehend | □ summon | □ confess | □ strive |
| □ menace | □ reproach | □ arrest | □ verify | □ struggle |
| □ threat | □ reprimand | □ allege | □ verdict | □ dispute |
| □ practice | □ criterion | □ attorney | □ sentence | □ challenge |

1751 ★

### choke
[ʧouk]

동 **숨이 막히다, 질식시키다**

= suffocate, stifle, smother

He was **choked** with smoke.
그는 연기에 숨이 막혔다.

분필(chalk) 가루가 나를 질식시키다(choke)
→ **숨이 막히다, 질식시키다**

1752 ★

### smother
[smʌ́ðər]

동 **질식시키다, 숨 막히게 하다**

= choke, suffocate, stifle

Emma felt **smothered** by his love.
Emma는 그의 애정에 숨이 막힐 거 같았다.

엄마(mother)의 공부하라는 잔소리가 나를 숨 막히게 한다(smother)
→ **숨 막히게 하다**

1753 ★★

### bother
[bάðər]

동 **① 귀찮게 하다, 괴롭히다 ② 걱정하다**

= ① annoy, irritate, disturb, vex, harass

The noise was beginning to **bother** us, so we left.
소음이 우리를 괴롭히기 시작해서, 우리는 자리를 떴다.

다른 사람(other)을 괴롭히다(bother)
→ **귀찮게 하다, 괴롭히다**

1754 ★★

## tease

[ti:z]

동 괴롭히다, 놀리다

Don't **tease** the weak.
약자를 괴롭히지 마라.

티즈 = 튀지
옷차림이 튀지, 친구들이 나를 놀리지(tease)
→ 놀리다

1755 ★★

## irritate

[írətèit]

**irritating** 형 짜증나게 하는, 화나게 하는

동 짜증 나게 하다, 화나게 하다

= bother, annoy, vex

Ordinarily, the process of buying clothes **irritates** me.
보통, 옷을 사는 과정은 나를 짜증 나게 한다.

이리테이트 = 이리 떼이다
이리 떼이고 저리 떼이면 짜증 나죠?
→ 짜증 나게 하다, 화나게 하다

1756 ★★

## afflict

[əflíkt]

**affliction** 명 고통

동 괴롭히다, 피해를 입히다

= harass, distress, torment, anguish

She was **afflicted** at the failure.
그녀는 그 실패에 괴로워했다.

af + flict
to strike
-에게(af) 치면서(flict) 싸움을 거니까
→ 괴롭히다

1757 ★

## bully

[búli]

동 괴롭히다, 협박하다
명 약자를 괴롭히는 사람, 불량배

Our students do not **bully** each other.
우리 학생들은 서로를 괴롭히지 않는다.

불리
불리한 사람(약자)을 괴롭히는 불량배(bully)
→ 불량배

1758 ★

## menace

[ménəs]

**menacing** 형 위협적인

동 위협하다, 협박하다 명 위협, 협박

= 동 threaten, frighten, intimidate

The pollution of atmosphere is a **menace** to health.
대기오염은 건강에 위협이 된다.

매너스 = 매놔쓰
협박하려고(menace) 나무에 매놔쓰
→ 위협하다, 협박하다

1759 ★★

## threat

[θret]

**threaten** 동 위협하다

명 위협

The **threat** of potential loss plays a critical role in human decision-making.
잠재적 손실의 위협은 사람의 의사결정에 중요한 역할을 한다.

thr(eat)
push
밀치며(thr) 압박하니까
→ 위협

쓰렛 = 쓰래두
"내 애들 쓰래두" 하며 위협(threat)하는 깡패들
→ 위협

1760 ★★

## practice
[prǽktis]

**동 ① 연습하다 ② 실행하다 ③ (의사·변호사 등으로) 일하다**
**명 ① 연습 ② 실행 ③ 관행 ④ (의사·변호사) 업무**

= 동 ① train, rehearse, exercise, drill

**Practice** makes perfect, so keep **practicing**!
연습이 완벽을 만든다, 그러니 계속 연습해라!

설마 practice라는 단어를 모른다면 가서 연습(practice)을 더 해!
→ 연습하다

1761 ★★

## discipline
[dísəplin]

**disciplined** 형 훈련된
**disciplinary** 형 징계의, 훈계의

**명 ① 훈련 ② 규율, 훈육 ③ 징벌 ④ 학문, 학과**
**동 ① 훈련하다, 훈육하다 ② 징계하다, 벌하다**

He did not like the army because of the strict **discipline**.
그는 엄격한 규율 때문에 군대를 좋아하지 않았다.

dis + cip + line
apart take 명접
떨어져(dis) 앉아 가르침을 받는 (cip) 것이니까
→ 규율, 훈육

디서플린 = 뒤에서 풀린
교장 선생님 훈화 말씀 때 뒤에서 풀린 규율(discipline)
→ 규율

1762 ★★

## punish
[pʌ́niʃ]

**punishment** 명 처벌, 형벌
**punitive** 형 처벌의, 형벌의
**impunity** 명 처벌 받지 않음

**동 벌주다, 처벌하다**

= penalize

Drunk driving should be **punished** with a prison sentence.
음주 운전은 징역형으로 처벌받아야 한다.

pun(ish)
punish
벌하는(pun) 행위니까
→ 처벌하다

1763 ★★

## blame
[bleim]

**동 비난하다, 탓하다 명 비난, 탓**

= 동 criticize, condemn, reprehend, rebuke, reproach

**Blaming** each other won't solve anything.
서로를 탓한다고 해결되는 것은 아무것도 없다.

책임이 나한테 있다고 나(me)를 향해 블라(bla)블라(bla) 떠들죠
→ 비난하다, 탓하다

1764 ★★

## criticize
[krítəsàiz]

**critical** 형 ① 중요한 ② 비판적인
**critic** 명 비평가, 평론가
**criticism** 명 비평, 비판, 평론
**critique** 명 비평한 글, 평론
동 비평하다, 평론을 쓰다

**동 비판하다, 비난하다**

= blame, condemn

It's a lot easier to **criticize** a plan than to offer useful suggestions.
유용한 제안을 하기보다 계획을 비판하기가 훨씬 더 쉽다.

cri(t) + icize
sift 동접
안 좋은 것을 걸러(cri) 내려고 하니까
→ 비판하다

1765 ★★

## condemn
[kəndém]

condemnation 명 비난

동 ① 비난하다 ② (형을) 선고하다

= ① blame, criticize

We shouldn't **condemn** her on mere supposition.
우리는 단순 추측으로 그녀를 비난해서는 안 된다.

con + demn
completely damage
상대방에게 심한(con) 상처(demn)를 주는 말을 하다
→ 비난하다

컨댐 = 큰 댐
큰 댐 건설을 비난하는(condemn) 환경 보호 단체
→ 비난하다

1766 ★

## rebuke
[ribjúːk]

명 심한 비난, 질책 동 질책하다, 꾸짖다

= 동 scold, reprove, admonish, reproach, reprehend, reprimand

He was stunned by the harsh **rebuke** from his father.
그는 아버지의 혹독한 질책에 깜짝 놀랐다.

리뷰크 = 니 book
평론가가 니 책(book)을 질책한다(rebuke)
→ 질책하다, 꾸짖다

1767 ★

## reprehend
[rèprihénd]

reprehensible 형 비난받을 만한
reprehension 명 비난, 질책

동 책망하다, 비난하다

= blame, criticize, condemn, reprehend, rebuke, reproach

He **reprehended** them in a gentle way.
그는 점잖게 그들을 꾸짖었다.

re + prehend
back seize
어떤 사람의 뒤를(re) 붙잡다(prehend)
→ 비난하다

리프리핸드 = 니 풀이 + hand
"니 풀이 내 손(hand)에 묻었잖아!" 하며 상대방에게 화내니까
→ 책망하다, 비난하다

1768 ★

## reproach
[ripróutʃ]

명 비난, 책망 동 질책하다, 나무라다, 비난하다

= 동 scold, reprove, admonish, reprehend, rebuke, reprimand

Her voice was full of **reproach**.
그녀의 목소리에는 비난이 가득했다.

리프로치 = 니 + 불었지
"니 선생님한테 다 불었지?"라며 비난하다(reproach)
→ 비난하다

1769 ★

## reprimand
[réprəmæ̀nd]

명 비난, 질책 동 질책하다, 꾸짖다

= 동 scold, reprove, admonish, reproach, reprehend, rebuke

She received a severe **reprimand** for her irresponsible behavior.
그녀는 그녀의 무책임한 행동에 대해 심한 질책을 받았다.

레프러맨드 = referee만
패전 팀이 심판(referee)만 질책한다(reprimand)
→ 질책하다

1770 ★★

## criterion

[kraitíəriən]

명 기준 [*pl.* criteria]

= standard

A person's appetite is a good **criterion** of his health.
사람의 식욕은 건강의 좋은 기준이다.

cri(t) + (er)ion
sift 명접
가려내기(cri) 위한 것이니까
→ 기준
기준(criterion) 삼기 위해 그리(cri) 데려온(terion) 것
→ 기준

1771 ★

## mock

[mak]

mockery 명 조롱, 놀림거리

동 조롱하다, 놀리다

= sneer, ridicule

It's impolite to **mock** other people.
다른 사람들을 조롱하는 것은 불손하다.

막
이유 없이 막 놀리다(mock)
→ 놀리다

1772 ★★

## ridicule

[rídikjùːl]

ridiculous 형 우스운, 터무니없는

동 비웃다, 조롱하다 명 비웃음, 조롱

= 동 mock, sneer

The other kids **ridiculed** him for the way he dressed.
다른 아이들은 그의 옷차림을 놀렸다.

리디큘 = 니 뒤 꼴
등에 바보라고 쓰인 니 뒤 꼴을 보고 사람들이 비웃다(ridicule)
→ 비웃다, 조롱하다

1773 ★★

## cynical

[sínikəl]

형 냉소적인, 비꼬는

= sarcastic

I don't think he has a **cynical** view of the world.
나는 그가 세상을 냉소적으로 본다고 생각하지 않는다.

시니컬 = 신이 껄
바벨탑을 쌓은 인간을 보며 신이 껄껄 웃으며 냉소적인(cynical)
→ 냉소적인, 비꼬는

1774 ★★

## charge

[ʧaːrdʒ]

동 ① 청구하다, 부과하다
② 기소[고소]하다, 비난하다
③ 책임지게 하다 ④ 충전하다
명 ① 요금 ② 기소, 고발, 비난 ③ 책임

= 동 ② accuse, prosecute

The driver was **charged** with a speeding-related offense.
그 운전사는 속도위반으로 기소되었다.

차지 = 차지
누가 내 것을 마음대로 차지하면 고소해서 요금을 청구하여 책임지게 하다(charge)
→ 청구하다, 기소[고소]하다, 책임지게 하다, 요금

1775 ★★

## accuse

[əkjúːz]

**accusation** 명 ① 혐의 (제기), 비난 ② 고발, 기소

동 ① 비난하다 ② 고발[고소, 기소]하다

= ② charge, prosecute

She **accused** him of plagiarism.
그녀는 그를 표절로 고발했다.

**ac** + **cuse**
to cause

실패의 원인을(cuse) -탓으로(ac) 돌리다
→ 비난하다

"엑(acc)! 이놈이 내 물건을 허락 없이 사용했네(use)!"하고 고소하다(accuse)
→ 고발[고소, 기소]하다

1776 ★

## impeach

[impíːtʃ]

**impeachment** 명 탄핵, 고발

동 탄핵하다

The judge was **impeached** for taking a bribe.
그 재판관은 뇌물을 받은 혐의로 탄핵당했다.

**im** + **peach**
into shackle

족쇄를 채워(peach) 감옥 안으로(im) 보내니까
→ 탄핵하다

탄핵(impeach) 위기에 처하자 얼굴이 복숭아(peach)처럼 붉어지다
→ 탄핵하다

1777 ★★

## summon

[sʌ́mən]

동 소환하다, 호출하다

The murderer was **summoned** to appear in the court.
그 살인자는 법정에 서도록 소환되었다.

**sum** + **mon**
under remind

아래(sum)에서 끄집어내어 상기시키는(mon) 거니까
→ 소환하다, 호출하다

**써먼** = **쌈한**

법원에서 쌈한(싸움한) 사람을 소환하다(summon)
→ 소환하다, 호출하다

1778 ★★

## arrest

[ərést]

동 체포하다, 구속하다 명 체포

= 동 capture, seize, apprehend

The police **arrested** the suspect at the scene of the crime.
경찰은 용의자를 범행 현장에서 체포했다.

범인 집 앞에서 오래(arre) 섰(st)다가 범인을 체포하다(arrest)
→ 체포하다

1779 ★

## allege

[əlédʒ]

**alleged** 형 주장된, -이라고들 말하는
**allegation** 명 ① 혐의 ② 주장

동 ① 주장하다, 단언하다 ② 혐의를 제기하다

He **alleged** malpractice.
그는 의료과실을 주장했다.

"모두(all) 술값을 내지(lege)"라며 더치페이를 주장하다(allege)
→ 주장하다

1780 ★★

**attorney**

[ətə́:rni]

명 **대리인, 변호사**

I was assigned to assist an older man, a business **attorney**.
나는 나이 많은 기업 변호사를 돕는 일을 맡게 되었다.

어터니 = 어떤 이
어떤 이의 변호사(attorney)
→ 대리인, 변호사

1781 ★★

**jury**

[dʒúəri]

**juror** 명 (한 사람의) 배심원

명 **배심원, 배심원단**

The criminal was judged guilty by a **jury** of twelve men and women.
그 범죄자는 12명의 남녀 배심원단에 의해서 유죄로 판정받았다.

쥬리 = 주리
배심원(jury)이 판결을 주리
→ 배심원

1782 ★

**judicial**

[dʒu:díʃəl]

**jurisdiction** 명 ① 사법(권) ② 권한

형 **사법의**

*cf.* statutory (법으로 정한)

People need better access to the **judicial** system.
사람들은 사법 제도에 대한 더 나은 접근성이 필요하다.

jud(ic) + ial
law 형접
법과(jud) 관련된 것이니까
→ 사법의

1783 ★★

**justify**

[dʒʌ́stəfài]

**justification** 명 정당화

동 **정당화하다**

Nothing can **justify** a war.
어떤 것도 전쟁을 정당화할 수 없다.

jus + (t)ify
right 동접
정당하게(jus) 만들다
→ 정당화하다

1784 ★

**warrant**

[wɔ́:rənt]

**warranty** 명 보증서

동 **① 정당화하다 ② 보증하다**
명 **① 영장 ② 이유, 근거 ③ 보증**

The judge issued a **warrant** for his arrest.
판사가 그의 체포를 위한 영장을 발부했다.

전쟁(war)에는 정당화할 근거와 승리에 대한 보증(warrant)이 있어야 한다
→ 정당화하다, 근거, 보증

1785 ★★

**testify**

[téstəfài]

동 **① 증언하다 ② 증명하다**

= ② confirm, certify, verify, validate

I **testified** for the accused.
나는 피고를 위해 증언했다.

약의 안전성을 테스트(test)해서 증명하다(testify)
→ 증명하다

1786 ★

## testimony

[téstəmòuni]

명 증언, 증거, 고백

= proof, evidence

The witness refused to give **testimony**.
그 증인은 증언을 하는 것을 거부했다.

test(i) + mony
witness state
당시 어떤 상황(mony)이었는지 증언하는(test) 거니까
→ 증언, 증거, 고백

시험(test) 성적을 위해 돈(money)을 주었다는 증언(testimony)
→ 증언, 증거, 고백

1787 ★★

## confess

[kənfés]

confession 명 고백, 자백

동 ① 고백하다, 자백하다 ② 인정하다

She **confessed** her lack of knowledge.
그녀는 자신의 무지를 고백했다.

con + fess
completely speak
빠짐없이 모두(con) 말하다(fess)
→ 고백하다

컨페스 = 큰 폐수
공장장이 큰 폐수를 버렸다고 인정하다(confess)
→ 고백하다, 자백하다

1788 ★

## verify

[vérəfài]

verification 명 입증, 증명, 확인

동 ① 입증하다, 증명하다 ② 확인하다

= ① confirm, certify, testify, validate

I need to **verify** whether their claims are true.
나는 그들의 주장이 사실인지 아닌지 확인할 필요가 있다.

ver + ify
true 동접
진실을(ver) 밝히다
→ 입증하다

1789 ★

## verdict

[və́:rdikt]

명 평결, 판결

= judgement

Has the jury reached a guilty **verdict**?
배심원단이 유죄 판결을 내렸습니까?

ver + dict
true say
죄가 있는지 없는지 진실을(ver) 말해주다(dict)
→ 판결

1790 ★★

## sentence

[séntəns]

명 ① 문장 ② 형벌, 선고 동 (형을) 선고하다

= 명 ② punishment, penalty

The judge pronounced **sentence** of death on him.
판사가 그에게 사형 선고를 내렸다.

센텐스 = 센 tense
형벌을 선고받기(sentence) 직전엔 세게 긴장(tense) 하게 되죠
→ (형을) 선고하다

1791 ★

## clause

[klɔːz]

명 ① 조항 ② 절(節)

A penalty **clause** has been written into the contract.
위약금 조항이 계약서에 쓰여 있다.

**clause**
close
법률 조항들은 마침표로 문장을 닫고(clause) 있으니까
→ 조항, 절

1792 ★★

## convict

[kənvíkt]

**conviction** 명 ① 유죄 선고 ② 신념, 확신

동 유죄를 선고하다 명 죄인, 죄수

= 명 prisoner, inmate

He was **convicted** of breaking into the house.
그는 가택 침입죄로 유죄를 선고받았다.

**con** + **vict**
completely conquer
확실한 심문으로 완전히(con) 이기다(vict)
→ 유죄를 선고하다

1793 ★★

## innocent

[ínəsnt]

**innocence** 명 무죄, 결백
**innocently** 부 천진난만하게

형 ① 무죄인, 결백한 ② 순진한

= ② naive, ingenuous

The accused was found **innocent**.
그 피고인은 무죄로 밝혀졌다.

**in** + **noc** + **ent**
not harmful 형접
해롭지(noc) 않은(in) 거니까
→ 무죄인, 순진한

1794 ★

## repent

[ripént]

**repentant** 형 후회하는, 뉘우치는

동 후회하다

= regret

He came to **repent** his decision.
그는 자신의 결정을 후회하게 되었다.

**re** + **pen(t)**
completely punish
혹독한(re) 마음의 벌을(pen) 받아 지은 죄를 후회하는 거니까
→ 후회하다

니(re) 팬(pen) 것을 후회해(repent)
→ 후회하다

1795 ★★

## release

[rilíːs]

동 ① 풀어 주다, 석방하다 ② 발표하다, 개봉하다 ③ 방출하다
명 ① 석방 ② 발표 ③ 방출

= 동 ① free, liberate

*cf.* detain (구금하다)

The secret agent **released** the man.
첩보원이 그 남자를 풀어 주었다.

**re** + **leas(e)**
back loosen
죄수/작품/열을 도로(re) 풀어 주다(leas)
→ 석방하다, 발표하다, 방출하다

1796 ★★

## endeavor

[indévər]

동 애쓰다, 노력하다 명 노력, 시도

= try, attempt, strive

He **endeavored** to bring joy to the lives of sick children.
그는 몸이 아픈 어린이들의 삶에 기쁨을 가져다주려고 애를 썼다.

**인데버 = 인대 + 버**
인대를 버릴 정도로 노력하다(endeavor)
→ 애쓰다, 노력하다

1797 ★★

## strive

[straiv]

**strife** 명 싸움, 투쟁

동 ① 노력하다, 애쓰다 ② 투쟁하다

= ① try, attempt, endeavor

It's necessary to **strive** in order to win.
이기기 위해 노력해야 한다.

**스트라이브 = 스트라이크**
볼링에서 스트라이크를 하려고 노력하다(strive)
→ 노력하다, 애쓰다

1798 ★★

## struggle

[strʌ́gəl]

**struggling** 형 몸부림치는, 고군분투하는

동 ① 몸부림치다, 투쟁하다, 애쓰다
② 싸우다, 격투하다
명 ① 투쟁, 분투 ② 싸움

= 동 ① strive, endeavor

*cf.* struggle to RV (-하는 데 힘들어하다, -하려 애쓰다)

The activists **struggle** for justice and equality.
운동가들은 정의와 평등을 위해 투쟁한다.

**스트러글 = 스타 + 굴**
스타가 되기 위해 데굴데굴 구르며 애쓰다(stuggle)
→ 애쓰다
중요한 건 스트러(stru)지지(gg) 않으려 애쓰는(struggle) 마음!
→ 몸부림치다, 애쓰다

1799 ★★

## dispute

[dispjúːt]

동 ① 반박하다 ② 논쟁하다 명 논쟁, 분쟁

= 명 argument, debate, controversy

We **disputed** whether we would adopt the proposal.
우리는 그 제안을 채택할지 논쟁했다.

**dis + pute**
apart think
각자 따로따로(dis) 생각하는(pute) 게 다르니까
→ 반박하다, 논쟁하다

1800 ★★

## challenge

[tʃǽlindʒ]

**challenging** 형 도전적인, 매력적인, 힘든

동 ① 도전하다 ② 이의를 제기하다 명 도전

The findings were **challenged** for lack of credibility.
그 연구 결과는 신뢰성이 부족하다는 이유로 이의 제기를 받았다.

**챌린지 = 첵 할런지**
그 애한테 도전하면(challenge) 가소롭다는 듯이 첵 할런지
→ 도전하다

# DAY 37

DAY 37

## DAY 37 어휘 미리보기

| | | | | |
|---|---|---|---|---|
| ▫ reconcile | ▫ mayor | ▫ swear | ▫ smuggle | ▫ adjacent |
| ▫ pacify | ▫ candidate | ▫ pinnacle | ▫ stalk | ▫ adjoin |
| ▫ counsel | ▫ cunning | ▫ summit | ▫ lurk | ▫ via |
| ▫ compromise | ▫ insurance | ▫ lure | ▫ seal | ▫ trunk |
| ▫ council | ▫ guarantee | ▫ allure | ▫ autograph | ▫ stroll |
| ▫ commission | ▫ certify | ▫ tempt | ▫ carve | ▫ roam |
| ▫ politics | ▫ certificate | ▫ fascinate | ▫ engrave | ▫ wander |
| ▫ policy | ▫ oath | ▫ enchant | ▫ sculpture | ▫ nomadic |
| ▫ diplomacy | ▫ pledge | ▫ tilt | ▫ vicinity | ▫ itinerary |
| ▫ ambassador | ▫ vow | ▫ lean | ▫ proximity | ▫ destination |

1801 ★★

### reconcile

[rékənsàil]

**reconciliation** 명 화해

동 **화해시키다, 조화시키다**

It's hard to **reconcile** your ideal with reality.
당신의 이상과 현실을 조화시키는 것은 어렵다.

**re** + **con** + **cile**
again together call

다시(re) 함께(con) 불러서(cile) 갈등을 조정하니까
→ **화해시키다**

다시(re) 함께(con) 사이를(cile) 좋아지게 하니까
→ **화해시키다**

1802 ★★

### pacify

[pǽsəfài]

동 **진정시키다, 평화를 가져오다**

= ease, relieve, soothe, alleviate, appease

It was difficult for the police to **pacify** the angry crowd.
경찰이 성난 군중들을 진정시키는 것은 어려웠다.

**pac(i)** + **fy**
peace 동접

평화롭게(pac) 만드는 거니까
→ **진정시키다**

1803 ★★

### counsel

[káunsəl]

**counseling** 명 상담
**counselor** 명 상담역, 고문

명 **① 상담, 협의 ② 조언, 충고**
동 **① 상담하다 ② 조언[충고]하다**

He **counseled** me to quit smoking.
그는 나에게 담배를 끊으라고 충고했다.

**coun** + **sel**
together call

함께(coun) 고민해 달라고 전문가를 부르는(sel) 거니까
→ **상담, 조언**

TIP council vs counsel
상품을 판매하기(sell) 전 전문가에게 조언(counsel)을 구한다는 연상으로 구별하기!

1804 ★★

## compromise
[kάmprəmàiz]

동 ① 타협하다 ② 손상시키다 ③ 굽히다
명 타협, 절충(안)

In the end, they arrived at a **compromise**.
결국, 그들은 절충안에 도달했다.

com + promise
together promise
중재자의 결정에 따르기로 함께 (com) 약속하는(promise) 거니까
→ 타협하다, 타협

1805 ★★

## council
[káunsəl]

명 의회, 위원회

The city **council** advises the mayor on what to do.
시의회는 시장이 해야 할 일에 대해 조언한다.

coun + cil
together call
특정 사안을 결정하려고 여럿을 함께(coun) 불러(cil) 모은 거니까
→ 의회, 위원회

1806 ★

## commission
[kəmíʃən]

commit 동 ① 범하다, 저지르다 ② 전념하다 ③ 위임하다 ④ 약속하다

명 ① 위임 ② 위원회 ③ 수수료 ④ (제작의) 의뢰, 주문

= ② committee, board, delegation

The UN formed a **commission** on human rights to promote equality.
유엔은 평등을 증진하기 위해 인권 위원회를 구성했다.

함께(com) 모여 미션(mission)을 해결하라고 임무를 주었죠 (commission)
→ 위임, 위원회

1807 ★★

## politics
[pάlətiks]

politician 명 정치가

명 정치, 정치학

It seems that most people have very little interest in **politics**.
대부분의 사람들이 정치에 관심이 거의 없는 것 같다.

polit + ics
citizen 명접
시민(polit)에 대한 학문이니까
→ 정치학

1808 ★★

## policy
[pάləsi]

명 정책

What is the economic **policy** of the government?
정부의 경제 정책은 무엇입니까?

팔러시 = follow + 시
우리가 따라야(follow) 하는 시의 정책(policy)
→ 정책

1809 ★★

## diplomacy
[diplóuməsi]

diplomat 명 외교관

명 외교(술)

*cf.* diploma (졸업장)

Skillful **diplomacy** helps to avert war.
능숙한 외교가 전쟁을 피하는 데 도움이 된다.

디플로머시 = deep + 로마(시)
로마의 부흥기 땐 외교(diplomacy)가 아주 깊고(deep) 탄탄했죠
→ 외교

1810 ★★

## ambassador
[æmbǽsədər]

명 대사, 사절

He was appointed as an **ambassador** to a country in Africa.
그는 아프리카의 한 나라에 대사로 임명되었다.

앰배서더
앰배서더 호텔에 묵는 대사 (ambassador)
→ 대사

1811 ★★

## mayor

[méiər]

명 **시장(市長)**

The **mayor** announced that she was not going to seek another term.

시장은 다음 임기에 재출마할 생각이 없음을 발표했다.

시장(mayor)은 중요한(major) 임무를 맡는 사람
→ 시장

1812 ★★

## candidate

[kǽndidèit]

명 **후보자, 지원자**

= applicant, nominee

She stands out as the leading **candidate**.

그녀가 유력한 후보자로 돋보인다.

대통령 후보자(candidate)는 국민 앞에서 솔직해야(candid) 한다
→ 후보자, 지원자

1813 ★

## cunning

[kʌ́niŋ]

형 **약삭빠른, 교활한**

He was **cunning** like a fox.

그는 여우처럼 교활했다.

**커닝**

시험 볼 때 커닝하는 사람은 약삭빠른(cunning) 사람이다
→ 약삭빠른

TIP 커닝은 콩글리쉬, 커닝의 뜻을 가진 단어는 cheating!

1814 ★★

## insurance

[inʃúərəns]

**insure** 동 보험에 들다, 보증하다

명 **보험**

The **insurance** policy covers all baggage.

그 보험 약관은 모든 수하물을 포괄한다.

**인슈어런스** = **인(제) + 쉬어 + us**

우리(us) 노부부는 보험(insurance)에 가입했으니 인제 연금 받으며 쉬어야지
→ 보험

1815 ★★

## guarantee

[gærəntíː]

동 **보장[보증]하다, 약속하다**

명 **보증(서), 약속**

The watch is **guaranteed** for three years.

그 시계는 3년간 보증됩니다.

**개런티**

높은 개런티를 보장받는(guarantee) 운동선수를 연상
→ 보장[보증]하다

1816 ★★

## certify

[səːrtəfài]

**certificate** 명 증명서, 자격증
**certification** 명 증명

동 **증명하다**

= confirm, verify, testify, validate

You must **certify** that you are over the age of 18.

당신은 18세 이상임을 증명해야 한다.

**cert** + **ify**
sure 동접

확실하게(cert) 하다
→ 증명하다

1817 ★★

## certificate

명 [sərtífikət] 동 [sərtífikeit]

명 **① 증명서 ② 수료증, 자격증**

동 **자격증[면허증]을 교부하다**

= 명 ① guarantee, proof, certification

A **certificate** of completion was awarded to all participants.

참가자 전원에게 수료증이 수여되었다.

나이가 써티(certi) 되기 전에 자격증은 픽해(fica)야 트(te)집을 안 잡히지
→ 자격증

1818 ★

## oath

[ouθ]

명 **맹세, 서약**

동 vow, pledge

I take an **oath** that I will love him forever.
나는 그를 영원히 사랑할 것이라고 맹세한다.

오우쓰 = 오, 수

오, 수없이 하던 사랑의 맹세(oath)
→ 맹세, 서약

1819 ★★

## pledge

[pledʒ]

동 **서약하다, 맹세하다** 명 **서약, 맹세**

동 동 vow, swear

Let's **pledge** to reduce our carbon footprint.
탄소 발자국을 줄이겠다고 약속하자.

플레지 = 풀어 주

감옥에 갇힌 자식에게 부모가 꼭 풀어 주겠다고 맹세하다(pledge)
→ 서약하다, 맹세하다

1820 ★★

## vow

[vau]

동 **맹세하다, 서약하다** 명 **맹세, 서약**

동 동 swear, pledge

She **vowed** she would never play tennis again.
그녀는 다시는 테니스를 치지 않겠다고 맹세했다.

바우 = 바위

바위 앞에서 사랑을 맹세하다(vow)
→ 맹세하다, 서약하다

1821 ★★

## swear

[swεər]

동 **① 맹세하다 ② 욕하다**

동 ② curse, blaspheme

Do you **swear** to tell the truth, the whole truth, and nothing but the truth?
당신은 진실, 모든 진실, 그리고 오직 진실만을 말할 것을 맹세합니까?

스웨어 = 스웨그 + ear

귀(ear)에 때려 박는 스웨그
→ 맹세하다, 욕하다

스웨어 = s + wear

ㅅ(s)~인발, 신어야죠(wear)
→ 맹세하다, 욕하다

1822 ★

## pinnacle

[pínəkl]

명 **정상, 절정**

동 peak, summit

Pop art reached its **pinnacle** in the United States.
팝아트는 미국에서 그 정점에 달했다.

산 정상(pinnacle)은 핀(pin)처럼 뾰족하죠
→ 정상

1823 ★★

## summit

[sʌ́mit]

명 **① 정상, 꼭대기 ② 정상 회담**

동 ① peak, pinnacle

We will reach the **summit** soon.
우린 곧 정상에 도착할 거야.

여름(summer)은 더위의 최절정(summit)이죠
→ 정상, 꼭대기

1824 ★

## lure

[luər]

동 **꾀다, 유혹하다**

동 tempt, allure, entice, seduce

Don't **lure** him away from his studies.
공부하는 그를 꾀어내지 마라.

루어 = 누워

내일 시험인데 친구가 누워 쉬다 가라고 유혹하다(lure)
→ 유혹하다

1825 ★

## allure

[əlúər]

alluring 형 매혹적인

명 **매력, 매혹** 동 **유혹하다, 꾀다**

= 동 tempt, entice, seduce, lure

They **allured** him into gambling.
그들은 그를 꾀어서 노름하게 했다.

al + lure
to lure
-에(al) 그럴듯한 미끼를(lure) 던져 주니까
→ 유혹하다, 꾀다

얼루 = 얼러
애들을 얼러 나쁜 길로 가게 꾀다 (allure)
→ 유혹하다, 꾀다

1826 ★★

## tempt

[tempt]

temptation 명 유혹

동 **① 유혹하다 ② 유도하다, 설득하다**

= ① allure, entice, seduce, lure

When I see a pizza, I'm **tempted** to break my diet.
나는 피자를 보면 다이어트를 그만하고 싶은 유혹이 든다.

템트 = 텐트
아빠가 캠핑 가자고 신상 텐트로 유혹하다(tempt)
→ 유혹하다

1827 ★★

## fascinate

[fǽsənèit]

fascinating 형 매혹적인
fascinated 형 매혹된, 매료된
fascination 명 매력

동 **매혹시키다, 마음을 사로잡다**

= enchant

Her performance **fascinated** the audience.
그녀의 공연은 관객의 마음을 사로잡았다.

모델이 패셔너블(fashionable)한 옷으로 눈을 사로잡다(fascinate)
→ 매혹시키다

1828 ★

## enchant

[intʃǽnt]

enchanting 형 매혹적인

동 **매혹시키다, 마법을 걸다**

= fascinate

He was **enchanted** to see her again after so long.
그는 그렇게 긴 시간이 흐른 후에 그녀를 다시 만나 황홀했다.

en + chant
in song
사람을 아름다운 노래(chant) 안에(en) 두니까
→ 마법을 걸다

인챈트 = 인천
인천 밤바다는 사람 마음을 매혹시킨다(enchant)
→ 매혹시키다

1829 ★

## tilt

[tilt]

tilted 형 경사진, 기울여진

동 **기울다[기울이다], 경사지다[경사지게 하다]**

= lean, incline, slope

Carl **tilted** his head and looked sideways at her.
칼은 머리를 기울여 그녀를 옆으로 쳐다보았다.

틸트 = 틴트
너 오늘 틴트가 살짝 기울었어(tilt)
→ 기울다[기울이다]

1830 ★★

## lean

[li:n]

동 **① 기울다[기울이다], 몸을 구부리다**
**② 기대다[기대게 하다], 의지하다 (against, on)**

= ① incline, tilt, slope

*cf.* lean on (-에 의지하다)

The Leaning Tower of Pisa famously **leans** to one side.
피사의 사탑은 널리 알려진 대로 한쪽으로 기울어져 있다.

목이 긴(l) 기~린(lean)이 몸을 구부려 먹이를 먹는 모습을 상상
→ 몸을 구부리다

1831 ★

## smuggle

[smʌ́gəl]

동 **밀수하다, 밀수입[수출]하다**

She **smuggled** in luxury items.
그녀는 명품을 밀수입했다.

스머글 = 스멀
물건을 스멀스멀 밀수입하다 (smuggle)
→ 밀수하다

1832 ★

## stalk

[stɔ:k]

stalker 명 스토커

명 **(식물의) 줄기** 동 **몰래 접근하다, 뒤를 밟다**

= 동 track, trace, chase

He **stalks** his victims like a hunter after a deer.
그는 마치 사슴을 쫓는 사냥꾼처럼 희생자의 뒤를 밟는다.

몰래 사람들의 뒤를 밟는(stalk) 사람은 스토커(stalker)
→ 몰래 접근하다, 뒤를 밟다

1833 ★

## lurk

[lə:rk]

lurking 형 숨어[잠복해] 있는

동 **① 숨어 있다, 잠복하다**
**② 도사리다, 잠재하다**

Some uneasiness still **lurked** in my memory.
어떤 불안감이 아직도 내 기억에 잠재해 있었다.

운(luck)은 항상 주변에 도사리며 (lurk) 기다리고 있다
→ 도사리다, 잠재하다

1834 ★★

## seal

[si:l]

동 **① 밀봉하다, 봉인하다 ② 도장을 찍다**
명 **① 봉인 ② 도장 ③ 바다표범, 물개**

You have to **seal** the envelope with some adhesive.
당신은 접착제로 봉투를 밀봉해야 한다.

씰 = 실
실로 꿰매서 봉인하니까(seal)
→ 밀봉하다, 봉인하다
바다(sea)에 사는 동물로 물개 (seal)가 있지요
→ 바다표범, 물개

1835 ★★

## autograph

[ɔ́:tougræ̀f]

명 **사인, 자필 서명** 동 **서명하다**

= 명 signature

Their **autographs** are common and are not worth much.
그들의 서명은 흔하고 가치도 그리 크지 않다.

auto + graph
self write
자신(auto)의 필체로 쓴(graph) 거니까
→ 자필 서명

1836 ★★

## carve

[ka:rv]

동 **조각하다, 새기다**

= inscribe, incise, engrave

Americans **carve** pumpkins but they never use the stem.
미국인들은 호박을 파서 조각하지만 그 줄기는 전혀 사용하지 않는다.

차(car)에 V자 로고를 새기다 (carve)
→ 조각하다, 새기다

1837 ★

## engrave

[ingréiv]

engraving 명 판화

동 **새기다, 조각하다**

= carve, inscribe, incise

Her name was **engraved** on the silver cup.
그녀의 이름이 그 은잔에 새겨져 있었다.

무덤(grave) 묘비에는 글씨가 새겨져(engrave) 있죠
→ 새기다

1838 ★★

## sculpture

[skʌ́lptʃər]

sculptor 명 조각가

명 조각(상)

We saw **sculptures** of ancient Roman gods.
우린 고대 로마 신들의 조각상을 보았다.

**스컬프춰** = **시골 부처**
시골의 절에 가면 볼 수 있는 부처 조각상(sculpture)
→ 조각상

1839 ★

## vicinity

[visínəti]

명 근접, 인접

= proximity, adjacency

There is a shopping mall in the immediate **vicinity**.
아주 가까운 인근에 쇼핑센터가 하나가 있다.

**버시너티** = **벗어나 + 티**
티셔츠는 아무 데나 벗지 말고 가까운 데다(vicinity) 벗어놔
→ 근접, 인접

1840 ★

## proximity

[praksíməti]

proximate 형 근접한

명 가까움, 근접

= vicinity, adjacency

Some species may nest in close **proximity** to each other.
어떤 종들은 서로 가까이에 보금자리를 지을 수도 있다.

**prox(i)** + **mity**
near 명접
근처에(prox) 있는 것이니까
→ 가까움

1841 ★

## adjacent

[ədʒéisnt]

형 인접한, 가까운

= adjoining, neighboring

The mall is **adjacent** to our house.
쇼핑몰은 우리 집과 인접해 있다.

**ad** + **jac** + **ent**
to throw 형접
주변에(ad) 던져진(jac) 것이니까
→ 인접한

1842 ★★

## adjoin

[ədʒɔ́in]

동 인접하다, 붙어 있다, 이웃하다

*cf.* adjourn (연기하다, 중단하다), adjacent (인접한)

The buildings **adjoin** each other.
건물들이 서로 붙어 있다.

**ad** + **join**
to join
-에(ad) 결합이(join) 되다
→ 인접하다

1843 ★★

## via

[ví:ə]

전 경유해서, -을 거쳐

He went to New York **via** London.
그는 런던을 거쳐 뉴욕으로 갔다.

**비아** = **비 와**
비 와서 휴게소를 경유하다
→ 경유해서, -을 거쳐

1844 ★★

## trunk

[trʌŋk]

명 ① (차) 트렁크, 여행 가방 ② 사각팬티 ③ 나무줄기 ④ 코끼리 코

They lifted the **trunk** down from the shelf to the floor.
그들은 여행 가방을 선반에서 바닥으로 내렸다.

**트렁크**
차 트렁크에 있는 여행 가방 속 사각팬티에는 나무줄기를 닮은 코끼리 코 그림이 있다
→ (차) 트렁크, 여행 가방, 사각팬티, 나무줄기, 코끼리 코

1845 ★

**stroll**

[stroul]

동 **산책하다, 떠돌다** 명 **산책**

The whole family was enjoying a leisurely **stroll** in the sunshine.

가족이 전부 햇살 아래 한가로운 산책을 즐기고 있었다.

공원 길(street)을 굴러가(roll)듯이 산책하니까(stroll)
→ **산책하다**

1846 ★★

**roam**

[roum]

동 **배회하다, 방랑하다**

= wander

*cf.* roaming (계약 지역 외에서의 휴대 전화 사용)

The traveler **roamed** around the world.

그 여행자는 전 세계를 방랑했다.

로마(Rome) 거리를 배회하다(roam)
→ **배회하다, 방랑하다**

1847 ★★

**wander**

[wɑ́ndər]

동 **헤매다, 돌아다니다**

= roam

I love to **wander** around taking photos.

나는 사진 찍으며 돌아다니는 것을 매우 좋아한다.

원하는(want) 곳 없이 돌아다니다(wander) 낯선 길바닥에 덜(der)렁 놓이게 됐다.
→ **헤매다, 돌아다니다**

1848 ★

**nomadic**

[noumǽdik]

**nomad** 명 유목민

형 **유목의, 방랑의**

= wandering, itinerant

The tribe lives a **nomadic** life.

그 부족은 유목의 생활을 한다.

**노매딕** = **남의 집**

남의 집을 이리저리 다니는 유목(nomadic) 생활
→ **유목의**

1849 ★

**itinerary**

[aitínərèri]

**itinerant** 형 떠돌아다니는, 순회하는

명 **일정(표), 여정**

The **itinerary** is subject to change due to weather.

일정은 날씨로 인해 변경될 수 있다.

**아이티너레리** = **아이 티 내려**

스위스 여행 일정표(itinerary) 보고 환호하며 아이 티(를) 내려 한 나!
→ **일정(표)**

1850 ★★

**destination**

[dèstənéiʃən]

명 **목적지, 행선지**

Only half of the emergency supplies have reached their **destination**.

비상 보급품의 절반만이 목적지에 도착했다.

**de** + **stin** + **ation**
completely stand 명접

완전히(de) 멈춰 서는(stin) 지점
→ **목적지**

**데스티네이션** = **돼서 된 + nation**

이민 신청이 돼서 된 국가(nation)가 그들의 목적지(destination)
→ **목적지**

DAY

# 38

DAY 38

## DAY 38 어휘 미리보기

| | | | | |
|---|---|---|---|---|
| □ overseas | □ anchor | □ probe | □ peripheral | □ misery |
| □ overboard | □ linger | □ investigate | □ annex | □ anguish |
| □ circulate | □ lodge | □ overhaul | □ dusk | □ agony |
| □ detour | □ accommodate | □ scatter | □ twilight | □ distress |
| □ drift | □ forage | □ disperse | □ cherish | □ torment |
| □ float | □ burglar | □ diffuse | □ precious | □ torture |
| □ embark | □ scout | □ split | □ embrace | □ distort |
| □ cruise | □ patrol | □ remnant | □ pastime | □ pity |
| □ navigate | □ pedestrian | □ leftover | □ chore | □ compassion |
| □ steer | □ scrutinize | □ by-product | □ chop | □ cordial |

□□□
1851 ★★

### overseas
[óuvərsiːz]

형 해외의, 외국의 부 해외로

= 부 abroad

Manufacturing has left the big cities and relocated **overseas**.
제조업은 대도시를 벗어나 해외로 옮겨가고 있다.

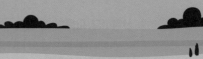

**over** + **sea(s)**
over　sea
배를 타고 바다(sea)를 넘어서 (over) 가는 거니까
→ 해외의, 해외로

□□□
1852 ★★

### overboard
[óuvərbɔːrd]

부 배 밖으로, (배 밖의) 물 속으로

*cf.* on board (승선한), go overboard (잔뜩 열광하다)

He was thrown **overboard** near the Statue of Liberty.
그는 자유의 여신상 근처에서 배 밖으로 내던져졌다.

**over** + **board**
over　ship's side
배의 한 면(board) 너머로(over) 가는 거니까
→ 배 밖으로

□□□
1853 ★★

### circulate
[səːrkjulèit]

**circular** 형 ① 순환하는 ② 원형의

동 ① 순환하다, 돌다
② (소문이) 퍼지다, 유포되다

Rumors of his arrest **circulated**.
그의 체포에 대한 소문이 퍼졌다.

**circul** + **ate**
circle　동접
원(circul)을 도니까
→ 순환하다, 돌다

□□□
1854 ★

### detour
[díːtuər]

명 우회

We had to make a **detour**.
우리는 우회해 가야 했다.

**de** + **tour**
away　turn
옆으로(de) 돌아가니까(tour)
→ 우회

1855 ★★

## drift

[drift]

**adrift** 형 표류하는, 방황하는

동 표류하다, 떠돌다 명 ① 표류 ② 경향

The boat **drifted** for about six days.
그 배는 약 6일 동안 표류했다.

드리프트 = 둘이 붙들

통나무를 둘이 붙들며 표류하다(drift)
→ 표류하다, 떠돌다

1856 ★★

## float

[flout]

**afloat** 형 (물에) 뜬 부 (물에) 떠서

동 ① 뜨다, 떠오르다 ② 떠다니다, 떠돌다

= ② drift, sail

*cf.* sink (가라앉다, 침몰하다)

Leaves **float** gently on the surface of water.
나뭇잎들이 수면 위에 부드럽게 떠오른다.

플로트 = 풀 + 보트

물풀 숲의 풀에 보트가 떠다니죠(float)
→ 뜨다, 떠다니다

자꾸 플러팅하면(flirt) 내 마음이 둥둥 뜨지(float)
→ 뜨다

1857 ★

## embark

[imbά:rk]

동 ① 승선하다 ② 시작하다

= ② commence, initiate, inaugurate

Riders are waiting to **embark** on the train.
승객들이 열차에 탑승하려고 기다리고 있다.

임박크 = 임박

배 탈 시간이 임박해서 승선했다(embark)
→ 승선하다, 시작하다

1858 ★★

## cruise

[kru:z]

동 순항하다, 돌아다니다 명 순항

We **cruised** down the coast in our sailboat.
우리는 우리 요트를 타고 해안을 따라 순항했다.

크루즈

크루즈 여행은 고급 유람선을 타고 바다를 순항하며 돌아다니는(cruise) 것
→ 순항하다, 돌아다니다

1859 ★★

## navigate

[nǽvəgèit]

**navigation** 명 항해, (배·비행기) 조종
**navy** 명 해군

동 ① 항해하다, 조종하다 ② 길을 찾다

The experienced captain **navigated** the ship safely.
숙련된 선장이 안전하게 배를 조종했다.

도로에서 차를 조종할(navigate) 때 필요한 것은? 내비게이션(navigation)!
→ 항해하다, 조종하다

1860 ★★

## steer

[stiər]

동 ① 조종하다 ② 이끌다

This boat **steers** easily.
이 배는 조종하기가 쉽다.

항해사는 밤에 별(star)을 보고 배를 조종한다(steer)
→ 조종하다

1861 ★

## anchor

[ǽŋkər]

동 정박하다, 닻을 내리다
명 ① 닻, 정박 ② 사회자

They **anchored** the boat.
그들은 그 배를 정박했다.

먼 옛날 조상(ancestor)들이 닻을 내려 정박한(anchor) 후 지금의 나라를 세웠다
→ 정박하다, 닻을 내리다

1862 ★

## linger

[líŋgər]

동 오래 머무르다, 남아 있다, 지속되다

The last guests **lingered** until 2 a.m.
마지막 손님들이 새벽 2시까지 머물렀다.

그들은 그곳에 더 길게(longer) 머물렀다(linger)
→ 오래 머무르다, 남아 있다

1863 ★

## lodge

[ladʒ]

명 오두막집 동 숙박하다, 숙박시키다

= 동 house, accommodate

The building he was **lodged** in turned out to be a church.
그가 숙박했던 그 건물은 교회임이 밝혀졌다.

통나무(log)로 만든 오두막집에서 하룻밤 숙박하다(lodge)
→ 오두막집, 숙박하다

1864 ★★

## accommodate

[əkάmədèit]

accommodation 명 숙박 (시설)

동 ① 숙박시키다, 수용하다
② -에게 편의를 제공하다

= ① house, lodge

Our ship **accommodates** up to 200.
우리 배는 200명까지 수용할 수 있다.

ac + com + mod + ate
to together measure 동접
방의 규격에(mod) 사람들을 다같이(com) 맞게 하는 거니까
→ 숙박시키다, 수용하다

1865 ★

## forage

[fɔ́:ridʒ]

동 먹이를 찾다, -을 찾다 명 사료

Skunks usually **forage** during the night.
스컹크는 주로 밤에 먹이를 찾는다.

4마리의(four) 굶주림에 화가 난(rage) 사자가 먹이를 찾아다닌다(forage)
→ 먹이를 찾다

1866 ★★

## burglar

[bə́:rglər]

burglary 명 강도짓, 도둑질

명 강도, 도둑

= thief, robber

He chased after the **burglar** but couldn't catch him.
그는 도둑 뒤를 쫓아갔지만 잡지 못했다.

배고프다고 버거(burger)를 훔치면 도둑(burglar)이죠
→ 강도, 도둑

1867 ★★

## scout

[skaut]

명 정찰(병) 동 정찰하다, 수색하다

The police officer was on the **scout**.
그 경찰은 정찰 중이었다.

스카우트
어렸을 때 했던 보이 스카우트는 '소년 정찰병(scout)'이라는 뜻
→ 정찰(병)

1868 ★★

## patrol

[pətróul]

동 순찰하다, 돌아다니다
명 순찰, 순찰대

He was starting **patrol** when I was leaving.
내가 떠날 때 그는 순찰을 시작하고 있었다.

pat + rol
foot watch
발로(pat) 걸어 다니며 보는(rol) 거니까
→ 순찰하다

1869 ★★

## pedestrian

[pədéstriən]

명 보행자 형 보행의, 도보의

The driver hit a **pedestrian** on the street.
그 운전자가 길에서 보행자를 치었다.

ped(estri) + an
foot 형·명접
걸어(ped) 다니는 사람이니까(an)
→ 보행자

1870 ★

## scrutinize

[skrúːtənàiz]

scrutiny 명 정밀 조사

동 세심히 살피다, 면밀히 조사하다

= inquire, investigate, inspect, examine, probe

He **scrutinized** her face.
그는 그녀의 얼굴을 세심히 살폈다.

스쿠터(scruti)를 사려면 면밀히 조사해야(scrutinize) 하니까
→ 세심히 살피다, 면밀히 조사하다

1871 ★★

## probe

[proub]

동 ① 엄밀히 조사하다 ② 규명하다
명 ① 철저한 조사 ② 탐사선

= 동 ① investigate, inspect, examine

Firefighters created a special team to **probe** the cause of the fire.
소방관들은 화재의 원인을 엄밀히 조사하기 위해 특별팀을 만들었다.

prob(e)
test
-에 대해 이것저것 테스트해(prob) 보니까
→ 엄밀히 조사하다

1872 ★★

## investigate

[invéstəgèit]

investigation 명 조사
investigative 형 조사의, 수사의
investigator 명 조사관, 수사관

동 조사하다, 연구하다

= inspect, examine, scrutinize, probe

The air force will **investigate** the wreck tomorrow.
공군은 내일 난파선의 잔해를 조사할 것이다.

in + vestig + ate
into trace 동접
어떤 쪽으로(in) 추적하는(vestig) 거니까
→ 조사하다

1873 ★

## overhaul

[òuvərhɔ́ːl]

동 ① (기계·시스템을) 점검하다, 정밀 조사하다
② (경주에서 남을) 앞지르다

The institution has recently **overhauled** the political system.
그 기관은 최근 정치 체계를 철저히 조사했다.

over + haul
too much pull
매우 많은(over) 자료를 당겨와(haul) 조사하니까
→ 정밀 조사하다

1874 ★★

## scatter

[skǽtər]

동 흩뿌리다, 흩어지게 하다

= sprinkle

The farmer **scattered** seeds on his field at planting time.
그 농부는 (농작물을) 심는 시기에 그의 밭에 씨를 뿌렸다.

스캐터 = 수캐 + 터
수캐들이 쓰레기 봉지를 터트려 음식 쓰레기를 흩뿌리다(scatter)
→ 흩뿌리다, 흩어지게 하다

1875 ★★

## disperse

[dispə́ːrs]

dispersive 형 흩어지는, 전파성의

동 ① 흩어지다, 해산시키다
② 퍼뜨리다, 보급하다

= ① scatter, dissolve, dismiss, disband

Police used tear gas to **disperse** the crowds.
경찰이 군중을 해산시키기 위해 최루탄을 사용했다.

디스펄스 = 뒤에서 퍼졌으
소문이 뒤에서 퍼졌어
→ 퍼뜨리다

1876 ★

## diffuse

[difjúːz]

diffusion 명 발산, 보급, 전파

형 ① 널리 퍼진 ② 산만한, 장황한
동 ① 퍼뜨리다, 분산[확산]시키다 ② 퍼지다

= 동 ① spread, scatter, disperse

The problem is how to **diffuse** power without creating anarchy.
문제는 어떻게 하면 무질서를 야기하지 않고 권력을 분산시키느냐이다.

dif + fus(e)
apart pour
사방으로 널리(dif) 붓는(fus) 거니까
→ 널리 퍼진

1877 ★★

## split

[split]

동 나누다, 쪼개다 명 분열

The boys **split** the pie into three equal portions.
소년들이 그 파이를 3조각으로 균등하게 나누었다.

스플릿 = 수풀이
검에 수풀이 둘로 쪼개지는(split) 무협 영화를 연상
→ 나누다, 쪼개다

1878 ★

## remnant

[rémnənt]

명 나머지, 잔여

= rest, leftover

Throw away the **remnants** of last night's meal.
어젯밤 식사의 나머지는 버려라.

remn + ant
remain 명접
아직 남아 있는(remn) 것이니까
→ 나머지, 잔여

1879 ★★

## leftover

[leftóuvər]

명 ① 나머지, 남은 음식 ② 잔재, 유물
형 나머지의, 먹다 남은

= 명 ② remains

The dog ate up all the **leftovers**.
개가 남은 음식을 모두 먹어치웠다.

left + over
left over
식사 후에(over) 남겨진(left) 것
→ 나머지, 남은 음식

1880 ★★

## by-product

[báiprɑ̀dəkt]

명 ① 부산물 ② 부작용

Carbon dioxide is a **by-product** of respiration.
이산화탄소는 호흡의 부산물이다.

by + product
by product
무언가를 만들 때 옆에(by) 떨어져 나오는 생산물(product)
→ 부산물

1881 ★

## peripheral

[pərífərəl]

형 주변적인, 지엽적인

Fund-raising is **peripheral** to our main activities.
기금 조성 활동은 우리의 주된 활동에 비해 지엽적이다.

peri + pher + al
around carry 형접
주변에서(peri) 나르는(pher) 것이니까
→ 주변적인, 지엽적인

1882 ★

## annex

[ənéks]

annexation 명 합병

동 ① (영토 등을) 합병하다 ② 추가하다
명 부가물, (건물의) 별관

= 동 ② add, append

Britain **annexed** the Malta in 1814.
영국은 몰타섬을 1814년에 합병했다.

an + nex
to bind
군데군데 흩어진 것들을 하나로 (an) 묶다(nex)
→ 합병하다

옆쪽(next) 회사랑 묶으니까
→ 합병하다

옆쪽으로(next) 붙이니까
→ 추가하다

1883 ★★

## dusk

[dʌsk]

명 황혼, 땅거미

We arrived home at **dusk**.
우리는 땅거미가 질 무렵에 집에 도착했다.

땅거미(dusk)가 지면 어두워지죠 (dark)
→ 황혼, 땅거미

1884 ★★

## twilight

[twáilàit]

명 여명(기), 황혼(기)

Driving at **twilight** is dangerous.
여명기에 운전하는 것은 위험하다.

twi + light
two light
햇빛과 달빛, 두(twi) 빛(light)이 공존하는 시간
→ 여명, 황혼

1885 ★★

## cherish

[ʧériʃ]

동 소중히 하다

We should **cherish** the love.
우리는 사랑을 소중히 여겨야 한다.

체리쉬 = 철이 씨
철이(심슨) 씨를 소중히 하다 (cherish)
→ 소중히 하다

1886 ★★

## precious

[préʃəs]

형 귀중한, 소중한

Nothing is more **precious** than health.
건강보다 소중한 것은 없다.

preci + ous
price 형접
값이(preci) 있는 거니까
→ 귀중한

1887 ★★

## embrace

[imbréis]

동 ① 포옹하다, 껴안다 ② 받아들이다
명 ① 포옹 ② 수락

= 동 ② accept, receive

The mother **embraced** her child tightly.
엄마는 자기 아이를 꼭 끌어안았다.

마라톤 선수가 레이스(race)를 끝내면 사랑하는 임(em)자가 와서 포옹하죠
→ 포옹하다, 포옹

1888 ★★

## pastime

[pǽstàim]

명 취미, 기분 전환, 오락

= hobby, amusement, recreation

I think that the world's favorite **pastime** would be watching TV.
내 생각에 전 세계 사람들이 가장 좋아하는 취미는 TV 시청이 아닐까 싶다.

pas + time
pass time
시간(time)을 보내는(pas) 데 하는 거니까
→ 취미, 오락

1889 ★★

## chore

[ʧɔːr]

명 ① (정기적·일상적으로 하는) 일
② 힘든[싫은] 일

She finds shopping a **chore**.
그녀는 쇼핑을 하기 싫은 일이라고 생각한다.

초어 = 치워
집 안 구석구석을 치워 놔라!
→ 힘든[싫은] 일

1890 ★★

## chop

[ʧap]

동 자르다 명 절단

= 동 slice, mince, dice

He **chopped** a branch off the tree.
그는 나무에서 가지 하나를 잘라 내었다.

찹
무림의 고수가 칼을 찹찹찹 휘둘러 채소를 자르는(chop) 장면을 연상
→ 자르다

1891 ★★

## misery

[mízəri]

miserable 형 비참한

명 불행, (정신적) 고통

Virtue leads to happiness, and vice to **misery**.
덕행은 행복에 이르는 길이요, 악덕은 불행에 이르는 길이다.

미저리 = 머저리
머저리의 불행한 삶을 연상
→ 불행

1892 ★

## anguish

[æŋgwiʃ]

명 극심한 고통, 고뇌
동 괴롭히다, 괴로워하다

= 명 distress, agony, pain, misery, discomfort, torment

His soul was filled with **anguish**.
그의 영혼은 고뇌에 차 있었다.

ang(u) + ish
choke 동·명접
질식할(ang) 정도로 괴로운 것이니까
→ 극심한 고통

앵귀쉬 = 앵겨서
극심한 고통(anguish) 때문에 가족 품에 안겨서 우는 환자
→ 극심한 고통

1893 ★

## agony

[ægəni]

agonize 동 몹시 괴롭히다, 고뇌하다

명 극심한 고통

= pain, suffering, distress, torment, anguish

She rolled around the floor in **agony**.
그녀는 극심한 고통으로 바닥에서 데굴데굴 굴렀다.

애고니 = 에고 니
(고통에 빠진 사람을 위로하며) 에고 니 괜찮니?
→ 극심한 고통

1894 ★★

## distress

[distrés]

distressful 형 괴로운, 비참한

명 고통, 괴로움 동 괴롭히다

= 명 agony, anguish, pain, misery, discomfort, torment

Mark showed no outward signs of **distress**.
Mark는 겉으로는 전혀 괴로운 표시를 보이지 않았다.

디스트레스 = 더 스트레스
더 스트레스를 받으니 고통스럽기만(distress) 하다
→ 고통, 괴로움

1895 ★★

## torment

[tɔːrmént]

명 고통, 고뇌, 고민거리
동 괴롭히다, 고문하다

= 동 harass, distress, afflict, anguish

I suffered mental **torment** after the incident.
나는 그 사건 이후 정신적 고통을 겪었다.

tor + ment
twist 동·명접
몸을 비트는(tor) 것은
→ 고통, 괴롭히다

1896 ★★

## torture

[tɔ́ːrʧər]

**torturous** 형 고문의, 고통스러운

동 고문하다, 괴롭히다 명 고문, 심한 고통

= 동 distress, torment, afflict, anguish

He confessed under **torture**.
그는 고문을 당하여 자백했다.

tor + ture
twist 동·명접
몸이 뒤틀리게(tor) 하는 거니까
→ 고문하다, 고문

톨쳐 = 또 쳐
고문한다고(torture) 친 데를 또 쳐
→ 고문하다, 고문

1897 ★★

## distort

[distɔ́ːrt]

**distorted** 형 비뚤어진, 왜곡된
**distortion** 명 왜곡

동 비틀다, 왜곡하다

= twist

Many factors can **distort** the result.
많은 요인이 결과를 왜곡할 수 있다.

dis + tort
away twist
비틀어서(tort) 진실로부터 멀어지게(dis) 만들다
→ 왜곡하다

1898 ★★

## pity

[píti]

명 동정, 연민 동 동정을 느끼다

I feel such **pity** for those poor starving children in Africa.
난 아프리카에서 굶주리는 불쌍한 아이들에게 너무나 동정심을 느껴요.

피티 = 피 튀
피 튀기며 싸우는 권투 선수를 보면 동정을 느끼니까(pity)
→ 동정을 느끼다

1899 ★★

## compassion

[kəmpǽʃən]

**compassionate** 형 연민 어린, 동정하는

명 연민, 동정

= sympathy

Her **compassion** for others led her to volunteer abroad.
그녀의 타인에 대한 연민은 그녀를 해외에서 봉사하도록 이끌었다.

com + pass + ion
together pain 명접
다른 사람의 고통을(pass) 함께(com) 겪는 것이니까
→ 연민

1900 ★

## cordial

[kɔ́ːrdʒəl]

형 진심의, 다정한

= friendly, affable, amiable, affectionate

Colleagues thought him **cordial**.
동료들은 그가 다정하다고 생각했다.

cord + ial
heart 형접
마음에서(cord) 우러난 거니까
→ 진심의

DAY

# 39

## DAY 39 어휘 미리보기

DAY 39

| | | | | |
|---|---|---|---|---|
| □ gratify | □ impending | □ protest | □ demolish | □ unerring |
| □ grateful | □ imminent | □ mess | □ violate | □ infallible |
| □ disgrace | □ intrude | □ entangle | □ breach | □ fallacy |
| □ stigma | □ invade | □ intricate | □ infringe | □ fortify |
| □ grudge | □ assault | □ chaos | □ spoil | □ reinforce |
| □ dilettante | □ assail | □ turmoil | □ worsen | □ underpin |
| □ addict | □ rebel | □ uproar | □ exacerbate | □ uphold |
| □ blatant | □ defy | □ uprising | □ aggravate | □ gloomy |
| □ impudent | □ resist | □ ruin | □ deteriorate | □ dismal |
| □ conscience | □ confront | □ wreck | □ blunt | □ dismay |

□□□
1901 ★★

### gratify

[grǽtəfài]

**gratification**
명 만족(감), 만족(감)을 주는 것

**동 만족시키다**

= satisfy, fulfill

This book **gratifies** my desire for knowledge.
이 책은 지식에 대한 나의 욕구를 만족시켜 준다.

grat + ify
favor 동접
남들에게 호의를(grat) 베푸니까
→ 만족시키다

□□□
1902 ★★

### grateful

[gréitfəl]

**gratitude** 명 감사(하는 마음)
**ungrateful** 형 배은망덕한

**형 고마워하는, 감사하는**

= thankful

The community is **grateful** for your assistance.
지역 사회는 당신의 도움에 고마워하고 있다.

그레이트풀 = great + full
그레이트(great)를 풀(full)로 외쳐도 모자라!
→ 고마워하는

□□□
1903 ★★

### disgrace

[disgréis]

**disgraceful** 형 수치스러운

**명 불명예 동 명예를 더럽히다**

= 동 shame, degrade, debase, humiliate

The president had to resign in **disgrace**.
대통령은 불명예스럽게 사임해야만 했다.

dis + grace
not favor
남들의 호의(grace)가 없는(dis) 거니까
→ 불명예

1904 ★

## stigma

[stígmə]

**stigmatize** 동 오명을 씌우다, 낙인 찍다

명 **오명, 낙인**

He has the **stigma** of having a criminal record.
그는 전과 기록이 있다는 낙인이 찍혀 있다.

**stig(ma)**
prick
죄인을 인두로 찔러(stig) 지울 수 없는 표식을 남기다
→ 오명, 낙인
뾰족한 것(stick)으로 찌르면 자국이 남아(ma) 흔적이 생기죠
→ 오명, 낙인

1905

## grudge

[grʌdʒ]

명 **원한, 유감** 동 **억울해하다, 아까워하다**

= 명 resentment, grievance, malice

He **grudges** having to pay so much tax.
그는 그렇게 많은 세금을 내야 하는 것에 억울해한다.

**그러쥐** = **그러지 (마)**
너 나한테 원한(grudge) 갖지 마! 그러지 마!
→ 원한, 유감

1906

## dilettante

[dìlətá:nt]

명 **아마추어 애호가, 호사가**

She's a professional artist, not a **dilettante**.
그녀는 전문적인 화가이지, 아마추어 애호가가 아니다.

직업보다는 자기가 좋아서, 기뻐서(delight) 일을 하는 사람
→ 아마추어 애호가

1907 ★★

## addict

[ǽdikt]

**addictive** 형 중독(성)의
**addicted** 형 중독된
**addiction** 명 중독

동 **중독시키다** 명 **① 중독자 ② 애호가, 팬**

= 명 ② devotee, aficionado

Everybody knows she is a chocolate **addict**.
모두가 그녀가 초콜릿 중독자라는 것을 안다.

**ad** + **dict**
to say
~를 향해(ad) 자꾸 오라고 말하는(dict) 거니까
→ 중독시키다

1908

## blatant

[bléitənt]

**blatantly** 부 노골적으로, 뻔뻔스럽게

형 **노골적인, 명백한**

= shameless, impudent

There was a **blatant** attempt to buy votes.
돈으로 표를 얻으려는 노골적인 시도가 있었다.

**bla** + **(t)ant**
noisy 형접
공공장소에서 시끄럽게(bla) 말하는 거니까
→ 노골적인

1909 ★

## impudent

[ímpjudnt]

**impudence** 명 무례함

형 **무례한, 뻔뻔스러운**

= rude, impolite, shameless, blatant

*cf.* imprudent (경솔한, 무분별한)

The interviewer asked me an **impudent** question.
그 면접관은 나에게 무례한 질문을 했다.

**임퓨던트** = **이미 피우던**
이미 피우던 담배를 길에 버리는 뻔뻔스러운(impudent) 사람
→ 뻔뻔스러운

1910 ★★

## conscience

[kánʃəns]

**conscientious** 형 양심적인, 성실한

명 **양심**

We want our children to develop a **conscience**.
우리는 우리 아이들이 양심을 기르기를 바란다.

**con** + **sci** + **ence**
together know 명접
우리 모두(con) 마음속으로 알고(sci) 있는 것
→ 양심
과학자(scientist)에게는 큰(con) 양심(conscience)이 있어야 하죠
→ 양심

1911 ★

## impending

[impéndiŋ]

impend 동 임박하다, 절박하다

형 임박한, 곧 일어날

= imminent

A trial for one person is **impending**.
한 사람에 대한 재판이 임박했다.

im + pend + ing
in hang 형접
-안에(im) 매달려(pend) 있는 것이 곧 떨어질 거니까
→ 임박한

1912 ★

## imminent

[ímənənt]

형 긴박한, 임박한

= impending

We are awaiting their **imminent** arrival.
우리는 그들이 곧 도착하길 기다리고 있다.

im + min + ent
in push 형접
이미 안(im)에 밀어 넣어져(min) 빨리 처리해야 하니까
→ 긴박한

1913 ★

## intrude

[intrúːd]

intrusion 명 ① 침입, 침해 ② 강요

동 ① 침입하다 ② 간섭[개입]하다

= ② invade, infringe, encroach

Do not **intrude** upon somebody's privacy.
남의 사생활을 간섭하지 마라.

in + trud(e)
in push
집 안으로(in) 밀치고 들어오다(trud)
→ 침입하다

1914 ★★

## invade

[invéid]

invader 명 침략자, 침입자
invasion 명 침략, 침입, 침해

동 ① 침입[침략]하다 ② (권리를) 침해하다

= ① occupy, conquer, assault, assail

The foreign army attempted to **invade** the coastal region.
외국 군대가 해안 지역을 침략하려고 했다.

in + vade
in go
성안으로(in) 들어가다(vade)
→ 침략하다
배(vade) 안(in)으로 침입하다
→ 침략하다

1915 ★

## assault

[əsɔ́ːlt]

명 공격, 폭행
동 ① 공격하다, 폭행하다 ② 괴롭히다

Both men were charged with **assault**.
그 남자들은 둘 다 폭행으로 기소되었다.

as + sault
to leap
-에게(as) 뛰어드는(sault) 것이니까
→ 공격

1916 ★

## assail

[əséil]

unassailable 형 난공불락의

동 ① 맹렬히 공격하다 ② 괴롭히다

The enemy **assailed** our castle.
적군이 우리 성을 맹렬히 공격했다.

as + sail
to leap
-쪽으로(as) 뛰어올라(sail) 덤비다
→ 맹렬히 공격하다

1917 ★

## rebel

명 [rébəl] 동 [ribél]

rebellious 형 반항적인, 반란하는
rebellion 명 반란, 모반

명 반역자, 저항자 동 반항하다, 저항하다

= 동 revolt, resist, disobey, defy, oppose

The colony **rebelled** against the rule of the oppressive king.
식민지는 폭군의 통치에 반기를 들었다.

자꾸 레벨(level)을 나누니 사람들이 반항하죠(rebel)
→ 반항하다

1918 ★★

## defy

[difái]

defiant 형 반항하는, 저항하는
defiance 명 도전, 반항

동 ① 반항[도전]하다 ② 무시하다

= ① oppose, disobey

I wouldn't have dared to **defy** my teachers.
나라면 선생님들에게 감히 반항하지 못했을 것이다.

**de** + **fy**
down trust
믿음을(fy) 깎아내리는(de) 행동이니까
→ 반항하다, 무시하다

1919 ★★

## resist

[rizíst]

resistant 형 저항하는, 저항력 있는
resistance 명 저항, 저항력

동 반대하다, 저항하다

= oppose, defy

Teenagers may find it difficult to **resist** peer pressure.
십 대들은 또래의 압력에 저항하는 것을 어려워할 수도 있다.

**re** + **sist**
against stand
반대(re) 입장에 서다(sist)
→ 반대하다

1920 ★★

## confront

[kənfrʌ́nt]

confrontation 명 대립, 대결

동 ① 직면하다, 마주치다 ② 맞서다, 대항하다

She knew that she had to **confront** her fears.
그녀는 자신의 공포감에 맞서야 한다는 것을 알고 있었다.

**con** + **front**
together forehead
서로(con) 이마를(front) 맞대니까
→ 직면하다, 맞서다

1921 ★★

## protest

[próutest]

protester 명 시위자
protestant 명 ① (P-) 신교도 ② 항의자

동 ① 항의하다, 시위하다 ② 주장하다
명 ① 항의, 시위 ② 주장

That **protest** exploded into a riot.
그 시위가 폭발하여 폭동이 되었다.

**pro** + **test**
forward witness
부당한 대우에 대해 앞에(pro) 나서서 증언하는(test) 것이니까
→ 항의
프로(pro) 선수의 실력을 시험하면(test) 항의하겠죠(protest)
→ 항의하다

1922 ★★

## mess

[mes]

messy 형 어질러진, 지저분한, 난처한

명 엉망인 상태, 난장판 동 엉망으로 만들다

Don't **mess** up my clean room.
내 깨끗한 방을 어지럽히지 마라.

난장판(mess)인 방을 보면 매(me)일 스트레스(ss) 받죠
→ 난장판

1923 ★

## entangle

[intǽŋgl]

tangle 동 엉키다 명 얽힌 것

동 ① 얽히게 하다 ② 복잡하게 하다

= ② complicate

Long threads are easily **entangled**.
긴 실은 쉽게 엉킨다.

넝쿨이 서로 탱글탱글(tangle) 얽혀 있으니까
→ 얽히게 하다

1924 ★

## intricate

[íntrikət]

intricacy 명 복잡함

형 복잡한, 뒤얽힌

= complicated, complex

My sweater has an **intricate** design.
내 스웨터는 디자인이 복잡하다.

**in** + **tric** + **ate**
in trick 형접
안에(in) 속임수가(tric) 많으니까
→ 복잡한

1925 ★★

## chaos

[kéias]

chaotic 형 대혼란의

명 혼돈, 무질서

= confusion, disorder, mess

The political situation of the country is in **chaos.**

그 나라의 정치적 상황은 혼돈 상태에 있다.

혼돈(chaos) 이론을 '카오스 이론' 이라고도 하죠
→ 혼돈, 무질서

1926 ★

## turmoil

[tə́:rmɔil]

명 혼란, 동요

= chaos, confusion, disorder, disruption

The whole class is in **turmoil.**

학급 전체가 혼란에 빠졌다.

터모일 = (장)터 모여

사람들이 장터에 모여 정신이 없고 혼란(turmoil)스럽다
→ 혼란, 동요

1927 ★★

## uproar

[ʌ́prɔ̀:r]

uproarious 형 소란스러운

명 소란, 소동

= chaos, confusion, disorder, disruption

The meeting ended in **uproar.**

그 모임은 소란 속에 끝났다.

up + roar
up shout

사람들이 소리 높여(up) 고함을 질러댐(roar)
→ 소란

1928 ★★

## uprising

[ʌ́pràiziŋ]

명 폭동, 반란

= rebellion, revolt, insurrection

The civil **uprising** was put down very quickly.

시민 반란은 매우 빠르게 진압되었다.

up + ris + ing
up rise 명접

분노에 차올라 위로(up) 들고 일어남(ris)
→ 폭동

1929 ★★

## ruin

[rú:in]

명 ① 파괴, 파멸 ② 폐허[주로 *pl.*]

동 폐허로 만들다, 파멸시키다

= 동 destroy, wreck, devastate, demolish

Idleness leads to **ruin.**

나태는 파멸을 초래한다.

루인 = 루이

루이 16세는 프랑스 혁명에 의해 파멸했죠(ruin)
→ 파괴, 파멸시키다

1930 ★★

## wreck

[rek]

동 ① 망가뜨리다 ② (배를) 난파시키다

명 ① 만신창이 ② 난파, (사고) 잔해

= 동 ① destroy, ruin, devastate, demolish

The ship was **wrecked.**

그 배는 난파당했다.

렉 = 렉

컴퓨터가 망가지면(wreck) 렉이 걸리니까
→ 망가뜨리다, 만신창이

1931 ★

## demolish

[dimɑ́liʃ]

demolition 명 파괴, 철거

동 부수다, 허물다

= destroy, ruin, wreck, devastate

The building has long since been **demolished.**

건물은 허물어진 지가 오래되었다.

de + mol + ish
down grind 동접

건물 등을 갈아서(mol) 아래로(de) 뭉개니까
→ 부수다

깡패들이 떼(de)로 몰려서(molish) 부수고(demolish) 다니니까
→ 부수다

1932 ★★

## violate
[váiəlèit]

violation 명 위반

동 ① (법 등을) 위반하다, 어기다 ② (사생활 등을) 침해하다

= ① offend, breach, infringe

The policeman stopped her from **violating** a traffic law.
경찰관은 그녀가 교통법규를 위반하지 않도록 했다.

비와(vio)서 약속 시간에 늦으면(late) 약속을 어긴(violate) 거니까
→ 어기다

1933 ★

## breach
[bri:ʧ]

동 위반하다, 어기다 명 위반, 침해

= 동 offend, violate, infringe

That one cost them ten thousand pounds in **breach** of contract.
계약 위반으로 그들은 만 파운드를 물어야 한다.

브리치 = 불일치
법과 불일치하는 것은 법을 어기는 위반(breach)
→ 위반하다, 어기다

브리치 = 브레이크
법을 깨는(break) 거니까
→ 위반하다, 어기다

1934 ★

## infringe
[infríndʒ]

infringement 명 위반, 위배

동 위반하다, 침해하다

= offend, violate, breach

*cf.* fringe (주변, 가장자리)

Their actions are likely to **infringe** a copyright.
그들의 행동들은 저작권을 침해할 가능성이 있다.

in + fringe
in break
금기의 경계를 깨고(fringe) 안으로(in) 들어가는 거니까
→ 위반하다
누군가의 가장자리(fringe)를 넘어 안으로(in) 들어와 버리는 거니까
→ 침해하다

1935 ★★

## spoil
[spɔil]

동 망치다, 상하게 하다

The heavy rain **spoiled** the crops.
큰 비가 농작물을 망쳤다.

스포일 = 수포 일
수포가 된 일은 망친(spoil) 거니까
→ 망치다

1936 ★

## worsen
[wə́:rsn]

worse 형 ① 더 나쁜 ② 더 심한
부 ① 더 나쁘게 ② 더 심하게

동 악화되다, 악화시키다

= aggravate, exacerbate, deteriorate

Ignoring the issue will only **worsen** it.
그 문제를 무시하는 것은 그것을 악화시킬 뿐이다.

worse + (e)n
worse 동접
더 나빠지게(worse) 만들다
→ 악화되다, 악화시키다

1937 ★

## exacerbate
[igzǽsərbèit]

동 악화시키다

= worsen, aggravate, deteriorate

He hurt his foot, and walking on it **exacerbated** the pain.
그는 발을 다쳤고, 그 발로 걸으면 통증이 심해졌다.

이그재설베이트 = 이그 써! 뱉어
약이 쓰다고 뱉어내면 병세는 악화되니까(exacerbate)
→ 악화시키다
적의 중요한 요새(ce)만을 정확하게(exact) 때리니(bat) 적의 역량이 악화되죠(exacerbate)
→ 악화시키다

1938 ★★

## aggravate

[ǽgrəvèit]

aggravation 명 ① 악화(시킴), 심각화 ② 화남

동 **악화시키다**

= worsen, deteriorate, exacerbate

Their help **aggravated** the situation even further.
그들의 도움은 상황을 훨씬 더 악화시켰다.

**ag** + **grav** + **ate**
to heavy 동접
상황이 점점 무거워지는(grav) 쪽으로(ag) 가니까
→ **악화시키다**

1939 ★★

## deteriorate

[ditíəriərèit]

deterioration 명 악화, 퇴보

동 **① 악화되다, 더 나빠지다 ② 악화시키다, 저하시키다**

= ② worsen, aggravate, exacerbate

Planes **deteriorate** quickly in high humidity.
높은 습도에서 비행기는 빠르게 (품질이) 나빠진다.

**de** + **terior** + **ate**
down worse 동접
아래로(de) 더 악화되게(terior) 하니까(ate)
→ **악화되다**
자유 무역을 막으면(deter) 경제가 더 나빠지죠(deteriorate)
→ **악화되다**

1940 ★

## blunt

[blʌnt]

bluntly 부 직설적으로

형 **① 무딘, 뭉툭한 ② 직설적인, 퉁명스러운**
동 **무디게 하다**

= 형 ② frank, candid, outspoken, straightforward

He was sawing the bread with a **blunt** knife.
그는 무딘 칼로 빵을 톱질하듯 썰고 있었다.

눈이 멀면(blind) 행동이 무뎌진다(blunt)는 것에서 유래
→ **무딘**

1941 ★

## unerring

[ʌnə́ːriŋ]

형 **틀림없는, 항상 정확한**

= infallible, unfailing

He is **unerring** in his judgment.
그는 판단에 있어 항상 정확하다.

**un** + **err** + **ing**
not error 형접
오류(err)가 없는(un) 거니까
→ **틀림없는, 항상 정확한**

1942 ★

## infallible

[infǽləbl]

fallible 형 틀리기 쉬운

형 **틀림이 없는, 절대 확실한**

= unfailing, unerring, foolproof

She is **infallible** in her judgment.
그녀의 판단에는 틀림이 없다.

**in** + **fall** + **ible**
not wrong 형접
절대 잘못될(fall) 수 없는(in)
→ **틀림이 없는**

1943 ★★

## fallacy

[fǽləsi]

fallacious 형 잘못된, 그릇된

명 **① 잘못된 생각, 착오 ② 오류**

I detected the **fallacy** of her argument.
나는 그녀의 주장에 담긴 오류를 발견했다.

**fall** + **acy**
deceive 명접
스스로마저 속이는(fall) 것이니까
→ **잘못된 생각, 착오**
잘못된 생각(fallacy)의 구렁텅이에 빠지다(fall)
→ **잘못된 생각**

1944 ★

## fortify

[fɔ́:rtəfài]

fort 명 요새
fortress 명 요새
fortitude 명 용기, 꿋꿋함, 인내

동 ① 강화하다 ② 요새화하다

= ① strengthen, reinforce, bolster

They **fortified** their determination.
그들은 자신의 결의를 강화했다.

fort + ify
strong 동접
강하도록(fort) 만드니까
→ 강화하다

1945 ★★

## reinforce

[rì:infɔ́:rs]

reinforcement 명 강화, 보강
reinforced 형 보강된

동 강화하다, 보강하다

= strengthen, fortify, bolster

The TV show **reinforced** racial stereotypes.
그 TV 쇼는 인종적 고정 관념을 강화했다.

re + in + force
again make power
다시(re) 힘을(force) 만들어내니까(in)
→ 강화하다

1946 ★

## underpin

[ʌ̀ndərpín]

underpinning 명 받침대, 토대

동 뒷받침하다, 보강하다, 지지하다

= back, support, uphold

It is impossible to **underpin** the argument.
그 주장을 뒷받침하는 것은 불가능하다.

커튼이 자꾸 흘러내려 아래에(under) 핀(pin)을 꽂아서 지지하다(underpin)
→ 뒷받침하다, 보강하다, 지지하다

1947 ★★

## uphold

[ʌ̀phóuld]

동 지지하다, 떠받치다

= back, support, underpin

He tends to **uphold** the tradition.
그는 전통을 지지하는 경향이 있다.

up + hold
up hold
위로(up) 지탱하다(hold)
→ 지지하다

1948 ★★

## gloomy

[glú:mi]

gloom 명 우울, 어둠

형 ① 어둑어둑한 ② 음울한, 울적한

= ② depressing, melancholy, dismal

My **gloomy** feelings were disappearing.
나의 울적한 기분은 사라지고 있었다.

글루미 = 구름이
구름이 많이 낀 울적한(gloomy) 날
→ 울적한

1949 ★

## dismal

[dízməl]

형 우울한, 울적하게 하는, 음산한

= depressing, melancholy, gloomy

The atmosphere of the hospital is pretty **dismal**.
병원의 분위기는 꽤 음산하다.

심슨쌤이 디스(dis)하는 말(mal)을 듣고 우울해졌다(dismal)
→ 우울한

1950 ★★

## dismay

[disméi]

명 당황, 낙담 동 당황하게 하다, 실망시키다

= 동 discourage, frustrate, dishearten

He was **dismayed** to know that he couldn't find his wallet.
그는 자신의 지갑을 찾을 수 없다는 것을 알고 실망했다.

dis + may
away able
가능성(may)을 빼앗아(dis) 버리니까
→ 당황, 낙담
5월(May) 축제에 가기로 한 애인이 나타나지 않으면(dis) 낙담(dismay)하겠죠
→ 당황, 낙담

# DAY 40

## DAY 40 어휘 미리보기

DAY 40

| | | | | |
|---|---|---|---|---|
| □ dreary | □ associate | □ dip | □ monopoly | □ fulfill |
| □ solemn | □ organize | □ penetrate | □ barter | □ execute |
| □ fuss | □ coordinate | □ irrigate | □ secondhand | □ implement |
| □ dominate | □ subordinate | □ pave | □ discount | □ enforce |
| □ predominant | □ loyal | □ commerce | □ refund | □ phase |
| □ conjunction | □ fidelity | □ merchant | □ bargain | □ sheer |
| □ collaborate | □ fling | □ vendor | □ negotiate | □ utter |
| □ cooperate | □ hurl | □ agent | □ achieve | □ absolute |
| □ ally | □ saturate | □ wholesaler | □ accomplish | □ complete |
| □ align | □ soak | □ auction | □ attain | □ outright |

□□□

1951 ★

**dreary**

[dríəri]

형 ① 쓸쓸한, 황량한 ② 따분한, 지루한

= ② dull, tedious, monotonous, mundane

Suppose plants were not to flower, how **dreary** nature would be!

만일 초목에 꽃이 피지 않는다면, 자연은 얼마나 쓸쓸할까!

드리어리 = 드리우리

나이가 들면 쓸쓸함(dreary)이 드리우리

→ 쓸쓸한, 황량한

□□□

1952 ★

**solemn**

[sɑ́ləm]

형 ① 엄숙한, 근엄한 ② 중대한

His **solemn** face broke into smiles.

그의 근엄한 얼굴에서 미소가 번져 나왔다.

살럼 = 살얼음

살얼음 같은 엄숙한(solemn) 분위기에서는 소름이 돋으니까

→ 엄숙한, 근엄한

□□□

1953 ★★

**fuss**

[fʌs]

명 ① 야단법석, 호들갑 ② 불평

Don't make a **fuss** about a minor thing like that.

그렇게 사소한 일을 가지고 야단법석 떨지 마라.

퍼스 = 버스

출근길 만원 버스 안은 그야말로 야단법석(fuss)

→ 야단법석, 호들갑

□□□

1954 ★★

**dominate**

[dɑ́mənèit]

**domination** 명 지배, 권세

**dominant** 형 지배적인, 유력한

동 지배하다, 우세하다

The company **dominates** the sector with more than a 50 percent market share.

그 회사는 50%가 넘는 시장점유율로 그 분야를 지배하고 있다.

domin + ate

rule 동접

지배하는(domin) 거니까

→ 지배하다, 우세하다

1955 ★★

## predominant

[prídɑːmìnənt]

형 ① 우세한 ② 두드러진, 뚜렷한

= ① dominant

predominate 동 뛰어나다, 우세하다
predominance 명 우세, 지배

The **predominant** feature of his character was pride.
그가 지닌 성격의 두드러진 특징은 자존심이었다.

pre + domin + ant
before rule 형접
남들보다 앞서(pre) 지배하니까(domin)
→ 우세한

1956 ★★

## conjunction

[kəndʒʌ́ŋkʃən]

명 ① 결합, 합동 ② 접속사

*cf.* in conjunction with (-와 함께)

conjunct 형 결합한, 공동의, 긴밀한

I'm willing to work in **conjunction** with you.
나는 당신과 함께 기꺼이 일할 의향이 있다.

con + junc + tion
together join 명접
서로(con) 결합한(junc) 것이니까
→ 결합

1957 ★★

## collaborate

[kəlǽbərèit]

동 협력하다, 공동으로 일하다

collaborative 형 합작의, 협력하는
collaboration 명 공동 작업, 협력

One needs to **collaborate** with peers to get work done.
일을 끝내려면 동료들과 협력해야 한다.

col + labor + ate
together work 동접
함께(col) 일하다(labor)
→ 협력하다

1958 ★★

## cooperate

[kouɑ́pərèit]

동 협력하다, 협조하다

cooperation 명 협력, 협조

They got a chance to **cooperate** with a major company.
그들은 대기업과 협력할 기회를 얻었다.

co + operate
together work
함께(co) 일하니까(operate)
→ 협력하다, 협조하다

1959 ★★

## ally

[əlái]

동 동맹하다, 연합하다 명 동맹국, 동맹자

alliance 명 동맹, 협력

Japan was once **allied** with England.
일본은 한때 영국과 동맹을 맺었었다.

모두(all)와 동맹을 맺어서(ally) 연합국을 형성하다
→ 동맹하다, 동맹국

1960 ★

## align

[əláin]

동 ① 일직선으로 하다, 정렬시키다 ② 조정하다 ③ -와 연합하다

alignment 명 ① 일렬로 정렬 ② 연합, 연대

We have to **align** those two agendas.
우리는 그 두 안건을 조정해야 한다.

a + lign
to line
-에(a) 평행이 되도록 선을(lign) 맞추다
→ 일직선으로 하다

1961 ★★

## associate

[əsóuʃièit]

동 ① 연상하다, 연관시키다 (A with B) ② 어울리다, 교제하다 (with)
명 ① 동료 ② 제휴사

association 명 ① 협회 ② 제휴 ③ 연상

Ghosts and witches are still **associated** with Halloween.
유령과 마녀는 여전히 핼러윈과 연관된다.

as + soci + ate
to companion 동접
무언가에(as) 동료(soci)의 입장으로 가담하게 하다
→ 연관시키다
무리에(as) 동료(soci)로 가담하게 되다
→ 교제하다

1962 ★★

## organize

[ɔ́:rgənàiz]

organization 명 단체, 조직

동 ① 조직하다, 구성하다 ② 정리하다

= ② arrange

The event will be **organized** by one of the leading department stores.
그 행사는 유명한 백화점들 중 하나가 조직할 예정이다.

건반 악기인 오르간(organ)은 다양한 음으로 음악을 조직하죠(organize)
→ 조직하다, 구성하다

1963 ★★

## coordinate

[kouɔ́:rdənət]

coordination 명 조정, 일치

동 ① 조정하다 ② 조화시키다 ③ 조직화하다
형 동등한

We need someone to **coordinate** the campaign.
우리는 캠페인을 조정할 사람이 필요하다.

co + ordin + ate
together order 동·형접
다 같이(co) 순서에(ordin) 맞도록 만들다(ate)
→ 조정하다

1964 ★★

## subordinate

[səbɔ́:rdənət]

subordination 명 종속, 예속

형 종속된, 부수적인 명 부하 동 경시하다

= 형 secondary, subsidiary, incidental

I have five direct **subordinates**.
나에게는 다섯 명의 직속 부하가 있다.

sub + ordin + ate
under order 동·형·명접
순서상(ordin) 아래에(sub) 있는 것이니까
→ 종속된

1965 ★★

## loyal

[lɔ́iəl]

loyalty 명 충성(심), 충실

형 충성스러운

Soldiers are **loyal** to their own countries.
군인들은 자신의 나라에 충성스럽다.

loy + al
law 형접
하나의 법(loy)를 잘 지키니까
→ 충성스러운

1966 ★

## fidelity

[fidéləti]

명 충실, 충성

= loyalty, devotion

A dog's **fidelity** is stronger than that of a cat.
개의 충성이 고양이보다 강하다.

fid(el) + ity
trust 명접
믿을(fid) 수 있는 성질이니까
→ 충실

1967 ★

## fling

[fliŋ]

동 내던지다 명 내던지기, 투척

He **flung** his books on the desk.
그는 책들을 책상에 내던졌다.

내던지면(fling) 날아가니까(fly)
→ 내던지다

1968 ★

## hurl

[hə:rl]

동 던지다, 내던지다

= throw, cast, pitch, fling

They began to **hurl** stones at the police.
그들은 경찰에게 돌을 던지기 시작했다.

헐크(Hulk)가 물건을 내던지다(hurl)
→ 던지다, 내던지다

1969 ★

## saturate

[sǽtʃərèit]

saturated 형 흠뻑 젖은

동 ① 흠뻑 적시다 ② 포화시키다, 과잉 공급하다

≡ ① soak

The continuous rain **saturated** the soil.
계속 내린 비가 땅을 흠뻑 적셨다.

토요일(Saturday)은 술에 흠뻑 적시는(saturate) 날
→ 흠뻑 적시다

1970 ★★

## soak

[souk]

동 (물에) 젖다, 잠기다, 스며들다

My shoes are **soaked** through.
내 신발은 완전히 젖었다.

쏘욱 = 쑤욱
참나무(oak)가 물에 쑤욱 잠기다(soak)
→ (물에) 젖다, 잠기다

1971 ★★

## dip

[dip]

동 ① 담그다, 적시다 ② 떨어지다

≡ ② sink, plunge

He **dipped** his brush into the paint and began drawing.
그는 붓을 물감에 적셔서 그림을 그리기 시작했다.

깊은(deep) 물에 몸을 담그다(dip)
→ 담그다, 적시다

1972 ★

## penetrate

[pénətrèit]

penetration 명 ① 관통 ② 침투
impenetrable 형 ① 관통할 수 없는 ② 불가해한

동 ① 꿰뚫다, 관통하다 ② 침투하다, 스며들다

≡ ② pervade, permeate

The flashlight **penetrated** the darkness.
손전등 불빛이 어둠 속을 꿰뚫었다.

페네트레잇 = 펜이 뚫어잇
마치 펜이 종이를 뚫는 것처럼
→ 꿰뚫다, 관통하다

1973 ★

## irrigate

[írəgèit]

irrigation 명 물을 끌어들임, 관개

동 (땅에) 물을 대다, 관개하다

He built reservoirs to **irrigate** land in the southern region.
그는 남쪽 지역 땅에 물을 대기 위해서 저수지를 만들었다.

댐의 수문(gate)을 열고 물을 이리(irri) 가져와 논에 물을 댄다(irrigate)
→ (땅에) 물을 대다

1974 ★★

## pave

[peiv]

pavement 명 ① 포장도로 ② (포장된) 인도

동 (도로를) 포장하다

Heaven is just like streets **paved** with gold.
천국은 마치 금으로 포장된 거리와 같다.

사람이나 자동차가 길(path)을 지날(pass) 수 있도록 미리 길을 포장하니까(pave)
→ 포장하다

1975 ★★

## commerce

[kámə:rs]

commercial 형 상업의 명 (상업) 광고

명 무역, 상업

The music business combines art with **commerce**.
음악 사업은 예술과 상업을 결합시킨다.

com + merc(e)
together trade
함께(com) 거래하는(merc) 거니까
→ 무역, 상업

장사(commerce)하다가 돈 다 까먹었스(commerce)
→ 무역, 상업

1976 ★★

## merchant

[mə́ːrʧənt]

**merchandise** 명 상품

명 **상인**

The **merchants** in my town advertise in the newspaper.
우리 동네 상인들은 신문에 광고를 한다.

**merc(h)** + **ant**
trade 명접
거래를(merc) 하는 사람이니까
→ **상인**

**머천트** = **뭐 잔뜩**
뭐 잔뜩 쌓아놓고 파는 상인(merchant)
→ **상인**

1977 ★

## vendor

[véndər]

**vend** 동 팔다

명 **행상, (노점) 상인**

= seller, merchant

*cf.* vending machine (자판기)

He's been working as a street **vendor** selling flowers.
그는 꽃을 파는 거리 상인으로 일해 오고 있다.

**vend** + **or**
sell 명접
파는(vend) 사람이니까
→ **(노점) 상인**

1978 ★★

## agent

[éidʒənt]

**agency** 명 기관, 대리점, 대행사

명 **① 동인(動因), 행위자 ② 요원 ③ 대리인, 중개상**

= ① cause, origin, source, catalyst

Fear can be a powerful **agent** of motivation.
두려움은 동기 부여의 강력한 동인이 될 수 있다.

영화에서 '비밀 요원'을 secret agent라고 하죠
→ **요원**

1979 ★★

## wholesaler

[houlselər]

**wholesale** 명 도매 형 도매의 동 도매하다

명 **도매업자**

Analysts say that Hite shares the same **wholesaler** network as Jinro.
분석가들은 하이트가 진로와 동일한 도매 유통망을 이용하고 있다고 말한다.

**whole** + **sale** + **r**
whole sale 명접
물건을 통으로(whole) 구매해서 파는(sale) 사람
→ **도매업자**

1980 ★

## auction

[ɔ́ːkʃən]

명 **경매** 동 **경매하다**

They're holding an **auction** of jewelery on Thursday.
그들은 목요일에 보석 경매를 열 것이다.

**옥션**
온라인에서 물건을 사고파는 경매(auction) 사이트는 옥션!
→ **경매**

1981 ★★

## monopoly

[mənɑ́pəli]

**monopolize** 동 독점하다

명 **독점, 전매**

*cf.* oligopoly (과점)

The company has a virtual **monopoly**.
그 회사가 사실상 독점권을 쥐고 있다.

**mono** + **poly**
one sell
어떤 물건을 혼자서만(mono) 파는(poly) 것이니까
→ **독점, 전매**

□□□
1982 ★

## barter

[bɑ́:rtər]

동 물물교환하다, 교역하다

명 물물교환, 교환물

We work on the **barter** system.
우리는 물물교환 시스템에서 일한다.

술집(bar) 어디 다니는지 서로 터(ter) 보자!
→ 교역하다

□□□
1983 ★★

## secondhand

[sékəndhǽnd]

형 ① 간접적인 ② (상품이) 중고의

Buying a **secondhand** car can be a risky business.
중고차를 사는 것은 위험한 일일 수 있다.

남의 손을 먼저 거친 뒤에 두 번째(second) 손(hand)을 거치는 거니까
→ 간접적인, 중고의

□□□
1984 ★★

## discount

[dískaunt]

동 ① 무시하다 ② 할인하다 명 할인

= 명 reduction, deduction, markdown

The company decided to **discount** the risks involved.
그 회사는 관련된 위험을 무시하기로 결정했다.

저거는 그냥 안(dis) 세니까(count)
→ 무시하다

□□□
1985 ★★

## refund

[ri:fʌ́nd]

**refundable** 형 환불 가능한

명 환불(금) 동 환불하다

Ask for a **refund** if the goods are faulty.
상품에 문제가 있으면 환불을 요청하세요.

re + fund
back pour
돈을 되돌려(re) 부어(fund) 주는 것이니까
→ 환불하다

□□□
1986 ★★

## bargain

[bɑ́:rgən]

동 ① 흥정하다 ② 계약하다, 협정하다

명 ① 싸게 산 물건, 특가품 ② 계약, 협정

We **bargained** with him for the use of the property.
우리는 그와 그 땅의 사용 계약을 맺었다.

바겐 세일(bargain sale)이란?
백화점에서 특가 상품을(bargain) 판매하는 행사
→ 싸게 산 물건, 특가품

□□□
1987 ★★

## negotiate

[nigóuʃièit]

**negotiation** 명 협상

동 협상하다, 교섭하다

He's in a strong position to **negotiate** a deal.
그는 거래 협상에서 유력한 위치에 있다.

neg + oti + ate
not leisure 동접
놀지(oti) 않고(neg) 계속 상대와 일하다
→ 협상하다

니고쉬에이트 = 니 + 꼬시어
상대방을 니가 꼬시어 봐라
→ 협상하다

□□□
1988 ★★

## achieve

[ətʃí:v]

**achievement** 명 ① 업적, 위업 ② 성취, 달성

동 ① 이루다, 성취하다, 달성하다 ② 획득하다

= ① accomplish, attain, fulfill, realize

It's essential to **achieve** work-life balance.
일과 삶의 균형을 이루는 것은 필수적이다.

어찌(achi)어찌해서 부(ve)를 성취하다(achieve)
→ 성취하다

1989 ★★

## accomplish

[əkʌ́mpliʃ]

**accomplishment** 명 성취, 업적

동 **이루다, 성취하다**

To **accomplish** great things, we must dream as well as act.
위대한 것들을 성취하려면 행동할 뿐만 아니라 꿈꾸어야 한다.

**ac** + **com** + **pli** + **sh**
to completely fill 동접
무언가에(ac) 대해 완전히(com) 채우는(pli) 거니까
→ 성취하다

**어컴플리시** = **어! 꿈! 풀리지**
어! 마침내 가수의 꿈을 푼다
→ 이루다, 성취하다

1990 ★★

## attain

[ətéin]

**attainment** 명 성취, 달성

동 **① 이루다, 달성하다 ② 도달하다, 이르다**

Once you start, you must **attain** your objective.
일단 시작했으면, 목적을 달성해야 한다.

**at** + **tain**
to touch
목표물에(at) 손이 닿다(tain)
→ 달성하다, 이르다

1991 ★★

## fulfill

[fulfíl]

**fulfillment** 명 이행, 성취

동 **① 수행[이행]하다**
**② 실현[성취]하다, 이루다**

My cherished desire has been **fulfilled.**
내가 염원하던 소망이 이루어졌다.

**ful** + **fill**
full fill
목표 달성량을 가득(ful) 채우는(fill) 거니까
→ 수행하다, 이루다

1992 ★★

## execute

[éksikjùːt]

**executive**
명 ① 경영 간부, 경영진 ② (the-) 행정부
형 경영의, 행정의

**execution**
명 ① 처형, 사형(집행) ② 실행, 수행

동 **① 실행하다, 수행하다 ② 처형하다**

The royal family was **executed** the following year.
그다음 해에 왕족들은 처형되었다.

**ex** + **ecu(te)**
out follow
계획을 철저히(ex) 따르다(ecu)
→ 실행하다
영리하게(cute) 일을 수행하다 (execute)
→ 수행하다

1993 ★★

## implement

[ímpləmənt]

동 **이행하다, 시행하다**
명 **① 도구, 기구 ② 수단**

It is increasingly difficult to **implement** the agreement.
그 협약을 이행하기가 점점 더 어렵다.

**im** + **ple** + **ment**
in fill 동·명접
어떤 임무 안을(im) 잘 채워(ple) 넣는 거니까
→ 이행하다

**임플리먼트** = **임 풀려면**
묶여 있는 임을 풀려면 도구가 (implement) 필요하다
→ 도구

1994 ★★

## enforce

[infɔ́ːrs]

**enforcement** 명 시행, 집행

동 **① 시행[집행]하다, 실시하다 ② 강요하다**

The police are in charge of **enforcing** the law.
경찰은 법을 집행하는 일을 담당하고 있다.

**en** + **force**
make power
법에 힘을(force) 만들어(en) 강제 하니까
→ 시행하다, 집행하다
힘을(force) 써서(en) 상대방을 강제하니까
→ 강요하다

1995 ★★

## phase

[feiz]

명 면, 국면, 단계

= stage, step

The revolution entered a new **phase**.
혁명은 새로운 단계에 들어갔다.

페이즈 = 페이지
책의 한 페이지는 한 면(phase)
→ 면

1996 ★★

## sheer

[ʃiər]

형 ① 순전한, 순수한 ② 완전한

= ② utter, absolute, complete, outright

It was her **sheer** persistence that wore them down in the end.
결국 그들이 무너진 것은 그녀의 순전한 고집 때문이었다.

쉬어 = 시어
시어(詩語)는 순수한(sheer) 우리 말로 되어 있죠
→ 순전한, 순수한

시험 끝나면 완전히(sheer) 푹 쉬어
→ 완전한

1997 ★★

## utter

[ʌ́tər]

**utterly** 부 완전히, 철저히
**utterance** 명 발화, 발성

형 완전한, 전적인 동 말하다

= 형 sheer, absolute, complete, outright

She did not **utter** any word during lunch.
그녀는 점심을 먹으면서 어떤 말도 하지 않았다.

어터 = 어 터
어! 터놓고 말하자(utter)
→ 말하다

1998 ★★

## absolute

[ǽbsəlùːt]

**absolutely** 부 완전히, 절대적으로

형 완전한, 확실한, 절대적인

= sheer, utter, complete, outright

God is the **absolute** being.
신은 절대적인 존재이다.

ab + solu + te
away loosen 형접
매여 있던 것을 풀고(solu) 멀어져(ab) 그 자체로만 존재하니까
→ 완전한, 절대적인
매여 있던 것을 풀고(ab) 오직 하나(sol)가 되니까
→ 완전한

1999 ★★

## complete

[kəmplíːt]

**incomplete** 형 불완전한
**completion** 명 완료, 완성
**complement** 동 보완하다, 보충하다 명 보충(물)

동 ① 완료하다, 끝내다 ② 기입하다
형 ① 완전한 ② 완료된

= 동 ① conclude, finalize, wind up

The job requires a **complete** understanding of procedures.
그 일은 절차에 대한 완전한 이해가 필요하다.

경쟁하던(compete) 상대와의 대결을 끝내다(complete), '미션 컴플리트!'
→ 끝내다

2000 ★

## outright

[áutràit]

형 ① 노골적인, 명백한 ② 완전한
부 ① 노골적으로 ② 완전히

Did you pay for the car **outright**?
차 값은 완전히 지불했나요?

out + right
outside proper
제대로(right) 된 모양으로 나오니까(out)
→ 완전한

DAY
# 41

## DAY 41 어휘 미리보기

DAY 41

| | | | | |
|---|---|---|---|---|
| □ polish | □ hollow | □ physician | □ seize | □ regulate |
| □ trim | □ devoid | □ physiology | □ siege | □ regime |
| □ weave | □ astronomy | □ anatomy | □ apprehend | □ snatch |
| □ sap | □ chemistry | □ hygiene | □ comprehend | □ squeeze |
| □ erode | □ archaeology | □ sanitary | □ digest | □ solid |
| □ impair | □ architecture | □ fetch | □ ingest | □ consolidate |
| □ negative | □ economics | □ convey | □ absorb | □ determine |
| □ adverse | □ ethics | □ halt | □ immerse | □ resolve |
| □ invert | □ philosophy | □ cease | □ surround | □ dissolve |
| □ omit | □ physics | □ grasp | □ circumscribe | □ soluble |

□□□
2001 ★★

### polish
[pάliʃ]

polished 형 ① 닦은 ② 세련된

동 ① 광내다, 닦다 ② 다듬다, 세련되게 하다
명 ① 윤 내기 ② 광택(제)

He **polished** the silver spoon.
그는 은수저를 광냈다.

팔리쉬 = 팔리지
구두나 물건을 잘 닦아야(polish) 팔리지
→ 광내다, 닦다

□□□
2002 ★★

### trim
[trim]

동 다듬다, 잘라 내다 형 정돈된, 깔끔한

He takes delight in **trimming** the garden every Sunday.
그는 일요일마다 정원을 손질하는 것이 낙이다.

트림 = tree임
정원사가 다듬은(trim) 나무(tree)임
→ 다듬다, 잘라 내다

□□□
2003 ★★

### weave
[wiːv]

동 (천을) 짜다, 뜨다

= knit

This shirt was **woven** by hand in Central America.
이 셔츠는 중앙아메리카에서 손으로 짜졌다.

크리스마스이브(Eve)를 위한 니트를 짜다(weave)
→ (천을) 짜다, 뜨다

□□□
2004 ★

### sap
[sæp]

명 수액 동 약화시키다

= 동 weaken, impair, undermine, erode, dilute

The hot sun **sapped** our energy.
뜨거운 태양이 우리의 기력을 약화시켰다.

샙 = 수액
나무에서 수액(sap)을 빼는 거니까
→ 수액, 약화시키다

2005 ★

## erode

[iróud]

**erosion** 명 침식, 부식

동 ① 침식시키다, 풍화시키다 ② 약화시키다

= ② weaken, impair, undermine, dilute, sap

The wind can **erode** and transport the soil.
바람은 흙을 침식시키고 운반할 수 있다.

**e** + **rode**
out gnaw: 갉아먹다
바람에 흙이 갉아먹혀(rode) 차츰 차츰 소멸되니까(e)
→ 침식시키다
길(road)은 시간이 지나면서 침식되니까(erode)
→ 침식시키다

2006 ★★

## impair

[impέər]

**impairment** 명 손상, 해침

동 손상시키다, 해치다

= weaken, undermine, erode, diminish

Lack of sleep **impaired** his concentration.
수면 부족이 그의 집중력을 해쳤다.

**im** + **pair**
in worse
안이(im) 더 나빠지게 한다는(pair) 의미에서
→ 손상시키다
두 개(pair) 중(im) 하나가 망가지니까
→ 손상시키다

2007 ★★

## negative

[négətiv]

**negatively** 부 부정적으로

형 ① 부정적인 ② 반대의 ③ [의학] 음성의
명 부정

= 형 ① pessimistic

Smoking has a **negative** effect on health.
흡연은 건강에 부정적인 영향을 끼친다.

**neg(a)** + **tive**
deny 형접
부정하는(neg) 태도
→ 부정적인

2008 ★★

## adverse

[ædvə́:rs]

**adversity** 명 역경, 불행
**adversary** 명 적수, 상대방

형 ① 반대의 ② 불리한

= ① opposite, contrary, reverse, converse, inverse

The event was canceled due to **adverse** weather conditions.
그 행사는 불리한 기상 조건 때문에 취소되었다.

역경(adversity)은 내 인생에 반대로/불리하게(adverse) 작용하는 거니까
→ 반대의, 불리한

2009 ★

## invert

[invə́:rt]

**inverse** 형 역의, 반대의 명 정반대
**inversion** 명 도치, 전도

동 (아래위를) 뒤집다, (순서를) 도치시키다

= overturn, reverse

She **inverted** an hourglass.
그녀는 모래시계를 뒤집었다.

**in** + **vert**
in turn
안에(in) 있던 것을 밖으로 빼내 위치를 바꾸다(vert)
→ (아래위를) 뒤집다

2010 ★★

## omit

[oumít]

**omission** 명 생략

동 빠뜨리다, 생략하다

The court reporter **omitted** the lawyer's remarks from the record.
법원 서기가 변호사의 진술을 기록에서 빠뜨렸다.

**오밋** = **오, 밑**
지갑을 오, 밑에다 빠뜨렸네(omit)!
→ 빠뜨리다, 생략하다

2011 ★★

## hollow

[hálou]

형 ① 속이 빈, 공허한 ② 움푹 들어간

The boy has a thin frame and **hollow** cheeks.
그 소년은 마른 체격과 움푹 들어간 뺨을 가지고 있다.

할로우 = 화로
속이 빈(hollow) 화로를 연상
→ 속이 빈, 공허한

2012 ★

## devoid

[divɔ́id]

형 결여된, -이 전혀 없는

*cf.* void (빈, 쓸모없는)

The letter was **devoid** of warmth.
그 편지에는 따스함이 전혀 들어 있지 않았다.

de + void
completely empty
완전히(de) 아무것도(void) 없는 거니까
→ 결여된

2013 ★

## astronomy

[əstránəmi]

astronomer 명 천문학자
astronaut 명 우주 비행사

명 천문학

*cf.* astrology (점성술)

**Astronomy** builds on the discoveries of the past.
천문학은 과거의 발견들을 기반으로 발전한다.

astro + nomy
star law
별(astro)의 법칙(nomy)을 다루는 학문이니까
→ 천문학

2014 ★★

## chemistry

[kéməstri]

chemical 형 화학의 명 화학물질
chemist 명 화학자

명 화학

I think **chemistry** is an interesting field.
나는 화학이 흥미로운 분야라고 생각한다.

chemist + ry
alchemy: 연금술 명접
연금술(chemist)과 관련된 학문이니까
→ 화학

2015 ★★

## archaeology

[àːrkiálədʒi]

명 고고학

**Archaeology** preserves heritage while tracing human evolution.
고고학은 인류의 진화를 추적하는 동시에 유산을 보존한다.

archaeo + logy
ancient study
고대(archaeo)를 연구하는 학문(logy)이니까
→ 고고학

아키올로지 = 약이 오르지
해석할 때 너무 어려워 약이 오르는 고대 학문
→ 고고학

2016 ★★

## architecture

[áːrkitèktʃər]

architect 명 건축가, 설계자

명 건축(학), 건축 양식

Ancient Greek **architecture** has changed in various forms.
고대 그리스 건축 양식은 다양한 형태로 변화해 왔다.

아치(arch) 구조(structure)의 건축 양식(architecture)
→ 건축(학), 건축 양식

2017 ★★

## economics

[iːkənámiks]

economy 명 경제, 절약
economist 명 경제학자
economic 형 경제의, 경제학의
economical 형 절약하는

명 ① 경제학 ② 경제 (상태)

Your children will participate in the fields of politics, **economics**, and education.
당신의 자녀들은 정치, 경제, 그리고 교육 분야에 참여하게 될 것이다.

econom + ics
manage 명접
나라 살림을 관리하는(econom) 것에 대한 학문이니까
→ 경제학

2018 ★★

## ethics

[éθiks]

ethical 형 윤리적인, 윤리의

명 윤리학

*cf.* ethnic (인종의, 민족의)

We must not neglect **ethics** education.
우리는 윤리 교육을 등한시해선 안 된다.

**eth** + **ics**
custom 명접
인간의 관습(eth)에 대한 학문이니까
→ 윤리학

---

2019 ★★

## philosophy

[filάsəfi]

명 철학

Our most popular form of modern **philosophy** is psychology.
가장 대중적인 형태의 현대 철학은 심리학이다.

**philo** + **sophy**
loving wisdom
지혜(sophy)를 사랑하는(philo) 학문이니까
→ 철학

---

2020 ★★

## physics

[fíziks]

physical 형 물리적인, 육체의
physicist 명 물리학자

명 물리학

He devoted his life to the study of **physics**.
그는 물리학 연구에 한평생을 바쳤다.

**phys** + **ics**
nature 명접
자연(phys)에 관한 원리를 연구하는 학문이니까
→ 물리학

---

2021 ★★

## physician

[fizíʃən]

명 (내과) 의사

The **physician** prescribed him some medicine.
의사가 그에게 몇 가지 약을 처방하였다.

**피지션** = **피지선**
피지선이 부으면 의사(physician)를 찾아가야죠
→ (내과) 의사

---

2022 ★

## physiology

[fìziάlədʒi]

physiological 형 생리학적인

명 ① 생리학 ② 생리 기능

*cf.* psychology (심리학)

**Physiology** explains how organs and tissues work.
생리학은 장기와 조직이 어떻게 작용하는지 설명한다.

**physio** + **logy**
nature study
살아 있는 것의 본질(physio)을 연구하는 학문(logy)이니까
→ 생리학

---

2023 ★★

## anatomy

[ənǽtəmi]

명 해부(학)

= dissection, autopsy

**Anatomy** is the study of the structure of the bodies of people or animals.
해부학이란 인간이나 동물의 신체 구조에 관한 학문이다.

**ana** + **tomy**
up cut
시체를 완전히(ana) 자르면서(tomy) 배우는 학문이니까
→ 해부학

**어내터미** = **아나 토막**
아! 나 토막 나네
→ 해부학

---

2024 ★★

## hygiene

[háidʒi:n]

명 ① 위생 ② 위생학, 건강법

They have no sense of **hygiene**.
그들은 위생 관념이 없다.

**하이진** = **하얘진**
하얘진 치아를 보면 그 사람의 위생(hygiene) 상태를 알 수 있으니까
→ 위생

2025 ★★

## sanitary

[sǽnətèri]

sanitation 명 공중위생, 위생 설비

형 **위생의, 위생적인**

= hygienic

The house had no **sanitary** cooking facilities.
그 집에는 위생적인 조리 시설이 없었다.

sanit + ary
healthy 형접
건강을(sanit) 위해서 깨끗이 하는 거니까
→ 위생의

2026 ★

## fetch

[fetʃ]

동 **데려오다, 가져오다**

**Fetch** a doctor at once.
당장 의사를 데려오세요.

가서 그놈을 잡아서(catch) 데려와(fetch)
→ 데려오다, 가져오다

2027 ★★

## convey

[kənvéi]

동 **① 나르다, 운반하다 ② 전하다, 전달하다**

Her words **convey** no meaning to me.
그녀의 말이 무슨 뜻인지 나는 전혀 모르겠다.

con + vey
together way
길(vey)을 따라 함께(con) 가다
→ 전달하다

2028 ★★

## halt

[hɔːlt]

동 **멈추다, 서다, 중단하다[시키다]**
명 **정지, 중단**

= 동 quit, cease, suspend, terminate

The program was **halted** during the vacation.
그 프로그램은 휴가 동안 중단되었다.

뒤에서 붙잡으니(hold) 멈추다(halt)
→ 멈추다

2029 ★★

## cease

[siːs]

ceaseless 형 끊임없는

동 **그만두다, 멈추다**

= quit, suspend, terminate, halt

They voted to **cease** strike action immediately.
그들은 파업을 즉시 중단시키기 위해 투표를 했다.

ceas(e)
go
중간에 두고 가(ceas) 버리는 거니까
→ 그만두다

2030 ★★

## grasp

[græsp]

동 **① 붙잡다, 움켜쥐다 ② 이해하다, 파악하다**
명 **① 꽉 쥐기 ② 이해, 파악**

= 동 ① grip, hold, grab, seize

I failed to **grasp** the sense of his words.
나는 그의 말뜻을 이해하지 못했다.

잔디(grass)를 움켜쥐다(grasp)
→ 붙잡다, 움켜쥐다

2031 ★★

## seize

[siːz]

동 **① 붙잡다 ② 이해하다, 파악하다**

= ① grip, hold, grab, grasp

David **seized** her by the arm.
David는 그녀의 팔을 잡았다.

경찰관이 "꼼짝 마(freeze)!"라고 외치고 범인을 붙잡으니까(seize)
→ 붙잡다

2032

## siege

[siːdʒ]

**besiege** 동 포위하다, 둘러싸다

명 **포위 (공격)** 동 **포위하다, 둘러싸다**

= blockade

The rebels tried to **siege** the capital.
반군은 수도를 포위하려고 했다.

폭도들을 잡으려고(seize) 도시를 포위했다(siege)
→ 포위하다

2033 ★★

## apprehend

[æprihénd]

**apprehensive**
형 ① 걱정하는, 근심하는 ② 이해가 빠른
**apprehensible** 형 이해할 수 있는
**apprehension** 명 ① 염려, 걱정 ② 이해(력)

동 **① 체포하다 ② 파악하다 ③ 걱정하다**

= ② grasp, comprehend

The police were able to **apprehend** the suspect after a brief chase.
경찰은 짧은 추적 끝에 용의자를 체포할 수 있었다.

ap + prehend
to seize
범인/의미/마음을(ap) 꽉 붙잡다(prehend)
→ 체포하다, 파악하다, 걱정하다

애프리핸드 = 앞으로 + hand
체포할(apprehend) 때 범인의 손(hand)을 앞으로 모아 수갑 채우죠
→ 체포하다

2034 ★★

## comprehend

[kɑ̀mprihénd]

**comprehensive**
형 ① 이해력이 있는 ② 포괄적인, 종합적인
**comprehension** 명 이해(력)

동 **이해하다**

It is difficult to **comprehend** others' minds.
다른 사람들의 마음을 이해하기란 어렵다.

com + prehend
completely seize
뇌에 완전히(com) 붙잡아(prehend) 두는 거니까
→ 이해하다

2035 ★★

## digest

[daiʒést]

**digestive** 형 소화의
**digestion** 명 소화력

동 **① 소화하다 ② 이해하다** 명 **요약(문)**

Humans cannot **digest** plants such as grass.
인간은 잔디와 같은 식물을 소화할 수 없다.

di + gest
apart carry
작게 나누어(di) 나르다(gest)
→ 소화하다

2036 ★

## ingest

[indʒést]

**ingestion** 명 섭취
**ingestive** 형 음식 섭취의

동 **삼키다, 섭취하다**

= consume, swallow, devour

The doctor advised me to **ingest** vitamin C from fruits.
의사는 내게 과일에서 비타민C를 섭취하라고 조언했다.

in + gest
into carry
음식을 안으로(in) 나르다(gest)
→ 삼키다, 섭취하다

2037 ★★

## absorb

[æbsɔ́ːrb, æbzɔ́ːrb]

**absorption** 명 ① 흡수 ② 열정

동 **① 흡수하다 ② 열중케 하다**

Vitamin D helps human bodies to **absorb** calcium.
비타민 D는 인체가 칼슘을 흡수하도록 도와준다.

ab + sorb
off suck in
분리해서(ab) 빨아들이니까(sorb)
→ 흡수하다
내 정신을 분리해서(ab) 빨아들이니까(sorb)
→ 열중케 하다

2038 ★★

## immerse

[imə́:rs]

immersion 명 ① 몰두 ② 담금

동 ① 몰두시키다 ② 담그다

= ① engross, preoccupy

She **immersed** herself in her work.
그녀는 자신의 일에 몰두했다.

im + merse
in plunge
하나의 관심 속으로(im) 뛰어들게 (merse) 하니까
→ 몰두시키다

2039 ★★

## surround

[səráund]

surroundings 명 환경[항상 *pl.*]

동 둘러싸다, 에워싸다, 포위하다

= encircle, encompass, enclose, border

The village is **surrounded** by magnificent views.
그 마을은 훌륭한 경치로 둘러싸여 있다.

sur(r) + ound
over wave
파도(ound)가 덮치는(sur) 듯하다
→ 둘러싸다, 포위하다
위에서(sur) 둥글게(round) 감싸다
→ 둘러싸다

2040 ★

## circumscribe

[sə́:rkəmskràib]

동 ① 경계를 정하다, -의 둘레에 선을 긋다 ② 제한하다

= ② limit, restrict, curb, confine, constrain

A prisoner's activities are **circumscribed**.
죄수의 활동은 제한되어 있다.

circum + scribe
around write
둘레에(circum) 선을 긋다(scribe)
→ 경계를 정하다

2041 ★★

## regulate

[régjulèit]

regulation 명 규정, 규칙

동 ① 규정하다, 규제[통제]하다 ② 조절[조정]하다

= ① control, direct, govern

Government often **regulates** industry.
정부는 종종 산업을 통제한다.

reg(ul) + ate
rule 동접
무언가를 규정하거나(reg) 다스리는(reg) 것이니까
→ 규정하다, 조절[조정]하다

2042 ★

## regime

[reiʒí:m]

명 ① 정권 ② 제도, 체제

The military **regime** finally collapsed.
군사 정권이 마침내 붕괴했다.

reg + ime
rule 명접
한 지역을 통치하는(reg) 체계
→ 정권, 제도

레짐 = 내 짐 / 내줌
내가 짐 그래서 정권(regime)을 상대에게 내줌
→ 정권

2043 ★

## snatch

[snætʃ]

동 잡아채다, 강탈하다 명 잡아챔, 강탈

They **snatched** the lady's handbag.
그들은 그 아가씨의 손가방을 낚아챘다.

스내취 = 스낵 칩
친구가 내 스낵 칩을 잡아채(snatch) 뺏어 먹다
→ 잡아채다, 강탈하다

2044 ★★

## squeeze

[skwiːz]

동 ① (액체·물을) 짜내다, 꽉 쥐다 ② 압박하다

She **squeezed** the juice from an orange.
그녀는 오렌지에서 주스를 짜냈다.

스퀴즈 = 수 + 퀴즈
수많은 퀴즈에 머리를 쥐어짜다(squeeze)
→ 짜내다, 꽉 쥐다

2045 ★★

## solid

[sɑ́lid]

solidify 동 굳어지다, 확고히 하다

명 고체 형 ① 고체의 ② 단단한, 견고한

= 형 ② durable, sturdy, robust

When ice melts, it passes from a **solid** to a liquid state.
얼음이 녹으면 고체에서 액체 상태가 된다.

solid
hard
단단한(solid) 거니까
→ 고체, 단단한

2046 ★★

## consolidate

[kənsɑ́lədèit]

consolidated 형 강화된, 통합된
consolidation 명 합병, 통합

동 ① 강화하다 ② 합병하다, 통합하다

= ② incorporate, integrate, merge

The two firms **consolidated** to form a single company.
두 회사가 합병하여 단일 회사를 설립했다.

con + solid + ate
together hard 동접
함께(con) 단단하게(solid) 되니까
→ 합병하다

2047 ★★

## determine

[ditə́ːrmin]

determined 형 결심한, 단호한
determination 명 결심, 결의

동 ① 결정하다, 결심하다 ② 알아내다, 밝히다

= ① decide

They **determined** their future course.
그들은 장래의 진로를 결정했다.

de + termin(e)
off end
어떤 사안을 끌고 가지 않고 분리시켜(de) 끝을(termin) 짓다
→ 결정하다

2048 ★★

## resolve

[rizɑ́lv]

resolute 형 굳게 결심한, 단호한
resolution 명 ① 해결 ② 결정, 결심
resoluble 형 ① 해결할 수 있는 ② 용해할 수 있는

동 ① 해결하다 ② 용해하다, 녹이다 ③ 결심하다
명 결심, 의지

= 동 ① solve, settle, unravel

She tried to **resolve** a conflict between labor and management.
그녀는 노사 간의 갈등을 해결하려고 했다.

re + solve
completely loosen
완전히(re) 풀어 버리니까(solve)
→ 해결하다
친구와의 갈등을 다시(re) 풀기로(solve) 결심하다(resolve)
→ 결심하다

2049 ★★

## dissolve

[dizɑ́lv]

dissolvable 형 분해할 수 있는

동 ① 녹다[녹이다]
② (결혼·관계·의회 등을) 끝내다, 해산시키다

= ② dismiss, disperse, disband

Heat gently until the butter **dissolves**.
버터가 녹을 때까지 약하게 열을 가하라.

dis + solve
apart loosen
느슨하게 해서(solve) 따로따로(dis) 떨어뜨리다
→ 녹다, 해산시키다

2050 ★

## soluble

[sɑ́ljubl]

insoluble 형 녹지 않는

형 녹는, 가용성의

Ammonia is **soluble** in water.
암모니아는 물에 녹는다.

solu + ble
loosen 형접
느슨해지기(solu) 쉬운(ble)
→ 녹는, 가용성의

# DAY 42

## DAY 42 어휘 미리보기

DAY 42

| | | | | |
|---|---|---|---|---|
| □ aboriginal | □ reminiscent | □ semester | □ enroll | □ separate |
| □ orient | □ souvenir | □ term | □ attend | □ divorce |
| □ primitive | □ annual | □ session | □ unattended | □ appreciate |
| □ immemorial | □ biennial | □ diploma | □ range | □ depreciate |
| □ antique | □ decade | □ bachelor | □ frontier | □ appraise |
| □ ancient | □ nowadays | □ forum | □ displace | □ value |
| □ ancestor | □ era | □ farewell | □ diversity | □ evaluate |
| □ medieval | □ epoch | □ apply | □ discern | □ overestimate |
| □ monument | □ chronicle | □ volunteer | □ discriminate | □ grave |
| □ recollect | □ archive | □ register | □ discrete | □ gravity |

□□□

2051 ★

### aboriginal

[æbərídʒənl]

**aboriginie** 명 원주민

형 **토착의, 원주민의**

= native, indigenous

She is passionate about the **aboriginal** culture.

그녀는 원주민 문화에 대해 열정적이다.

ab + ori(gin) + al
away / be born / 형접
아주 먼(ab) 옛날에 태어나(ori) 계속 살아온 거니까
→ 토착의

□□□

2052 ★★

### orient

[ɔ́:riənt]

**oriental** 형 동양의, 동양적인
**orientation** 명 ① (목표하는) 방향, 지향 ② 예비 교육

명 **(the Orient) 동양**
동 **① 지향하게 하다 ② 적응시키다, 지도하다**

My daughter had to **orient** herself in her new school.

내 딸은 새 학교에 적응해야 했다.

ori + ent
rise / 동·명접
태양이 떠오르는(ori) 곳에서 유래
→ 동양

□□□

2053 ★★

### primitive

[prímətiv]

형 **① 원시의, 원시 시대의 ② 원시적인, 야만의**

= ① primordial, primeval

*cf.* primate (영장류)

His movies are creating our expectations of a **primitive** society.

그의 영화들은 원시사회에 대한 우리의 기대치를 만들어 내고 있다.

prim + itive
first / 형접
가장 처음에(prim) 존재한 것이니까
→ 원시의

2054 ★

## immemorial

[imәmɔ́:riәl]

형 먼 옛날의, 태곳적부터의

= ancient

It is an **immemorial** tradition.
그것은 태곳적부터의 전통이다.

im + memor(i) + al
not memory 형접
기억에(memor) 남지 않을(im) 정도로 오래되었다는 의미니까
→ 먼 옛날의

2055 ★★

## antique

[æntí:k]

형 골동품의, 고대의 명 골동품

**Antique** books often have very high value.
고서적들은 종종 매우 높은 가치를 갖고 있다.

anti + que
before appear
예전(anti)에 나온(que) 거니까
→ 골동품의, 고대의

클래식하고 골동품(antique) 느낌의 가구를 앤티크 가구라고 부르죠
→ 골동품의, 고대의

2056 ★★

## ancient

[éinʃәnt]

형 고대의, 옛날의

The town is famous for its **ancient** harbor.
그 마을은 고대 항구로 유명하다.

an(ci) + ent
before 형접
지금보다 한참 앞인(an)
→ 고대의

2057 ★★

## ancestor

[ǽnsestәr]

**ancestral** 형 조상의, 선조의

명 조상, 선조

These species have evolved from a single **ancestor**.
이 종들은 단일 조상으로부터 진화했다.

an + ces + tor
before go 명접
우리보다 앞서(an)간(ces) 사람
→ 조상, 선조

2058 ★★

## medieval

[mì:dií:vәl]

형 중세의, 중세풍의

The city still carries the features of a busy **medieval** town.
그 도시는 여전히 분주한 중세 도시의 특징들을 지니고 있다.

medi + ev + al
middle age 형접
중간(medi) 시대(ev)의
→ 중세의

2059 ★★

## monument

[mɑ́njumәnt]

**monumental** 형 ① 기념비적인 ② 엄청난, 대단한

명 기념물, 기념비[탑]

The sculptor engraved some inscriptions on the **monument**.
그 조각가는 기념비에 비문을 새겼다.

mon(u) + ment
remind 명접
특정 사건을 생각나게(mon) 하는 거니까
→ 기념물, 기념비[탑]

2060 ★★

## recollect

[rèkәlékt]

**recollection** 명 ① 추억 ② 기억(력)

동 회상하다, 생각해 내다

= recall, retrospect

I don't **recollect** what she said.
그녀가 뭐라고 했는지 기억이 안 난다.

re + col + lect
again together gather
과거의 추억 등을 다시(re) 함께(col) 모으다(lect)
→ 회상하다

2061 ★

## reminiscent

[rèmənísnt]

**reminisce** 동 추억에 잠기다

**형 ① 연상시키는, 생각나게 하는 (of)**
**② 추억에 잠긴, 옛날을 회상하는**

It was **reminiscent** of my childhood.
그것은 내 어린 시절을 생각나게 했다.

re + min(is) + cent
again remind 형접
다시(re) 생각나게(min) 하는 거니까
→ 연상시키는

2062 ★★

## souvenir

[sù:vəníər]

**명 기념품, 선물**

He does a lively trade in **souvenirs** and gifts.
그는 기념품과 선물용품 장사를 활발히 하고 있다.

sou + ven(ir)
below come
추억을 수면 아래에서(sou) 꺼내오는(ven) 거니까
→ 기념품

2063 ★★

## annual

[ǽnjuəl]

**annually** 부 일 년에 한 번

**형 해마다의, 연간의**

My **annual** mileage is about 10,000 miles.
나의 연간 주행 거리는 1만 마일쯤 된다.

ann + ual
year 형접
1년(ann)의
→ 해마다의, 연간의

2064 ★

## biennial

[baiéniəl]

**형 격년의, 2년마다의**

*cf.* biannual (연 2회의)

The film festival is **biennial**.
그 영화제는 2년에 한 번 열린다.

bi + enn + ial
two year 형접
두(bi) 해(enn)마다의
→ 격년의

2065 ★★

## decade

[dékeid]

**명 10년**

There have been a lot of changes during the past two **decades**.
지난 20년 동안 많은 변화가 있었다.

dec + ade
ten unit
1년이 열(dec) 번(ade)이니까
→ 10년

2066 ★★

## nowadays

[náuədèiz]

**부 현재, 요즘**

Children have no respect for their elders **nowadays**.
요즘에는 아이들이 어른들에 대한 존경심이 없다.

현재(now) 날들(days)이니까
→ 현재, 요즘

2067 ★★

## era

[íərə]

**명 연대, 시대**

= time, age, period, epoch

The TV **era** gives an artificial pleasure to us.
TV 시대는 우리에게 인공적인 즐거움을 준다.

이어러 = 일어
지금은 우리가 일어나고 있는 시대(era)
→ 연대, 시대

2068 ★

## epoch

[épək]

**명 신기원, 시대**

Einstein's theory marked a new **epoch** in physics.
아인슈타인의 이론은 물리학에 신기원을 열었다.

에펙 = 입학
대학교 입학은 인생의 신기원(epoch)
→ 신기원, 시대

2069 ★

## chronicle

[kránikl]

chronological 형 시간 순서대로 된

명 연대기, 기록
동 연대순으로 기록하다

The vast **chronicle** from the Napoleonic Era will be made into a movie.
나폴레옹 시대의 방대한 연대기가 영화로 만들어질 것이다.

chron(ic) + le
time 동·명접
시간의(chron) 흐름 순으로 적어 둔 것이니까
→ 연대기

2070 ★

## archive

[á:rkaiv]

명 문서 보관소, 자료실

The diplomatic document was kept in the **archive**.
그 외교 문서는 기록 보관소에 보관되었다.

기밀문서를 보관하는 아치(arch) 모양의 문서 보관소(archive)
→ 문서 보관소

2071 ★★

## semester

[siméstər]

명 학기
= term

There's only one **semester** left before graduation.
졸업이 한 학기밖에 남지 않았다.

씨메스터 = 싸맸어
새로운 학기(semester)가 시작돼서 책가방을 싸맸어
→ 학기

2072 ★★

## term

[tə:rm]

terms 명 조건

명 ① 용어 ② 관점, 측면 ③ 학기 ④ 기간

The article is full of technical **terms**.
그 기사는 전문 용어들로 가득 차 있다.

term
border
의미의 경계(term)
→ 용어
시간적 경계(term)
→ 학기, 기간

2073 ★★

## session

[séʃən]

명 ① 시간, 기간 ② (의회 등의) 회기, 개회 기간 ③ (대학의) 학기

After our **session** was over, he teased me.
우리 세션이 끝난 후 그는 나를 놀려댔다.

sess + ion
sit 명접
책상 앞에 앉아(sess) 있는 시간
→ 시간, 회기, 학기

2074 ★★

## diploma

[diplóumə]

diplomatic 형 외교의
diplomacy 명 외교
diplomat 명 외교관

명 ① 졸업장 ② 공문서

A **diploma** is no guarantee of competence.
졸업장이 유능함의 보장은 아니다.

di + plo + ma
two fold 명접
졸업장을 이중으로(di) 접어(plo) 수여하던 것에서 유래
→ 졸업장

2075 ★

## bachelor

[bǽtʃələr]

명 ① 미혼 남성 ② 학사 (학위)

She wants to find a nice **bachelor** to marry.
그녀는 결혼할 멋진 미혼 남성을 찾길 원한다.

배철러 = 배출 + or
대학에서 배출하는 사람들(or)
→ 학사

2076 ★★

## forum

[fɔ́ːrəm]

명 포럼, 공개 토론장, 토론회

= seminar, conference, symposium

The second day of the **forum** will focus on international policy.
그 공개 토론의 두 번째 날에는 국제 정책에 초점을 맞출 것이다.

포럼 = 보렴

TV에서 토론회(forum) 하는 것을 보렴

→ 공개 토론장, 토론회

2077 ★★

## farewell

[fɛərwél]

명 작별 (인사) 형 이별의, 작별의

He left us without a single word of **farewell**.
그는 작별 인사 한마디 없이 우리를 떠났다.

fare + well
go well

'잘(well) 가(fare)'하고 인사하니까

→ 작별 (인사)

2078 ★★

## apply

[əplái]

**applied** 형 응용의
**applicable** 형 적용[해당]되는
**application** 명 ① 적용 ② 지원[신청](서)
**appliance** 명 (가정용) 기기

동 ① 적용하다 ② 지원하다, 신청하다 ③ (페인트·크림 등을) 바르다

= ① employ, exercise, utilize, exploit

Let's **apply** the principles we learned.
우리가 배운 원리를 적용해 보자.

어플라이 = 해뿔라이

어차피 모 아니면 도! 지원(apply) 해뿔라이

→ 지원하다

2079 ★★

## volunteer

[vɑ̀ləntíər]

**voluntary** 형 자발적인, 자원봉사의

동 지원하다, 자원하다 명 지원자, 자원봉사자

Many people **volunteer** to teach the poor how to read and write.
많은 사람들이 가난한 사람들에게 읽고 쓰는 법을 가르칠 것을 자원한다.

vol(unte) + er
will 명접

본인의 의지(vol)로 자원하는 거니까

→ 자원하다, 자원봉사자

발런티어 = 발로 티어

발로 티어(튀어) 나와 지원하다 (volunteer)

→ 자원하다

2080 ★★

## register

[rédʒistər]

**registration** 명 등록, 신고

동 등록하다, 기록하다 명 등록부, 기록부

= 동 enroll, enlist

We learned how to create and **register** a new web page.
우리는 새로운 웹 페이지를 만들고 등록하는 법을 배웠다.

re + gist + er
back carry 동·명접

기억 속에서 다시(re) 가져오기 (gist) 위해서니까

→ 등록하다

2081 ★★

## enroll

[inróul]

**enrollment** 명 등록, 가입

동 명부에 올리다, 등록하다

= register, enlist

She will **enroll** in this course.
그녀는 이 강좌에 등록할 것이다.

en + rol(l)
in roll

두루마리(rol) 모양의 문서 내에(en) 기입하다

→ 명부에 올리다

2082 ★★

**attend**

[əténd]

동 ① 출석하다, 참석하다 ② 시중들다, 수행하다

Hundreds of music lovers lined up to **attend** the outdoor concert.
야외 음악회에 참석하기 위해 수백 명의 음악 애호가들이 줄을 섰다.

어(a), 그 사람 왔을 텐데(ttend)
→ 출석하다

2083 ★

**unattended**

[ʌ̀nəténdid]

형 관심을 기울이지 않은, 방치된

*cf.* well-attended (많은 사람들이 참석한)

Small children should never be left **unattended**.
어린아이들은 절대 방치되어서는 안 된다.

un + attend + ed
not attend 형접
주의를 기울이지(attend) 않는(un) 거니까
→ 방치된

2084 ★★

**range**

[reindʒ]

동 (범위가) 이르다[다양하다] (from A to B)
명 범위, 영역

= 명 span, scope, extent, realm

*cf.* a wide range of (매우 다양한, 광범위한)

The colors of the rainbow **range** from red to violet.
무지개의 색상은 빨간색부터 보라색까지 다양하다.

레인지 = 애인지
애인지 어른인지 구분하는 범위(range)가 있죠
→ 범위

2085 ★

**frontier**

[frʌntíəːr]

명 ① 국경 (지방) ② 미개척 분야

= ① border, boundary

Opportunities awaited those brave enough to cross the **frontier**.
국경을 넘을 만큼 용감한 사람들에게는 기회가 기다리고 있었다.

앞(front)에다가 선을 이어(ier) 그렸더니 국경(frontier)이 생겼네
→ 국경

프런티어 = front 뛰어
미개척 분야니까 앞(front)에서 뛰어야지
→ 미개척 분야

2086 ★

**displace**

[displéis]

**displacement** 명 ① 이동 ② 해임

동 ① 내쫓다, 옮기다 ② 대신[대체]하다

= ① expel, eject, dislodge

Urban development can **displace** indigenous communities.
도시 개발은 원주민 공동체를 몰아낼 수 있다.

저 자리(place)에 있던 사람 디스(dis)했더니 내쫓겼다(displace)
→ 내쫓다

2087 ★★

**diversity**

[divə́ːrsəti]

**diverse** 형 다양한, 다른
**diversify** 동 다각화하다, 다양해지다

명 다양성

*cf.* biodiversity (생물 다양성)

America is a country with cultural **diversity**.
미국은 문화적 다양성을 가진 나라이다.

di + vers + ity
apart turn 명접
분리되어(di) 여러 방향으로 바뀐(vers) 것이니까
→ 다양성

2088 ★★

## discern

[disə́:rn]

**discernible** 형 인식할 수 있는
**discerning** 형 안목이 있는

동 ① 구별[분별]하다, 구분하다 ② 인식하다

= ① distinguish, differentiate, discriminate

It is often difficult to **discern** how widespread public support is.
흔히 대중의 지지가 얼마나 폭넓은지를 파악하기는 어렵다.

**dis** + **cern**
away sift
따로(dis) 체로 쳐서 가려내다(cern)
→ 구별[분별]하다
선(cern)과 악을 따로(dis) 구별하다(discern)
→ 구분하다

2089 ★★

## discriminate

[diskrímənèit]

**discrimination** 명 차별, 구별, 차이

동 ① 구별하다 ② 차별하다

= ① distinguish, differentiate, discern

Employers cannot **discriminate** on grounds of age.
고용주는 나이를 이유로 차별할 수 없다.

**dis** + **crimin** + **ate**
away sift: 체로 치다 동접
따로(dis) 체로 쳐서 가려내다(crimin)
→ 구별하다, 차별하다
범죄(crime)를 저지른 사람은 따로(dis) 감옥에 구별해서 차별하죠(discriminate)
→ 구별하다, 차별하다

2090 ★

## discrete

[diskrí:t]

**discrepancy** 명 차이, 불일치

형 별개의, 분리된

= separate, distinct, individual, detached

The organisms can be divided into **discrete** categories.
그 유기체들은 별개의 범주들로 나뉠 수 있다.

**dis** + **cret(e)**
away separate
따로(dis) 구분되어 분리된(cret) 거니까
→ 별개의

2091 ★★

## separate

[sépərèit]

**separation** 명 ① 분리 ② 별거

형 분리된, 별개의 동 분리하다, 별거하다

= 형 distinct, disparate

He is the person who **separates** the personal affairs from business.
그는 공과 사를 구별하는 사람이다.

**se** + **par** + **ate**
apart prepare 동·형접
따로따로 분리해서(se) 준비하다(par)
→ 분리된, 분리하다

2092 ★

## divorce

[divɔ́:rs]

동 ① 이혼하다 ② 분리하다 명 ① 이혼 ② 분리

= 동 ① separate, break up, split up

Many couples choose to **divorce** amicably.
많은 부부가 원만하게 이혼하는 것을 선택한다.

**디보스** = **뒤 봤어**
결혼을 뒤집어 봤어
→ 이혼하다

2093 ★★

## appreciate

[əprí:ʃièit]

**appreciative**
형 ① 고마워하는 ② 감상을 즐기는
**appreciation**
명 ① 감사 ② 감상 ③ 평가

동 ① 감사하다 ② 감상하다 ③ 이해하다

= ③ comprehend

I really **appreciate** your kindness.
당신의 친절에 정말 감사합니다.

**ap** + **preci** + **ate**
to price 동접
상대방의 행동에(ap) 대한 값을(preci) 아니까
→ 감사하다
예술 작품에(ap) 대한 값을(preci) 아니까
→ 감상하다

2094 ★

## depreciate

[diprí:ʃièit]

동 **가치가 떨어지다, 가치를 떨어뜨리다**

= devalue

depreciation 명 가치 하락, 가격 저하

If you neglect this property, it will **depreciate**.
이 부동산을 그냥 방치해 두면, 가치가 떨어질 것이다.

de + preci + ate
down price 동접
값이(preci) 내려가니까(de)
→ 가치가 떨어지다

2095 ★★

## appraise

[əpréiz]

동 **평가하다, 감정하다**

= assess, evaluate, gauge

appraisal 명 평가, 판단

Managers must **appraise** all employees.
관리자들은 모든 직원을 평가해야 한다.

ap + prais(e)
to price
-에(ap) 값을(prais) 매기니까
→ 평가하다

2096 ★★

## value

[vǽlju:]

동 **① 평가하다 ② 소중하게 생각하다**
명 **① 가치, 가격 ② 평가**

valuation 명 평가
valueless 형 가치 없는
valuable 형 귀중한, 소중한

The **value** of information depends on speed.
정보의 가치는 속도에 달려 있다.

val(ue)
worth
어떤 것의 가치(val)를 알아보는 거니까
→ 평가하다, 가치

2097 ★★

## evaluate

[ivǽljuèit]

동 **평가하다, 감정하다**

evaluation 명 평가, 감정

You can **evaluate** the problem.
당신은 그 문제를 평가할 수 있다.

e + val(u) + ate
out worth 동접
가치가(val) 밖으로(e) 드러날 수 있도록 해주는 거니까
→ 평가하다

2098 ★★

## overestimate

[òuvəréstəmeit]

동 **과대평가하다**

*cf.* underestimate (과소평가하다)

estimate 동 ① 평가하다 ② 추정하다
명 ① 평가 ② 견적(서)

People **overestimate** his ability to play soccer.
사람들은 그의 축구 실력을 과대평가한다.

over + estim + ate
too much evaluate 동접
지나치게(over) 가치를 높이 평가하다(estim)
→ 과대평가하다

2099 ★★

## grave

[greiv]

형 **① 무거운 ② 심각한** 명 **무덤**

They were in **grave** danger.
그들은 심각한 위험에 처해 있었다.

grav(e)
heavy
무거운(grav) 것이니까
→ 무거운

2100 ★★

## gravity

[grǽvəti]

명 **① 중력 ② 진지함, 엄숙함**

**Gravity** is a natural phenomenon.
중력은 자연현상이다.

grav + ity
heavy 명접
무게가 있는(grav) 것에는 중력(gravity)이 작용하죠?
→ 중력

PART

# 3

# 실무 핵심 어휘 200

2025년 바뀌는 공무원 영어 시험을
완벽히 대비할 수 있는 실무 관련 예상 어휘

## DAY 43 / DAY 46

심슨보카
shimson voca

DAY 43

## DAY 43 어휘 미리보기

DAY 43

- □ public official
- □ civil service
- □ workforce
- □ workload
- □ quota
- □ paperwork
- □ spreadsheet
- □ documentation
- □ associated materials
- □ directory
- □ brainstorm
- □ authorize
- □ confirmation
- □ revision
- □ agenda
- □ commence
- □ file
- □ offset
- □ audit
- □ overview
- □ introductory
- □ demanding
- □ optimal
- □ in-depth
- □ periodically
- □ proofread
- □ have yet to RV
- □ inventory
- □ representative
- □ setup
- □ target
- □ expansion
- □ lease
- □ timekeeping
- □ track
- □ follow up with
- □ specialize in
- □ credential
- □ publicity
- □ census
- □ focus group
- □ on-site inspection
- □ resolution
- □ statement
- □ pilot test
- □ markedly
- □ overly
- □ persistently
- □ given
- □ in light of

## 01 업무

□□□
2101
### public official

**공무원**

Some **public officials** criticized the cuts to after-school programs.
일부 공무원들은 방과 후 프로그램 삭감을 비판했다.

□□□
2102
### civil service

**명 ① 공무, 행정 사무, 공무원 ② 공무원 제도**

Teachers are dedicated members of the vital **civil service.**
교사는 필수 공무의 헌신적인 구성원이다.

□□□
2103
### workforce
[wə́:rkfɔ:rs]

**명 ① 노동자, 직원 ② 노동 인구**

Hospitals struggle to maintain adequate staffing due to a decreasing healthcare **workforce.**
병원은 의료 인력 감소로 인해 적절한 인력을 유지하는 데 어려움을 겪고 있다.

2104

## workload

[wə́:rkloud]

명 **업무량, 작업량**

The project deadlines created a heavy **workload** for the team.

프로젝트 마감 기한으로 인해 팀에 과중한 업무량이 발생했다.

2105

## quota

[kwóutə]

명 **몫, 할당량**

The sales team exceeded their monthly **quota**.

영업팀이 월별 할당량을 초과했다.

2106

## paperwork

[péipərwə̀:rk]

명 **서류 (작업), 문서 업무**

Please submit the **paperwork** by Friday.

금요일까지 서류를 제출해 주세요.

2107

## spreadsheet

[sprédʃi:t]

명 **스프레드시트, 데이터문서**

Create a budget using a **spreadsheet**.

스프레드시트를 사용하여 예산안을 짜세요.

2108

## documentation

[dɑ̀kjumentéiʃən]

명 **① 서류 ② 기록, 문서화**

You will need proper **documentation** to prove your eligibility for benefits.

수혜 자격을 증명할 수 있는 적절한 서류가 필요해요.

2109

## associated materials

**관련 자료**

Download the permit application and **associated materials** from the government website.

정부 웹사이트에서 허가 신청서 및 관련 자료를 다운로드하세요.

2110

## directory

[diréktəri]

명 **① (이름·주소 등의 관련 정보를 보통 알파벳순으로 나열한) 안내 책자 ② (컴퓨터의) 디렉터리**

The website has a searchable employee **directory**.

그 웹사이트에는 검색 가능한 직원 디렉터리가 있다.

2111

## brainstorm

[bréinstɔ:rm]

동 아이디어를 생각해 내다

They **brainstormed** solutions to improve the work efficiency.

그들은 업무 효율성을 개선할 해결책을 위한 아이디어를 생각해 냈다.

2112

## authorize

[ɔ́:θəràiz]

동 승인하다, 권한을 주다

The city council **authorized** funding for the new park project.

시 의회는 새로운 공원 프로젝트에 대한 자금 지원을 승인했다.

2113

## confirmation

[kɑ̀nfərméiʃən]

명 확인(서), 확증

We are awaiting **confirmation** of your attendance at the upcoming meeting.

저희는 다가오는 회의에 귀하의 참석 확인을 기다리고 있습니다.

2114

## revision

[rivíʒən]

명 수정, 개정

The building plans require **revision** to comply with new safety regulations.

새로운 안전 규정을 준수하기 위해 건물 계획을 수정해야 한다.

2115

## agenda

[ədʒéndə]

명 의제, 안건

Please review the **agenda** for tomorrow's meeting beforehand.

내일 회의 안건을 미리 검토해 주세요.

2116

## commence

[kəméns]

동 시작되다, 시작하다

The new construction project **commences** next quarter.

새 건설 프로젝트는 다음 분기에 시작된다.

2117

## file

[fail]

동 ① (서류·신청·고소 등을) 정식으로 제기하다, 제출하다
② (서류를) 정리하다, 철하다

명 서류

Please **file** your application by the deadline to participate in the program.

프로그램에 참여하려면 마감일까지 신청서를 제출하세요.

2118

## offset

[ɔ́:fsèt]

동 **상쇄하다, 보충하다**

Increased efficiency helps **offset** employee shortages.
상승된 효율성은 직원 부족을 상쇄하는 데 도움이 된다.

2119

## audit

[ɔ́:dit]

명 **회계 감사, 심사** 동 **(회계를) 감사하다**

An internal **audit** found small differences in accounts.
내부 감사 결과, 계정에서 사소한 불일치가 발견되었다.

2120

## overview

[óuvərvjù]

명 **개요, 개관**

The presentation provides an **overview** of the marketing plan.
그 프레젠테이션은 마케팅 계획에 대한 개요를 제공한다.

2121

## introductory

[ìntrədʌ́ktəri]

형 **① 서두의, 입문의 ② 출시 기념의**

Download the **introductory** chapter for free.
서두의 챕터를 무료로 다운로드하세요.

2122

## demanding

[dimǽndiŋ]

형 **① 힘든, 버거운 ② 요구가 많은**

The new role is **demanding**, requiring strong problem-solving skills.
새로운 역할은 강력한 문제 해결 능력을 필요로 하는 힘든 자리이다.

2123

## optimal

[ɑ́ptəməl]

형 **최적의, 최선의**

Schedule meetings for **optimal** team participation.
최적의 팀 참여를 위한 회의 일정을 잡으세요.

2124

## in-depth

[índèpθ]

형 **심층적인, 깊이 있는**

We offer **in-depth** training on the new software.
저희는 새로운 소프트웨어에 대한 심층적인 교육을 제공합니다.

2125

## periodically

[piəriάdikəli]

부 **정기적으로, 주기적으로**

Backups are performed **periodically** to avoid data loss.
데이터 손실을 방지하기 위해 백업이 주기적으로 수행된다.

2126

## proofread

[prú:frì:d]

동 **교정보다**

It's essential to **proofread** your work carefully.
당신의 작업물을 꼼꼼하게 교정보는 것은 필수이다.

2127

## have yet to RV

**아직 -해야 한다, 아직 -하고 있지 않다**

The library **has yet to** announce the reopening date after renovations.
도서관은 보수 후 재개관 날짜를 아직 발표하지 않았다.

2128

## inventory

[ínvəntɔ̀:ri]

명 **① 재고 조사, 재고 정리 ② 재고(품)**

They conduct a physical **inventory** count at the end of the month.
그들은 월말에 실제 재고 조사를 실시한다.

2129

## representative

[rèprizéntətiv]

명 **① 대표자, (정부의) 해외 대표 ② 법률상의 대표자**
형 **① 상징하는 ② 대표하는**

Residents meet with their local **representatives** to discuss traffic concerns.
주민들은 지역 대표와 만나 교통 문제를 논의한다.

2130

## setup

[sétʌ̀p]

명 **① 구성, 장치, 설치 ② (조직 등의) 기구, 구조, 조직**

The **setup** of the online meeting platform was easy and user-friendly for all participants.
온라인 회의 플랫폼의 구성은 모든 참가자에게 쉽고 사용자 친화적이었다.

2131

**target**

[tá:rgit]

동 -을 목표로 정하다 명 ① 과녁 ② 목표

The library's new program **targets** children with limited access to books.

도서관의 신규 프로그램은 책에 대한 접근성이 낮은 어린이들을 대상으로 한다.

2132

**expansion**

[ikspǽnʃən]

명 확장, 확대, 증대

The university announced the **expansion** of online learning opportunities.

대학은 온라인 학습 기회 확대를 발표했다.

2133

**lease**

[li:s]

동 (부동산·장비 등을) 임대[임차]하다 명 임대차 계약

The company is considering **leasing** office space in a high-rise building downtown.

이 회사는 시내의 고층 빌딩에 사무실 공간을 임대하는 것을 고려하고 있다.

2134

**timekeeping**

[táimki:piŋ]

명 ① 시간 엄수 ② 시간 기록

Fire stations require strict **timekeeping** for emergency response.

소방서에서는 비상 대응을 위해 엄격한 시간 준수를 요구한다.

2135

**track**

[træk]

동 추적하다 명 ① 궤도, 경로 ② 기록

Project management tools help you **track** tasks and deadlines.

프로젝트 관리 도구는 작업과 마감일을 추적하는 데 도움이 된다.

2136

**follow up with**

-을 덧붙이다

We'll **follow up with** more details soon.

자세한 내용은 곧 덧붙여 드릴게요.

2137

**specialize in**

-을 전문으로 하다

The doctor **specializes in** treating sports injuries for athletes.

그 의사는 운동선수의 스포츠 부상을 전문으로 치료한다.

2138
## credential
[kridénʃəl]

명 ① 신용 증명서, 신임장, 자격 증명서 ② 업적, 경력
형 신용 증명이 되는

A teacher's **credential** is required to teach in a public school.
공립학교에서 가르치려면 교사 자격 증명서가 필요하다.

2139
## publicity
[pʌblísəti]

명 ① 매스컴의 관심, 주목 ② 홍보

The local park renovation project has received positive **publicity** in the news media.
지역 공원 개선 프로젝트가 언론에서 긍정적인 주목을 받았다.

2140
## census
[sénsəs]

명 인구 조사

The national **census** is conducted every ten years to gather population data.
인구 데이터를 수집하기 위해 10년마다 인구 조사가 실시된다.

2141
## focus group

포커스 그룹(시장 조사나 여론 조사를 위해 각 계층을 대표하도록 뽑은 소수의 사람들)

Government agency uses **focus groups** to understand public opinion on proposed policy.
정부 기관에서는 제안된 정책에 대한 여론을 파악하기 위해 포커스 그룹을 이용한다.

2142
## on-site inspection

현장 점검

The health department conducted an **on-site inspection** of the restaurant kitchen.
보건당국은 식당 주방에 대한 현장 점검을 실시했다.

2143
## resolution
[rèzəlúːʃən]

명 ① 해상도 ② 해결 ③ 결심, 결정

Would you be able to send the image in its original **resolution**?
이미지를 원본 해상도로 전송해 주실 수 있나요?

2144
## statement
[stéitmənt]

명 ① 명세서 ② 성명서

The company released a **statement** apologizing for the product recall.
회사는 제품 리콜에 대해 사과하는 성명서를 발표했다.

2145
## pilot test

시범 테스트

A **pilot test** of the new recycling program is underway in two selected neighborhoods.
새로운 재활용 프로그램의 시범 테스트가 선별된 두 지역에서 진행 중이다.

2146
## markedly
[mɑ́:rkidli]

부 현저하게, 두드러지게

Public trust in the government has **markedly** declined.
정부에 대한 대중의 신뢰가 현저히 떨어졌다.

2147
## overly
[óuvərli]

부 지나치게, 너무

The report highlights the need for a more **overly** efficient waste management system.
이 보고서는 보다 효율적인 폐기물 관리 시스템의 필요성을 지나치게 강조한다.

2148
## persistently
[pərsístəntli]

부 지속적으로, 고집스럽게

The community **persistently** protested against the proposed environmental project.
그 지역사회는 제안된 환경 프로젝트에 대해 지속적으로 항의했다.

2149
## given
[gívən]

전 -을 고려해 볼 때

The project remains on track, **given** recent developments.
최근의 상황을 고려할 때 프로젝트는 순조롭게 진행되고 있다.

2150
## in light of

-에 비추어, -을 고려하여

New safety protocols implemented **in light of** recent incidents.
최근 발생한 사건을 고려하여 새로운 안전 프로토콜이 도입되었다.

DAY

# 44

## DAY 44 어휘 미리보기

DAY 44

| | | | |
|---|---|---|---|
| □ job posting | □ unemployment | □ relocate | □ outsource |
| □ cover letter | □ turnover | □ marital status | □ transaction |
| □ portfolio | □ attire | □ maternity leave | □ bid |
| □ school transcript | □ dress code | □ payroll | □ signature |
| □ reference letter | □ head | □ fiscal | □ renewal |
| □ background check | □ management | □ deficit | □ expiration date |
| □ onboarding | □ administrative | □ by check | □ early termination fee |
| □ OJT (on-the-job training) | □ committee | □ credit card statement | □ compensation |
| □ work ethic | □ monitor | □ installment | □ operating fund |
| □ full-time | □ in-house | □ balance | □ beneficiary |
| □ paid position | □ exemplary | □ at no charge | □ fine |
| □ contract position | □ disciplinary | □ wire transfer | |
| □ employment agreement | □ career advancement | □ subcontract | |

## 02 인사·평가·규정

□□□
2151

### job posting

**채용 공고**

Review our **job postings** to see if any opportunities match your qualifications.
당신의 지원 자격에 맞는 기회가 있는지 확인하기 위해 채용 공고를 검토하세요.

□□□
2152

### cover letter

**자기소개서**

A strong **cover letter** can help your résumé stand out from the competition.
강력한 자기소개서는 당신의 이력서를 경쟁에서 돋보이게 하는 데 도움이 될 수 있다.

□□□
2153

### portfolio

[pɔːrtfóuliòu]

**명 ① 포트폴리오 ② 투자 자산 구성**

The applicant submitted an impressive **portfolio** demonstrating his writing skills.
지원자는 자신의 글쓰기 실력을 입증하는 인상적인 포트폴리오를 제출했다.

2154

## school transcript

**성적 증명서**

Submit your official **school transcript** along with your college application.
대학 지원서와 함께 공식 성적 증명서를 제출하세요.

2155

## reference letter

**추천서**

A positive **reference letter** from your previous employer can be very helpful.
당신의 이전 고용주의 긍정적인 추천서가 큰 도움이 될 수 있다.

2156

## background check

**신원 조사**

All childcare workers are required to undergo a thorough **background check** for safety.
모든 보육교사는 안전을 위해 철저한 신원 조회를 거쳐야 한다.

2157

## onboarding

[ɑːnbɔ́ːrdiŋ]

**명 신입사원 적응 프로그램, 신입 교육**

The hospital implements efficient **onboarding** process for new nurses.
이 병원은 신규 간호사를 위한 효율적인 신입 교육 프로세스를 시행한다.

2158

## OJT (on-the-job training)

**명 사내 교육, 현장 직무 교육**

*cf.* on-the-job experience (실무 능력)

She gained valuable experience through her **OJT** internship.
그녀는 사내 교육 인턴십을 통해 소중한 경험을 쌓았다.

2159

## work ethic

**직업 윤리**

This program builds a strong **work ethic** in future leaders.
이 프로그램은 미래의 리더에게 강력한 직업 윤리를 심어 준다.

2160

## full-time

[fùl táim]

**명 정규직 형 전 시간 근무의**

We are searching for a **full-time** accountant to join our growing team.
우리는 우리의 성장하는 팀에 합류할 정규직 회계사를 찾고 있다.

2161

## paid position

**유급직**

This internship is a **paid position** that provides valuable work experience.

이 인턴십은 귀중한 업무 경험을 제공하는 유급직이다.

2162

## contract position

**계약직**

The department is seeking to fill a **contract position** for a data analyst.

해당 부서에서는 계약직 데이터 분석가를 구하고 있다.

2163

## employment agreement

**고용 계약(서), 취업 동의서**

The **employment agreement** details the terms and conditions of the position.

고용 계약서에는 해당 직책의 조건이 자세히 설명되어 있다.

2164

## unemployment

[ʌnimplɔ́imənt]

**명 실업, 실직 (상태)**

The **unemployment** rate has been steadily decreasing over the past year.

지난 1년 동안 실업률은 꾸준히 감소하고 있다.

2165

## turnover

[tə́ːrnòuvər]

**명 ① 이직률 ② 총매상고 ③ 거래액**

The high **turnover** made it difficult to attract talented individuals.

높은 이직률로 인해 유능한 인재를 끌어모으기 어려웠다.

2166

## attire

[ətáiər]

**명 복장, 옷차림새**

Business **attire** is preferred for interviews.

면접에는 비즈니스 복장 착용이 권장된다.

2167

## dress code

**복장 규정**

*cf.* code (규범, 관례, 암호)

The office enforces a business casual **dress code** for employees.
그 사무실은 직원들을 위해 비즈니스 캐주얼 복장 규정을 시행하고 있다.

2168

## head

[hed]

**명 우두머리, 책임자 동 ① 책임지다 ② 향하다**

She was appointed as the **head** of the new project team.
그녀는 새로운 프로젝트팀의 책임자로 임명되었다.

2169

## management

[mǽnidʒmənt]

**명 ① 경영, 관리 ② 경영진**

Effective **management** is crucial for the success of any organization.
효과적인 관리는 모든 조직의 성공을 위해 매우 중요하다.

2170

## administrative

[ædmínəstrèitiv]

**형 행정의, 관리의**

Please submit your travel expense report through the **administrative** portal.
관리 포털을 통해 출장 경비 보고서를 제출하세요.

2171

## committee

[kəmíti]

**명 위원회**

The budget **committee** approved funding for the community center project.
예산 위원회는 지역 문화 센터 프로젝트에 대한 자금을 승인했다.

2172

## monitor

[mάnətər]

**동 감독하다, 감시하다, 검토하다 명 화면, 모니터**

In a corporate context, feedback is essential for **monitoring** progress.
기업에서 피드백은 진행 상황을 감독하는 데 필수적이다.

2173

## in-house

[ínhaus]

**형 사내의 부 사내에서**

The department established an **in-house** committee to address employee concerns.
이 부서는 직원들의 우려 사항을 해결하기 위해 사내 위원회를 설립했다.

2174
## exemplary
[igzémpləri]

**형 모범적인, 본보기가 되는**

The employee received an **exemplary** performance review.
그 직원은 모범적인 성과 평가를 받았다.

2175
## disciplinary
[dísəplənèri]

**형 ① 훈련상의, 훈육의 ② 규율상의, 징계의**

Public service worker is suspended after failing a **disciplinary** review.
공무원은 징계 심의에 통과하지 못 하면 정직 처분을 받는다.

2176
## career advancement

**승진**

Taking additional courses can help with **career advancement** opportunities.
추가 과정을 수강하면 승진 기회에 도움이 될 수 있다.

2177
## relocate
[ri:lóukeit]

**동 이전하다, 이동하다**

They will **relocate** its headquarters to a new city.
그들은 본사를 신도시로 이전할 예정이다.

2178
## marital status

**결혼 여부, 배우자 관계**

The application does not ask about your **marital status**, only your qualifications.
지원서에는 결혼 여부는 묻지 않고 자격만 묻는다.

2179
## maternity leave

**출산 휴가, 육아 휴직**

*cf.* (남성에게 주어지는) paternity leave, (부부에게 주어지는) parental leave

She is currently on **maternity leave** from work to care for her newborn baby.
현재 갓 태어난 아기를 돌보기 위해 휴직 중이다.

2180
## payroll
[péiroul]

**명 ① 임금 대장, 급료 명부 ② 급료 총액**

The company has to increase its total **payroll** as the minimum wage goes up.
그 회사는 최저임금이 인상되면서 급여 총액을 늘려야 했다.

## 03 재정·계약

2181

**fiscal**
[fískəl]

형 **재정의, 회계의**

We are holding a meeting to discuss **fiscal** year budget proposals.
저희는 회계연도 예산안을 논의하기 위한 회의를 열고 있어요.

2182

**deficit**
[défəsit]

명 **적자, 결손**

Trade **deficit** worsens, impacting currency value.
무역 적자가 악화되어 통화 가치에 영향을 미친다.

2183

**by check**

**수표로**

*cf.* by credit card (신용카드로), by/in cash (현금으로)

Payment can be made **by check**, cash, or credit card.
결제는 수표, 현금, 또는 신용카드로 할 수 있어요.

2184

**credit card statement**

**신용 카드 명세서**

Review **credit card statements** to verify purchases made with company-issued cards.
회사에서 발급한 카드로 구매한 내역을 확인하기 위해 신용카드 명세서를 검토하세요.

2185

**installment**
[instɔ́:lmənt]

명 **할부**

*cf.* down payment (계약금, 첫 할부금)

He paid for the furniture in monthly **installments**.
그는 가구를 매달 할부로 결제했다.

2186

**balance**
[bǽləns]

명 **① 잔고, 잔액 ② 균형 상태** 동 **균형을 잡다**

*cf.* settle balance (잔금을 결제하다)

Call the tax office to discuss payment options for your remaining tax **balance**.
세무서에 전화하여 남은 세금 잔액에 대한 납부 옵션을 논의하세요.

2187

## at no charge

무료로

*cf.* at no extra charge (추가 비용 없이)

We offer free shipping on all orders **at no charge.**
저희는 모든 주문에 대해 무료 배송 서비스를 제공합니다.

2188

## wire transfer

송금

You can submit your tax payment quickly and securely via **wire transfer.**
송금을 통해 빠르고 안전하게 세금을 납부하실 수 있습니다.

2189

## subcontract

[sʌbkɑ́ntrækt]

명 하청 계약 동 하청을 주다

The **subcontract** for the landscaping will be signed next week.
조경 하청 계약은 다음 주에 체결될 예정이다.

2190

## outsource

[àutsɔ́:rs]

동 외부에 위탁하다

The agency is considering **outsourcing** the maintenance of its facilities.
그 기관은 시설 유지 관리를 외부에 위탁하는 것을 고려하고 있다.

2191

## transaction

[trænsǽkʃən]

명 ① 거래 ② 처리, 집행

Purchase tickets online for a convenient, contactless **transaction.**
편리한 비대면 거래를 위해 온라인으로 티켓을 구매하세요.

2192

## bid

[bid]

명 입찰

Several companies submitted **bids** for the construction project, pushing the final price down.
여러 회사가 건설 프로젝트에 입찰을 제출하여 최종 가격을 낮췄다.

2193

## signature

[sígnətʃər]

명 ① 서명 ② 특징

A **signature** may be required upon pickup of important documents from government offices.
관공서에서 중요한 서류를 수령할 때 서명이 필요할 수도 있다.

2194

## renewal
[rinú:əl]

명 갱신, 재개발

Negotiations for the contract **renewal** are currently underway.
현재 계약 갱신을 위한 협상이 진행 중이다.

2195

## expiration date

① (계약서 등의) 만기 날짜 ② (식품의) 유효 기간

The **expiration date** of the contract is approaching, prompting us to review renewal options.
계약 만료일이 다가오고 있어 저희는 갱신 옵션을 검토해야 합니다.

2196

## early termination fee

중도 해지 수수료

Be aware of **early termination fees** before canceling your membership.
멤버십을 해지하기 전에 조기 해지 수수료에 유의하세요.

2197

## compensation
[kàmpənséiʃən]

명 보상(금), 배상

The government provides **compensation** to individuals affected by natural disasters.
정부는 자연재해로 피해를 입은 개인에게 보상을 제공한다.

2198

## operating fund

운영 기금

The library board is asking for more money to fill up their **operating fund** again.
도서관 이사회에서 운영 기금을 보충하기 위해 추가 자금을 요청하고 있다.

2199

## beneficiary
[bènəfíʃièri]

명 수혜자, 수익자, 수취인

The child will inherit the money as the named **beneficiary** in the will.
자녀가 유언장에 명시된 수혜자로 유산을 상속받게 될 것이다.

2200

## fine
[fain]

명 벌금 동 벌금을 부과하다 형 ① 좋은 ② 미세한

The judge issued a **fine** of $100 for littering in the park.
판사는 공원 쓰레기 투기에 100달러의 벌금을 부과했다.

DAY

# 45

## DAY 45 어휘 미리보기

DAY 45

- convention
- exposition
- recital
- farewell gathering
- outreach program
- reunion
- alumni
- banquet
- book
- registration
- keynote
- showcase
- patronize
- observance
- proceeds
- voucher
- brochure
- booklet
- handout
- opening
- admission
- entry
- attendee
- catering
- culinary
- cuisine
- complimentary
- redeemable
- audiovisual
- sightseeing
- venue
- refreshment
- picturesque
- hands-on
- residential
- post
- electronically
- attentively
- timely
- layout
- easy-to-follow instructions
- power outage
- turnout
- amenity
- designated area
- rest assured
- state-certified
- online inquiry form
- civil complaint
- seamless

## 04 행사

2201

### convention

[kənvénʃən]

명 회의, 대회

Delegates from all member states are invited to attend the upcoming **convention**.

모든 회원국의 대표단은 다가오는 대회에 참석할 수 있도록 초대받는다.

2202

### exposition

[èkspəzíʃən]

명 ① 박람회, 전시회 ② 설명

The museum exhibit features an **exposition** exploring the history of ancient civilizations.

박물관 전시관에서는 고대 문명의 역사를 살펴볼 수 있는 전시회가 열린다.

2203

### recital

[risáitl]

명 ① 연주회 ② 암송, 낭독

The talented young musician is preparing for her piano **recital** next week.

재능 있는 젊은 음악가는 다음 주 피아노 독주회를 준비하고 있다.

2204
## farewell gathering

**환송 모임, 송별회**

A **farewell gathering** was held to honor the retiring director for his years of dedicated service.
퇴임하는 이사의 헌신적인 노고를 기리기 위한 송별회가 열렸다.

2205
## outreach program

**지원 활동, 구제 활동**

Public **outreach programs** strive to educate and connect with the community.
공공 지원 활동은 지역 사회를 교육하고 소통하기 위해 노력한다.

2206
## reunion
[ri:jú:njən]

**명 ① 친목회, 모임, 동창회 ② 재회, 재통합**

Ex-colleagues planned their office **reunion**.
전직 동료들이 회사 모임을 계획했다.

2207
## alumni
[əlʌ́mnai]

**명 동창생들, 졸업생들**

The company launched a mentorship program for **alumni**.
그 회사는 졸업생들을 위한 멘토링 프로그램을 시작했다.

2208
## banquet
[bǽŋkwit]

**명 연회, 만찬**

She delivered a moving speech at the **banquet**.
그녀는 연회에서 감동적인 연설을 했다.

2209
## book
[buk]

**동 예약하다 명 책**

Tickets for the upcoming community event can be **booked** starting next Monday.
다가오는 지역사회 행사 티켓은 다음 주 월요일부터 예약할 수 있다.

2210
## registration
[rèdʒistréiʃən]

**명 등록, 접수**

To participate in the competition, complete **registration** online before the deadline.
대회에 참가하려면 마감일 전에 온라인으로 등록을 완료하세요.

□□□
2211
## keynote
[kíːnout]

명 기조, 요지

**Keynote** speaker delivered an inspiring address on leadership strategies.
기조연설자는 리더십 전략에 대한 인상적인 연설을 했다.

□□□
2212
## showcase
[ʃóukeis]

동 전시하다, 소개하다

The city's signature festival will **showcase** local cultural performances and art installations.
이 도시의 대표적인 축제에서는 지역 문화 공연과 예술 설치 작품을 선보인다.

□□□
2213
## patronize
[péitrənàiz]

동 애용하다, 후원하다

The government **patronizes** various arts programs to support cultural development.
정부는 문화 발전을 지원하기 위해 다양한 예술 프로그램을 후원하고 있다.

□□□
2214
## observance
[əbzə́ːrvəns]

명 ① (축제 등의) 기념 ② (법규 등의) 준수

The holiday season is a time for cultural and religious **observances** around the world.
연말연시는 전 세계에서 문화와 종교를 기념하는 시기이다.

□□□
2215
## proceeds
[próusiːdz]

명 수익금

The **proceeds** from the charity event will benefit the local animal shelter.
자선 행사를 통해 얻은 수익금은 지역 동물 보호소에 기부된다.

□□□
2216
## voucher
[váuʧər]

명 (현금 대용의) 상품권

Are there any **vouchers** available for this product?
이 상품에 사용할 수 있는 상품권이 있나요?

□□□
2217
## brochure
[brouʃúər]

명 (홍보용) 소책자, 브로슈어

Pick up a **brochure** for more information.
자세한 내용은 소책자를 참조하세요.

2218

## booklet

[búklit]

명 소책자

Download the user **booklet** for instructions.

설명서를 보려면 사용자 책자를 다운로드하세요.

2219

## handout

[hǽndàut]

명 유인물, 배포 자료

The **handout** included a map of the hiking trail and safety tips.

유인물에는 등산로 지도와 안전 수칙이 포함되어 있다.

2220

## opening

[óupəniŋ]

명 ① 개장, 개시 ② (일자리) 공석

The grand **opening** of the new museum will be held next week.

새로운 박물관의 개장은 다음 주에 열릴 예정이다.

2221

## admission

[ædmíʃən]

명 입장, 입학

The museum offers free **admission** on the first Friday of every month.

박물관은 매월 첫째 주 금요일에 무료입장이 가능하다.

2222

## entry

[éntri]

명 ① 가입, 참가, 입장, 들어감 ② 입장권 ③ 입구, 현관

Students receive discounted **entry** fees with valid student identification.

유효한 학생 신분증을 제시하면 학생들은 입장료 할인 혜택을 받을 수 있다.

2223

## attendee

[ətèndíː]

명 ① 참석자 ② 출석자

The keynote speaker attracted a large audience of **attendees** at the conference.

기조연설자는 콘퍼런스에서 많은 청중을 끌어모았다.

2224

## catering

[kéitəriŋ]

명 출장 요리, 음식 공급(업)

The **catering** menu included finger foods, appetizers, and main courses.

케이터링 메뉴에는 핑거푸드, 애피타이저, 메인 코스가 포함되어 있다.

2225

**culinary**

[kjú:lənèri]

형 요리의

This cookbook features **culinary** delights from various cultures.
이 요리책에는 다양한 문화권의 요리가 소개되어 있다.

2226

**cuisine**

[kwizí:n]

명 요리(법)

Explore the diverse **cuisine** of the region.
이 지역의 다양한 요리를 맛보세요.

2227

**complimentary**

[kàmpləméntəri]

형 무료의

We offer a **complimentary** consultation.
저희는 무료 상담을 제공합니다.

2228

**redeemable**

[ridí:məbl]

형 (현금이나 상품과) 교환할 수 있는

Check your email for a **redeemable** discount code.
이메일에서 교환 가능한 할인 코드를 확인하세요.

2229

**audiovisual**

[ɔ́:diouvíʒuəl]

형 시청각의

We are looking for a technician skilled in **audiovisual** equipment setup.
우리는 시청각 장비 설정에 숙련된 기술자를 찾고 있다.

2230

**sightseeing**

[sáitsi:iŋ]

명 관광, 유람

Learn about the city's history at the City Museum, adding to your **sightseeing** experience.
시립박물관에서 시의 역사에 대해 알아보고 관광 경험의 재미를 더해 보세요.

2231

**venue**

[vénju:]

명 (콘서트·스포츠 경기·회담 등의) 장소

The **venue** for the concert can accommodate over 10,000 attendees.
콘서트 장소는 10,000명 이상의 참석자를 수용할 수 있다.

2232

**refreshment**

[rifréʃmənt]

명 ① 다과 ② 원기 회복

Enjoy some **refreshments** and snacks during the break.
휴식 시간에는 다과와 간식을 즐기세요.

2233

**picturesque**

[pìktʃərésk]

형 그림 같은

They offer tours through the city's **picturesque** historic district.
그들은 도시의 그림 같은 역사 지구를 둘러보는 투어를 제공한다.

2234

**hands-on**

[hǽndzɑ́:n]

형 직접 해 보는, 실천하는

The training program included **hands-on** workshops to develop practical skills.
교육 프로그램에는 실무 기술을 개발하기 위한 실습 워크숍이 포함되어 있다.

## 05 공지·안내

2235

**residential**

[rèzədénʃəl]

형 ① 주거의, 거주의 ② 주택용의

The waste reduction program promotes participation in all **residential** districts.
쓰레기 감소 프로그램은 모든 주거 지역의 참여를 장려한다.

2236

**post**

[poust]

동 게시하다, 공고하다 명 기둥

We **posted** the event announcement on our community board.
저희는 커뮤니티 게시판에 이벤트 공지를 게시했습니다.

2237

**electronically**

[ilektrɑ́nikəli]

부 컴퓨터 통신망으로, 컴퓨터로

Please sign the document **electronically**.
문서에 전자 서명을 해주세요.

2238

## attentively

[əténtivli]

부 **주의 깊게, 조심스럽게**

The manager reviewed the report **attentively**.

관리자는 보고서를 주의 깊게 검토했다.

2239

## timely

[táimli]

형 **시기적절한, 때맞춘**

We provided **timely** support to ensure a smooth project launch.

우리는 원활한 프로젝트 시작을 위해 때맞춰 지원을 제공했다.

2240

## layout

[léiaùt]

명 **배치(도), 배정**

The website needs a new, user-friendly **layout**.

웹사이트에는 새롭고 사용자 친화적인 레이아웃이 필요하다.

2241

## easy-to-follow instructions

**따라 하기 쉬운 설명**

We commit to providing accessible information with **easy-to-follow instructions** for users.

저희는 사용자가 쉽게 따라 할 수 있는 지침과 함께 접근 가능한 정보를 제공하기 위해 최선을 다합니다.

2242

## power outage

**정전, 송전 정지**

The **power outage** affected operations at several government buildings.

정전은 여러 정부 건물의 운영에 영향을 미쳤다.

2243

## turnout

[tə́:rnaùt]

명 **참가자의 수, 참석률, 투표자 수**

Due to the low **turnout** of committee members, the meeting has been postponed.

위원회 위원들의 참여율이 저조하여 회의는 연기되었다.

2244

## amenity

[əménəti]

명 (생활 관련) 편의 시설

The building offers **amenities** like a gym and rooftop lounge.
그 건물 내에는 체육관, 옥상 라운지 등의 편의 시설이 마련되어 있다.

2245

## designated area

지정된 장소

Park only in **designated areas** to avoid parking tickets.
주차 위반 딱지를 피하기 위해 지정된 구역에만 주차하세요.

2246

## rest assured

안심하세요

Our department understands your concern, **rest assured** we're conducting a thorough investigation.
저희 부서에서는 귀하의 우려를 이해하고 있으며, 철저한 조사를 진행하고 있으니 안심하세요.

2247

## state-certified

형 국가 공인의

To open a daycare, all staff need **state-certified** childcare qualifications.
어린이집을 개설하려면 모든 직원은 주에서 인증하는 보육 자격증이 있어야 한다.

2248

## online inquiry form

온라인 문의 양식

Submit your questions easily through our convenient **online inquiry form**.
편리한 온라인 문의 양식을 통해 간편하게 질문을 제출하세요.

2249

## civil complaint

민원

Residents filed a **civil complaint** against the city over noise pollution concerns.
주민들은 소음 공해 문제로 시에 민원을 제기했다.

2250

## seamless

[sí:mlis]

형 매끄러운, 순조로운

The new system ensures **seamless** integration of data from different government agencies.
새로운 시스템은 여러 정부 기관의 데이터를 원활하게 통합하게 해준다.

# DAY 46

## DAY 46 어휘 미리보기

DAY 46

- □ forward
- □ CC (Carbon Copy)
- □ sincerely
- □ stunning
- □ ship
- □ dispatch
- □ courier
- □ fairly
- □ retailer
- □ pharmacist
- □ automotive
- □ up-to-date
- □ cutting-edge
- □ state-of-the-art
- □ remainder
- □ office supplies
- □ warehouse
- □ high-profile
- □ infrastructure
- □ complex
- □ wear and tear
- □ landscaping
- □ nature reserve
- □ wilderness
- □ public figure
- □ biased
- □ ventilation
- □ on-call security specialist
- □ unauthorized entrance
- □ defective
- □ floor plan
- □ product demonstration
- □ network
- □ self-employed
- □ sign up for
- □ mergers and acquisitions (M&A)
- □ subscription
- □ household
- □ domestic
- □ customized
- □ tailored
- □ overcrowding
- □ to this end
- □ overheat
- □ litter
- □ sanitation
- □ round trip
- □ departure
- □ arrival
- □ carry-on

## 06 기타

2251

### forward

[fɔ́:rwərd]

동 **보내다, 전달하다**

The agency will **forward** your inquiry to the appropriate department for a response.
해당 기관에서 문의 사항을 해당 부서로 전달하여 답변을 드릴 것입니다.

2252

### CC (Carbon Copy)

명 **참조** 동 **참조하다**

Please **CC** your manager on the email regarding the project update.
프로젝트 업데이트와 관련된 이메일에 관리자를 참조해 주세요.

2253

### sincerely

[sinsíərli]

부 **진심으로**

*cf.* 편지의 맺음말: Sincerely (yours), Yours sincerely

We appreciate your understanding and cooperation.
**Sincerely,**
여러분의 이해와 협조에 감사드립니다.
진심으로 감사드리며,

2254

## stunning

[stʌ́niŋ]

형 **놀랄 만큼 멋진, 훌륭한**

The newly restored historical landmark offers a **stunning** exhibit of artifacts.

새롭게 복원된 역사적 랜드마크는 멋진 유물 전시를 제공한다.

2255

## ship

[ʃip]

동 **보내다, 발송하다**

The package is **shipped** via express delivery.

소포는 특급 배송을 통해 발송된다.

2256

## dispatch

[dispǽtʃ]

동 **① 파견하다 ② 보내다, 발송하다 ③ 신속히 해치우다**

명 **파견, 발송**

It's crucial to **dispatch** the necessary documents to the client before the deadline.

마감일 전에 필요한 서류를 고객에게 발송하는 것이 중요하다.

2257

## courier

[kə́:riər]

명 **택배 회사, 택배 배달원**

Next-day delivery is available through a reliable **courier**.

믿을 수 있는 택배를 통해 익일 배송이 가능하다.

2258

## fairly

[fέərli]

부 **① 상당히, 꽤 ② 공평하게**

Public transportation is **fairly** reliable in most major cities.

대부분의 주요 도시에서 대중교통은 상당히 안정적이다.

2259

## retailer

[rí:teilər]

명 **① 소매상인 ② 소매점**

The company is looking for a **retailer** to sell their new product line.

이 회사는 새로운 제품 라인을 판매할 소매업체를 찾고 있다.

2260

## pharmacist

[fá:rməsist]

명 **약사**

She chose a career path to become a **pharmacist**.

그녀는 약사가 되기 위해 진로를 선택했다.

2261

## automotive

[ɔ̀:təmóutiv]

형 자동차의

They formed a partnership to develop innovative **automotive** safety features.
그들은 혁신적인 자동차 안전 기능을 개발하기 위해 파트너십을 맺었다.

2262

## up-to-date

[ʌ̀ptədéit]

형 ① 최신의 ② 최신식의

Keep your résumé **up-to-date** to reflect your latest skills and experience.
가장 최근의 역량과 경력을 보여 줄 수 있도록 이력서를 최신 상태로 유지하세요.

2263

## cutting-edge

[kʌ̀tiŋédʒ]

형 최첨단의

The keynote speaker will discuss **cutting-edge** trends in artificial intelligence.
기조연설자는 인공지능의 최신 동향에 대해 논의할 예정이다.

2264

## state-of-the-art

[stéitəvðiɑ́:rt]

형 최첨단의, 최신식의

The hospital boasts a **state-of-the-art** medical imaging facility.
이 병원은 최첨단 의료 영상 시설을 자랑한다.

2265

## remainder

[riméindər]

명 나머지

The sale cleared the **remainder** of the stock.
세일로 나머지 재고가 모두 소진되었다.

2266

## office supplies

사무용품

Remember to bring your own **office supplies**.
사무용품은 개인 지참하는 것을 잊지 마세요.

2267
## warehouse
[wérhaùs]

명 **창고, 저장소**

The **warehouse** is closed today for a scheduled maintenance check.
창고는 정기 유지보수 점검을 위해 오늘 문을 닫는다.

2268
## high-profile
[hàipróufail]

형 **유명한, 세간의 이목을 끄는**

The presidential visit attracted a large number of **high-profile** journalists.
대통령 방문에 많은 유명 언론인이 참석했다.

2269
## infrastructure
[ínfrəstrʌ̀ktʃər]

명 **사회 기반 시설**

Investing in sustainable **infrastructure** is crucial for long-term economic growth.
지속 가능한 인프라에 투자하는 것은 장기적인 경제 성장을 위해 매우 중요하다.

2270
## complex
[kάmpleks]

명 **복합 건물, (건물) 단지** 형 **① 복합의 ② 복잡한**

The new healthcare **complex** provides essential medical services to underserved communities.
새로운 의료 단지는 소외된 지역 사회에 필수적인 의료 서비스를 제공한다.

2271
## wear and tear

**마모, 손상**

The car shows signs of **wear and tear** after years of use.
수년간 사용한 차량은 마모된 흔적이 보인다.

2272
## landscaping
[lǽndskèipiŋ]

명 **조경**

The new **landscaping** work improved the curb appeal.
새로운 조경 작업은 연석의 매력을 개선했다.

2273

**nature reserve**

**자연 보호구역**

Public campaigns educate citizens about the importance of preserving **nature reserves**.
공공 캠페인은 시민들에게 자연 보호 구역 보존의 중요성을 교육한다.

2274

**wilderness**
[wíldərnis]

명 **황야, 황무지**

Scientists are studying the unique plant within the remote **wilderness** region.
과학자들은 외딴 야생 지역에 서식하는 독특한 식물을 연구하고 있다.

2275

**public figure**

명 **유명 인사, 공인**

After retirement, the former athlete became a **public figure** for youth mentorship programs.
은퇴 후 전 운동선수는 청소년 멘토링 프로그램의 유명 인사가 되었다.

2276

**biased**
[báiəst]

형 **치우친, 편견을 가진**

The government's anti-poverty campaigns strive not to be **biased** in distributing aid.
정부의 빈곤 퇴치 캠페인은 편견 없이 원조를 배분하기 위해 노력한다.

2277

**ventilation**
[vèntəléiʃən]

명 **① 환기 ② 환기 장치**

Poor **ventilation** in public housing raises health concerns for residents.
공공 주택의 환기 불량은 거주자들의 건강에 대한 우려를 일으킨다.

2278

**on-call security specialist**

**당직 보안 전문가**

A well-trained **on-call security specialist** can deter potential security threats.
잘 훈련된 당직 보안 전문가가 잠재적 보안 위협을 막을 수 있다.

2279

**unauthorized entrance**

**무단출입**

Attempting **unauthorized entrance** is prohibited.
무단출입 시도는 금지되어 있다.

2280

**defective**

[diféktiv]

형 결함이 있는 명 불량품

Public transportation authority is investigating reports of **defective** brakes on buses.

대중교통 당국에서 버스 브레이크 결함 신고를 조사하고 있다.

2281

**floor plan**

① 평면도 ② 층별 안내도

Make sure to review the **floor plan** before heading to your exam room.

시험장으로 향하기 전에 층별 안내도를 확인하세요.

2282

**product demonstration**

제품 시연

The salesperson offered a **product demonstration** of the new smartphone features.

영업 담당자가 새로운 스마트폰 기능에 대한 제품 시연을 했다.

2283

**network**

[nétwə̀:rk]

동 인적 네트워크를 형성하다 명 망

Attending industry conferences allows you to **network** with potential employers.

업계 콘퍼런스에 참석하면 잠재 고용주들과의 네트워크를 형성할 수 있다.

2284

**self-employed**

형 자영업을 하는

He decided to become **self-employed** and open his own graphic design studio.

그는 자영업자가 되어 자신의 그래픽 디자인 스튜디오를 열기로 결정했다.

2285

**sign up for**

-을 신청하다

**Sign up for** the marathon online before the registration deadline closes.

등록 마감일 전에 온라인으로 마라톤 참가 신청을 하세요.

2286

**mergers and acquisitions (M&A)**

기업 인수 합병

The **mergers and acquisitions** of two major tech companies created a new industry giant.

두 개의 주요 기술 회사의 합병으로 새로운 산업 거인이 탄생했다.

2287

## subscription

[səbskrípʃən]

명 ① 예약, 구독(료) ② 기부(금)

You can cancel your digital magazine **subscription** at any time through your account settings.

계정 설정에서 언제든지 귀하의 디지털 잡지의 구독을 취소하실 수 있습니다.

2288

## household

[háushòuld]

명 가구 형 가정의, 가족의

Dispose of used batteries responsibly following your **household** waste disposal guidelines.

사용한 배터리는 반드시 가정용 폐기물 처리 지침에 따라 폐기하세요.

2289

## domestic

[dəméstik]

형 ① 국내의 ② 가정의

We prefer to support **domestic** businesses to stimulate the local economy.

저희는 지역 경제 활성화를 위해 국내 기업을 지원하는 것을 선호합니다.

2290

## customized

[kʌ́stəmàiz]

형 주문 제작의, 맞춤의

**Customized** learning plans are available for multilingual students.

다국어를 사용하는 학생을 위한 맞춤형 학습 계획이 있다.

2291

## tailored

[téilərd]

형 맞춤의, 주문 제작의

Our training is **tailored** to your specific needs.

저희 교육은 귀하의 특정 요구 사항에 맞춰져 있습니다.

2292

## overcrowding

[òuvərkraúdiŋ]

명 과밀, 혼잡

The authorities are taking measures to prevent **overcrowding** at the popular tourist destination.

당국은 인기 관광지의 혼잡을 방지하기 위해 조치를 취하고 있다.

2293

## to this end

이 목적을 위해

**To this end**, the city council is holding a public forum to gather feedback on the renovation.

이를 위해 시 의회는 보수에 대한 의견을 모으기 위해 공개 토론회를 개최한다.

2294

**overheat**

[òuvərhíːt]

동 과열하다, 과열되다 명 ① 과열 ② 지나친 흥분

Libraries close early to prevent computer systems from **overheating**.

컴퓨터 시스템 과열을 방지하기 위해 도서관들은 일찍 문을 닫는다.

2295

**litter**

[lítər]

동 어지르다, 더럽히다 명 ① 쓰레기 ② 난잡

The ocean floor is **littered** with humanity's garbage.

해저는 인류의 쓰레기로 어질러져 있다.

2296

**sanitation**

[sænitéiʃən]

명 공중위생, 위생 설비

The **sanitation** department is responsible for collecting household waste.

위생과는 생활 쓰레기 수거를 담당하고 있다.

2297

**round trip**

왕복 여행

The train fare includes a **round-trip** ticket.

기차 요금에는 왕복 티켓이 포함되어 있다.

2298

**departure**

[dipáːrtʃər]

명 출발, 떠남

The plane's **departure** was delayed due to bad weather conditions.

기상 악화로 인해 비행기 출발이 지연되었다.

2299

**arrival**

[əráivəl]

명 도착

The train's **arrival** is expected to be on time according to the schedule.

기차 도착은 예정 일정에 따라 정시에 도착할 예정이다.

2300

**carry-on**

[kǽri ɑːn]

형 휴대용의, 비행기 내에 들고 갈 수 있는

Lost and found items from **carry-on** baggage are kept at the airport security checkpoint.

기내 반입 수하물의 분실물은 공항 보안 검색대에 보관된다.

PART

# 4

# 독해 핵심 숙어 200

시험에서 큰 비중을 차지하는 독해 문제 유형
지문 해석 능력을 한층 더 향상시킬 수 있는 최다 빈출 숙어

DAY 47 / DAY 50

심슨보카

shimson voca

## DAY 47 어휘 미리보기

DAY 47

- □ abide by
- □ account for
- □ ahead of
- □ along with
- □ apart from
- □ apply for
- □ as a result of
- □ as to
- □ at once
- □ at risk of
- □ at the cost[expense] of
- □ at the mercy of
- □ back up
- □ be apt to RV
- □ be based on
- □ be bent on RVing
- □ be bound to RV
- □ be concerned with[about]
- □ be engaged in
- □ be faced with
- □ be inclined to RV
- □ be likely to RV
- □ be subject to
- □ be supposed to RV
- □ be willing to RV
- □ break down
- □ break into
- □ break up
- □ bring[put] A to life
- □ bring about
- □ bring out
- □ bring up
- □ by means of
- □ by no means
- □ by[in] virtue of
- □ call down
- □ call for
- □ call off
- □ care for
- □ carry on
- □ carry out
- □ come across
- □ come in handy
- □ come to life
- □ come up with
- □ cope with
- □ cut back (on)
- □ dead end
- □ deal with
- □ depend (up)on

---

□□□
2301

## abide by

**-을 따르다, 지키다, 준수하다**

= observe, follow, comply with

Players must **abide by** the game rules.
선수는 경기 규칙을 준수해야 한다.

---

□□□
2302

## account for

**① -을 설명하다 ② -을 차지하다**

= ① explain

Can you **account for** the missing keys?
잃어버린 열쇠를 설명할 수 있나요?

---

□□□
2303

## ahead of

**-앞에, -보다 앞서서**

Two boys were **ahead of** us.
우리 앞에 남자애가 두 명 있었다.

2304
## along with
**-와 함께, 더불어**

I learned to develop interpersonal skills **along with** other skills.
나는 다른 기술과 함께 대인 관계 기술을 기르는 법을 배웠다.

2305
## apart from
**-을 제외하고, -이외에**

= besides

**Apart from** their house in London, they also have a villa in Spain.
런던에 있는 집 이외에 그들은 스페인에 빌라 한 채 또한 소유하고 있다.

무엇으로부터(from) 떨어진(apart) 거니까 → **-을 제외하고**

2306
## apply for
**-에 지원하다**

*cf.* apply to (-에 적용되다)

The leaflet explains how to **apply for** a job.
그 책자는 일자리에 지원하는 방법을 설명한다.

2307
## as a result of
**-의 결과로**

Some important facts emerged **as a result of** the investigation.
그 조사의 결과로 몇몇 중요한 사실이 드러났다.

2308
## as to
**-에 관해서(는)**

= as for

He was uncertain **as to** whether he should accept the job offer.
그는 그 일자리 제안을 받아들여야 할지 말지에 관해서 확신이 없었다.

2309
## at once
**① 즉시 ② 한꺼번에**

*cf.* all at once (갑자기, 동시에)

If necessary, I can come **at once**.
필요하면 내가 즉시 올 수 있다.

2310
## at risk of
**-의 위험에 처한**

Many more are still **at risk of** suffering from hunger and disease.
더 많은 사람들은 아직도 배고픔과 질병으로 고통받는 위험에 처해 있다.

2311

## at the cost[expense] of

**-을 희생하여, 대가로**

Her fame was bought **at the cost of** her marriage.
그녀의 명성은 결혼 생활을 희생시키고 얻은 것이었다.

2312

## at the mercy of

**-의 처분대로, -에 좌우되는**

Our picnic was **at the mercy of** the weather.
우리의 소풍은 날씨에 좌우되었다.

무엇의(of) 자비에(mercy) 맡긴 상황에(at) 있으니까 → **-에 좌우되는**

2313

## back up

**-을 뒷받침하다, 지지하다, 후원하다**

= support, stand by, stand (up) for

Her strong work ethic **backs up** her claims.
그녀의 강한 직업 윤리가 그녀의 주장을 뒷받침한다.

2314

## be apt to RV

**-하기 쉽다, -하는 경향이 있다**

Babies **are apt to** put objects into their mouths.
아기들은 입에 물건들을 집어넣는 경향이 있다.

2315

## be based on

**-에 기초하다, 근거하다**

The decision **was based on** emotion rather than rational thought.
그 결정은 합리적인 생각보다는 감정에 근거한 것이었다.

2316

## be bent on RVing

**① -하기를 결심하고 있다 ② -하는 데 열중하다**

She **is** solely **bent on** making money.
그녀는 오직 돈벌이에만 급급하다.

열중해서 허리 숙인 채(bend) 무언가를 계속(on) 하고 있으니까 → -하는 데 열중하다

2317

## be bound to RV

**① -하게 되어 있다, 반드시 -할 것이다 ② -할 의무가 있다**

She **is bound to** succeed with her dedication and hard work.
그녀는 그녀의 헌신과 노고로 반드시 성공할 것이다.

2318

**be concerned with [about]**

**-에 관심이 있다**

**Are** you **concerned with** fitting into a new social group?
새로운 사회 집단에 적응하는 것에 관심이 있으세요?

2319

**be engaged in**

**① -에 참여하다 ② -에 종사하다**

*cf.* be engaged to (-와 약혼하다)

He **is engaged in** foreign trade.
그는 해외 무역에 종사하고 있다.

2320

**be faced with**

**-에 직면하다**

= be confronted with

What challenges **are** you **faced with** in your daily life?
일상생활에서 어떤 어려움을 겪고 있나요?

2321

**be inclined to RV**

**① -하고 싶어 하다 ② -하는 경향이 있다**

= ② be apt to RV, be prone to RV, tend to RV

Unfortunately, most people in Korea **are inclined to** take these offenses lightly.
불행히도, 대부분의 한국 사람들은 이러한 범죄를 가볍게 여기는 경향이 있다.

2322

**be likely to RV**

**-하기 쉽다, -할 것 같다**

Train fares **are likely to** remain unchanged.
기차 요금은 변하지 않은 채 유지될 것 같다.

2323

**be subject to**

**① -의 대상이다 ② -의 지배를 받다 ③ -의 영향을 받기 쉽다**

The benefit **is subject to** change at any time.
본 혜택은 언제라도 변경되기 쉽다.

2324

**be supposed to RV**

**① -할 의무가 있다 ② -하기로 되어 있다, -할 예정이다**

He **was supposed to** arrive at the meeting an hour ago.
그는 한 시간 전에 회의에 도착하기로 되어 있었다.

2325

## be willing to RV

**기꺼이 -하다**

Inventors have to **be willing to** learn from failures.
발명가들은 실패에서 기꺼이 배우려고 해야 한다.

2326

## break down

**① 고장 나다 ② 허물어지다 ③ -을 부수다 ④ -을 분해하다**

= ① go wrong, be out of order ④ take apart

This computer may **break down** because it is old.
이 컴퓨터는 오래돼서 고장날지도 모른다.

2327

## break into

**① 침입하다 ② 갑자기 -하기 시작하다**

= ① invade ② burst into

The thief attempted to **break into** the jewelry store.
도둑이 보석 가게에 침입을 시도했다.

2328

## break up

**① 헤어지다 ② -을 부수다**

I **broke up** with her yesterday.
나는 어제 그녀와 헤어졌다.

2329

## bring[put] A to life

**-을 소생시키다, -에 활기를 불어넣다**

*cf.* bring[put] A an end (-을 끝내다), bring A light (-을 밝히다)

Her detailed descriptions **bring** the scenes of the novel **to life**.
그녀의 섬세한 묘사는 소설의 장면을 생생하게 표현한다.

2330

## bring about

**-을 야기하다, 초래하다**

= cause, lead to, end in, result in, give rise to

Will this new technology **bring about** job losses?
이 새로운 기술이 일자리 감소를 가져올까요?

2331

## bring out

**① -을 끌어내다[발휘되게 하다] ② -을 출시하다, 발매하다**

= ② release, publish

The teacher's encouragement helped **bring out** the best in her shy students.
선생님의 격려가 수줍은 학생들의 최고 기량을 끌어내는 데 도움이 되었다.

□□□
2332

## bring up

**① -을 기르다, 양육하다 ② (화제를) 꺼내다, 제기하다**

= ① raise, rear ② mention, raise

It is not easy to **bring up** children.
아이를 키우는 일은 쉽지 않다.

□□□
2333

## by means of

**① -에 의하여 ② -의 도움으로**

Knowledge can be acquired **by means of** various methods, such as reading and experience.
독서, 체험 등 다양한 방법으로 지식을 습득할 수 있다.

□□□
2334

## by no means

**결코 -이 아닌**

He is **by no means** a beggar.
그는 결코 거지가 아니다.

□□□
2335

## by[in] virtue of

**-덕분에[때문에]**

**By virtue of** her experience, she was chosen for the leadership role.
그녀는 자신의 경험 덕택에 리더 역할로 발탁되었다.

□□□
2336

## call down

**-을 꾸짖다, 비난하다**

= scold, condemn, criticize

The critics **called down** the movie for its poor acting.
평론가들은 연기가 형편없다는 이유로 영화를 깎아내렸다.

□□□
2337

## call for

**-을 요구하다, 필요로 하다**

= require, need

Our goal is to **call for** citizens' participation in the election.
우리의 목표는 시민들의 선거 참여를 촉구하는 것이다.

□□□
2338

## call off

**-을 취소[철회]하다**

= cancel, withdraw

The organizers had to **call off** the event due to bad weather.
주최 측은 악천후 때문에 행사를 취소해야 했다.

2339

## care for

**① -을 보살피다, 돌보다 ② -을 좋아하다**

= ① take care of, look after

We need to **care for** the environment for future generations.
우리는 미래 세대를 위해 환경을 보호해야 한다.

2340

## carry on

**계속하다, 이어가다**

= continue, keep (on), go on

Despite the setback, they were determined to **carry on** with their mission.
좌절에도 불구하고 그들은 그들의 임무를 계속하기로 결심했다.

2341

## carry out

**-을 수행하다, 실행하다**

= perform, implement, fulfill

The doctor found that she was unable to **carry out** her normal work.
의사는 그녀가 정상 근무를 수행할 수 없다고 판단했다.

2342

## come across

**① -을 우연히 마주치다 ② 이해[전달]되다**

= ① encounter, run across, bump into

*cf.* get across (to) ((-에게) 이해시키다)

I **came across** a strange man while going home.
집에 가는 동안 나는 이상한 남자를 우연히 마주쳤다.

2343

## come in handy

**유용해지다, 도움이 되다**

The information **came in** very **handy**.
그 정보는 매우 유용했다.

유용한(handy) 상태로(in) 오는(come) 거니까 → **유용해지다**

2344

## come to life

**활기를 띠다**

*cf.* come to light (드러나다, 밝혀지다), come to an end (끝나다, 죽다)

The match finally **came to life** in the second half.
시합은 후반전에 마침내 활기를 띠었다.

생기를(life) 가진 쪽으로(to) 오는(come) 거니까 → **활기를 띠다**

2345

## come up with

**① -을 생각해 내다, 만들어 내다 ② -을 제시[제안]하다**

= ① devise, hit upon ② propose

You should **come up with** realistic but creative ideas.
너는 현실적이지만 창의적인 아이디어를 생각해 내야 한다.

2346

## cope with

**-에 대처하다**

There are many ways to **cope with** rejection.
거절에 대처하는 많은 방법들이 있다.

2347

## cut back (on)

**-을 줄이다**

= reduce, lessen, decrease, curtail

The doctor advised him to **cut back on** salt in his diet.
의사는 그에게 식단에서 소금을 줄이라고 조언했다.

2348

## dead end

**막다른 골목**

I had no choice but to surrender when I was at a **dead end.**
막다른 골목에 이르러 나는 항복할 수밖에 없었다.

길 끝이(end) 막혀서 더 이상 길로 사용할 수 없으니까(dead) → **막다른 골목**

2349

## deal with

**-을 다루다, 처리하다**

= handle, address, manage

We must take positive steps to **deal with** the problem.
우리는 그 문제를 처리하기 위해 긍정적인 조치를 취해야 할 것이다.

2350

## depend (up)on

**-에 의존하다, 달려 있다**

= rely on, count on, look to, turn to, resort to

Children greatly **depend on** their parents.
아이들은 부모에게 대단히 의존한다.

DAY

# 48

## DAY 48 어휘 미리보기

DAY 48

- □ derive from
- □ do away with
- □ do sb good
- □ do without
- □ down-to-earth
- □ dwell on
- □ end up
- □ figure out
- □ fill in
- □ fill out
- □ for good
- □ for the sake of
- □ for want[lack] of
- □ from time to time
- □ get across
- □ get along with
- □ get in one's way
- □ get out of
- □ get over
- □ get through
- □ give in
- □ give rise to
- □ give up
- □ give way to
- □ go over
- □ go through
- □ hand down
- □ hand in
- □ have nothing to do with
- □ have trouble[difficulty] (in) RVing
- □ hit upon
- □ hold back
- □ hold (on) to
- □ in accordance with
- □ in addition to
- □ in case S+V
- □ in charge of
- □ in comparison with[to]
- □ in connection with
- □ in consequence of
- □ in effect
- □ in favor of
- □ in honor of
- □ in spite of
- □ in terms of
- □ in the face of
- □ in the wake of
- □ in time
- □ in view of
- □ jump to a conclusion

□□□
2351
### derive from

**-에서 유래하다**

= originate from, stem from

The rumor **derived from** a misunderstanding, not actual facts.
그 소문은 실제 사실이 아닌 오해에서 비롯되었다.

□□□
2352
### do away with

**-을 없애다, 폐지하다**

= abolish

Many countries are **doing away with** capital punishment.
많은 국가에서 사형을 폐지하고 있다.

□□□
2353
### do sb good

**-에게 이익이 되다**

*cf.* do sb harm (-에게 손해를 끼치다)

A few years of traveling abroad will **do you good.**
몇 년간의 해외여행이 너에게 도움이 될 거다.

누군가에게 이익을(good) 주는(do) 거니까 → **-에게 이익이 되다**

2354

## do without

**-없이 지내다**

= dispense with

The new building is designed to **do without** air conditioning.
새 건물은 에어컨 없이도 지낼 수 있도록 설계되었다.

2355

## down-to-earth

**현실적인**

You should come up with **down-to-earth** but creative ideas.
너는 현실적이지만 창의적인 아이디어를 생각해 내야 한다.

붕 떠 있지 않고 땅에(to earth) 내려와(down) 현실에 발을 딛고 있으니까 → **현실적인**

2356

## dwell on

**-을 곰곰이 생각하다, 숙고하다**

We shouldn't **dwell on** things we cannot control.
통제할 수 없는 것에 연연해서는 안 된다.

2357

## end up

**결국 -하게 되다**

I **ended up** doing all the work myself.
결국 그 모든 일을 내가 다 하게 되었다.

2358

## figure out

**① -을 생각해 내다, 알아내다 ② -을 계산[산출]하다 ③ -을 이해하다**

= ① solve ③ grasp, understand, comprehend

I can't **figure out** how to do this.
나는 이걸 어떻게 하는 건지 이해할 수가 없다.

2359

## fill in

**① -을 채우다, 작성하다 ② -을 대신하다**

Please **fill in** the blanks.
빈칸을 채우세요.

2360

## fill out

**(서류에) 기입하다, 작성하다**

= fill in, complete

Can you **fill out** this survey for us before you leave?
떠나기 전에 이 설문 조사를 작성해 주시겠습니까?

2361

## for good

**영원히**

He wanted me to stay with him **for good**.
그는 내가 영원히 그와 함께 있어 주기를 바랐다.

2362

## for the sake of

**-을 위해서**

They fasted **for the sake of** their religious beliefs.
그들은 종교적 신념을 위해 금식했다.

2363

## for want[lack] of

**-이 부족하여**

**For want of** a better option, we decided to stay home.
더 나은 선택지가 없어서 우리는 집에 있기로 결정했다.

2364

## from time to time

**때때로, 가끔**

The Internet connection **from time to time** becomes unstable.
인터넷 연결이 때때로 불안정해진다.

2365

## get across

**① -을 이해시키다 ② -을 건너다**

= ② cross, go over

He used striking visuals to **get** his point **across**.
그는 자신의 논점을 이해시키기 위해 인상적인 시각 자료들을 사용했다.

2366

## get along with

**-와 사이좋게 지내다**

He is friendly and **gets along with** everyone.
그는 친절하고 모든 사람과 잘 지낸다.

2367

## get in one's way

**-에게 방해가 되다**

Can I move the books? They **get in my way**.
그 책들 좀 옮겨도 될까요? 그것들이 저에게 방해가 되네요.

누군가의 진로(way) 안에(in) 끼어드는(get) 거니까 → **-에게 방해가 되다**

2368

## get out of

**-에서 벗어나다, 탈출하다, 피하다**

= escape, avoid

Try to **get out of** your comfort zone and try new things.
안전지대에서 벗어나 새로운 것을 시도해 봐라.

2369

## get over

**-을 극복하다, 회복하다**

= overcome, surmount

The best way to **get over** a breakup is to focus on yourself.
이별을 극복하는 가장 좋은 방법은 자신에게 집중하는 것이다.

2370

## get through

**① -을 통과하다, 빠져나가다 ② -을 끝내다 ③ -을 극복하다**

= ① pass ② finish, complete ③ overcome, surmount, get over

I'm not sure we can **get through** all this work on time, with only four people.
우리 4명만으로는 이 모든 일을 제시간에 끝낼 수 있을 것 같지 않다.

2371

## give in

**① -을 제출하다 ② (+ to) -에 굴복[항복]하다**

= ① submit, hand in, turn in ② submit to, yield to, give way to

Will the company **give in** to the workers' demands?
회사가 근로자들의 요구에 굴복할까요?

2372

## give rise to

**-을 일으키다, 야기하다, 초래하다**

= cause, bring about

His comments **gave rise to** a heated debate on social media.
그의 발언은 소셜 미디어에서 열띤 논쟁을 불러일으켰다.

2373

## give up

**-을 포기하다, 그만두다**

= abandon, quit

His wife finally persuaded him to **give up** smoking.
그의 아내는 결국 그가 담배를 끊도록 설득했다.

2374

## give way to

**-에 굴복[항복]하다, 양보하다**

= submit to, yield to, give in to

Please **give way to** the ambulance approaching with its siren on.
사이렌을 울리며 다가오는 구급차에 길을 비켜 주세요.

2375

## go over

**① -을 건너가다 ② -을 조사하다, 검토하다**

= ① cross, get across ② examine, inspect, look into, go through

Would you like to **go over** the menu before you order?
주문하기 전에 메뉴판을 한번 살펴보시겠어요?

2376

## go through

**① -을 살펴보다 ② -을 겪다 ③ -을 통과하다**

= ① examine, inspect, look into, go over ② experience, undergo ③ pass through

I always start the day by **going through** my email.
나는 언제나 이메일을 살펴보는 것으로 나의 하루를 시작한다.

2377

## hand down

**-을 물려주다**

= pass down

We **handed down** the old family recipes in a handwritten notebook.
우리는 오래된 가족 요리법을 직접 손으로 쓴 노트에 적어 물려주었다.

2378

## hand in

**-을 제출하다**

= submit, give in, turn in

They **handed in** a petition signed by hundreds of residents.
그들은 수백 명의 주민이 서명한 탄원서를 제출했다.

2379

## have nothing to do with

**-와 관계가 없다**

*cf.* have something to do with (-와 관계가 있다)

I **have nothing to do with** the matter.
나는 그 문제와 아무 관계가 없다.

어떤 것과 함께(with) 해야(do) 하는 것이 없으니까(nothing) → **-와 관계가 없다**

2380

## have trouble[difficulty] (in) RVing

**-하는 데 어려움[곤란]을 겪다**

People who drink too much coffee may **have trouble (in) sleeping.**
커피를 너무 많이 마시는 사람은 잠을 자는 데 어려움을 겪을 수 있다.

2381

## hit upon

**-을 생각해 내다**

= devise, come up with

While brainstorming, we **hit upon** a creative solution.
우리는 브레인스토밍을 하던 중 창의적인 해결책을 생각해 냈다.

2382

## hold back

**① -을 저지하다, 억제하다 ② -을 비밀로 해 두다**

= ① restrain

The dam **held back** the rushing water, preventing a flood.
댐은 밀려오는 물을 막아 홍수를 막았다.

2383

## hold (on) to

**-을 고수하다**

= adhere to, stick to

The country **holds on to** its traditions despite modernization.
그 나라는 현대화에도 불구하고 전통을 고수하고 있다.

2384

## in accordance with

**-에 따라**

The matter will be dealt with **in accordance with** the law.
그 사건은 법에 따라 처리될 것이다.

어떤 것과(with) 일치한(accordance) 상태에(in) 있으니까 → **-에 따라**

2385

## in addition to

**-에 더하여, -뿐 아니라**

**In addition to** discounts, they offer a free gift.
할인에 더해, 그들은 사은품을 제공한다.

2386

## in case S+V

**-의 경우에, -의 경우에 대비하여**

Take some spare clothes **in case** you get wet.
물에 젖을 경우에 대비해서 여분의 옷을 좀 챙겨 가라.

2387

## in charge of

**-을 담당하는, 책임지는**

She is **in charge of** advertising.
그녀는 광고를 담당하고 있다.

무엇의(of) 책임(charge) 안(in)에 있으니까 → **-을 담당하는**

2388

## in comparison with[to]

**-와 비교해 보면, -에 비해서**

**In comparison with** other countries, the US has a high poverty rate.
다른 나라들에 비해 미국은 빈곤율이 높은 편이다.

2389

## in connection with

**-와 관련하여**

= with reference to

Do you have any questions **in connection with** the feedback you received?
받은 피드백과 관련하여 질문이 있나요?

2390

## in consequence of

**-의 결과로**

The price of oil increased **in consequence of** the global conflict.
국제 분쟁의 결과로 유가가 상승했다.

2391

## in effect

**① 사실상, 실제로는 ② 유효한, 시행 중인**

The two systems are, **in effect**, identical.
사실상, 두 제도는 동일하다.

실제 효과가(effect) 나타나고 있는 상황에(in) 있으니까 → **사실상, 시행 중인**

2392

## in favor of

**① -에 찬성하여 ② -에 유리하게, -의 이익이 되도록**

I am **in favor of** keeping the online real-name policy.
나는 온라인 실명제 유지에 찬성한다.

어떤 대상에 대한(of) 호의(favor) 속에(in) 있는 거니까 → **-에 찬성하여**

2393

## in honor of

**-에게 경의를 표하여, -을 기념하여**

The town held a parade **in honor of** the firefighters' dedication.
마을에서는 소방관들의 헌신을 기리며 퍼레이드를 열었다.

2394

## in spite of

**-에도 불구하고**

They fell in love **in spite of** the language barrier.
그들은 언어 장벽에도 불구하고 사랑에 빠졌다.

2395

## in terms of

**-면에서, -에 관하여**

The book is well organized **in terms of** plot.
그 책은 구성 면에서 잘 짜여 있다.

2396

## in the face of

**-에 직면해서**

Even **in the face of** challenges, she will play her heart out.
역경에도 불구하고[역경에 직면해서도], 그녀는 끝까지 해낼 것이다.

어떤 것을 직면한(face) 상태 속에(in) 있으니까 → **-에 직면해서**

2397

## in the wake of

**-의 결과로서, -후에**

There have been demonstrations on the streets **in the wake of** the recent bomb attack.
최근에 일어난 폭탄 공격 이후에 거리에서 시위운동들이 벌어졌다.

무언가의(of) 흔적이(wake) 있는 상태니까(in) → **-후에**

2398

## in time

**① 시간 맞추어, 제때에 ② 조만간**

The ambulance got there **in time**.
구급차가 거기에 제때에 도착했다.

2399

## in view of

**-에 비추어 (보면), -을 고려하여**

**In view of** the tight deadline, we need to work extra hours.
촉박한 마감 시간을 고려해서 우리는 시간외 근무를 해야 한다.

2400

## jump to a conclusion

**성급하게 결론을 내리다**

Don't **jump to a conclusion**!
성급하게 결론을 내리지 마!

결론(conclusion) 쪽으로(to) 갑자기 뛰어드니까(jump) → **성급하게 결론을 내리다**

DAY

# 49

DAY 49

## DAY 49 어휘 미리보기

- □ keep abreast of[with]
- □ keep away from
- □ keep in mind
- □ keep track of
- □ keep up with
- □ lay off
- □ lay out
- □ lead to
- □ leave out
- □ let down
- □ let go of
- □ live on
- □ look after
- □ look down on
- □ look forward to N[RVing]
- □ look into
- □ look up to
- □ look upon A as B
- □ lose track of
- □ make a point of RVing
- □ make believe
- □ make light of
- □ make out
- □ make sense
- □ make sure
- □ make up
- □ make up for
- □ net worth
- □ on account of
- □ on behalf of
- □ on the contrary
- □ out of date
- □ out of order
- □ out of stock
- □ out of the question
- □ pass away
- □ pass down
- □ pass out
- □ pay attention to
- □ pay off
- □ pick up
- □ pros and cons
- □ put[lay] aside
- □ put off
- □ put on
- □ put up with
- □ read between the lines
- □ refer to
- □ regardless of
- □ root out

---

2401

## keep abreast of[with]

**-에 뒤떨어지지 않다, -의 소식을 계속 접하다**

It is essential to **keep abreast of** new technologies in order to survive the world of the jungle.

약육강식의 세계에서 살아남기 위해서는 새로운 기술에 뒤떨어지지 않는 게 중요하다.

무언가와 나란히 놓인(abreast) 상태를 유지하는(keep) 거니까 → **-에 뒤떨어지지 않다**

---

2402

## keep away from

**-을 멀리하다[가까이하지 않다], 피하다**

= avoid, evade

We should **keep away from** violent people.

우리는 폭력적인 사람들을 멀리해야 한다.

---

2403

## keep in mind

**-을 명심하다**

I will **keep in mind** what you said.

나는 당신이 한 말을 명심할 것이다.

마음(mind) 안에(in) 무언가를 보관하니까(keep) → **-을 명심하다**

2404
## keep track of

**① -을 기록하다 ② -을 파악하다**

*cf.* lose track of (-을 잊어버리다, 놓치다)

The development of smartphones makes it easier to **keep track of** the personal schedule.
스마트폰의 발전으로 인해 개인 일정을 기록하는 것이 쉬워졌다.

2405
## keep up with

**① -에 뒤지지 않다, -의 유행을 따르다 ② -와 계속 연락하고 지내다**

= ① keep pace with ② keep in touch with

It is difficult to **keep up with** the rapid pace of change.
빠른 변화 속도를 따라가기가 어렵다.

2406
## lay off

**-을 해고하다**

= fire, dismiss, discharge

A sudden slump caused many of the employers to **lay off** their employees.
갑작스러운 경기 침체 때문에 많은 고용주들이 근로자들을 해고했다.

2407
## lay out

**① -을 펼치다, 전시하다 ② -을 설명하다**

= ① display, exhibit ② explain, illustrate

The museum **laid out** its historical artifacts in chronological order.
박물관은 역사적인 유물을 연대순으로 배치했다.

2408
## lead to

**-에 이르다, -을 초래하다**

= bring about, end in, result in

Eating too much sugar can **lead to** health problems.
지나친 설탕 섭취는 건강 문제를 초래할 수 있다.

2409
## leave out

**-을 제외하다, 빠뜨리다**

= omit

Don't **leave out** any important information.
중요한 정보는 하나도 빠뜨리지 마라.

2410
## let down

**-을 실망시키다**

= disappoint

I promise our new product won't **let** you **down**.
우리의 신제품은 당신을 실망시키지 않을 것이라고 약속한다.

☐☐☐
2411
## let go of

**-에서 손을 놓다**

*cf.* let sb go (-을 석방하다, 해고하다)

It is not easy to **let go of** a grudge and forgive.
원한을 떨쳐 버리고 용서하는 것은 쉽지 않다.

☐☐☐
2412
## live on

**① -을 먹고 살다 ② 계속 살다**

= ① feed on

Small birds **live** mainly **on** insects.
작은 새들은 주로 곤충을 먹고 산다.

☐☐☐
2413
## look after

**-을 돌보다, 보살피다**

= care for, take care of

It's important to **look after** your mental and physical health.
정신적, 육체적 건강을 돌보는 것이 중요하다.

☐☐☐
2414
## look down on

**-을 얕보다, 경시[멸시]하다**

= despise

True friends never **look down on** each other, even during difficult times.
진정한 친구는 어려운 시기에도 서로를 무시하지 않는다.

☐☐☐
2415
## look forward to N[RVing]

**-하기를 고대하다**

= anticipate, long for

I **look forward to** seeing her again.
나는 그녀를 다시 만나기를 고대한다.

☐☐☐
2416
## look into

**-을 조사하다, 들여다보다**

= examine, inspect, investigate, go over

Can you **look into** this issue and see if you can find a solution?
이 문제를 살펴보고 해결책을 찾아 주실 수 있을까요?

☐☐☐
2417
## look up to

**-을 우러러보다, 존경하다**

= respect, admire

Many people all over the world **look up to** her.
전 세계의 많은 사람들이 그녀를 존경한다.

2418

## look upon A as B

**A를 B로 간주하다**

= regard A as B, consider A as B

Some people **look upon** change **as** a threat, while others see it as an opportunity.
어떤 사람들은 변화를 위협으로 여기는 반면, 어떤 사람들은 기회로 여긴다.

2419

## lose track of

**① -을 잊어버리다 ② -을 놓치다**

It's easy to **lose track of** time when you are playing video games.
비디오 게임을 하고 있으면 시간 가는 것을 잊기 쉽다.

2420

## make a point of RVing

**반드시 -하다, -을 강조하다**

It's one of the few hobbies that I always **make a point of** doing.
그것은 내가 언제나 꼭 빼놓지 않고 하는 몇 안 되는 취미 중 하나이다.

어떤 행동을 핵심으로(point) 만드는(make) 거니까 → **반드시 -하다**

2421

## make believe

**-인 체하다**

I **made believe** that I was younger than he.
나는 그보다 어린 척을 했다.

믿도록(believe) 만드는(make) 거니까 → **-인 체하다**

2422

## make light of

**-을 가볍게 여기다, 경시하다**

*cf.* make much of (-을 중시하다)

He never **makes light of** small things.
그는 작은 일도 결코 가볍게 여기지 않는다.

무언가를 가볍게(light) 만든다는(make) 의미에서 → **-을 가볍게 여기다**

2423

## make out

**① -을 이해하다, 알아내다 ② 성공하다**

= ① grasp, understand, comprehend, get at, figure out ② succeed

I can't **make out** what she wants.
나는 그녀가 뭘 원하는지 이해할 수가 없다.

2424

## make sense

① 타당하다 ② 이해가 되다

All those reasons **make sense.**
이 모든 이유들은 이해가 된다.

감(sense)이 오도록 만드니까(make) → **이해가 되다**

2425

## make sure

① 반드시 -하다, -을 확실히 하다 ② -을 확인하다

**Make sure** the TV is off.
TV가 꺼져 있는지 꼭 확인해라.

2426

## make up

① -을 구성하다 ② -을 만들다
③ -을 거짓말하다, 꾸며내다 ④ 화장하다

= ① compose ② create, invent, devise

They **make up** about one-tenth of all galaxies.
이들은 전체 은하의 약 10분의 1을 구성한다.

2427

## make up for

-을 보상하다, 만회하다

= compensate for

They will **make up for** everything.
그들이 모든 것을 보상할 것이다.

2428

## net worth

순자산

= net asset

It was almost half my **net worth.**
그것은 내 전 재산 가운데 거의 절반이었다

2429

## on account of

-때문에

He received a speeding ticket **on account of** exceeding the limit.
그는 과속을 해서 속도위반 딱지를 받았다.

2430

## on behalf of

① -을 대신[대표]하여 ② -을 위해

I signed the contract **on behalf of** my client.
나는 내 고객을 대신하여 계약서에 서명했다.

누군가의(of) 이익(behalf)에 관한(on) 거니까 → **-을 대신[대표]하여**

2431

## on the contrary

**그와 반대로**

**On the contrary,** the price of gold has doubled.
그와 반대로, 금값은 두 배로 뛰었다.

2432

## out of date

**구식의**

*cf.* out of job (실직한), out of business (사업이 망한)

That radio looks so **out of date.**
저 라디오는 되게 구식인 것 같다.

요즘 시기로부터(date) 벗어난(out of) 거니까 → **구식의**

2433

## out of order

**① 고장이 난 ② (행동이) 제멋대로인**

*cf.* out of mood (기분이 안 좋은), out of reach (도달할 수 없는), out of control (통제할 수 없는)

His behavior in the meeting was **out of order.**
그 회의에서 그의 행동은 적절하지 못했다.

질서로부터(order) 벗어난(out of) 거니까 → **고장이 난, (행동이) 제멋대로인**

2434

## out of stock

**재고가 떨어진**

*cf.* out of gas (연료가 바닥난), out of money (돈이 떨어진)

The store was **out of stock** of my favorite cereal.
그 매장에는 내가 좋아하는 시리얼의 재고가 없었다.

2435

## out of the question

**불가능한, 의논해 봐야 소용없는**

A trip to New Zealand is **out of the question** this year.
올해 뉴질랜드로 여행 가는 것은 불가능하다.

그 질문에(the question) 대한 답은 물어볼 필요도 없이 벗어나(out of) 있으니까 → **불가능한**

2436

## pass away

**죽다**

= die

He **passed away** peacefully in his sleep last night.
그는 어젯밤 자다가 평화롭게 세상을 떠났다.

2437
## pass down

**-을 물려주다**

= hand down

The knowledge and skills were **passed down** through the years.
지식과 기술은 오랜 세월에 걸쳐 전수되었다.

2438
## pass out

**① 기절하다, 의식을 잃다 ② -을 나누어 주다**

= ① faint, black out ② distribute, hand out, give out

The intense heat caused her to **pass out** during the marathon.
그녀는 마라톤 도중 폭염으로 인해 기절했다.

2439
## pay attention to

**-에 주목하다, 주의를 기울이다**

Please **pay attention to** what I am saying.
제 말에 주목해 주십시오.

2440
## pay off

**① -을 다 갚다, 청산하다 ② 성과를 내다, 이익이 되다**

= ① repay, pay back

Exercising regularly can **pay off** in the long run.
규칙적인 운동은 장기적으로 보면 이득이 될 수 있다.

2441
## pick up

**① -을 (차에) 태우다 ② -을 집어 올리다 ③ 개선되다**

The bus **picks up** passengers at the airport.
그 버스는 공항에서 승객들을 태운다.

2442
## pros and cons

**① 장단점 ② 찬반양론**

*cf.* dos and don'ts (유의 사항, 행동 수칙)

We've been discussing the **pros and cons** of buying a house.
우리는 집을 구입하는 것의 장단점에 대해 토론해 왔다.

장점은 찬성하고(pro) 단점은 반대하니까(con) → **장단점, 찬반양론**

2443
## put[lay] aside

**① -을 무시하다, 제쳐놓다 ② -을 따로 떼어 두다[비축하다]**

= ① disregard ② save, store, keep, reserve, set by

They decided to **put aside** their differences.
그들은 자신들의 차이점들은 제쳐놓기로 했다.

2444

**put off**

**-을 미루다, 연기하다**

= delay, defer, postpone

Never **put off** until tomorrow what you can do today.
오늘 할 수 있는 일을 내일로 미루지 마라.

2445

**put on**

**① -을 착용하다 ② -을 공연[상연]하다**

*cf.* take off (-을 벗다)

I need to **put on** my glasses to see the screen clearly.
나는 화면을 선명하게 보려면 안경을 써야 한다.

2446

**put up with**

**-을 참다, 견디다**

= bear, stand, endure, tolerate

I'm not going to **put up with** your disrespect any longer.
나는 더 이상 당신의 무례함을 참지 않을 것이다.

2447

**read between the lines**

**행간[속뜻]을 읽다**

When you try to **read between the lines** while reading a novel, you can understand characters' feelings more deeply.
소설을 읽을 때 당신이 행간을 읽으려고 노력한다면, 등장인물들의 감정을 더 깊게 이해할 수 있다.

2448

**refer to**

**① -을 언급하다 ② -을 참고하다 ③ -을 가리키다**

= ① mention ③ indicate

The article **refers to** the need for climate change action.
그 기사는 기후 변화 행동의 필요성을 언급한다.

2449

**regardless of**

**-에 상관없이**

Every human being is equal **regardless of** religion, race, or creed.
모든 인간은 종교, 인종, 신념에 상관없이 평등하다.

2450

**root out**

**-을 제거하다, 뿌리 뽑다[근절시키다]**

= uproot, eradicate

The government aims to **root out** corruption within its ranks.
정부는 관료들의 부패를 근절하는 것을 목표로 하고 있다.

DAY

# 50

## DAY 50 어휘 미리보기

DAY 50

- rule out
- run across
- run for
- run out of
- second to none
- set apart
- set back
- set off
- set up
- show off
- side effect
- speak ill of
- stand by
- stand for
- stand out
- stand up for
- stand up to
- steer clear of
- stick to
- struggle to RV
- take advantage of
- take after
- take apart
- take care of
- take down
- take for granted
- take in
- take into account [consideration]
- take off
- take on
- take over
- take part in
- take place
- take up
- touch off
- turn down
- turn in
- turn on
- turn out
- turn to
- use up
- vice versa
- wear out
- weed out
- well off
- when it comes to
- wind up
- with regard[respect] to
- work on
- work out

2451

### rule out

**-을 제외시키다, 배제하다**

= exclude

He didn't **rule out** the possibility of traveling to Britain.
그는 영국 여행의 가능성을 배제하지 않았다.

2452

### run across

**-을 우연히 마주치다**

= encounter, come across, run into

I **ran across** an old friend at the grocery store.
나는 마트에서 오랜 친구를 우연히 만났다.

2453

### run for

**-에 입후보하다**

Independent parties are also **running for** office in several districts.
무소속 후보자들도 여러 선거구에서 출마하고 있다.

2454

## run out of

**-을 다 써 버리다**

I **ran out of** time before solving all the questions.
문제를 다 풀기도 전에 시간을 다 써 버렸다.

2455

## second to none

**누구에게도 뒤지지 않는**

As an ice skater, she is **second to none.**
아이스 스케이터로서, 그녀는 그 누구에게도 뒤지지 않는다.

아무에게도(to) 두 번째가(second) 아니라면(none) 첫 번째니까
→ 누구에게도 뒤지지 않는

2456

## set apart

**① -을 떼어 두다 ② -을 (-와) 구별하다 (from)**

= distinguish

What **sets apart** a diamond from other gemstones is its hardness.
다이아몬드가 다른 원석과 차별화되는 점은 바로 경도이다.

2457

## set back

**-을 저지[방해]하다, 지연시키다**

= delay, postpone, impede, hinder

*cf.* setback (방해, 실패, 퇴보)

Her illness **set** her **back** in her studies.
그녀는 병 때문에 학업에 차질이 생겼다.

2458

## set off

**① 출발하다, 시작하다 ② -을 유발[촉발]하다**

= ① start, begin, initiate ② trigger, prompt, provoke

She carried her bag and **set off** home.
그녀는 가방을 메고 집으로 출발했다.

2459

## set up

**① -을 설립[설치]하다 ② -을 준비하다**

= ① build, establish

Most bookstores nationwide had **set up** special booths for her newest book.
전국 대부분의 서점이 그녀의 최신작을 위해 특별 부스를 설치했다.

2460

## show off

**-을 뽐내다, 자랑하다**

= boast

It's better to **show off** your skills through your actions, not just words.
말로만이 아니라 행동으로 실력을 뽐내는 것이 좋다.

2461

## side effect

**부작용**

Before prescribing medicine, you must know about the **side effects.**
약을 처방하기 전에, 당신은 반드시 부작용에 대해 알아야 한다.

의도하지 않은 다른 측면에서(side) 나타난 효과니까(effect) → **부작용**

2462

## speak ill of

**-을 나쁘게 말하다, 험담하다**

*cf.* speak well of (-을 좋게 말하다, 칭찬하다)

Don't **speak ill of** him. You are no better than him.
그를 나쁘게 말하지 마. 너도 그와 다를 것 없어.

어떤 대상에 대해(of) 나쁘게(ill) 말하는(speak) 거니까 → **-을 나쁘게 말하다**

2463

## stand by

**① -을 지지하다 ② 대기하다**

= ① support, back up, stand (up) for

The team decided to **stand by** their coach despite the recent loss.
팀은 최근의 패배에도 불구하고 코치님의 편에 서기로 결심했다.

2464

## stand for

**① -을 나타내다, 상징하다 ② -을 지지[옹호]하다**

= ① represent, symbolize
② support, back up, stand by, stand up for

The abbreviation CC **stands for** "Carbon Copy."
약어 CC는 "카본 복사본(참조; 업무상의 서신이나 이메일을 참조로 받을 사람 앞에 씀)"의 약자다.

2465

## stand out

**눈에 띄다, 두드러지다**

*cf.* outstanding (뛰어난, 두드러진)

As an engineer, he **stands out** from his coworkers.
엔지니어로서 그는 동료들 사이에서 두드러진다.

2466

## stand up for

**-을 지지하다, 옹호하다**

If you see something wrong, you should **stand up for** what's right.
잘못된 것을 본다면 옳은 것을 위해 일어서야 한다.

2467

## stand up to

**-에 맞서다**

= confront, face

He bravely **stood up to** the bully despite feeling scared.
그는 겁이 났지만 용감하게 괴롭힘에 맞섰다.

2468

## steer clear of

**-을 피하다**

**Steer clear of** chickens and eggs during the treatment period.
치료 기간엔 닭고기와 계란을 피하세요.

무언가로부터 떨어져서(clear of) 나아간다는(steer) 의미에서 → **-을 피하다**

2469

## stick to

**-을 고수하다**

= adhere to, hold (on) to, keep to

They **stuck to** their decision even though it was unpopular.
그들은 반응이 좋지 않음에도 불구하고 자신들의 결정을 고수했다.

2470

## struggle to RV

**-하려고 고군분투하다[애쓰다]**

Many people **struggle to** afford basic necessities today.
오늘날 많은 사람들이 기초 생필품을 감당하기 위해 고군분투한다.

2471

## take advantage of

**-을 (기회로) 이용하다**

He wanted to **take advantage of** the lower labor costs.
그는 더 낮은 인건비를 기회로 이용하기를 원했다.

무언가의(of) 이점(advantage)을 취하는(take) 거니까 → **-을 (기회로) 이용하다**

2472

## take after

**-을 닮다**

= resemble

Many leaders **take after** historical figures they admire.
많은 지도자들이 자신이 존경하는 역사적 인물을 닮는다.

01 02 03 04 05 06 07 08 09 10 11 12 13 14 15 16 17 18 19 20 21 22 23 24 25 26 27 28 29 30 31 32 33 34 35 36 37 38 39 40 41 42 43 44 45 46 47 48 49 50 부록1 부록2

2473

## take apart

① -을 분해하다 ② -을 쉽게 이기다

= ① break down

The child **took apart** her toy car out of curiosity.
그 아이는 호기심에 장난감 자동차를 분해했다.

2474

## take care of

① -을 돌보다 ② -을 처리하다

= ① look after ② handle, deal with

His aunts expected me to **take care of** him.
그의 숙모들은 내가 그를 돌볼 거라고 기대했다.

2475

## take down

① -을 적어 두다 ② -을 해체하다, 철거하다 ③ -을 끌어내리다

= ① write down ② destroy, demolish

**Take down** the key points from the presentation.
프레젠테이션의 핵심 사항을 적어 두어라.

2476

## take for granted

-을 당연시하다

If favors continue, people **take** them **for granted**.
호의가 계속되면 사람들은 그것을 당연하게 여긴다.

어떤 것을 주어진(granted) 것으로 취하니까(take) → -을 당연시하다

2477

## take in

① -을 받아들이다, 이해하다 ② -을 섭취[흡수]하다
③ (주로 수동태로) -을 속이다

= ① accept, understand ② ingest, absorb ③ deceive

The athlete needs to **take in** more protein to build muscle.
운동선수는 근육을 만들기 위해 더 많은 단백질을 섭취해야 한다.

2478

## take into account [consideration]

-을 고려하다

The company will **take** your personal aptitudes and abilities **into account**.
그 회사는 당신의 개인별 적성과 능력을 고려할 것이다.

무언가를 계산(account) 안(into)으로 취하는(take) 거니까 → -을 고려하다

2479

## take off

① -을 벗다 ② 이륙하다

The rocket **took off** into space successfully.
로켓이 우주로 성공적으로 이륙했다.

2480

## take on

**① -을 떠맡다 ② (특징·모습을) 띠다**

= ① assume, undertake ② assume

The lawyer **took on** the case pro bono.
그 변호사는 이 사건을 무료로 맡았다.

2481

## take over

**① -을 인수하다, 물려받다 ② -을 장악하다**

= ① succeed, inherit

In 1814, Russia tried to **take over** the city.
1814년에, 러시아가 그 도시를 장악하려고 했다.

2482

## take part in

**-에 참여하다, 가담하다**

= participate in

Artists in this country will **take part in** the exposition.
이 나라의 예술가들이 전시회에 참여할 것이다.

2483

## take place

**① 발생하다 ② 개최되다**

The film festival **takes place** in two weeks.
그 영화제는 2주 후에 개최된다.

2484

## take up

**① (시간·공간 등을) 차지하다, 쓰다 ② (취미·일을) 시작하다**

= ① occupy, account for ② start, begin, commence

The table **takes up** too much room.
그 탁자는 너무 많은 공간을 차지한다.

2485

## touch off

**-을 유발[촉발]하다**

= trigger, prompt, provoke, set off

The economic crisis **touched off** widespread unemployment and hardship.
경제 위기는 광범위한 실업과 고난을 촉발했다.

2486

## turn down

**① -을 거절하다 ② (소리·온도 등을) 낮추다, 줄이다**

= ① refuse, reject

She **turned down** the job offer because of the long commute.
그녀는 출퇴근 시간이 길다는 이유로 채용 제안을 거절했다.

2487

## turn in

**① -을 돌려주다[반납하다] ② -을 제출하다**

= submit, hand in, give in

Make sure to **turn in** your pass before leaving the event.
행사장을 떠나기 전에 반드시 출입증을 반납해라.

2488

## turn on

**(TV·전기·가스·수도 등을) 켜다**

*cf.* turn off ((TV·전기·가스·수도 등을) 끄다)

He **turned on** the engine and started driving.
그는 시동을 걸고 운전을 시작했다.

2489

## turn out

**① (일·결과가) -으로 되다 ② -으로 판명되다**

= ② prove

That didn't **turn out** like we intended.
그것은 우리가 의도한 대로 되지 않았다.

2490

## turn to

**-에 의지하다**

= depend on, rely on, count on, look to, resort to

In times of crisis, many people **turn to** their faith for strength.
위기가 닥쳤을 때 많은 사람들은 힘을 얻기 위해 자신의 믿음에 의지한다.

2491

## use up

**-을 다 써 버리다**

Making soup is a good way of **using up** leftover vegetables.
수프를 만드는 것은 남은 채소를 다 써 버릴 수 있는 하나의 좋은 방법이다.

2492

## vice versa

**반대의 경우도 마찬가지로**

A husband is wife's best friend and **vice versa.**
남편은 아내의 가장 좋은 친구이고, 그 반대로도 그렇다.

2493

## wear out

**① 닳다, 점점 없어지다 ② (주로 수동태로) -을 지치게 하다**

It's normal for things to **wear out** with long use.
물건이란 오래 쓰면 닳기 마련이다.

2494

## weed out

**-을 솎아내다, 제거하다**

= eliminate

The algorithm is designed to **weed out** spam emails before they reach your inbox.
이 알고리즘은 스팸 메일이 받은 편지함에 도착하기 전에 제거하도록 설계되었다.

2495

## well off

**유복한**

= made of money

Some people don't know that they're **well off**.
몇몇 사람들은 그들이 유복한 줄 모른다.

> 가난한 상황에서 떨어져서(off) 잘(well) 지내니까 → 유복한

2496

## when it comes to

**-에 관한 한, -라면**

**When it comes to** liquor, beer is the best.
술이라면 맥주가 최고다.

2497

## wind up

**① -을 끝내다, 마무리 짓다 ② 결국 -에 처하게 되다**

= ① finish, terminate, conclude ② end up

The lost dog eventually **wound up** at the animal shelter.
실종견은 결국 동물 보호소에 맡겨졌다.

2498

## with regard[respect] to

**-에 관해서(는)**

= in terms of

You don't need to worry about it **with regard to** its cost.
그것의 가격에 관해서는 걱정할 필요가 없다.

> 어떤 것에 대해(to) 측면을(respect) 가진(with) 거니까 → -에 관해서(는)

2499

## work on

**-에 애쓰다[공들이다]**

If you **work on** something you are passionate about, it won't feel like work.
당신이 열정을 쏟는 일을 하면 일처럼 느껴지지 않을 것이다.

2500

## work out

**① -을 생각해 내다 ② -을 해결하다[알아내다] ③ -을 계산[산출]하다 ④ 운동하다 ⑤ (일이) 잘 풀리다**

= ① devise ② solve ③ calculate ④ exercise

I **work out** regularly to keep fit.
나는 건강을 유지하기 위해 규칙적으로 운동한다.

시험에 자주 출제되는 상황별 생활영어 표현과
영어 기본기를 다질 수 있는 필수 기초 어휘

1 생활영어 표현
2 기초 어휘

심슨보카
shimson voca

# 1 생활영어 표현

## 01 안부/걱정 묻기

- How are you (getting along)? 잘 지냈어? / 어떻게 지내?
  = How is it going?
  = How have you been (doing)?
  = What's up?
  = What are you up to?
- What's getting on your nerves? 무슨 걱정이라도 있어?
  = What's eating you?
  = What's bothering you?
- Send him my regards. 그에게 안부를 전해 줘.

## 02 부탁하기/부탁 들어주기

- Can you do me a favor? 부탁 하나만 들어줄래?
  = Can I ask you for a favor?
- Can you give me a hand with it? 이것 좀 도와줄 수 있어?
- Can you fill me in? 정보를 좀 알려 줄래?
- Consider it done. 맡겨만 줘.
- Sure thing. 물론이지.
  = By all means.
- It's the least I can do. 내가 이 정도는 해줄 수 있지.
- It's my pleasure. 나야말로 도움이 되어 기뻐.
- Be my guest. 마음껏 해. / 편할 대로 해.
  = Knock yourself out.
- Help yourself. 마음껏 먹어. / 하고 싶은 대로 해.
- That's no sweat. 문제없어. / 힘든 일이 아니야.
- What are friends for? 친구 좋다는 게 뭐야?

## 03 의견 묻고 답하기

- What do you say? 네 생각은 어때?
  = What do you think?
- It's all the same with me. 아무거나 상관없어.
  = It doesn't matter.
  = I don't mind.
- Do as you please. 좋을 대로 해.
  = Have it your way.
  = Suit yourself.
- Let me sleep on that. 생각 좀 해볼게.
  = Let me think it over.
- I'm on the fence. 난 고민 중이야.
- I'm putting my foot down on this.
  난 이것에 대해 단호한 입장이야.

## 04 모름 나타내기

- I can't make head or tail of it. 전혀 모르겠어.
  = That's Greek to me.
  = I don't have the slightest idea.
  = Beats me.
- That's news to me. 금시초문이야.
- It doesn't ring a bell. 그건 들어본 적이 없어.
- Not that I know of. 내가 알기로는 그렇지 않아.
- It's on the tip of my tongue. 그것이 기억날 듯 말 듯 해.
- I can't put my finger on it. 꼭 집어 말하기는 힘들어.
  = I can't pinpoint it.

## 05 동의하기/동의하지 않기

- I'm with you. 나도 동감이야. / 내 말이 그 말이야.
  = You are telling me.
  = That's the word.
  = I second that.
  = Tell me about it.
  = That makes two of us.
  = Ditto.
- You bet. 틀림없어. / 바로 그거야.
  = I bet.
- I can't agree with you more. 전적으로 동의해.
  = I couldn't agree more.
  = You can say that again.
  = I'm in line with you.
- I'm up for that. 난 찬성이야.
- That will do. 그거면 충분해.
- I don't buy it. 난 안 믿어.
- I beg to differ. 난 다르게 생각해.

## 06 칭찬하고 답하기

- You haven't aged a day! 하나도 안 늙었네!
- Way to go! 아주 잘했어!
- Good call! 좋은 선택이야!
- I'm so flattered. 과찬이야.
  = You are quite flattering.
- It's no big deal. 별일 아니야.

## 07 사과하고 답하기

- I owe you an apology. 미안해.
  = I apologize from the bottom of my heart.
- Sorry to rain on your parade. 네 기분을 망쳐서 미안해.
- Don't mention it. 별말을. / 천만에.
  = It's quite all right.
  = No problem.
- Never mind. 신경 쓰지 마. / 괜찮아.
  = Don't bother.

## 08 격려하기

- Go for it! 자 해봐! / 힘내!
- Break a leg! 행운을 빌어!
- I'll keep my fingers crossed for you. 네가 성공하길 빌게.
- I bet you can make it. 넌 할 수 있을 거야.
- Keep your chin up. 기운 내.
  = Cheer up.
- It will pay off soon. 곧 성과가 있을 거야.
- Give it your best shot. 최선을 다해 봐.
- Push yourself a little more. 조금만 더 힘내.
- Try them out! 시험 삼아 해 봐!
- That's more like it! 그래 그거야!
- You need to get back on your feet. 다시 일어서야 해.

## 09 고민/조언 관련

- Get it off your chest. 속 시원하게 털어놔.
- A penny for your thoughts. 무슨 생각을 하는 거야?
- It's your call. 네가 결정해야 할 일이야.
  = The ball's in your court.
- Better safe than sorry.
  나중에 후회하는 것보다 조심하는 것이 낫다.
- Don't count on it. 너무 기대하지는 마.
- It'll take time to get the hang of it.
  그것에 익숙해지려면 시간이 걸릴 거야.
- I'll make sure to follow your advice.
  네 조언을 따르도록 할게.
- You'd better call a spade a spade.
  솔직하게 말하는 게 좋아.

## 10 감사하기/축하하기

- Thanks a million. 정말 고마워.
  = Thanks a bunch.
- I can't thank you enough.
  뭐라고 감사의 말을 전해야 할지 모르겠어.
- Thank you for having me. 초대해 줘서 고마워.

## 11 문제/실수/오해 나타내기

- I'm in trouble. 나 문제가 있어.
- I want to file a complaint. 항의를 하고 싶어.
- She went behind my back. 그녀는 나를 배신했어.
- I was at a loss for words. 나는 당황해서 말문이 막혔어.
- It was a slip of the tongue. 말을 잘못했어. / 말실수였어.
- I totally flunked the test. 나 그 시험 완전히 망쳤어.
- I took my eye off the ball. 내가 한눈을 팔았어. / 방심했어.
- It slipped my mind. 그걸 깜빡했어.
- I'm all thumbs. 난 정말 서툴러. / 난 손재주가 없어.
- Don't get me wrong. 내 말 오해하지 마.
- I want to clear up the misunderstanding.
  오해를 풀고 싶어.

## 12 진정시키기/유감 나타내기

- Take it easy. 진정해.
  = Keep your shirt on.
  = Stay[Be] cool.
  = Hold your horses.
  = Chill out.
- Don't lose your temper. 화내지 마.
  = keep your temper.
- It's a shame! 그거 안됐구나!
  cf Shame on you! 부끄러운 줄 알아!
- I'm sorry to hear that. 유감이야.
- I'm afraid I cannot make it. 내가 할 수 없어서 유감이야.

## 13 부정적인 감정 나타내기

- I can't stand it anymore. 더 이상 참을 수가 없어.
  = I've had it (enough).
- I hit the ceiling when people lie.
  사람들이 거짓말을 하면 화가 나.
- I'm fed up with him. 그 사람이라면 진절머리 나.
  = I'm sick and tired of him.
- I'm wiped out. 나는 지쳤어.
  = I'm worn out.
  = I'm dead tired.
  = I'm exhausted.
  = I'm beat.
- I feel blue. 나 우울해.
- I feel on edge. 나 초조해.
- I have butterflies in my stomach. 나 마음이 조마조마해.

## 14 놀라움/믿기 어려움 나타내기

- Are you kidding me? 농담이지?
  = You've got to be kidding me.
  = You are joking!
  = Are you pulling my leg?
- No way! 말도 안 돼!
- You can't be serious. 설마 진심은 아니겠지.

## 15 선 긋기/나무라기

- Mind your own business.
  네 일이나 신경 써. / 네가 관여할 일이 아니야.
  = This is none of your business.
  = Keep your nose out of this.
  = Stay out of this.
- Give me a break. 한 번만 봐줘. / 이제 그만해.
  = Give[Cut] me some slack.
- Please leave me alone. 나 좀 내버려둬.
- Enough is enough. 그만하면 됐어. / 이제 그만해.
- Stop bugging me. 나 좀 그만 괴롭혀. / 나 좀 내버려둬.
  = Stop bothering me.
- Don't boss me around. 나한테 이래라저래라 하지 마.
- Don't make a fuss about it. 호들갑 떨지 마.
- Don't take it out on me. 나한테 화풀이 하지 마.
- Don't put me on the spot. 날 난처하게 하지 마.
- You asked for it. 네가 자초한 일이야. / 자업자득이야.
  = It serves you right.
- Put yourself in my shoes[place]. 입장 바꿔 생각해 봐.
- Don't jump on the bandwagon.
  시류에 편승하지 마. / 우세한 편에 붙지 마.
- I don't think you got the point.
  너는 요점 파악을 못 한 것 같아.
- You shouldn't talk back to your parents.
  부모님께 말대꾸해서는 안 돼.
- Snap out of it! 정신 차려!
- You let me down. 너는 나를 실망시켰어.
- Throw in the towel. 패배를 인정해.

## 16 늦은 상황

- Shake a leg! 서둘러!
  = Make haste!
- That's cutting it close. 시간이 아슬아슬해.
- You should make it on time. 제시간에 도착해야 해.
  cf make it ① 도착하다 ② 해내다, 성공하다
- What took you so long? 왜 이렇게 오래 걸렸어?
  = What kept you?

## 17 기타 시간 관련 표현

- He is on time. 그는 시간을 잘 지켜.
  = He is punctual.
- Take your time. 천천히 해.
- There's no need to rush. 서두를 필요 없어.
- Hang on a second. 잠깐만 기다려 줘.
- Let's make the most of our time.
  있는 시간을 최대한 누려보자.
- It's quarter to nine. 8시 45분이야.
- It's half past four. 4시 30분이야.

## 18 전화/연락 관련

- Her line is engaged. 그녀는 통화 중입니다.
  = She's on the other line.
  = She's on the phone.
  = Her line is busy now.
- I need to hang up right now. 지금 전화를 끊어야 해.
- Stay on the line. 전화를 끊지 말고 기다려주세요.
- She's on hold. 그녀는 전화 연결을 기다리고 있어요.
- I couldn't get hold of you. 너한테 연락이 닿지 못했어.
- I'll give you a ring later. 나중에 전화할게.
  = I'll ring you later.
- Can you put him through? 그를 연결해 주실 수 있나요?
- Keep me informed. 상황을 계속 알려줘.
  = Keep me posted.
- He called in sick. 그는 전화로 병가를 알렸어.
- It was a prank call. 장난 전화였어.

## 19 회사/업무 관련

- She's out of town. 그녀는 출장 중이야. / 그녀는 부재중이야.
- They got fired. 그들은 해고당했어.
  = They got laid off.
  = They have been let go.
- It's up in the air. 아직 결정되지 않았어.
- The deadline is around the corner. 마감일이 임박해 있어.
  cf The shop is around the corner.
  그 가게는 코너를 돌아서 있어.
- It's my day off today. 오늘 나 휴무야.
  = I'm off today.
- She's on leave. 그녀는 휴가 중이야.
- We came to terms with them.
  우리는 그들과 합의를 봤어. / 우리는 그들과 화해했어.
- Give me the status quo on this matter.
  이 안건의 현재 상황을 알려주세요.
- His business went belly up. 그의 사업은 완전히 망했어.
- Give me a ballpark figure. 대략적인 수치를 알려 줘.
- Did you ask for a raise? 월급 인상을 요청하셨나요?
- I pulled some strings. 제가 인맥을 좀 썼어요.
- Keep me in the loop. 계속 진행 상황을 알려 주세요.

## 20 마무리하기

- I'll catch up with you later.
  나중에 이야기하자. / 나중에 뒤따라갈게.
- Let's call it a day. 오늘은 여기까지 하자.
  = So much for today.
  = Let's finish up.
  = Let's wrap it up.

## 21 약속 관련

- Can I take a rain check on that?
  다음 기회로 미룰 수 있을까?
- Why don't you ask her out tonight?
  그녀에게 오늘밤 데이트 신청을 하는 게 어때?
- Let's hang out together soon. 조만간 같이 시간을 보내자.
- Count me out. 나는 빼 줘.
  cf Count me in. 나도 끼워 줘.
- Be there on the dot. 정각에 도착하도록 해.
- Can I come over? 나 놀러 가도 돼?
- Can I tag along? 나도 같이 가도 돼?

## 22 장소 관련

- Where are you headed? 어디 가는 길이야?
- I am off to the grocery store. 나 식료품점에 가.
- What brings you here? 여긴 무슨 일로 왔니?
- Let's go to the Lost and Found. 분실물 센터에 가보자.

## 23 식당/예약 관련

- I'd like to book a table. 자리 하나를 예약하고 싶은데요.
- Could you put me on the waiting list?
  대기자 명단에 올려 주실 수 있나요?
- I want to cancel my reservation.
  예약을 취소하고 싶습니다.
- First come, first served. 선착순이야.
- I could eat a horse. 배가 몹시 고파.
  = I'm starving.
- Is that for here or to go?
  여기에서 드실 건가요, 가져가실 건가요?
- Let's go grab a bite. 뭐라도 좀 먹으러 가자.
- It's open 24/7. 그곳은 매일 24시간 영업해요.
- It's on the house. 무료입니다.
  = This is free of charge.

## 24 돈 관련

- I'll pick up the tab[bill]. 내가 낼게.
  = I'll treat you.
  = It's on me.
- I'll chip in. 나도 돈을 보탤게.
- It's a steal. 아주 저렴했어.
  = What a steal!
  = It was a bargain.
  = It was a great deal.
- That's a rip-off. 그거 정말 바가지네.
- Could you break this bill?
  이 지폐를 잔돈으로 바꿔 주실 수 있나요?
- Can I cash a check? 수표를 현금으로 바꿀 수 있을까요?
- I'm flat out broke. 나 완전히 빈털터리야.

## 25 여행/교통 관련

- Let's hit the road. 여행을 떠나자. / 출발하자.
- Is it a one-way or a round trip? 편도입니까 왕복입니까?
- Would you like a window or an aisle seat?
  창가 자리를 원하십니까 복도 자리를 원하십니까?
- When is the boarding time? 탑승 시간은 언제입니까?
- I missed my connecting flight. 연결 항공편을 놓쳤어요.
- I don't have anything to declare.
  세관에 신고할 것은 없습니다.
- This is the baggage claim area.
  이곳은 수화물을 찾는 곳입니다.
- You need to take a detour. 우회하셔야 합니다.
- Make a right at the intersection.
  교차로에서 우회전하세요.

## 26 운전 관련

- Can you give me a lift[ride]? 차 좀 태워 줄래?
- Can you pick me up? 나 데리러 올 수 있어?
- Can you drop me off there? 저기서 나 내려줄 수 있어?
- I'm behind the (steering) wheel. 나는 운전 중이야.
- Let's pull over there. 저기서 차를 세우자.
- We must not drive under the influence.
  우리는 음주 운전을 하면 안 돼.

## 27 기타

- It's a piece of cake. 식은 죽 먹기야.
- Money makes the mare go.
  돈만 있으면 귀신도 부릴 수 있어.
- What a coincidence! 이런 우연이 있나!
- I'd like to make a toast. 나 건배하고 싶어.
- We need to break the ice. 서먹한 분위기를 깨야 해.
- It's water under the bridge. 이미 다 지난 일이야.
- That was a close call. 큰일날 뻔했어. / 아슬아슬했어.
- I can't make (both) ends meet. 수지를 맞출 수가 없어.
  cf It's so hard to make ends meet.
  생계를 유지하기가 힘들어.
- She is head and shoulders above me.
  그녀는 나보다 훨씬 빼어나.
- It is raining cats and dogs. 비가 억수로 쏟아지고 있어.
- I don't have the guts to do that. 난 그것을 할 용기가 없어.
- He is best in the field, hands down.
  그는 의심할 여지도 없이 이 분야에서 최고야.
- The game was neck and neck. 그 경기는 막상막하였어.
- Did you pull an all-nighter? 밤새웠어?
- Let's get this show on the road. 이제 시작해 보자.
- I should get in shape. 나 몸을 만들어야겠어.
- It was a breeze. 그건 식은 죽 먹기였어.
- Speak of the devil. 호랑이도 제 말 하면 온다더니.
- I swear my lips are sealed. 비밀로 할게.
  = I'll keep it under wraps.
- Can I try it on? 그것을 한 번 입어 봐도 될까요?

# 2 기초 어휘

## 01 기초 동사

| | |
| --- | --- |
| □ **accept** [æksépt] | 통 받아들이다; 인정하다 |
| □ **add** [æd] | 통 더하다 |
| □ **advance** [ædvǽns] | 통 전진하다<br>명 진전 |
| □ **advertise** [ǽdvərtàiz] | 통 광고하다 |
| □ **advise** [ædváiz] | 통 충고하다 |
| □ **affect** [əfékt] | 통 -에 영향을 미치다 |
| □ **agree** [əgríː] | 통 동의하다, 찬성하다 |
| □ **aim** [eim] | 통 목표로 삼다; 겨냥하다 (at)<br>명 조준; 목표 |
| □ **alarm** [əlάːrm] | 통 놀라게 하다; 경보를 발하다<br>명 놀람, 불안; 경보 |
| □ **allow** [əláu] | 통 허락하다; 인정하다 |
| □ **amaze** [əméiz] | 통 깜짝 놀라게 하다 |
| □ **amuse** [əmjúːz] | 통 남을 즐겁게 하다;<br>기분을 전환시키다 |
| □ **announce** [ənáuns] | 통 발표하다; 선언하다 |
| □ **annoy** [ənɔ́i] | 통 괴롭히다, 귀찮게 하다 |
| □ **apologize** [əpάlədʒàiz] | 통 사과하다 |
| □ **appear** [əpíər] | 통 나타나다; -처럼 보이다 |
| □ **argue** [άːrgjuː] | 통 논쟁하다; 주장하다 |
| □ **arise** [əráiz] | 통 (문제, 논쟁이) 일어나다,<br>생기다 |
| □ **arrange** [əréindʒ] | 통 배열하다, 정리하다;<br>준비하다 |
| □ **arrive** [əráiv] | 통 도착하다, 이르다 |
| □ **ask** [æsk] | 통 묻다, 질문하다;<br>(남에게) 요청하다, 부탁하다 |
| □ **astonish** [əstάniʃ] | 통 깜짝 놀라게 하다 |
| □ **attack** [ətǽk] | 통 공격하다; 습격하다<br>명 공격; 습격 |
| □ **attempt** [ətémpt] | 통 시도하다<br>명 시도 |
| □ **avenge** [əvéndʒ] | 통 복수하다, 원수를 갚다 |
| □ **await** [əwéit] | 통 기다리다 |
| □ **bake** [beik] | 통 굽다 |

| | |
|---|---|
| □ **ban** [bæn] | 통 금지하다<br>명 금지 |
| □ **bear** [bɛər] | 통 지니다, 견디다;<br>낳다, 출산하다 |
| □ **beat** [bi:t] | 통 치다, 두드리다 |
| □ **become** [bikʌ́m] | 통 -가 되다; -에 어울리다 |
| □ **begin** [bigín] | 통 시작하다 |
| □ **behave** [bihéiv] | 통 처신하다, 행동하다 |
| □ **believe** [bilí:v] | 통 믿다 |
| □ **belong** [bilɔ́:ŋ] | 통 -에 속하다 |
| □ **bend** [bend] | 통 구부리다; 굽히다 |
| □ **benefit** [bénəfit] | 통 유익을 주다, 유용하다<br>명 이익, 유리 |
| □ **blend** [blend] | 통 섞다, 혼합하다; 조합하다<br>명 혼합(물) |
| □ **block** [blɑk] | 통 막다, 폐쇄하다 |
| □ **boil** [bɔil] | 통 끓다, 끓이다, 삶다 |
| □ **borrow** [bɑ́rou] | 통 빌리다 |
| □ **bow** [bou] | 통 머리를 숙이다, 절하다<br>명 절; 활 |
| □ **break** [breik] | 통 깨뜨리다, 부수다;<br>고장 나다 |
| □ **breathe** [bri:ð] | 통 호흡하다, 숨을 쉬다 |
| □ **bring** [briŋ] | 통 가져오다 |
| □ **broadcast** [brɔ́:dkæ̀st] | 통 방송하다<br>명 방송 |
| □ **build** [bild] | 통 짓다, 건축하다,<br>건물을 세우다 |
| □ **burn** [bə:rn] | 통 타다, 연소하다 |
| □ **bury** [béri] | 통 땅에 파묻다, 매장하다 |
| □ **buy** [bai] | 통 사다, 구입하다 |
| □ **calculate** [kǽlkjəlèit] | 통 계산하다 |
| □ **call** [kɔ:l] | 통 전화하다; -라고 부르다 |
| □ **cancel** [kǽnsəl] | 통 취소하다<br>명 취소 |
| □ **capture** [kǽptʃər] | 통 붙잡다, 체포하다; (마음 등을) 사로잡다, 차지하다<br>명 생포, 포획 |
| □ **care** [kɛər] | 통 신경 쓰다, 걱정하다;<br>보살피다<br>명 보살핌, 돌봄; 걱정 |
| □ **carry** [kǽri] | 통 나르다, 운반하다 |
| □ **cast** [kæst] | 통 던지다; 역을 맡기다 |
| □ **catch** [kætʃ] | 통 잡다 |
| □ **cause** [kɔ:z] | 통 일으키다, 야기하다<br>명 원인, 이유 |

| | |
|---|---|
| □ **celebrate** [séləbrèit] | 동 축하하다, 기리다 |
| □ **change** [tʃeindʒ] | 동 변하다, 바꾸다<br>명 변화; 거스름돈 |
| □ **chase** [tʃeis] | 동 추적하다, 뒤쫓다; 추구하다 |
| □ **check** [tʃek] | 동 확인하다, 조사하다<br>명 수표; 계산서 |
| □ **choose** [tʃuːz] | 동 선택하다, 고르다 |
| □ **climb** [klaim] | 동 기어오르다 |
| □ **close** [klouz] | 동 닫다<br>형 가까운, 접근한<br>부 바로 옆에 |
| □ **collect** [kəlékt] | 동 수집하다, 모으다 |
| □ **combine** [kəmbáin] | 동 결합하다, 합동하다 |
| □ **come** [kʌm] | 동 오다 |
| □ **comfort** [kʌ́mfərt] | 동 위로하다<br>명 위로, 위안 |
| □ **compare** [kəmpéər] | 동 비교하다, 비유하다 |
| □ **complain** [kəmpléin] | 동 불평하다 |
| □ **concern** [kənsə́ːrn] | 동 -에 관련되다<br>명 관심, 걱정, 염려 |
| □ **connect** [kənékt] | 동 연결하다, 잇다, 접속하다 |
| □ **consider** [kənsídər] | 동 고려하다; -로 여기다 |
| □ **consist** [kənsíst] | 동 -으로 구성되다 (of) |
| □ **continue** [kəntínjuː] | 동 계속하다 |
| □ **control** [kəntróul] | 동 지배하다, 규제하다<br>명 통제, 지배 |
| □ **cook** [kuk] | 동 요리하다<br>명 요리사 |
| □ **copy** [kápi] | 동 복사하다, 모방하다<br>명 사본, 부 |
| □ **cough** [kɔf] | 동 기침하다<br>명 기침 |
| □ **count** [kaunt] | 동 세다, 계산하다; 중요하다<br>명 계산, 총계 |
| □ **cover** [kʌ́vər] | 동 덮다, 씌우다<br>명 덮개 |
| □ **crack** [kræk] | 동 쪼개다, 갈라지다<br>명 (갈라져 생긴) 금, 틈 |
| □ **crash** [kræʃ] | 동 충돌하다, 부딪치다<br>명 (충돌·추락) 사고 |
| □ **create** [kriéit] | 동 창조하다, 창작하다 |
| □ **cross** [krɔːs] | 동 건너다, 횡단하다<br>명 십자가 |
| □ **crush** [krʌʃ] | 동 으깨다, 눌러 부수다 |
| □ **cry** [krai] | 동 소리치다; 울다<br>명 비명; 고함 |
| □ **cure** [kjuər] | 동 치료하다, 고치다<br>명 치료법 |
| □ **cut** [kʌt] | 동 (칼 등으로) 베다, 자르다, 줄이다<br>명 (베인) 상처 |

| | |
| --- | --- |
| □ **damage** [dǽmidʒ] | 통 손해를 입히다<br>명 손해, 손상 |
| □ **dare** [dɛər] | 통 감히 -하다, 대담하게 -하다 |
| □ **deal** [di:l] | 통 다루다, 거래하다<br>명 거래 |
| □ **decide** [disáid] | 통 결정하다 |
| □ **decrease** [dikí:s] | 통 감소하다, 감소시키다<br>명 감소 |
| □ **defeat** [difí:t] | 통 패배시키다<br>명 패배 |
| □ **defend** [difénd] | 통 방어하다 |
| □ **deliver** [dilívər] | 통 배달하다 |
| □ **deny** [dinái] | 통 부인하다, 부정하다 |
| □ **destroy** [distrɔ́i] | 통 파괴하다, 망치다 |
| □ **develop** [divéləp] | 통 발전시키다, 개발하다 |
| □ **differ** [dífər] | 통 다르다; 의견을 달리하다 |
| □ **dig** [dig] | 통 파다 |
| □ **disappear** [disəpíər] | 통 사라지다 |
| □ **disappoint** [disəpɔ́int] | 통 실망시키다 |
| □ **discover** [diskʌ́vər] | 통 발견하다 |
| □ **discuss** [diskʌ́s] | 통 토론하다, 의논하다 |
| □ **display** [displéi] | 통 전시하다<br>명 표시; 진열 |
| □ **dive** [daiv] | 통 (물속으로) 뛰어들다 |
| □ **divide** [diváid] | 통 나누다<br>명 분할; 차이점 |
| □ **draw** [drɔ:] | 통 끌다, 끌어당기다; 그리다 |
| □ **drop** [drɑp] | 통 떨어지다, 떨어뜨리다<br>명 하락; 방울 |
| □ **dye** [dai] | 통 물들이다, 염색하다<br>명 염료 |
| □ **earn** [ə:rn] | 통 벌다, 획득하다 |
| □ **ease** [i:z] | 통 덜다, 완화하다<br>명 안락, 편안; 쉬움 |
| □ **edit** [édit] | 통 편집하다 |
| □ **educate** [édʒukèit] | 통 교육하다 |
| □ **elect** [ilékt] | 통 선출하다 |
| □ **engage** [engéidʒ] | 통 참여하다, 종사하다; 약속하다; 약혼하다 |
| □ **enjoy** [endʒɔ́i] | 통 즐기다 |
| □ **enter** [éntər] | 통 -에 들어가다, 입장하다 |
| □ **equip** [ikwíp] | 통 갖추다 |

| | |
|---|---|
| □ **erase** [iréis] | 통 없애다, 지우다 |
| □ **establish** [istǽbliʃ] | 통 설립하다, 확립하다 |
| □ **estimate** [éstəmèit] | 통 평가하다, 추정하다<br>명 추정(치) |
| □ **examine** [igzǽmin] | 통 조사하다, 진찰하다 |
| □ **exchange** [ikstʃéindʒ] | 통 교환하다<br>명 교환 |
| □ **excite** [iksáit] | 통 흥분시키다 |
| □ **exist** [igzíst] | 통 존재하다 |
| □ **expand** [ikspǽnd] | 통 확장하다, 팽창하다 |
| □ **expect** [ikspékt] | 통 기대하다, 예상하다;<br>-라고 생각하다 |
| □ **explain** [ikspléin] | 통 설명하다 |
| □ **fail** [feil] | 통 실패하다 |
| □ **fall** [fɔ:l] | 통 떨어지다<br>명 낙하; 가을 |
| □ **feed** [fi:d] | 통 먹이다<br>명 먹이 |
| □ **feel** [fi:l] | 통 느끼다 |
| □ **figure** [figjər] | 통 계산하다; 생각하다<br>명 수치; 모양; 인물 |
| □ **fill** [fil] | 통 채우다 |

| | |
|---|---|
| □ **find** [faind] | 통 발견하다<br>명 발견물 |
| □ **finish** [fíniʃ] | 통 끝내다 |
| □ **fit** [fit] | 통 -에 맞다, 적합하다<br>형 알맞은, 적당한<br>명 어울림 |
| □ **fix** [fiks] | 통 고정시키다; 수리하다<br>명 해결책 |
| □ **flash** [flæʃ] | 통 번쩍이다, 깜박이다 |
| □ **flow** [flou] | 통 흐르다<br>명 흐름 |
| □ **focus** [fóukəs] | 통 집중하다<br>명 초점; 집중 |
| □ **fold** [fould] | 통 접다 |
| □ **follow** [fálou] | 통 따르다, (결과가) 뒤따르다 |
| □ **forget** [fərgét] | 통 잊다 |
| □ **forgive** [fə:rgív] | 통 용서하다 |
| □ **found** [faund] | 통 설립하다 |
| □ **freeze** [fri:z] | 통 얼다, 얼리다<br>명 동결; 한파 |
| □ **fry** [frai] | 통 튀기다 |
| □ **function** [fʌ́ŋkʃən] | 통 움직이다, 작동하다<br>명 기능 |
| □ **gain** [gein] | 통 얻다<br>명 이익, 이득 |

|  |  |
| --- | --- |
| □ **gather** [gǽðər] | 동 모으다, 모이다 |
| □ **get** [get] | 동 얻다, 사다 |
| □ **govern** [gʌ́vərn] | 동 통치하다 |
| □ **grab** [græb] | 동 움켜잡다<br>명 잡아챔 |
| □ **grip** [grip] | 동 꽉 잡다<br>명 붙잡음; 통제, 제어 |
| □ **grow** [grou] | 동 성장하다, 키우다 |
| □ **guess** [ges] | 동 추측하다<br>명 추측, 추정 |
| □ **handle** [hǽndl] | 동 취급하다, 다루다<br>명 손잡이 |
| □ **hang** [hæŋ] | 동 걸다, 매달다; 걸리다, 매달리다; 교수형에 처하다; 목을 매달다 |
| □ **happen** [hǽpən] | 동 일어나다, 발생하다 |
| □ **harm** [hɑ:rm] | 동 손상시키다, 해치다<br>명 손상, 해 |
| □ **hate** [heit] | 동 미워하다, 몹시 싫어하다<br>명 증오 |
| □ **have** [hæv] | 동 가지다, 있다; (경험을) 하다[겪다]; 먹다; 마시다 |
| □ **hear** [hiər] | 동 듣다 |
| □ **help** [help] | 동 돕다<br>명 도움 |
| □ **hide** [haid] | 동 숨기다, 숨다 |

|  |  |
| --- | --- |
| □ **hire** [haiər] | 동 고용하다; 빌리다, 세 내다<br>명 임대, 대여; 신입 사원 |
| □ **hit** [hit] | 동 치다<br>명 적중; 성공 |
| □ **hold** [hould] | 동 쥐다; 개최하다 |
| □ **hope** [houp] | 동 바라다, 희망하다<br>명 희망 |
| □ **hunt** [hʌnt] | 동 사냥하다<br>명 사냥 |
| □ **improve** [imprú:v] | 동 개선하다 |
| □ **injure** [índʒər] | 동 상처를 입히다, 해치다 |
| □ **introduce** [intrədjú:s] | 동 소개하다; 도입하다, 들여오다 |
| □ **invent** [invént] | 동 발명하다 |
| □ **invest** [invést] | 동 투자하다 |
| □ **invite** [inváit] | 동 초대하다 |
| □ **jam** [dʒæm] | 동 밀어 넣다; 막다, 메우다; 안 움직이게 되다<br>명 혼잡, 막힘, 걸림; 잼 |
| □ **join** [dʒɔin] | 동 참가하다, 합류하다 |
| □ **keep** [ki:p] | 동 계속하다, 유지하다 |
| □ **kill** [kil] | 동 죽이다 |
| □ **knock** [nɑk] | 동 치다, 두드리다<br>명 (두드리는) 소리 |

| | |
|---|---|
| □ **know** [nou] | 동 알다 |
| □ **lack** [læk] | 동 결핍하다, 모자라다<br>명 부족 |
| □ **laugh** [læf] | 동 웃다 |
| □ **lay** [lei] | 동 놓다, 두다; 눕히다 |
| □ **lead** [li:d] | 동 이끌다<br>명 선도, 지도; 납 |
| □ **learn** [lə:rn] | 동 배우다, 알다 |
| □ **leave** [li:v] | 동 떠나다; 남기다<br>명 작별; 휴가 |
| □ **lend** [lend] | 동 빌려주다 |
| □ **lessen** [lésn] | 동 줄이다, 적게 하다 |
| □ **let** [let] | 동 허락하다, 시키다 |
| □ **lick** [lik] | 동 핥다 |
| □ **lie** [lai] | 동 눕다; 거짓말하다<br>명 거짓말 |
| □ **lift** [lift] | 동 들어올리다<br>명 (정신의) 고양 |
| □ **like** [laik] | 동 좋아하다<br>전 -와 같은 |
| □ **listen** [lísən] | 동 듣다 |
| □ **live** 동 [liv] 형/부 [laiv] | 동 살다<br>형 살아 있는<br>부 생중계로 |
| □ **loan** [loun] | 동 빌려주다<br>명 대출 |
| □ **lock** [lɑk] | 동 잠그다<br>명 자물쇠 |
| □ **look** [luk] | 동 보다; -해 보이다<br>명 얼굴, 외모 |
| □ **loosen** [lú:sn] | 동 풀다, 느슨하게 하다 |
| □ **lose** [lu:z] | 동 잃다; 지다 |
| □ **make** [meik] | 동 만들다 |
| □ **march** [mɑ:rtʃ] | 동 행진하다<br>명 행진; 진전 |
| □ **marry** [mǽri] | 동 -와 결혼하다 |
| □ **meet** [mi:t] | 동 만나다; 충족시키다 |
| □ **melt** [melt] | 동 녹다; 용해하다 |
| □ **memorize** [méməràiz] | 동 암기하다 |
| □ **mix** [miks] | 동 섞다<br>명 혼합체 |
| □ **move** [mu:v] | 동 움직이다<br>명 조치, 행동 |
| □ **need** [ni:d] | 동 필요로 하다<br>명 필요, 욕구 |
| □ **obey** [oubéi] | 동 -에 따르다, 복종하다 |
| □ **occur** [əkə́:r] | 동 일어나다, 발생하다; 떠오르다 |

|  |  |
| --- | --- |
| □ **offer** [ɔ́fər] | 동 제안하다; 제공하다<br>명 제안; 제공 |
| □ **owe** [ou] | 동 -에게 빚지다 |
| □ **paste** [peist] | 동 풀로 바르다<br>명 풀; 반죽 |
| □ **pay** [pei] | 동 지불하다, 대가를 치르다; 이득이 되다<br>명 지불, 급료 |
| □ **pick** [pik] | 동 따다; 고르다<br>명 선택 |
| □ **pile** [pail] | 동 쌓다<br>명 더미 |
| □ **pinch** [pintʃ] | 동 꼬집다 |
| □ **pitch** [pitʃ] | 동 던지다<br>명 높이, 고저; 가락 |
| □ **play** [plei] | 동 놀다<br>명 놀이, 연극 |
| □ **pour** [pɔːr] | 동 쏟아붓다 |
| □ **pray** [prei] | 동 기도하다 |
| □ **prepare** [pripέər] | 동 준비하다 |
| □ **press** [pres] | 동 누르다<br>명 신문, 언론 |
| □ **print** [print] | 동 인쇄하다<br>명 인쇄 |
| □ **promise** [prάmis] | 동 약속하다, 장담하다<br>명 약속 |
| □ **protect** [prətékt] | 동 보호하다 |

|  |  |
| --- | --- |
| □ **prove** [pruːv] | 동 증명하다, 입증하다; 판명되다 |
| □ **provide** [prəváid] | 동 제공하다 |
| □ **pull** [pul] | 동 끌다<br>명 끌어당기기 |
| □ **purchase** [pə́ːrtʃəs] | 동 구입하다<br>명 구입 |
| □ **push** [puʃ] | 동 밀다<br>명 밀기 |
| □ **put** [put] | 동 두다, 놓다 |
| □ **raise** [reiz] | 동 올리다; 기르다<br>명 (가격 등의) 인상 |
| □ **rank** [ræŋk] | 동 정렬시키다<br>명 등급, 계급; 열, 줄 |
| □ **reach** [riːtʃ] | 동 -에 도달하다<br>명 (닿을 수 있는) 범위 |
| □ **realize** [ríːəlàiz] | 동 깨닫다; 실현하다 |
| □ **receive** [risíːv] | 동 받다 |
| □ **recycle** [riːsáikl] | 동 재활용하다 |
| □ **regard** [rigάːrd] | 동 -로 여기다, 간주하다<br>명 존경; 고려; 관계; 점 |
| □ **regret** [rigrét] | 동 후회하다; 유감으로 여기다<br>명 후회; 유감 |
| □ **relate** [riléit] | 동 관계시키다 |
| □ **relax** [rilǽks] | 동 편히 쉬다 |

| | |
|---|---|
| □ **rely** [rilái] | 동 의지하다 |
| □ **remain** [riméin] | 동 남아 있다<br>명 유적[*pl.*] |
| □ **remark** [rimá:rk] | 동 주목하다; 언급하다<br>명 주목; 언급 |
| □ **remember** [rimémbər] | 동 기억하다 |
| □ **remind** [rimáind] | 동 상기시키다 |
| □ **rent** [rent] | 동 임차하다, 빌리다<br>명 집세 |
| □ **repeat** [ripí:t] | 동 반복하다 |
| □ **reply** [riplái] | 동 -에 대답하다<br>명 대답 |
| □ **report** [ripɔ́:rt] | 동 보고하다<br>명 보고서; 기사 |
| □ **rescue** [réskju:] | 동 구조하다<br>명 구조 |
| □ **resemble** [rizémbl] | 동 닮다, 비슷하다 |
| □ **reside** [rizáid] | 동 살다, 거주하다 |
| □ **result** [rizʌ́lt] | 동 -로부터 생기다 (from); 야기시키다 (in)<br>명 결과 |
| □ **return** [ritə́:rn] | 동 되돌아오다; 돌려주다<br>명 돌아옴 |
| □ **revenge** [rivéndʒ] | 동 복수하다; 원한을 풀다<br>명 복수; 원한 |
| □ **rid** [rid] | 동 제거하다 |

| | |
|---|---|
| □ **ride** [raid] | 동 타다<br>명 (차량 등을) 타고 가기 |
| □ **rise** [raiz] | 동 일어서다, 상승하다<br>명 상승 |
| □ **rub** [rʌb] | 동 문지르다 |
| □ **run** [rʌn] | 동 뛰다; 운영하다<br>명 달리기 |
| □ **rush** [rʌʃ] | 동 서두르다, 돌진하다<br>명 돌진; 북받침 |
| □ **sail** [seil] | 동 항해하다<br>명 돛; 항해 |
| □ **satisfy** [sǽtisfài] | 동 만족시키다 |
| □ **save** [seiv] | 동 구하다; 모으다 |
| □ **scan** [skæn] | 동 유심히 살피다, 조사하다; 대충 훑어보다<br>명 정밀 검사 |
| □ **scare** [skɛə:r] | 동 위협하다, 놀라게 하다 |
| □ **scold** [skould] | 동 꾸짖다 |
| □ **scratch** [skrætʃ] | 동 할퀴다, 긁다<br>명 긁힌 자국 |
| □ **scream** [skri:m] | 동 소리치다<br>명 비명 |
| □ **search** [sə:rtʃ] | 동 찾다, 뒤지다<br>명 탐색 |
| □ **seek** [sí:k] | 동 추구하다 |
| □ **seem** [si:m] | 동 -처럼 보이다 |

| | |
|---|---|
| □ **sell** [sel] | 동 팔다, 팔리다 |
| □ **send** [send] | 동 보내다, 발송하다 |
| □ **set** [set] | 동 두다, 배치하다 |
| □ **settle** [sétl] | 동 해결하다; 진정시키다; 정착하다 |
| □ **shake** [ʃeik] | 동 흔들다, 흔들리다 |
| □ **share** [ʃɛəːr] | 동 나누다, 공유하다<br>명 몫 |
| □ **shift** [ʃift] | 동 옮기다, 이동하다<br>명 변화; 교대 근무 |
| □ **shine** [ʃain] | 동 빛나다, 반짝이다<br>명 광택 |
| □ **shoot** [ʃuːt] | 동 쏘다 |
| □ **shout** [ʃaut] | 동 외치다<br>명 외침, 환호 |
| □ **show** [ʃou] | 동 보여 주다<br>명 쇼, 공연물 |
| □ **shut** [ʃʌt] | 동 닫다 |
| □ **sink** [siŋk] | 동 가라앉다<br>명 싱크대 |
| □ **slide** [slaid] | 동 미끄러지다<br>명 미끄러짐; 미끄럼틀 |
| □ **slip** [slip] | 동 미끄러지다; 빠져 나가다<br>명 미끄러짐; 작은 실수 |
| □ **smell** [smel] | 동 -한 냄새가 나다<br>명 냄새 |

| | |
|---|---|
| □ **solve** [salv] | 동 풀다, 해결하다 |
| □ **speak** [spik] | 동 말하다 |
| □ **spell** [spel] | 동 철자를 쓰다<br>명 철자; 주문, 마법; 매력 |
| □ **spend** [spend] | 동 소비하다; (때를) 보내다 |
| □ **spot** [spɑt] | 동 발견하다, 찾다<br>명 장소; 반점, 얼룩 |
| □ **spread** [spred] | 동 퍼지다<br>명 확산; 폭넓음 |
| □ **stand** [stænd] | 동 서 있다; 견디다, 참다 |
| □ **stay** [stei] | 동 머무르다<br>명 머무름 |
| □ **stick** [stik] | 동 찌르다; 붙이다<br>명 막대기 |
| □ **stop** [stɑp] | 동 정지하다<br>명 중단; 정류장 |
| □ **stretch** [stretʃ] | 동 늘리다, 늘어나다<br>명 길게 뻗은 지역 |
| □ **strike** [straik] | 동 치다<br>명 파업 |
| □ **succeed** [səksíːd] | 동 성공하다; 계승하다 |
| □ **suck** [sʌk] | 동 빨아들이다 |
| □ **supply** [səplái] | 동 공급하다<br>명 공급(량) |
| □ **support** [səpɔ́ːrt] | 동 지지하다<br>명 지지 |

| | |
|---|---|
| □ **surprise** [sərpráiz] | 동 놀라게 하다<br>명 놀라운 일 |
| □ **swallow** [swálou] | 동 삼키다 |
| □ **swim** [swim] | 동 수영하다 |
| □ **swing** [swiŋ] | 동 흔들다, 흔들리다<br>명 흔들기; 그네 |
| □ **take** [teik] | 동 취하다, 가지다 |
| □ **talk** [tɔ:k] | 동 이야기하다<br>명 대화; 회담 |
| □ **tap** [tæp] | 동 톡톡 치다<br>명 두드림; 수도꼭지 |
| □ **taste** [teist] | 동 -한 맛이 나다, 맛보다<br>명 미각, 맛 |
| □ **teach** [ti:tʃ] | 동 가르치다 |
| □ **tear** 동 [tɛər] 명 [tiə:r] | 동 찢다<br>명 눈물[*pl.*] |
| □ **tell** [tel] | 동 말하다 |
| □ **think** [θiŋk] | 동 생각하다 |
| □ **threaten** [θrétn] | 동 위협하다 |
| □ **throw** [θrou] | 동 던지다<br>명 던지기 |
| □ **tie** [tai] | 동 묶다<br>명 넥타이; 동점; 유대 관계 |
| □ **travel** [trǽvəl] | 동 여행하다<br>명 여행 |
| □ **treat** [tri:t] | 동 취급하다, 다루다; 대접하다<br>명 대접, 한턱 |
| □ **trust** [trʌst] | 동 신뢰하다<br>명 신뢰, 신탁 |
| □ **try** [trai] | 동 시도하다, 노력하다<br>명 시도, 노력 |
| □ **turn** [tə:rn] | 동 돌리다, 돌다<br>명 회전; 차례 |
| □ **understand** [ʌ̀ndərstǽnd] | 동 이해하다 |
| □ **urge** [ə:rdʒ] | 동 재촉하다, 주장하다<br>명 욕구, 충동 |
| □ **use** [ju:s] | 동 사용하다<br>명 사용, 이용 |
| □ **vary** [vέəri] | 동 바꾸다; 바뀌다; 다르다, 다양하다 |
| □ **visit** [vízit] | 동 방문하다<br>명 방문; 견학 |
| □ **wait** [weit] | 동 기다리다<br>명 기다림 |
| □ **wake** [weik] | 동 일어나다, 깨우다 |
| □ **walk** [wɔ:k] | 동 걷다<br>명 걷기; 산책 |
| □ **want** [wɔnt] | 동 원하다<br>명 원하는[필요한] 것; 부족; 가난 |
| □ **warn** [wɔ:rn] | 동 경고하다 |
| □ **wash** [waʃ] | 동 씻다<br>명 씻기; 세탁 |
| □ **waste** [weist] | 동 낭비하다<br>명 낭비; 쓰레기 |

| | |
|---|---|
| □ **watch** [wɑtʃ] | 동 지켜보다<br>명 감시; 손목시계 |
| □ **wear** [wɛəːr] | 동 입고 있다; 닳게 하다 |
| □ **whisper** [hwíspəːr] | 동 속삭이다<br>명 속삭임 |
| □ **whistle** [hwísəl] | 동 휘파람을 불다<br>명 휘파람, 호각 |
| □ **win** [win] | 동 얻다; 이기다 |
| □ **wish** [wiʃ] | 동 바라다<br>명 소원 |
| □ **work** [wəːrk] | 동 일하다<br>명 일; 작품 |
| □ **worry** [wə́ːri] | 동 걱정하다, 걱정시키다<br>명 걱정[거리] |
| □ **wrap** [ræp] | 동 감싸다, 포장하다 |
| □ **write** [rait] | 동 쓰다 |
| □ **yawn** [jɔːn] | 동 하품하다<br>명 하품 |
| □ **yell** [jel] | 동 고함치다, 외치다<br>명 고함, 외침 |

## 02 기초 명사

| | |
|---|---|
| □ **ability** [əbíləti] | 명 능력, 할 수 있음 |
| □ **absence** [ǽbsəns] | 명 부재, 결석 |
| □ **academy** [əkǽdəmi] | 명 학교, 학원, 학술원 |
| □ **accident** [ǽksidənt] | 명 사고 |
| □ **act** [ækt] | 명 행동, 행위<br>동 행동하다 |
| □ **activity** [æktívəti] | 명 활동 |
| □ **adult** [ədʌ́lt] | 명 성인, 어른 |
| □ **advantage** [ædvǽntidʒ] | 명 우세; 이점 |
| □ **adventure** [ædvéntʃər] | 명 모험(심); 색다른 경험 |
| □ **advice** [ədváis] | 명 충고, 조언 |
| □ **affair** [əfɛ́ər] | 명 일, 사건 |
| □ **age** [eidʒ] | 명 나이, 연령; 시대[*pl.*]<br>동 나이가 들다 |
| □ **agency** [éidʒənsi] | 명 기관, 대리점 |
| □ **agriculture** [ǽgrikʌ̀ltʃər] | 명 농업; 농학 |
| □ **aircraft** [ɛ́ərkræ̀ft] | 명 항공기 |

| | |
|---|---|
| □ **allowance** [əláuəns] | 명 용돈; 허용(량); 참작, 고려 |
| □ **ambition** [æmbíʃən] | 명 야망, 꿈 |
| □ **amount** [əmáunt] | 명 양; 총계<br>동 (합계가) -에 이르다 (to) |
| □ **anger** [æŋgər] | 명 화, 분노 |
| □ **angle** [æŋgl] | 명 각도; 시각 |
| □ **anniversary** [æ̀nəvə́:rsəri] | 명 기념일 |
| □ **answer** [ǽnsər] | 명 대답; 정답<br>동 (사람 등에) 대답하다 |
| □ **anxiety** [æŋzáiəti] | 명 근심, 불안, 염려 |
| □ **appeal** [əpí:l] | 명 간청, 호소; 매력<br>동 간청하다; 흥미를 끌다 |
| □ **appearance** [əpíərəns] | 명 겉모습, 외모 |
| □ **appointment** [əpɔ́intmənt] | 명 약속; 임명 |
| □ **aquarium** [əkwɛ́əriəm] | 명 수족관 |
| □ **arctic** [ɑ́:rktik] | 명 (the A-) 북극<br>형 북극의 |
| □ **area** [ɛ́əriə] | 명 지역; 범위 |
| □ **arm** [ɑ:rm] | 명 팔; 무기[*pl.*] |
| □ **army** [ɑ́:rmi] | 명 육군, 군대 |

| | |
|---|---|
| □ **article** [ɑ́:rtikl] | 명 기사; 논문; 품목 |
| □ **artist** [ɑ́:rtist] | 명 예술가, 미술가 |
| □ **aspect** [ǽspekt] | 명 측면; 모습, 양상 |
| □ **assembly** [əsémbli] | 명 집회, 회의; 의회 |
| □ **assistance** [əsístəns] | 명 도움, 원조, 보조 |
| □ **astronaut** [ǽstrənɔ̀:t] | 명 우주 비행사 |
| □ **athlete** [ǽθli:t] | 명 운동선수 |
| □ **atmosphere** [ǽtməsfiər] | 명 대기; 분위기 |
| □ **atom** [ǽtəm] | 명 원자 |
| □ **attention** [əténʃən] | 명 주의, 주목 |
| □ **attitude** [ǽtitjù:d] | 명 태도, 자세 |
| □ **audience** [ɔ́:diəns] | 명 청중, 관중 |
| □ **auditorium** [ɔ̀:ditɔ́:riəm] | 명 강당; 객석 |
| □ **author** [ɔ́:θər] | 명 작가, 저자 |
| □ **authority** [əθɔ́:riti] | 명 권위, 권력; 권한;<br>당국, 정부 |
| □ **automobile** [ɔ̀:təməbí:l] | 명 자동차 |

| | |
|---|---|
| □ **background** [bǽkgràund] | 명 배경 |
| □ **baggage** [bǽgidʒ] | 명 여행용 수화물 |
| □ **band** [bænd] | 명 밴드, 악단; 무리 |
| □ **bank** [bæŋk] | 명 둑; 은행 |
| □ **bar** [bɑːr] | 명 술집; 막대기; 장애(물)<br>동 길을 막다, 차단하다 |
| □ **barber** [bɑ́ːrbər] | 명 이발사 |
| □ **base** [beis] | 명 기초, 토대, 근거<br>형 기본의, 기초의 |
| □ **basement** [béismənt] | 명 지하실 |
| □ **bath** [bæθ] | 명 목욕 |
| □ **battle** [bǽtl] | 명 전투 |
| □ **bay** [bei] | 명 만(灣) |
| □ **bean** [biːn] | 명 콩 |
| □ **beard** [bɪrd] | 명 턱수염 |
| □ **beast** [biːst] | 명 짐승 |
| □ **beauty** [bjúːti] | 명 아름다움; 미인 |
| □ **beep** [biːp] | 명 발신음, 신호음<br>동 (경적을) 울리다 |

| | |
|---|---|
| □ **beer** [biər] | 명 맥주 |
| □ **beggar** [bégər] | 명 거지 |
| □ **behavior** [bihéivjər] | 명 행실; 행동 |
| □ **belief** [bilíːf] | 명 믿음, 신념 |
| □ **belly** [béli] | 명 배, 복부 |
| □ **beverage** [bévəridʒ] | 명 마실 것, 음료 |
| □ **bias** [báiəs] | 명 편견, 편향<br>동 한쪽으로 치우치게 하다 |
| □ **bill** [bil] | 명 청구서, 계산서; 지폐; 법안 |
| □ **birth** [bəːrθ] | 명 탄생, 출생 |
| □ **bit** [bit] | 명 작은 조각, 조금 |
| □ **blanket** [blǽŋkit] | 명 담요 |
| □ **blood** [blʌd] | 명 피, 혈액 |
| □ **board** [bɔːrd] | 명 판자; 이사회, 위원회 |
| □ **bomb** [bɑm] | 명 폭탄 |
| □ **bond** [bɔnd] | 명 끈; 유대 |
| □ **bone** [boun] | 명 뼈 |

| | |
|---|---|
| □ **bookstore** [búkstɔ̀:r] | 명 서점 |
| □ **booth** [bu:θ] | 명 노점; 공중전화 박스 |
| □ **border** [bɔ́:rdə:r] | 명 국경, 경계<br>동 -에 접하다;<br>가장자리를 두르다 |
| □ **boss** [bɔ:s] | 명 상사, 우두머리 |
| □ **bottom** [bátəm] | 명 바닥; 기초, 토대 |
| □ **bowl** [boul] | 명 사발, 그릇 |
| □ **brain** [brein] | 명 뇌, 두뇌; 지능 |
| □ **branch** [bræntʃ] | 명 나뭇가지; 지점, 분점 |
| □ **brand** [brænd] | 명 상표, 브랜드 |
| □ **breakdown** [bréikdaun] | 명 고장, 붕괴; 분해 |
| □ **breast** [brest] | 명 가슴 |
| □ **breath** [breθ] | 명 호흡 |
| □ **brick** [brik] | 명 벽돌 |
| □ **briefcase** [brí:fkèis] | 명 서류 가방 |
| □ **bubble** [bʌ́bəl] | 명 거품<br>동 거품이 일다 |
| □ **bullet** [búlit] | 명 탄알, 총알 |
| □ **burden** [bə́:rdn] | 명 부담, 짐<br>동 부담을 주다, 짐을 지우다 |
| □ **bush** [buʃ] | 명 수풀, 덤불 |
| □ **business** [bíznis] | 명 사업, 일 |
| □ **butterfly** [bʌ́tərflài] | 명 나비 |
| □ **cabbage** [kǽbidʒ] | 명 양배추 |
| □ **canal** [kənǽl] | 명 운하 |
| □ **cancer** [kǽnsər] | 명 암 |
| □ **candle** [kǽndl] | 명 양초, 초 |
| □ **captain** [kǽptin] | 명 우두머리, 선장, 주장 |
| □ **career** [kəríər] | 명 직업, 경력 |
| □ **carriage** [kǽridʒ] | 명 탈것, 마차; 운반, 수송 |
| □ **case** [keis] | 명 경우, 사건; 상자 |
| □ **cash** [kæʃ] | 명 현금<br>동 현금화하다, 환전하다 |
| □ **castle** [kǽsl] | 명 성 |
| □ **category** [kǽtəgɔ̀:ri] | 명 범주 |
| □ **cattle** [kǽtl] | 명 소 (무리) |

| | |
|---|---|
| □ **cave** [keiv] | 명 동굴 |
| □ **ceiling** [sí:liŋ] | 명 천장 |
| □ **cell** [sel] | 명 세포; 작은 방 |
| □ **cemetery** [sémətèri] | 명 공동묘지 |
| □ **center** [séntər] | 명 중앙, 중심 |
| □ **century** [séntʃuri] | 명 세기, 100년 |
| □ **ceremony** [sérəmòuni] | 명 의식, 의례, 식 |
| □ **chain** [tʃein] | 명 쇠사슬; 속박<br>동 (사슬로) 묶다 |
| □ **chance** [tʃæns] | 명 기회, 우연 |
| □ **character** [kæriktər] | 명 특성; 성격 |
| □ **charity** [tʃærəti] | 명 자선 단체, 자선 |
| □ **charm** [tʃɑ:rm] | 명 매력<br>동 매혹하다, 기쁘게 하다 |
| □ **cheek** [tʃi:k] | 명 뺨, 볼 |
| □ **cheer** [tʃiər] | 명 갈채, 격려<br>동 환호하다, 격려하다 |
| □ **chef** [ʃef] | 명 요리사, 주방장 |
| □ **chest** [tʃest] | 명 가슴 |
| □ **chimney** [ˈtʃɪmni] | 명 굴뚝 |
| □ **choice** [tʃɔis] | 명 선택 |
| □ **chopstick** [tʃápstik] | 명 젓가락 |
| □ **circumstance** [sə́:rkəmstæ̀ns] | 명 상황, 환경 |
| □ **clay** [klei] | 명 진흙 |
| □ **clerk** [klə:rk] | 명 사무원, 점원 |
| □ **client** [kláiənt] | 명 고객 |
| □ **climate** [kláimit] | 명 기후 |
| □ **cloth** [klɔθ] | 명 옷감, 천 |
| □ **clue** [klu:] | 명 실마리, 단서 |
| □ **coal** [koul] | 명 석탄 |
| □ **coast** [koust] | 명 해안, 연안 |
| □ **colleague** [káli:g] | 명 동료 |
| □ **college** [kálidʒ] | 명 대학, 단과 대학 |
| □ **column** [káləm] | 명 기둥; 세로줄; 칼럼 |
| □ **comb** [koum] | 명 빗<br>동 빗질하다 |

| | |
|---|---|
| □ **combat** [kámbæt] | 명 전투<br>동 (적과) 싸우다 |
| □ **community** [kəmjú:nəti] | 명 지역 공동체, 주민 |
| □ **company** [kʌ́mpəni] | 명 회사; 단체; 동행 |
| □ **comparison** [kəmpǽrisən] | 명 비교, 대조 |
| □ **complaint** [kəmpléint] | 명 불평 |
| □ **composer** [kəmpóuzər] | 명 작곡가 |
| □ **concept** [kɔ́nsept] | 명 개념 |
| □ **concert** [kánsə:rt] | 명 음악회, 연주회 |
| □ **conclusion** [kənklú:ʒən] | 명 결론, 결말 |
| □ **conference** [kánfərəns] | 명 회의 |
| □ **confidence** [kánfidəns] | 명 자신감; 신뢰 |
| □ **congress** [káŋgris] | 명 국회, 의회 |
| □ **contact** [kántækt] | 명 연락, 접촉, 관계<br>동 연락하다 |
| □ **contest** [kɔ́ntest] | 명 대회, 시합 |
| □ **context** [kɔ́ntekst] | 명 맥락, 문맥 |
| □ **continent** [kántənənt] | 명 대륙 |

| | |
|---|---|
| □ **convenience** [kənví:njəns] | 명 편의, 편리 |
| □ **conversation** [kànvərséiʃən] | 명 대화 |
| □ **core** [kɔ:r] | 명 핵심, 속, 중심부 |
| □ **cost** [kɔ:st] | 명 가격, 비용<br>동 비용이 들다 |
| □ **costume** [kɔ́stju:m] | 명 의상, 복장; 관습 |
| □ **cottage** [kátidʒ] | 명 오두막; 작은 별장 |
| □ **cotton** [kɔ́tn] | 명 솜, 목화 |
| □ **country** [kʌ́ntri] | 명 국가, 나라; 시골 |
| □ **countryside** [kʌ́ntrisaid] | 명 시골, 지방 |
| □ **couple** [kʌ́pəl] | 명 한 쌍, 부부; 몇 명[개]의 (of)<br>동 연결[결합]하다 |
| □ **courage** [kɔ́:ridʒ] | 명 용기, 용감함 |
| □ **course** [kɔ:rs] | 명 진로; 강의 |
| □ **court** [kɔ:rt] | 명 법정, 법원; 궁정; 안뜰 |
| □ **cousin** [kʌ́zn] | 명 사촌 |
| □ **creature** [krí:tʃər] | 명 창조물; 생물 |
| □ **credit** [krédit] | 명 명예; 신용; 학점<br>동 인정하다, 믿다 |

| | |
| --- | --- |
| □ **crew** [kru:] | 명 승무원, 선원 |
| □ **crime** [kraim] | 명 범죄, 범행 |
| □ **crisis** [kráisis] | 명 위기 |
| □ **critic** [krítik] | 명 비평가, 평론가 |
| □ **criticism** [krítisìzəm] | 명 비평, 비난 |
| □ **crop** [krɔp] | 명 농작물; 수확 |
| □ **crowd** [kraud] | 명 군중, 무리<br>동 붐비다 |
| □ **crown** [kraun] | 명 왕관, 월계관 |
| □ **culture** [kʌ́ltʃər] | 명 문화, 교양 |
| □ **currency** [kə́:rənsi] | 명 화폐, 통화; 유통 |
| □ **curve** [kə:rv] | 명 곡선<br>동 굽히다, 휘다 |
| □ **custom** [kʌ́stəm] | 명 관습, 습관;<br>관세, 세관[*pl.*] |
| □ **customer** [kʌ́stəmər] | 명 고객, 소비자 |
| □ **danger** [déindʒər] | 명 위험 |
| □ **data** [déitə] | 명 자료, 데이터 |
| □ **dawn** [dɔ:n] | 명 새벽; 시작 |
| □ **death** [deθ] | 명 죽음, 사망 |
| □ **debt** [det] | 명 빚; 은혜 |
| □ **decision** [disíʒən] | 명 결정, 판단 |
| □ **deer** [diər] | 명 사슴 |
| □ **defense** [diféns] | 명 방어 |
| □ **delight** [diláit] | 명 기쁨, 즐거움<br>동 즐겁게 하다 |
| □ **democracy** [dimάkrəsi] | 명 민주주의 |
| □ **department** [dipά:rtmənt] | 명 부서, 과, 학과 |
| □ **depth** [depθ] | 명 깊이 |
| □ **design** [dizáin] | 명 계획, 설계; 디자인<br>동 설계하다 |
| □ **desire** [dizáiər] | 명 욕망, 소망<br>동 바라다, 희망하다 |
| □ **detail** [ditéil] | 명 세부 항목<br>동 상술하다 |
| □ **detective** [ditéktiv] | 명 탐정, 형사<br>형 탐정의 |
| □ **devil** [dévl] | 명 악마 |
| □ **dialog** [dáiəlɔ̀:g] | 명 대화 |
| □ **diaper** [dáiəpər] | 명 기저귀 |

| | |
|---|---|
| □ **diary** [dáiəri] | 명 일기 |
| □ **diet** [dáiət] | 명 식단; 식이요법 |
| □ **difference** [dífərəns] | 명 차이점 |
| □ **difficulty** [dífikʌ̀lti] | 명 어려움 |
| □ **dining room** [dáiniŋru:m] | 명 식당 |
| □ **dinner** [dínər] | 명 저녁 식사 |
| □ **dirt** [də:rt] | 명 흙; 먼지 |
| □ **discussion** [diskʌ́ʃən] | 명 토론 |
| □ **disease** [dizí:z] | 명 질병 |
| □ **dish** [diʃ] | 명 접시; 요리, 음식 |
| □ **distance** [dístəns] | 명 거리<br>동 멀리하다 |
| □ **district** [dístrikt] | 명 지역, 지구 |
| □ **division** [divíʒən] | 명 분배, 분할; 부, 국 |
| □ **document** [dákjəmənt] | 명 문서<br>동 기록하다 |
| □ **doubt** [daut] | 명 의심<br>동 의심하다 |
| □ **downtown** [dàuntáun] | 명 도심지, 번화가<br>부 도심지로, 번화가로 |
| □ **drawer** [drɔ́:ər] | 명 서랍 |
| □ **driver** [dráivər] | 명 운전자 |
| □ **drug** [drʌg] | 명 의약품; 마약 |
| □ **drugstore** [drʌ́gstɔ̀:r] | 명 약국 |
| □ **dust** [dʌst] | 명 먼지 |
| □ **duty** [djú:ti] | 명 의무; 세금 |
| □ **earth** [ə:rθ] | 명 지구; 땅, 흙 |
| □ **economy** [ikánəmi] | 명 경제; 절약 |
| □ **edge** [edʒ] | 명 가장자리, 모서리; 우위 |
| □ **education** [èdʒukéiʃən] | 명 교육 |
| □ **effect** [ifékt] | 명 영향, 결과, 효과 |
| □ **efficiency** [ifíʃənsi] | 명 효율, 능률 |
| □ **effort** [éfərt] | 명 노력 |
| □ **election** [ilékʃən] | 명 선거 |
| □ **element** [éləmənt] | 명 요소, 성분; 원소 |
| □ **emotion** [imóuʃən] | 명 감정 |

| | |
|---|---|
| □ **enemy** [énəmi] | 명 적 |
| □ **energy** [énərdʒi] | 명 힘, 정력, 활기 |
| □ **engine** [éndʒən] | 명 엔진, 기관 |
| □ **engineering** [èndʒəníəriŋ] | 명 공학 |
| □ **entrance** [éntrəns] | 명 출입구 |
| □ **envelope** [énvəlòup] | 명 봉투 |
| □ **environment** [inváiərənmənt] | 명 환경 |
| □ **equipment** [ikwípmənt] | 명 장비 |
| □ **error** [érər] | 명 잘못, 실수 |
| □ **essay** [ései] | 명 수필 |
| □ **estate** [istéit] | 명 토지, 재산 |
| □ **event** [ivént] | 명 사건, 행사 |
| □ **everything** [évriθìŋ] | 명 모든 것 (대명사) |
| □ **evidence** [évədəns] | 명 증거 |
| □ **excuse** [ikskjú:s] | 명 변명<br>동 용서하다 |
| □ **exercise** [éksərsàiz] | 명 운동; 연습; 행사<br>동 운동하다; 행사하다 |

| | |
|---|---|
| □ **exit** [égzit] | 명 출구<br>동 나가다, 퇴장하다 |
| □ **expense** [ikspéns] | 명 비용, 지출 |
| □ **experience** [ikspíəriəns] | 명 경험<br>동 경험하다 |
| □ **expression** [ikspréʃən] | 명 표현; 표정 |
| □ **expressway** [ikspréswei] | 명 고속도로 |
| □ **extension** [iksténʃən] | 명 연장, 확대 |
| □ **extent** [ikstént] | 명 넓이; 범위, 정도 |
| □ **face** [feis] | 명 얼굴<br>동 직면하다 |
| □ **fact** [fækt] | 명 사실 |
| □ **factory** [fæktəri] | 명 공장 |
| □ **failure** [féiljər] | 명 실패 |
| □ **faith** [feiθ] | 명 신뢰, 신념 |
| □ **fantasy** [fæntəsi] | 명 공상, 환상 |
| □ **farm** [fɑ:rm] | 명 농장<br>동 농사를 짓다 |
| □ **fashion** [fæʃən] | 명 유행; 패션; 방식<br>동 만들어 내다 |
| □ **fault** [fɔ:lt] | 명 잘못, 결점 |

| | |
|---|---|
| □ **favor** [féivər] | 명 호의, 친절<br>동 호의를 보이다, 찬성하다 |
| □ **fear** [fiər] | 명 공포<br>동 두려워하다 |
| □ **feather** [féðər] | 명 깃털 |
| □ **feature** [fíːtʃər] | 명 특징; 특집 기사<br>동 (-이) 특징이다; 대서특필하다 |
| □ **fee** [fiː] | 명 요금, 수수료 |
| □ **fellow** [félou] | 명 동료 |
| □ **fence** [fens] | 명 담장, 울타리 |
| □ **festival** [féstəvəl] | 명 축제 |
| □ **fever** [fíːvər] | 명 열(병); 열중 |
| □ **field** [fiːld] | 명 들판; 분야 |
| □ **fight** [fait] | 명 싸움<br>동 싸우다 |
| □ **finance** [fáinæns] | 명 재정, 재무<br>동 자금을 대다 |
| □ **finger** [fíŋgər] | 명 손가락 |
| □ **fire** [faiər] | 명 불 |
| □ **fish** [fiʃ] | 명 생선, 물고기<br>동 낚시하다 |
| □ **flag** [flæg] | 명 깃발 |

| | |
|---|---|
| □ **flavor** [fléivər] | 명 맛 |
| □ **flight** [flait] | 명 비행 |
| □ **flood** [flʌd] | 명 홍수<br>동 침수되다[시키다] |
| □ **floor** [flɔːr] | 명 바닥; (건물의) 층<br>동 패배시키다; 당황시키다 |
| □ **force** [fɔːrs] | 명 힘<br>동 시키다, 강제하다 |
| □ **form** [fɔːrm] | 명 형태, 모양<br>동 형성하다 |
| □ **fortune** [fɔ́ːrtʃən] | 명 운; 재산, 부 |
| □ **fossil** [fɑ́ːsl] | 명 화석 |
| □ **fountain** [fáuntin] | 명 분수, 샘; 원천 |
| □ **framework** [fréimwə̀ːrk] | 명 틀, 뼈대, 구성 |
| □ **freedom** [fríːdəm] | 명 자유 |
| □ **friendship** [fréndʃip] | 명 우정 |
| □ **fuel** [fjúːəl] | 명 연료<br>동 연료를 공급하다 |
| □ **fur** [fəːr] | 명 모피, 털 |
| □ **furniture** [fəːrnitʃəːr] | 명 가구 |
| □ **gallery** [gǽləri] | 명 화랑, 미술관 |

| | |
|---|---|
| □ **gap** [gæp] | 명 사이, 격차, 금 |
| □ **garage** [gərɑ́:ʒ] | 명 차고 |
| □ **gender** [dʒéndər] | 명 성, 성별 |
| □ **gene** [dʒi:n] | 명 유전자 |
| □ **giant** [dʒáiənt] | 명 거인 |
| □ **gift** [gift] | 명 선물; 재능 |
| □ **globe** [gloub] | 명 지구, 세계 |
| □ **glue** [glu:] | 명 접착제<br>동 (접착제로) 붙이다 |
| □ **goal** [goul] | 명 목표 |
| □ **goods** [gudz] | 명 상품 |
| □ **government** [gʌ́vərnmənt] | 명 정부; 행정 |
| □ **grace** [greis] | 명 우아함 |
| □ **grain** [grein] | 명 곡물 |
| □ **grammar** [grǽmər] | 명 문법 |
| □ **ground** [graund] | 명 지면, 땅 |
| □ **growth** [grouθ] | 명 성장, 발달 |

| | |
|---|---|
| □ **guest** [gest] | 명 손님 |
| □ **guide** [gaid] | 명 안내서, 안내자; 지침 |
| □ **habit** [hǽbit] | 명 습관 |
| □ **hall** [hɔ:l] | 명 복도 |
| □ **hammer** [hǽmər] | 명 망치 |
| □ **handful** [hǽndfùl] | 명 한 줌, 소수 |
| □ **harbor** [hɑ́rbər] | 명 항구 |
| □ **haste** [heist] | 명 서두름 |
| □ **health** [helθ] | 명 건강 |
| □ **heart** [hɑrt] | 명 심장, 마음 |
| □ **heat** [hi:t] | 명 열, 불 |
| □ **heaven** [hévən] | 명 천국 |
| □ **height** [hait] | 명 높이, 키 |
| □ **hell** [hel] | 명 지옥 |
| □ **hill** [hil] | 명 언덕 |
| □ **history** [hístəri] | 명 역사 |

| | |
|---|---|
| □ **hobby** [hábi] | 명 취미 |
| □ **hole** [houl] | 명 구멍 |
| □ **honor** [ánər] | 명 존경, 명예, 영광<br>동 존경하다 |
| □ **hook** [huk] | 명 갈고리<br>동 갈고리에 걸다 |
| □ **horizon** [həráizən] | 명 지평선, 수평선 |
| □ **horn** [hɔ:rn] | 명 경적; 뿔 |
| □ **horror** [hɔ́:rər] | 명 공포 |
| □ **hospital** [háspitl] | 명 병원 |
| □ **hub** [hʌb] | 명 (바퀴의) 중심; 중심지 |
| □ **human** [hjú:mən] | 명 인간<br>형 인간의 |
| □ **idea** [aidí:ə] | 명 생각 |
| □ **identity** [aidéntəti] | 명 정체성, 신원 |
| □ **ideology** [àidiálədʒi] | 명 이데올로기, 이념, 사상 |
| □ **impact** [ímpækt] | 명 영향력; 충돌<br>동 영향을 주다 |
| □ **importance** [impɔ́:rtəns] | 명 중요성 |
| □ **incident** [ínsədənt] | 명 사건 |

| | |
|---|---|
| □ **index** [índeks] | 명 색인; 지수 |
| □ **industry** [índəstri] | 명 산업; 근면 |
| □ **influence** [ínfluəns] | 명 영향(력)<br>동 영향을 미치다 |
| □ **injury** [índʒəri] | 명 상처, 부상 |
| □ **insect** [ínsekt] | 명 곤충 |
| □ **intelligence** [intélidʒəns] | 명 지능; 정보 |
| □ **interest** [íntərest] | 명 관심, 흥미; 이자<br>동 관심을 끌다 |
| □ **interior** [intíəriər] | 명 안쪽<br>형 안쪽의 |
| □ **interview** [íntərvjù:] | 명 인터뷰, 면접<br>동 면접하다 |
| □ **iron** [áiərn] | 명 철; 다리미<br>동 다림질하다 |
| □ **island** [áilənd] | 명 섬 |
| □ **item** [áitəm] | 명 항목; 상품 |
| □ **jail** [dʒeil] | 명 교도소 |
| □ **jewel** [dʒú:əl] | 명 보석 |
| □ **joke** [dʒouk] | 명 농담 |
| □ **journal** [dʒə́:rnəl] | 명 신문, 정기 간행물; 일기 |

| | |
|---|---|
| □ **journey** [dʒə́:rni] | 명 여행 |
| □ **joy** [dʒɔi] | 명 기쁨 |
| □ **judge** [dʒʌdʒ] | 명 재판관; 심판<br>동 판단하다 |
| □ **justice** [dʒʌ́stis] | 명 정의 |
| □ **kingdom** [kíŋdəm] | 명 왕국 |
| □ **knife** [naif] | 명 칼 |
| □ **knowledge** [nάlidʒ] | 명 지식 |
| □ **labor** [léibər] | 명 노동 |
| □ **lamp** [læmp] | 명 등불, 램프 |
| □ **language** [lǽŋgwidʒ] | 명 언어 |
| □ **laundry** [lɔ́:ndri] | 명 빨랫감, 세탁물 |
| □ **law** [lɔ:] | 명 법 |
| □ **leadership** [lí:də:rʃip] | 명 지도력, 리더십 |
| □ **leather** [léðə:r] | 명 가죽 |
| □ **lecture** [léktʃə:r] | 명 강의 |
| □ **length** [leŋkθ] | 명 길이 |
| □ **lesson** [lésn] | 명 수업, 교훈 |
| □ **letter** [létə:r] | 명 글자; 편지 |
| □ **level** [lévəl] | 명 수평; 수준, 표준 |
| □ **liberty** [líbə:rti] | 명 자유 |
| □ **library** [láibrèri] | 명 도서관 |
| □ **license** [láisəns] | 명 면허(증) |
| □ **lid** [lid] | 명 뚜껑 |
| □ **light** [lait] | 명 빛; 전등<br>형 가벼운 |
| □ **limit** [límit] | 명 한계(점), 제한; 경계<br>동 제한하다, 한정하다 |
| □ **link** [liŋk] | 명 연관<br>동 관련짓다 |
| □ **lip** [lip] | 명 입술 |
| □ **liquid** [líkwid] | 명 액체<br>형 액체의; 유동적인 |
| □ **list** [list] | 명 목록 |
| □ **living room** [líviŋrum] | 명 거실 |
| □ **location** [loukéiʃən] | 명 장소, 위치; 야외 촬영지 |
| □ **logic** [lάdʒik] | 명 논리(학) |

| | |
|---|---|
| □ **lord** [lɔ:rd] | 명 군주 |
| □ **loss** [lɔ:s] | 명 손실, 상실; 실패 |
| □ **lot** [lɑt] | 명 많음; 운명 |
| □ **luck** [lʌk] | 명 행운 |
| □ **lump** [lʌmp] | 명 덩어리, 혹 |
| □ **lung** [lʌŋ] | 명 폐 |
| □ **machine** [məʃí:n] | 명 기계 |
| □ **machinery** [məʃí:nəri] | 명 기계(류); 기구 |
| □ **magazine** [mæ̀gəzí:n] | 명 잡지 |
| □ **manner** [mǽnə:r] | 명 방법; 태도 |
| □ **marble** [mɑ́:rbl] | 명 대리석 |
| □ **margin** [mɑ́:rdʒin] | 명 가장자리; 이익 |
| □ **mark** [mɑ:rk] | 명 표시, 자국<br>동 특징짓다 |
| □ **marriage** [mǽridʒ] | 명 결혼 |
| □ **master** [mǽstə:r] | 명 주인; 대가; 선생님<br>동 정복하다; 숙달하다 |
| □ **match** [mætʃ] | 명 시합; 성냥<br>동 어울리다 |
| □ **material** [mətíəriəl] | 명 재료<br>형 물질의, 물질적인 |
| □ **matter** [mǽtə:r] | 명 물질; 문제<br>동 중요하다 |
| □ **meal** [mi:l] | 명 식사 |
| □ **medicine** [médəsən] | 명 약 |
| □ **membership** [mémbərʃip] | 명 회원 자격, 회원 |
| □ **memory** [méməri] | 명 기억, 기억력 |
| □ **message** [mésidʒ] | 명 메시지, 전하는 말 |
| □ **metal** [métl] | 명 금속 |
| □ **method** [méθəd] | 명 방법 |
| □ **middle** [mídl] | 명 중간 |
| □ **mind** [maind] | 명 마음, 정신<br>동 꺼리다 |
| □ **minister** [mínistər] | 명 장관; 목사 |
| □ **minute** [mínit] | 명 분; 잠깐; 의사록[*pl.*]<br>형 미세한; 철저한, 상세한 |
| □ **mistake** [mistéik] | 명 잘못<br>동 틀리다; 잘못 알다 |
| □ **moment** [móumənt] | 명 순간 |
| □ **mood** [mu:d] | 명 기분 |

| | |
|---|---|
| □ **motion** [móuʃən] | 명 움직임<br>통 몸짓으로 신호하다 |
| □ **motorbike** [móutə:rbàik] | 명 오토바이 |
| □ **mud** [mʌd] | 명 진흙 |
| □ **murder** [mə́:rdər] | 명 살인<br>통 살인하다 |
| □ **muscle** [mʌ́səl] | 명 근육 |
| □ **mystery** [místəri] | 명 불가사의 |
| □ **nail** [neil] | 명 손톱 |
| □ **nation** [néiʃən] | 명 나라 |
| □ **nature** [néitʃər] | 명 자연; 천성 |
| □ **navy** [néivi] | 명 해군 |
| □ **necessity** [nisésəti] | 명 필요성 |
| □ **needle** [ní:dl] | 명 바늘 |
| □ **neighbor** [néibər] | 명 이웃 |
| □ **nephew** [néfju:] | 명 남자 조카 |
| □ **nest** [nest] | 명 둥지 |
| □ **net** [net] | 명 그물 |

| | |
|---|---|
| □ **newspaper** [njú:spèipər] | 명 신문 |
| □ **niece** [ni:s] | 명 여자 조카 |
| □ **nobody** [nóubàdi] | 명 아무도 (-않다) (대명사) |
| □ **none** [nʌn] | 명 아무도 (-않다) (대명사) |
| □ **noon** [nu:n] | 명 정오 |
| □ **nut** [nʌt] | 명 견과류; 고정 나사 |
| □ **occasion** [əkéiʒən] | 명 때, 경우; 기회 |
| □ **ocean** [óuʃən] | 명 바다, 대양 |
| □ **octopus** [άktəpəs] | 명 문어 |
| □ **office** [ɔ́:fis] | 명 사무실 |
| □ **oil** [ɔil] | 명 기름, 석유 |
| □ **opinion** [əpínjən] | 명 의견 |
| □ **opportunity** [àpərtjú:nəti] | 명 기회 |
| □ **option** [ɔ́pʃən] | 명 선택, 선택권 |
| □ **order** [ɔ́:rdər] | 명 순서; 명령<br>통 명령하다; 주문하다 |
| □ **organ** [ɔ́:rgən] | 명 장기, 기관 |

| | |
|---|---|
| □ **origin** [ɔ́:rədʒin] | 명 기원, 근원 |
| □ **pack** [pæk] | 명 꾸러미<br>동 싸다, 꾸리다 |
| □ **package** [pǽkidʒ] | 명 짐 꾸러미, 포장; 소포<br>동 포장하다 |
| □ **pain** [pein] | 명 고통; 수고 |
| □ **pair** [pɛər] | 명 한 쌍<br>동 짝을 짓다 |
| □ **palace** [pǽlis] | 명 궁전 |
| □ **panel** [pǽnl] | 명 (사각형) 판, (창)틀; 패널; (자동차) 계기판 |
| □ **panic** [pǽnik] | 명 공포, 공황<br>형 공황의, 당황한 |
| □ **paper** [péipər] | 명 종이; 신문; 논문 |
| □ **parliament** [pá:rləmənt] | 명 의회 |
| □ **part** [pɑ:rt] | 명 일부, 부분 |
| □ **partner** [pá:rtnər] | 명 상대, 협동자, 배우자 |
| □ **passage** [pǽsidʒ] | 명 통로, 통행 |
| □ **passenger** [pǽsəndʒər] | 명 승객 |
| □ **passion** [pǽʃən] | 명 열정, 격정 |
| □ **path** [pæθ] | 명 길, 통로 |
| □ **pattern** [pǽtərn] | 명 양식, 무늬; 모범 |
| □ **pause** [pɔ:z] | 명 멈춤<br>동 중단하다 |
| □ **peace** [pi:s] | 명 평화 |
| □ **people** [pí:pl] | 명 사람들, 민족 |
| □ **performance** [pərfɔ́:rməns] | 명 공연; 수행; 성과, 실적 |
| □ **period** [píəriəd] | 명 기간; 마침표 |
| □ **pill** [pil] | 명 알약 |
| □ **pilot** [páilət] | 명 조종사, 파일럿<br>동 (비행기 등을) 조종하다 |
| □ **place** [pleis] | 명 장소<br>동 두다 |
| □ **plan** [plæn] | 명 계획<br>동 계획하다 |
| □ **planet** [plǽnit] | 명 행성, 유성 |
| □ **plant** [plænt] | 명 식물; 공장<br>동 심다 |
| □ **plate** [pleit] | 명 접시 |
| □ **pleasure** [pléʒər] | 명 기쁨, 즐거움 |
| □ **poem** [póuim] | 명 시 |
| □ **poison** [pɔ́izən] | 명 독 |

| | |
|---|---|
| □ **pollution** [pəlúːʃən] | 명 오염 |
| □ **population** [pàpjəléiʃən] | 명 인구 |
| □ **port** [pɔːrt] | 명 항구 |
| □ **possibility** [pàsəbíləti] | 명 가능성, 가망 |
| □ **pot** [pɑt] | 명 냄비, 항아리 |
| □ **poverty** [pávərti] | 명 빈곤 |
| □ **powder** [páudər] | 명 가루 |
| □ **power** [páuər] | 명 힘, 권력; 동력 |
| □ **presence** [prézəns] | 명 존재 |
| □ **pressure** [préʃər] | 명 압력, 압박 |
| □ **price** [prais] | 명 가격 |
| □ **pride** [praid] | 명 자부심 |
| □ **priest** [priːst] | 명 성직자 |
| □ **prison** [prízn] | 명 교도소 |
| □ **prize** [praiz] | 명 상, 상품 |
| □ **problem** [prábləm] | 명 문제점 |

| | |
|---|---|
| □ **process** [próuses] | 명 과정, 진행 |
| □ **product** [prádəkt] | 명 제품; 산물 |
| □ **professor** [prəfésər] | 명 교수 |
| □ **profit** [práfit] | 명 이윤<br>동 이익을 얻다[주다] |
| □ **proof** [pruːf] | 명 증명, 증거 |
| □ **pupil** [pjúːpəl] | 명 학생; (눈의) 동공 |
| □ **quality** [kwáləti] | 명 품질, 성질 |
| □ **quantity** [kwántəti] | 명 양, 수량 |
| □ **race** [reis] | 명 경주; 인종<br>동 경주하다 |
| □ **rail** [reil] | 명 선로; 난간 |
| □ **raincoat** [réinkòut] | 명 비옷 |
| □ **ratio** [réiʃou] | 명 비율 |
| □ **reason** [ríːzən] | 명 이유; 이성<br>동 판단하다 |
| □ **recipe** [résəpi] | 명 조리법, 요리법 |
| □ **record** [rékəːrd] | 명 기록<br>동 기록하다 |
| □ **region** [ríːdʒən] | 명 지역 |

| | |
| --- | --- |
| □ **regulation** [règjəléiʃən] | 명 규칙; 조절 |
| □ **relationship** [riléiʃənʃip] | 명 관계 |
| □ **relative** [rélətiv] | 명 친척<br>형 상대적인 |
| □ **relief** [rilíːf] | 명 안도 |
| □ **religion** [rilídʒən] | 명 종교; 신앙 |
| □ **repair** [ripέəːr] | 명 수리<br>동 수리하다 |
| □ **republic** [ripʌ́blik] | 명 공화국 |
| □ **reputation** [rèpjətéiʃən] | 명 평판, 명성 |
| □ **research** [risə́ːrtʃ] | 명 조사<br>동 연구[조사]하다 |
| □ **resident** [rézidənt] | 명 거주자 |
| □ **rest** [rest] | 명 휴식; 나머지<br>동 쉬다 |
| □ **review** [rivjúː] | 명 (재)검토, (재)조사; 복습; 비평<br>동 다시 보다, 재검토하다; 복습하다 |
| □ **revolution** [rèvəlúːʃən] | 명 혁명 |
| □ **risk** [risk] | 명 위험<br>동 위태롭게 하다 |
| □ **rival** [ráivəl] | 명 경쟁자, 라이벌<br>동 -에 필적하다 |
| □ **root** [ruːt] | 명 뿌리; 근원 |
| □ **rope** [roup] | 명 밧줄 |
| □ **row** [rou] | 명 열<br>동 (배를) 젓다 |
| □ **rubber** [rʌ́bəːr] | 명 고무 |
| □ **rule** [ruːl] | 명 규칙<br>동 통치하다 |
| □ **ruler** [rúlər] | 명 통치자; 자 |
| □ **safety** [séifti] | 명 안전 |
| □ **salary** [sǽləri] | 명 봉급 |
| □ **sale** [seil] | 명 판매 |
| □ **sample** [sǽmpəl] | 명 견본, 표본 |
| □ **sand** [sænd] | 명 모래 |
| □ **scale** [skeil] | 명 규모; 등급; 비늘 |
| □ **schedule** [skédʒuːl] | 명 일정, 시간표<br>동 예정하다 |
| □ **scope** [skoup] | 명 범위 |
| □ **score** [skɔːr] | 명 점수<br>동 득점하다 |
| □ **screw** [skruː] | 명 나사 |
| □ **script** [skript] | 명 손으로 쓴 글, 원고; (연극·영화) 대본 |

| | |
|---|---|
| □ **sculptor** [skʌ́lptəːr] | 명 조각가 |
| □ **section** [sékʃən] | 명 구역, 구분 |
| □ **sector** [séktəːr] | 명 부문 |
| □ **seed** [siːd] | 명 씨앗, 종자 |
| □ **self** [self] | 명 자기, 자아 |
| □ **service** [sə́ːrvis] | 명 서비스, 봉사; 복무, 병역; 예배 |
| □ **sex** [seks] | 명 성, 성별 |
| □ **shade** [ʃeid] | 명 그늘 |
| □ **shadow** [ʃǽdou] | 명 그림자 |
| □ **shame** [ʃeim] | 명 부끄럼; 수치, 창피<br>동 망신시키다 |
| □ **shape** [ʃeip] | 명 모양 |
| □ **sheet** [ʃiːt] | 명 홑이불; (종이) 한 장 |
| □ **shell** [ʃel] | 명 껍질, 껍데기; 포탄 |
| □ **shock** [ʃɑk] | 명 충격<br>동 깜짝 놀라게 하다 |
| □ **shore** [ʃɔːr] | 명 해안, 강가 |
| □ **shovel** [ʃʌ́vl] | 명 삽<br>동 삽질하다 |

| | |
|---|---|
| □ **shower** [ʃáuəːr] | 명 목욕; 소나기<br>동 샤워를 하다 |
| □ **side** [said] | 명 면; 편 |
| □ **sight** [sait] | 명 시력; 시야; 광경 |
| □ **sign** [sain] | 명 신호; 기호<br>동 서명하다; 알리다 |
| □ **signal** [sígnəl] | 명 신호<br>동 신호를 보내다 |
| □ **significance** [signífikəns] | 명 중요성 |
| □ **silence** [sáiləns] | 명 고요, 침묵<br>동 침묵시키다 |
| □ **silver** [sílvəːr] | 명 은 |
| □ **site** [sait] | 명 장소, 위치 |
| □ **situation** [sìtʃuéiʃən] | 명 상황, 위치 |
| □ **skill** [skil] | 명 솜씨, 기술; 숙련 |
| □ **slave** [sleiv] | 명 노예 |
| □ **sleep** [sliːp] | 명 잠<br>동 자다 |
| □ **slope** [sloup] | 명 경사면, 비탈길 |
| □ **smoke** [smouk] | 명 연기<br>동 흡연하다 |
| □ **soap** [soup] | 명 비누 |

| | |
| --- | --- |
| □ **society** [səsáiəti] | 명 사회 |
| □ **soil** [sɔil] | 명 흙, 토양 |
| □ **soldier** [sóuldʒəːr] | 명 군인 |
| □ **sort** [sɔːrt] | 명 종류<br>동 분류하다 |
| □ **soul** [soul] | 명 영혼 |
| □ **sound** [saund] | 명 소리<br>형 건전한; 확실한<br>동 -하게 들리다 |
| □ **source** [sɔːrs] | 명 원천, 근원; 출처, 소식통 |
| □ **space** [speis] | 명 공간, 장소; 우주 |
| □ **spade** [speid] | 명 삽; 스페이드 (카드) |
| □ **species** [spíːʃiz] | 명 종 |
| □ **speech** [spiːtʃ] | 명 말, 연설 |
| □ **sponsor** [spánsər] | 명 후원자, 광고주<br>동 후원하다, 광고주가 되다; 보증하다, 책임을 지다 |
| □ **sport** [spɔːrt] | 명 스포츠, 운동 |
| □ **staff** [stæf] | 명 직원 |
| □ **stage** [steidʒ] | 명 무대; 단계<br>동 무대에 올리다 |
| □ **stamp** [stæmp] | 명 우표<br>동 (도장 등을) 찍다; 짓밟다 |
| □ **standard** [stǽndəːrd] | 명 표준 |
| □ **steam** [stíːm] | 명 증기 |
| □ **steel** [stiːl] | 명 철강, 강철 |
| □ **step** [step] | 명 걸음; 단계 |
| □ **stock** [stɔk] | 명 재고품; 줄기; 주식 |
| □ **stomach** [stʌ́mək] | 명 위, 배 |
| □ **store** [stɔːr] | 명 상점<br>동 저장[보관]하다 |
| □ **storm** [stɔːrm] | 명 태풍, 폭풍(우) |
| □ **story** [stɔ́ːri] | 명 이야기; (건물의) 층 |
| □ **stove** [stouv] | 명 난로; 가스레인지 |
| □ **strategy** [strǽtədʒi] | 명 전략, 전술 |
| □ **stream** [striːm] | 명 시내; 흐름 |
| □ **street** [striːt] | 명 거리 |
| □ **strength** [streŋkθ] | 명 힘 |
| □ **stress** [stres] | 명 긴장, 압박, 스트레스<br>동 압박하다; 강조하다 |
| □ **string** [striŋ] | 명 끈, 줄; 선, 현 |

| | |
|---|---|
| □ **strip** [strip] | 명 (가느다란) 조각<br>동 벗기다 |
| □ **stripe** [straip] | 명 줄무늬, 줄 |
| □ **stuff** [stʌf] | 명 재료, 물건 동 채우다 |
| □ **style** [stail] | 명 스타일, 방법 |
| □ **success** [səksés] | 명 성공 |
| □ **sum** [sʌm] | 명 금액; 총계 |
| □ **summary** [sʌ́məri] | 명 요약, 개요 |
| □ **supper** [sʌ́pər] | 명 저녁 식사 |
| □ **surface** [sə́:rfis] | 명 표면 |
| □ **survey** [sə́:vei] | 명 조사<br>동 조사하다 |
| □ **survival** [sərváivəl] | 명 생존 |
| □ **switch** [switʃ] | 명 스위치 동 전환하다 |
| □ **symbol** [símbəl] | 명 상징 |
| □ **system** [sístəm] | 명 체계, 방식 |
| □ **tablet** [tǽblit] | 명 알약; 판 |
| □ **tail** [teil] | 명 꼬리 |
| □ **talent** [tǽlənt] | 명 재능 |
| □ **task** [tæsk] | 명 일, 임무 |
| □ **tax** [tæks] | 명 세금 동 과세하다 |
| □ **technique** [tekní:k] | 명 기술 |
| □ **technology** [teknάlədʒi] | 명 (과학) 기술 |
| □ **teenager** [tí:nèidʒər] | 명 십 대 |
| □ **temple** [témpəl] | 명 절, 사원 |
| □ **tension** [ténʃən] | 명 긴장 |
| □ **text** [tekst] | 명 본문, 글, 문서; 교재<br>동 문자를 보내다 |
| □ **textbook** [tékstbuk] | 명 교과서 |
| □ **theme** [θi:m] | 명 주제 |
| □ **theory** [θí:əri] | 명 가설, 이론 |
| □ **thief** [θi:f] | 명 도둑 |
| □ **thing** [θiŋ] | 명 것, 물건 |
| □ **thread** [θred] | 명 실 |
| □ **throat** [θrout] | 명 목구멍 |

| | |
|---|---|
| □ **thumb** [θʌm] | 명 엄지손가락 |
| □ **thunder** [θʌ́ndər] | 명 천둥 |
| □ **title** [táitl] | 명 제목; 직함 |
| □ **toll** [toul] | 명 통행료; 사상자 수 |
| □ **tongue** [tʌŋ] | 명 혀 |
| □ **tool** [tu:l] | 명 도구 |
| □ **topic** [tɔ́pik] | 명 화제, 주제 |
| □ **tour** [tuər] | 명 관광<br>동 관광하다 |
| □ **tourist** [túərist] | 명 관광객, 여행자 |
| □ **trade** [treid] | 명 거래, 교역, 무역<br>동 거래하다 |
| □ **tradition** [trədíʃən] | 명 전통, 풍습 |
| □ **traffic** [trǽfik] | 명 교통 |
| □ **train** [trein] | 명 기차<br>동 훈련하다 |
| □ **transportation** [træ̀nspə:rtéiʃən] | 명 수송, 교통 |
| □ **trash** [træʃ] | 명 쓰레기 |
| □ **treasure** [tréʒər] | 명 보물, 재산<br>동 소중히 여기다 |
| □ **trend** [trend] | 명 경향, 추세 |
| □ **trial** [tráiəl] | 명 시도, 실험; 재판 |
| □ **triangle** [tráiæŋgl] | 명 삼각형 |
| □ **trick** [trik] | 명 묘기; 장난; 속임수 |
| □ **trip** [trip] | 명 여행<br>동 발을 헛디디다 |
| □ **trouble** [trʌ́bəl] | 명 걱정거리; 고생<br>동 걱정시키다; 괴롭히다 |
| □ **trousers** [tráuzərz] | 명 바지 |
| □ **tube** [tju:b] | 명 관, 튜브; 텔레비전 |
| □ **turkey** [tə́:rki] | 명 칠면조 |
| □ **type** [taip] | 명 (유)형, 활자<br>동 타자기를 치다 |
| □ **unit** [jú:nit] | 명 구성단위 |
| □ **unity** [jú:nəti] | 명 통일, 일치 |
| □ **universe** [jú:nəvə̀:rs] | 명 우주, 전 세계 |
| □ **university** [jù:nəvə́:rsəti] | 명 대학 |
| □ **vacation** [veikéiʃən] | 명 방학 |
| □ **valley** [vǽli] | 명 계곡, 골짜기 |

- □ **variety** [vəráiəti] — 명 다양성, 변화
- □ **vegetable** [védʒətəbəl] — 명 야채, 채소
- □ **vegetarian** [vèdʒətέəriən] — 명 채식주의자
- □ **vehicle** [ví:ikəl] — 명 차, 탈것; 수단
- □ **version** [və́:rʒən] — 명 -판[형태]; 설명; 변형, 각색
- □ **victory** [víktəri] — 명 승리
- □ **view** [vju:] — 명 견해; 경치 / 동 보다
- □ **village** [vílidʒ] — 명 마을
- □ **vine** [vain] — 명 덩굴; 포도나무
- □ **violence** [váiələns] — 명 폭력
- □ **vision** [víʒən] — 명 시력, 시야; 선견지명, 통찰력
- □ **voice** [vɔis] — 명 목소리; 발언 / 동 말로 나타내다
- □ **volume** [válju:m] — 명 (소리의) 크기, 덩어리; (책 등의) 권
- □ **vote** [vout] — 명 투표 / 동 투표하다
- □ **voyage** [vɔ́idʒ] — 명 항해, 여행
- □ **wage** [weidʒ] — 명 임금

- □ **wagon** [wǽgən] — 명 짐마차
- □ **waist** [weist] — 명 허리
- □ **wall** [wɔ:l] — 명 벽
- □ **war** [wɔ:r] — 명 전쟁
- □ **washroom** [wáʃrùm] — 명 화장실
- □ **wave** [weiv] — 명 파도 / 동 (손을) 흔들다
- □ **way** [wei] — 명 길; 방법 / 부 훨씬
- □ **wealth** [welθ] — 명 부, 재산
- □ **weapon** [wépən] — 명 무기
- □ **wedding** [wédiŋ] — 명 결혼, 결혼식
- □ **weekend** [wí:kènd] — 명 주말
- □ **weight** [weit] — 명 (몸)무게, 중량
- □ **welfare** [wélfεər] — 명 복지; 행복, 안녕
- □ **wheel** [hwi:l] — 명 바퀴
- □ **wing** [wiŋ] — 명 날개
- □ **wire** [wáiər] — 명 철사

| | |
|---|---|
| □ **witch** [witʃ] | 명 마녀, (여자) 마법사 |
| □ **witness** [wítnis] | 명 목격자<br>동 목격하다 |
| □ **wizard** [wízərd] | 명 (남자) 마법사 |
| □ **worth** [wə:rθ] | 명 가치<br>형 -할 가치가 있는 |
| □ **wound** [wu:nd] | 명 부상, 상처<br>동 부상을 입히다 |
| □ **yard** [jɑ:rd] | 명 안뜰, 안마당 |
| □ **youth** [ju:θ] | 명 젊음; 청년 |
| □ **zone** [zoun] | 명 지대, 구역 |
| □ **zoo** [zu:] | 명 동물원 |

## 03 기초 형용사

| | |
|---|---|
| □ **able** [éibl] | 형 -할 수 있는, 유능한 |
| □ **absent** [ǽbsənt] | 형 부재의; 결석한 |
| □ **academic** [ӕkədémik] | 형 학업의, 학문적인 |
| □ **acceptable** [ӕkséptəbəl] | 형 허용될 수 있는;<br>받아들일 만한 |
| □ **afraid** [əfréid] | 형 두려워하는;<br>염려하는 |
| □ **alive** [əláiv] | 형 살아 있는; 생동하는 |
| □ **angry** [ǽŋgri] | 형 화난 |
| □ **ashamed** [əʃéimd] | 형 부끄러워하는 |
| □ **asleep** [əslí:p] | 형 잠든, 자고 있는 |
| □ **attractive** [ətrǽktiv] | 형 매력적인 |
| □ **auditory** [ɔ́:ditɔ̀:ri] | 형 귀의, 청각의 |
| □ **automatic** [ɔ̀:təmǽtik] | 형 자동의 |
| □ **average** [ǽvəridʒ] | 형 평균의; 보통의<br>명 평균 |
| □ **awake** [əwéik] | 형 깨어 있는<br>동 잠에서 깨우다, 깨다 |
| □ **aware** [əwέər] | 형 -을 알고 있는,<br>-을 의식하고 있는 |

| | |
|---|---|
| □ **backward** [bǽkwərd] | 형 뒤쪽의; 낙후된<br>부 뒤로 |
| □ **bald** [bɔːld] | 형 대머리의 |
| □ **basic** [béisik] | 형 기초적인, 기초의 |
| □ **beautiful** [bjúːtəfəl] | 형 아름다운 |
| □ **bitter** [bítər] | 형 맛이 쓴; 신랄한 |
| □ **blind** [blaind] | 형 눈이 먼 |
| □ **boring** [bɔ́ːriŋ] | 형 지루한, 따분한 |
| □ **bound** [baund] | 형 -행의; -하게 되어 있는<br>명 범위<br>동 튀어 오르다 |
| □ **brave** [breiv] | 형 용감한 |
| □ **brief** [briːf] | 형 짧은, 간결한 |
| □ **bright** [brait] | 형 빛나는; 영리한; 쾌활한 |
| □ **brilliant** [bríljənt] | 형 빛나는, 멋진; 뛰어난 |
| □ **broad** [brɔːd] | 형 넓은, 광대한 |
| □ **busy** [bízi] | 형 바쁜 |
| □ **calm** [kaːm] | 형 평온한, 침착한 |
| □ **careful** [kέərfəl] | 형 주의하는, 조심스러운 |

| | |
|---|---|
| □ **certain** [sə́ːrtn] | 형 어떤 (명사 앞);<br>확실한 (그 외) |
| □ **characteristic** [kæ̀riktərístik] | 형 독특한, 특징적인<br>명 특질, 특성 |
| □ **charming** [tʃáːrmiŋ] | 형 매력적인 |
| □ **cheap** [tʃiːp] | 형 값싼 |
| □ **chemical** [kémikəl] | 형 화학의, 화학적인<br>명 화학 제품 |
| □ **civil** [sívəl] | 형 시민의 |
| □ **classic** [klǽsik] | 형 일류의; 전형적인;<br>고전적인 |
| □ **clean** [kliːn] | 형 깨끗한<br>동 청소하다 |
| □ **clever** [klévər] | 형 영리한 |
| □ **cloudy** [kláudi] | 형 흐린, 구름이 많은 |
| □ **cold** [kould] | 형 추운<br>명 감기 |
| □ **colorful** [kʌ́lərfəl] | 형 화려한, 다채로운 |
| □ **comfortable** [kʌ́mfərtəbəl] | 형 안락한, 편한 |
| □ **common** [kámən] | 형 공통의; 보통의, 흔한 |
| □ **competitive** [kəmpétətiv] | 형 경쟁의; 경쟁에 의한 |
| □ **conscious** [kánʃəs] | 형 의식하고 있는, 자각하는 |

| | |
|---|---|
| □ **conservative** [kənsə́:rvətiv] | 형 보수적인, 보수당의 |
| □ **continuous** [kəntínjuəs] | 형 계속적인, 지속적인 |
| □ **convenient** [kənví:njənt] | 형 편리한 |
| □ **cool** [ku:l] | 형 시원한; 침착한 |
| □ **crazy** [kréizi] | 형 정상이 아닌, 미친 |
| □ **criminal** [krímin∂l] | 형 범죄의<br>명 범죄자 |
| □ **crowded** [kráudid] | 형 사람들로 붐비는, 혼잡한 |
| □ **cruel** [krú:əl] | 형 잔인한, 끔찍한 |
| □ **curious** [kjúəriəs] | 형 호기심 있는 |
| □ **cute** [kju:t] | 형 귀여운, 예쁜 |
| □ **damp** [dæmp] | 형 축축한, 습기 찬 |
| □ **dangerous** [déindʒərəs] | 형 위험한 |
| □ **dark** [dɑ:rk] | 형 어두운<br>명 어둠 |
| □ **dead** [ded] | 형 죽은 |
| □ **deaf** [def] | 형 듣지 못하는 |
| □ **dear** [diər] | 형 친애하는 |

| | |
|---|---|
| □ **deep** [di:p] | 형 깊은<br>부 깊이 |
| □ **delicious** [dilíʃəs] | 형 맛있는 |
| □ **democratic** [dèməkrǽtik] | 형 민주주의의 |
| □ **difficult** [dífikʌlt] | 형 어려운 |
| □ **direct** [dirékt] | 형 직접적인<br>동 지도하다, 지휘하다 |
| □ **dirty** [də́:rti] | 형 더러운 |
| □ **double** [dʌ́bəl] | 형 두 배의<br>동 배로 늘다 |
| □ **dramatic** [drəmǽtik] | 형 극적인 |
| □ **dry** [drai] | 형 마른<br>동 마르다; 말리다 |
| □ **due** [dju:] | 형 지급기일이 된; 예정인 |
| □ **dull** [dʌl] | 형 무딘, 우둔한; 따분한 |
| □ **dumb** [dʌm] | 형 말하지 못하는 |
| □ **eager** [í:gər] | 형 갈망하는 |
| □ **eastern** [í:stərn] | 형 동쪽의 |
| □ **easy** [í:zi] | 형 쉬운 |
| □ **economic** [ì:kənɑ́mik] | 형 경제의; 경제적인 |

| | |
|---|---|
| □ **effective** [iféktiv] | 형 효과적인 |
| □ **efficient** [ifíʃənt] | 형 능률적인, 유능한 |
| □ **either** [íːðər] | 형 어느 한쪽의<br>명 둘 중 하나 (대명사) |
| □ **elder** [éldər] | 형 손위의, 연상의 |
| □ **electric** [iléktrik] | 형 전기의 |
| □ **electronic** [ilèktrɑ́nik] | 형 전자의 |
| □ **elementary** [èləméntəri] | 형 초보의, 기초의 |
| □ **empty** [émpti] | 형 빈, 비어 있는 |
| □ **enough** [inʌ́f] | 형 충분한<br>부 충분히 |
| □ **entire** [entáiər] | 형 전체의; 완전한 |
| □ **equal** [íːkwəl] | 형 같은, 평등한 |
| □ **essential** [isénʃəl] | 형 근본적인, 필수적인 |
| □ **evident** [évidənt] | 형 분명한, 뚜렷한 |
| □ **evil** [íːvəl] | 형 사악한<br>명 악, 사악 |
| □ **exact** [igzǽkt] | 형 정확한 |
| □ **excellent** [éksələnt] | 형 우수한, 뛰어난 |
| □ **exciting** [iksáitiŋ] | 형 흥분시키는, 흥미진진한 |
| □ **expensive** [ikspénsiv] | 형 값비싼 |
| □ **extensive** [iksténsiv] | 형 광범위한 |
| □ **external** [ikstə́ːrnəl] | 형 외부의, 표면의 |
| □ **extra** [ékstrə] | 형 여분의 |
| □ **extreme** [ikstríːm] | 형 극도의 |
| □ **false** [fɔːls] | 형 그릇된, 가짜의 |
| □ **familiar** [fəmíljər] | 형 친숙한, 익숙한 |
| □ **famous** [féiməs] | 형 유명한 |
| □ **fantastic** [fæntǽstik] | 형 환상적인, 굉장한 |
| □ **fast** [fæst] | 형 빠른<br>부 빨리 |
| □ **fat** [fæt] | 형 살찐, 뚱뚱한 |
| □ **favorite** [féivərit] | 형 가장 좋아하는 |
| □ **few** [fjuː] | 형 약간의, 거의 없는<br>명 소수(의 것) |
| □ **final** [fáinəl] | 형 마지막의, 최종적인; 결정적인<br>명 결승전 |
| □ **financial** [fainǽnʃəl] | 형 금융의, 재정의 |

| | |
|---|---|
| □ **firm** [fəːrm] | 형 단단한; 확실한<br>명 회사 |
| □ **flat** [flæt] | 형 평평한, 단조로운<br>명 평면 |
| □ **fond** [fɔnd] | 형 좋아하는, 애정 있는 |
| □ **foreign** [fɔ́rin] | 형 외국의 |
| □ **formal** [fɔ́ːrməl] | 형 공식적인; 형식적인 |
| □ **former** [fɔ́ːrməːr] | 형 이전의 |
| □ **frank** [fræŋk] | 형 솔직한 |
| □ **frequent** [fríːkwənt] | 형 빈번한 |
| □ **fresh** [freʃ] | 형 신선한 |
| □ **friendly** [fréndli] | 형 우호적인, 친절한 |
| □ **gentle** [dʒéntl] | 형 온화한 |
| □ **golden** [góuldən] | 형 금빛의; 귀중한 |
| □ **grand** [grænd] | 형 장대한, 웅대한 |
| □ **guilty** [gílti] | 형 죄책감이 드는; 유죄의 |
| □ **hasty** [héisti] | 형 서두르는; 성급한; 경솔한 |
| □ **healthy** [hélθi] | 형 건강한 |

| | |
|---|---|
| □ **heavy** [hévi] | 형 무거운 |
| □ **historical** [histɔ́ːrikəl] | 형 역사의, 역사적인 |
| □ **holy** [hóuli] | 형 신성한 |
| □ **honest** [ɔ́nist] | 형 정직한 |
| □ **hopeful** [hóupfəl] | 형 희망에 찬, 희망적인 |
| □ **horrible** [hɔ́ːrəbəl] | 형 무서운, 끔찍한 |
| □ **huge** [hjuːdʒ] | 형 거대한, 엄청난 |
| □ **hungry** [hʌ́ŋgri] | 형 배고픈 |
| □ **ideal** [aidíːəl] | 형 이상적인 |
| □ **idealistic** [aidìːəlístik] | 형 이상주의적인 |
| □ **ill** [il] | 형 병든; 나쁜 |
| □ **important** [impɔ́ːrtənt] | 형 중요한 |
| □ **impossible** [impásəbəl] | 형 불가능한 |
| □ **individual** [indəvídʒuəl] | 형 개개의, 개인의 |
| □ **informal** [infɔ́ːrməl] | 형 비공식의; 비격식의 |
| □ **inner** [ínər] | 형 내부의 |

| | | |
|---|---|---|
| □ **instant** | [ínstənt] | 형 즉시의, 즉석의<br>명 순간; 인스턴트 식품 |
| □ **intelligent** | [intélədʒənt] | 형 총명한, 지능 있는, 지능적인 |
| □ **internal** | [intə́:rnl] | 형 내부의 |
| □ **international** | [ìntərnǽʃənəl] | 형 국제적인 |
| □ **junior** | [dʒú:njər] | 형 손아래의; 후배의<br>명 후배; (미) 2학년생 |
| □ **just** | [dʒʌst] | 형 올바른, 정당한<br>부 단지; 정확히 |
| □ **kind** | [kaind] | 형 친절한<br>명 종류 |
| □ **large** | [lɑ:rdʒ] | 형 거대한 |
| □ **last** | [læst] | 형 마지막의; 최근의, 지난<br>동 지속하다, 오래가다 |
| □ **late** | [leit] | 형 늦은<br>부 늦게 |
| □ **lazy** | [léizi] | 형 게으른 |
| □ **likely** | [láikli] | 형 -할 것 같은 |
| □ **little** | [lítl] | 형 작은, 조금의<br>부 거의 -않다 |
| □ **logical** | [lɑ:dʒɪkl] | 형 논리적인, 논리학의 |
| □ **long** | [lɔ:ŋ] | 형 긴, 오랜<br>부 오랫동안<br>동 간절히 바라다 |
| □ **loose** | [lu:s] | 형 느슨한 |
| □ **loud** | [laud] | 형 시끄러운 |
| □ **luxurious** | [lʌgʒúəriəs] | 형 호화로운, 사치스러운 |
| □ **mad** | [mæd] | 형 미친; 화가 난 |
| □ **main** | [mein] | 형 주된 |
| □ **major** | [méidʒər] | 형 주요한, 중대한; 전공의<br>명 전공<br>동 전공하다 (in) |
| □ **male** | [meil] | 형 남자의, 수컷의<br>명 남성, 수컷 |
| □ **meaningful** | [mí:niŋfəl] | 형 의미 있는 |
| □ **medical** | [médikəl] | 형 의학의 |
| □ **mental** | [méntl] | 형 정신의 |
| □ **mere** | [miər] | 형 단지 -에 불과한, 단순한 |
| □ **mild** | [maild] | 형 온화한, 온순한 |
| □ **military** | [mílitèri] | 형 군의<br>명 군대 |
| □ **minimum** | [mínəməm] | 형 최소한의<br>명 최소 |
| □ **modern** | [mɔ́də:rn] | 형 현대의 |
| □ **moral** | [mɔ́rəl] | 형 도덕의, 도덕적인 |
| □ **narrow** | [nǽrou] | 형 좁은 |

| | | | |
|---|---|---|---|
| □ **nearby** [níərbái] | 형 가까운<br>부 가까이에 | □ **pregnant** [prégnənt] | 형 임신한 |
| □ **neat** [ni:t] | 형 단정한, 정돈된 | □ **prior** [práiər] | 형 앞의, 이전의; -보다 우선하는 (to) |
| □ **necessary** [nésəsèri] | 형 필요한, 필수적인 | □ **private** [práivit] | 형 개인적인 |
| □ **normal** [nɔ́:rməl] | 형 표준의, 평범한 | □ **proud** [praud] | 형 자랑스러운 |
| □ **nuclear** [njú:kliə:r] | 형 핵의; 중심의 | □ **pure** [pjuər] | 형 순수한, 맑은 |
| □ **numerous** [njú:mərəs] | 형 다수의, 많은 | □ **quick** [kwik] | 형 빠른, 민첩한 |
| □ **official** [əfíʃəl] | 형 공식적인<br>명 공무원 | □ **quiet** [kwáiət] | 형 조용한 |
| □ **own** [oun] | 형 자기 자신의<br>동 소유하다 | □ **random** [rǽndəm] | 형 닥치는 대로의, 무작위의 |
| □ **perfect** [pə́:rfikt] | 형 완전한 | □ **rapid** [rǽpid] | 형 빠른 |
| □ **physical** [fízikəl] | 형 신체의 | □ **raw** [rɔ́:] | 형 날것의 |
| □ **polite** [pəláit] | 형 공손한, 예의 바른 | □ **real** [rí:əl] | 형 현실의; 진실의 |
| □ **political** [pəlítikəl] | 형 정치의, 정치적인 | □ **realistic** [rì:əlístik] | 형 현실적인 |
| □ **popular** [pápjələr] | 형 인기 있는 | □ **reasonable** [rí:zənəbəl] | 형 분별 있는, 합리적인 |
| □ **positive** [pázətiv] | 형 긍정적인; 양성(반응)의 | □ **recent** [rí:sənt] | 형 최근의 |
| □ **possible** [pásəbl] | 형 가능한, 있을 수 있는 | □ **responsible** [rispánsəbəl] | 형 책임이 있는 |
| □ **powerful** [páuərfəl] | 형 강력한 | □ **rough** [rʌf] | 형 거친 |

| | |
| --- | --- |
| □ **rude** [ruːd] | 형 무례한 |
| □ **rural** [rúərəl] | 형 시골의 |
| □ **sad** [sæd] | 형 슬픈 |
| □ **safe** [seif] | 형 안전한 |
| □ **seaside** [síːsàid] | 형 해변의<br>명 해안, 해변 |
| □ **secret** [síːkrit] | 형 비밀의<br>명 비밀 |
| □ **senior** [síːnjər] | 형 손위의<br>명 연장자 |
| □ **serious** [síəriəs] | 형 중대한; 진지한 |
| □ **several** [sévərəl] | 형 몇몇의, 여러 가지의 |
| □ **shallow** [ʃælou] | 형 얕은, 피상적인 |
| □ **sharp** [ʃɑːrp] | 형 날카로운 |
| □ **sick** [sik] | 형 병든, 아픈 |
| □ **significant** [signífikənt] | 형 중요한, 의미 있는, 상당한 |
| □ **silent** [sáilənt] | 형 조용한, 침묵하는 |
| □ **simple** [símpəl] | 형 간단한 |
| □ **single** [síŋgəl] | 형 단 하나의 |
| □ **slight** [slait] | 형 약간의 |
| □ **slow** [slou] | 형 느린 |
| □ **smooth** [smuːð] | 형 매끄러운 |
| □ **social** [sóuʃəl] | 형 사회적인 |
| □ **soft** [sɔːft] | 형 부드러운 |
| □ **sore** [sɔːr] | 형 아픈; 슬픈 |
| □ **sour** [sauər] | 형 신맛이 나는, 시큼한 |
| □ **southern** [sʌ́ðəːrn] | 형 남쪽의 |
| □ **special** [spéʃəl] | 형 특별한 |
| □ **steady** [stédi] | 형 한결같은, 안정된 |
| □ **strange** [streindʒ] | 형 이상한 |
| □ **strong** [strɔːŋ] | 형 강한, 튼튼한 |
| □ **stupid** [stjúːpid] | 형 어리석은 |
| □ **successful** [səksésfəl] | 형 성공한 |
| □ **such** [sʌtʃ] | 형 그런 |
| □ **sudden** [sʌ́dn] | 형 갑작스러운 |

| | | | |
|---|---|---|---|
| □ **surprising** [sərpráiziŋ] | 형 놀랄 만한 | □ **trustworthy** [trʌ́stwə:rði] | 형 신뢰할 수 있는 |
| □ **sweet** [swi:t] | 형 단, 달콤한 | □ **ugly** [ʌ́gli] | 형 못생긴 |
| □ **tall** [tɔ:l] | 형 키가 큰 | □ **unlike** [ʌnláik] | 형 같지 않은<br>전 -와는 다른 |
| □ **technical** [téknikəl] | 형 기술상의 | □ **upper** [ʌ́pər] | 형 위쪽의 |
| □ **tender** [téndər] | 형 부드러운, 연한; 다정한 | □ **upset** [ʌpsét] | 형 기분이 상한, 화가 난<br>동 화나게 하다 |
| □ **terrible** [térəbəl] | 형 끔찍한, 가혹한 | □ **useful** [jú:sfəl] | 형 유익한, 쓸모 있는 |
| □ **thick** [θik] | 형 두꺼운 | □ **useless** [jú:slis] | 형 쓸모없는 |
| □ **thin** [θin] | 형 얇은, 야윈 | □ **usual** [jú:ʒuəl] | 형 보통의, 평상시의 |
| □ **thirsty** [θə́:rsti] | 형 목마른 | □ **valuable** [vǽlju:əbəl] | 형 귀중한, 값비싼 |
| □ **tight** [tait] | 형 꽉 끼는, 단단한, 빈틈없는<br>부 단단히 | □ **various** [vέəriəs] | 형 다양한 |
| □ **tiny** [táini] | 형 작은, 조그마한 | □ **vast** [væst] | 형 광대한 |
| □ **tired** [taiə:rd] | 형 피곤한; 싫증난 | □ **violent** [váiələnt] | 형 난폭한, 격렬한 |
| □ **total** [tóutl] | 형 전체의, 합계의 | □ **virtual** [və́:rtʃuəl] | 형 사실상의, 실질적인 |
| □ **tough** [tʌf] | 형 강인한, 단단한;<br>곤란한, 힘든 | □ **visual** [víʒuəl] | 형 시각의, 눈으로 보는<br>명 시각 자료 |
| □ **tragic** [trǽdʒik] | 형 비극적인, 비참한 | □ **warm** [wɔ:rm] | 형 따뜻한 |
| □ **tropical** [trápikəl] | 형 열대의 | □ **weak** [wí:k] | 형 약한 |

| | |
|---|---|
| □ **whole** [houl] | 형 전체의, 모든<br>명 전체 |
| □ **wide** [waid] | 형 넓은 |
| □ **widespread** [wáidsprèd] | 형 넓게 퍼진, 만연한 |
| □ **wild** [waild] | 형 야생의; 난폭한<br>명 황야 |
| □ **willing** [wíliŋ] | 형 기꺼이 -하는 |
| □ **wise** [waiz] | 형 현명한, 지혜로운 |
| □ **wonderful** [wʌ́ndə:rfəl] | 형 대단한, 훌륭한 |
| □ **wooden** [wúdn] | 형 목재의, 나무로 만든 |
| □ **wrong** [rɔŋ] | 형 틀린; 나쁜<br>부 잘못, 틀리게 |
| □ **young** [jʌŋ] | 형 젊은 |

## 04 기초 부사

| | |
|---|---|
| □ **abroad** [əbrɔ́:d] | 부 해외로; 널리 |
| □ **actually** [ǽktʃuəli] | 부 실제로, 정말로 |
| □ **afterward** [ǽftərwərd] | 부 나중에, 후에 |
| □ **ago** [əgóu] | 부 -전에 |
| □ **alike** [əláik] | 부 마찬가지로, 비슷하게<br>형 비슷한 |
| □ **almost** [ɔ́:lmoust] | 부 거의 |
| □ **alongside** [əlɔ:ŋsáid] | 부 옆에, 나란히<br>전 -의 곁에; -와 나란히 |
| □ **aloud** [əláud] | 부 소리 내어; 큰소리로 |
| □ **already** [ɔlrédi] | 부 이미; 벌써 |
| □ **also** [ɔ́:lsou] | 부 또한, 역시 |
| □ **altogether** [ɔ̀:ltəgéðər] | 부 전적으로, 아주; 전체적으로 |
| □ **apart** [əpɑ́:rt] | 부 (거리, 위치, 시간상으로) 떨어져 |
| □ **aside** [əsáid] | 부 옆에; 따로, 별도로 |
| □ **correctly** [kəréktli] | 부 정확히; 올바르게 |
| □ **early** [ə́:rli] | 부 초기에; 일찍이<br>형 이른, 빠른 |

| | |
|---|---|
| □ **else** [els] | 부 그 밖에 |
| □ **elsewhere** [elshwɛər] | 부 다른 곳에서 |
| □ **especially** [ispéʃəli] | 부 특히 |
| □ **even** [í:vən] | 부 -조차; 훨씬<br>형 평평한; 짝수의 |
| □ **eventually** [ɪˈventʃuəli] | 부 결국 |
| □ **everywhere** [évrihwɛ̀ər] | 부 어디에나 |
| □ **forth** [fɔ:rə] | 부 앞으로; 밖으로 |
| □ **hardly** [há:rdli] | 부 거의 -아니다 |
| □ **highly** [háili] | 부 대단히, 매우 |
| □ **however** [hauévər] | 부 그러나 |
| □ **indeed** [indíd] | 부 사실은 |
| □ **instead** [instéd] | 부 그 대신에 |
| □ **meanwhile** [minhwail] | 부 그사이에 |
| □ **moreover** [mɔ:róuvər] | 부 더욱이, 또한 |
| □ **nearly** [níərli] | 부 거의 |
| □ **nevertheless** [nèvə:rðəlés] | 부 그럼에도 불구하고 |
| □ **otherwise** [ʌ́ðərwàiz] | 부 그렇지 않다면 |
| □ **perhaps** [pərhǽp] | 부 아마도 |
| □ **quite** [kwait] | 부 아주, 완전히; 꽤 |
| □ **rather** [rǽðə:r] | 부 오히려 |
| □ **seldom** [séldəm] | 부 거의 -않는 |
| □ **somehow** [sʌ́mhàu] | 부 어쨌든 |
| □ **somewhat** [sʌ́mhwàt] | 부 어느 정도, 얼마간 |
| □ **still** [stil] | 부 여전히; 그럼에도 불구하고<br>명 고요, 정지<br>형 조용한, 정지한 |
| □ **therefore** [ðέə:rfɔ̀r] | 부 그러므로 |
| □ **thus** [ðʌs] | 부 그러므로, 따라서 |
| □ **usually** [jú:ʒluəli] | 부 보통, 대개 |
| □ **well** [wel] | 부 잘<br>형 건강한<br>명 우물 |
| □ **yet** [jet] | 부 아직<br>접 그렇지만, 그런데도 |

## 05 기초 접속사

| | |
|---|---|
| □ **although** [ɔːlðóu] | 접 비록 -일지라도 |
| □ **as** [æz] | 접 -와 같이, -만큼; -처럼; -할 때; -이므로<br>전 -으로서; -처럼 |
| □ **because** [bikɔ́ːz] | 접 왜냐하면 -, -때문에 |
| □ **if** [if] | 접 만약 -이면; -인지 아닌지 |
| □ **neither** [níːðər] | 접 -도 아니고 -도 아니다<br>명 둘 중 어느 것도 아니다 (대명사) |
| □ **nor** [nɔːr] | 접 -도 아니다 |
| □ **once** [wʌns] | 접 일단 -하면; -하자마자<br>부 한 번 |
| □ **since** [sins] | 접 -이후로; -때문에<br>전 -이래로<br>부 그 후로 |
| □ **though** [ðou] | 접 비록 -이지만<br>부 그렇지만, 하지만 |
| □ **unless** [ənlés] | 접 -하지 않는다면 |
| □ **whatever** [hwɑtévəːr] | 접 어떤 -일지라도<br>명 무엇이든지 (대명사) |
| □ **whenever** [hwenévəːr] | 접 -할 때는 언제나, -할 때마다 |
| □ **whereas** [hwεərǽz] | 접 -인 반면에 |
| □ **whether** [hwéðər] | 접 -인지 아닌지 |
| □ **while** [hwail] | 접 -하는 동안; -인 반면에 |

## 06 기초 전치사

| | |
|---|---|
| □ **across** [əkrɔ́ːs] | 전 -을 가로질러; -의 맞은편에 |
| □ **after** [ǽftər] | 전 -후에<br>접 -한 후에 |
| □ **against** [əgénst] | 전 -에 반대하여; -에 기대어 |
| □ **along** [əlɔ́ːŋ] | 전 -을 따라 |
| □ **amid** [əmíd] | 전 -가운데[중]; -에 둘러싸여 |
| □ **before** [bifɔ́ːr] | 전 -전에; -앞에<br>접 -하기 전에 |
| □ **beyond** [bijάnd] | 전 -을 넘어서 |
| □ **despite** [dispáit] | 전 -에도 불구하고 |
| □ **during** [djúəriŋ] | 전 -동안 |
| □ **except** [iksépt] | 전 -을 제외하고 |
| □ **for** [fɔːr] | 전 -을 위해; (시간) 동안<br>접 (왜냐하면) -이니까 |
| □ **from** [frʌm] | 전 -로부터 |
| □ **onto** [ɔ́ntuː] | 전 -의 위로 |
| □ **outside** 전/부 [àutsáid] 명 [áutsáid] 형 [áutsàid] | 전 -밖에<br>명 밖, 바깥쪽<br>형 외부[바깥쪽]의<br>부 밖에, 외부에 |

| | |
|---|---|
| □ **per**<br>[pər] | 전 -마다, -당 |
| □ **through**<br>[θru:] | 전 -을 통해서 |
| □ **throughout**<br>[θru:áut] | 전 -을 통하여; -동안 계속 |
| □ **till**<br>[til] | 전 -까지<br>접 -할 때까지 |
| □ **toward**<br>[təwɔ́:rd] | 전 -의 쪽으로 |
| □ **until**<br>[əntíl] | 전 -까지<br>접 -할 때까지 |
| □ **upon**<br>[əpán] | 전 -의 위에 |
| □ **within**<br>[wiðín] | 전 -이내에; -내부에 |
| □ **without**<br>[wiðáut] | 전 -없이 |

MEMO

# 색인

INDEX

## A

## C

## E

## F

## N

S

## T

## U

## Y



## Z

# Staff

Writer 심우철

Director 강다비다

Researcher 정규리 / 한선영 / 장은영 / 김도현

Design 강현구

Manufacture 김승훈

Marketing 윤대규 / 한은지 / 유경철

발행일: 2024년 7월 26일 (3쇄)



내용문의: http://cafe.naver.com/shimson2000